Wolfgang Bock · Astrologie und Aufklärung

Wolfgang Bock

Astrologie und Aufklärung

Über modernen Aberglauben

Die Deutsche Bibliothek – CIP-Einheitsaufnahme

Bock, Wolfgang:
Astrologie und Aufklärung : über modernen Aberglauben /
Wolfgang Bock. – Stuttgart : M und P, Verl. für Wiss. und
Forschung, 1995
Zugl.: Bremen, Univ., Diss., 1993
ISBN 3-476-45066-X

ISBN 3-476-45066-X

M & P Verlag für Wissenschaft und Forschung
ein Verlag der J.B. Metzlerschen Verlagsbuchhandlung und
Carl Ernst Poeschel Verlag GmbH in Stuttgart

Druck und Bindung: Pocket Edition Printing GmbH Darmstadt
Printed in Germany

Vorwort

Im Labyrinth der Astrologie

> Das Labyrinth ist der richtige Weg für den, der noch immer früh genug am Ziel ankommt. Dieses Ziel ist der Markt.
>
> Walter Benjamin[1]

Um möglichen Mißverständnissen vorzubeugen: Es handelt sich bei dieser Arbeit nicht um eine empirische Untersuchung darüber, wieviele Menschen zur Zeit ihr Sternzeichen kennen und an Astrologie glauben. Ohne die Bedeutung der quantitativ erfaßbaren Daten über die Verbreitung des Aberglaubens zu unterschätzen, geht es mir darum, in der Astrologie versteckt angesprochene Fragen vor dem Hintergrund einer kritisch verstandenen Kulturtheorie im Kontext der Dialektik der Aufklärung zu erörtern. Es wird versucht die Astrologie als ein Argumentationsmuster zu verstehen, in dessen Rahmen diffuse autoritäre Gestimmtheiten ihrer Anhänger aufgenommen und weiterentwickelt werden. Dabei kann sich die Astrologie auf ein im gegenwärtigen Zustand der Gesellschaft nicht zur Geltung kommendes Bedürfnis der Menschen nach einem Sinn stützen, der über eine Vorstellung der Welt als Verlängerung instrumenteller Vernunft hinausgeht. In der Astrologie liegen verschränkt Wünsche nach Repression und Befreiung vor, die von ihren Anhängern in bestimmter Weise auf die Sterne projiziert werden, um von dort Strafe und Rettung zugleich zu erwarten. Diese Verschränkung von heterogenen Motiven macht ihren Doppelcharakter aus: der autoritäre Wunsch nach Ordnung und libertäre Bestrebungen verbinden sich in der Astrologie zu einer Chimäre. Diese Vorstellung schlägt sich im Konzept der Arbeit nieder. Weil sich die modernen abergläubischen Systeme im Zeitalter der Aufklärung erst dadurch konstituieren, daß entgegen wissenschaftlicher Widerlegungen an sie geglaubt wird, kann eine Kritik der Sterndeuterei sich nicht damit begnügen, die Unwahrheit ihrer Aussagen darzulegen, sondern muß sich auch davon leiten lassen, was in ihnen an Kritik des Bestehenden

---

[1] Walter Benjamin, "Zentralpark", in Gesammelte Schriften (in der Folge als GS abgekürzt), hrsg. v. Rolf Tiedemann und Hermann Schweppenhäuser, Frankfurt/M. 1974, Suhrkamp, Band I, 2, S. 668.

versteckt enthalten ist. Die Kritik muß sich also, will sie nicht leerlaufen, an Momenten des Wahren im Falschen abarbeiten. Dafür ist es wiederum nötig, sich den von der Astrologie verwendeten Motiven nicht allein in der reduzierten Gestalt zu nähern, in der sie in ihrem Rahmen vorliegen, sondern sie müssen über ihre beschränkte Form hinausgetrieben und verstanden werden. Ich untersuche zunächst die Diskurse - Diskurs im einfachen Sinne des Geschriebenen - der Astrologen, um eine Kritik an dem darin enthaltenen totalitären und antidemokratischen Potential zu entwickeln. Darüber hinaus bemühe ich mich, die von den Astrologen angesprochenen Themen in der angedeuteten Weise aufzunehmen und die astrologischen Konstruktionen damit zu umstellen, um so zu einer Denkform zu gelangen, die aus einem Nebeneinander von herausgearbeiteten Aussagen und Aporien besteht und etwas anderes ist, als die von den Astrologen bemühte Figur eines entdialektisierten runden Mythos.

Meine Verwendung der Metapher der Konstellation, die dem Konzept der Arbeit zugrunde liegt, unterscheidet sich grundsätzlich von der einfachen astrologischen Bedeutung der Konstellation als Ansammlung von Planetenstellungen: Die Grundfigur der Astrologie - als Vorprägung aller irdischer Abläufe in der Sphäre der Sterne dem platonischen Ideenbegriff nachgebildet - steht damit ebenso zur Disposition, wie diejenige der Aufklärung, die Sternbilder erschöpften sich in der Projektion des irdischen Geschehens an den Himmel. Beide Vorstellungen zeigen sich vielmehr als aufeinander verwiesene Elemente einer speziellen historische Konfiguration, auf die zu antworten ein anderes Bewußtsein vonnöten ist, als es im Labyrinth der Astrologie herangezogen wird, denn die Rückkehr zu einem mythischen Denken, wie es die Astrologie repräsentiert, ist kein Ausweg aus der gegenwärtigen gesellschaftlichen Krisensituation, sondern ihr Ausdruck.

Ich bedanke mich an dieser Stelle noch einmal für die Unterstützung von Ratgebern und Freunden in der Zeit der Arbeit an diesem Projekt, die nicht immer einfach war. Stellvertretend für alle anderen, die hier aufgeführt werden müßten, nenne ich Carmen Westedt, Gerhard Vinnai, Johannes Beck, Christa und Peter Bürger, Rainer Müller, Cornelia Kornek, Johannes Blank, Rudi Steffens, Sabine Schleiermacher, Herma Merkelbach, Michael Glöge und Bettina Veltin, sowie die Freunde und Kollegen des Vereins zur Erforschung der nationalsozialistischen Sozial- und Gesundheitspolitik in Hamburg, des Zentrums für Sozialpolitik in Bremen, des Instituts für Kulturforschung und Bildung und des Pädagogischen Ateliers in Bremen.

Inhalt

1. Astrologische Mode und die Hilflosigkeit der Aufklärung

Ein Denken, das von der Vorstellung einer stellaren Vorbestimmtheit ausgeht, ist heute weit verbreitet. Wenn auch der Esoterik-Boom der 80er Jahre zurückgegangen ist, so haben sich andererseits in den 90er Jahren die Strukturen dieser Subkultur verfestigt und sich eine Etablierung der Esoterik und New Age Bewegung eingestellt, wie ein einfacher Blick in die gelben Seiten des Telephonbuchs und in die Anzeigenspalten der Stadtmagazine zeigt. Wenn das Angebot an "Tantrakursen", "Chakrenmeditiation", diversen Massagen, "Astrodrama" und astrologischer, esoterischer oder magischer "Lebensberatung" auch noch nicht das Ausmaß angenommen hat, das Hans Magnus Enzensberger in Italien ausmacht[1], so gibt es doch ein großes Angebot an esoterischen und mantischen Therapie- und Beratungsformen, die nicht nur auf den Markt, sondern auch auf die Anerkennung durch die Krankenkassen drängen. Die Astrologie nimmt unter den verschiedenen Offerten nicht unbedingt eine besondere Stellung ein, sie ist aber wohl die am weitesten verbreitete der abergläubischen Formen, die jeweils auf eine besondere Zielgruppe unterschiedlich zugeschnitten wird: Es ist bekannt, daß die "Bildzeitung" das größte Publikationsorgan für alle Arten von Aberglauben in einer Form darstellt, die den alten Volksglauben beerbt hat, während die ausführlichere Form der "höheren Astrologie" sich an die Mittelschichten wendet. Hinweise auf die Bedeutsamkeit des Phänomens sind auch darin zu sehen, daß Politiker zu den Kunden der Astrologen zählen. So gelangte vor einigen Jahren die Nancy-Reagan-Affäre um den Einfluß von Astrologen auf Amerikas Politik in die Schlagzeilen. Der ehemalige Stabschef des Weißen Hauses, Donald Regan, beschrieb in seinen Memoiren, daß der Terminkalender des Präsidenten nach den Anweisungen der Astrologin Joan Quigley in gute, mittlere und schlechte Tage eingeteilt und nach diesem Schema dann wiederum Kabinettsitzungen, Treffen mit aus- und inländischen Politikern, Pressekonferenzen, Reisen und persönliche Krebsoperationen bestimmt wurden: "Praktisch jeder wichtige Schritt oder jede Entscheidung der Reagans wurde im voraus mit einer Frau in San Francisco abgeklärt, die Horoskope stellte."[2] Angeblich befassen sich auch bundesdeutsche Minister und Partei-

---

[1] Hans Magnus Enzensberger, "Die Magier" in ders., Ach Europa!, Frankfurt/M. 1989, Suhrkamp, S. 53-68.

[2] Nach Donald T. Regan, For the Record. From Wall Street to Washington, Harcourt Bruce Javonovich, New York 1988; vergl. Spiegel 20/1988, S. 168-180, hier S. 169.

chefs mit Horoskopie - einem Artikel der Illustrierten "Bunte" ist zu entnehmen, daß der ehemalige Außenminister Genscher täglich sein Horoskop studiert und der frühere Parteichef der SPD, Hans-Jochen Vogel, nach dem Krieg selbst für kurze Zeit als Astrologe gearbeitet hat. Freilich sagt dieser über seinen einstigen Tätigkeitsbereich: "Horoskope stimmen immer, weil sie allgemein gehalten sind"[3] und verweist damit auf einen anderen Zusammenhang der Horoskoplektüre als den möglichen Aufschluß über die Zukunft, der noch Wallenstein und Lorenzo di Medici an der Astrologie interessierte[4]: Es ist heute wichtig für einen Politiker zu wissen, was die Astrologen schreiben, denn die Astrologie ist, wie die Kulturindustrie insgesamt, in der sie ein Segment bildet, eine öffentlich wirksame Macht, nach deren Anweisungen sich viele Menschen richten. Daher wirkt Astrologie vor allem als Massenphänomen. In den USA befinden sich die Reagans, die seit ihrer Zeit in Hollywood täglich Horoskope lesen und Salz über die Schulter werfen[5], in einer großen Gemeinschaft. Laut Schätzungen des Spiegels glauben etwa 30 Prozent der US-Amerikaner an ihr Horoskop: "1950 gab es kaum mehr als 100 Tageszeitungen in den USA, die Horoskope veröffentlichten. Heute sind es sicher 1400 unter den knapp 1700 amerikanischen Tageszeitungen."[6] Auch in Deutschland ist die Beschäftigung mit dem Okkulten seit längerem ein topos nicht nur der Kulturindustrie im engeren Sinne. Hält man sich wiederum an den Spiegel als Abbild einer öffentlichen Diskussion, dann finden sich dort immerhin zwischen 1967 und 1988 etwa 20 größere Berichte über dieses Thema, davon allein 8 Titelgeschichten mit Astrologie, Okkultismus, Kometenängsten und Parapsychologie als Aufmacher.

Auch wenn man nicht behaupten will, daß die Astrologie recht oder ihre Berechtigung habe, so bleibt doch die Frage, warum sie bis heute existiert und Menschen an sie glauben. Immerhin werden in jedem Jahr Darstellungen veröffentlicht, die zeigen, daß die Astrologen falsche Prognosen abgegeben haben. So findet sich im Dezember 1992 in der Bremer Tageszeitung "Weserkurier" ein Artikel mit der Überschrift: "1992: Keine Sternstunde für Astrologen":

---

[3] Bunte, 19. 5. 1988, S. 28.

[4] Einen Überblick über die Bedeutung der Astrologie in der italienischen Renaissance gibt Jacob Burkhardt, Die Kultur der Renaissance in Italien. Ein Versuch, 11. Aufl. hrsg. v. Konrad Hoffmann, Stuttgart 1988, Kröner S. 359-398.

[5] Spiegel 20/1988, S. 169.

[6] Spiegel 20/1988, S. 171.

Roßdorf (dpa). Bei ihren Prognosen für 1992 hatten Astrologen aus aller Welt erneut keine Sternstunde. Rund 50 Vorhersagen trug die Gesellschaft zur wissenschaftlichen Untersuchung von Parawissenschaften (GWUP) mit Sitz in Roßdorf bei Darmstadt zum Jahresbeginn zusammen. Die Bilanz zum Jahresende: Gesammelt hatten sich die Astrologen geirrt. Bundeskanzler Kohl trat nicht zurück, Michail Gorbatschow wurde nicht US-Bürger, und der 1. FC Kaiserslautern verteidigte auch nicht seinen Meistertitel. Vor einem Jahr hatte die GWUP mit einer ähnlichen Untersuchung bereits gezeigt: Die meisten Wahrsager sind in Wirklichkeit Versager.[7]

Trotz solcher Veröffentlichungen finden die Astrologen weiterhin Freunde. Die Aufklärer gegen den Aberglauben haben es dagegen schwer, und für diese Schwierigkeiten lassen sich zwei Hauptgründe angeben. Zunächst haben sie es bei Anhängern des Aberglaubens mit hartnäckigen Skeptikern gegenüber der Realität zu tun, die andererseits diese Skepsis in Zusammenhang mit mystischen Emanationen vermissen lassen; es findet eine eigenartige Vertauschung von Realität und Wahn statt, etwa in dem Sinne, wie Sören Kierkegaard den Mystiker beschreibt: "Konsequent ist der Mystiker nie. Wenn er nämlich die Wirklichkeit überhaupt nicht achtet, warum hört dann sein Mißtrauen gegen die Wirklichkeit gerade dann auf, wenn er von dem Höheren berührt zu sein glaubt? Das ist doch auch ein Moment der Wirklichkeit!"[8] Damit wäre ein Motiv von Seiten der Astrologieanhänger benannt. Nun zeigt sich aber ein weiteres Moment, das auf fragwürdige Seiten der aufklärenden Vernunft selbst zurückverweist. Die Verbreitung der Astrologie besitzt auch den Charakter eines seismographischen Ausschlags innergesellschaftlicher Erschütterungen, sie weist auf prekäre Züge der aufgeklärten Vernunft selbst hin, mit deren Hilfe die Gegner der Astrologie diese widerlegen wollen. So wird in der oben angeführten Untersuchung der mißratenen astrologischen Prognosen weder die Methode genauer erläutert, mit deren Hilfe die Überprüfung vorgenommen wurde, noch deutlich, welche Ziele die "Gesellschaft zur wissenschaftlichen Untersuchung von Parawissenschaften" verfolgt und aus welchen Mitgliedern sie besteht. Für eine solche Art von fragwürdiger anti-abergläubischen Argumentation lassen sich weitere Beispiele zeigen. So kämpft der Lehrer und Leiter der Volkssternwarte Paderborn, Reinhard Wiechoczek, unermüdlich mit einer naturwissenschaftlichen Argumentation gegen die Astrologie an. In seiner informativen Studie aber übersieht er, daß es auch gerade die Wissenschaft ist, die in ihren Tendenzen zum Aberglauben treibt, wenn er schreibt: "Keineswegs soll geleugnet werden,

---

[7] Weserkurier, Bremen, 31. 12. 1992, S. 15.

[8] Sören Kierkegaard, Entweder/Oder, Zweiter Teil, Gesammelte Schriften, Jena 1911-14, Eugen Diederichs, S. 212; zitiert nach Adorno, Kierkegaard. Konstruktion des Ästhetischen, 2. Aufl. Frankfurt/M. 1986, Suhrkamp, S. 46f.

daß die Wissenschaft im Gebrauch voreiliger Forscher und kurzsichtiger Lobbyisten auch Verheerendes beschert. Grund dafür sind jedoch nicht die Errungenschaften, sondern die geistige Unreife einzelner Verantwortlicher wie die Ignoranz des Massenmenschen."[9]

Das hier nicht nur die Verfehlungen Einzelner und die Ignoranz der Masse, sondern ein strukturelles Problem der Verknüpfung von Wissensgewinnung und gesellschaftlicher Ausrichtung vorliegt, kommt ihm bei aller richtiger Kritik an den Astrologen nicht in den Sinn. Abergläubische Momente in der Argumentation der positivistischen Naturwissenschaft gegen die Astrologie macht auch der austro-amerikanische Wissenschaftskritiker Paul Feyerabend aus; allerdings schießt er in anderer Weise als die ungebrochenen Aufklärer über sein Ziel hinaus. Feyerabend beschreibt, daß eine Gruppe von Wissenschaftlern, unter ihnen 18 Nobelpreisträger, in einem Statement in der September/Oktobernummer des "Humanist" 1975 gegen die Astrologie wetterten, wobei sich bei Nachfragen herausstellte, daß den wenigsten deren Methoden und Aussagen bekannt waren: "Das ist buchstäblich wahr. Als ein Vertreter der BBC einige der Nobelpreisträger interviewen wollte, lehnten sie mit der Bemerkung ab, daß sie die Astrologie nie studiert hätten und mit ihren Details nicht vertraut wären. Was sie nicht hinderte, den Gegenstand öffentlich zu verfluchen." [10] Feyerabend kritisiert mit Recht den "religiösen Ton des Dokuments, die Unbildung der Autoren und die autoritäre Weise, in der die Argumente vorgetragen werden", obwohl er "Rationalität und Objektivität"[11] erwarte. Hier wendeten sich Menschen mit ihrer Autorität als Wissenschaftler gegen eine Sache, gegen die sie argumentieren sollten, merkt Feyerabend an und benennt damit das Dilemma der Aufklärung in ihrem Versuch, die Astrologie zu widerlegen.[12] Auch Hoimar von Ditfurth verweist auf diese Antinomien der Aufklärung, wenn er analysiert, daß gerade die Naturwissenschaft ihr Renommée verspielt hätte:

---

[9] Reinhard Wiechoczek, Astrologie. Das falsche Zeugnis vom Kosmos, Düsseldorf 1984, Erb Verlag, S. 9.

[10] Paul Feyerabend, "Die seltsame Geschichte von der Astrologie", in ders., Erkenntnis für freie Menschen, veränderte Ausgabe Frankfurt/M. 1980, Suhrkamp, S. 181-189, hier S. 181, Fußnote 68. Eine ähnlich lautende Stellungnahme gibt in Deutschland 1949 die astronomische Gesellschaft ab, vergl. Wiechoczek, Astrologie, a.a.O., S. 24f.

[11] Ebenda.

[12] Ebenda. Bei seinem Versuch der Rehabilitierung der Astrologie aber verwendet Feyerabend selbst ein metaphysisches Konstrukt der "Wasser über den Himmeln", das er naturwissenschaftlich begründen will (vergl. dazu den unter Lyall Watson im 4. Kapitel ausführlich dargestellten Argumentationsstrang).

> Die letzten, die darüber erstaunt sein sollten, sind die Wissenschaftler selbst. Sie können nicht blind sein gegenüber der Tatsache, daß sie ihr Konto in den vergangenen Jahrzehnten maßlos überzogen haben. In der gleichen Ecke, aus der noch vor nicht allzu langer Zeit der Sieg über den Krebs und alle anderen Leiden angekündigt worden war, entdeckt eine verunsicherte Öffentlichkeit heute eine ihr immer unheimlicher werdende technische Medizin, von der sie sich mit ihren Ängsten allein gelassen fühlt. (...) Muß man diese Liste noch verlängern? Man muß. Denn weitaus verheerender noch als alle bisher aufgezählten Enttäuschungen hat sich die Nichterfüllung einer anderen, der größten Verheißung von allen ausgewirkt: der Erwartung, daß die ausschließliche und totale Anwendung der menschlichen Vernunft zur Erkenntnis der Welt und zur Sinnerfüllung des eigenen Daseins führen werde.[13]

Mit anderen Worten, die Neigung zum Aberglauben entspringt nicht allein einem Kern hartnäckiger Abergläubischer, sondern ist auch eine Reaktion auf den Zustand der gesellschaftlich wirksamen Vernunft und ihrem mit dieser in Wechselwirkung stehenden Abbild in den Wissenschaften selbst. Die Astrologie reagiert damit auf real bestehende Unheilstendenzen in der Gesellschaft.

Wenn man nun das Moment der Astrologie als Symptom für den Zustand der Aufklärung betont, bedeutet das nicht, anderen absurden Begründungsmustern zu folgen, wie sie gegen eine Ablehnung der Astrologie aus rationalistischen Gründen vorgelegt werden. Ulli Olvedi, eine Autorin der Rundfunksendereihe "Forum der Wissenschaft" bei Radio Bremen entwickelt in ihrem sich kritisch verstehenden Feature gegen einen positivistisch orientierten Kritiker der Astrologie, eine ebenso fragwürdige Argumentation. Sie setzt gegen Ludwig Reiners, der in seinem Buch "Steht es in den Sternen? Eine wissenschaftliche Untersuchung über Wahrheit und Irrtum der Astrologie"[14] vornehmlich ältere Frauen als Konsumenten von Horoskopen ausgemacht haben will, folgende Vorstellung:

> Tatsächlich hat die Mantik (als "okkulte Wissenschaft", zu der die Autorin die Astrologie neben dem Tarot und dem I-Ging zählen will, W. B.) etwas mit dem weiblichen Prinzip zu tun - nicht mit 'den Frauen', und schon gar nicht speziell mit älteren, sondern mit jenem Strukturanteil des menschlichen Geistes, welcher der rechten Gehirnhemisphäre zugeordnet wird und damit mit demjenigen Bewußtseinsmodus, der nicht rational, sondern intuitiv arbeitet, der es ermöglicht, Gestimmtheiten wahrzunehmen, hintergründige Zusammenhänge zu erspüren und nonverbal zu kommunizieren. Ohne die Würdigung und Schulung verkümmern diese Fähigkeiten der 'weiblichen Seelenhälfte', und übrig bleibt

---

[13] Hoimar von Ditfurth, Allein mit dem Diesseits. Selbstkritische Reflexionen eines Rationalisten zur Wiederkehr des Aberglaubens, in Der Spiegel, 17/1978, S. 54.

[14] Angabe nach Olvedi, s.u.

eben jener anmaßende, gefühllose Rationalismus, der den geistigen Horizont einer ganzen Epoche auf einen banalen Materialismus zusammenschrumpfen ließ.[15]

Auch wenn man solche Polemik zunächst als berechtigte Position gegen eine sexistische Rancune begreift, so offenbart sie doch im Versuch der Etablierung der Vorstellung von einer Struktur, die sich auf das prekäre Konstrukt einer eine weibliche Intuition bergenden rechten Gehirnhälfte stützen will, um einen tieferen Sinn der "Mantik" zu postulieren, eine erschreckende komplementäre Hilflosigkeit im Verständnis des Problems des Aberglaubens auch gerade bei denjenigen, die sich nicht der Naturwissenschaft verschrieben haben und die Astrologie "kritisch zu retten" versuchen. Ausgeblendet bleibt bei derartigen Versuchen das Verständnis der historischen Entwicklung und der gesellschaftlicher Bedeutung der Wissenschaften und ihre Rolle als Produktivkraft in der bürgerlichen Gesellschaft.

In der Ablehnung der positivistischen Wissenschaften aber wird auf eine Verflechtung zwischen diesen und der Astrologie hin gedeutet, die durchaus besteht. Es handelt sich bei der historischen Astrologie Keplers und Kopernikus' um eine frühe Form der Wissenschaft, der die Verbindung zur Magie noch deutlich ins Antlitz geschrieben steht, von der der Positivismus sich freizumachen ins Programm genommen hat. Darin liegt der Stachel der Astrologie. Nun soll die Bedeutung der Astrologie in diesem Zusammenhang aber auch nicht überschätzt werden. Viel interessanter als die Begründungszusammenhänge des Systems ist die Anfälligkeit ihrer Anhänger für deren Reize. Die Rechtfertigungen der Astrologie sind allein aus dem Grunde relevant, weil sie unter den existierenden okkultistischen Sekten die größte Anhängerschaft in der Bevölkerung besitzt und darüber hinaus in einer Weise verdeckt abergläubisch bleibt und sich mit einer pseudorationalen Argumentation umgibt, die schwer von einer rationalen zu unterscheiden ist.

[15] Ulli Olvedi, Wie stehen die Sterne. Wie liegen die Karten. Eine kritische Betrachtung über Sinn und Unsinn der Astrologie und anderer Orakel, Manuskript der Sendung in der Reihe "Forum der Wissenschaft", Redaktion Wolfgang Kirchesch, Radio Bremen Hörfunk, Sendung vom 30. 9. 1986, RB II, 21.00 - 22.00., S. 2.

2. Astrologie und Massenkultur

Fängt kalt an. Es bleibt zunächst kalt.

Hundertjähriger Kalender

Zu allem Überfluß steht nun auch noch Mars in Opposition zu Uranus, ein sehr unerfreulicher Aspekt, unter dem es leicht zu Kurzschlußhandlungen und Gewaltaktionen kommt. Auch die Unfallhäufigkeit wächst, so daß besondere Vorsicht im Straßenverkehr und beim Hantieren mit Werkzeugen usw. angebracht ist. Merkur Sextil Venus bringt vielleicht etwas Freude durch Vergnügen oder Kunstgenuß.

Huters Astrologischer Kalender[1]

Die Astrologie entfaltet die massenpsychologisch interessanteste Wirkung in ihrer populären Form als Horsokopspalte in Tageszeitungen, Illustrierten, Szeneblättern und astrologischen Kalendern. Diese Horoskope sind dem großen Bereich der kulturindustriellen Lebensberatung zuzurechnen, zu dem die "traditionellen" Beraterspalten der populären Psychologie, der ärztlichen, tierärztlichen und gärtnerischen Beratung ebenso gehören, wie die neueren Formen des "Biorhythmus" in Tabellen, Kurven und Diagrammen. Sie lassen sich sowohl in den Illustrierten der Regenbogenpresse, als auch in den sich an ein jüngeres Publikum wendenden Szeneblättchen und Stadtmagazinen, in "Tempo", "Wiener" etc. in entsprechender Form wiederfinden. Um diese einfachen Horoskope lesen zu können, benötigt man nicht mehr, als die Kenntnis davon, in welchem der zwölf Sternzeichen des Tierkreises der eigene Geburtstag liegt. Das es sich dabei um ein minderwertiges Material handelt, soll dadurch wieder wettgemacht werden, daß die Horoskope anscheinend von ihren Lesern nicht ernst genommen werden - fragt man einmal herum, so findet sich kaum jemand, der zugeben möchte, daß er sich nach ihnen richte. Auch von den "höheren Astrologen" wird die Horoskopspalte

[1] "Apriltendenzen im Merkurjahr", in Huters Astrologischer Kalender für das Merkurjahr 1991, Redaktion Annelies Baumgarten, Ulrich Huter, Rosenheim 1990, Huter Verlag, S. 19.

gering geschätzt, die "echte Astrologie" soll für sie erst auf der Stufe der persönlichen Horoskope beginnen. Doch bei näherer Betrachtung fällt zunächst auf, daß die schematischen Berechnungen und Aussagen von den selben ambitionierten Astrologen durchgeführt werden, die ihren eigenen Produkten abfällig gegenüberstehen - so bedient in Bremen beispielsweise der gut bezahlte "Alexander Morin" das Spaltenhoroskop im Anzeigenblättchen "Weserreport". Die Zeitungshoroskope, die auf diese Weise Objekte einer ironischen Distanzierung sind oder für halbwertig gehalten werden, sind jedoch ernsthaft ausgearbeitete Produkte, womöglich komplizierter, als die Gebilde des sich als elitär verstehenden Okkultismus. Daher beschäftigt sich dieses Kapitel mit den einfacheren Horoskopen; da ich zu den Massenhoroskopen aber keine eigenen Forschungen vornehme, befasse ich mich mit dem Hintergrund der Wirkungen der Spaltenhoroskope im Zusammenhang mit der Kulturindustrie anhand einer klassischen Studie von Adorno.

2. 1. Die heruntergehängten Sterne - Astrologie zwischen Kulturindustrie und faschistischer Propaganda

Theodor W. Adorno untersuchte Anfang der fünfziger Jahre die astrologische Spalte der großen rechtsrepublikanischen Tageszeitung "Los Angeles Times" in den USA. Die Ergebnisse sind zuerst in dem englischsprachigen Aufsatz "Stars Down to Earth" (deutsch: "Aberglaube aus zweiter Hand") veröffentlicht worden.[2] Die Sichtweise Adornos unterscheidet sich von derjenigen, die die Astrologen von ihren "niederen" Produkten haben; er nimmt sie ernst und untersucht sie im Hinblick auf die in ihnen angelegten gesellschaftli-

---

[2] Das untersuchte Material umfaßt Horoskope des Zeitraumes von November 1952 bis Februar 1953. Vergl. Th. W. Adorno, "Aberglaube aus zweiter Hand", übers. v. Hermann Schweppenhäuser, in Horkheimer/Adorno, Sociologica II. Reden und Vorträge, Frankfurt/M. 1962, Europäische Verlagsanstalt, S. 142-167. Der stärker psychologisch ausgelegte englische Originaltext, in dem Belegstellen aus der psychoanalytischen Literatur angegeben sind, findet sich unter dem vollständigen Titel "The Stars Down to Earth: The Los Angeles Times Astrological Column. A Study in Secondary Superstition" im Jahrbuch für Amerikastudien, Bd. 2, hrsg. v. Walther Fischer, Heidelberg 1957, Universitätsverlag Carl Winter, S. 19-88. Eine nur leicht gekürzte frühe deutsche Fassung, die von Marianne v. Eckardt übersetzt wurde, ist unter dem Titel "Aberglaube aus zweiter Hand. Zur Sozialpsychologie der Zeitungshoroskope" in Psyche. Zeitschrift für psychologische und medizinische Menschenkunde, hrsg. v. W. Hochheimer und A. Mitscherlich, Jahrgang 12, Heft 1, 1959, S. 561ff abgedruckt. Dieser Text diente als Grundlage des Einleitungsreferates Adornos auf dem Symposion "Sicherung und Magie; zur Kritik der sozialen Funktion des Aberglaubens" auf dem zweiten öffentlichen Kongreß der Deutschen Gesellschaft für Psychotherapie und Tiefenpsychologie 1958 in Wiesbaden. Zu Beiträgen von Diskussionsteilnehmern zu diesem Thema siehe das Ende des Kapitels.

chen Direktiven. Adorno verwendet ein Verfahren, daß an der Häufigkeit von Aussagen orientiert ist, die er in Zusammenhang mit der Psychoanalyse und der Soziologie qualitativ bewertet.[3] Er befindet sich mit seiner Untersuchung in der Tradition des Instituts für Sozialforschung, aus dem bereits andere Studien hervorgegangen waren, in denen empirische Befragungen mit Gesellschaftstheorie zusammengebracht und Phänomene des Alltagsbewußtseins in Beziehung zur Akzeptanz autoritärer Ideologie gestellt wurden.[4] Ein besonderer Ausgangspunkt von Adornos Analyse ist ein Ergebnis aus den Studien über den autoritären Charakter, daß eine Vorliebe für Aberglaube und Astrologie mit einer Disposition für eine totalitäre Weltanschauung zusammen auftreten.[5] Adorno arbeitet heraus, daß die Reize, auf welche hin die Zeitungshoroskope genau kalkuliert sind und auf die die Astrologieanhänger anspringen, sich auf eine Zwischenschicht richten, einen Bereich zwischen Es und Ich, Vernunft und Wahn, des weder ganz Zugelassenen, noch ganz Unterdrückten, die der Zone der Anspielungen und des Augenzwinkerns verwandt ist. Neben dieser Region, die sich in den Horoskopen als vernünftiges Handeln ausgibt, aber in Wirklichkeit eine Pseudo-Rationalität ist, wird auch eine besondere Geschäftigkeit, eine Pseudo-Aktivität, angesprochen, auf die sich die Anhänger ebenfalls beziehen.[6] Vor diesem Hintergrund findet Adorno eine Doppelfigur: Er analysiert sowohl die Seite des Schreibers, als auch die mögliche Wirkung auf die Leser und verweist anhand von soziologisch

---

[3] Vergl. Adorno, "Aberglaube", in Sociologica II, a.a.O., S. 144.

[4] Vergl. Erich Fromm, Arbeiter und Angestellte am Vorabend des Dritten Reiches. Eine sozialpsychologische Untersuchung 1929), bearb. u. hrsg. v. Wolfgang Bonß, München 1983, dtv. Fromm und Hilde Weiß untersuchen mit psychoanalytisch orientierten Fragebögen Lektüreverhalten, Kunstgeschmack, Wohnzimmereinrichtung usf. und setzen sie mit vordergründig geäußerten politischen Zuordnungen in Beziehung. Das Ergebnis dieser ersten Studie ihrer Art ist bekannt: Das Institut für Sozialfoschung emigrierte über Genf nach Amerika, weil die mangelnde Bereitschaft, sich dem drohenden Faschismus zu widersetzen bereits an den ambivalenten Einstellungen der untersuchten Arbeiter 1929 deutlich wurde. Vergl. ebenfalls Max Horkheimer, Erich Fromm, Herbert Marcuse, Studien über Autorität und Familie. Forschungsberichte aus dem Institut für Sozialforschung, Paris 1936, 2. Aufl. Lüneburg 1987, zu Klampen; sowie T. W. Adorno, Else Frenkel-Brunswik, Daniel J. Levinson, R. Nevitt Sanford, The Authoritarian Personality, New York; Auszüge in Adorno, Studien zum autoritären Charakter, 4. Aufl. Frankfurt/M. 1982, Suhrkamp.

[5] Vergl. Adorno, Studien, a.a.O., S. 294f und S. 298-300.

[6] Zum Begriff der Pseudoaktivität und seine Bezüge zur instrumentellen Vernunft siehe unten; Adorno übernimmt den Begriff von Erich Fromm (vergl. Adorno, "Stars Down to Earth", Jahrbuch für Amerikastudien, a.a.O., S. 43 und Fromm, "Das Gefühl der Ohnmacht", Zeitschrift für Sozialfoschung 1937, 6. Jg., a.a.O., S. 95-118, bes. 103-105.

und psychoanalytisch orientierten Kriterien darauf, daß in den Horoskopen ein Weltbild konstruiert wird, daß dem Leser seine kleinbürgerliche Welt nocheinmal andreht; diese wird durch den Sternenrat allerdings in der Weise verschoben, daß sie einerseits seinen Wünschen nach Bewegung, andererseits aber auch seiner Angst vor wirklichen Veränderungen entgegenkommt.

Nun ergibt sich eine Schwierigkeit in der Darstellung der Resultate der Studie daraus, daß Adornos Aussagen erst mit dem Material vor Augen deutlich werden. Obwohl man voraussetzen kann, daß diese Art von Horoskopen bekannt sind, füge ich daher ein Beispiel zur Anschauung hinzu, das etwa dem Material entsprechen müßte, das Adorno untersucht hat.

"Man ist sparsam mit Äußerungen wilden Aberglaubens" - Die Tricks des Spaltenhoroskops

Adorno geht zunächst von dem äußeren Erscheinungsbild der Horoskope aus. Sie sind um Respektabilität bemüht und scheinen unverzichtbar zur Kultur zu gehören. Der Ton, mit dem sie sich auf Berechnungen und Konstellationen beziehen, erscheint wissenschaftlich und der Schreiber tritt mit der Autorität eines Experten auf, die mit derjenigen seines Kollegen von der Alltagspsychologie oder dem ärztlichen Ratgeber vergleichbar ist, allerdings ohne daß er sich als Person ausweist: im Gegensatz zu seinen Nachbarkolumnen bleibt der Autor der Horoskope weitgehend anonym. Der Stil stellt den Schreiber der Spalte vor eine Zwickmühle: Weder darf er aufgrund der ihn möglicherweise widerlegenden Realität zu deutlich werden, noch dürfen seine Aussagen zu vage klingen. Dazu kommt die weitere Schwierigkeit, sich eines direkten Stichs enthalten zu müssen, da die Leser Tröstung und Zuspruch erwarten. Der realisierte Stil trägt diesen Hindernissen Rechnung. Der Schreiber zielt auf eine Pseudo-Individualisierung ab, indem er Stereotypen und starre Wendungen benutzt, um daraus Standartsituationen des täglichen Lebens - vorzüglich solche, die allein nicht gelöst werden können - zu konstruieren. Er kann damit rechnen, daß ihm von Seiten des Lesers ein narzißtisches Bedürfnis entgegenkommt, das auch bei der psychischen Wirkungsweise des Kompliments zur Anwendung gelangt. So kann der Schreiber fast alles sagen, wie dumm es auch immer klingen mag, so lange er auf die Eitelkeit des Lesers vertrauen kann. Allerdings findet Adorno auch den Gestus einer latenten Drohung, der das Horoskop durchzieht; diese wird jedoch nicht konkret, sondern die Spalte begnügt sich mit Andeutungen, wobei die Warnung vor dem Verkehrsunfall besonders beliebt ist. Als dahinter stehendes Prinzip macht Adorno den Versuch aus, banalen Ermahnungen, wie der, vorsichtig zu fahren, durch die Vorsehung Gewicht und Würde zu verleihen.

Neben diesen erwähnten Mechanismen verwendet der Schreiber noch einige andere Tricks, wie den der "Biphase": Treten verschiedene Prinzipien in

Konkurrenz miteinander, so werden sie einfach hintereinander gelegt. Stehen z.B. persönliche Wünsche im Widerstreit mit der Arbeit, so wird angeraten, am Vormittag zu arbeiten und sich am Abend um die Familie zu kümmern. Der abgeleitete Rat folgt dem Prinzip "alles zu seiner Zeit". Dabei liegt das Primat auf der Arbeit, das Spiel wird herausgenommen. Als Resultat ergibt sich die scheinbar saubere Trennung der in der Wirklichkeit miteinander vermittelten Bereiche von Produktion und Reproduktion. Diese grundsätzliche Aufteilung der Welt in Arbeits- und Privatsphäre, wie sie sich aus kleinbürgerlicher Sicht darstellt und als Lösung für alle Konflikte angeboten wird, findet sich auch in Bezug auf die Familie wieder, die ebenfalls als eine Persiflage des wirklichen Lebens erscheint. Sie gibt das Bild einer künstlichen und ambivalenten Harmonie ab, zu der gleichzeitig der Eindruck von Blutleere und eines kalten Hauches gehört. Die Orientierung der Eheleute erfolgt eher an ökonomischen Faktoren als an Liebesverhältnissen, die nur vage und in Andeutungen auftauchen. Die Hauptfunktion des Sternenrates sieht Adorno in der Stärkung der Familie als Kontrollinstanz, es geht ausschließlich um formales Verhalten und Äußerlichkeiten, Gefühle kommen dagegen kaum vor. Es wird ein Bild von Menschen gezeichnet, die sich in der Familie gegen eine feindliche Umwelt zusammentun. Steht die Familie dementsprechend für den Innenraum einer persiflierten Privatsphäre, so repräsentieren die "Freunde" die Außenwelt des Kleinbürgers. Hier folgt die Spalte der Tendenz zur Anonymisierung nach. "Freund" steht einerseits synonym für "guter Bekannter" - wirkliche Freunde dagegen hat kaum jemand mehr -, andererseits muß der Begriff auch die Kategorie des Feindes mit aufnehmen, der offen nicht vorkommt. Auch diese Ambivalenz bleibt permanent unterschwellig erhalten. Als allgemeine Tendenz macht Adorno in diesem Bereich das Bemühen aus, rationale und berufliche Beziehungen in emotionale zu verwandeln. Oft erscheint der Rat, man solle starken Freunden folgen. Hier können Vorgesetzte unter der Maske des Freundes auftreten, dabei wird sich das Prinzip der "Identifikation mit dem Aggressor"[7] zunutze gemacht, das der Rationalisierung der Unterwerfung dient, denn dem Vorgesetzten gegenüber ist unterwürfiges Verhalten angebracht, entsprechend dem Kind, das mit seinem goldigen Wesen die Eltern zu versöhnen versucht. Weiterhin bietet sich die Kategorie des Freundes für Projektionen des Über-Ichs an. So entfaltet sich ein innerer Dialog, bei dem der Leser den Part des Kindes übernimmt und der Freund mahnende Ratschläge erteilt. Aber auch der umgekehrte Fall, bei dem die Spalte die geheimen Wünsche des Lesers verbalisiert und dieser darf sich dann mit ihnen auseinandersetzen, kommt vor.

---

[7] Vergl. Anna Freud, Das Ich und die Abwehrmechanismen, 9. Aufl. München 1977, Kindler, S. 85-94.

In Adornos Perspektive zeigt sich die Spaltenastrologie damit nicht als ein einfältiges Produkt, dessen Lektüre als ein harmloses Spiel aufgefaßt werden kann, sondern es offenbart ganz andere Eigenschaften. Adorno entwickelt sowohl ein Profil der auf die Astrologie anspringenden Leser, als auch der Intention der Texte. Bei den Menschen, die auf sie ansprechen, handelt es sich in der Tendenz um illusionslose Skeptiker, denen ihre Erfahrungen allein nicht genügen, deren Durchdringung der Verhältnisse aber nicht ausreichen, um zu einer wirklichen Kritik zu gelangen. Wesentlich ist das Element der Distanz zu sich selbst, die Selbstverachtung und Ironie voraussetzt. Daher wirkt die Anhängerschaft oft gespielt, wie es im Bilde des Augenzwinkerns erscheint. Als zentrale Intention des Horoskops - ihre "Message", auf der die Astrologie beruht und die sie weiter hervorbringt - präpariert Adorno das einzuübende Verhalten des Gehorsams gegenüber einer unterschwellig vorhandenen, sich verbergenden, aber gleichwohl übermächtigen Instanz heraus, die durch die Sterne repräsentiert wird:

> Der Zuspruch, den die unerbittlichen Sterne auf ihr Geheiß spenden, läuft darauf hinaus, daß nur, wer vernünftig sich verhält: sein inneres wie äußeres Leben völliger Kontrolle unterwirft, irgend eine Chance hat, den irrationalen und widersprüchlichen Forderungen des Daseins gerecht zu werden. Das heißt aber: durch Anpassung. Die Diskrepanz von rationalen und irrationalen Momenten in der Konstruktion des Horoskops ist Nachhall der Spannung in der gesellschaftlichen Realität selbst. Vernünftig sein heißt in ihr nicht: irrationale Bedingungen in Frage stellen, sondern aus ihnen das Beste machen.[8]

Der zweifelhafte psychische Gewinn, der aus der Anlehnung an den "Sternenrat" für das Individuum folgt, ist der Verzicht auf autonomes Handeln, das Schicksal nimmt dem Leser jede Verantwortung ab. Die objektiven gesellschaftlichen Bedingungen sind aller Kritik entzogen, dagegen soll der Einzelne Anpassung und Gehorsam üben und sich selbst kritisieren. Der Zweck der Veranstaltung, schließt Adorno, ist die Beibehaltung des status quo. Die Haltung, die gleichzeitig gefordert und gefördert wird, ist die des gesunden Menschenverstandes, einer gewissen Gewitztheit, die darauf gerichtet ist, die Verhältnisse zu überleben, wie hart es auch immer kommen mag: "Astrologie versorgt zugleich und provoziert einen Typus, der zu skeptisch sich düngt, um der Kraft des gesellschaftlich ungedeckten Gedankens zur Wahrheit sich anzuvertrauen, und doch nicht skeptisch genug ist um gegen eine Irrationalität sich zu sträuben, welche die sozialen Antionomien, an denen ein jeder leidet, in ein Positives verzaubert. "[9]

---

[8] Adorno, "Aberglaube", in Sociologica II, a.a.O., S. 147.

[9] Adorno, "Aberglaube", in Sociologica II, a.a.O., S. 166.

Astrologie als Schlangenei. Zum Hintergrund von Adornos Astrologiekritik

Nun muß im Anschluß an diese Darstellung ein Einwand vorgebracht werden: Sind denn die Spaltenhoroskope wirklich so schlimm? Handelt es sich nicht vielmehr um harmlose Produkte, die zudem garnichts mit der wirklichen Astrologie zu tun haben und die sowieso niemand ernst nimmt? Mit anderen Worten: Schießt hier Adorno nicht mit Kanonen auf Spatzen?

Um diese Frage aufzunehmen, ist es angebracht, sich dem Hintergrund der Position zu nähern, die Adorno einnimmt. Sein Text besitzt, wie er in der Ausgabe der "Sociologica II" vorliegt, einen sehr dichten, fast opaquen Charakter. Um die Argumente transparent zu machen, bietet es sich daher an, ihn in Hinblick auf die ihm zugrunde liegenden Interpretationslinien zu zerlegen. Es lassen sich zunächst drei Aspekte bestimmen: den Kontext der Propagandamittel und -tricks der Kulturindustrie, den direkten Bezug zur faschistischen Propaganda und den Charakter der Astrologie als "sozialisierter Aberglaube" als Reaktion auf die Dialektik der Aufklärung. Ich gebe diese Elemente unter einzelnen Stichworten wieder und führe den ersten Zusammenhang in einem kleinen Exkurs weiter aus.

Exkurs: Kulturindustrie

Die Begriffe Massenkultur, Vergnügungs- und Propagandaindustrie, Popularkultur, Kulturindustrie beziehen sich mit verschiedener Akzentuierung auf das gleiche Phänomen einer sich mit der bürgerlichen Öffentlichkeit bildenden Sphäre der Zerstreuungskultur. Die Massenkultur offenbart ein Dilemma, das mit dem bürgerlichen Zeitalter entsteht, in dem der Einfluß der Religion zurückgeht: Die Spannung zwischen hoher und niederer Kultur, Sammlung und Zerstreuung, Aufklärung und Verdummung.[10] Leo Löwenthal macht als frühe Antipoden Montaigne und Pascal aus, die für und gegen die Zerstreuung Stellung nehmen: "Montaignes Frage war, wie der Mensch sich dem wachsenden gesellschaftlichen Druck anpassen könne; Pascals Frage lautete, wie der Mensch angesichts

---

[10] Meine Darstellung der Kulturindustrie bleibt darin beschränkt, daß sie die postmoderne Entwicklung an dieser Stelle nur am Rande aufnimmt (vergl. dazu das letzte Kapitel). Den Versuch der Beschreibung der neueren Tendenzen der Kulturindustrie im Zusammenhang mit der Debatte um die Postmoderne in den USA liefert Christa Bürger, "Das Verschwinden der Kunst. Die Postmoderne-Debatte in den USA", in Christa und Peter Bürger (Hg.), Postmoderne: Alltag, Allegorie und Avantgarde, Frankfurt/M. 1988, Suhrkamp, S. 34-55. Vergl. auch A. Huyssen u. K. Scherpe (Hg.), Postmoderne. Zeichen eines kulturellen Wandels, Reinbek 1986, Rowohlt.

der Versuchungen, denen er in Epochen tiefgreifender Veränderungen ausgesetzt ist, seine Seele retten könne."[11]

Der Gegenbegriff zur Massenkultur ist die Kunst: "Auch in der Massenkultur befreien sich die Menschen von den mythischen Mächten, nur daß sie alles aus der Hand geben, sogar die Ehrfurcht von dem Schönen. Sie leugnen alles, was die gegebene Wirklichkeit transzendiert. (...) Aus dem Reich der Schönheit geht der Mensch in den Bereich der Unterhaltung über, der seinerseits mit den Erfordernissen der Gesellschaft in Einklang gebracht ist und das Recht auf persönliche Erfüllung verwehrt."[12] Adorno und Horkheimer gehen zum Begriff der Kulturindustrie über, um dem Mißverständnis vorzubeugen, es handele sich um eine Kultur, die spontan aus den Massen aufsteige und ihren authentischen Ausdruck darstelle; "Industrie" deutet auf die Warenseite hin.[13] Adorno faßt die Analyse in einem späteren Aufsatz folgendermaßen zusammen: "In all ihren Sparten werden Produkte mehr oder minder planvoll hergestellt, die auf den Konsum durch Massen zugeschnitten sind und in weitem Maß diesen Konsum von sich aus bestimmen. Die einzelnen Sparten gleichen der Struktur nach einander oder passen wenigstens ineinander. Sie ordnen sich fast lückenlos zum System. Das gestatten ihnen ebenso die heutigen Mittel der Technik wie die Konzentration von Wirtschaft und Verwaltung. Kulturindustrie ist willentlich Integration ihrer Abnehmer von oben."[14] Indem die Kulturindustrie ein Bewußtsein zu schaffen versucht, das im mechanischen Reflex zur herrschenden Wirklichkeit besteht und nicht in ihrer reflektorischen Durchdringung, ist sie eine Bewußtseinsindustrie. Sie entfaltet ihre Wirkung in der Beibehaltung des Unmittelbaren und Echten als Schein, ihre Produkte tragen jedes für sich ein individuelles Antlitz, obwohl sie als kalkulierte Massenträume den Traumfabriken entstammen. Es sind vorgestanzte Träume, die dadurch, daß sie scheinbar ein Ausweichen vor der Gewalt der Arbeitsverhältnisse ermöglichen, die Menschen noch fester an diese binden. Der Begriff der Industrie ist dabei weniger auf die Herstellungweise bezogen, als vielmehr auf die Standardisierung der Produkte und die Rationalisierung der Verbreitungstechniken. Die Distribution der Produkte richtet sich nicht nach ihrem Gehalt, sondern nach ihrer Verwertbarkeit, dem Tau-

---

[11] Löwenthal, "Die Diskussion über Kunst und Massenkultur: kurze Übersicht", in ders., Schriften 1, hrsg. v. Helmut Dubiel, Frankfurt/M. 1990, S. 26-77, hier S. 27. Vergl. auch ders., "Standortbestimmung der Massenkultur", in Schriften 1, a.a.O., S. 9-20.

[12] Löwenthal, "Die Diskussion", a.a.O., S. 16f.

[13] "Kulturindustrie. Aufklärung als Massenbetrug", in Horkheimer/Adorno, Dialektik der Aufklärung, Amsterdam 1947, Frankfurt/M. 1969, Fischer, S. 108-150.

[14] Adorno, "Résumé über Kulturindustrie", in ders., Ohne Leitbild. Parva Aesthetica, Frankfurt/M. 1970, Suhrkamp, S. 60.

schwert. Sobald Kunst auf den Markt trat, hatte sie bereits etwas davon, allerdings nur mittelbar, durch ihr autonomes Wesen hindurch. Die Vermittlung bleibt im Neuen die Handhabe der Kunst gegenüber der Kulturindustrie, die dazu tendiert, das Profitmotiv direkt in geistige Gebilde zu verlegen.[15] Die Kulturindustrie vereint niedere und höhere Kultur zu beider Schaden: die niedere wird rationalisiert und - mit Bestandteilen der höheren neu aufgekocht - um ihre Widerständigkeit gebracht, während jener ihr Ernst und ihr Anspruch auf Wahrheit genommen wird. Die Kulturindustrie ist damit eine Vermittlungsinstanz, die zwischen den von oben gewollten und den von den Abhängigen gewünschten Vorstellungen angesiedelt ist. Ihrem Charakter gemäß ist sie einerseits heterogen - zu ihren Produkten zählen heute die populären Zeitungen und Illustrierten mit ihren Rubriken und Horoskopspalten, die auch in ihren Berichten sich der Anzeige annähern ebenso die Produkte der audiovisuellen Unterhaltungsindustrie wie Filme, Fernsehspiele, Schlager und Videoclips -, andererseits aber verbreiten ihre verschiedenen Sparten die gleiche Message der Identifikation mit dem status quo. Sie ästhetisiert die bestehenden politischen und ökonomischen Verhältnisse, wobei sie kritische Impulse wieder in affirmative zurückbiegt: Ihre Produkte sind auf Menschen kalkuliert, die zum Anhängsel der Produktion werden, die nicht ihr Subjekt, sondern ihr Objekt sind.

Ein Muster der Kulturindustrie sind die Weltausstellungen des letzten Jahrhunderts, auf denen sich Amüsement und Phantasmagorien der kapitalistischen Kultur zusammenfanden: "Die Weltausstellungen verklären den Tauschwert der Waren. Sie schaffen einen Rahmen, in dem ihr Gebrauchswert zurücktritt. Sie eröffnen eine Phantasmagorie, in die der Mensch eintritt, um sich zerstreuen zu lassen. Die Vergnügungsindustrie erleichtert ihm das, indem sie ihn auf die Höhe der Ware hebt. Er überläßt sich ihren Manipulationen, indem er seine Entfremdung von sich und den andern genießt."[16]

---

[15] "Nouveauté ist ästhetisch ein Gewordenes, die von Kunst appropriierte Marke der Konsumgüter, durch welche sie vom immergleichen Angebot sich unterscheiden, anreizen, fügsam dem Verwertungsbedürfnis des Kapitals, das, wofern es sich nicht expandiert, in der Zirkulationssprache: etwas Neues bietet, ins Hintertreffen gerät." (Adorno, Ästhetische Theorie, hrsg. v. Gretel Adorno u. Rolf Tiedemann, Frankfurt/M. 1973, S. 39).

[16] Walter Benjamin, "Paris, die Hauptstadt des XIX. Jahrhunderts", in Gesammelte Schriften in VII Bänden, hrsg. v. Rolf Tiedemann u. Hermann Schweppenhäuser, Frankfurt/M. 1980, Suhrkamp, Band V, 1, a.a.O., S. 50f. Die Ausstattung der Sterne mit Kräften, hat sein Muster in den mit eigenen Seelen begabten Dingen der Warenproduktion, einem komplexen Zusammenhang, den Marx als den Fetischcharakter der Ware beschreibt (vergl. Karl Marx, "Der Fetischcharakter und sein Geheimnis", Das Kapital. Kritik der politischen Ökonomie, MEW Bd. 23, Berlin (O) 1984, Dietz, Bd. 1, S. 85-98). Eine anschauliche Darstellung dieses Scheins der beseelten Waren gibt Engels: "Die Schwierigkeit in der Ware liegt darin, daß sie, wie alle Kategorien der kapitalistischen Produktionswei-

Kurz gesagt, die Kulturindustrie läßt sich unter dem Begriff des Amusements zusammenfassen: "Amusement ist die Verlängerung der Arbeit unterm Spätkapitalismus. Es wird von dem gesucht, der dem mechanisierten Arbeitsprozeß ausweichen will, um ihm von neuem gewachsen zu sein. Zugleich aber hat die Mechanisierung solche Macht über den Freizeitler und sein Glück, sie bestimmt so gründlich die Fabrikation der Amüsierwaren, daß er nichts anderes mehr erfahren kann als die Nachbilder des Arbeitsvorganges selbst."[17]

Faschistische Propaganda

Eine weitere Quelle von Adornos Interpretationszusammenhang stellen seine Untersuchungen zur faschistischen Agitation dar. Adorno hat sich im Rahmen des Antisemitismusprojektes des Instituts für Sozialforschung mit den Inhalten und Methoden der faschistischen Propaganda in Deutschland und den USA befaßt. In diesem Zusammenhang entwickelt er den Begriff der Stimuli anhand der Analyse von Reden antisemitischer Agitatoren, die in den 30er Jahren im Südwesten der USA auftraten und der in der Analyse der Horoskopspalten wieder zum Tragen kommt: "(Das Material der faschistischen Propaganda) zielt eher darauf ab, Menschen gefangen zu nehmen, indem es auf ihren unbewußten Mechanismen spielt, als daß es Ideen und Argumente präsentiert."[18] Diese Reize folgen keiner diskursiven, sondern einer semi-bewußten, emotional-kalkulierten Logik. Die Ergebnisse der Forschungen, die in Zusammenarbeit mit Leo Löwenthal und anderen durchgeführt wurden, sollten ursprünglich zu einem populären Handbuch mit Zeichnun-

---

se, ein persönliches Verhältnis unter sachlicher Hülle darstellt. Die Produzenten beziehen ihre verschiedenen Arbeiten aufeinander als allgemein menschliche Arbeit, indem sie ihre Produkte aufeinander beziehen als Waren. Ohne diese Vermittlung bringen sie es nicht fertig. Die Verhältnisse der Personen erscheinen also als das Verhältnis der Sachen." (Friedrich Engels, "Konspekt über 'Das Kapital' von Karl Marx", in Marx-Engels-Werke (MEW) Bd. 16, Berlin (O) 1968, Dietz) Man muß nun hinzufügen: Und das der Sachen als eines von Personen; erst das macht den gesellschaftlichen Schleier der Warenproduktion aus.

[17] Horkheimer/Adorno, "Kulturindustrie", a.a.O., S. 123.

[18] Adorno, "Antisemitismus und faschistische Propaganda", in Ernst Simmel (Hg.), Antisemitismus (1946), Frankfurt/M. 1993, Fischer, S. 148-161, hier S. 148. Diese Form der Stimuli wird ausschlaggebend für Horkheimer und Adornos Analyse des Wandels des Ideologiebegriffs (Vergl. dies., "Ideologie", in Institut für Sozialforschung (Hg.), Soziologische Exkurse. Nach Vorträgen und Diskussionen, Frankfurt 1956, EVA, S. 162-181 und unten), wie sie sich auch in der Auseinandersetzung mit Lukács zeigt (vergl. Gunzelin Schmid Noerr/Willem van Reijen, "Kritische Theorie am Abgrund" in dem von ihnen herausgegebenen Buch Grand Hotel Abgrund. Eine Photobiographie der Frankfurter Schule, Hamburg 1988, Junius, S. 7-13).

gen zur Aufdeckung der Tricks faschistischer Agitatoren zusammengefaßt werden; ein Plan, der nicht zu Ende geführt wurde.[19] Als Resultate liegen Adornos Aufsätze "Die psychologische Technik in Martin Luther Thomas' Rundfunkreden"[20] und "Antisemitismus und faschistische Propaganda" vor.[21] Der zweite Text kann als eine Zusammenfassung des ersten gelesen werden. Von den von Adorno zusammengestellten 5 Merkmalen der faschistischen Agitation erfüllt die zurückgenommene Form der Horoskopspalte die vier ersten: 1. Stereotypie der Agitation (Schwarz/Weiß; Freund/Feind); 2. Eine pseudoreligiöse Attitüde; 3. "Identifikation mit dem status quo" (Elsa Brunswik); 4. Verwendung des Mittels der verdeckten Andeutung. Das fünfte Kennzeichen, die Inszenierung eines Rituals, setzt immerhin eine körperliche Begegnung voraus; das Ritual des Horoskops entspricht dabei der Sammlungsphase solcher Bewegungen, die dem Treffen vorausgeht.[22] In diesem Kontext sieht Adorno die Astrologie als eine Übergangsform von den repressiven Seiten der Massenkultur zum Totalitarismus an. Er erblickt in ihr - um ein Bild des schwedischen Regisseurs Ingmar Bergmann zu gebrauchen - ein Schlangenei, durch dessen dünne Schale das kleine, aber komplett vorgebildete Reptil bereits sichtbar ist. Eine wachsende gesellschaftliche Akzeptanz der Astrologie ist für ihn ein Indikator eines Übergangs zu einer möglichen totalitären Gesellschaftsform.[23]

---

[19] Über das Antisemitismusprojekt vergl. ausführlich Rolf Wiggershaus, Die Frankfurter Schule. Geschichte, Theoretische Entwicklung, Politische Bedeutung, München 1988, dtv, S. 390-423, bes. S. 399f.

[20] Vergl. Adorno, Studien zum autoritären Charakter, a.a.O., S. 360-483. Leo Löwenthals Text "Falsche Propheten. Studien zur faschistischen Agitation" (in ders., Schriften 3, a.a.O., S. 11-160) besitzt einen ähnlichen Charakter.

[21] Vergl. Simmel, Antisemitismus, a.a.O. In einer dritten Veröffentlichung befaßt sich Adorno ein weiteres Mal mit dem Thema: "Freudian Theory and the Pattern of Fascistic Propaganda" (in Geza Róheim, Psychoanalysis and the Social Science, Vol. III, nach Wiggershaus, a.a.O., S. 400).

[22] Vergl. Adorno, "Antisemitismus und faschistische Propaganda" in Simmel, a.a.O. , S. 156-161.

[23] Adorno selbst verwendet eine Metapher aus der Chemie: "Der Chemismus von Massenbewegungen wäre an ihnen (Bewegungen, die mit ihrer eigenen Irrationalität sich brüsten, W. B.) wie im Reagenzglas, in kleinem Maßstab und zu einem Zeitpunkt zu analysieren, da sie noch nicht ihre drohende Gewalt angenommen haben; solange noch Zeit bliebe, das Erkannte auf die Praxis anzuwenden." (Adorno, "Aberglaube", in Sociologica II, a.a.O., S. 142f).

Sekundärer Aberglaube und die Dialektik der Aufklärung

Gegenüber ihren historischen Vorläufern interpretiert Adorno damit die heutige Astrologie als eine anachronistische Regression vor den zunehmenden Gewalttendenzen der Massengesellschaft. Da die eigentlich okkulte Offenbarung, die zum primären Aberglauben dazugehört, bei den Spaltenastrologen verschwunden und das Okkulte statt dessen zur über die Kulturindustrie vermittelten Institution der Horoskope geronnen ist, bezeichnet er Astrologie als einen sekundären Aberglauben. Auf diesen Aberglauben aus zweiter Hand paßt die psychologische Erklärung des Okkultismus bei den Spaltenastrologen nicht mehr, die von dem Element einer okkulten Erfahrung ausgeht, das in diesem Fall ganz zurückgenommen ist. Im in der Spaltenastrologie dinghaft gewordenen Prinzip der Sterne sieht Adorno dagegen eine Übereinstimmung zur gesellschaftlichen Realität, die für den Einzelnen ebenso undurchsichtig und mehr oder weniger zufällig erscheint: "Wie in den 'sekundären Gemeinschaften' die Menschen nicht länger in direkte Beziehung zueinander treten, sich nicht mehr von Angesicht zu Angesicht kennen, sondern durch entfremdete Vermittlungsprozesse wie den Austausch von Gütern miteinander kommunizieren, so scheinen die Menschen, die auf astrologische Stimuli ansprechen, jener Erkenntnisquelle entfremdet, die angeblich hinter ihren Entscheidungen steht."[24] Adorno konstatiert damit eine Übereinstimmung zwischen Astrologie und subjektiver Vernunft in der bürgerlichen Gesellschaft: "Während Berechnungen, die dem eigenen Interesse gelten, präzis vorwärts getrieben werden, bleibt das Bewußtsein der übergreifenden Zusammenhänge, zumal der Konsequenzen der eigenen Realpolitik fürs gesellschaftliche Ganze, in das man selber auch verstrickt ist, borniert. Irrationalität wirkt nicht allein jenseits von Rationalität: sie bringt mit der rücksichtslosen Entfaltung subjektiver Vernunft selbst sich hervor."[25] Adorno interpretiert die Irrationalität als eine Übertreibung und Verzerrung der subjektiven Zwecke, als irrationalen Anteil der instrumentellen Rationalität. In der ersten Übersetzung ist an dieser Stelle treffend von"Überrealismus" die Rede: "Der Überrealismus könnte selbst in mancher Hinsicht irrational sein, im Sinne der überentwickelten und selbstzerstörerischen Schlauheit des Eigeninteresses (...). Die astrologische Irrationalität aber ist weitgehend auf ein rein formales Kennzeichen reduziert: auf die abstrakte Autorität."[26] Adorno bezieht sich bei dieser Einschätzung auf seine "Thesen

---

[24] Adorno, "Aberglaube", in Sociologica II, a.a.O., S. 143.

[25] Adorno, "Aberglaube", in Sociologica II, a.a.O., S. 142.

[26] Adorno, "Aberglaube", in Psyche, a.a.O., S. 564f.

gegen den Okkultismus", in denen er den Aberglauben als "zweite Mythologie" klassifiziert hatte: "Die Neigung zum Okkultismus ist ein Symptom der Rückbildung des Bewußtseins. (...) Der Monotheismus zersetzt sich in zweite Mythologie. 'Ich glaube an Astrologie, weil ich nicht an Gott glaube', antwortete ein Befragter in einer amerikanischen sozialpsychologischen Untersuchung. (...) Panik bricht nach Jahrtausenden von Aufklärung wieder herein über eine Menschheit, deren Herrschaft über Natur als Herrschaft über Menschen an Grauen hinter sich läßt, was je Menschen von Natur zu fürchten hatten."[27]

Der Okkultismus insgesamt reagiert damit auf die Dialektik der Aufklärung. Die Astrologie ist für Adorno in diese Perspektive eingerückt, der gegenüber Niveauunterschiede des Materials marginal werden.[28] Sie ist der Versuch, sich der naturalisierten Gesellschaft mit Hilfe von abergläubisch verfremdeten Direktiven anzupassen. Damit ist, wenn zunächst auch nur abstrakt, der wichtigste Kontext angesprochen, in dem die Astrologie sich bewegt. In dieser Perspektive erscheint der Aberglauben nicht als Gegenmacht zur Vernunft, sondern als Übertreibung der von ihr selbst hervorgebrachten irrationalen Seiten. Adorno hat diesen Zusammenhang für die einfachen Horoskope darzustellen versucht. Darüber hinaus aber spricht er bereits Kategorien an, die in Bezug auf die "höhere Astrologie" zu überprüfen sind: Die Übereinstimmung von gesellschaftlicher Undurchschaubarkeit und dunklem Sternenrat, die verdinglichte Metaphysik - Motive also, in denen die Astrologie die Dialektik der Aufklärung aufnimmt und unreflektiert weitertreibt. Nun trifft die Kennzeichnung der "Metaphysik der dummen Kerle" nur am

---

[27] Adorno, "Thesen gegen den Okkultismus" (1946-47), in ders., Minima Moralia. Reflexionen aus dem beschädigten Leben, Frankfurt/M. 1983, Suhrkamp, S. 321.

[28] "So wenig ihre soziologische und psychologische Bedeutung zu unterschätzen ist, so wenig dürften doch sogenannte Niveauunterschiede am Wahrheitsgehalt der Sache selbst etwas ändern; viel eher sind sie im kommerziellen Hinblick auf verschiedene Konsumentenschichten geplant. Zudem bieten sie der Kritik gegenüber die willkommene Ausweichmöglichkeit, daß man jeweils auf eine richtige oder tiefe gegenüber einer falschen oder flachen Astrologie sich zurückziehen kann. Die Vorsorge für Hilfshypothesen, mit denen nach Belieben das Fragwürdigste sich verteidigen läßt, gehört selbst zum Wesen von Systemen vom Schlag des astrologischen." (Adorno, "Vorbemerkung", "Stars Down to Earth", in Jahrbuch für Amerikastudien, a.a.O., S. 20) und zum Thema "The Column and the Astrological Magazines": "The main difference between the Los Angeles Times column and the astrological magazines is that the column carries only the latter predictions and the horoscopes of children born on a particular day and omits the 'speculativ' and word-historical material contained in the magazines. However, if one compares predictions in the column and in the magazines, there is, apart from individuel difference of style and preferences of the writers', a striking similarity." (ebenda, S. 27-33, hier S. 30).

Rande auf die Spaltenastrologie zu, da das pseudo-metaphysische Element sein volles Aufblühen erst in der entfalteten Astrologie zeigt. Dieser Zusammenhang wird an der "elitären Astrologie" genauer herausgearbeitet.

Ironie und Verleugnung. Einige Ergänzungen zur Psychologie der modernen Spaltenastrologie

Doch bleiben wir noch einen Moment im Rahmen von Adornos Analyse. Selbst wenn man der Astrologie den Charakter einer internationalen Erscheinung zubilligt, stellt sich zunächst die Frage, ob Adornos Kriterien auch noch auf die heutigen Spaltenhoroskope zutreffen? Immerhin hat er seine Erhebung in den fünfziger Jahren durchgeführt. Ich habe bereits erwähnt, daß ich in diesem Feld keine eigene Recherchen vornehme und kann mich also nur auf Stichproben und einfache Beobachtungen stützen. Wenn man sich mit den von Adorno herausgestellten Kriterien die aktuellen Horoskopspalten ansieht, dann werden zwei Tendenzen deutlich. Es fällt zunächst auf, daß es die von Adorno klassifizierten Produkte auch heute noch gibt. Sie finden sich fast unverändert wie das Kreuzworträtsel und die anderen Beraterspalten als unverzichtbarer Bestandteil in den lokalen und regionalen Tages- und Wochenzeitungen. Auch die astrologischen Almanache wie "Huters Astrologischer Kalender", "Weissagungen der großen Buchella" usf. sind sowohl im Ton, als auch in der Aufmachung im wesentlichen gleich geblieben: unscharfe Schwarzweißphotos zeigen im Anzeigenteil Pendler, Hynotiseure und Wahrsager; der Kalenderteil ist aufgeteilt in Wetter-, Liebes-, (Spiel-) Glücksberechnungen die mit den Horoskopen von Staaten und Schauspielern ergänzt werden. Andererseits treffen Adornos Ergebnisse in dieser Form nicht mehr auf die Horoskopspalte der heutigen Illustrierten und Szeneblätter zu, obwohl mit der Mode und den Filmen der 50er Jahre auch deren Ideologie wiederkehrt, die allerdings durch die veränderten sexuellen Verhaltensweisen gebrochen wird. Führt man sich einige der zahlreichen Partner-, Liebes- und Gesundheitshoroskope der Illustrierten "Stern", "Bunte", "Brigitte", "Neue Revue", "Wiener" oder "Tempo" zu Gemüte, dann zeigt sich zunächst, daß ein Akzent dort - je nach Klientel der Zeitschrift - auf Mode- und Partnerproblemen liegt - die Liebe soll der Bereich sein, in dem die Sterne noch eine besondere Rolle spielen. Ein weiteres Motiv aber fällt durch seine starke Betonung besonders auf. Eine neue Wirkung erhält die Spalte durch ihr Kokettieren mit dem Unernst, der Spielerei mit dem Narzißmus und der bewußten Verleugnung ihrer Wirkung. In den Horoskopen der Szeneblättchen gehört es zum Klischee, sich selbst zu ironisieren. In diesem Zusammenhang ist an dieser Stelle der Mechanismus zu nennen, der für die Wirkungsweise der Spaltenastrologie ausschlaggebend ist und den Adorno

Liebe Sterngläubige,
hier Ihr April-Horoskop!

Zeichenerklärung:
♥ = Liebe
☆ = Erfolgstag
♟ = Prominenten-Kontakt

Widder
Sie haben lange genug darauf vertraut, daß es einzig an Ihnen liegt, wie Sie abschneiden. Mutmultiplikator Mars beglückwünscht Sie zu Ihrem Realismus, der den starken Erfolg im März erst sicherte. Auch der bockige April wartet auf willenstarke Widder, und Jupiter – der bescheidene Weggefährte des Glücks – steht vom 11. bis zum 24. ebenso bescheiden an Ihrer Seite wie ein völlig unbescheidener Sexexperte bereits am 3.
♥: 2.-8.; ☆: 15.-21.; ♟: 16.

Stier
Stille Stunden, die es in sich haben, stehen vom 2. an an. Zwar behaupten Astro-Angsthasen, Sie glaubten nicht an Horoskope. Typisch Stier, aber die Wahrheit ist, daß Sie dank Ihres starken Glaubens gerade im April erfolgreich sind, zumal Pluto vom 4. an Stiere unglaublich positiv beeinflußt. Dem Neidhammel am Arbeitsplatz schenken Sie um den 12. besser keinen Glauben, dafür meldet sich ein seltener Mensch am 23. bei Ihnen. Mit Ihrem gemeinsamen Glauben versetzen Sie vom 24. an Berge oder fahren in dieselben.
♥: 1.-7.; ☆: 16.-22. ♟: 23.

Zwillinge
Dichtung und Wahrheit sind bei Ihnen mitunter schwer zu trennen. Und das Schärfste dabei: Am 8. oder 10. haben Sie mit einer Phantasterei dermaßen durchschlagenden Erfolg, daß es Jupiter fast den Glauben in seine lauteren Einflüsse verschlägt. Doch im April funkt zusätzlich Grenzgänger Uranus vom Firmament und stellt den Zwilling um den 16. vor ein Rätsel. Ist dieser Zauberstern, den Sie dann entdecken und den Sie sich schon immer so ähnlich vorgestellt haben, nun Dichtung oder Wahrheit…
♥: 12.-18.; ☆: 10.-16.; ♟: 9.

Krebs
Auch wenn's typischen Verteidigern der zarten Krabbenseele schwerfällt, eines sollten Sie im April besser einstecken: die zutiefst ehrlich gemeinten Ratschläge! Bei sachgemäßer Befolgung winkt der Erfolg schon vom 4. an. Die kernigen Komplimente zur Monatsmitte dürfen Sie ebenso so getrost einstecken wie das Geld am 30. vom Chef. Venus weiß mehr: Für jemanden ganz in der Nähe Ihres Herzens sind nur Sie der Chef im Ring. Wann? Schauen Sie jetzt fix unter Ihren ganz persönlichen Liebesdaten nach.
♥: 6.-12.; ☆: 5.-11.; ♟: 9.

Löwe
Sie werden sich um den 12. wahrscheinlich Sorgen über die Wirkung Ihrer unkonventionellen Taten Ende März machen. Bleiben Sie locker, Ihre Schlüsselsterne stehen genau Mitte April einfach klasse. Die Höhlen der Löwen im Bremerland werden lasergenau von Jupiter, Venus und Mars bestrahlt. Und da diese Sonderstellung Glück, Tatkraft und Liebe auf einen Schlag bedeutet, erspart sich der Astrologe die pingelige Prognose über die Menschen und Möbel, die um den 28. Einzug in Ihr Leben halten.
♥: 24.-30.; ☆: 20.-26.; ♟: 25.

Jungfrau
Achten Sie am 5. einfach einmal unvoreingenommen auf Ihre innere Stimme. Seelenheld Pluto will Ihnen was flüstern. Ihr instinktives Entscheidungspotential bewegt sich im April an der Obergrenze! Bis zum 14. haben Sie den Kopf frei, danach erfahren Sie, wie ernst es Venus wirklich mit Ihnen meint. Am 23. können Sie testen, was aus einer knackigen Knospe alles rauszuholen ist. Schaun wir mal.
♥: 19.-25.; ☆: 10.-16.; ♟: 9.

Waage
Auch wenn Sie bisweilen schmollen sollten, dies sei irgendwie nicht Ihr größtes Jahr, so möchte Sie ein Erfolgsstern vom 6. April an eines schöneren belehren. Ihre Position festigt sich nämlich nicht nur, nein, Sie können sofort aufsteigen. Denn was sich vom 4. an am Horizont abzeichnet, hat soviel mit Waage und Karriere zu tun wie vergleichsweise Jupiter mit Glück. Gesundheitlich sollten Sie nun mindestens genauso auf Ihre Leber achten wie Ihr Liebchen auf Sie.
♥: 2.-8.; ☆: 15.-21.; ♟: 12.

Skorpion
Drei Dinge braucht der Skorpion im Frühling: Gefühle, Fitness und April. Zu dieser scheinbar bekloppten Prognose hat Uranus den Planeten-Interpreten verführt, und siehe da: Am 7. fährt jemand mit Ihren Gefühlen ganz schön Schlitten, fit sind Sie eh wie ein Rennrodler, und die rasante Abfahrt vom 14. an führt in eine Glücksgegend, von der Reinhard May singt, daß dort die Freiheit grenzenlos sei. Viel Spaß über den Wolken!
♥: 7.-13.; ☆: 1.-7.; ♟: 25.

Schütze
Entschieden haben Sie sich ja, und auch wenn Neptun sich wundert, warum Sie immer noch zögern, verspricht die Karriere-Konstellation am Firmament vom 12. an, daß der Durchbruch naht! Warten Sie die heißen Tage am 17., 18. und 23. ab, und Sie werden sich mit an Sicherheit grenzender Wahrscheinlichkeit beim siegreichen Vorwärtsgehen zusehen können! Schützen, die diese Prognose für einen Aprilscherz halten, sollten sich am 1. lieber warm anziehen.
♥: 8.-14.; ☆: 18.-24.; ♟: 1.

Steinbock
Zeitgeist Uranus tritt für eine Weile in Ihr Zeichen und erleichtert die richtige Entscheidung am 4.! Außerdem verleiht er Ihrer eher auf Absicherung bedachten Natur einen Schuß positiven Leichtsinn. Wenn Sie dann auch noch jemandem weismachen, daß sie sich keinem beugen, wird Venus spätestens am 6. Bock auf Sie haben. Besonders am 12. und 13. und in der Nacht vom 23. auf den 24. können Sie sich von Ihrer sinnlichsten Seite zeigen.
♥: 3.-9.; ☆: 5.-11.; ♟: 6.

Wassermann
Jemand in Ihrer Nähe hat das Gefühl, Sie wollten die Wege des Erlaubten verlassen. Zeichen haben Sie schließlich genug gesetzt, und wenn Ihnen die Warterei auf ein fälliges Entgegenkommen langsam auf die Nerven geht, dann hilft der Himmel gerne. Am 11. haben Sie mehr Glück als Pluto erlaubt. Sie befinden sich dann in Jupiters Nähe. Und was bei dem wichtigen Termin am 18. April für Ihre materielle Zukunft rausspringt, ist so sicher wie der Meistertitell für Werder im Juni.
♥: 16.-22.; ☆: 12.-18.; ♟: 4.

Fische
Schon im März wähnen sich viele Fische in sicheren Gewässern, nur weil die damalige Prognose – sie könnten im dritten Monat ein ganz toller Hecht werden – einmal hinkam. Doch Vorsicht! Noch haben Neptun und die Sonne nicht die Kraft, Sie vor Strudeln zu bewahren. Weilen Sie bis zum 18. in seichten Gewässern, denn die dicksten Chancen, siegreich gegen den Strom zu schwimmen kommen erst danach! Wenn es Sie interessieren sollte, was es mit dem leckeren Köder am 13. auf sich hat dann schnappen Sie doch einfach einmal ohne Vorbehalte zu. Sie Hecht Sie!
♥: 20.-16.; ☆: 12.-18.; ♟: 10.

Abbildung 1 Horoskop aus dem Bremer Blatt, 4/1993

am Rande anspricht. Es ist derjenige der Verleugnung oder Verneinung.[29] Freud teilt mit, daß ein verdrängter Inhalt häufig unter dem Schutz einer Verneinung an die Oberfläche dringt[30]:

> Ein verdrängter Vorstellungs- oder Gedankeninhalt kann also zum Bewußtsein durchdringen, unter der Bedingung, daß er sich verneinen läßt. Die Verneinung ist eine Art, das Verdrängte zur Kenntnis zu nehmen, eigentlich schon eine Aufhebung der Verdrängung, aber freilich keine Annahme des Verdrängten. Man sieht, wie sich hier die intellektuelle Funktion vom affektiven Vorgang scheidet. Mit Hilfe der Verneinung wird nur die Folge des Verdrängungsvorganges rückgängig gemacht, daß dessen Vorstellungsinhalt nicht zum Bewußtsein gelangt. Es resultiert daraus eine Art von intellektueller Annahme des Verdrängten bei Fortbestand des Wesentlichen an der Verdrängung. (...) Etwas im Urteil zu verneinen, heißt im Grunde: 'Das ist etwas, was ich am liebsten verdrängen möchte'. Die Verurteilung ist der intellektuelle Ersatz der Verdrängung, ihr 'Nein' ein Merkzeichen derselben, ein Ursprungszertifikat etwa wie das 'made in Germany'.[31]

In diesem Sinne werden auch die Spaltenhoroskope scheinbar nicht ernstgenommen, sondern belächelt. Diese Tendenz ist ein allgemeiner Zug der Kulturindustrie, der nun aber noch weiter zugenommen hat. Die neuen Horoskope sind bereits weitgehend unernst angelegt, d.h. sie spielen mit einer zur Selbstverständlichkeit gewordenen Selbstironie der Leser, die einerseits als ein Schutz vor enttäuschten Hoffnungen angesehen werden muß, andererseits die Stimuli ungehindert passieren läßt. Darin wird ein Doppelcharakter der Ironie deutlich. Als frühbürgerliche Kritik der Ernsthaftigkeit wird sie von Schlegel, Fichte und Heine verstanden, um den herrschenden feudalen Verhältnissen einen anderen Sinn gegenüber zu stellen, der diese konterkarierte.[32] Noch Hegels Kritik an Fichtes Ironie ist der Versuch,

---

[29] Adorno verwendet die Ausdrücke synonym (vergl. ders., Philosophische Terminologie, hrsg. v. Rudolf zur Lippe, 4. Aufl. Frankfurt/M. 1982, Suhrkamp, S. 28). Freud, auf den sich hier bezogen wird, nimmt dagegen eine Unterscheidung vor. Er benutzt den Begriff der Verleugnung im Zusammenhang mit der Nichtwahrnehmung des Geschlechtsunterschieds und dem Fetischismus (vergl. J. Laplanche, J. B. Pontalis, Das Vokabular der Psychoanalyse, 2 Bände, Frankfurt/M. 1973, Band 2, S. 595-598; die beiden Autoren gelangen am Ende zu der gleichen Schlußfolgerung wie Adorno, vergl. ebenda, S. 600).

[30] "'Sie fragen, wer diese Person im Traum sein kann. Die Mutter ist es nicht.' Wir berichtigen: 'Also ist es die Mutter'. Wir nehmen uns die Freiheit, bei der Deutung von der Verneinung abzusehen und den reinen Inhalt des Einfalls herauszugreifen." (Freud, "Die Verneinung" (1925), Studienausgabe, hrsg. v. A. Mitscherlich et al., 4. Aufl. 1970, Frankfurt/M. 1970, Fischer, Band III, S. 373.

[31] Ebenda.

[32] Vergl. Manfred Frank, "Allegorie, Witz, Fragment, Ironie. Friedrich Schlegel und die Idee des zerissenen Selbst", in Willem van Reijen (Hg.), Allegorie und Melancholie, Frankfurt/M. 1992, Suhrkamp, S. 124-146 und Peter Bürger, Prosa der Moderne, Frank-

den Stachel, der von der Ironie ausgeht, in einem System zu entschärfen.[33] Die Distanz der Astrologieanhänger zu sich selbst ist anderer Natur, sie gehört in die Kategorie der Abwehrmechanismen.[34] In dieser Kategorie ist der Witz dem Traum verwandt, er erlaubt eine innere Distanzierung von einer bedrohlichen Situation.[35] In der Distanz zu den Horoskopen schlägt die Gewitztheit ihrer Anhänger ins Gegenteil um; das Vermögen, den harten Verhältnissen zu entfliehen, wird zur Fußangel. Hinter diesem Zeitcolorit bleibt der von Adorno herausgearbeiteten zentrale Mechanismus der Anpassung, das Bestehende nicht infrage zu stellen, in Kraft. Wenn man das Auftauchen eines verdrängten Gedankeninhaltes unter der Verneinung als ein Vorstadium seiner Anerkennung interpretiert, dann kann man sagen, daß die Anhänger der Spaltenhoroskope in einem Vorstadium der Aufklärung hängenbleiben; andererseits ringen sich diejenigen, die sich - wie die Anhänger der "höheren Astrologie" - offen zu ihrem Aberglauben bekennen, damit noch nicht zur Erkenntnis dessen durch, wofür die Astrologie steht. Ein modisches "ich stehe dazu" macht die Sache nicht besser, sondern soll nur vom prekären Inhalt ablenken.

Nun hat Adorno mit seinen Untersuchungskriterien bereits einen weiten Bogen abgesteckt. Es wäre aber zu einfach, die "höhere Astrologie" abstrakt der Kulturindustrie zuzuschlagen. Sie gehört ihr zwar zu, doch besitzt sie auch einen besonderen Charakter. Vor allem aber ist es angebracht, sich bei der Übertragung von Adornos Kritik auf die "elitäre Astrologie" eine gewisse Vorsicht aufzuerlegen. Dafür lassen sich mindestens zwei Gründe angeben.

---

furt/M. 1992, Suhrkamp, S. 56. Zum Verhältnis von Nationalität und Ironie vergl. Karl Heinz Bohrer, "Über die Rettung der Ironie. Gibt es eine deutsche Nation?" in Die Tageszeitung, 20. 3. 1993, S. 16/17.

[33] Georg Wilhelm Friedrich Hegel, Ästhetik, hrsg. v. Friedrich Bassenge, Band I, 4. Aufl. Berlin 1985, Verlag Das Europäische Buch, S. 72-74. Sie geht freilich darin nicht auf.

[34] Vergl. auch Anna Freud, "Die Verleugnung in der Phantasie" und "Die Verleugnung in Wort und Handlung", in dies., Das Ich und die Abwehrmechanismen, a.a.O., S. 55-73.

[35] Vergl. Sigmund Freud, "Der Witz und seine Beziehung zum Unbewußten" (1905), Studienausgabe , Band IV, a.a.O., S. 9-219, bes. S. 111-131. Henri Bergson betont den Charakter des Lachens als soziale Kontrolle, allerdings ohne ihn zu problematisieren: "Und (die Komödie) beginnt an dem Punkt, wo sich der Einzelne gegen das Leben in der Gemeinschaft sträubt - mit anderen Worten: bei der Versteifung. Komisch ist eine Person, die automatisch ihren Weg geht, ohne sich um den Kontakt mit anderen zu bemühen. Das Lachen ist dazu da, den Einzelgänger zurückzuholen und aus seiner Zerstreutheit zu wecken. (...) Da nun das Lachen für den, dem es gilt, immer ein wenig demütigend ist, kann man es als eine wahre soziale Züchtigung betrachten." (Bergson, Das Lachen. Ein Essay über die Bedeutung des Komischen (1900), Darmstadt 1972, Luchterhand, S. 90).

Zum ersten muß man sich davor hüten, Adorno gegenüber die gleiche ehrfürchtige Haltung einzunehmen, wie die Astrologen vor den angeblich sprechenden Sternen: daß er immer Recht habe. Damit wäre niemandem geholfen. Es geht vielmehr darum, eine rationale Perspektive zu entwickeln und Adornos Ergebnisse kritisch zur Kenntnis zu nehmen und zu überprüfen. Zum zweiten habe ich darauf hingewiesen, daß Adornos scharfe Formulierungen auch auf die historische Situation des Faschismus zurückgehen, und seine Kritik neben einem strukturellen, sich durchhaltenden Moment, einen bestimmten Zeitkern besitzt - Elemente, deren Verhältnis von heute aus neu zu bestimmen ist. Das heißt, wenn ich die "höhere Astrologie" im Auge behalten will, ist eine genaue Analyse ihrer einzelnen Elemente unumgänglich.

2. 2. Ideologie und Aufklärung

Doch zuvor muß noch ein weiterer Interpretationshintergrund zur Sprache kommen. Nachdem ich zu Beginn dieses Kapitels eine erste Hintergrundsskizze von Adornos Kategorien gegeben habe, versuche ich mich dem marxistischen Ideologiebegriff anzunähern, der im Rahmen der Interpretation der Kritischen Theorie psychoanalytische Elemente mit aufnimmt. Adorno hatte erwähnt, daß er die amerikanische empiristische Wissenschaftstradition mit der deutschen Methode der Deutung zusammenlegen wollte.[36] Er bezieht sich dabei auf eine materialistisch verstandene Hermeneutik, die neben Dilthey und Hegel auf Marx zurückzuführen ist.

Exkurs: Aporien der Erkenntnis. Versuch über das Verhältnis von Welt und Denken in der materialistischen Theorie

In ihren frühen Schriften entwerfen Marx und Engels Begriffe der wechselseitigen Beziehung zwischen Denken und gesellschaftlichem Dasein, die zum Teil tiefer und entsprechender sind, als ihre späteren und genaueren Analysen der Kritik der politischen Ökonomie.[37] Sie arbeiten einen sich auf das Primat der

[36] Adorno, "Stars Down to Earth", in Jahrbuch für Amerikastudien, a.a.O. "Vorbemerkung", S. 19.

[37] Sie entwickeln in den "Philosophisch-Ökonomischen Manuskripten", der "Einleitung zur Kritik der Hegelschen Rechtsphilosophie" den "Thesen über Feuerbach" und der Deutschen Ideologie einen Begriff von falschem Bewußtsein, der das bestimmte gesellschaftliche Sein mit dem Denken in diesem Rahmen in Beziehung zu setzen versucht und finden bessere und entsprechendere Formulierungen als spätere wie "Basis und Überbau", "die ideelle Welt als die in den menschlichen Kopf übersetzte materielle Welt" oder "das Bewußtsein als Abbild" usf.

materiellen Entwicklung stützenden Begriff des wirklichen Lebens heraus, mit dem sich das Bewußtsein darüber in einer Wechselwirkung befindet. Gerade heute, wo materialistisches Denken weitgehend mit einer dogmatischen Konstruktion gleichgesetzt wird, ist es wichtig an die lebendigen Seiten dieses Denkens anzuknüpfen. Marx und Engels bestimmen die Verhältnisse nicht mechanisch, sondern beschreiben sie auf eine bestimmte Weise. Sie gehen dabei von einer Kritik der idealistischen Position der anderen Linksgeheglianer aus.[38] In den "Thesen über Feuerbach" wenden sie sich gegen die einfache Anthropomorphismusthese, die Verhältnisse im Himmel seien als Religion die dorthin projizierten irdischen, indem sie sie dialektisch erweitern: Diese Projektion sei nur aus der Selbstzerissenheit und dem Selbstwiderspruch der materialistischen Grundlage des Denkens zu verstehen. Daher handele es sich nicht allein um eine Frage der Veränderung des Bewußtseins, um die Religion als von Menschen gemachte zu verstehen, sondern dazu sei eine praktische Veränderung der Verhältnisse notwendig: "Alles gesellschaftliches Leben ist wesentlich praktisch. Alle Mysterien, welche die Theorie zum Mystizism[us] veranlassen, finden ihre rationelle Lösung in der menschlichen Praxis und in dem Begreifen dieser Praxis."[39] Aus einer psychologischen Fragestellung wird damit eine bestimmte praktisch-politische. Das bedeutet aber nicht, daß die psychologische Seite dieser Folgerung getrost beiseite geschoben werden könnte, denn die Analyse impliziert zwei Voraussetzungen. Einmal sind die Verhältnisse noch nicht in dem Sinne geändert, daß die Menschen über sie bestimmten; das heißt, daß die Verhältnisse, die zur Religion treiben, noch in Kraft sind. Zum Zweiten ist es in diesem Rahmen dennoch möglich, die Welt zumindest in ihrer Entfremdung bereits zu erkennen, ein Vermögen, daß eine Voraussetzung der Befreiung ist. Damit wird ein Widerspruch deutlich, der darin besteht, daß die herrschenden Verhältnisse eine Vernebelung hervorbringen, die den Individuen zu erkennen verwehrt, wie die Welt wirklich ist; andererseits gibt es augenscheinlich Wege, die Welt ohne diesen Schleier zu betrachten. Marx und Engels versuchen die-

---

[38] Sie setzen sich mit Feuerbach, Bauer und Stirner auseinander, denen sie vorwerfen, "Schlachten im Geiste" zu schlagen und nicht im Leben. Sie kritisieren scharf die Folgen der falschen Abstraktionen von der realen Wirklichkeit ins Reich der Ideen und Vorstellungen: "Ein wackrer Mann bildete sich einmal ein, die Menschen ertränken nur im Wasser, weil sie vom Gedanken der Schwere besessen wären. Schlügen sie sich diese Vorstellung aus dem Kopfe, etwa indem sie dieselbe für eine abergläubige, für ein religiöse Vorstellung erklärten, so seien sie über alle Wassersgefahr erhaben. Sein Leben lang bekämpfte er die Illusion der Schwere von deren schädlichen Folgen jede Statistik ihm neue und zahlreiche Beweise lieferte. Der wackre Mann war der Typus des neuen deutschen revolutionären Philosophen." (Karl Marx, Friedrich Engels, Die deutsche Ideologie, Marx-Engels-Werke Bd. 3, Berlin (O) 1958, Dietz, S. 13f).

[39] Marx/Engels, "Thesen über Feuerbach", 8. These, in Deutsche Ideologie, a.a.O., S. 7.

sem Dilemma dadurch zu entgehen, daß sie die Erkenntnis wesentlich als Kritik verstehen: Ihre Voraussetzung liegt in der praktischen Tätigkeit, der Arbeit der Menschen. Diese Lösung der Problematik hat bestimmte Folgen.

Die erste Konsequenz ist die Vorstellung eines gesellschaftlich tätigen Menschen. Wie Feuerbach gehen Marx und Engels davon aus, daß der Mensch die Religion macht und nicht umgekehrt. Die Religion ist der Ausdruck des Selbstgefühls oder Selbstbewußtseins des Menschen, der sich selbst noch nicht gefunden - oder wieder verloren hat. Über Feuerbach hinausgehend aber fassen sie den Menschen als konkretes Wesen, das heißt, sie gehen von den wirklichen, lebenden Individuen und ihren bestimmten materiellen Lebensbedingungen aus, die nach ihrer jeweiligen Verfaßtheit ein damit in Beziehung stehendes Bewußtsein hervorbringen:

> Die Produktion der Ideen, Vorstellungen, des Bewußtseins ist zunächst unmittelbar verflochten in die materielle Tätigkeit und den materiellen Verkehr der Menschen, Sprache des wirklichen Lebens. Das Vorstellen, Denken, der geistige Verkehr der Menschen erscheinen hier noch als direkter Ausfluß ihres materiellen Verhaltens. Von der geistigen Produktion, wie sie in der Sprache der Politik, der Gesetze, der Moral, der Religion, Metaphysik usw. eines Volkes sich darstellt, gilt dasselbe. (...) Diese Betrachtungsweise ist nicht voraussetzungslos. Sie geht von den wirklichen Voraussetzungen aus, sie verläßt sie keinen Augenblick. Ihre Voraussetzungen sind die Menschen nicht in irgendeiner phantastischen Abgeschlossenheit und Fixierung, sondern in ihrem wirklichen, empirisch anschaulichen Entwicklungsprozeß unter bestimmten Bedingungen. Sobald dieser tätige Lebensprozeß dargestellt wird, hört die Geschichte auf, eine Sammlung toter Fakta zu sein, wie bei den selbst noch abstrakten Empirikern, oder eine eingebildete Aktion eingebildeter Subjekte, wie bei den Idealisten.[40]

Aus dem Zitat geht ein emphatischer Begriff der Geschichte hervor, der sich in Abgrenzung zu den abstrakten empirischen und den idealistischen Vorstellungen aus der Konzeption des in bestimmter Weise tätigen Subjekts ergibt. Daraus folgt ebenfalls, ohne daß dies ausdrücklich betont würde, eine Aufwertung des Reflexionsvermögens des seiner Erfahrung eingedenkenden Subjektes, denn nur ein solches Subjekt ist in der Lage, die Verbindung zwischen einer lebendigen Geschichte und dem individuellen Leben herzustellen.[41] Der Mensch

---

[40] Marx/Engels, Deutsche Ideologie, a.a.O., S. 26f.

[41] Dieser lebendige Begriff der Geschichte wird auch von Walter Benjamin in seinen Thesen "Über den Begriff der Geschichte" wieder aufgenommen, in denen er versucht, an Marx' messianischen Seiten wieder anzuschließen: "Marx hat in der Vorstellung der klassenlosen Gesellschaft die Vorstellung der messianischen Zeit säkularisiert." (Walter Benjamin, GS I, 3, a.a.O., S. 1231). Er hält ihm, indem er ihn kritisch aktualisiert, ein anderes Bild entgegen: "Marx sagt, die Revolutionen sind die Lokomotive der Weltgeschichte. Aber vielleicht ist dem gänzlich anders. Vielleicht sind die Revolutionen der Griff des in diesem Zuge reisenden Menschengeschlechts nach der Notbremse." (ebenda, Ms 1100, S. 1232).

ist aufgrund seiner materiellen Reproduktion den ökonomischen Verhältnissen unterworfen. Es existiert aber ein Teil seines Geistes, der mit dieser zwar notwendig verbunden ist, aber darin nicht aufgeht. Mit Hilfe der Vernunft ist es möglich, die engen materiellen Grenzen der Determination zu überspringen. Diese Voraussetzung liegt der Aufklärung zugrunde.[42] Allerdings ist dieses Vermögen nicht voraussetzungslos, sondern wiederum dialektisch an seinen materiellen Grund gebunden; es geht aber nicht darin auf, sondern ist - um diesen Ausdruck aus der Astrologie zu übernehmen - Teil einer Konstellation von Denkform, Gesellschaftsform und Individuum, die jeweils neu zu bestimmen ist. Die marxistische Dialektik ist damit als ein Versuch zu verstehen, unter der Voraussetzung der Entfremdung eine Erkenntnis zu gewinnen. Sie gibt an, welche Elemente des Denkens wichtig und welche weniger wichtig sind. Sie gibt aber keinesfalls eine Garantie für eine Erkenntnis, so wie sie vom sogenannten "wissenschaftlichen Sozialismus" im Osten verdinglicht und wie sie auch vom späten Georg Lukács verstanden wird.[43] Mit anderen Worten, das Verhältnis von Welt und Denken ist nicht etwas, daß Marx ein für allemal bestimmt hätte, oder das sich mechanisch ableiten ließe. Es ist in jedem Versuch, sich Erkenntnis zu verschaffen, neu zu überdenken.

Die zweite Konsequenz dieser Interpretation läßt sich anhand einer besonderen Seite der Religionskritik aufzeigen. Die Ideologie wird in der materialisti-

---

[42] Sie ist die Vorbedingung, aufgrund der es den Fabrikantensöhnen Engels und Horkheimer und dem Bankdirektorsohns Lukács möglich ist, sich für das Proletariat einzusetzen.

[43] Der Idee von Garantie hängt auch Georg Lukács an, wenn er zwar den Irrationalismus als eine Hypostasierung der Grenzen des subjektiven Verstandes als Grenzen der Vernunft überhaupt ansieht, gleichzeitig aber glaubt, allein durch die Methode der Dialektik davor gefeit zu sein: "Hegels Dialektik, indem sie die hier aufgeworfenen Probleme auch historisch zu erfassen versucht, ist die höchste Stufe der bürgerlichen Philosophie, ist deren energischstes Unternehmen, diese Schwierigkeiten (des Annähern des Denkens an die Wirklichkeit, W. B.) gedanklich zu bewältigen: eine Methode zu schaffen, die eine solche - bis dahin vollständigste - Annäherung des Denkens, der gedanklichen Abbildung der Wirklichkeit an diese Wirklichkeit selbst garantieren kann." (Georg Lukács, Die Zerstörung der Vernunft, Darmstadt 1962, 1973, Luchterhand, Bd. 1, S. 88) Die Idee der Garantie ist dem Bescheidwissen verwandt. Dagegen ist es gerade das Wesen der Dialektik, daß sie die vermeintlichen Garantien verflüssigt. Eine Vorstellung der Verwendung der Dialektik als Methode, die unabhängig von ihrem Gegenstand sein soll, dessen Erkenntnis sich nicht wiederum auf die Methode selbst auswirkt, gehört zum Positivismus. Der Begriff der Garantie kommt im Deutschen von einem Gewährsmann (vergl. Duden, Bd. 7, Herkunftswörterbuch. Die Etymologie der deutschen Sprache, Bibliographisches Institut Mannheim, Wien, Zürich, Dudenverlag, S. 197), da steht einer für den anderen ein. Das mag für eine gemeinsame handwerkliche Arbeit oder eine Freundschaft unerläßlich sein; im Bereich des Denkens aber ist die Garantie gerade dasjenige, wogegen sich die Kantsche Bestimmung der Aufklärung richtet, nämlich seinen Verstand selbst zu gebrauchen.

schen Theorie nicht einfach neutral als eine Ideenwelt verstanden, sondern ist als notwendig falsches Bewußtsein ein abwertend gebrauchter Begriff. Sie ist damit zunächst die Verlängerung der entfremdeten Verhältnisse in den Kopf der Menschen hinein. Des weiteren kommt dazu, was ich mit der Vorstellung der Konstellation zu umschreiben versucht habe - es ist ein doppelter Prozeß eines von oben hergestellten und von unten gewollten Verhältnisses. Auf diesem Moment beruht eine besondere Schwierigkeit der Beurteilung der Ideologie. Marx und Engels analysieren den materialistischen Grund der Ideologie in den Produktionsverhältnissen und den Produktivkräften. Der von dem Menschen selbst geschaffene ökonomische Prozeß tritt ihm aufgrund der Arbeitsteilung im Zusammenhang mit der Warenwirtschaft als etwas Fremdes, als eine fremde Macht entgegen.[44] Der ökonomische Prozeß wird "ein Verhältnis, das, wie ein englischer Ökonom sagt, gleich dem antiken Schicksal über der Erde schwebt und mit unsichtbarer Hand Glück und Unglück an die Menschen verteilt, Reiche stiftet und Reiche zertrümmert, Völker entstehen und verschwinden macht (...)."[45]

Dieses Verhältnis reflektiert sich, wie im letzten Abschnitt deutlich wurde, in bestimmter Weise in den Begriffsformen der Gesellschaft. Die Menschen versuchen in den Verhältnissen der Religion auf verkehrte Weise die verkehrten Verhältnisse des irdischen Lebens abzubilden. Marx schreibt darüber in metaphorischen Bildern: "Die Religion ist die allgemeine Theorie dieser Welt, ihr enzyklopädisches Kompendium, ihre Logik in populärer Form, ihr spiritualistischer Point-d'honneur, ihr Enthusiasmus, ihre moralische Sanktion, ihre feierliche Ergänzung, ihr allgemeiner Trost- und Rechtfertigungsgrund."[46] In der Religion ist damit ein Protest gegen diese Verdrehtheit der Welt enthalten, aber in Form eines Trostes, der zwar das reale Elend der Menschen aufnimmt, es aber wiederum selbst verdreht: "Die Religion ist der Seufzer der bedrängten Kreatur, das Gemüt einer herzlosen Welt, wie sie der Geist geistloser Zustände ist. Sie ist das Opium des Volkes."[47] Es ist nun darauf zu achten, daß es sich bei dieser

---

[44] "Und endlich bietet uns die Teilung der Arbeit gleich das erste Beispiel davon dar, daß, solange also die Spaltung zwischen dem besonderen und gemeinsamen Interesse existiert, solange also die Tätigkeit nicht freiwillig, sondern naturwüchsig geteilt ist, die eigene Tat des Menschen ihm zu einer fremden gegenüberstehenden Macht wird, die ihn unterjocht, statt daß er sie beherrscht." (Marx/Engels, Deutsche Ideologie, a.a.O., S. 33).

[45] Marx/Engels, Deutsche Ideologie, a.a.O., S. 35. Marx wird diesen Vorgang im Kapital am Fetischcharakter der Ware genau aufzeigen.

[46] Karl Marx, "Zur Kritik der Hegelschen Rechtsphilosophie", "Einleitung", in ders., Marx/Engels, Ausgewählte Werke in 6 Bänden, Berlin (O) 1970, Dietz, Bd. 1, S. 9.

[47] Karl Marx, "Zur Kritik der Hegelschen Rechtsphilosophie", "Einleitung", a.a.O., S. 10.

bekannten Formulierung, die oft falsch wiedergegeben wird, nicht um einen Akkusativ, sondern um einen Genitiv handelt: Religion ist nicht allein von oben verordnet, sondern es kommt ihr von der Seite der Subjekte im Verlangen nach Trost etwas entgegen. Dieses Verhältnis umschreibt den Kern der dialektischen Konstellation der marxistischen Religionskritik. Marx faßt die Ideologie als eine verschleiernde Bewußtseinform, die von den Verhältnissen selbst ausgeht und der andererseits von den Beherrschten etwas entgegen kommt, um von ihrer Seite den status quo zu erhalten. Diese Perspektive hat weitreichende Konsequenzen, denn darin liegt ebenfalls eine Einsicht der materialistischen Religionskritik, die zunächst den Doppelcharakter der Ideologie betont und darüberhinaus das verdrehte Moment von Protest, das in ihr enthalten ist, herausstreicht. Dieses Moment gilt es festzuhalten, denn es markiert im Zusammenhang mit der Astrologie den Punkt, von dem die Kritik auszugehen hat.

Ich fasse die beiden Ergebnisse des Exkurses für die Analyse der Astrologie nocheinmal zusammen:

1. Aufklärung bedeutet bei Marx nicht allein - wie bei Feuerbach - die Aufgabe der Illusion, das Bewußtsein über den Zustand, sondern zielt auf die praktische Aufhebung des Zustandes, der Religion nötig hat. Daher ist eine Kritik der Religion gleichzeitig diejenige an den Verhältnissen, die diese nötig macht. Da aber andere Verhältnisse noch nicht verwirklicht sind, bedeutet die Interpretation der Welt notwendig die Einnahme eines kritischen Standpunktes, als ein Versuch der Weltinterpretation, der durch keinerlei Vorabgarantien - erfolgen sie nun aus einer positivistischen, marxistischen oder sonst einer Methode heraus - sanktioniert werden kann. Nachdem die Moderne zu der Ansicht gelangt ist, daß "Gott todt"[48] sei, gibt es zwar noch neue Kämpfe um seinen Schatten, aber hinter diese Position kann ernsthaft weder in Gestalt einer vergötterten Objektivität noch einer Annahme von Sternenkräften zurückgegangen werden. Vielmehr besitzt ein Versuch der Erkenntnis allein dadurch Aussicht auf Erfolg, daß er gerade die subjektive Seite des Denkens als ein notwendiges Durchgangsstadium zu Objektivität hervorhebt. In diesem Sinne ist an die lebendige Seite der marxistischen Kritik, wie ich sie im Begriff des tätigen Subjekts und seines reflexiven Vermögens gezeigt habe, anzuknüpfen.

---

[48] "Nachdem Buddha todt war, zeigte man noch Jahrhunderte lang seinen Schatten in einer Höhle, - einen ungeheuren schauerlichen Schatten. Gott ist todt: aber so wie die Art der Menschen ist, wird es vielleicht noch Jahrtausende lang Höhlen geben, in denen man seinen Schatten zeigt. - Und wir - wir müssen auch noch seinen Schatten besiegen!" (Friedrich Nietzsche, "Neue Kämpfe", in Die fröhliche Wissenschaft, Sämtliche Werke. Kritische Studienausgabe in 15 Bänden, Bd. 3, hrsg. v. Giorgio Colli u. Mazzino Montinari, München u.a. 1988, dtv/de Gruyter, 3. Buch, 108, S. 468).

2. Die religiösen Denkformen sind ein intellektueller und psychischer Ausdruck des irdischen Lebens in der Sphäre des Bewußtseins. Sie sind damit, wie Marx und Feuerbach zeigen, auch Ausdruck des irdischen Lebens. Das bedeutet andersherum - und hier setzt Marx' Erkenntnis ein -, daß die Religionsformen nicht einfach abzulehnen sind, sondern sie darin einen Erkenntniswert besitzen, daß sich aus der phantastischen Welt der Religion auch die verdrehte der materiellen Welt herauslesen läßt, allerdings unter der Voraussetzung, daß man diese bereits kennt, das heißt aus dem mythischen Zirkel heraustritt. Die Elemente der Religion sind Zeichen für die wirkliche Verfaßtheit der sie hervorbringenden Menschen. Da aber keine direkte Beziehung zwischen Ökonomie und Bewußtseinsform besteht, sondern dieses Verhältnis ebenfalls sowohl durch die verschiedenen Institutionen der Gesellschaft, besonders der Familie, als auch durch die grundsätzlich bestehende Erkenntnisfähigkeit der Menschen vermittelt ist, wird es nötig, die Entzifferung als eine Kritik der Astrologie vorzunehmen, die versucht, das Verhältnis zwischen beiden zu analysieren und zu erläutern. Es liegt in der Natur der Sache, daß eine solche Kritik nicht ein für alle Mal durchgeführt werden kann, sondern für die jeweilige historische Situation neu durchdacht werden muß, wobei die Begriffe selbst sich wiederum mit verändern. Mein Hauptaugenmerk liegt dabei auf der Betrachtung eines verschobenen Protestmomentes gegen die sich verhärtenden ökonomischen Verhältnisse, das sich in der Astrologie niederschlägt. Astrologie ist nun aber keine Religion, sondern eine Zerfallsform der großen Religionen. Es läßt sich zeigen, daß die sich fundamentalistisch gebenden modernen Religionsformen, die sich aus der New Age Bewegung entwickeln, eine Reaktion auf jene "kopernikanische Wende", die sich als Dialektik der Aufklärung zeigt, darstellt.

Ideologie heute?

Der Abschnitt des Kapitels leistete bislang zweierlei: Zum einen skizzierte er die "klassischen Ideologielehre"; zum zweiten ist in dieser Interpretation bereits eine bestimmte Richtung angelegt. Damit ist sowohl eine Ausgangsposition als auch der philosophische Hintergrund meiner Kritik der Astrologie umrissen. Um aber zu einer genaueren Interpretation zu gelangen, ist es wichtig, die Verschiebung des Ideologiebegriffs näher zu betrachten, die zunächst im Zusammenhang mit der faschistischen Propaganda und der Kulturindustrie sichtbar wird. Adorno und Horkheimer reflektieren die Konsequenzen für den Ideologiebegriff in einem späteren Text, in dem sie nocheinmal allgemein bestimmen, was Adornos Astrologiekritik zugrundeliegt.[49] Bezeichnenderweise lassen auch sie eine genaue Bestimmung des Ideologiebegriffs offen und wählen einen Zugang von der Verbindung der Ideologie mit der bürgerlichen Gesellschaft.[50] Die Ideologie gehört als notwendiges und falsches Bewußtsein zum Tausch und damit zur bürgerlichen Gesellschaft. Nicht bloß der Glaube, das Bewußtsein in Ordnung zu bringen, genüge, um die Welt in Ordnung zu bringen, ist bürgerlicher Natur, sondern die Ideologie selbst. Denn es liegt in der Natur ihrer Sache, daß sie eine Rechtfertigung ist. Wo unmittelbare Machtverhältnisse herrschen, wird keine Ideologie benötigt. Sie ist damit die Voraussetzung für die Kritik an ihr, damit sie überhaupt wirken kann, bedarf es einer Rationalität der Begründung; diese entwickelt sich erst in der bürgerlichen Gesellschaft. Die Wirkung einer Ideologiekritik beruht auf diesem Element von Rationalität in der Ideologie, an dem sie sich abarbeiten kann; ein solches liegt beispielsweise in den Vorstellungen des Liberalismus, des Individualismus, der Identität von Geist und Wirklichkeit vor. Das gilt aber nur noch in eingeschränktem Maße für die Produkte der Propaganda und der Kulturindustrie:

> (Die Niveaulosigkeit der Schriftsteller Hitler und Rosenberg), über die zu triumphieren zu den bescheidendsten Freuden rechnet, ist Symptom eines Zustandes, den der Begriff von Ideologie, von notwendigem falschem Bewußtsein, gar nicht mehr unmittelbar trifft. In solchem sogenannten 'Gedankengut' spiegelt kein objektiver Geist sich wider, sondern es ist manipulativ ausgedacht, bloßes Herrschaftsmittel, von dem im Grunde kein Mensch, auch die Wortführer nicht erwartet haben, daß es geglaubt oder irgend ernst genommen werde. (...) Wo die Ideologien durch den Ukas der approbierten Weltanschauung ersetzt wurden, ist in der Tat die Ideologiekritik zu ersetzen durch die Analyse des cui bono.[51]

> Das gesellschaftlich bedingte falsche Bewußtsein von heute ist nicht mehr objektiver Geist, auch in dem Sinne, daß es keineswegs blind, anonym aus dem gesellschaftlichen Prozeß sich kristallisiert, sondern wissenschaftlich auf die Gesellschaft zugeschnitten wird.[52]

Darin deutet sich die gemeinte Veränderung im Ideologiebegriff an. Die Systematisierung und Zusammenfassung der einzeln sich entwickelnden Elemente der Kultur, ihre Durchrationalisierung durch die Kulturindustrie führen zu einer Verschiebung des Akzentes innerhalb der Ideologie; dieser

---

[49] Horkheimer/Adorno, "Ideologie", in Institut für Sozialforschung (Hg.) Soziologische Exkurse, a.a.O., S. 162-181.

[50] Horkheimer/Adorno, "Ideologie", a.a.O., S. 168.

[51] Horkheimer/Adorno, "Ideologie", a.a.O., S. 169.

[52] Horkheimer/Adorno, "Ideologie", a.a.O., S. 176.

liegt stärker auf der propagierten Haltung. Die moderne Ideologie transportiert nicht mehr eigentlich Inhalte, die Ideen sollen nicht mehr für wahr genommen werden, sondern sie wirken, wie Adorno an der Spaltenastrologie aufzeigte, als verkappte Stimuli, als Reize und Impulse, die Teile des Vor- und Unbewußten ansprechen. Diese Verschiebung hat schwerwiegende Folgen. Wenn der Schwerpunkt nicht mehr auf den Inhalten liegt, dann geht das Ansinnen der an Hegel und Marx orientierten Ideologiekritik als bestimmter Negation, Konfrontation von Geistigem mit seiner Verwirklichung, daneben, denn diese hat den Anspruch auf Wahrheit im Kritisierten zur Voraussetzung. Wenn sich aber das Objekt der Kritik verändert, dann muß sich, will sie lebendig bleiben, auch die Kritik selbst verändern. Ihre Aufgaben liegen nicht mehr nur in der Widerlegung des Falschen der Aussage, sondern verstärkt im Aufzeigen der Disposition der Subjekte im Gesamtprozeß der Entwicklung. Es muß deutlich gemacht werden, welche Versprechungen unter der Oberfläche der einzelnen Aussagen verborgen liegen und worauf diese kalkuliert sind. Ebenso muß ins Blickfeld rücken, auf welche Weise die moderne Gesellschaft Menschen hervorbringt, die auf solche Reize ansprechen und auf sie angewiesen sind. Mit anderen Worten, es geht um die Bestimmung von Strukturveränderungen in der Gesellschaft, die zu den Verlagerungen in der Ideologie führen und um die Voraussetzungen, die dafür von den Subjekten mitgebracht werden.[53]

2. 3. Moderner Aberglaube zwischen Windschutz und Abgrund

Ziehen wir die Konsequenz aus den vorhergehenden Bestimmungen. Die Verschiebung innerhalb der Ideologie von den Inhalten zur Form hin trifft nun sicher auf die erwähnte Spaltenastrologie zu. Die Astrologie nimmt in ihrer heutigen "elitären" Form aber eine Zwitterstellung ein. Sie enthält Elemente des Wahns und der Rationalität nebeneinander, mit denen sie, wenn auch unzureichend, auf die Dialektik der Aufklärung reagiert. Daher nähert sie sich in gewisser Weise wieder Formen an, die mit Hilfe der klassischen Ideologielehre entziffert werden können. Entsprechend der Bestimmung der Verschiebung innerhalb des Ideologiebegriffs muß aber ein Schwerpunkt dabei nicht allein auf der Analyse einer Unwissenheit als Disposition der Anhänger der Astrologie liegen, als vielmehr auch auf einer Haltung der Verleugnung der Wirklichkeit, die eine regressive Naivität als Gestus zu

[53] Vergl. in diesem Zusammenhang auch die Bestimmung der "Residual-Ideologie" (Adorno) von Christa Bürger, die eine ähnliche Untersuchung an Trivialromanen vornimmt. In Christa Bürger, Textanalyse als Ideologiekritik. Zur Rezeption zeitgenössischer Unterhaltungsliteratur, Frankfurt/M. 1973, Athenäum Fischer, "Vorbemerkung" und genauer S. 23-30.

konservieren versucht. Diese gleicht in dieser Hinsicht eher einer Schutzgebärde vor der zunehmenden Vergesellschaftung und der Verwaltung der Welt. Ich vermute, daß aus diesem Grunde die reale Abhängigkeit auf die unerreichbaren Sterne projiziert wird. Astrologie ist in dem aufgezeigten Sinne nicht nur Ausdruck der Abhängigkeit, sondern auch Ideologie der Abhängigen. Die inhaltlichen Aussagen der Astrologie müssen daher einerseits ernst genommen und auf ihren Wahrheitswert hin kritisch untersucht, andererseits aber auch als Chiffren für etwas anderes gelesen werden. Erst damit vermittelt kann, ihre Funktion als geistiger Windschutz für die im Sturm des Fortschritts in die Gefahr der Verwehung geratene Subjektivität erläutert werden.

Nun muß aber ein weiter Einwand zur Sprache kommen: Die Astrologie beginnt doch erst mit den persönlichen Horoskopen! Muß man nicht die "echte Astrologie" als eine esoterische, manitische Technik von der Kontamination mit den einfachen abergläubischen Produkten ausnehmen? Mit dieser Frage bin ich an dem Ausgangspunkt meiner eigenen Untersuchung angelangt. Wie eng verknüpft eine scheinbar aufgeklärte Argumentation mit dem Aberglauben ist, zeigen einige der abgedruckten Diskussionsbeiträge zu Adornos Astrologieaufsatz auf dem erwähnten Symposions des Kongresses der Deutschen Gesellschaft für Psychotherapie und Tiefenpsychologie 1958 in Wiesbaden mit dem befremdlich klingenden Namen "Magie und Sicherung"[54] Darin wird eine Tendenz sichtbar, die ein Klima aus den fünfziger Jahren widerspiegelt, das sich in der "höheren Astrologie" konserviert hat und in den letzten Jahren zu einer neuen Aktualität gekommen ist. Neben einer Reihe von zustimmenden Äußerungen zu Adornos Referat versucht eine Gruppe von Psychologen aus der Gestalttheorie und der Jungschen Schule gegenüber den Zeitungshoroskopen die Vorstellung einer "echten Magie" zu retten.[55] Dazu gesellt sich der Freiburger Parapsychologe Hans Bender, der von einem "Mißbrauch ('Abusus') des Aberglaubens"[56] sprechen möchte, wobei sich einem die Frage danach aufdrängt, was denn ein richtige Gebrauch des Aberglaubens sein soll. Was sich zunächst wie eine Kritik der repressiven

---

[54] Vergl. Psyche, Januar 1959, a.a.O., S. 615-633 und Fußnote 2.

[55] H. Köbelerles "Weltfrömmigkeit nach Spranger" (ebenda, S. 620) steht K. W. Bashs Vorstellung von "echter Magie" und ihren "entarteten Nachkommen", der "Nützlichkeitsmagie, die (...) auf Eigennutz und persönliches Heil bedacht" (ebenda, S. 627) sei, zur Seite. Bash will charakteristischerweise die Gestaltpsychologie *über* die Jungsche setzen: "Wie ich an anderer Stelle ausgeführt habe, bildet die Gestalt einen Oberbegriff, dem der Archetypus nach C. G. Jung sich zwanglos unterordnen läßt." (ebenda, S. 629. Vergl. K. W. Bash, in "Gestalt, Symbol und Archetypus", Schweizer Zeitschrift für Psychologie V, (1946), S. 127-138).

[56] Psyche, a.a.O., S. 623.

Seiten der Aufklärung liest, ist diesen selbst geschuldet. Man kann daran das Bemühen der Autoren erkennen, sich zwar von Aberglauben abgrenzen zu wollen, seiner modernen Gestalt aber gerade in ihren prekären Bemühungen in einer Hypostasierung der Dialektik der Aufklärung wiederum zu verfallen. Darin wird die Tragweite und in gewisser Weise auch die Unübersichtlichkeit der Diskussion über den modernen Aberglauben deutlich, der sich gerade auch durch die gegenteilige Behauptung tarnt: Hans Bender findet eine interessante Formulierung, aus der hervorgeht, daß nun gerade diejenigen abergläubisch sein sollen, die sich gegen den Aberglauben aussprechen: "Es zeigt sich deutlich, daß von vielen Menschen die Behauptung, es gäbe Telepathie, als eine Bedrohung empfunden wird, und es wäre zu untersuchen, worin sie sich bedroht fühlen. (...) Es sind die Menschen, die in dem Aberglauben leben, keinen Aberglauben zu haben."[57]

Hier tut sich entgegen Benders Annahme eines Abusus, eines Mißbrauchs, ein anderes Bild auf, daß er verschiebend vielleicht wirklich gemeint hat. Wenn man sich die Argumentation der verschiedenen Astrologen und ihrer Gegner ansieht, wird ein Abyssus, ein haltloser Abgrund, sichtbar, in den ich mich nun hinein begeben möchte, und den ich, wie Dante in seiner berühmten Höllenbegehung, Ring für Ring auszuloten versuche. Denn die Höllenmetapher beschreibt allemal besser, worum es geht, wenn die Astrologen vom Himmel und seinen Sternen reden.

[57] Psyche, a.a.O., S. 622.

3. Die Bestandteile des Horoskops

Glückseliger Aspekt! So stellt sich endlich
Die große Drei verhängnisvoll zusammen,
Und beide Segenssterne, Jupiter
Und Venus, nehmen den verderblichen,
Den tück'schen Mars in ihre Mitte, zwingen
Den alten Schadenstifter, mir zu dienen.
Denn lange war er feindlich mir gesinnt
Und schoß mit senkrecht- oder schräger Strahlung
Bald im Gevierten, bald im Doppelschein,
Die roten Blitze meinen Sternen zu
Und störte ihre segenvollen Kräfte.
Jetzt haben sie den alten Feind besiegt
Und bringen ihn am Himmel mir gefangen.

Wallenstein zu Seni[1]

Damit man nun dem Kritiker nicht den Vorwurf machen kann, er wüßte nicht, wovon er spricht, werden in diesem Kapitel die Elemente der Astrologie der Darstellung der Argumentationstypen der "höheren Astrologie", die im nächsten Kapitel erfolgt, vorangestellt. Die Astrologie besitzt in ihrer historischen Form auch andere als abergläubische Qualitäten. Als primärer Aberglauben gehört sie zu den Vorläufern der Wissenschaft und galt lange Zeit als ihre elaborierteste Form. Bis zum Zeitalter der Aufklärung existierte

---

[1] Friedrich Schiller, Wallenstein II. Wallensteins Tod, 1. Aufzug, Erste Szene. Vergl. dazu den Briefwechsel zwischen Schiller und Goethe, hrsg. v. Emil Staiger, Frankfurt/M. 1977, Insel, Briefe Nr. 543 - 547, S. 707-714, aus denen hervorgeht, daß Goethe einerseits die Astrologie für einen "Teil des historisch-politisch-barbarischen Temporären" (Brief vom 5. 12. 1798, S. 710) hält, andererseits aber auch glaubt, Philosophisches darin zu finden: "Der astrologische Aberglaube ruht auf dem dunkeln Gefühl eines ungeheuren Weltganzen. Die Erfahrung spricht, daß die nächsten Gestirne einen entschiedenden Einfluß auf Witterung, Vegetation u.s.w. haben, man darf nur stufenweise immer aufwärts steigen, und es läßt sich nicht sagen, wo diese Wirkung aufhört. Findet doch der Astronom überall Störungen eines Gestirns durchs andere. Ist doch der Philosoph geneigt, ja genötigt eine Wirkung auf das Entfernteste anzunehmen. So darf der Mensch im Vorgefühl seiner selbst nur immer etwas weiter schreiten und diese Einrichtung aufs Sittliche, auf Glück und Unglück ausdehnen. Diesen und ähnlichen Wahn möchte ich nicht einmal Aberglauben nennen, er liegt unserer Natur so nahe, ist so leidlich und läßlich als irgend ein Glaube." (Brief vom 8. 12. 1798, S. 712) Diese Auffassung, die Goethe selten so deutlich formuliert, wie in dieser Stelle, zeigt sich auch im Faust und in seinem Begriff des "Urphänomens", das seinen naturwissenschaftlichen Schriften zugrunde liegt.

sie in einer Einheit mit der Astronomie. Den kenntnisreichsten Text über die Geschichte der Astrologie hat vermutlich der Altphilologe Franz Boll am Anfang dieses Jahrhunderts verfaßt. Boll gibt einen Überblick über die Entstehung der einzelnen Elemente der Astrologie und unterscheidet sich damit von den heutigen Astrologen, die diese historische Entwicklung als natürliche angeben wollen.[2] Betrachtet man die Astrologie in dieser Perspektive, dann zeigen sich verschiedene historische Formen und Schulen. Die Namen der Sternzeichen des Tierkreises sind griechischen Ursprungs, die der Planeten römisch und gehen auf verschiedene mythologische Traditionen zurück. Die Astrologie entsteht im Zweistromland und wandert nach Griechenland, Indien und Ägypten, gelangt von dort nach Rom und erlebt im dritten Jahrhundert n. Chr. eine Blüte durch die Verbindung mit dem Neuplatonismus. Diese ptolemäische Vorstellung der Welt hat dann in der Fassung von Plinius' "Naturgeschichte", Isidor v. Sevillas "Etymologien" und Bedas "De rerum natura" und anderen über das Mittelalter bis in die Neuzeit hinein bestand.[3] Das astrologische Weltbild liefert auf diese Weise in Zusammenhang mit der katholischen Kirche vom 4. bis zum 17. Jahrhundert die gängige Welterklärung, die erst durch die Aufklärung aufgehoben wird.

3.1. Die Erde im Mittelpunkt - Elemente des Himmelsbildes

Das Horoskop versucht den Stand der Planeten vor dem Hintergrund des Fixsternhimmels zur Geburtsstunde eines Menschen aufzuzeichnen; die Astrologie erwartet sich davon Rückschlüsse sowohl auf den Charakter des Menschen, als auch über seine Zukunft und seine Bestimmung. Das Horoskop soll auf diese Weise gedrängt das Leben eines Menschen in nuce enthalten. Kommt bei den einfachen Sonnenstandhoroskopen nur das Tierkreiszeichen auf der Sonnenbahn zur Geburtszeit zum Tragen, so wirken an einem erweiterten Horoskop eine Fülle von je nach Interpretationsmethode variierenden Faktoren mit, von denen die wichtigsten genannt werden:

---

[2] Auf das Buch von Franz Boll und Ernst Bezold, Sternglaube und Sterndeutung. Die Geschichte und das Wesen der Astrologie (Leipzig 1919, Teubner, vergl. bes. S. 54-92), dem die Einzelheiten entnommen sind und dessen kulturhistorischen Ansatz, wird im 8. Kapitel ausführlich eingegangen. Zu den Elementen der Astrologie vergl. ebenfalls Reinhard Wiechoczek, Astrologie, das falsche Zeugnis vom Kosmos, a.a.O., S. 24-60. Zur Geschichte der Kosmologie vergl. z.B. Hans Blumenberg, Die Genese der kopernikanischen Welt, 3 Bände, Frankfurt/M. 1981, Suhrkamp und Arthur Koestler, Die Nachtwandler, Frankfurt/M. 198o, Suhrkamp.

[3] Vergl. Kurt Flasch, Das philosophische Denken im Mittelalter. Von Augustinus bis Machiavelli, Stuttgart 1986, Reclam, S. 117-121, bes. S. 119.

Die Erde und die Planeten

Da die Astrologie in der vorkopernikanischen Zeit entstand, enthält sie das Weltbild, das nach dem alexandrinischen griechischen Astronomen und Astrologen Ptolemäus des zweiten nachchristlichen Jahrhunders benannt ist: das heißt, sie geht von der Erde als dem ruhenden Mittelpunkt der Welt aus. Da die Astrologie zu dieser Zeit einen besonderen Aufschwung nahm und die Grundelemente, obwohl sie älter sind, in dieser Zeit zusammengefügt wurden, repräsentiert das Horoskop, obwohl später andere Elemente hinzukamen, in gewisser Weise bis heute den Stand der Kosmologie des zweiten nachchristlichen Jahrhunderts.

Die Erde bildet also die Weltscheibe; über sie wölben sich die Sphären der sieben zu Ptolemäus' Zeit bekannten Planeten, wobei Sonne und Mond dazu gezählt werden: Mond, Merkur und Venus heißen die "unteren Planeten" (oder "Begleiter der Sonne"), die Sonne selbst nimmt eine Mittelstellung ein, und Mars, Jupiter und Saturn werden als die "oberen Planeten" bezeichnet. Die später mit Hilfe des Fernrohres entdeckten Wandelsterne Uranus (1781) und Neptun (1840) spielen ebenso wie der 1930 gefundene Pluto in der klassischen Astrologie keine Rolle.[4] Geht man von den Bewegungen aus, die die einzelnen Planeten von der Erde betrachtet vollziehen, so ergibt sich nicht das bekannte Bild der Ellipsen, als die erst Kepler die Planetenbahnen erkannte, sondern ein Gewirr verschiedenen Positionen: Einzelne Planeten tauchen scheinbar willkürlich und unerwartet auf, verschwinden am nächsten Tag wieder, laufen rückwärts.[5] Die Aufzeichnung der Bewegungen der Himmelskörper wurde allerdings dadurch erleichtert, daß die Planeten tatsächlich fast auf einer Ebene um die Sonne herumlaufen, sich also vor dem Fixsternhimmel im Rahmen eines relativ schmalen Bandes bewegen, dessen Mitte von der Bahn der Sonne, dem Himmelsäquator (oder der Eklipse) gebildet wird. Die erwähnten Tierkreiszeichen liegen mehr oder weniger vollständig auf diesem Band.

Die Zuordnung der menschlichen Charaktereigenschaften zu den verschiedenen Planeten und Bildern erfolgte, vereinfacht gesagt, über die Rolle des entsprechenden Planetengottes im Mythos, mit dem dieser durch seinen Namen verbunden ist und dessen Eigenschaften auf den in seinem Zeichen geborenen Menschen übergehen. So erben die Menschen seines Zeichens die Eigenschaften des entsprechenden griechisch-römischen Gottes und werden

---

[4] In den verschiedenen neueren Formen werden sie und angenommene "Transplutonier", wie in der sogenannten "Hamburger Schule", mit einberechnet.

[5] Man betrachte unter diesen Gesichtspunkten die Planetenbahnkarten des Verlages Klaus Hüning, Würzburg.

Paranatellontenbildchen aus einer Handschrift des Königs Wenzel.

Abbildung 2 Parantellonta aus Boll/Bezold, Sternglaube und Sterndeutung, S. 70

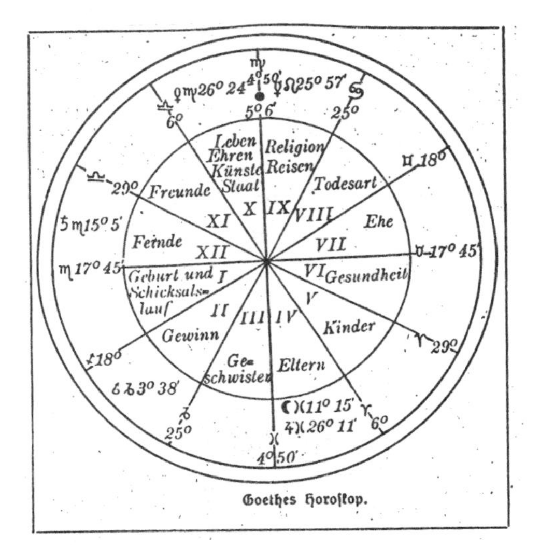

Goethes Horoskop.

Abbildung 3 Goethes Horoskop aus Boll/Bezold, Sternglaube und Sterndeutung, S. 87

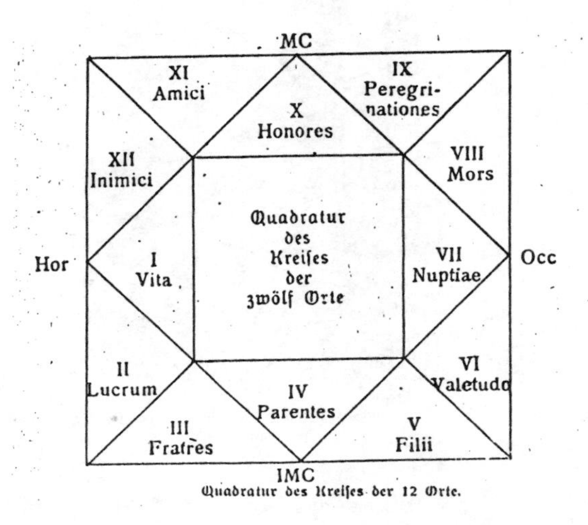

Abbildung 4 Quadratur des Kreises aus Boll/Bezold, Sternglaube und Sterndeutung, S. 81

auf einer zweiten Ebene mit den Bildern des Tierkreises verbunden: Wassermänner bevorzugen danach Wasserberufe, im Erdzeichengeborene Landarbeiten usf.

Tierkreiszeichen, Sternbilder, Paranatellonta und Kometen

Über der obersten Planetensphäre sollte sich in diesem Weltbild der Kreis der Fixsterne erstrecken. Zu den Fixsternen zählen zunächst die Tierkreiszeichen des Zodiakus, die Bilder, die die Sonne auf ihrem Weg von dem Himmel bestreicht. Die griechischen Einteilungen sind bis heute bekannt: Widder, Stier, Zwillinge, Krebs, Löwe, Jungfrau, Waage, Skorpion, Schütze, Steinbock, Wassermann, Fische. Landtiere, Wassertiere, menschliche und Mischgestalten finden sich hier zusammen. In ihr wirken neben denen des Zodiakus die anderen Sternbilder wie der große Bär, der Drache, das Haar der Berenike, der Fuhrmann, Perseus usf., die aus der arabischen, griechischen, indischen, ägyptischen und chinesischen Kultur stammen und jeweils in den Himmel projiziert werden.[6] Ein weiteres Element bilden bestimmte Sternbilder der Fixsternsphäre, die so genannten Parantellonta, die sich nördlich oder südlich der Sonnenbahn befinden und in diese mit hineinreichen, z.B. ein halbes Schiff, ein halber Esel, ein halber Bär usf. Jenseits der Fixsterne schließlich liegt die Zone der Kometen, die als Boten oder Schreckzeichen für Sintfluten, Erdbeben, Mißernten und andere Naturkatastrophen angesehen wurden. Sie werden nach ihren Wirkungen in sieben Klassen eingeteilt.

Große Einzelsterne und die "Mondstationen" (Dodekaoros)

Des weiteren wird mit dem Einfluß von bedeutenden einzelnen Sternen wie Regulus, Capella, Arktur oder Denep gerechnet. An den vielen arabischen Namen, die die großen Sterne tragen, kann man auf Himmelskarten ablesen, daß die Araber die erste Kennzeichnung des Himmels vornahmen. Die Zodiakusbilder bezeichnen die Stationen des Sonne, ebenso gibt es "Mondstationen", bestimmte Sternbilder, die dieser in seinem Umlauf von 27 oder 28 Tagen durchstreift, den sogenannten Dodekaoros: Zu den 12 Tierkreiszeichen treten 12 weitere Tiere, so daß sich insgesamt 24 Bilder ergeben. Bei den Ägyptern finden sich beispielsweise die heiligen Tiere Katze, Hund, Schlange, Käfer, Esel, Löwe, Bock, Stier, Sperber, Affe, Ibis und das Krokodil.

---

[6] Zu den griechischen Sternbildern vergl. Wolfgang Schadewald, Die Sternsagen der Griechen, Frankfurt/M. 1956, Fischer.

3. 2. Horoskop und Deutung

Die Deutung des Horoskopes liest sich wie eine etwas komplizierte Anweisung für ein Brettspiel.[7] So wie die einfachen Sonnenhoroskope mit dem Tierkreis, so arbeitet der "höhere Astrologie" hauptsächlich mit den angenommenen Einflüssen den Planeten vor dem Tierkreis auf den Körper und Charakter des Menschen zur Geburtsstunde.

Die vier Ecken des Horoskops und die Bestimmungen der Orte, Felder oder Häuser

Da alle Sternbilder (wenn auch nicht immer sichtbar) jederzeit am Himmel stehen, benötigt das Horoskop zunächst gewisse Abgrenzungen und Systematisierungen. Dafür werden durch ein Achsenkreuz vier Schwerpunkte festgelegt, die eine Reihe von Beziehungen zwischen Planeten und Tierkreis regeln. Zunächst wird der Aszendent (AS) bestimmt. Darunter wurde ursprünglich der zum Zeitpunkt der Geburt im Osten über der Ekliptik (der Sonnenbahn oder dem Himmelsäquator) aufgehende Einzelstern verstanden; heute wird der Begriff auf das entsprechende Tierkreiszeichen übertragen. Dieses Zeichen hieß ursprünglich das Horoskop: "die die Stunde anschauende Stelle des Tierkreises". Dieser Begriff wird dann auf alle zur Zeit der Geburt in einem bestimmten Verhältnis zueinander am Himmel stehenden Sterne übertragen. Ein Horoskop stellen bedeutete in diesem Sinne also den Stand der Sterne für den Geburtsmoment aufzeichnen. Aus dieser Festlegung des Aszendenten ergeben sich drei weitere Punkte: Der Grad der Ekliptik, der zur Geburtsstunde in der sichtbaren Himmelsmitte erscheint wird Medium Coelum (MC) oder arabisch Mesuranema genannt. Der gegenüber dem Aszendenten liegende Punkt des Westhorizontes, das untergehende Zeichen, wird als Deszendent (DC), der tiefste Punkt der sichtbaren Himmelshälfte wird als Immum Coeli (IC), Antimesuranema oder Nadir bezeichnet.

Damit sind die 4 Ecken des Horoskopes bestimmt, eine Quadratur des Kreises, von der aus sich weitere Klassifikationen ergeben. Den festen Einteilungen des Zodiakus wird die bewegliche Gliederung der Häuser (die von den bereits genannten Plantenhäusern zu unterscheiden sind) gegenübergestellt, die sich je zu dritt auf die Quadranten des Achsenkreuzes verteilen. Jedem einzelnen Feld wird in Bezug auf die in im enthaltenen Planeten eine

---

[7] Viele Brettspiele, wie z.B. das bei uns unter dem Namen "Mensch ärgere dich nicht" bekannte Spiel "Pachisi", das ursprünglich aus dem indischen Kulturraum stammt, sind vermutlich in Verbindung mit Horoskopen entstanden. Vergl. D. Hanneforth, A. Mutschke, Ärger-Spiele. Varianten und Verschärfungen von Mensch-ärgere-dich-nicht bis Malefiz, Reinbek 1991, Rowohlt, S. 11-13.

besondere Bedeutung zugeteilt: 1. Haus (Aszendent): Verlauf des ganzen Lebens; 2. Haus: Besitz und Gewinn; 3. Haus: Brüder; 4. Haus (Immum Coeli): Eltern; 5. Haus: Kinder; 6. Haus: Gesundheit und Krankheit; 7. Haus (Deszendent): Ehe; 8. Haus: Todesart und Erbschaften; 9. Haus: Religion und Reisen; 10. Haus (Medium Coeli): Wohnort, Staat, Ehren, Künste, Charakter und Lebensführung; 11. Haus: Wohltaten und Freunde; 12. Haus: Feinde und Gefangenschaft. Wie man unschwer erkennen kann, spiegelt sich eine klassische patriachale Feudalgesellschaft in diesen Kategorien wieder, in der es auf Besitz und Ehe ankommt. Die offenkundig bösen und allzu kruden Aspekte werden von heutigen Astrologen zumeist retouchiert.

Die Bestimmung der Aspekte und der vier Elemente

Diese erste Einteilung ist bereits aus Babylonien bekannt und beschreibt das Verhältnis sowohl der einzelnen Tierkreiszeichen, als auch der Planeten zueinander. Zunächst wird sich auf die Zodiakuszeichen bezogen, die miteinander geometrischen Innenkreisfiguren bilden, die jeweils als begünstigend oder negativ auswirkend beurteilt werden. Durch die Bewertung der einzelnen Figuren erscheint noch etwas von der Wertbestimmung, die der Mathematik beigemessen wurde.[8] Die wichtigsten sind:

Opposition	(Doppelschein)	negativ
Trigonium	(Gedrittschein)	positiv
Tetragonium	(Geviertschein)	negativ
Hexagonium	(Sextilschein)	positiv

In dem Tierkreis mit 12 Abschnitten finden sich auf diese Weise 6 Oppositionen, 4 Dreiecke, 3 Vierecke und 2 Sechsecke. Diese Aspekte gelten ebenso für das Verhältnis der Planeten zueinander.

Die Zodiakuszeichen werden außerdem nach Trigonen den vier aristotelischen Elemente zugeteilt, die sich z.B. auf die Temperamente auswirken sollen. Es wirken folgende Kombinationen:

Widder - Löwe - Schütze	feurig
Stier - Jungfrau - Steinbock irdisch	
Zwillinge - Waage - Wassermann	luftig
Krebs - Skorpion - Fische	wässrig

[8] Vergleiche dazu Ernst Bindel, Die geistige Grundlage der Zahlen. Die Zahl im Spiegel der Kulturen. Elemente einer spirituellen Geometrie und Arithmetik, Frankfurt/M. 1983, Fischer, das immerhin einen Eindruck davon wiedergibt.

Sternzeichen und Sternbilder: Die Willkür der Einteilung

Nimmt man nun einzelnen Elemente zusammen, so ergibt sich daraus bereits eine unüberschaubare Fülle von verschiedenen Interpretationsmöglichkeiten. Es kommen nun noch weitere hinzu, die sich aus der Form des Horoskopes und der Beziehungen der einzelnen Elemente untereinander ergeben. Das Horoskop überträgt den dreidimensionalen Himmelsstand auf ein zweidimensionales Blatt Papier. Man kann es also als ein spezielles Abbildungsverfahren bezeichnen. Die alte Aufzeichnungsform folgt einem Quadrat, in das die beiden nächstkleineren einbeschrieben sind und das durch weitere Aufteilungen 12 gleichgroße dreieckige Randfelder für Eintragung der Tierkreiszeichen enthält. In die Mitte wurden die Konstellation der Planeten verzeichnet. Die heute von den Astrologen verwendeten Formulare enthalten den Tierkreis in runder Darstellung mit einer Einteilung von 360°, wobei in schöner Regelmäßigkeit auf jedes Sternbild 30° entfallen. Diese Zuordnung ist willkürlich und folgt einer "Rechengerechtigkeit"; in Wirklichkeit umfassen die einzelnen empirischen Bilder unterschiedliche Längen. Die Berechnung erfolgt zwar nach der Rationalität der Mathematik, aber die vorgängige Ordnung der Einteilung basiert auf einer einfachen Setzung, die nichts mit den Sternen zu tun hat. In einem weiteren Punkt folgt die Logik der Horoskope der Willkür - in der Bestimmung des Frühjahrspunktes vor dem Zodiakus: Da die Erdachse um 23,5° gegen den Himmelsäquator geneigt ist, ergeben sich gegenüber den variablen Enden der Bahn um die Sonne daraus zwei Knoten, die immer wieder durchlaufen werden: Der Frühjahrs- und der Herbstpunkt am 21. März und am 23. September. Die Anziehungskräfte der Sonne, des Mondes und in geringem Maße auch der Planeten versuchen als Präzession diese Neigung wieder rückgängig zu machen und die Erdachse aufzurichten. Das Resultat ist eine Kreiselbewegung der Erde, aufgrund der sich diese beiden Knotenpunkte vor dem Hintergrund des Tierkreises so verschieben, daß die gleiche Position erst wieder in etwa 26.000 Jahren erreicht wird. Heute fällt der tatsächliche Frühjahrspunkt, der vom Horoskop zu Beginn des Widders angenommen wird, in den Bereich zwischen Fische und Wassermann; er verschiebt sich sozusagen im Tierkreis rückwärts. Diese Verschiebung läßt die Horoskopie außer acht; sie rechnet weiterhin mit der regelmäßigen Einteilung der Bilder und nimmt den Widder vom 21. 3. - 20. 4. an, obwohl die Sonne das tatsächliche Sternbild Widder zwischen dem 19. 4. und 13. 5. durchläuft.

Mit anderen Worten: Die Regelmäßigkeit der Einteilung und die Konstanz des Tierkreises kommt ihm von außen zu und hat mit den tatsächlichen Sternen nichts zu tun. Die Astrologen reproduzieren damit Sonnenstände aus einer Zeit vor etwa 4000 Jahren, oder noch anders gesagt: Wer glaubt, er sei ein Zwilling, ist in Wirklichkeit im Stierbild geboren, der vermeintliche Stier im Widder und so fort. Damit steht und fällt aber gleichzeitig die Ordnungslogik des Horoskopes. Hinter der Rationalität der Berechnungen offenbart sich so einerseits eine kulturhistorisch bestimmte Zusammenfassung von Sternen zu bestimmten Sternbildern und andererseits eine willkürliche Setzung von bestimmten Regelmäßigkeiten, an denen die Rationalität der angewandten Mathematik überhaupt erst ansetzen kann, die wiederum nichts mit den Sternen zu tun hat, auf die sie sich beziehen sollen. Es sei noch erwähnt, daß die Astrologie auch den umgekehrten Fall der Anpassung kennt: Entspricht der Geburtstag eines großen Mannes nicht der zu ihm passenden Sternenkonstellation, so wird er kurzerhand zurückdatiert, der Fachausdruck dafür lautet Rektifizierung.[9]

Die Astrologen reagieren auf solche Einwände höchst ungehalten und reden entweder von der Wirkung der Sternzeichen im Gegensatz zu den Sternbildern, oder sie bemühen die Vorstellung allgemeiner "Kraftfelder", die anstelle der empirischen Sterne wirken sollen, die selbst sich nun mit der abgetakelten Rolle eines Anzeigers der Wirkungen begnügen müßten. Diese Theorien werden im einzelnen erörtert werden, an dieser Stelle mag ein Überblick genügen. Es deutet sich in solchen Rechtfertigungen bereits der Schwanengesang der Astrologie an: Der Übergang von der alten Form der Sternenfatalismus, der Vorstellung des unentrinnbaren Schicksals, nach der man den Sternen bedingungslos zu folgen hatte, zu einer Form, die versucht auf die sich mit der Aufklärung entwickelnde Freiheit des Subjekte zu reagieren und die von deren Antinomien lebt. Von nun an müssen rationalistische Hilfskonstruktionen gesucht werden, die aber, wie sich zeigen wird, einen Gang im rationalen Diskurs gar nicht überstehen können. Ich nenne diese Diskursfigur der modernen Form des Aberglaubens, mit dem die Astrologie sich bereits ihrer Position begibt und in die Fänge der Dialektik der Aufklärung gerät, den modifizierten Gestirnsfatalismus.

Die Darstellung einer astrologischen Deutung anhand eines Beispielhoroskopes würde den Rahmen dieses Kapitels vollends sprengen, das sich bereits weitgehend mit Pseudobestimmungen abgibt. Da es sich bei der Astrologie allenfalls um ein historisch interessantes Gebilde handelt, würde die genaue Beschreibung ihren Charakter als Pseudosystem nur noch weiter unterstützen.[10] Zudem ist es zweifelhaft, ob zur Kritik der "höheren Astrologie" eine

[9] Aby Warburg zeigt dieses Verfahren an einer Auseinandersetzung von Melanchton mit Luthers um dessen Horoskop, vergl. Warburg, "Heidnisch-antike Weissagung in Wort und Bild zu Luthers Zeiten" (1920), Ges. Schr. Bd. 2, hrsg. v. Gertrud Bing, Leipzig 1932, B. G. Teubner, S. 512 und ausführlich Kapitel 8.

[10] Boll verweist in ironischer Distanz auf seine scherzhafte Berechnung des Goetheschen Horoskopes, die freilich, wie er zugibt, nicht ohne die vorherige Kenntnis von dessen

solche Erläuterung überhaupt notwendig ist. Die Astrologen beziehen sich zwar auf ihre Fachausdrücke, ihre Texte sind aber auch einer Analyse zugänglich, ohne daß man beispielsweise weiß, was ein Sextil ist. Da es sich um Pseudobegründungen handelt, deren Zweck darin besteht, falsche Autorität vorzuführen, die über die begründende Darstellung hinausgehen soll, kann auf eine weitere Ausführung verzichtet werden.

Im Rahmen der kurzen, in Ansätzen kulturhistorisch orientierten Schilderung der Bestandteile der Astrologie, deuten sich die neuralgischen Punkte ihrer Lehre bereits an. Das Horoskop basiert auf einem Abbildungsverfahren, das den Stand des Himmels zur Geburtsstunde eines Menschen wiederzugeben versucht; es handelt sich um eine Abstraktion von den wirklichen Sternen, die Einteilung der Tierkreisgrade und des Frühjahrspunktes unterliegt Willkürakten, die unberücksichtigt bleiben. Andererseits kann man an dieser Verbindung von Astronomie und Astrologie auch eine gesellschaftliche Wertbestimmung der Naturwissenschaften ablesen, die dem heutigen Positivismus lästig ist. Wenn man aus dieser Richtung sich mit den sich wertfrei gebenden Naturwissenschaften befaßt, erhält man mit Hilfe der abergläubischen Astrologie einen Einblick in deren verdrängte Seite. Astrologie ist in ihren verschiedenen Formen ein menschliches Produkt, das den Gesellschaftsstand der jeweiligen Kultur widerspiegelt. Die einzelnen Kräfte und Spannungen am Himmel reflektieren die irdischen Gruppierungen und Intrigen - im Falle der von mir gewählten Darstellungsgrundlage des Zeitraumes des zerfallenden römischen Reiches. Die Astrologie ist in ihrer Verbindung mit der Mathematik ebenso ein Abbild dieser Rivalitäten wie z.B. Ovids "Metamorphosen", die von den Streitereien der einzelnen Götter des griechischen und römischen Pantheons berichten. Da diese Machtkämpfe sich aber in jeder Epoche variieren und die klassische Astrologie ihr Wissen auf die Macht bezieht, bilden sie einen realen Grund für das Interesse an der Sterndeuterei im Rahmen der instrumentellen Vernunft des Einzelnen. Solange die Gesellschaft sich darin erschöpft, ein für das Ganze blinder Kampf von verschiedenen Interessengruppen untereinander zu sein, solange wird es auch den Wunsch geben, etwas über den anderen herauszubekommen. Die Attitüde der Astrologen und ihrer Anhänger ist von dieser Seite ihrer Intention eng mit derjenigen der Geheimdienstler verwandt: Es geht auch in den Mitteln um Technik und Kräfte.[11] In welcher Form die heutigen Astrologen ihre gesellschaftliche Wirklichkeit blind abbilden, wird in der Folge sichtbar werden.

Leben entstanden ist, wenngleich auch nichts hinzugefügt sei, daß sich nicht allein aus der klassischen Astrologie ergäbe (vergl. Boll, Sterndeutung, a.a.O, S. 86-92).

[11] Zu diesem Zusammenhang vergl. Kapitel 9.

4. Magie im Musterkoffer - Die Tricks der "höheren Astrologie"

4. 1. Astrologiebücher als "Vorschule der kleinen Erleuchtung"

Für die "gehobenen Astrologen" beginnt die Sterndeuterei erst mit ihnen selbst. Mit Verachtung blicken sie auf die von ihnen als dilettantisch und stümperhaft bezeichneten Kollegen von der "Vulgärastrologie", die das ganze Genre in Verruf bringen. So klagt z.B. der Psychologe und Astrologe Fritz Riemann: "Das 'Geschäft mit den Sternen' ist zwar ein lukratives, doch was die Zeitschriften da veröffentlichen, hat mit Horoskopie nichts zu tun. Diese sogenannten Wochenhoroskope beziehen sich nur auf den Sonnenstand, und die Aussagen sprechen mehr oder minder geschickt Wünsche und Erwartungen der Leser an, oder sie geben verwaschene Warnungen. Sie verzerren Astrologie zu einer billigen Jahrmarktsware - aber, was läßt sich nicht mißbrauchen und zu Geld machen!"[1] Lange jedoch hält die Klage nicht an: "Indessen - wer auf sie hereinfällt, hat sich das selbst zuzuschreiben; Quacksalber gibt es auch auf anderen Gebieten"[2] lautet das Urteil als zynischer Tip für Rat suchende Menschen. Hier erscheint bereits ein Zug, der speziell bei den höheren Astrologen immer wiederkehrt, der "Verantwortungs-Trick", wie er sich auch in Wendungen des populären Psychojargons wie "Jeder ist für sich selbst verantwortlich!" oder "Das ist dein Problem!" wiederfindet. Nun besetzen die Bücher der "elitären Astrologie" in verschiedener Hinsicht einen Zwischenbereich innerhalb der Kulturindustrie. Sie sind zunächst keine Spaltenhoroskope mehr, unterscheiden sich aber auch von den persönlichen Horoskopen, da zu diesen in der Regel das Gespräch mit der Person des Astrologen gehört, ein wie stark auch immer vermittelter Kontakt, der bei den Büchern fortfällt. Darüber hinaus wenden sie sich insofern an ein besonderes Publikum, als sie in gewisser Weise astrologische Lehrbücher darstellen sollen, da der Leser aufgrund der allgemeinen Form zunächst seinen eigenen Typus ermitteln muß und alle anderen Kombinationen auch mit angegeben werden. Durch den Erwerb des Buches tritt der Käufer so bereits in den

---

[1] Fritz Riemann, Lebenshilfe Astrologie. Gedanken und Erfahrungen, 6. Auflage München 1981, Pfeiffer, S. 40f.

[2] Riemann, Lebenshilfe, a.a.O., S. 41.

Kreis der Adepten ein, ihm wird bereits "okkultes Wissen" zuteil und er ist gewissermaßen in die "Vorschule der kleinen Erleuchtung" aufgenommen. Da die Bücher aber kein individuelles Horoskop, sondern nur allgemeine Prämissen und Tabellen enthalten, sind sie vor allem Werbetexte sowohl für den entsprechenden Astrologen selbst, der als "berühmter Astrologe"[3] mehr Zulauf bekommt, als auch für die astrologische "Weltanschauung" insgesamt: Sie sind in der Hauptsache Reklameschriften und da es sich bei der Astrologie um eine Pseudosystem handelt, ist die Frage, für welche Haltung in der Realität mit diesen Schriften geworben wird. Eine Richtung deutet sich darin bereits an, daß es sich bei der Astrologie um eine Interpretationsmethode des "gelebten Lebens" handeln soll, das heißt, es geht um die Vorstellung eines Lebens als bestimmtes, eine Vermittlung von Geschichte und Individuum, oder anders gesagt, um die Kategorie der Biographie, die in ihrer modernen Form auf die Lebensphilosophie zurückgeht.[4] Die Astrologiebücher sind in dieser Hinsicht Deutungskulisse für den allgemeinen Charakter einer verdinglichten Biographik, wie Leo Löwenthal sie in einem Urteil charakterisiert, das ebenso auch auf die astrologischen Schriften zutrifft: "Die Biographie ist das Lager sämtlicher gängiger Kulturgüter; sie sind alle nicht mehr ganz neu, alle nicht mehr so, wie sie ursprünglich gemeint waren, es kommt auch nicht mehr so genau darauf an, ob von der einen Sache mehr und von der anderen Sache relativ wenig da ist. (...) Sie erhebt den Anspruch, den Stein der Weisen für alle Geschichts- und Lebenslagen gleichsam im Plural zu besitzen; aber es zeigt sich dann, daß das kunterbunte Durcheinander der Allgemeinurteile und Rezepte in Wahrheit Ausdruck völliger Ratlosigkeit ist."[5]

Auf der Ebene der Texte zeigen sich in den Astrologiebüchern ebenfalls Veränderungen gegenüber den einfachen Horoskopen. Sie teilen sich in zwei Abschnitte - in eine versuchte Begründung der Astrologie und in einen Hinweisteil, der den Lehrbuchcharakter der Schriften ausmacht. Mein Interesse richtet sich, ohne den tabellarischen abgefaßten Teil zu ignorieren, aber hauptsächlich auf den Begründungsteil, da die Astrologie dort zu Aussagen kommt, die auf einen rationalen Diskurs abzielen. Diese Diskursfähigkeit

---

[3] Das ist auch eine Kategorie der Almanache, vergl. z.B. die Rubrik "Berühmte Astrologen und Hellseher prophezeien für 1991" in Huters Astrologischem Kalender 1991, a.a.O., S. 196-205.

[4] Vergl. Leo Löwenthal, "Die biographische Mode", Schriften 1, a.a.O., S. 231-257, hier S. 242-244.

[5] Löwenthal, "Die biographische Mode", a.a.O., S. 231. Vergl. ebenfalls ders. "Der Triumph der Massenidole", in Schriften 1, a.a.O., S. 258-305.

der Astrologie zeigt sich auch daran, daß mit der "höheren Astrologie" nun ein Autor der Horoskope erscheint. Da die Astrologie sich andererseits aber auch auf eine mythische Zeit berufen will, die den Begriff des Autors im modernen Sinne noch nicht kennt, schafft das für den Schreiber einige Probleme. Er versucht sowohl die Idee des autonomen Subjektes, als auch die Vorstellung, er sei bloß Vermittler der wirkenden Kräfte, nebeneinander stehen zu lassen. Dieses Nebeneinander wird von den Astrologen häufig so begründet, daß die Astrologie den "Pol der objektiven Welt" gegenüber einer "subjektiven Intuition" darstelle, um anschließend umso gründlicher willkürlich zu argumentieren. Um die Autorität zu begründen, wird dann die Figur des archaischen Sängers und Schamanen bemüht. Da dieses Prinzip heute aber auch augenscheinlich anachronistisch ist, und sie spüren, daß die Ausweisung als Astrologe allein nicht genügt, schmücken sich fast alle Autoren außerdem mit den zusätzlichen Attributen einer anderen Expertenschaft, die angesehener ist: Der eine ist Naturwissenschaftler, der nächste Psychologe, die dritte Ärztin, der vierte nennt sich Künstler usf. - Qualifikationen, die, wenn sie bestehen, doch alle mit der Astrologie nichts zu tun haben und die sich nur dadurch ergeben sollen, daß sie - als Umkehrung der Rollentheorie - zusammen in einem Menschen liegen. So bringen die höheren Astrologen das Kunststück fertig, sowohl als Experten für ein psychologisches Spezialgebiet, als auch für das astrologisch verstandene Ganze ("das Leben", "die Schöpfung", "das Schicksal") zu sprechen und das sowohl als Individuum, als auch als Sprachrohr, sozusagen als "Trommler der Sterne", zu tun.[6] Doch aus welchen verschiedenen Bereichen auch immer sich die einzelnen Astrologeneine Seriösität für ihre astrologischen Behauptungen verschaffen wollen, so sind doch alle Bemühungen auf das gleiche Ziel gerichtet, daß nichts mehr an die Herkunft aus der Jahrmarktsbude und womöglich noch an den Zusammenhang mit Roma und Sinti erinnern soll, die der Astrologie anhängt. Darin zeigt sich immerhin noch ein Moment, das für die Horoskop-

[6] Die Vorstellung, nur der Bote einer größeren Macht zu sein, gehört zum Repertoire der faschistischen Propaganda. Hitler sprach oft von sich als Gesandtem: "Ich bin nur der Trommler" (vergl. Adorno, "Antisemitismus und faschistische Propaganda", in Simmel, Antisemitismus, a.a.O., S. 149 und ausführlicher über diesen Trick in "Die psychologische Technik in Martin Luther Thomas' Rundfunkreden", in ders., Studien zum autoritären Charakter, a.a.O., S. 372-375, hier S. 373). Adorno gibt an, daß dieser Trick als theologische Verdrehung der biblischen Gestalt Johannes des Täufers abgeschaut sei, der selbst nicht der Heiland, aber dessen Verkünder war und betont darüber hinaus die Identifikation der faschistischen Führer mit dem Imago des Sohnes als ein wichtiges Element der faschistischen Bewegung: Alle Stimuli lassen darauf schließen, daß es die Gemeinschaft der in der faschistischen Organisation zusammengefaßten 'Söhne' ist, deren Macht psychologischen Ausgleich für die Schwäche des Einzelnen gewährt." (Adorno, Studien, a.a.O., S. 374; vergl. auch S. 480f).

spalte spricht, daß ihr diese Abstammung aus dem Bereich des Anrüchigen gegenüber den so gelehrt daher kommenden "elitären Astrologen" noch anzusehen ist. Im Gegensatz dazu ist gerade das Ansinnen eines "positiven Gebrauchs des Aberglaubens" (Hans Bender) prekär; diese Abgrenzung von dem, was man nicht wahrhaben will, gehört zum Wesen der "höheren Astrologie" dazu und ist keinesfalls ein Randphänomen.

Damit sind bereits einige der wichtigsten Tricks aus dem Fundus der "höheren Astrologen" angesprochen. Es wäre nun einfach, auch die "höhere Astrologie" pauschal als Humbug abzutun und diese Tricks aufzudecken. Aber auch darin zeigt sich der Zwittercharakter der "gehobenen Astrologie", daß ihre Argumentationsschemata die Vorstellung eines "Tricks" als einfaches Taschenspielerkunststück sprengen; es handelt sich vielmehr um eine Form von Ideologie, die aber von den Astrologen im Rahmen ihrer Trickkiste verwendet wird, ohne daß anzunehmen ist, sie wüßten, was sie tun. Die Astrologie rührt damit an wirklichen Problemen, die nicht einfach beiseite zu schieben sind und enthält in sich auch verdrehte Momente von Erkenntnis. Oder anders gesagt, sie macht gesellschaftliche Aporien produktiv. Ich habe gezeigt, auf welche Schwierigkeiten Adornos Versuch stößt, eine Kritik der Spaltenhoroskope zu entwerfen. Für die "höhere Astrologie" wird diese Aufgabe einfacher und schwieriger zugleich: Einfacher, weil es sich um diskursive Aussagen handelt, die einer Ideologiekritik leichter zugänglich sind und schwieriger, weil die angesprochen Fragen auf gesellschaftlichen Antinomien beruhen, die sich nicht allein dadurch auflösen, daß man sie erklärte.

4. 2. Einige astrologische Argumentationstypen

Die zunächst unüberschaubar erscheinende Menge von astrologischen Strömungen läßt sich bei näherem Hinsehen auf einige wenige Argumentationsmuster reduzieren, die immer wieder neu variiert werden, im Kern aber gleich bleiben. Das vereinfacht die Kritik an ihnen, die sich auf die wichtigsten vorherrschenden Strömungen beschränken kann, die exemplarisch behandelt werden. Die Logik der Darstellung folgt dabei den Argumentationstypen und nicht derjenigen von verschiedenen "Schulen", die die Astrologie für sich selbst in Anspruch nimmt.[7] Ich unterteile die Ansätze grob in zwei Gruppen: eine statistisch argumentierende Linie, die auch noch davon ausgeht, daß die Astrologie als prinzipiell naturwissenschaftlich nachweisbare

[7] Vergl. z.B. die Sprachakrobatik in der Serie "Astroschule" des Astrologenmagazins "AstroVenus" (früher "Jupiter"): "Revidierte Klassik - Klassische Astrologie der Moderne", April 1993, Freizeit Medien Verlag, München, S. 98.

"Erfahrungswissenschaft" Ergebnisse zeigt, die in naher Zukunft anerkannt werden und eine weitere Linie, die zwar ebenso von einer "Erfahrung" redet, es aber von vornherein ablehnt, die Astrologie mit den Mitteln der Naturwissenschaft beweisen zu wollen; diese Astrologen setzen dagegen vollständig auf den Kosmos als "organisches Gefüge", das einer Bilderlogik folgt, die sich gegen das begriffliche Denken richten soll. Beide astrologischen Ansätze gehen darin ineinander über, daß sie sowohl die Ebene der Phänomene, als auch ihrer metaphysischen Erklärung durch die Astrologie zusammenbringen wollen. Die Astrologen des ersten Ansatzes verwenden dazu eine eher verdeckt auftretende Metaphysik, die des zweiten eine offene Argumentation.

4. 2. 1. Naturalistischer Supranaturalismus - Erfahrung mit Statistik

"Das Rätsel des geheimen Wissens" - Lyall Watsons "Natur und Supernatur"

> Wir wissen ja, daß die Planeten das Leben der Menschen auf der Erde beeinflussen, aber jetzt auch noch die Sonne?
>
> Heiner Boehnke[8]

Natur und Übernatur

Lyall Watson repräsentiert eine Linie, die Aporien der naturwissenschaftlichen Methodik aufnimmt und astrologische Behauptungen als Erklärungsmuster anbietet - eine Argumentation, die in ähnlicher Weise auch in der Parapsychologie Anwendung findet.[9] Watson ist kein Astrologe, er versteht sich als spiritueller Naturwissenschaftler und versucht die Astrologie zur Herstellung eines konsistenten Weltbildes heranzuziehen. Dennoch gehört Watsons Text in den Zusammenhang der Astrologieargumentation, da er bereits alle ihre Kennzeichen aufweist. Seine Auffassung, die die Kritik an den Naturwissenschaften aufnimmt und dennoch in ihrem Rahmen bleibt, ist weit verbreitet und man findet sie häufig gerade unter skeptischen Naturwissen-

---

[8] Als Moderator der Sendung "Kultur aktuell" bei Radio Bremen 2 im Gespräch mit dem Astrologen Dr. Th. Landscheid, der Sonnenfleckenzyklen mit Börsenkursen korrelierte.

[9] Zur Parapsychologie vergl. z.B. Hans Bender, Parapsychologie - Ihre Ergebnisse und Probleme, Frankfurt/M. 1976, Fischer, S. 29-88 und ausführlicher Kapitel 9.

schaftlern, die einerseits aufgrund eigener Erfahrungen in der Lage sind, die Grenzen ihrer Methodik zu erkennen, andererseits aber nur geringe oder verengte gesellschaftstheoretische Kenntnisse besitzen. Watson besitzt einen Doktorgrad in Philosophie und ist Biologe; er bemüht sich, seinen Expertenstatus von der Naturwissenschaft auf die Astrologie herüberzuretten. In seinem Buch, daß im Deutschen den angedunkelten Titel "Geheimes Wissen" trägt, erscheint die Astrologie zunächst als eine Methode mit einem naturwissenschaftlichen Nimbus. Daher tauchen in ihrer Beschreibung kaum astrologische Fachbegriffe auf, statt dessen geht es im naturwissenschaftlichen Jargon zu. Watson versteht sein Buch als eine "Naturgeschichte des Übersinnlichen"[10]:

> Die Wissenschaft hat auch im günstigsten Falle verschwommene Ränder, Grenzen, die noch im dunkeln liegen und sich ohne Übergang in gänzlich unerklärliche Bereiche hinein erstrecken. In den Randzonen, zwischen den Vorgängen, die wir noch als normal begreifen, und dem, was völlig paranormal ist und sich jeglicher Erklärung entzieht, gibt es eine Reihe von halbnormalen Phänomenen. Zwischen der Natur und dem Übernatürlichen spielen sich zahllose Dinge ab, die ich in ihrer Gesamtheit als Übernatur bezeichnen möchte, und von solchen Zwischendingen handelt dieses Buch. (...) Das Übernatürliche wird gewöhnlich definiert als das durch die bekannten Naturkräfte nicht Erklärbare. Die Übernatur kennt keine Grenzen. Zu oft sehen wir nur, was wir zu sehen erwarten: Unser Weltbild wird eingeengt durch die Scheuklappen unserer beschränkten Erfahrung. Doch so muß es nicht sein. Die Übernatur ist eine Natur, in der alle Aromen noch unversehrt vorhanden sind und darauf warten, gekostet zu werden. Ich biete sie an als logische Erweiterung des gegenwärtigen Wissens, als Lösung einiger der Probleme, mit denen die herkömmliche Wissenschaft nicht fertigwerden kann, und als Analgetikum für den Menschen unserer Zeit.[11]

Watson will nachweisen, daß die Natur sich nicht in dem erschöpft, was die Naturwissenschaften mit ihren Mitteln bislang erforscht haben. Was darüber hinausgeht, will er als Übernatur ("Supernature") bezeichnet wissen. In diesem Sinne sammelt er in seinem Buch alle möglichen Hinweise auf übersinnliche Phänomene wie Hellsehen, Handlesen, Telepathie und Auraphänomene. Als ein erster Zug fällt auf, daß die Übersinnlichkeit damit bereits wie in der Parapsychologie departementalisiert erscheint. Watsons Argumentation wird aus dem Grunde möglich, da die positivistische Naturwissenschaft sich apriori auf die Rezeption der Welt beschränkt, soweit sie meßbar ist. Was aus ihrem Instrumentarium herausfällt, ist entweder nicht existent

---

[10] Lyall Watson, Geheimes Wissen, Das Natürliche des Übernatürlichen (engl.: Supernature. An Unprecedented Look at Strange Phenomena and their Place in Nature), Frankfurt/M. 1976, S. Fischer, Klappentext.

[11] Watson, Geheimes Wissen, a.a.O., S. 10. Ein Analgetikum ist ein schmerzstillendes Mittel.

oder kann noch von ihr entdeckt werden. Durch ihre Methoden aber bleibt sie notgedrungen in ihrer Weltsicht eingeschränkt. Watson sieht zwar diese Einschränkung, da aber sein Verständnis der gesellschaftlichen und historischen Voraussetzungen der Naturwissenschaft nur sehr gering ausgeprägt ist, verkennt er, daß sowohl diese Aufteilung als auch ihre rationale Seite mit der Entwicklung von bestimmten historischen und gesellschaftlichen Tendenzen zusammenhängt. Er bleibt mit seiner Kritik und seinen Verfahrensvorschlägen insofern im Rahmen der Naturwissenschaft, als auch er die Phänomene, die die herkömmliche Naturwissenschaft nicht zu erklären vermag, als noch-nicht-erklärbar hinstellt und im wesentlichen mit Mitteln der Statistik auf etwaige Korrelationen zu schließen versucht, die sich letztendlich als bloße Behauptungen herausstellen.

Astrologie als Mischung aus "Erfahrungen" und "Kräftewirken"

Watsons Verständnis der Astrologie liest sich folgendermaßen: "Die Astrologie geht von der Prämisse aus, daß Himmelsphänomene auf das Leben und auf Vorgänge hier auf der Erde einwirken. Kein Wissenschaftler und vor allem kein Biologe, der mit den neuesten Arbeiten über das Wetter und über natürliche Rhythmen vertraut ist, kann leugnen, daß diese Grundvoraussetzung als erwiesen gilt. Die Erde und das Leben auf ihr sind der Einwirkung des Kosmos ausgesetzt und zur Diskussion steht nur der Grad dieser Einwirkung."[12]

Das Schema, nach dem Watson vorgeht, verteidigt zunächst vehement das, was ohnehin niemand in Zweifel zieht, um anschließend Aussagen als bewiesen darzustellen, die über das Beweisbare hinausgehen. Die erste Annahme des Zitates ist so allgemein gehalten, daß sie außer Zweifel steht: daß es überhaupt eine Verbindung zwischen Himmel und Erde gibt, schließt auch das Selbstverständnis der Naturwissenschaften nicht aus. Aber gerade am "Grad der Einwirkungen" scheiden sich die Geister. Das System der Berechnungen, die die Astrologie anstellt, ist so rational, wie es die Mathematik ist, und ich habe gezeigt, daß in der Unterteilung des Tierkreises und der Verschiebung des Frühjahrspunktes die Sterne kurzerhand der Logik der Berechnungen unterworfen werden. Von der Zahlenrationalität auf den Charakter und das Leben eines Menschen schließen zu wollen, offenbart zwar einen Wunsch nach Kontrolle, es ist aber nicht nur im Rahmen der positivistischen Vernunft irrational. Worauf Watson hinaus will, wird deutlicher, wenn man seine weitere Schilderung der Astrologie ansieht: "Die Astrologie behauptet also, lange Erfahrung habe gezeigt, daß die Planeten einen voraus-

---

[12] Watson, Geheimes Wissen, a.a.O., S. 66.

sagbaren Einfluß auf den Charakter haben, der modifiziert wird durch sekundäre, aber gleichermaßen voraussagbare Einflüsse von Sternen, die mit den Planeten im gegebenen Augenblick in Konjunktion stehen, und weiter, daß die vereinigten Wirkungen dieser Kräfte auf einen Menschen bestimmt werden von der Stellung der Kombination Planet-Stern im Augenblick der Geburt des Kindes."[13]

Mit anderen Worten, es geht um eine versuchte Übersetzung der astrologischen Elemente in ein naturwissenschaftliches Idiom, die von den aufgeladenen Begriffen "Erfahrung" und "Kräftewirken" getragen wird. Um seine These zu begründen, trägt Watson ein in seiner Fülle durchaus eindrucksvolles Material vielfältiger biologischer Untersuchungen darüber zusammen, wie der Rhythmus von Pflanzen, Tieren und Menschen durch die Sonne, den Mond und andere Planeteneinflüsse bestimmt werden könnte. Er versucht in der Darstellung den Gestus eines sachlich berichtenden Naturwissenschaftlers einzunehmen, der sich bewußt gegen Spekulationen abgrenzt und als Experte aus dem Gebiet der Chronobiologie, der Rhythmusforschung, einer neueren Disziplin der Biologie, referiert. So schildert er die rhythmische Reaktion von Einzellern, Fruchtfliegen, Küchenschaben u.ä. unter Laborbedingungen, in denen das Licht ausgestellt wurde.[14] Er schlußfolgert: "Das Leben hält einen, wie es scheint, uralten Takt ein, der hauptsächlich durch die Rotation unseres eigenen Planeten bestimmt wird: Die Sonne wird durch sie ein- und ausgeschaltet, wie eine riesige kosmische Lampe."[15]

Doch bereits in der Darstellung der Fakten begeht er für die Biologie nicht zulässige Vereinfachungen, die dann in der Interpretation auf Folgerungen hinauslaufen, die die selbsternannte Seriosität eines Wissenschaftlers überschreiten. Seine Annahmen kosmischer Einflüsse versucht Watson durch statistische Berechnungen zu belegen, die in der vorgetragenen Form eine gewisse Wahrscheinlichkeit besitzen, aber auch nicht mehr. Watson argumentiert dabei wie alle anderen Astrologen auch, die die Rationalität ihrer Berechnungen in den Vordergrund schieben, um damit die Willkür ihrer These, daß in der Astrologie ein Wissen aufgehoben sei, daß sich den Naturwissenschaften noch erschließen werde, zu verdecken. Vollends unzulässig ist dann der Schluß, die angegebenen Beispiele, die z.T. aus astrologischen Zeitschriften stammen[16], zeigten, daß "die Lebewesen in einen offenen Dialog

---

[13]Watson, Geheimes Wissen, a.a.O., S. 75f.

[14] Vergl. Watson, Geheimes Wissen, a.a.O., S. 22-27.

[15] Watson, Geheimes Wissen, a.a.O., S. 27.

[16] Wie z.B. die des Tschechen Eugen Jonas, der Mondrhythmus und Menstruationszyklus zusammenrechnet. Watson gibt als Quelle dafür an: Rubin, F., "The Lunar Circle in Re-

mit dem Universum verwickelt sind, in einen freien Austausch von Informationen und Einflüssen, die alles Lebendige zu einem einzigen riesigen Organismus vereinigen, der seinerseits wiederum Teil einer noch größeren dynamischen Struktur ist."[17] Aus den aufgeführten Daten und Spekulationen läßt sich nun alles mögliche schließen, nur nicht, daß die Erde ein Organismus sei. Die Sprache, die Watson hier verwendet, ist nicht zufällig die der naturalistischen Staffage der Reklame für den freien Markt.

Der "Biorhythmus-Trick"

Der wichtigste Trick, der bei Watson zur Anwendung kommt, ist, wie bereits mehrfach erwähnt, der des Bescheidwissens, der "Experten-Trick", bei dem eine Seriosität aus einem Bereich unzulässigerweise auf einen anderen übertragen wird. Um die Unzulässigkeit seiner Argumentation zu zeigen, bietet es sich an, auf den naturwissenschaftlichen Hintergrund näher einzugehen. Die Chronobiologie beschäftigt sich mit der Rhythmik von Organismen. Eine wichtige Rolle spielen dabei die von Franz Halberg gefundenen "circadianen" Rhythmen (lateinisch circa - um ... herum; dies - Tag), also getaktete Bewegungen, die etwa einen Tag als Periode besitzen.[18] Unbestritten ist dabei der Einfluß der Sonne (24 Stunden) und auch der des Mondes (z.B. auf aquatisch lebende Organismen).[19] Bei der Forschung treten zwei Hauptschwierigkeiten auf: Zum einen zeigen sich Rhythmen von Organismen nie über einen längeren Zeitraum konstant, sondern sie variieren in Abhängigkeit von äußeren und inneren Faktoren. Einen solchen lebendigen Rhythmus mit den Berechnungen eines Horoskopes gleichzusetzen, wäre falsch. Kein Organismus verhält sich so konstant, wie es die astrologischen Berechnungen suggerieren wollen. Zum zweiten läßt sich ein Rhythmus sehr selten auf nur einen Grund wie den Sonnen- oder Mondeinfluß zurückführen. Auch wird, wenn in der Biologie von "Gestirnseinfluß" gesprochen wird, nicht wie in der Astrologie der Planet als Verursacher angenommen, sondern sich auf eine meßbare physikalische Größe wie dessen Licht oder seine Gravität bezogen. Das bedeutet nicht, wie Watson richtig angibt, daß die Einflüsse der Himmelskörper keine Rolle spielen könnten - freilich immer im naturwissen-

---

lation to Human Conception and the sex of Offspring", "Astrological Journal 9", 4, 1968. Vergl. Watson, Geheimes Wissen, a.a.O., S. 59 u. 80.

[17] Watson, Geheimes Wissen, a.a.O., S. 53

[18] Vergl. F. Halberg, "Chronobiologie", in "Ann. Rev. Physiol." 31, 1969, S. 675-725.

[19] Vergl. Palmer, "Biological Clocks", in Marine Organisms. The Control of Physiologicol and Behaiviral Tidal Rythms, New York 1974, Wiley.

schaftlichen Sinne -, aber die anderen auf den Organismus einwirkenden Faktoren - wie Temperatur, Breitengrad, Feuchtigkeit, Ernährung, elektromagnetische Strahlung usf. - sind in den seltensten Fällen so konstant zu halten, daß ein monokausaler Schluß auf einen möglichen Planeteneinfluß im Rahmen der Stochastik erlaubt wäre.

Watson bedient sich damit des "Biorhythmus-Tricks", der biologische mit astrologischen Rhythmen gleichsetzt und folglich der Astrologie die Seriosität einer Naturwissenschaft verleihen will. Der Biorhythmus soll sich aus drei verschiedenen Takten zusammensetzen: einer 23-tägigen für physische -, einer 28-tägigen für gefühlsmäßige - und einer 33 Tage dauernden Periode für intellektuelle Zustände. Aus der Kombination der Kurven, die vom Geburtszeitpunkt aus berechnet werden, soll sich das jeweilige Befinden des verkurvten Subjektes ergeben. Einmal abgesehen von der kruden Idee, einen Menschen obligat in Körper, Seele und Geist zu zerlegen und diese in ihrer Trennung bereits prekären Kategorien auch noch berechnen zu wollen, gilt hier das gleiche Argument, das auch Watsons Beispielen gegenüber einzuwenden ist: Solche regelmäßigen Rhythmen existieren in der Natur nicht. Die Regelmäßigkeit ist eine der Kalkulation selbst, die wiederum mit der Sache nichts zu tun hat. Kein biologischer Organismus verhält sich über längere Zeit derartig konstant, um in dieser Form taxiert werden zu können. "Biorhythmen" finden sich in den Illustrierten neuerdings häufig neben den Horoskopen.[20] Auf die Tabellen springen zwanghafte Menschen besonders an, die gerne alles berechnet haben möchten. Hier findet sich das "uralte Wissen" der Astrologie in seiner modernisierten Form, die dem Wunderglauben an Insignien der technischen Kalkulation - wie Tabellen, Kurven und Messungen - entgegenkommt.[21]

Die "Wasser über den Himmeln" und Gottes unerklärbare Natur: "Sonnenfleckenzyklen" und Wasser - eine astrologische Verbindung?

Auch in anderen Fällen handelt es sich bei Watsons Beispielen um derartig grobe Vereinfachungen, daß sie, so wie er sie vorträgt, nicht zu halten sind. Hinter dem Bezug auf eine überspannte wissenschaftliche Exaktheit wird aber noch ein metaphysischer Zusammenhang sichtbar. Ich erläutere das Verhältnis dieser beiden Motive zueinander am Beispiel der von Watson angebrachten Verbindung zwischen Zuständen von Wassermolekülen und dem

---

[20] Vergl. Kapitel 2.

[21] In dem Horoskopmagazin "AstroVenus" finden sich z.B. "Glückskarten" mit bunten Kurven, die nun freilich nicht mehr Körper, Seele, Geist - Zustände angeben, sondern gleich von Liebe, Finanzen, Gesundheit reden (vergl. "AstroVenus", a.a.O., S. 87-90

Zyklus von Sonnenflecken. Watson beschreibt den möglichen Einfluß der in einem 11-Jahres-Rhythmus sich verändernden Sonnenflecken, deren Erscheinung auf einen erhöhten Partikelausstoß der Sonne aufgrund von Eruptionen auf ihrer Oberfläche hindeutet, auf das Verhalten des Wassers auf der Erde. Da alle lebendigen Organismen auf der Erde Wasser enthalten - der menschliche Körper besteht zu etwa 65% aus Wasser -, sollen sie auf diese Weise wiederum von dem Rhythmus der Sonnenflecken abhängen.[22] Wasser sei, so argumentiert Watson, eine sehr flüssige Substanz, die einige Abnormitäten aufweise, wie die größte Dichte bei 4° Celsius usf. Für die Beeinflussung durch Sonnenflecken sei eine besondere Flüssigkeit des Wassers relevant, die auf feinste Veränderungen des Sonnenfleckenzyklus' reagieren soll. Entsprechende Forschungen lägen vor, die Wasser außerhalb von Organismen im Zusammenhang mit besagten Flecken untersucht hätten.[23] Also, so lautet seine Folgerung mit Bezug auf den italienischen Physiker Piccardi, spreche vieles für die Annahme der Astrologie, daß kosmische Rhythmen - in diesem Fall die der periodisch auftauchenden Sonnenflecken - die Organismen der Erde determinierten: "Piccardi schließt unsere Beweisführung ab. Er sagte 1962: 'Wasser ist für außerordentlich subtile Einflüsse empfindlich und imstande, sich sehr stark variierenden Umständen in einem Grade anzupassen, den keine andere Flüssigkeit erreicht. Durch das Wasser und das wässrige System können vielleicht die äußeren Kräfte auf lebende Organismen einwirken.'"[24]

Watson stützt seine Schlußkette nun in diesem Kontext auf die Behauptung, die Moleküle des Wassers besäßen eine schwache chemische Bindung: "Tatsächlich hat sie nur ein Zehntel der Stärke der meisten üblichen chemischen Bindungen."[25] Das ist nun sowohl richtig, als auch falsch. Sicherlich ist die Bindung zwischen einem Wasserstoff- und einem Sauerstoffatom schwach, es handelt sich um eine sogenannte Wasserstoffbrückenbindung von nur einem Elektron. Aber es gibt andererseits keine "übliche" chemische Bindung. Die Chemie unterscheidet unterschiedliche Bindungsarten, die jeweils andere Stärken besitzen, z.B. kovalente, elektrostatische usf.[26] Watson

---

[22] Watson, Geheimes Wissen, a.a.O., S. 42-48.

[23] G. Piccardi, "Exposé introductif", Symposion Intern. sur les Rel. Phen. Sol et terre, Brüssel 1960, Presse Académiques Européennes.

[24] Watson, Geheimes Wissen, a.a.O., S. 48; vergl. Piccardi, G. The Chemical Base of Medical Climatologie, Thomas, Springfield, Ill., 1962.

[25] Watson, Geheimes Wissen, a.a.O., S. 45.

[26] Vergl. z.B. H. J. Bogen, Knaurs Buch der modernen Biologie, München, Zürich 1967, Knaur, S. 25-30.

unterstellt mit seiner Formulierung eine mystische Besonderheit des Wassers. Aber es gibt keinen Stoff, den die Chemie untersucht, der sich permanent "normal" verhielte. Jeder weist mindestens eine besondere Qualität auf, sonst wäre er kein Element.[27] Ein weiteres Moment kommt hinzu. Der Schluß vom Verhalten des Wassers außerhalb eines Organismus', auf zellulär gebundenes Wasser, den Watson vornimmt, ist in dieser Form nicht möglich. Innerhalb von Zellen herrschen andere Druckverhältnisse, die es z.B. Bäumen erlauben, Wasser bis in die Spitzen ihrer feinsten Äste zu pumpen. So ergeben sich außer einer formal gesetzten Korrelation verschiedener Phänomene keinerlei weiteren Schlüsse. Indem Watson aber fachwissenschaftlich ungenau vorgeht, verwirft er die Eigenschaft, die die Naturwissenschaft gerade in ihrer eingeschränkten Rationalität besonders auszeichnet, die genaue Analyse. Deutlich wird an diesem Beispiel Watsons Methode, Fakten in seinem Sinne zurecht zu biegen, dieses aber noch naturwissenschaftliches Denken zu nennen. Es spricht nichts dagegen, solche Spekulationen anzustellen, sie sind dann aber auch deutlich als solche zu kennzeichnen.[28] Der "Biorhythmus-Trick" entpuppt sich so als eine Variante des "Experten-Tricks", der unzulässigen Übertragung der Seriosität des Naturwissenschaftlers auf die Astrologie.

Der Zusammenhang mit den mystischen Gehalt des Wassers aber geht auf eine ältere theologische Spekulation zurück, als deren reduzierte Variante man Watsons Buch verstehen kann. Bereits der Schöpfungsbericht der Bibel erwähnt die "himmlischen Gewässer": "Nun sprach Gott: 'Es werde ein Firmament inmitten der Wasser und scheide zwischen Wasser und Wasser!' Und es geschah so. Gott machte das Firmament, und es schied zwischen den Wassern unterhalb des Firmamentes und den Wassern oberhalb des Firmamentes. Gott nannte das Firmament Himmel."[29]

---

[27] So überwindet der Schwefel, der in fester Form erhitzt wird, den flüssigen Aggregatzustand und wird zu einem Gas; Quecksilber ist das einzige Metall das bei Raumtemperaturen flüssig ist, usf.

[28] Daß auch der unter Naturwissenschaftlern weit verbreitete Glaube an eine absolute Rationalität der instrumentellen Vernunft eine nicht weniger magische Haltung ist, belegte der im 1. Kapitel zitierte Text von Paul Feyerabend, der sich als eine Kritik an der positivistischen Naturwissenschaft versteht und in dem er sich ebenfalls auf Watsons Spekulation über das Verhältnis von Sonnenflecken und dem irdischen Wasser bezieht (vergl. Paul Feyerabend, "Die seltsame Geschichte von der Astrologie", in ders., Erkenntnis für freie Menschen, a.a.O., S. 181-189). Allerdings scheint Feyerabend das gleiche Muster in Watsons Argumentation übersehen zu haben.

[29] Genesis 1, 6-8. Über die moderne Mystifizierung des Wassers vergl. Ivan Illich, H_2O und die Wasser des Vergessens, Reinbek 1987, Rowohlt, S. 47-56 u. 113-125.

Die Patristik nimmt diese Vorstellung vom "Wasser über den Himmeln" auf und erklärt sie vielfältig. Origines (184-254) verfolgt eine metaphorische Auslegung des Wassers als Symbol für die Engel[30], während die lateinischen Kirchenväter eine direkte Auslegung betrieben, die freilich von dem gegeben Zusammenhang einer Undurchschaubarkeit der göttlichen Schöpfung für die Menschen nicht zu trennen ist. So schreibt Beda (+ 735): "Was für Wasser das sind und wofür sie nützlich sind, das weiß allein der, der sie schuf."[31] Bei Augustinus (* 354) findet sich zwar kein direkter Bezug auf die Wassermetaphorik, dafür aber zahlreiche Beispiele für diese Rätselhaftigkeit der Naturerscheinungen, die sich in der Verbindung mit der konkreten Auslegung des Bibeltextes wie die seriöse theologische Vorlage von Watsons Buch lesen. Nachdem er zu zeigen versucht hat, daß es Menschen gibt, die die Höllenstrafe des Feuers überleben können, schreibt Augustinus über die Grenzen der menschlichen Vernunft und die Notwendigkeit des Wunderglaubens:

> Jedoch wenn wir göttliche Wunder der Vergangenheit oder Zukunft verkünden, für die wir keinen Erfahrungsbeweis liefern können, dann fordern ungläubige Menschen eine vernünftige Erklärung dafür, und falls wir sie nicht geben können - denn dazu reichen die menschlichen Geisteskräfte nicht hin -, dann meinen sie, was wir sagen, sei nicht wahr. Sie sollten lieber selbst für so viele wunderbare Dinge, die wir sehen können und wohl auch wirklich sehen, eine vernünftige Erklärung geben. Wenn sie sich überzeugt haben, daß das nicht menschenmöglich ist, dürfen sie auch nicht behaupten, es sei deshalb nicht geschehen oder werde künftig nicht geschehen, weil man es nicht vernünftig erklären kann. Denn es gibt nun einmal Dinge, die man ebensowenig erklären kann.[32]

Anschließend führt er eine weitere Reihe von Wunderdingen auf, die von im Feuer lebenden Würmern und Salamandern bis hin zu Pferdestuten, die vom Winde trächtig werden, reicht.[33] Augustinus schließt:

> Diese und unzählige andere Wunderdinge, von welchen die Geschichte nicht als von geschehenen und vergangenen, sondern noch fortbestehend berichtet, denen ich aber, weil ich anderes zu tun habe, nicht weiter nachgehen kann, mögen, wenn sie's können, die Ungläubigen vernünftig erklären, die den göttlichen Schriften keinen Glauben schenken wollen. Und warum nicht? Weil sie meinen, sie könnten nicht göttlich sein, weil in ihnen anscheinend unglaubliche Sachen stehen, die doch nicht unglaublicher sind, als das eben Erwähnte. Denn sie sagen: Keine Vernunft läßt sich's bieten, daß Fleisch brennen, aber nicht verzehrt werden, Schmerz empfinden, aber nicht sterben soll. O diese Ver-

---

[30] Vergl. Kurt Flasch, Das philosophische Denken im Mittelalter, a.a.O., S. 119.

[31] Ebenda.

[32] Aurelius Augustinus, Vom Gottestaat, übers. v. Wilhelm Thimme, 2. Aufl. Zürich, München 1978, Artemis, XXI. Buch, Kap. 2 u. 3, S. 683.

[33] Augustinus, Gottesstaat, XXI. Buch, 5, a.a.O., S. 683-684.

nunfthelden, die von allen Dingen, die augenscheinlich wunderbar sind, eine vernünftige Erklärung geben können![34]

Doch bei solchen Gotteswerken versagt nun einmal die Vernunft des Menschenherzens und der menschlichen Rede; aber wie die von uns vorhin genannten Dinge deswegen doch vorhanden sind, so werden auch die von uns vorausgesagten eintreffen, mag auch der Mensch von beiden keine vernünftige Erklärung geben können.[35]

Oder noch prägnanter formuliert: "Wunder sind also nicht wider die Natur, sondern nur wider die uns bekannte Natur."[36] Darüber hinaus aber tragen diese Wunderdinge, die über die Erklärung im Rahmen der beschränkten menschlichen Vernunft hinausgehen, nun für Augustinus einen Zeichencharakter, sie sind Hinweise und Anzeichen für die wunderbare Allmacht Gottes. Sie verkünden, "daß Gott sein prophetisches Wort betreffs der Menschenleiber wahr machen wird (nämlich diejenigen seiner Anhänger im Höllenfeuer zu schonen, W. B.) und zwar ohne Schwierigkeit und ohne jeden Widerstand durch ein Naturgesetz."[37]

Diese wörtliche Auslegung der Bibeltexte in Bezug auf die Natur und das Weltbild mit der Erde im Mittelpunkt wurde bekanntlich von Seiten der katholischen Kirche gegen die Aufklärung gewandt, wie es beispielsweise die Prozesse gegen Galilei zeigen. Watson übernimmt Augustinus' Diktion, indem er an die Stelle der Allmacht Gottes seine abstrakte Vorstellung der Übernatur setzt. In gewisser Weise führt Watson so die Aporien des frühen Mittelalters gegen diejenigen der Moderne ins Feld, ein Versuch der notwendigerweise scheitern muß. Diese Ansicht, so reizvoll sie auch angesichts der Auswirkungen der hypostasierten instrumentellen Vernunft klingen mag, lebt von einer nicht weniger gewaltsamen Vorstellung der göttlichen Rätselhaftigkeit, der man sich unterzuordnen habe. Augustinus' Diskurs ist auch der Vorläufer des modernen Positivismus, der die metaphysische Rätselhaftigkeit der Schöpfung in einem zu berechnenden Faktor auflösen will.[38]

---

[34] Augustinus, Gottesstaat, XXI. Buch, 5, a.a.O., S. 684f.

[35] Augustinus, Gottesstaat, XXI. Buch, 5, a.a.O., S. 686.

[36] Augustinus, Gottesstaat, XXI. Buch, 8, a.a.O., S. 694.

[37] Augustinus, Gottesstaat XXI. Buch, 8, a.a.O., S. 697f.

[38] Vergl. K. H. Haag, Der Fortschritt in der Philosophie, Frankfurt/M., Suhrkamp, S. 37-54.

Zauber der Technik und Archaik. Der "Mythos der Naturwissenschaften-Trick"

Nach diesem kleinen Ausflug in die Naturwissenschaft und die Theologie läßt sich bei Watson im Zusammenhang mit der erborgten Seriosität des Wissenschaftlers ein weiterer Trick in der Argumentation ausmachen, der aus zwei Elementen besteht: Der mythischen Aufladung der Technik und der Romantisierung der Vergangenheit als Archaik. Zunächst findet sich erneut die bereits erwähnte Verwendung von naturwissenschaftlichen Termini, Watson spricht von dem Horoskop als einem "Meßinstrument" oder einer "Gleichung". Der Zauber der Technik soll auch an dieser Stelle seine Wirkung vollbringen, die bloße Erwähnung von Ausdrücken wie Instrument, Formel, Laboratorium sollen seine Aussagen hinter dem Schleier verbergen, der die Technik umgibt. Gleichzeitig will er eine verdinglichte Vorstellung von der Vergangenheit als Archaik verklären, indem er zu den mythischen Urgründen vorstoßen möchte, aus denen die Astrologie entstanden sein soll: "Ich glaube, so entstand auch die Astrologie: Ein Bewußtsein kosmischer Kräfte prädisponierte den Menschen für gewisse Vorstellungen und für die Erkenntnis gewisser Zusammenhänge, und obwohl jeder einzelne Astrologe, der seinen Beitrag leistete, immer nur einen kleinen Teil des Baus überblickte, nahm die Synthese, das Ganze, zuletzt eine natürliche und relevante Form an."[39] Was Watson hier beschwört und auf die Astrologie zu übertragen versucht, ist der Gründungsmythos der Naturwissenschaften, der auf einem Erfahrungsbegriff fußt, bei dem alles auf empirische Beobachtung ankommen soll - eine Entwicklung, die erst mit dem bürgerlichen Emanzipationsprozeß der frühen Neuzeit beginnt, dessen Voraussetzungen von Watson nicht reflektiert werden. So stellt sich ein Naturwissenschaftler, der nichts von der Verflechtung von gesellschaftlichem Sein und Bewußtsein weiß, die Entstehung seiner Disziplin vor. Mit dieser Ansicht der Vergangenheit argumentiert Watson ganz im positivistischen Kontext. Die Astrologie will er auf ihre "praktischen Aspekte", ihre "Leistungen" reduziert wissen und damit auf den Mythos abheben, der heute die "Praxis" des Bestehende umgibt, während er für die Entstehung der Sterndeuterei wiederum den Mythos des Uralten bemüht. Damit folgt er den Tendenzen in der heutigen Gesellschaft nach, in der die Technik über ihren rationalen Gebrauch hinaus als magisches Mittel zur Beherrschung der Natur betrachtet wird. Andersherum deutet Watson hier aber auch auf eine Verbindung zwischen Naturwissenschaft und Astrologie hin, die durchaus besteht.

---

[39] Watson, Geheimes Wissen, a.a.O., S. 83.

Astrologie und Positivismus

Die positivistischen Wissenschaften entwerfen kein objektives Bild der Welt, auch wenn sie das vorzugeben versuchen. Sie gehen in ihren Grundvoraussetzungen von nicht beweisbaren Axiomen aus, schränken aufgrund ihres eingeengten Instrumentariums die Wahrnehmung der Welt auf bestimmte zulässige Methoden ein und sparen denjenigen Teil apriori aus, der davon nicht erfaßt wird. Der Prozeß der Beweisführung verläuft über die Hypothesenbildung zur Formulierung eines allgemeinen Gesetzes, welches dann wiederum an der Wirklichkeit überprüft wird. Es gilt dann als gesichert, wenn es im Experiment überall und zu jeder Zeit mit austauschbaren Probanden und Versuchsleitern wiederholbar ist. Das Experiment ist der Königsweg der Erkenntnis in der Naturwissenschaft. Seine Bedingungen: die Isolierung eines Abschnittes des Geschehens; die versuchte Festlegung aller Faktoren bis auf den gesuchten; das Absehen von der Subjektivität der Versuchsperson und ihrer Reaktion auf die Künstlichkeit der Situation; die Ausscheidung der Subjektivität des Beobachters; die Betonung der visuellen Wahrnehmung; kurz: die Vernachlässigung der apriorischen Einflüsse der beteiligten Subjekte und der durch diese vermittelten objektiven historischen und gesellschaftlichen Situation - tendiert dazu, die Ergebnisse des Experiments in einer unzulässigen Weise über die Grenzen der gewonnenen Ergebnisse zu hypostasieren - eine Entwicklung, die bereits Goethe in seiner Farbenlehre kritisierte.[40] Andererseits liegt in dieser Methodik auch ein rationales Element gegen willkürliche Behauptungen, das die Überprüfbarkeit der Fakten und ihre Abgrenzung von der bloßen Ahnung gewährleisten soll. Damit soll eine Korrelationsbeziehung zwischen Dingen hergestellt werden, deren allgemeine Form in eine Kausalität überführt wird, die aber letztlich eine Beschreibung des Sachverhaltes darstellt. Die Statistik stellt ein Mittel zu Überprüfung solcher behaupteter Beziehungen dar. Ihre Methoden lassen es auch zu, Dinge miteinander zu korrelieren, zwischen denen keine Beziehung besteht. Läßt sich

---

[40] Vergl. Goethe, "Der Versuch als Vermittler von Subjekt und Objekt" und "Erfahrung und Wissenschaft", sowie "Die Natur" in Goethe, "Schriften zur Wissenschaftslehre", Sämtliche Werke, Band 16, München 1977, dtv/Artemis und ders., "Schriften zur Farbenlehre", "Entwurf einer Farbenlehre", a.a.O. Gernot Böhme zeigt die Grenzen von Goethes Kritik: daß in Goethes Theorie Äquivalente der Topoi des Positivismus (Daten, Experiment, Gesetz, Erklärung, Theorie) vorliegen. Vergl. ders., Alternativen der Wissenschaft, Frankfurt/M. 1980, Suhrkamp, S. 149f. Vergl. zu Goethes Wissenschaftsbegriff auch den Abschnitt über das Urphänomen in meiner demnächst erscheinenden Studie "Walter Benjamin und die Sterne. Melancholie, Astrologie und Mythologie in Benjamins Konzeption der Moderne". Zur Kritik des Experiments vergl. ebenfalls Gerhard Vinnai, Die Austreibung der Kritik aus der Wissenschaft. Psychologie im Universitätsbetrieb, Frankfurt/M. 1993, Campus, S. 43-100, bes. S. 62-70.

daraus keine Kausalität ableiten und kein allgemeines Gesetz formulieren, wird die Hypothese verworfen. So werden, um ein Beispiel zu geben, zwar die Bewegungen aller fallenden Gegenstände auf die von Newton gefundenen Gravitätsgesetze begründend zurückgeführt, diese selbst aber sind nur eine Aufzeichnung des Vorgangs des Fallens in seiner allgemeinsten Form, der dann durch eine Formel ausgedrückt werden kann. Der Grund der Fallgesetze aber bleibt im Dunkeln und einer Metaphysik überlassen.[41] Wie alle Formeln ist auch diejenige Newtons eine Beschreibungen von Naturvorgängen unter einer bestimmten, nämlich operativer Perspektive. In dieser Hinsicht hat Watson recht, wenn er die Begründung der Naturwissenschaft auf die gleiche Stufe wie die der Astrologie stellt; andererseits gelten in der Naturwissenschaft bestimmte Bezüge kausal innerhalb ihres Rahmens: So lassen sich tatsächlich die Fallphänomene auf Newtons Formel zurückführen. Für die Astrologie aber trifft das nicht zu, ihre Regeln sind reine Setzungen. Streng genommen sind daher die aufgrund von Kausalbeziehungen zustandegekommenen naturwissenschaftlichen Gesetze Entwürfe, die von der jeweiligen historischen Situation abhängen, die über die Subjektivität der Betrachter vermittelt ist. Die Vorstellung der Aufklärung, einer von Raum und Zeit unabhängigen Struktur, die sich ohne Bezug auf die sie jeweils erkennenden Subjekte durchsetzen soll, ist selbst historischer Natur und entsteht erst mit der bürgerlichen Emanzipation. Das bedeutet nicht, daß die Methoden der Statistik nicht innerhalb ihrer Grenzen rational wären; man muß diese nur kennen.

Diese Bedingungen der naturwissenschaftlichen Erkenntnis läßt Watson außer acht. Das Erstaunliche an seiner Argumentation ist, daß er an dieser Stelle stehenbleibt und die Naturwissenschaft nicht darin kritisiert, daß sie ihre Beschränkung nicht erkennt und ihre Ergebnisse hypostasiert, sondern daß er versucht den Nimbus ihrer beschränkten Methoden noch auf ein Gebiet anzuwenden, daß sie aufgrund ihre relevanten rationalen Seite ausschließt. Herbert Marcuse beschreibt diesen Zusammenhang folgendermaßen:

---

[41] Im Fall der Gravitationsgesetze zerbrach Newton an der Diskrepanz zwischen seiner Beschreibung und mangelndem Sinn (vergl. Ernst Bloch, Christliche Philosophie des Mittelalters. Philosophie der Renaissance, Leipziger Vorlesungen zur Geschichte der Philosophie, Band 2, Frankfurt/M., Suhrkamp, S. 218-20). Kant dagegen gelang es, eine metaphysische Begründung zu finden, die den Beschreibungs- und Begründungsprozeß an die bürgerliche Emanzipation band (vergl. Immanuel Kant, Allgemeine Naturgeschichte und Theorie des Himmels, oder Versuch von der Verfassung und dem mechanischen Ursprunge des ganzen Weltgebäudes nach Newtonschen Grundsätzen abgehandelt, Werkausgabe, Bd. I, hrsg. v. W. Weischedel, Vorkritische Schriften bis 1768, Bd. 1, Frankfurt/M. 1977, Suhrkamp, S. 225-405).

Damit will ich nicht behaupten, daß die Philosophie der heutigen Physik die Realität der Außenwelt leugnet oder auch nur in Frage stellt, sondern daß sie auf die eine oder andere Art das Urteil darüber suspendiert, was die Realität selbst sein mag und schon die Frage als sinnlos und unbeantwortbar betrachtet. Wird diese Suspension zu einem methodologischen Prinzip gemacht, so hat sie eine doppelte Folge: a. fördert sie die Verlagerung des theoretischen Akzents vom metaphysischen "Was ist ... ?" aufs funktionale "Wie ... ?" und b. stellt sie eine praktische (obgleich keineswegs absolute) Gewißheit her, die bei ihren Operationen mit der Materie guten Gewissens frei ist von der Bindung an irgendeine Substanz außerhalb des operationellen Zusammenhangs.[42]

Der Gedanke, auf den es in diesem Zusammenhang ankommt, ist, daß die Naturwissenschaft bis in ihre Erkenntnistheorie hinein einen instrumentellen Charakter trägt und auf diese Weise eine Natur als Stoff entwirft. Der Erkenntnisprozeß in der Wissenschaft aber ist in einer anderen Weise, als der positivistischen Vorstellung davon, von subjektiven und objektiven Faktoren abhängig; seine Richtung steht in Wechselwirkung mit dem gesellschaftlichen Prozeß. Wenn sie ihre Grenzen nicht mitreflektiert, läuft die Wissenschaft Gefahr, ihre erworbenen Kenntnisse aus ihrem historischen Zusammenhang herauszulösen und für ein absolutes Wissen zu halten. Dabei wird die Welt dann zweigeteilt: Der erkennbare Teil wird als der einzig objektive hingestellt, während die Grundannahmen, auf denen das System basiert, mystischen Spekulationen preisgegeben und damit das Gebiet einer minderwertigen Metaphysik werden, die mit der gesellschaftlichen Realität nichts zu tun haben soll. Aus diesem Argument folgt keine Geringschätzung der Spekulation - im Gegenteil, sie muß nur als solche gekennzeichnet und konsequent durchgeführt werden. Der Positivismus dagegen bricht die Spekulationen an einer unzulässigen Stelle ab und stützt sich auf nicht weiter hinterfragte gesellschaftlich vorgegebene Konventionen. So kommt zu den von Marcuse aufgeführten zwei Folgen der positivistischen Weltinterpretation noch eine dritte hinzu, die den "Mythos der Naturwissenschaften-Trick" der Astrologie erst ermöglicht: die Aufteilung der Welt in zwei voneinander unabhängigen Sphären: die praktische des operationalistischen Zusammenhangs entbehrt jeder Mehrdeutigkeit, Tiefe und Transzendenz, in ihr gilt nur noch das, was der einfachen undialektischen Logik folgt; die andere Sphäre wird das Feld einer neuen schlechten Metaphysik, die sich mit Wesenheiten beschäftigt, die außerhalb der Vernunft liegen sollen. So aufgeteilt entbehren die Bereiche jeweils des anderen Elementes: Der praktischen Sphäre fehlt die bewußte Ausrichtung auf das Ziel des Ganzen, während die Metaphysik jetzt von der Struktur befreit erscheint, auf die sie in Wirklichkeit bezogen ist.

[42] Herbert Marcuse, Der eindimensionale Mensch, Neuwied und Berlin 1967, Luchterhand, S. 166.

Das mangelnde Bewußtsein der gesellschaftlichen Vermittlung und die historischen Entwicklung ihrer Begriffe und der damit in wechselseitiger Beziehung stehenden Praxis teilen beide.

Diese Aufteilung wird in ihrem Vorhandensein von Lyall Watson einfach hingenommen. Seine Großtat soll nun darin bestehen, die zunächst abgetrennten Bereiche mit Hilfe der Astrologie neu zusammenzusetzen und dieses Artefakt nun als organische, ursprüngliche Ganzheit auszugeben, ein von der Kulturindustrie weidlich vernutztes Verfahren, daß z.B. jeder Science-Fiction-Film routinemäßig praktiziert, wenn er einen Schwertkampf im Weltraum zeigt. Entgegen der Ansicht, die er von sich selbst besitzt und die sich im Engagement der Nobelpreisträger gegen die Astrologie im "Humanist" ausdrückt, ist der Positivismus nicht der schärfste Gegner des Aberglaubens, sondern bringt ihn zwangsläufig in dem Moment hervor, wo die Welt auf das methodisch Erfaßbare reduziert werden soll. Darin besteht gerade der Gestus des Positivismus, daß er sich zunächst nüchtern auf das positiv Vorhandene beschränken will, um dann den Aberglauben durch die Hintertür einzulassen. Karl Heinz Haag: "Für das szientifische Denken der Neuzeit zerfällt die Natur in beherrschte und noch nicht beherrschte, jedoch unter der naiven Voraussetzung, daß beide 'gegeben' seien. Seine Arglosigkeit lebt von der Unterdrückung der metaphysischen Frage: wieso und wodurch gegeben?"[43] Watson umgeht diese Metaphysik dadurch, daß er sie zuerst verrätselt, um anschließend die Astrologie als falsche Lösung anzubieten.

Die richtige Lösung des "Rätsels des geheimen Wissens"

Watsons "Natur und Übernatur" bedeutet zunächst nichts anderes als die affirmative Aufteilung der Welt in Physik und Metaphysik, die Erkenntnis, daß die Naturwissenschaften die Frage nach dem Warum nicht thematisiert und daher auf eine versteckte Metaphysik gründet. Dem operationalistischen Zusammenhang des ersten Positivismus gesellt sich wie von selbst ein metaphysischer Positivismus zweiten Grades hinzu, der seine Identität gerade aus einer vordergründigen Opposition zum "Nützlichkeitsstreben" ableiten will; beide gehören untrennbar zusammen, indem sie dem Bestehenden einen einfachen Sinn unterlegen und sich damit auf etwas Drittes, die von ihnen nicht reflektierte gesellschaftliche Grundlage beziehen. Davon ist weder in der positivistischen Naturwissenschaft, noch in der gegen diese argumentierende, aber insgeheim auf sie bezogene schlechten Metaphysik der Astrologie und verwandter Strömungen, den Capras und Sheldrakes, etwas zu spüren. Statt dessen will Watson die Astrologie als Vermittler zwischen diese beiden

[43] Karl Heinz Haag, Der Fortschritt in der Philosophie, a.a.O., S. 15.

Sphären einsetzen, die dafür scheinbar die idealen Möglichkeiten bietet - enthält sie doch nach den Vorstellungen der Astrologen bereits beide Bereiche in getrennter Form in sich: in ihrem Rechnungsteil die "Faktensammlung" und in ihrem Deutungsteil die "metaphysische Spekulation". Leider nur unternimmt die Astrologie diesen Synthetisierungsversuch auf der Basis der mechanischen Naturwissenschaften und einer vulgären idealistischen Metaphysik. Das von ihr entworfene "alternative" Weltbild ist nur eine Parodie des konventionellen, das nur soweit in die Bereiche der Phantasmagorien des sekundären Positivismus verschoben ist, daß es nicht als solches erkennbar ist. Diese geheimnisvolle Staffage, die Verschiebung von gesellschaftlichen und historischen Kategorien in sich natürlich Gebende hinein, bildet den Grund des "Rätsels des geheimen Wissens". Eine Begrifflichkeit wie die der Astrologie, die sich zwar aus dem Mythos entwickelt hat, heute aber vor dem Hintergrund des affirmativen Dualismus von Physik und Metaphysik zu beurteilen ist, wird nicht dadurch wieder aufgehoben, daß die beiden Bereiche wie mit einem Zauberschlag wieder zu einem werden sollen. Entgegen Watsons Vorstellung des alles vereinenden naturalisierten Supranaturalismus ist daran festzuhalten, daß die Departementalisierung der Wissenschaft im Zusammenhang mit der gesellschaftlichen Arbeitsteilung sehr wohl auch rationale Elemente enthält, die im Rahmen der instrumentellen Vernunft liegen. Wie eine Aufhebung dieser Grenzen im Namen eines "völkischen Gesamtorganismus" aussah, zeigt anschaulich das Beispiel des Faschismus in Deutschland.[44]

Auf die Gefahr hin, einen alten Witz zu machen, der vermutlich unseren Autor sein Leben lang begleitet: Dr. Watson ist nicht Sherlock Holmes. Es mangelt ihm trotz einiger scharfsinniger Analysen deshalb daran, den Fall des astrologischen Schwindels zu lösen, weil er zu frühzeitig seine Schlüsse auf falschen Grundlagen zieht. Vermutlich hätte zur Aufdeckung des "Rätsels des geheimen Wissen" auch ein ihm im Vollbesitz seiner Kräfte zur Seite stehender Holmes nichts genutzt. Die Denkmethode, derer sich beide bedienen - oder man muß wohl nun, die Ebene wechselnd, alle drei: Holmes, Watson und Watson sagen -, ist die positivistische des Fakteninterpretierens, wie sie in jedem Sherlock-Holmes-Roman vorkommt. Conan Doyles Icherzähler Dr. Watson schildert in einer typischen Szene eine Zugfahrt mit Holmes: "'Wir haben eine gute Geschwindigkeit drauf', bemerkte er und sah aus dem Fenster. 'Im Augenblick sind es dreiundfünfzig und eine halbe Meile pro Stunde.' 'Ich habe keine Meilensteine entdeckt', sagte ich. 'Das habe ich auch nicht, aber die Telegraphenmasten sind auf dieser Strecke sechzig Yards aus-

[44] Vergl. dazu das 9. Kapitel: Astrologie und Faschismus.

einander, und so brauche ich nur ein bißchen zu kalkulieren. Ich nehme an, Sie haben gerade an den Mord an John Straker gedacht und an das Verschwinden von Silver Blaze?'"[45]

Da die Astrologie aber trotz des eifrigen Beteuerns ihrer Verfechter keine Spuren hinterläßt und ihre Methode nicht darauf ausgerichtet ist, hinter das Lesen der Spuren selbst zu sehen, sondern seiner Faszination erliegt, zeigt sich hier eine Grenze, die nur mit Hilfe eines Denkens aufgehoben werden kann, daß das "unsichtbare Dritte" des gesellschaftlichen Bezuges mit hinzunimmt. Wenn man allerdings mit Kafka voraussetzt, daß der literarische Watson, Holmes als seinen Teufel so zu lenken verstand, wie Sancho Pansa seinen Don Quichotte[46], kann man annehmen, daß zumindest der Watson der Romane das Vermögen besitzt, sowohl hinter die Entstehung der Fakten, als auch der erschlichenen Metaphysik der Astrologie zu schauen - eine Fähigkeit, die seinem empirischen Konterpart auch zu wünschen wäre, um sich von dem rätselhaften Kräftewirken, "was wir schon immer gewußt, aber vor uns selbst verborgen haben"[47], das ihn umtreibt, zu befreien.

[45] Sir Arthur Conan Doyle, "Silver Blaze", in Sherlock Holmes. Das Reigate Rätsel und andere Detektivgeschichten, Das Gesamtwerk in 9 Bänden, Köln 1990, Delphin, S. 6. Volker Friedrich weist darauf hin, daß Holmes seine Schlüsse nach Pierces Abduktionsmethode zieht (Volker Friedrich, Melancholie als Haltung, Berlin 1991. Gatza, S. 131-141). Allerdings verwechselt Friedrich diese Art von positivistischer Spekulation mit einem zur Melancholie gehörenden Denken. So richtig es ist, daß Holmes ein Melancholiker ist, so falsch ist die Annahme einer "Denkmethode der Melancholie" (ebenda, S. 142). Zur Melancholie gehört dagegen ein Leiden an der Welt, wodurch sie sich von Friedrichs modisch-existentialisierenden "Haltung" unterscheidet. Vergl. dazu meinen Vortrag "Melancholie - von der Krankheit des Genius zum neuen Modegefühl? Anmerkungen zur Geschichte der Temperamente, Aby Warburg und Walter Benjamin" im Rahmen der Ausstellung "Altonaer Melancholie", Zeichnungen von Klaus Waschk, Stadtteilarchiv Ottensen (Hamburg-Altona), Zeißstraße, am 2o. 2. 1992.

[46] Franz Kafka, "Die Wahrheit über Sancho Pansa", in ders., Hochzeitsvorbereitungen auf dem Lande und andere Prosa aus dem Nachlaß, Gesammelte Werke, hrsg. v. Max Brod, Frankfurt/M. 1983, Fischer, S. 57.

[47] Watson, Geheimes Wissen, a.a.O., S. 11.

"Ergebnisse rein sachlicher Natur sind bedeutend unklarer" - Herbert von Klöcklers "Astrologie als Erfahrungswissenschaft"

> Die Grundtatsachen erscheinen unumstößlich sicher, wenn auch im Hinblick auf den kausalen Zusammenhang gänzlich ungeklärt.
>
> Herbert von Klöckler[48]

Bevor ich dazu übergehe, den Argumentationstypus des sekundären Positivismus zu erläutern, diskutiere ich ein weiteres Beispiel, in dem die Astrologie als eine Spurensuche verstanden wird, in der es darum geht, der bestehenden Welt einen geheimen Sinn abzulauschen. Ein früher Vorläufer von Watson ist der deutsche Astrologe Herbert Freiherr von Klöckler (1896-1950). Der Offizier und spätere Arzt ist in den 20er und 30er Jahren der bekannteste Leipziger Astrologe.[49] Er veröffentlicht neben anderen Büchern 1926 einen Text mit dem Titel "Astrologie als Erfahrungswissenschaft", in dem mit Hilfe von statistischen Korrelationen die Astrologie als bald zur Wissenschaft gehörend beschrieben wird. Wenn Watson auch prinzipiell wie ein Astrologe argumentiert, ohne sich als solcher auszugeben, so bleibt er doch im relativ engen Bereich der "Kosmobiologie", die eine besondere Spielart der Astrologie ist; von Klöckler nun weist die ganze Bandbreite der Astrologie auf, indem er sein System von Entsprechungen, das auf der kontagiösen Magie beruht, entfaltet.

Ein einäugiger König unter Blinden: Der "Sachlichkeits-Trick"

Von Klöckler argumentiert vorsichtig und im Horizont der Statistik. Seine Aussagen versucht er durch Material abzusichern, daß ebenfalls wie Watsons Beispiele zunächst eine Plausibilität nahelegt, die aber bei näherer Betrachtung wiederum auf die bekannte ungesicherte Behauptung des Wirkens der

---

[48] Herbert Freiherr von Klöckler, Astrologie als Erfahrungswissenschaft (Leipzig 1926), München 1989, Eugen Diederichs Verlag, S. 192.

[49] Nach dem ersten Weltkrieg studiert von Klöckler zunächst Medizin, bricht die Ausbildung aber ab, da er als Astrologe mehr Geld verdienen kann. 1935 nimmt er sein Studium wieder auf und beendet es kurz vor Kriegsausbruch. Während des Krieges arbeitet er als Arzt in Leipzig. 1926 erscheint Grundlagen für die astrologische Deutung (13. Auflage Berlin 1952, Astra-Verlag). Zu der Leipziger Gruppe um von Klöckler zählen der Biologe und Philosoph Hans Driesch und der Astrologe Otto Kellner (Charakterkunde und Astrologie, 1927) (vergl. Ellic Howe, Astrology in the Third Reich. A Historical Study of Astrological Beliefs in Western Europe since 1700 and in Hitler's Germany 1933-45, Wellingbourogh, Northamptonshire 1984, The Aquarian Press, S. 16, 99-100, 199-200).

Sterne auf den Menschen hinausläuft. An die von Erklärungen ausgesparten Stelle sollen dabei statistische Relationen treten. Von Klöckler baut seine Argumentation auf der Annahme auf, die Astrologie gebe Beschreibungen ab, ohne kausale Angaben zu machen: "Der von der Astrologie behauptete Grundsachverhalt kann dahin formuliert werden, daß zwischen Konstellationen der uns umgebenden Himmelsräume einerseits und den Vorgängen auf der Erde (in die auch der Mensch gestellt ist) andererseits bestimmte Beziehungen bestehen sollen, welche eindeutig formulierbar und registrierbar sind. (...) Über den Kausalnexus der behaupteten Übereinstimmungen läßt sich aus dem astrologischen System heraus nichts aussagen."[50] Die Astrologie beschreibe damit wie die Wissenschaft allgemeine Beziehungen zwischen Mensch und Kosmos : "(Die Astrologie erstrebt nichts anderes) als die größte Wahrscheinlichkeit zu ermitteln, daß sie sich also prinzipiell gar nicht von der wissenschaftlichen Prognose in der Medizin, in der Meteorologie usw. unterscheidet."[51]

Von Klöckler will nicht dem Modell des Einflusses der Sterne auf die Menschen (einfacher Fatalismus) folgen; er verläßt sich ganz auf seine Vorstellung, es gäbe gegenwärtig weder eine Erklärung der Naturphänomene noch der Astrologie: Daher sei die Astrologie der Naturwissenschaft vergleichbar: beide erschöpften sich in der Beschreibung. Nun basiert, wie ich ausgeführt habe, die Naturwissenschaft, auf metaphysischen Annahmen, besitzt aber in ihrem operationalen Kontext sehr wohl eine Rationalität und Begründung - eine Eigenschaft, die die Astrologie nicht aufweist. Der Mangel der Astrologie eine in keinem Rahmen ausreichende Erklärung zu haben, soll sich so auf segensreiche Weise zum Kriterium der "Erfahrung" wandeln: "Erklärungsversuche haben, wo sie die Forschungsarbeit unterstützen wollen, zweifellos Bedeutung. Aber der Versuch darf nicht zum Dogma erstarren, solange der Tatsachenkomplex ungenügend durchschaut wird, wie es in der Astrologie heute noch der Fall ist. Die einzige 'Erklärung', die uns als Hilfshypothese bei der praktischen Arbeit dienlich sein kann, ist der Versuch, möglichst viele Schicksalselemente auf die durch das Horoskop angezeigte allgemeine seelische und körperliche Veranlagung zurückzuführen."[52]

Von Klöckler kommt dabei auch auf den "Biorhythmus-Trick" zurück, auf das gleichzeitige Vorkommen von irdischer Rhythmik und Sonnenflecken, Mondzyklen etc.[53] Weiterhin soll ein Bezug zwischen Sternen und Schicksal

---

[50] Von Klöckler, Astrologie als Erfahrungswissenschaft, a.a.O., S. 6f.

[51] Von Klöckler, Astrologie als Erfahrungswissenschaft, a.a.O., S. 5.

[52] Von Klöckler, Astrologie als Erfahrungswissenschaft, a.a.O., S. 185.

[53] Von Klöckler, Astrologie als Erfahrungswissenschaft, a.a.O., S. 7-10.

bestehen, der aber ebenfalls noch nicht zu erklären sei.[54] Von Klöckler gibt sich nicht emphatisch als Experten aus, sondern bei ihm nimmt der "Experten-Trick" die Form einer "allgemeinen Sachlichkeit" an, die aber auf einer allgemeinen Unsicherheit beruht:

> Wiewohl die Astrologie auch weitergehende Schicksale als kosmisch bedingt annimmt, möchte ich aus eigener Erfahrung doch sagen: Die astronomischen Voraussetzungen möglicher Tatsachen über die leibliche und seelische Beschaffenheit scheinen mir bedeutend sicherer zu sein als alle anderen; die Schicksale, die sich aus diesen ergeben, scheinen darum am klarsten ausgedrückt. Ergebnisse rein sachlicher Natur sind bedeutend unklarer. Ich kann nicht leugnen, daß manche solcher Ergebnisse erfaßbar scheinen, aber sie lassen sich viel schwerer im voraus definieren als seelische Tatbestände und ihre schicksalsmäßigen Wirkungen.[55]

Nun wird aus dem Zitat nicht recht deutlich, wie sich die "astronomischen Voraussetzungen möglicher Tatsachen über die leibliche und seelische Beschaffenheit von den "Ergebnissen rein sachlicher Natur" unterscheiden sollen: Die sachliche Astronomie sagt ja sowieso nichts über die "seelische und körperliche Beschaffenheit" von Menschen aus, da muß es sich doch wieder um eine Über-Sache handeln. Nimmt man also an, daß von Klöckler an dieser Stelle Astronomie und Astrologie verwechselt und macht man diesen Wechsel rückgängig, dann liegt hier wiederum die einfache Behauptung von, die Astrologie sei sicherer als ein "rein sachliche", sprich naturwissenschaftliche Behauptung. Das Dilemma aber, in das sich von Klöckler begibt, wenn er mit seiner Astrologie einerseits die Sachlichkeit als Kriterium ablehnt, andererseits aber betont sachlich argumentieren will, ist ihm nicht klar. Weil ihm alle anderen wissenschaftlichen Aussagen zu unsicher scheinen, wird ihm die unsichere Astrologie zum einäugigen König unter den Blinden. Zum Kriterium seiner zweideutigen Sachlichkeit wird die Möglichkeit der Vorausberechnung, ein Motiv, daß zwar die Rationalität der astronomischen Mathematik nicht in Frage stellt, wohl aber den Bezug der Berechnungen auf Lebewesen, die sich nicht mathematisch exakt verhalten. Der zentrale Satz, der die Relevanz der Astrologie darlegen sollte, zeigt gerade das Gegenteil: Sie bleibt völlig im Unklaren.

Der erste "Entsprechungs-Trick"

Diese Darstellungsweise der Astrologie als aus der Erfahrung entstandene ist auch bei von Klöckler ein Trick, in seiner Ausführung kommt er auf die Entsprechungslehre der alten Astrologie, wenn er die Vorstellung der entspre-

---

[54] Von Klöckler, Astrologie als Erfahrungswissenschaft, a.a.O., S. 11-13.

[55] Von Klöckler, Astrologie als Erfahrungswissenschaft, a.a.O., S. 12f.

chenden Manifestationen der astrologischen Prinzipien in verschieden Bereichen beschreibt. Was Watson für eine allgemeine Rhythmik ausführt, schematisiert von Klöckler nach fünf Kriterien: Die Planetenprinzipien wirkten 1. als "allgemeines Naturprinzip"; 2. als "biologisch-physiologische Entsprechung"; 3. als "psychische Entsprechung", 4. als "soziologische Entsprechung" und 5. als "personifizierende Entsprechung".[56] Daraus entsteht ein Schema, in das die Wirkungen der Planetenprinzipien eingeteilt werden. Ich zitiere die Beispiele für Sonne und Saturn[57]:

Sonne:
'Urkraft', Wärme als allgemeines Naturprinzip.
'Vitalität', Kapital an physikalisch-chemischen Energien in den biologisch-physiologischen Prozessen.
Psychologisch: Machttrieb, Gestaltungswille.
Soziologisch: Organisation, Regierung, Behörden.
Personifikation: Vertreter und Leiter der Organisationen: 'Hochgestellte'.
In der Familie: Der Vater oder Gatte, als Repräsentant der Autorität. (...)
Saturn:
Allgemeines Naturprinzip: Kälte, Zusammenziehung, Kristallisation.
Biologisch-physiologisch: Knochenbildende Prozesse.
Pathologisch: 'Verhärtung', Entartung, Kachexie, Tod.
Psychologisch: Erdgebundene Seelentendenzen, innere Widerstände und Abbaukräfte, Melancholieerzeugendes.
Soziologisch: Grundstücke, Bauten, Landbesitztum usw.
Personifikation: Alte, Sterbende, Grüblerische, Griesgrämige.

Von Klöckler wiederholt sein Zuordnungsmuster auch in Bezug auf den Tierkreis, wobei er die Aspekte und Elementzuordnungen darstellt.[58] Er übernimmt die Kategorien der alten Astrologie und teilt sie einfach den heutigen Wissenschaften der Physik, Biologie, Psychologie und Soziologie zu, so

[56] Von Klöckler, Astrologie als Erfahrungswissenschaft, a.a.O., S. 44f.

[57] Von Klöckler, Astrologie als Erfahrungswissenschaft, a.a.O., S. 45-47.

[58] Von Klöckler, Astrologie als Erfahrungswissenschaft, a.a.O., S. 51-58.

daß sie ganz wissenschaftlich und sachlich aussehen sollen. Anders aber als Watson und andere heutige Astrologen übernimmt er auch noch das darunterliegende wertende Muster der grundsätzlichen Einteilung der Planeten in gute und böse: "Man kann die Planetenentsprechungen auch noch unter anderen Gesichtspunkten ordnen. Wir haben da 'aufbauende', jedenfalls lebensfördernde Planetenentsprechungen (Sonne, Mond, Merkur, Venus, Jupiter). Wir haben 'abbauende', d.h. lebensfeindliche und lebenszerstörende Entsprechungen (Mars, Saturn, wahrscheinlich auch Uranus). Die Alten haben diesen Gegensatz mit den Ausdrücken 'Wohltäter' (Jupiter, Venus) und 'Übeltäter' (Mars, Saturn) belegt."[59]

In diesem Schema drückt sich der grundsätzliche Gut/Böse-Dualismus aus, der die Astrologie durchzieht, und der von Watson zugunsten einer scheinbar sachlichen Darstellung zurückgedrängt wird; von Klöcklers Darstellung enthält beide Formen nebeneinander.[60] So rational diese Einteilungen scheinen, so entbehren sie doch jeglicher Grundlage und von Klöckler muß für ihr Zustandekommen ebenso auf irrationale Annahmen zurückgehen, für deren Erklärung er die zentrale Argumentation der Astrologie benutzt: "Man kann diese schematische Einteilung des Tierkreises bemängeln, man sollte sich aber bewußt sein, daß hier höchstwahrscheinlich eine Systembildung vorliegt, die aus tatsächlichen Erfahrungen über die Beziehungen der einzelnen Tierkreiszeichen entstanden ist."[61] Dieser Begründungsversuch, der auf eine "höchstwahrscheinlich" bestehende Beziehung hinausläuft, variiert nur wiederum die stete Behauptung der Astrologen, ihr Geschäft sei uralt und damit wahr.

Der zweite "Entsprechungs-Trick"

In einer zweiten Staffel folgt von Klöckler den weiteren Entsprechungen der traditionellen Astrologie mit ihren Anwendungsgebieten.

1. Vererbung - Heriditätsastrologie. Die Beziehung, aus der sich alle anderen ableiten lassen sollen, stellt die Vererbungsastrologie:

> Diese Tatsache scheint darauf hinzudeuten, daß wir in den astralen Erbbeziehungen wahrscheinlich eine Urbeziehung vor uns haben, welche den übrigen Beziehungen der Geburtsastrologie zugrunde liegt. Es wäre durchaus nicht unmöglich, daß alle übrigen

---

[59] Von Klöckler, Astrologie als Erfahrungswissenschaft, a.a.O., S. 48.

[60] Ebenso neutralisierend verfährt der noch zu behandelnde Fritz Riemann, während der ebenfalls noch zu besprechende Thorwald Detlefsen aus der sadistischen Erwähnung des strafenden Aspektes seinen Gestus gewinnt.

[61] Von Klöckler, Astrologie als Erfahrungswissenschaft, a.a.O., S. 53.

behaupteten und zum Teil auch nachweisbaren Beziehungen zur psychischen Veranlagung, zur körperlichen Konstitution mit ihren guten und schlechten Eigenschaften und schließlich zu den typischen Schicksal mehr oder minder weitere Ableitungen von der Erbbeziehung darstellen. Die Betonung der Vererbung psychischer Momente, die erhebliche Rolle, welche der Charakter bei der Ausgestaltung des typischen Schicksals spielt, können als Stütze unserer Auffassung dienen.[62]

Mit anderen Worten, die Familienzugehörigkeit muß kosmische Entsprechungen besitzen: "In der Tat, die Fälle, in denen zwischen den Horoskopen von Mitgliedern einer Familie keine Übereinstimmungen vorliegen, die das Maß des zu erwartenden Zufalls überschreiten, sind äußerst selten. Je näher die Verwandtschaft bestimmter Individuen, um so zahlreicher die Übereinstimmungen der Konstellationen ihrer Horoskope."[63] Auch dafür will der Autor wieder statistische Beweise vorlegen, er bezieht sich auf Untersuchungen des französischen Astrologen Paul Flambart[64]:

Die Erfahrungen Paul Flambarts, wie auch die meinen, zeigen, daß in erster Linie das Tierkreiszeichen (meist sogar nur mit einem Unterschied von wenigen Graden) am Aszendenten und die Stellung des Mondes im Tierkreiszeichen (bzw. in den Graden des Zeichens) die Stellung von Sonne, Mond und Planeten in den Feldern (...) erbbezügliche Horoskopfaktoren sind. Wie man sieht, handelt es sich um die rasch veränderlichen Elemente des Horoskopes. Diese Tatsache macht den von Flambart zur Regel (oder zum 'Gesetz'?) erhobenen Ausspruch begreiflich: 'In der Sternendisposition des Geburtshimmels kommen Ähnlichkeiten mit denen der Eltern viel häufiger vor, als zwischen Nichtverwandten; das läßt uns erneut behaupten, daß die Natur die Neugeburten unter einen Himmel mit einer spezifischen Analogie zu demjenigen der Eltern setzt.'[65]

Die Beispiele dazu bleiben im Rahmen der bloßen Beschreibung. Angeben wird eine Familie M. mit drei Töchtern und zwei Söhnen:

Zu diesem Beispiel dürften einige Bemerkungen von Interesse sein. Wir haben in vier von fünf Fällen eine Konjunktion zwischen Sonne und Neptun. Diese Konjunktion tritt zufallsmäßig im Verhältnis von 1:15 auf. Die drei Töchter und der erste Sohn, welche die in Frage stehende Konstellation besitzen, sind Mitglieder einer religiösen Gemeinschaft und verfechten ihre Lehren mit einem gewissen Fanatismus. Der zweite Sohn, der wenig wesentliche Horoskopbeziehungen zu seinen Geschwistern besitzt, steht eben den Bestrebungen skeptisch und ablehnend gegenüber. Darin können wir einen Hinweis für die

[62] Von Klöckler, Astrologie als Erfahrungswissenschaft, a.a.O., S. 64f.

[63] Von Klöckler, Astrologie als Erfahrungswissenschaft, a.a.O., S. 66.

[64] Paul Flambart, Ancien Élève de L'Ecole Polytechnique: Preuves et Base de L'Astrologie Scientifique et la Loi d'Hérédité Astrale, Paris 1919, nach von Klöckler, Astrologie als Erfahrungswissenschaft, a.a.O., S. 373.

[65] Flambart, La Loi..., a.a.O., S. 22, nach von Klöckler a.a.O., S. 65f.

Bedeutung der astrologischen Erbkonstellationen zur psychischen Grundveranlagung erblicken, besonders, wenn wir ins Auge fassen, was die moderne Astrologie als psychische Entsprechung des Neptun vermutet.[66] [67]

Diese Aussagen bleiben Behauptungen, die durch das Anbringen von statistischem "Erfahrungsmaterial" bekräftigt werden sollen. Dahinter steht ein Denken in Erbdynastien, das die Astrologie auszeichnet. Erbbeziehungen sollen die "Urbeziehung" des Horoskops darstellen, wie von Klöckler angibt.[68] Dennoch hält sich der vererbungsfreundliche Astrologe zurück, wenn es um die Konsequenzen daraus geht:

> Und die Konsequenzen? Wir wollen sie hier nicht ziehen, Schlußfolgerungen müssen Sache der Biologen und Vererbungsforscher bleiben, die einzig und allein in der Lage sind, Rang und Bedeutung der astralen Heridität im Rahmen der Biologie abzuschätzen. Es ist möglich, daß die Vererbungsgesetze mit Hilfe feststehender astrologischer Erbbeziehungen im praktischen Leben anwendbar werden, vielleicht findet man eine vorläufig freilich noch phantastisch erscheinende, aber doch nicht von vornherein auszuschließende Beziehung zwischen Planetenkonstellationen einerseits, Chromosomen usw. andererseits. Vielleicht haben wir auch nur das den räumlichen Anordnungen der Erbmasse koordinierte Zeitmoment vor uns.[69]

Dieser Trick ist von Watson her bekannt. Zunächst wird eine Aporie richtig beschrieben, um die Astrologie dann als Möglichkeit zu ihrer Erklärung in der Vordergrund zu schieben, weil sie ebenso Unerklärliches behauptet. Die Biologie, Medizin und Vererbungslehre aber, auf deren Grundlage dann über die astrologischen Aussagen geurteilt werden soll, wird nicht in Frage gestellt. Das mag z.T. daher rühren, daß von Klöckler mit dem Neovitalisten Hans Driesch einen "richtigen" Biologen hinter sich wußte. Welche Irrationalitäten und Bestialitäten aber diese Biologie und Medizin mit Binding und Hoches "Freigabe der Vernichtung des lebensunwerten Lebens" (1920), Otmar von Verschuer, Mengele, Lenz und Heyde produzierte - ein Bereich, den zu überblicken zu von Klöcklers Zeiten eine hellseherische Begabung sicher nicht unwillkommen gewesen wäre -, blieb der Astrologie verborgen. Aber

---

[66] Von Klöckler verweist auf eine andere Stelle seines Textes, wo er scheibt: "Dem Neptun dagegen spricht man die Inspiration, das traumhaft Fühlende zu. Während man Rausch, Ekstase, rein persönliche Erlebnisse mit dem Neptun verbindet, scheint die Entsprechung des Uranus Objektiveres zu umfassen." (von Klöckler, Astrologie als Erfahrungswissenschaft, a.a.O., S. 47f).

[67] Von Klöckler, Astrologie als Erfahrungswissenschaft, a.a.O., S. 68f.

[68] Vergl. von Klöckler, Astrologie als Erfahrungswissenschaft, a.a.O., S. 64

[69] Von Klöckler, Astrologie als Erfahrungswissenschaft, a.a.O., S. 70f.

man soll keinen Graben für einen Abgrund halten; von Klöckler ahmt nur die Vorstellungen der Naturwissenschaften Biologie und Medizin nach, die ihm maßgeblich erscheint, und versucht in deren Weltbild zu argumentieren. Das dieses selbst auch irrationale Momente enthalten können, kommt ihm nicht in den Sinn.[70]

2. Physiognomie - Beziehungen zwischen Geburtshoroskop und Körpergestalt. Nach diesem Muster der Vererbungsastrologie werden auch die weiteren Entsprechungen ausgegeben:

> Da nun auch einerseits die psychische Veranlagung des Individuums bis zu einem gewissen Grade von der Erbmasse abhängen muß, da ferner die Ausnutzung der Wachstumsbedingungen sehr wesentlich von einer angeborenen, d.h. vererbten Ausnutzungsfähigkeit abhängt, kann es nicht wundernehmen, wenn versucht wird, aus den Entsprechungselementen des Horoskopes gewisse Schlüsse auf die Gestalt des 'Geborenen' (wie es in der traditionellen Astrologie gewöhnlich heißt) gezogen werden, und wenn man umgekehrt bestrebt ist, aus der Eigenart der Körpergestalt bestimmte Rückschlüsse auf die wichtigsten Punkte des Horoskopes zu ziehen.[71]

In diesem Fall sollen der Aszendent, die Planeten des ersten Feldes und Mond und Sonne gestaltgebend wirken. Einige Beispiele verdeutlichen diese Art der Vorstellung[72]:

Aszendent Widder: Knochen - und muskelbetonte Körperform, harter Blick, kontrastreiche Hautfarben. Das Profil ist typischer als die Vorderansicht.
Beispiele: Kaiser Wilhelm II.
Aszendent Stier: gedrungene, manchmal etwas untersetzte, oft etwas massige Gestalt, kurzer oder eingezogener Hals.
Beispiele: Präsidentschaftskandidat Marx
Aszendent Zwillinge: langgestreckte, feingliedrige, elastische Körperformen, längliches Gesicht mit Betonung der Nase, lange Hände und Finger.
Beispiele: Richard Wagner, Dante

---

[70] Vergl. dazu z.B. Benno Müller-Hill, Tödliche Wissenschaft. Die Aussonderung von Juden, Zigeunern und Geisteskranken 1933-1945, Reinbek 1984, Rowohlt, S. 11-25; Karl Heinz Roth, "Schöner neuer Mensch. Der Paradigmenwechsel der klassischen Genetik und seine Auswirkungen auf die Bevölkerungsbiologie des "Dritten Reiches", in Heidrun Kaupen-Haas, Der Griff nach der Bevölkerung, Nördlingen 1986, Greno, S. 11-63, bes. 51-59 und Kapitel 9 dieser Arbeit.

[71] Von Klöckler, Astrologie als Erfahrungswissenschaft, a.a.O., S. 72f.

[72] Von Klöckler, Astrologie als Erfahrungswissenschaft, a.a.O., S. 74f.

Aszendent Krebs: kleinere, etwas untersetzte Gestalt mit massigen, aber aufgedunsenen weichen Formen.
Beispiele: H. P. Blavatsky.
Aszendent Löwe: kräftige, gespannte Gestalt von imposantem Aussehen, gerundete, bedeutende Formen.
Beispiele: Fürst Bismark, Kaiser Wilhelm I., General Ludendorf, Honoré Balzac.
Aszendent Jungfrau: etwas unscheinbare, nicht sehr ausgesprochene Formenbildung des Körpers, im übrigen gute Formverhältnisse.
Beispiele: Zar Nikolaus II. von Rußland, Thomas Mann.
Aszendent Waage: mittelgroße, meist elegant wirkende Statur, große Regelmäßigkeit der Gesichtszüge.
Beispiele: Kaiser Franz Joseph, Kaiser Karl von Österreich, Karl Ludwig Schleich, Adolf Hitler.
Aszendent Skorpion: meist starke Betonung der Knochen und muskelbedingten Formen, markante Gesichtszüge, vielfach bleiche Hautfarbe, tiefliegende Augen.
Beispiele: Dr. Rudolf Steiner, Ricarda Huch, Wolfgang v. Goethe (...)

Man erkennt auch hier die bestimmende Zuordnungslogik: die Eigenschaften der Tierkreisbilder werden auf den Menschen übertragen: Stiere sind hartnäckig und gedrungen, Löwen majestätisch, Jungfrauen grazil, Waagen ausgewogen usf. Die Aufzählung ist dabei weniger als Beispiel der Entsprechungen, als vielmehr des Rahmens des astrologischen Denkens deutlich. Die Zuordnungen des physiognomischen Schemas, des Charakters, der Temperamente, der Medizin, Berufe etc. entspringen ursprünglich magischen Verhältnissen, antiker Naturwissenschaft und dem Mythos.[73] Die durch das Mittelalter veränderte antike Physiognomie, die Lavater im 18. Jahrhundert wissenschaftlich zu kodifizieren versuchte[74], wird hier von Klöckler in ihrem Bezug zur Astrologie wieder aufgenommen. Doch an die Stelle der Begründungen der früheren Jahrhunderte, die sich im wesentlichen aus der antiken Naturphilosophie und dem Mythos ergeben und denen man den Bezug zu ihrer Zeit ansehen kann, tritt bei von Klöckler eine sich als wissenschaftlich ausgebende Argumentationsweise, die zwar nichts anderes, als die alten Physiognomien behauptet, ihre Behauptungen aber durch modern klingende Scheinbegründungen absichern will:

[73] Vergl. dazu ausführlich Kapitel 8.

[74] Vergl. dazu ausführlich Kapitel 6.

Abbildung 5 Aderlaßmann aus Seligmann, Das Weltreich der Magie, S. 295

Abschließend wäre noch zu bemerken, daß viele Persönlichkeiten im Gesichtsausdruck mehr das Sonnentierkreiszeichen ihrer Geburt zur Schau tragen. Das mimisch Bedingte in der Formung der Weichteile, besonders der Augengegend, wird davon hauptsächlich betroffen. Meist handelt es sich da aber um Menschen mit ausgeprägter Individualität. Der Zusammenhang wäre dementsprechend etwa so zu denken: Die Stellung der Sonne im Tierkreiszeichen entspricht, wie bereits erwähnt, der Mentalität, die entwickelt werden kann. Wenn diese sich stark durchzusetzen vermag, wenn die geistige Aktivität und die besondere Art ihrer Auswirkung auf den Charakter die äußeren Formen modifiziert, so muß das Sonnenzeichen in höherem Maße äußerlich erkennbar werden, als es bei unentwickelten Individuen der Fall ist. Erfahrungsgemäß zeigen gerade bedeutende Persönlichkeiten viel von dem Sonnenstand Bedingtes im Ausdruck. Die anderen Formverhältnisse des Körpers werden aber auch in diesen Fällen gewöhnlich vom Aszendenten und den im I. Felde befindlichen Planeten bedingt.[75]

3. Astrologische Medizin. In diesem Stil werden auch die anderen Sujets der alten Astrologie oberflächlich zusammengestellt. Ich erwähne nur kurz die medizinischen Zuordnungen der Organe zu den Tierkreiszeichen[76]:

Widder	entspricht dem	Kopf
Stier	entspricht dem	Hals
Zwillinge	entsprechen dem	Atmungsapparat
Krebs	entspricht dem	Magen, der Brust
Löwe	entspricht dem	Herzen, dem Rücken
Jungfrau	entspricht dem	Magen, dem Darm
Waage	entspricht den	Nieren
Skorpion	entspricht den	Sexualorganen, der Blase, dem Anus
Schütze	entspricht den	Schenkeln
Steinbock	entspricht den	Knien
Wassermann	entspricht den	Waden
Fische	entspricht den	Füßen

Auch aus dieser Aufstellung läßt sich leicht das "geheimnisvolle Ordnungssystem" rekonstruieren: Es handelt sich um die durchgegliederte Zuordnung der menschlichen Körperteile, die von oben nach unten gezählt der beim Frühjahrspunkt beginnenden Reihe der Tierkreiszeichen zugeordnet

[75] Von Klöckler, Astrologie als Erfahrungswissenschaft, a.a.O., S. 77.

[76] Von Klöckler, Astrologie als Erfahrungswissenschaft, a.a.O., S. 81.

werden. Auch dieses medizinische System entstammt der antiken und der arabischen Medizin und wird vielfach modifiziert.[77]

4. Entsprechungen zwischen Horoskop und Charakter. Die astrologische Psychologie erscheint in dieser Ordnung als ein weiteres Anwendungsgebiet. An dieser Abteilung zeigt sich am deutlichsten, daß es sich bei von Klöcklers Astrologie um den antiken Aberglauben handelt. Die Kriterien zu Beurteilung des Charakters orientieren sich an Handschrift, Mord, Selbstmord, Unfall, Diebstahl und Betrug. Von Klöckler: "Zunächst finden wir auf den verschiedenen Gebieten der Kriminalität solche Nachweismöglichkeiten (des Charakters, W. B.), und wir werden auch diesen Weg beschreiten müssen. Man könnte in dieser Tendenz noch viel weiter gehen. Schicksale, wie Ehescheidung, Unfall, bestimmte Erkrankungen, gehören bis zu einem gewissen Grade bestimmt zu denjenigen, welche ein Licht auf die Beziehungen zwischen Horoskop und Charakter werfen können."[78]

Es ist deutlich, daß es sich um affirmative Kriterien handelt, das heißt, die bestehende Welt bildet den Maßstab der formelhaften Bewertung. Aus welchen tieferen Motiven heraus eine als kriminalistisch eingeordnete Tat entsteht, erfaßt auch von Klöcklers Astrologie nicht, sie bleibt beschreibend auf der Ebene der Phänomene. Als bestimmend für die von Klöckler reklamierte Erfahrung erweist sich kein besonderer Zugang zu einem geheimen Wissen, sondern der vorurteilsvolle gesunde Menschenverstand. Ein Beispiel aus der Kategorie "Selbstmörder":

> Der Selbstmord ist in den meisten Fällen als echte Charakterhandlung anzusprechen. Die äußeren Umstände mögen zweifellos in manchen Fällen bei der Gestaltung dieses Schicksals mitspielen, aber meist sind auch diese erst durch bestimmte Charaktereigenschaften zwingend geworden. 'Normale' Charaktere würden wohl auf gleiche äußere Umstände nicht mit Selbstmord reagieren. Als 'selbstmordbedingende' Charaktereigenschaften wären zunächst Depressions- und Reizbarkeitszustände anzusehen, die, mit einer gewissen Impulsivität gepaart, durch Verwirrung der Gemütslage zu tragischen Ausgang führen.[79]

Analog wird bei Unglücksfällen nicht nach den Gründen im Rahmen der Arbeitsorganisation gefragt, sondern die subjektive Horoskopdisposition als Ursache angenommen: "Wir wenden uns ausschließlich jenen Unfällen zu, die sich aus sorgloser Behandlung technischer Werkzeuge ergeben. Es steht dann zu erwarten, daß Aszendent und Mond, welche die unbewußten Elemente des Wesens darstellen, und schließlich Merkur, der das Bewußte wi-

---

[77] Vergl. Kapitel 8.

[78] Von Klöckler, Astrologie als Erfahrungswissenschaft, a.a.O., S. 95.

[79] Von Klöckler, Astrologie als Erfahrungswissenschaft, a.a.O., S. 98f.

derspiegeln soll, von Uranus oder Mars verletzt werden. Die alte Astrologie wird verlangen, daß beim tödlichen Unfall Sonne oder Mond, möglichst aber beide von Saturn, Uranus oder Mars bedroht werden."[80]

Das klassische Unfallparadigma der Arbeitswissenschaft, das generell von einer subjektiven Schuld des Opfers ausgeht, bekommt auf diese Weise einen stellaren Hintersinn.[81] In ähnlicher Weise werden vermutete Neigungen zum Mord, Diebstahl und Betrug abgehandelt. Die Nähe der Astrologie zu einer Kriminalistik, die gemeinsam mit der Vererbungslehre genetische Ursachen für kriminelles Verhalten annehmen möchte, ist deutlich. Von Klöcklers Astrologie bietet sich als kriminalistische Hilfswissenschaft an. Die Astrologie setzt, salopp gesprochen, noch eins drauf, indem sie den "Genotypus" astrologisch begründen möchte.

5. Astrologie der Berufe, Länder, der Begegnungen. Als letztes Feld wird die alte Astrologie der Zuordnung der Berufe zu Tierkreiszeichen aufpoliert dargestellt, wobei von Klöckler durchaus vorsichtig in seinen Formulierungen bleibt. Er untersucht verschiedene Planetenwinkel in den Horoskopen von Künstlern, Philosophen, Ärzten, Juristen, Theologen usf. und findet entsprechende Übereinstimmungen, zwischen beiden Sphären, die jeweils über dem statistischen Mittel liegen sollen. Auch diese Zuordnung entstammt der Welt der Antike, nach der z. B. im Widdermonat März Geborene einen Hang zum Beruf des Webers oder Kaufmanns besitzen sollen - das vermittelnde dritte Element stellt dabei die Wolle des Schafes dar.[82]

Weitere Abschnitte des Textes befassen sich mit der Darstellung von "Begegnungshoroskopen"; "Schicksalsenwicklung" (wie Ehescheidungen) und Prognoseverfahren werden vorgestellt.[83] Dazu treten die aus den Almanachen bekannten "Länderhoroskope", wobei Staatsgebilde entweder wie einzelne Individuen behandelt werden (das Datum der Staatsgründung wird wie ein Geburtstag behandelt), oder nach einem auf Ptolemäus zurückgehendem Verfahren den Tierkreiszeichen zugeordnet werden. Die Ergebnisse bleiben nichtssagend wie die Feststellung, daß 1921 - 1923 zur Zeit der Inflation in

---

[80] Von Klöckler, Astrologie als Erfahrungswissenschaft, a.a.O., S. 103.

[81] Vergl. z.B. "Arbeitsunfall selbstverschuldet?" in Funke, Geißler, Thoma, Industriearbeit und Gesundheitsverschleiß. Diskussion und Ergebnisse der Tagung 'Sicherheit am Arbeitsplatz und Unfallschutz' vom 4.-6. Mai 1973 in Bremen, Frankfurt/M. 1974, EVA, S. 193-216 und Dietrich Milles, "Das Unfallparadigma in der Entwicklung des Berufskrankheitenkonzeptes", Bremen 1993, unveröffentlichtes Manuskript.

[82] Vergl. ebenfalls Kapitel 8.

[83] Von Klöckler, Astrologie als Erfahrungswissenschaft, a.a.O., S. 166-176.

Deutschland der Saturn als Übeltäter durch das Tierkreiszeichen Waage lief.[84]

Exkurs über die astrologischen Statistiken und Vorurteile bei den Astrologieanhängern

Der zweite Teil des Buches von Klöckler befaßt sich ausschließlich mit der Darlegung statistischen Materials. Die Rolle der Statistik im Positivismus habe ich an Watsons Argumentation aufgezeigt. Da aber auch andere Astrologen wie von Klöckler immer wieder den Versuch unternehmen, statistisch zu argumentieren, ist es angebracht, sich noch einmal mit diesen Aussagen zu befassen. Statistische Beweise vorurteilsfreier Beschreibungen verlangen auch die Psychologen Hans Jürgen Eysenck und David Nias in ihrem Buch über Astrologie.[85] Auch sie wollen mit Statistiken die Relevanz der astrologischen Aussagen überprüfen und nach eigenem Bekunden einen vorurteilsfreien Standpunkt einnehmen:

> Die Absicht unseres Buches ist es zu entscheiden, ob die Astrologie in einer der genannten Ausrichtungen nur Unsinn mystifiziert oder den Anfang einer Wissenschaft darstellt. Wir behaupten nicht, Experten auf dem Gebiet der Astrologie zu sein, und wir können auch kein Geburtshoroskop mit ausreichender Sicherheit deuten; doch das ist nicht wichtig. Unsere Ausbildung und Übung in Psychologie und Statistik gestattet uns, Beweismaterial für Aussagen von der Art der astrologischen zu beurteilen. Wichtig sind die Befähigung, mit kritischem Blick den Aufbau der verschiedenen Studien zu mustern und das statistische Wissen, um die gewonnen Resultate zu überprüfen.[86]

Die Wertlosigkeit der astrologischen Statistik

Eysenck und Nias arbeiten im Rahmen einer umfassenden Literaturrecherche und anhand sich anschließenden eigenen Untersuchungen die Hauptschwierigkeiten der astrologischen statistischen Beiträge heraus, die sie an Beispielen erläutern. Sie beziehen sich dabei im wesentlichen auf den französischen Forscher Michel Gauquelin:

> Eine große Ausnahme bildet Michel Gauquelin. Er hat zahlreiche astrologische Experimente systematisch untersucht und kommt stets zu dem Schluß, daß sich für die erzielten Ergeb-

---

[84] Vergl. von Klöckler, Astrologie als Erfahrungswissenschaft, a.a.O., S. 167.

[85] Hans Jürgen Eysenck, David Nias, Astrologie. Wissenschaft oder Aberglaube, München 1984, dtv.

[86] Eysenck/Nias, Astrologie, a.a.O., S. 31.

nisse auch alternative Erklärungen finden lassen. (...) Um Gauquelin zu zitieren: 'Kein Gesetz der klassischen Astrologie wurde statistisch von Astrologen oder Wissenschaftlern bewiesen.'[87] Seit er zu diesem Ergebnis gekommen ist, wurde zwar weiteres Material zugänglich, das wir in späteren Kapiteln untersuchen werden, doch Gauquelins eigene Schlußfolgerung war klar. Bei seinen ganzen Forschungen über das, was als traditionelle Astrologie bezeichnet wird, fand er nichts, das statistisch signifikant wäre.[88]

Die Autoren untersuchen selbst oder überprüfen genau andere Untersuchungen nach den "Entsprechungen" von Klöcklers und der antiken Astrologie über Berufszuordnungen[89], Ehen[90], Astrologie und Geisteskrankheit[91], Medizin[92], Selbstmorde[93], Persönlichkeits-Tests[94] und Zwillingen[95]. In jedem Fall werden, analog zur Statistik in der Biologie, verfälschende Faktoren ausgemacht, die den Schluß, die Ergebnisse ließen sich monokausal auf die Sterne zurückführen, nicht zulassen. Ihre Untersuchung der Arbeiten über Einflüsse von Sonnenflecken, Planeten- und Mondkräften kommt zu dem gleichen Ergebnis.[96] Sie schlußfolgern: "Im großen Ganzen haben die verschiedenen Forschungsteams keine signifikanten Resultate ermittelt. Wir sind also zu der Schlußfolgerung gezwungen, daß die vereinzelten Befunde, die für die Astrologie sprachen, auf Zufall oder Fehler zurückgehen."[97]

---

[87] Michel et F. Gauquelin, "Star US Sportsmen Display the Mars Effects", in Skeptical Inquirer, Winter 1979.

[88] Eysenck/Nias, Astrologie, a.a.O., S. 55f.

[89] Eysenck/Nias, Astrologie, a.a.O., S. 84-91.

[90] Eysenck/Nias, Astrologie, a.a.O., S. 93-100.

[91] Eysenck/Nias, Astrologie, a.a.O., S. 100-102.

[92] Eysenck/Nias, Astrologie, a.a.O., S. 103-106.

[93] Eysenck/Nias, Astrologie, a.a.O., S. 106-108.

[94] Eysenck/Nias, Astrologie, a.a.O., S. 108-119.

[95] Eysenck/Nias, Astrologie, a.a.O., S. 119-123.

[96] Eysenck/Nias, Astrologie, a.a.O., S. 124-219.

[97] Eysenck/Nias, Astrologie, a.a.O., S. 100.

Mangelnde Selbsteinschätzung und Vorwissen

Neben den statistischen Fehlerquellen widmen sich die Autoren solchen psychologischer Natur, vor allem der mangelnden Selbsteinschätzung der Astrologieanhänger:

> Ebenso wie Menschen in 'universellen Merkmalen' gerne solche sehen, die besonders für sie selbst zutreffen, neigen sie dazu, in ihre eigenen Persönlichkeiten diejenigen Züge hineinzuprojizieren, die die Astrologie vorhersagt. Dean und andere[98] zitieren eine Studie R. Ebertins, bei der Leser einer seriösen astrologischen Zeitschrift aufgefordert wurden, aus sechzig Eigenschaften, die unter ihrem eigenen Tierkreis aufgeführt wurden, diejenigen anzugeben, die auf sie zuträfen. Die am höchsten rangierenden Eigenschaften kamen auf einen Durchschnitt von 80 bis 90 Prozent und stimmten gemeinhin mit der Tradition überein. Beispielsweise kreuzten 84 Prozent der Widder 'selbstsicher' an, 92 Prozent der Zwillinge 'vielseitig' und 77 Prozent der Fische 'imaginativ'. Stützten diese Ergebnisse die Astrologie? Leider gab es keine Kontrollgruppe, so daß es nicht möglich ist, die Resultate zu beurteilen. Es läßt sich nur soviel sagen, daß sie mit dem übereinstimmen, was wir bereits gesehen haben: Daß nämlich Menschen, wenn man ihnen ein allgemeines Eigenschaftenverzeichnis gibt, einen großen Teil davon als auf sie selber zutreffend bezeichnen werden. Darüber hinaus kann man, da die meisten der Versuchspersonen fortgeschrittene Astrologiekenntnisse besaßen, damit rechnen, daß sie sich im entsprechenden Licht sahen.[99]

Ein weiteres prägnantes Beispiel der fehlenden Selbsteinschätzung stammt ebenfalls von Gauquelin:

> Gauquelin (...) annoncierte in 'Ici-Paris', er werde völlig kostenlos ein persönliches Horoskop erstellen. Aus ganz Frankreich gingen Anfragen ein. Jedermann bekam das gleiche Horoskop zugesandt, das von (einer) Computerfirma stammte und aus den Geburtsdaten von Dr. Petiot, einem der berüchtigsten Massenmörder Frankreichs, errechnet worden war. (Er hatte vorgegeben, er könne Menschen zur Flucht aus dem von den Nazis besetzten Frankreich helfen. Sowie sie mit ihrem Geld und ihren Besitztümern bei ihm zuhause eintrafen, ermordete er sie und löste ihre Leichen in einer Wanne mit ungelöschtem Kalk auf. 1946 wurde er wegen der Ermordung von 27 Menschen hingerichtet. In der Todeszelle sprach er von 63 Opfern.) Die an jenem Anzeigentest Beteiligten wurden aufgefordert mitzuteilen, ob sie sich in dem Horoskop wiedererkannten. Ihre Antworten fielen vorwiegend positiv aus, und einige Leute waren so beeindruckt, daß sie für detailliertere Analysen Geld boten. Von den ersten 150 Antwortenden erklärten 94 Prozent, das fingierte Horoskop gebe genau ihren Charakter wieder, und 90 Prozent fanden diese Genauigkeit von ihren Familien und Freunden bestätigt.[100]

Die Autoren schließen dann:

---

[98] G. A. Dean, A. C. M. Mather und 52 weitere Autoren: Recent Advances in Natal Astrology: A Critical Review 1900-1976. Perth 1977.

[99] Eysenck/Nias, Astrologie, a.a.O., S. 66.

[100] Eysenck/Nias, Astrologie, a.a.O., S. 67.

Aus diesen wenigen Beispielen (die sich um ein Vielfaches vermehren ließen) kann man ersehen, wieso Astrologen imstande sind, ihre Kunden zufriedenzustellen. Die Menschen sind bereit, nahezu alles als Evangelium zu akzeptieren, solange es sich um sie selber dreht. So können sich Astrologen wahrheitsgemäß auf begeisterte Anerkennungsschreiben berufen; und wenn die meisten ihrer Kunden mit den angebotenen Produkten zufrieden sind, kann es den Astrologen kaum schwerfallen, an die Astrologie zu glauben! Auf diese Weise baut sich ein Ring gegenseitiger Bestätigung auf, durch den der Astrologe und seine Kunden immer stärker davon überzeugt werden, daß astrologische Aussagen richtig seien.[101]

Neben der mangelnden Selbsteinschätzung machen Eysenck/Nias als weiteren wichtigen Faktor zu Verfälschung der Resultate das astrologische Vorwissen der Testpersonen aus:

Man muß berücksichtigen, daß auch Menschen, die keinerlei astrologische Kenntnisse für sich in Anspruch nehmen, mehr aufgeschnappt haben könnten, als sie selbst wahrnehmen. Bei dem herrschenden Einfluß der Astrologie in Zeitungen und Zeitschriften - beispielsweise erscheinen Horoskopkolumnen in mehr als 70 Prozent der 1700 Tageszeitungen in den Vereinigten Staaten und in jeder einzelnen von über einem Dutzend australischer Frauenillustrierten - kann man von niemandem annehmen, daß er nicht angesteckt sei. Selbst bei anscheinend unwissenden Versuchspersonen darf man erwarten, daß sie ein wenig über Astrologie wissen, wenigstens über den Teil, der auf sie zutrifft, und dies kann ausreichen, um sie in einem Selbstbeurteilungstest zu beeinflussen.[102]

Zusammenfassend läßt sich also sagen, daß aufgrund fehlender Wiederholbarkeit, nicht vorhandenen Kontrollgruppen und demoskopischen Verfälschungen sich die astrologische Statistik als hinfällig erweist. Daß dieses nicht offen zutage tritt, liegt nach Eysenck und Nias daran, daß die Disposition der Astrologenkundschaft aufgrund einer prekären Fähigkeit zu Selbstbeurteilung oder bereits bewußt oder unbewußt bestehender astrologischer Kenntnisse die Untersuchung verzerrt. Dieses Ergebnis gilt es zunächst festzuhalten.

Positive Ergebnisse kritischer Überprüfung?

Soweit trägt also die Überprüfung der astrologischen Statistik von Eysenck und Nias. Die Untersuchungen der Gauquelins, die gezeigt hatten, daß die bisherige astrologische Statistik hinfällig ist, förderten nun aber anscheinend auch positive Ergebnisse zutage. Michel Gauquelin, angeblich seit seiner Kindheit von der Astrologie eingenommen und durch seine Ausbildung als Psychologe und Statistiker zum Kritiker geworden, bleibt ihr dennoch verhaftet: Zeit seines Le-

[101] Eysenck/Nias, Astrologie, a.a.O., S. 69. Die Psychoanalyse, die die Autoren nicht bemühen, spricht angesichts der menschlichen Tendenz, aus disparaten Daten einen Zusammenhang zu konstruieren, von einer Systembildung, vergl. Kapitel 7.

[102] Eysenck/Nias, Astrologie, a.a.O., S. 81.

bens befaßt er sich damit, ihre Aussagen zu überprüfen und legt zumeist mit seiner Frau eine Versuchsreihe nach der anderen vor, die er oft aus eigener Tasche finanziert.[103] Dabei bildete sich ein Verfahren heraus, nach dem die Planeten, die zum Geburtszeitpunkt am Himmel auftauchen, registriert werden, und so in Bezug zu verschiedenen Merkmalen, wie z. B. Berufen gesetzt werden können.[104] Dieses Verfahren bringt anscheinend Erfolge hervor, die sich trotz Gegenmeinungen von anderen überprüfenden Wissenschaftlern durchaus vor dem Urteil von Eysenck und Nias sehen lassen können: Nach den Autoren verhielten sich die Kritiker der Gauquelins in diesem Fall wie die Herausgeber des "Humanists" in der im ersten Kapitel berichteten Geschichte Feyerabends.[105] Die Ergebnisse sollen z.B. zeigen, daß im Bereich des Berufs ein Gegensatz von Künstlern und Wissenschaftlern in Bezug auf den Saturn bestünden:

Die gestrichelte Linie zeigt an, wie häufig Wissenschaftler unmittelbar nach dem Aufgang oder der oberen Kulmination von Saturn geboren sind, während die Geburtsdaten von Künstlern (durchgehende Linie) seltener auf diese Zeiten fallen. Es ist interessant zu sehen, wie stark diese beiden Kurven gegenläufig sind. Der Kreis zeigt die Zahl der Geburten an, die jeweils aus Wahrscheinlichkeitsgründen zu erwarten gewesen wären. (Nach Gauquelin 1978)[106]

Ähnlich unterschiedliche Ergebnisse stellten sich ein, als bestimmte Gruppen, wie etwa Soldaten und Musiker, miteinander verglichen wurden. Die Resultate für Musiker, die auf Mili-

---

[103] Eysenck/Nias, Astrologie, a.a.O., S. 220-222.

[104] "Ehe wir dieses Ergebnis erörtern, sollten wir zunächst genau erklären, wie es dazu kommt. Da sich die Erde dreht, scheint jeder Planet, wie die Sonne und der Mond, auf- und unterzugehen. Er geht am östlichen Horizont am Aufgangspunkt auf und steigt bis zur höchsten Stelle in der Himmelsmitte oder im oberen Kulminationspunkt, wo er genau in der Mitte zwischen Auf- und Untergang steht. Dann sinkt er zum Untergangspunkt, und der gleiche Vorgang wiederholt sich (aber natürlich umgekehrt) unterhalb des Horizonts. Die Bahn des Planeten unterteilt Gauquelin in zwölf Abschnitte, die den astrologischen Häusern ähneln, aber nicht mit ihnen identisch sind. Diese Unterteilung ist so angelegt, daß ein Planet, solange er keinem verzerrenden astronomischen Einfluß unterliegt, ein Zwölftel (8,33 Prozent) der Zeit in jedem Abschnitt verbringt. Dies bedeutet natürlich, daß bei einer gleichmäßigen Verteilung der Geburtszeiten einer beliebigen Gruppe von Menschen 16,7 Prozent der Geburten auf die Zeit entfallen, in der sich ein Planet in einem bestimmten Sektorenpaar aufhält. Gauquelin fand mit seiner Stichprobe aus hervorragenden Ärzten heraus, daß merklich mehr als 16,7 Prozent von ihnen geboren wurden, als sich Mars oder Saturn in den Abschnitten nach dem Aufgang oder nach der Kulmination befanden." (Eysenck/Nias, Astrologie, a.a.O., S. 222f).

[105] Eysenck/Nias, Astrologie, a.a.O., S. 236-249.

[106] Michel Gauquelin, Cosmis Influences on Human Behavior, New York 1978, nach Eysenck/Nias, Astrologie, a.a.O., S. 224.

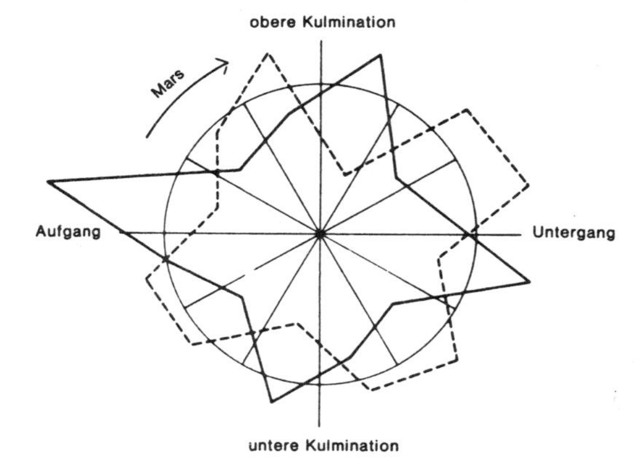

Die gestrichelte Linie zeigt an, wie häufig Wissenschaftler unmittelbar nach dem Aufgang oder der oberen Kulmination von Saturn geboren sind, während die Geburtsdaten von Künstlern (durchgehende Linie) seltener auf diese Zeiten fallen. Es ist interessant zu sehen, wie stark diese beiden Kurven gegenläufig sind. Der Kreis zeigt die Zahl der Geburten an, die jeweils aus Wahrscheinlichkeitsgründen zu erwarten gewesen wären. (Nach Gauquelin, 1978)

Abbildung 6 Graphik aus Eysenck/Nias, Astrologie, S. 224

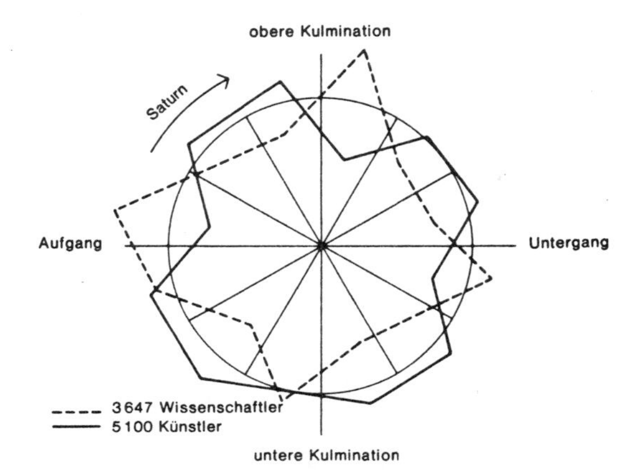

Mars und Sportler. Die durchgezogene Linie stellt die Geburten von »willensstarken« Sportlern dar und die gestrichelte Linie die Geburten von »willensschwachen«. (Nach Gauquelin, 1978)

Abbildung 7 Graphik aus Eysenck/Nias, Astrologie, S. 227

tärmusik spezialisiert waren, lagen tatsächlich meist in der Mitte zwischen denen für Soldaten und sonstigen Musikern![107]

Positive Resultate ergaben auch die weiteren Untersuchungen des Mars bei Spitzensportlern; man versprach sich wiederum einen Einfluß auf den Charakter herauszubekommen:

> Nachdem er zuvor gefunden hatte, daß Mars in den Horoskopen erfolgreicher Sportler dominiert, wiederholte Gauquelin nun die Analyse, doch diesmal im Hinblick auf die Persönlichkeit. Aufgrund ihrer biographischen Beschreibungen bildete er zwei Untergruppen berühmter Sportler. Die eine Gruppe bestand aus den typischen Sportlern mit 'eisernem Willen' und die andere aus 'willensschwachen' Sportlern, die man mit Bezeichnungen wie 'unbeständig', 'dilettantisch', 'ohne große Energie', 'unergeizig', 'zurückhaltend' und dergleichen beschrieb. Zur ersten Gruppe gehörten viele berühmte Namen, deren Träger sich trotz verschiedener körperlicher Behinderungen durchgesetzt hatten, und die zweite Gruppe enthielt viele 'Naturtalente', die mit einem Minimum an Anstrengung nach oben gekommen waren; vermutlich waren ihre körperlichen Eigenschaften mehr als ausreichend, um einen Mangel an Entschlossenheit auszugleichen. Wie hingen nun diese beiden Gruppen berühmter Sportler mit Mars zusammen? Wie die Abbildung erkennen läßt, zeigt sich der 'Mars-Effekt' nur bei der Gruppe der 'Willensstarken'; er hatte nichts mit Sportlern zu tun, die eine atypische Persönlichkeit besaßen. Der Planeteneffekt erwies sich abermals als eine Sache der Persönlichkeit und wieder nicht als eine des Schicksals.[108]

"Das Getreidekorn in Gestalt einer erfüllten Prophezeiung" - Über die Statistik hinaus

Trotz der Zustimmung der Psychologen ist an diesen Ergebnissen Kritik von einer anderen Seite her anzumelden. Zunächst ist das angewandte Verfahren fraglich: Da die Planeten sich mit unterschiedlichen Geschwindigkeiten auf ihrer elliptischen Bahn um die Sonne bewegen, ergeben sich konstante Erscheinungen am Erdenhimmel nur als rechnerisches Mittel - es handelt sich bei dem von Gauquelin verwendeten Schema um eine Hilfskonstruktion, wie die der regelmäßigen Einteilung des Tierkreises, die ihre Logik in der Berechnung, nicht aber in der Sache hat, auf die diese abzielen soll.[109] Ein zweiter Einwand aber ist wichtiger. Er betrifft die Einteilung der Psychologie, die hinter dieser Argumentation steckt; hier mögen sich die Autoren so Zuhause fühlen, daß keine Distanz

---

[107] Eysenck/Nias, Astrologie, a.a.O., S. 224f.

[108] Eysenck/Nias, Astrologie, a.a.O., S. 226. Ebenso wie der Beruf sollten sich Vererbungseffekte und Planetenkonstellationen signifikant korrelieren lassen (vergl. Eysenck/Nias, Astrologie, a.a.O., S. 230-236).

[109] Weitere astronomische Gegenargumente liefert Reinhard Wiechozcek, Astrologie. Das falsche Zeugnis vom Kosmos, a.a.O., S. 97-117.

auftritt. Die Kategorienbildung ist durchgängig prekär. Die Unterscheidung von Berufsgruppen wie Künstler und Wissenschaftler bleibt oberflächlich, wer will wirklich angeben, wo sich die Grenze zwischen Wissenschaft und Kunst befindet? Ist Goethe Wissenschaftler oder Künstler? Ein neues Talent zeichnet sich oft gerade dadurch aus, daß es die herkömmlichen Grenzen überspringt, und Momente von einer Disziplin in die andere einführt. Diese Reduktion auf die herkömmlichen Disziplinen, die unter der Arbeitsteilung entstanden sind, wird besonders heikel, wenn es sich um eine Anlage handeln soll, die sich noch nicht in der Welt verwirklicht hat. Mit anderen Worten, diese Art von Statistik dreht sich nur um ein abstraktes statistisches Mittelmaß. Die Ergebnisse bei den Sportlern sollen sich auf durchsetzungsfähige Charaktere beziehen, aber das Kriterium der "Durchsetzungsfähigkeit", das nicht auf die gesellschaftlichen Hintergründe dieser Kategorie abzielt, bleibt mindestens ebenso affirmativ befangen, wie von Klöcklers Selbstmordcharaktere. Eysenck und Nias:

> Der Sport liefert ein gutes Beispiel dafür, wie einem das richtige Temperament helfen kann, an die Spitze zu kommen. Trainer haben schon immer erkannt, daß körperliche Eigenschaften nur die eine Komponente bilden, während psychische Faktoren weit wichtiger sein können. Von zwei Menschen von gleicher körperlicher Veranlagung gewinnt eher der mit der größeren Entschlossenheit und dem höheren Selbstvertrauen: das gleiche gilt für zahlreiche andere Lebensbereiche - beispielsweise für den rücksichtslosen Geschäftsmann oder den leidenschaftlichen Wissenschaftler. Beim Studium der Biographien von berühmten Sportlern stellte Gauquelin fest, daß sie meistens etwas besaßen, daß man einen 'eisernen Willen' nennen könnte. Diese Leute zeichneten sich durch Entschlossenheit, Furchtlosigkeit, Tatkraft, Beharrlichkeit und dergleichen aus.[110]

Was die Autoren für die vagen Aussagen der Astrologen konstatieren, gilt auch für ihre eigenen psychologischen Kriterien:

> Was genau meint man, wenn man sagt - was vielleicht ein Astrologe tut -, ein bestimmter Mensch habe 'Sinn für Humor'? Daß er häufig lacht? Oder daß er über die Scherze lacht, die wir machen? Oder daß er witzige Bemerkungen macht? Oder daß er sich selbst nicht allzu ernst nimmt? Oder was sonst? Der Astrologe, der sagt, sein Kunde habe Sinn für Humor, kann damit kaum danebentreffen; jedermann hat Sinn für Humor im einen oder anderen Verständnis dieser Formulierung (oder glaubt, ihn zu haben), und er wird die Aussage des Astrologen nach eben diesem Verständnis interpretieren."[111]

Was aber ist ein Introvertierter, was ein Extrovertierter, wer ist willensstark, wer antriebsschwach? Aus dem Material Gauquelins geht zudem hervor, daß Selbstbiographien der Sportler verwendet wurden, die dann auch der von Eysenck und Nias konstatierten mangelnden Selbsteinschätzung unterliegen dürf-

---

[110] Eysenck/Nias, Astrologie, a.a.O., S. 226.

[111] Eysenck/Nias, Astrologie, a.a.O., S. 260.

ten. Insgesamt bleibt, neben der Vorurteilslogik der Selbsteinschätzung, die positivistischen Psychologie der Autoren, die sie zu ihren Einteilungskriterien kommen läßt, auf einem Niveau unterhalb des Erkenntnisstandes der Psychoanalyse, gegen die sie polemisieren:

> In dieser Hinsicht (in Bezug auf die Vermittlung eines nicht vorhandenen Sinns) ist die Astrologie nicht schlimmer als gewisse psychologische Techniken, bei denen immer noch Tintenkleckse benutzt werden, obwohl niemand behaupten kann, Tintenkleckse enthielten einen tatsächlichen Sinn. In Wirklichkeit könnte die Astrologie dem überlegen sein, weil ihre Konzepte unbestreitbar Schönheit und Reiz besitzen und weil sie, nimmt man immer nur eines auf einmal, anziehend einfach sind. So sind im Gegensatz zu Es und Über-Ich, die aggressive Kraft von Mars und die liebenswerte Harmonie von Venus für jedermann verständlich.[112]

Die Schönheit und Einfachheit der Astrologie als Kriterium für ihren Wahrheitsgehalt - dieses Argument erinnert an dasjenige eines Studenten, der ebenfalls auf die Überlegenheit der Astrologie über die Psychoanalyse anhand dessen hinweisen wollte, daß in dieser 12 Prinzipien (die Tierkreiszeichen) wirkten, in jener jedoch nur drei (Es-Ich-Überich). Darin wird in Eysenck und Nias' Argumentation eine Tendenz deutlich, wo diese über die richtigen Argumente im Rahmen der statistischen Beurteilung der Astrologie hinausgehen. Sie erkennen, so klug ihre Kritik innerhalb der Statistik ist, nicht ihre Grenzen. Eine unkritisch gefaßte, gesellschaftlich affirmative Ebene wird zum Kriterium der Bewertung. Das Interessante an diesem Vorgehen der Autoren liegt darin, daß sich daran wiederum die Grenzen der Rationalität der Statistik zeigen, die ich bereits in der Bewertung von Watsons "Biorhythmus-Trick" genannt habe: Eine Signifikanz stellt keine Kausalität dar, sondern nur eine weitere Beschreibung. Da Eysenck und Nias selbst in einem positivistischen Wissenschaftsideal befangen sind, endet ihre Kritik an dieser Stelle. Mit anderen Worten, sie nähern sich selbst den Vorstellungen der Astrologie an. Das führt dazu, daß sie sich ebenfalls wie Watson und von Klöckler auf eine Rhythmik berufen:

> Was wir selber jedoch als aufregend empfinden, ist der Umstand, daß, nachdem alles beiseitegelegt ist, das der Überprüfung (der Astrologie, W. B.) nicht standhält, ein Bestand an außergewöhnlichem Beweismaterial zurückbleibt, das sich nicht einfach wegerklären läßt. Zum größten Teil gehört dieses Material zu Ergebnissen einer Fachrichtung, die wir mit dem Begriff Kosmobiologie bezeichnen. Die Kosmobiologie untersucht die Art und Weise, wie pflanzliches, tierisches und menschliches Leben von Körpern innerhalb des außerirdischen Sonnensystems beeinflußt werden. (...) In diesem Bereich der Kosmobiologie gibt es eine ganze Anzahl von Forschungsansätzen, die es unserer Meinung nach verdienen, ernst genommen zu werden. Zuletzt werden sich zweifellos viele davon als unhaltbar erweisen, doch bei denjenigen, die der Prüfung standhalten, könnte sich ergeben, daß sie ein ganzes

---

[112] Eysenck/Nias, Astrologie, a.a.O., S. 254.

Geflecht von subtilen Zusammenhängen zwischen dem Leben auf der Erde und den Bewegungen der Planeten sichtbar machen, die sich im Verein mit uns um die Sonne drehen."[113]

Oder noch deutlicher: "Vielleicht ist die Zeit gekommen, ganz unzweideutig zu erklären, daß soeben eine neue Wissenschaft geboren wird."[114]

Nun ist die "Kosmobiologie" aber ebenso wie der "Biorhythmus" keine biologische Disziplin, sondern eine astrologische Kategorie, die nichts mit Astronomie und Naturwissenschaft zu tun hat. Der Begriff stammt von dem schweizer Astrologen Karl Ernst Krafft (1889-1944), der in Verbindung von Statistik und Astrologie alle möglichen Berechnungen anstellte.[115] Seine statistischen Untersuchungen über Berufszuordnungen stellen die (schwankende) Grundlage der Untersuchungen der französischen Forscher Gauquelin dar, auf deren Relevanz Eysenck und Nias sich stützen wollen: "Trotz ihrer magischen oder zweifelhaften Anfängen kann die Astrologie noch immer teilweise Geltung haben. Nur Fakten können über den Ausgang der Sache entscheiden."[116] Zur Beurteilung der Astrologie muß man aber in der Lage sein, auch die positivistische Faktizität als Kriterium beurteilen zu können. So wie ihre Psychologie voranalytisch ist, bleibt ihre Wissenschaftvorstellung positivistisch befangen, wie sich anhand ihrer behavioristisch orientierten Vorstellungen zur Erklärung des Aberglaubens zeigt:

> Wir haben ... die quasi-religiöse Funktion (der Astrologie) erwähnt, die darin besteht, daß sie dem Leben einen 'Sinn' unterlegt. Erinnern wir uns an ein Experiment, das vor vielen Jahren B. F. Skinner durchführte. Eine Anzahl hungriger Tauben durfte frei in einem Laboratorium herumlaufen, in dem in regelmäßigen Abständen alle paar Minuten von einem Apparat einige Getreidekörner verstreut wurden. Am folgenden Morgen konnte man beobachten, daß die Tauben ein sehr seltsames Verhalten an den Tag legten: einige liefen mit hochgestrecktem Kopf umher; einige ließen den Flügel über den Boden schleifen, während sie den anderen nach oben streckten; und wieder andere machten unterschiedliche zaghafte Bewegungen dieser oder jener Art. Geschehen war dieses: Die hungrige Taube vollführt, während sie durch das Laboratorium läuft, die unterschiedlichsten Bewegungen; wenn nun zufällig Getreide auf den Boden geworfen wird, während sie eine Bewegung macht, zieht die Taube den Schluß, das Futter sei geworfen worden, weil sie diese Bewegungen gemacht habe. Der Vogel wird nun immer wieder diese Gesten vollführen, in der Hoffnung, damit weiteres Manna vom Himmel herabzubeschwören. Aus purem Zufall wird abermals hin und

---

[113] Eysenck/Nias, Astrologie, a.a.O., S. 13f.

[114] Eysenck/Nias, Astrologie, a.a.O., S. 251.

[115] Krafft verfaßte seine "Kosmobiologie" in den Texten: Influences Cosmiques sur L'Individu Humain (1923) und Traité d'Astro-Biologie (1939); vergl. Ellic Howe, Astrology in the Third Reich, a.a.O., S. 134f, Eysenck/Nias, Astrologie, a.a.O., S. 57 und Kapitel 8.

[116] Eysenck/Nias, Astrologie, a.a.O., S. 29.

wieder Nahrung auf den Boden geworfen, und der Vogel wird sich in seiner (völlig irrigen) Hypothese bestätigt finden. Damit erhöht sich die Wahrscheinlichkeit, daß er jene Bewegungen wieder vollführt, bis er am Morgen umherläuft und sich überhaupt nicht mehr anderes bewegen kann. So entsteht Aberglaube. Genauso werden sich ein Astrologe oder sein Kunde an die Gelegenheiten erinnern, bei denen ihnen das Getreidekorn in Gestalt einer erfüllten Prophezeiung vor die Füße gefallen ist. Sie werden die Gelegenheiten vergessen, bei denen es kein Getreidekorn gab. Niemand muß sich oder jemand anderen bewußt täuschen: Wir haben bereits gesagt, daß seriöse Astrologen im großen Ganzen ehrenwerte, intelligente und scharfsinnige Menschen sind. Es liegt in der Natur der Sache, daß vielen Menschen der Glaube so leichtfällt, der Unglaube hingegen so schwer.[117]

Die Neigung, den astrologischen Aberglauben aus einem Experiment mit Tauben erklären zu wollen, besitzt schon etwas Desperates. Man muß sich vor Augen führen, daß ein auch vor dem Hintergrund eines Experimentes vorgebrachtes Argument, doch immerhin ein Argument ist. Der Bezug auf biologische Verhaltensstudien Skinners zeigt nun das Gegenteil von dem, was Eysenck und Nias intendieren. Hier werden menschliche Verhaltensweisen - mit Formulierungen wie "zieht die Taube den Schluß", "(des Vogels) völlig irrige Hypothese" - auf Tiere projiziert, nicht umgekehrt. Ivan Illich zitiert im Zusammenhang mit der Bestrebung, menschliches Sozialverhalten, auf Tierbeobachtungen zurückzuführen, den schwedischen Soziologen Gunnar Myrdal: "1944 hat Gunnar Myrdal dieses weit verbreitete Denken als 'Tendenz' beschrieben, naturwüchsig 'von biologischen Kausalitäten auszugehen und nur im Fall eines intellektuellen Belagerungszustandes soziale Erklärungen einzuräumen'."[118] Die "Taubensoziologie" trägt darüber hinaus selbst die Züge der abergläubischen "Entsprechungen", die sie erklären soll: Es wird für menschliches und tierisches Verhalten das gleiche Prinzip gesucht, in dem Fall die verhaltensbiologische Konstellation, als welche auch die moderne Astrologie von Klöcklers die antiken Begründungssysteme nun auszugeben pflegt. Der Behaviorismus teilt mit der Klöcklerschen Astrologie die Vorstellung, daß das Kriterium der Wissenschaftlichkeit eine exakt kontrollierbare Vorhersage von Verhaltensweisen sein soll.[119] Eine

---

[117] Eysenck/Nias, Astrologie, a.a.O., S. 258f.

[118] Ivan Illich, Genus. Zu einer historischen Kritik der Gleichheit, Reinbek 1983, Rowohlt, S. 186.

[119] "Psychologie, wie sie der Behaviorismus sieht, ist ein vollkommen objektiver, experimenteller Zweig der Naturwissenschaft. Ihr theoretisches Ziel ist die Vorhersage und Kontrolle von Verhalten" schreibt John B. Watson, der "Vater" des Behaviorismus (vergl. John B. Watson, Behaviorismus (1930), Köln 1968, S. 13). "Der Behaviorist glaubt, daß seine Wissenschaft eine Grundlage für die Ordnung und Kontrolle der Gesellschaft ist." (ebenda, S. 72) Nichts anderes hatte auch Lyall Watson in seinem "Biorhythmus-Trick" behauptet.

solche Psychologie, die versucht ihre Kriterien durch Anleihen aus den subjektlosen Naturwissenschaften zu gewinnen, befindet sich damit prinzipiell in der gleichen Position, wie die ebenfalls um die Seriosität sich bemühende Astrologie.[120] Anstatt auf subjektive Spekulationen zu setzen, verläßt sie sich ganz auf scheinbar so harte Fakten.[121] Die Folge ist, daß sie nicht in der Lage ist, die Argumentation der Astrologen über den statistischen Zusammenhang hinaus richtig zu beurteilen, weil sie auf demselben Auge blind ist. Die zunächst richtige Kritik an der Statistik schlägt um in Affirmation, sobald es um Wertungen geht, die sich deutlich auf gesellschaftliche Motive beziehen. Wiechoczek erkennt richtig, daß Eysenck und Nias selbst zu Vertretern der Astrologie werden: "In Wahrheit jedoch vertreten die Gauquelins (auf deren "Kosmobiologie" Eysenck und Nias sich stützen, W. B.) eine ganz spezielle astrologische Richtung. (...) Man könnte meinen, ein völlig anderes Buch als zuvor in den Händen zu halten."[122]

Der "Trittbrett-Trick" - Astrologie als Hilfswissenschaft

"Fahren, fahren, fahren"
Paul Virilio

Der Kausalzusammenhang, von dem von Klöckler sich lossagen möchte, steckt sowohl in dem alten Sternenfatalismus, in dessen Rahmen die Sterngötter den Grund für die irdischen Bewegungen darstellen, in seiner modifizierten Form des Neuplatonismus, in der auf ein verursachendes Prinzip zurückgegangen wird, als auch im System des modernen Positivismus.[123] In-

---

[120] Die Psychologie ist selbst noch nicht allzu lange eine anerkannte eigene Disziplin. In Deutschland erfolgte die Anerkennung des Ausbildungsganges mit dem Abschluß des Diplompsychologen zur Zeit des "Dritten Reiches" im Zusammenhang mit der Tauglichkeitsprüfung von Soldaten. Vergl. Ulfried Geuter, Die Professionalisierung der deutschen Psychologen im Nationalsozialismus, Frankfurt/M. 1988, Suhrkamp, S. 143-211. Eine ausführliche Kritik der positivistischen Psychologie findet sich bei Gerhard Vinnai, Die Austreibung der Kritik aus der Wissenschaft. Psychologie im Universitätsbetrieb, a.a.O., S. 30-100.

[121] "Der Behaviorismus behauptet, daß das Bewußtsein weder ein erklärbarer noch ein nützlicher Begriff ist. Der Behaviorist meint weiterhin, daß der Glaube an die Existenz des Bewußtseins aus den alten Zeiten des Aberglaubens und der Magie herrührt." (J. B. Watson, Behaviorismus, a.a.O., S. 36.

[122] Wiechoczek, Astrologie, a.a.O., S. 104f.

[123] Dieser Ansatz, Mythos und Positivismus in dieser Form zusammenzudenken, stammt bekanntlich von Max Horkheimer. Vergl. dazu genauer Kapitel 5.

dem von Klöckler sich in einer einfachen Operation in dieser Hinsicht (in Bezug auf die Entsprechungen aber nicht) aus diesem komplexen Bezugsrahmen lossagen will, heißt das noch lange nicht, daß der Begründungszusammenhang der antiken Astrologie nicht auch weiterhin in jedem einzelnen ihrer Elemente steckte: Beschreibung und Begründung sind in der antiken Astrologie eins; sie bilden selbst ihren Entstehungszusammenhang und lassen sich nicht einfach nach einem eklektizistischen Muster wegretuschieren, nach dem Motto: Wir lassen die Begründung fallen und übernehmen nur die Beschreibung der Astrologie, weil dieses gerade in das herrschende Wissenschaftsideal paßt. Die antike Astrologie enthält neben ihren Beschreibungen sehr wohl auch Erklärungen in sich. Der Mythos benötigt keinen abgetrennten Sinn, er findet ihn in sich selbst:

> Auch der Mythos fragt nach dem Warum der Dinge; auch er entwickelt seine Systeme der Theogonie und der Kosmogonie. Aber er geht trotz allem Bestreben, in den letzten 'Ursprung' der Dinge zurückzugehen, doch letzten Endes über sie selbst und über ihr einfaches konkretes 'Dasein' nicht hinaus. Die gegenwärtige Gestalt der Welt soll aus ihrer mythischen Vergangenheit begriffen werden; aber diese letztere unterscheidet sich, da sie selbst durchaus die Farbe der sinnlichen Gegenwart trägt, ihrer Struktur und ihrer Art nach nicht von jener. So wird zuletzt das Ganze der Welt zum Mythos dadurch erklärt, daß er für diese Erklärung an einen dinglichen Teil eben dieser Welt anknüpft (...). Beide Glieder des kausalen Verhältnisses, die 'Ursache' wie die 'Wirkung', werden somit hier als konkrete Dinge gefaßt und als solche aufeinander bezogen.[124]

Insofern korrespondiert die mythische Logik der Anerkennung der Realität mit derjenigen des Positivismus. Eine aufgeklärte Naturwissenschaft aber kennt auch die Grenzen ihrer Aussagen, wie ich es an Watsons "Biorhythmus-Trick" verdeutlicht habe. Freilich ist von Klöckler in seinen Ansätzen zunächst ähnlich vorsichtig, um anschließend die schmale, aber deutliche Grenzlinie zwischen der Hypothese einschließlich des Wissens über die Bedingungen ihres Zusatzabkommens und der Absehung von diesen durch einfache Behauptungen unzulässigerweise zu überspringen, und eben doch Kausalitäten zu behaupten, auch wenn sie als Entsprechungen getarnt daherkommen. Faktisch argumentiert von Klöckler wiederum mit dem Kausalitätszusammenhang der antiken Astrologie, wenn er ihre Funktionalität betont und ihren operativen Wert anpreist - dafür spreche ja die Erfahrung. Wie ich bereits an Lyall Watson gezeigt habe, bildet dieses Verfahren der Verschiebung des Akzentes vom Warum auf das Wie ebenfalls die Grundlage des Versuches des Positivismus, sich von einer Wertung loszusagen, um sie dann

[124] Ernst Cassirer, "Die Begriffsform im mythischen Denken", in ders., "Wesen und Wirkung des Symbolbegriffs", Darmstadt 1956, Wissenschaftliche Buchgemeinschaft, S. 1-70, hier S. 36.

in die Beschreibung der Natur als Stoff wiederum hineinzutragen. Die objektivierenden Begriffe der Tatsache und der Erfahrung werden auf diese Weise über den Rahmen ihres rationalen instrumentellen Gebrauchs hinaus metaphysisch aufgeladen. Der Schluß, der aus der Trittbrettfahrt der Astrologie auf dem Trambahnwagen der Wissenschaft gezogen werden soll, lautet: Also ist die Astrologie Wissenschaft. Dieses Verfahren bildet den Hintergrund des "Ensprechung-Tricks" von Klöcklers. Auf der Strecke bleibt bei dieser Fahrt, um im Bilde zu bleiben, das Gepäck - der historisch zu bestimmende Zusammenhang der Logik der astrologischen Entsprechungen, denn dieser geht durchaus über das hinaus, was von Klöckler anbietet. Ich hatte erwähnt, daß Franz Boll von der astrologischen Geographie und Ethnologie, der Astrologie der Lebensalter, der Temperamente, der Elemente, der Charaktere, Krankheiten, Windrichtungen und Berufe berichtet, allerdings als historischer Form.[125] Auf welche Weise diese antiken Kategorien zustandekommen, wird im 8. Kapitel untersucht.

Es handelt es sich, zusammengefaßt, bei von Klöcklers Argumentation um diejenige der antiken Astrologie, die von ihren politischen, ökonomischen und historischen Entstehungsbedingungen abgetrennte Relationen behauptet, die die Wissenschaft noch nicht nachweisen könne, die aber auf unbestreitbaren Erfahrungstatsachen beruhten. Indem die frühere kausale Begründung durch statistische Korrelationen überdeckt werden soll und damit von ihrem gesellschaftlichen Grund der antiken Warengesellschaft abgetrennt wird, ist der Weg frei für das Umschmelzen der antiken Entsprechungen zu wissenschaftlichen "Erfahrungstatsachen". Von Klöckler macht aus der Not eines historisch überkommenden Begründungszusammenhangs die Tugend der bestehenden "Erfahrung", die er mit dem auf die Zukunft projizierten erhofften Nachweis durch die Wissenschaft koppeln möchte; für die Zwischenzeit mag die statistische Korrelation hinreichen, die bereits eine sich wissenschaftlich gebende Form hat. Es ist, als probiere die Astrologie mit Watson und von Klöckler den geborgten Doktorhut schon einmal vor dem Spiegel auf, und stolziere damit probeweise herum, bald werde sie ihn ohnehin verliehen bekommen. Die Entwicklung verlief jedoch andersherum: Die Wissenschaft hat in der Aufklärung gerade das Umgekehrte getan, sie hat in der Frühphase des Positivismus den abergläubischen Erklärungszusammenhang aufgelöst. Daß sie in den späteren Formen wie der positivistischen Psychologie wiederum selbst abergläubische Konstruktionen wie die "Taubensoziologie" einführt, ist der Dialektik der Aufklärung geschuldet, aus der auch die Astrologie ihre Kraft bezieht.

[125] Vergl. Boll, Sternglaube, a.a.O., S. 83-86.

Der "Experten-Trick", der "Biorhythmus-Trick", der "Sachlichkeits-Trick" und der "Entsprechungs-Trick" zeigen sich als verschiedenen Varianten der rasanten Trittbrettfahrt der Astrologie auf der Trambahn der Wissenschaft. Alles läuft darauf hinaus, zu behaupten, die Astrologie sei Wissenschaft. Den Beweis bleiben die Astrologen schuldig: Sie fahren schwarz. Wogegen nichts einzuwenden wäre, täten die Astrologen nicht so, als seien sie die Kontrolleure der Straßenbahngesellschaft.

Die Astrologie des Argumentationstypus des naturalistischen Supranturalismus, die von sich als "Erfahrungswissenschaft" spricht, sanktioniert das einfach gefaßte, auf das positivistisch Bestimmbare reduzierte Tatsächliche, das heißt, sie nimmt eine Wirklichkeit als Ausdruck der Sternenkräfte. Andere Möglichkeiten sollen zwar im Horoskop angelegt sein, ihr Wirken muß sich aber in einer planen Realität deutlich zeigen, die im Zweifelsfall die richtende Macht abgeben soll. Aus diesem inneren Zusammenhang erklärt sich die Ansammlung von "berühmten Persönlichkeiten" in der Astrologie; die Astrologen werden bekanntlich nicht müde, Goethe, Kaiser Wilhelm, Hitler, Adenauer und Hansi Kraus nebeneinander zu stellen, die damit auch noch als Zeugen des Systems erscheinen. Stünden die Sterne aber mit einer wirklichen Bestimmung der Menschen in Verbindung, so müßte sich ein Bezug zu einer anderen Gerechtigkeit ergeben. Die herrschenden Zustände sind nun zwar verrechtete Zustände, aber unrechtmäßige insofern, als die Aufklärung das Bürgertum zwar an die Macht brachte, ihr Anspruch auf Selbstbestimmung für alle Menschen aber an eine Ökonomie gekoppelt wurde, nach der die Realität wesentlich beurteilt wird. Ein Horoskop müßte, würde es sich auf eine andere oder bessere Natur beziehen, diese Diskrepanz zwischen proklamierten Menschenrechten und einer dieser zuwiderlaufenden Realitätsbildung durch die kapitalistische Weltökonomie abbilden. Es tut das aber gerade nicht. Die Möglichkeiten der Menschen werden auf die Anerkennung der bestehenden Welt eingeschränkt, die wie die Sterne anerkannt werden soll. Bei von Klöckler zeigt sich trotz unbestritten aufgeklärten Neigungen, die sich in seinen vorsichtigen Formulierungen ausdrücken, die Tendenz zur Einordnung, die die Wissenschaften seit dem 17. Jahrhundert bestimmt. Damit ist eine Eigenart der Astrologie im Allgemeinen umschrieben. Es handelt sich um den, so kann man nun formulieren, "Trittbrett-Trick", der die Astrologie als Hilfswissenschaft proklamiert: Alles wird so gelassen, wie es ist, dem Bestehenden wird nur noch ein weiterer Schein-Sinn der horoskopischen Vorbestimmtheit untergeschoben, der sich ebenso operationalistisch ausweisen will, wie die Wissenschaft, die er nachahmt. Es ist typisch für das instrumentelle Ansinnen dieser Astrologie, daß sie nach dem Muster der Vererbung sich selbst als eine Hilfe zur Entdeckung von noch unerkannten Aspekten der Persönlichkeit aufspielen will, die doch über die bestehende

Welt nicht hinausreicht. Angesichts der von Eysenck und Nias vorgestellten Nützlichkeit der Astrologie durch die Vorhersage der menschlichen Sterbezeit, die "eine große Hilfe bei der Planung riskanter Operationen und der Krankenpflege"[126] sein soll, fragt man sich doch, wie diese Hilfe denn aussehen soll; ich kann mir dafür nur ein eugenisch bestimmtes Szenario von Einsparungen für medizinische und pflegerische Maßnahmen denken.[127]

Wie sehr sich von Klöckler 1926 mit seiner Auffassung, die Astrologie würde bald von der Wissenschaft anerkannt werden, irrte und doch recht hatte, wird an Äußerungen wie der folgenden deutlich: "Der Mord aus Habsuchtsmotiven ist ohne Zweifel als Charakterhandlung im eigentlichen Sinne anzusehen. Freilich müssen lokale, soziale und kulturelle Verhältnisse dabei berücksichtigt werden. Es wird leichter sein, in einem unzivilisierten Land zum Mörder zu werden, als beispielsweise in Europa."[128] Vielmehr verhielt es sich umgekehrt, die Biologie und andere Wissenschaften bedienten sich während des "Dritten Reiches" einer Argumentation, die aus der Astrologie bekannt ist. Nur ging es nicht um eine kosmische, sondern um eine rassische Vorbestimmtheit, die in der Sache aber ähnlich begründet wurde.[129] Die Astrologie aber paßt sich nur den herrschenden Tendenzen an. Bekanntlich hat sie den Faschismus nicht vorhergesehen - von Klöckler ordnet Hitler zu den ausgeglichenen Waagetypen[130] -, auch wenn der ungarische Regisseur Szabo in den 80er Jahren in seinem Film über den Magier Hanussen diesen zum einzigen Propheten des kommenden Unglücks hochzustilisieren versucht.

---

[126] Eysenck/Nias, Astrologie, a.a.O., S. 56f.

[127] Auch John B. Watson hegt solche Visionen: "Natürlich tauchte immer wieder einmal die Frage auf, ob man unheilbar Geisteskranke einschläfern sollte. Dagegen kann es keine anderen Gründe geben außer übertriebene Gefühlsduselei und mittelalterlichen, religiösen Geboten." (J. B. Watson, Behaviorismus, a.a.O., S. 194).

[128] Von Klöckler, Astrologie als Erfahrungswissenschaft, a.a.O., S. 107.

[129] Vergl. dazu Herbert Mehrtens, "Das 'Dritte Reich' in der Naturwissenschaft: Literaturbericht und Problemskizze" in Naturwissenschaft, Technik und NS-Ideologie. Beiträge zur Wissenschaftsgeschichte des Dritten Reiches, hrsg. v. Herbert Merthens und Steffen Richter, Frankfurt/M. 1980, S. 15-87 und Kapitel 9. Daß diese Entwicklung bereits in den positivistischen Wissenschaften angelegt war, wird ebenfalls im 9. Kapitel erörtert.

[130] Vergl. von Klöckler, Astrologie als Erfahrungswissenschaft, a.a.O., S. 72. Zur Astrologie im Faschismus vergl. Kapitel 9.

4. 2. 2. Der Kosmos als Organismus - Erfahrung ohne Statistik

Eine zweite Gruppe von Astrologen bewegt sich im Rahmen der metaphysischen Seite, des sekundären Positivismus. So schreibt der Astrologe und Esoteriker Thorwald Detlefsen: "Dem Zeitgeist folgend, versuchten immer mehr Astrologen, die Astrologie von ihrem esoterischen Ursprung zu loszulösen und dem funktionalen Denkstil der Wissenschaft schrittweise anzupassen. Man hoffte, durch dieses Verhalten von der offiziellen Wissenschaft anerkannt zu werden."[131] Die Astrologen diese Richtung versuchen anders als diejenigen der ersten Gruppe, die wie z.B. Watson auch vom Weltorganismus reden, nicht erst die Relevanz der Horoskopie mit naturwissenschaftlichen Mitteln zu beweisen, sondern nehmen eine strikte Trennung der Ziele und Verfahrensweisen der Natur- und Geisteswissenschaften vor. Soll bei den am Wissenschaftsideal des primären Positivismus orientierten Astrologen der ersten Gruppe die Metaphysik defensiv verschleiert werden, so wird sie nun offensiv vorausgesetzt. Die angewandten Tricks verändern sich dementsprechend.

Durch die Verinnerlichung der äußeren Macht zu neuen Einsichten - Fritz Riemanns psychologische Astrologie

> "Kant mußte bei dieser Dualilität stehenbleiben."
>
> Oskar Adler

"Kausalität" und "Offenbarung" - der "Dualismus-Trick"

Der Psychologe Fritz Riemann (1902-1979)[132] gibt zwar von Klöckler als seinen Lehrer an, aber anstatt auf die Anerkennung durch die Naturwissenschaften zu setzen, macht er als Psychologe die metaphysische Seite stark. Riemann umreißt zunächst das Weltbild eines vereinfachten Neoplatonismus mit der Astrologie als zentraler Erkenntnistheorie:

---

[131] Detlefsen, Schicksal als Chance. Das Urwissen zur Vollkommenheit des Menschen (1979), München 1985, Goldmann, S. 91

[132] Riemann hat es als Psychotherapeut mit seinem Buch Grundformen der Angst, 12. Aufl. (79-98 Tausend) München, Basel o.J. Ernst Reinhardt Verlag, zu einer gewissen Berühmtheit gebracht. Auch sein Astrologiebuch ist bislang in der 6. Auflage (21-26 Tausend) erschienen.

Astrologie faßt unser Sonnensystem, letztlich das ganze Universum, als einen gewaltigen Organismus auf, in welchem jedes Teilchen vom Ganzen beeinflußt wird und seinerseits wieder das Ganze beeinflußt in immerwährender Wechselwirkung. 'Jedes Individuum wirkt am ganzen kosmischen Wesen mit - ob wir es wissen oder nicht, ob wir es wollen oder nicht', sagt Nietzsche. So besteht zwischen 'innen' und 'außen', 'oben' und 'unten' eine Entsprechung: die Rhythmen und Gesetze des Makrokosmos spiegeln sich im Mikrokosmos wieder, wobei die Art dieser Spiegelung und Entsprechung abhängt von der Entwicklungsstufe des jeweiligen Mediums, auf das sie trifft. Die Planeten gelten der Astrologie als Bilde- oder Wirkkräfte dieses Organismus, von denen jede bestimmte Funktionen und Aufgaben im Gesamtorganismus hat. Je nachdem, in welchem Medium sie sich manifestieren, wirken sich diese planetaren Prinzipien auf der mineralischen, pflanzlichen, tierischen oder menschlichen Ebene, den Reaktionsmöglichkeiten des Mediums entsprechend, verschieden aus, in stofflichen, organischen, seelischen und geistigen Reaktionen. Der Mensch, der wohl als einziges Lebewesen in alle drei Ebenen, die stofflich-körperliche, die organisch-biologische und die seelisch-geistige hineinragt, kann sie daher als physikalische Kräfte und Gesetze der Materie, als organische Funktionen und als seelisch-geistige Impulse oder Prinzipien erfahren.[133]

Es geht um ein Entsprechungsmodell, nach dem der Makrokosmos sich sowohl auf der Erde, als auch im Menschen widerspiegelt: Die Erde soll das Universum im Kleinen so darstellen, wie es auf seine Weise auch für den Menschen angenommen wird: Die in ihm wirkenden Kräfte seien auch diejenigen des Himmels. Die Welt wird so als ein "Gesamtorganismus" beschrieben - einer Metapher, vor der Nietzsche übrigens, in dessen Namen Riemann hier sprechen will, sich ekelte[134] -, der stufig angeordnet ist und dessen verschiedene Ebenen die Bilde- und Wirkkräfte, die durch die Planeten repräsentiert wären, jeweils verschieden umsetzten. Nun handelt es sich bei dem Modell, das Riemann hier in Anlehnung an einen theosophisch verstandenen Neoplatonismus entwickelt[135], um eine seltsame Vorstellung von einem Organismus; sie gleicht eher dem Bild des absolutistischen Staates, in dem von einer Zentralmacht Befehlsimpulse stufig bis an die unteren Chargen weitergegeben werden. Denn trotz der postulierten Mitwirkung der unteren Ebenen der Welt besteht ihre Aufgabe augenscheinlich darin, die von oben kommenden Impulse richtig umzusetzen, also zu gehorchen. Die Befehlsebene selbst, das deutet sich in diesem Zitat bereits an, bleibt sakrosankt. Die Anweisungen dieses merkwürdigen Weltorganismus' erreichten die Men-

[133] Riemann, Lebenshilfe Astrologie, a.a.O., S. 17.

[134] Vergl. das Ende dieses Kapitels.

[135] Vergl. dazu auch Rudolf Steiner, Theosophie. Einführung in übersinnliche Welterkenntnis und Menschenbestimmung (1. Aufl. Berlin 1904), 30. Aufl, Dornach 1978, S. 15-70. Zum Verhältnis von Neoplatonismus und Astrologie vergl. Kapitel 8 meiner Arbeit.

schen auf die nicht minder sonderbare Weise der "Offenbarungen": In früheren Zeiten hätten die Menschen eine gewisse "Natursichtigkeit", wie Riemann mit Bezug auf den völkischen Paläontologen Edgar Daqué meint[136], besessen, mit der die Astrologie neben anderen kulturellen Errungenschaften wie Musik und Sprache von der Natur abgeschaut worden sein soll: "Das Offenbarte wird dann mit der Zeit Erfahrung und Wissenschaft - aber die Erfahrungswissenschaft vergißt dann gewöhnlich ihre Herkunft, ähnlich Kindern, die alles, was sie geworden sind, nur sich selbst zu verdanken glauben."[137] In den Menschen soll neben dem Vergessen der Offenbarung glücklicherweise auch die Gabe liegen, Teile des Weltganzen immer wieder neu entschleiert zu bekommen: "(Im menschlichen) Bewußtsein finden (...) immer neue Offenbarungsakte bzw. Bewußtseinveränderungen statt."[138]

Das Erfahrungswissen werde so jeweils überholt, "während das Offenbarte zeitlos gültig ist, aber vom jeweiligen Zeitgeist abgelehnt werden kann."[139] Nachdem damit die Empirie für zweitrangig erklärt wird, bliebe als Erkenntnismöglichkeit eine verdinglichte Intuition:

> Wenn überhaupt, kann nur eine Geisteswissenschaft hoffen, tiefere Einsichten (über das eigentliche Geheimnis der Zusammenhänge, W. B.) zu bekommen, eine Geisteswissenschaft, die vom Grundkonzept eines kosmischen Organismus ausgeht als Hintergrund der uns bewegenden Kräfte und die Geist nicht mit Intellekt verwechselt. Täuschen wir uns nicht darüber, daß wir in der Erforschung unserer Seele oder unseres Geistes noch ganz in den Anfängen stecken. Mit nur quantitativen Methoden wie Statistik, Messungen und Experimenten werden wir darin nicht weiterkommen. Wir müssen uns wieder um eine Innenschau bemühen, wie die Mystiker sie kannten. Dann erinnern wir uns vielleicht auch wieder, daß es eine seelisch-geistige Welt gibt, in der wir, als Teile des Ganzen, das Ganze zu ahnen vermögen.[140]

Es läßt sich unschwer erkennen, daß Riemann damit den von Watson und von Klöckler her bekannten Dualismus verfolgt: Zwei Erkenntnisquellen seien dem Menschen gegeben, die strikt voneinander getrennt werden müßten: Ein "kausales Denken", wie es in den Naturwissenschaften präsent sei, und ein "subjektives Einfühlen in den Gesamtzusammenhang des Menschen", die Riemann den Geisteswissenschaften vorbehalten möchte, worunter er wie selbstverständlich die Astrologie zählt:

---

[136] Riemann, Lebenshilfe, a.a.O., S. 18.

[137] Riemann, Lebenshilfe, a.a.O., S. 19.

[138] Ebenda.

[139] Ebenda.

[140] Riemann, Lebenshilfe, a.a.O., S. 20f.

Menschliches Wissen und Erkennen hat zwei Quellen: die Erfahrung und das Offenbarwerden von Erkenntnissen und Zusammenhängen durch intuitiv-unmittelbares Erfassen. Die Grundlage der Erfahrungswissenschaft ist das Kausaldenken, das Erforschen des Verhältnisses von Ursache und Wirkung, mit Hilfe des Experiments und der Statistik. Sie versucht, durch gehäufte Beobachtungen von Einzelphänomenen zu allgemeingültigen Gesetzen zu gelangen, wobei die Kenntnis der Anfangsbedingungen eines Phänomens sichere Voraussagen über seine Zukunft ermöglichen soll. Diesem Denken verdanken wir die enormen Erfolge der Naturwissenschaften. Die Grundlage der Offenbarungswissenschaft ist das teleologische oder finale Denken, welches das Einzelphänomen und seinen Sinn aus dem ganzheitlichen Zusammenhang seiner Idee, seines Gestaltplanes zu verstehen sucht. (...) Aus solchem Offenbarungserleben stammt wohl das überlieferte Wissensgut der Astrologie. Sie ist die Lehre vom kosmischen Zusammenhang aller Dinge und Ereignisse auf der Erde, von einer durchgehenden Entsprechung zwischen Kosmos und Mensch. Astrologische Weltsicht kennt noch ein geistiges Prinzip, das in allen Erscheinungen und Gesetzen der Natur und des Lebens sich manifestiert und das wir durch unsere unbewußte Teilhabe daran, intuitiv erkennen können. So stellt die Astrologie den Menschen in größere als nur mitmenschliche Zusammenhänge; der Mensch ist für sie ein Teil des Weltganzen und er unterliegt als solcher dessen Gesetzmäßigkeiten.[141]

Ist die "Erfahrung" in einem ersten Schritt von einer "Offenbarung" abgetrennt und die Astrologie in einem zweiten als ein wiedervereinigendes Prinzip eingeführt, ist es nicht mehr weit zu erklären, daß der Welt ein gewisser "Bauplan" zugrunde läge, der Schicksal, Ziel und Sinn zugleich enthielte und den es zu erfassen gelte. Jeder Mensch habe darin eine gewisse Aufgabe zu erfüllen, die ihm vom Schicksal aufgebürdet sei. Auf krude Weise wird dieser postulierte metaphysische Sinn des Lebens nun mit dem Sinn des Horoskopes gleichgesetzt, denn um diese "Aufgabe" eines Menschen zu verstehen, böten sich die Hilfsdienste der Astrologie an: Außerhalb der menschlichen Sphäre bestimmten die Sternenkräfte eine allem Menschlichen vorgelagerte kosmische "Urstruktur". Auf diese hat es Riemann abgesehen. Es geht ihm um die "Erfassung des eigentlich Menschlichen", das seltsamerweise gerade außerhalb der Gesellschaft zu finden sei: "Nach Auffassung der Astrologie zeigt nun das Horoskop in seinen Symbolen diese 'primäre Natur' an; und zwar in einer Differenziertheit, wie sie keine von Menschen geschaffene Methode oder Typologie erreicht. Das hieße also, daß wir im Horoskop eines Menschen seine Grundstruktur oder seinen ursprünglichen Bauplan vor uns haben - und das vom Augenblick seiner Geburt an."[142]

Das Horoskop ist für Riemann in diesem Sinne auch wieder ein "Meßinstrument", die besagte Lebensaufgabe zu erkennen; zum Zeitpunkt der Geburt solle sich das Schicksal des Individuums aus den verschiedenen Bil-

---

141 Riemann, Lebenshilfe, a.a.O., S. 43f.

142 Riemann, Lebenshilfe, a.a.O., S. 46.

dekräften zusammengeballt am Himmel zeigen, wobei er betonen will, daß es sich um eine Abbildung der außermenschlichen und daher objektiven Welt handelte. Damit ist Riemanns Konstruktion des Kosmos als Organismus allgemein umrissen. Die Methode der Horoskopie erscheint bei Riemann gewissermaßen als eine Art Technik einer verdinglichten Vorstellung von Intuition. In der Astrologie finde sich denn auch Riemanns Aufteilung der Welt wieder: sie setze sich aus der Errechnung der Konstellationen, dem das "kausale Denken" der Naturwissenschaft entsprechen und ihrer Deutung, die der "Offenbarung" der Geisteswissenschaft zukommen soll, zusammen. So wie Watson und von Klöckler die Astrologie als eine Art höhere Naturwissenschaft deuten wollen, sieht Riemann in ihr eine höhere Geisteswissenschaft. In dem Postulat des "persönlichen Kosmos" berühren sich die verschiedenen Ansätze wieder: Die Astrologie will das sich gerade von der Magie befreiende neoplatonische Weltbild, daß der Mensch als kleine Welt ein Abbild der großen sei, wieder in die Magie zurückbiegen, indem sie diese Vorstellung nicht als eine dynamische versteht, sondern als ewige Wahrheit.

Das Erfassen der "astralen Primärstruktur" - Astrologie als höhere Psychologie

Nun tritt wiederum das Element der Psychologie hinzu. Riemann ist Psychologe und er will mit der Sterndeuterei die Psychoanalyse, so wie er sie versteht, ergänzen. Ihn treiben Fragen danach um, was "teleologisch im Menschen angelegt" und was "nur überdeckend" ist: "Ist etwa ein stiller Introvertierter nur aggressiv gehemmt, narzißtisch regrediert oder ist er so angelegt? Ist die Demut eines anderen eine Reaktionsbildung oder echt, der Führungsanspruch eines dritten hysterischer Geltungsdrang, hat er hypomanische Allmachtsvorstellungen oder ist das sein Schicksal? Hat eine Frau mit einem kühnen Lebensentwurf phallische Tendenzen, ist sie animusbessesen, von Penisneid erfüllt oder sehen nur wir sie so und ist ihre Anlage vielleicht ihr Kairos?"[143] Die Antworten auf diese brennenden Rätsel soll das Horoskop geben. Die Kenntnis der Sterne vereinfache die Erkenntnis der der menschlichen Sphäre vorgelagerten "Grundgegebenheiten". Die einzelne Elemente des Horoskopes - der Tierkreis, die Planeten, die Häuser - besäßen besondere Wirkungen, indem sie auf der Ebene des Makrokosmos auf den Mikrokosmos des Menschen einwirkten:

[143] Riemann, Lebenshilfe, a.a.O., S. 46.

- Dem Tierkreis entsprächen dabei "zwölf Urbilder" oder "Urideen"; gemäß ihres "Aufforderungscharakters" seien sie im Menschen als "Zielvorstellungen", "Ur-" oder "Leitbilder" angelegt.[144]
- Die Planeten stellten den starren Tierkreiszeichen gegenüber ein dynamisches Prinzip dar. Jedem Planeten wird von Riemann ausgehend von der antiken Astrologie mehr oder weniger willkürlich ein bestimmter psychoanalytischer Begriff zugeordnet. So entsprächen der Sonne beispielsweise der Drang nach Freiheit und Autonomie, dem "Ich-Ideal" der analytischen Terminologie; dem Mond die unbewußten Regionen mit der "Oralität"; Merkur die "Denktätigkeit", Venus der Eros ("Lustprinzip"), Mars dem "Wollenden" ("Phallischen"), Jupiter der "Sinngebung" und Saturn das "Realitätsprinzip".[145]
- Die 12 Häuser oder Orte wiederum entsprächen "Verwirklichungsebenen der Antriebe und Neigungen, die durch die Planeten und Tierkreiszeichen gegeben sind." [146]
- Im "Mittelpunkt des Horoskops" befinde sich dann "der Mensch": "Die beschriebenen Elemente des Horoskopes (...) spiegeln den Menschen in einem ganzheitlichen Bezugssystem, das nicht vom Menschen geschaffen, sondern Abbild der Gesetzmäßigkeiten unseres Sonnensystems ist. Der Mensch erscheint darin als Schnittpunkt und Mittelpunkt der kosmischen Kräftekonstellationen in einem bestimmten Weltaugenblick, der zu seinem Schicksalsthema wird (...)."[147]

Es gehört zu Riemanns Stil, daß er für sich selbst in Anspruch nimmt, mit seinem kruden Schema im aufgeklärten Sinne zu argumentieren. Die Erkenntnis der "kosmischen Abhängigkeiten" nämlich sei eine zusätzliche Hilfe, "in den uns möglichen Grenzen größere Freiheiten zu erlangen."[148] Damit decke sich dann, folgert Riemann kühn, die Intention der Astrologie mit derjenigen der Psychoanalyse: Es ginge um ein Bewußtmachen des Unbewußten und ein daraus resultierendes bewußteres Leben, wobei die Vorstellung des Unbewußten zu einer primären Sternenkonstante naturalisiert wird. Das Horoskop offenbare eine "kosmische Primärnatur", einen "Kosmotypus" - einen Begriff, den Riemann von dem Astrologen Thomas Ring übernimmt -,

---

[144] Riemann, Lebenshilfe, a.a.O., S. 23.

[145] Riemann, Lebenshilfe, a.a.O., S. 48-50.

[146] Riemann, Lebenshilfe, a.a.O., S. 50.

[147] Riemann, Lebenshilfe, a.a.O., S. 50f.

[148] Riemann, Lebenshilfe, a.a.O., S. 38.

als eine Erweiterung des Freudschen Unbewußten, wie Riemann meint. Den Begriff gleichsam in den Weltraum ausdehnend, besäße jeder Mensch ein "kosmisches Unbewußtes", das am Firmament zur Geburtszeit ablesbar sei:

> Wenn Freuds Satz: 'Wo Es war, soll Ich werden' für unser therapeutisches Bemühen als gültig angesehen werden kann, brauchen wir 'nur' dieses 'Es' auszuweiten, um jenen Satz gleichermaßen für die Astrologie anwenden zu können: auch in der praktisch-beratenden Astrologie geht es um das Bewußtmachen von Unbewußtem, wenn auch in einer anderen Dimension. Wir müssen also 'nur' annehmen, daß es neben dem persönlichen und dem kollektiven Unbewußten eine noch tiefere Seelenschicht gibt, die wir das 'kosmische Unbewußte' nennen können. Wenn das persönliche Unbewußte den Niederschlag der frühen individuellen Umwelterfahrungen, das kollektive Unbewußte die zur Gattung Mensch gehörende Anlagen und Instinkte enthält, so wäre das kosmische Unbewußte die Spiegelung unserer Teilhabe an kosmischen Ordnungen, Rhythmen und Gesetzmäßigkeiten und enthielte unsere Prägung durch sie, ablesbar am Horoskop.[149]

Riemann versucht auf diese Weise eine Synthese von Astrologie und Psychoanalyse, deren gewalttätiger Charakter daran zu erkennen ist, daß er sein 'nur' in Anführungsstriche setzt - der prekäre Charakter dieser "erpreßten Versöhnung" scheint ihm immerhin zu dämmern. Die Freudsche Psychoanalyse kennt kein vom persönlichen Unbewußten abgetrenntes Massenich, keine Trennung von tiefem Geist und oberflächlich-technischem Intellekt und auch keine Separation von "aufgesetzter Zivilisation" und "offenbarter Kultur". Sie kennt weder die "12 Urbilder oder Leitideen", noch "Wirklichkeitsebenen", sondern hält diese Vorstellungen für Projektionen. Die Freudsche Psychoanalyse ist, obwohl Freud auch Spuren eines Gattungsgedächtnisses annimmt, mit der Vorstellung einer aus der Astrologie stammenden allem menschlichen vorgelagerten "Primärnatur" nicht zu vereinbaren. Freud kennt zwar einen Schicksalszwang, mit dem die Individuen den Ödipuskomplex immer neu zu durchleben haben[150], dieser Zusammenhang wird aber von ihm allegorisch verstanden und keinesfalls wörtlich. Die Jungsche Position, die von einer hinter dem persönlichen Unbewußten wirkenden archetypischen Struktur ausgeht, läßt sich einfacher mit der Astrologie zusammenbringen. C. G. Jung redet ebenfalls von aus der Alchemie übernommenen Individuationsstufe des Individuums, der Familie und der Rasse. Jung selbst hält jedoch, vereinfacht gesprochen, die Astrologie für eine Unterabteilung im Rahmen seiner Archetypenlehre, während Riemann die Reihe von inne-

---

[149] Riemann, Lebenshilfe, a.a.O., S. 44f.

[150] Vergl. S. Freud, Abriß der Psychoanalyse (1938), in Gesammelte Werke in 18 Bänden (1940), hrsg. v. Anna Freud u.a., 7. Aufl. Frankfurt/M. 1972, S. Fischer, S. 119.

ren Archetypen kurzerhand mit den äußeren Sternen des Horoskopes gleichsetzt.[151]

Wenn Riemann vom durch die Sterne bestimmten "Kosmotypus" oder der "Primärstruktur" redet, so gibt es dennoch auch einige Einschränkungen, die auf den Faktor eines bereits erreichten "Lebensniveaus" hinweisen. Im "Kosmotypus" sei zunächst, so formuliert er dunkel, eine "vitale Realisierungskraft des jeweiligen Individuums" zu sehen, "dem die Verwirklichung auferlegt ist."[152] Diese Kraft zeige sich aber auch abhängig von einer "Individuationsstufe des Einzelnen", die durch die Erbanlagen der Rasse vorgegeben sei:

> Die Gewichtigkeit des Genotypus, der Familien- und Rassezugehörigkeit gegenüber dem 'Kosmotypus', also der horoskopischen Prägung, hängt von vielerlei Faktoren ab, die heute noch nicht genug erforscht sind. (...) Die bisher vorliegenden Erfahrungen bedürfen jedenfalls noch der Erweiterung, um genauere Aussagen zu ermöglichen, welchen Stellenwert jeweils der 'Kosmotypus' (Th. Ring) gegenüber den Erbanlagen einnimmt bzw. wann er an Bedeutung gewinnt, wann er von familiären und/oder rassischen Gegebenheiten überlagert wird. Mit Thomas Ring bin ich der Ansicht, daß die Individuationsstufe des einzelnen dabei eine entscheidende Rolle spielt, auch die Individuationsstufe seiner Familie und Rasse - große wie kleine Kollektive erlauben ihren Mitgliedern verschiedene Ausmaße der Individuation.[153]

Mit anderen Worten: Hier gibt es eine Kollision von kosmischen Bestimmungen mit solchen, die sich aus der Rasse ergeben sollen. Es bleibt dabei seltsam unklar, was mit diesen "rassischen Gegebenheiten" gemeint sein könnte, die doch neben dem minutiös erklärten "Kosmotypus" nun eine so wichtige Bedeutung bekommen sollen. Diese Komponente bleibt rätselhaft und deutet auf eine Adaption der Psychoanalyse hin, die "germanisch-rassisch" fundiert sein soll.[154]

---

[151] Zum Unterschied zwischen Freud und Jungs Begriff des Unbewußten vergl. ausführlich Kapitel 6. Freud verwendet zwar auch eine biologische Triebtheorie, die aber in sich gesellschaftlich orientiert sind, ohne daß er es besonders betonte. Eine Verbindung zur Astrologie ist ihm fremd. Über Freud und sein Verhältnis zum Okkultismus vergl. Kapitel 7.

[152] Riemann, Lebenshilfe, a.a.O., S. 35.

[153] Riemann, Lebenshilfe, a.a.O., S. 36f.

[154] Wie sie im "Deutschen Institut für psychologische Forschung und Psychotherapie" in Berlin gelehrt wurde, an dem Riemann studierte (vergl. Riemann, Lebenshilfe, a.a.O., Klappentext). Das Institut wurde von Matthias Göring, einem Vetter des Reichsmarschalls geleitet. Es standen Freudsche, Adlersche und Jungsche Psychoanalyse auf dem Lehrplan - freilich "germanisch" adaptiert. Jung war bekanntlich von 1933 - 1940 von den Nazis als Präsident der "Allgemeinen Ärztlichen Gesellschaft für Psychotherapie" eingesetzt worden, Matthias Göring besetzte den Posten des Vizepräsidenten, das Programm

Halten wir noch einmal die bislang herausgearbeiteten Vorstellungen Riemanns fest. Er redet 1. vom Kosmos als Organismus; 2. von den Wirk- oder Bildekräften der Planeten, Tierkreiszeichen und Felder; 3. von der Astrologie als Entsprechungssystem 4. von der Vorstellung einer stellaren "Primärnatur" und 5. führt er eine rassisch geprägte "Niveauhöhe" des Menschen ein, die den Einfluß der Sterne wiederum modifiziert. Diese fünf Begriffe übernimmt Riemann von seinem astrologischen Lehrer Thomas Ring, auf den im nächsten Abschnitt genauer eingegangen wird.

Astrologie in der psychologischen Praxis - der operationalistische "Abkürzungs-Trick"

Doch auch ohne auf die Vorstellung einer "germanischen Psychoanalyse" genauer einzugehen wird deutlich, daß die Darstellung der kosmischen Kräften von Riemann ebenso formelhaft gegeben wird, wie die Kategorie des Menschen in diesem System selbst abstrakt bleibt. Es wird die Wirkung verschiedener Prinzipien behauptet, ein riesiges Räderwerk von Einflüssen als ein Begründungszusammenhang angeführt, der doch nichts mit den gesellschaftlichen Bezügen, die das menschliche Leben oder Subjektivität bestimmen, zu tun hat. Alle Prinzipien werden kalt von oben heruntergerechent und haben, wenn auch nicht den von Riemann angesprochenen inhaltlichen Bezug zur objektiven Welt, so doch einen in dem Verfahren, wie die moderne Gesellschaft mit dem "Menschen im Mittelpunkt" umspringt. Der affirmative Zusammenhang zu herrschenden Tendenzen in der Gesellschaft zeigt sich auch darin, wie der Psychologe Riemann die Sternenkonstellationen seiner Klienten in die Therapie mit einbeziehen will. Hier offenbaren die metaphysischen Vorstellungen der Astrologen eine ganz praktische Seite. Riemann schreibt: "Aber es geht um die Möglichkeit fokalen Erfassens von Struktureigentümlichkeiten besonderer Art, die im Horoskop liegen, als zusätzlichem Zugang zu einem Menschen: und in der Beratung geht es um zeitsparendes Ansprechenkönnen von Grundveranlagungen und deren konflikthaften Auswirkungen."[155] Die Astrologie solle zunächst helfen, die subjektive Seite des Psychologen, wie sie in der Gegenübertragung der therapeutischen Situa-

---

umschrieb er folgendermaßen: Es ginge darum, "die jüdisch-marxistisch verseuchte Psychoanalyse und die Adler'sche Individualpsychologie durch Verschmelzung mit der Jung'schen Lehre zu einer an diesem Institut zu entwickelnden nationalsozialistisch orientierten 'Deutschen Seelenheilkunde' zu ersetzen." (nach Johannes Grunert, "Zur Geschichte der Psychoanalyse in München", in Psyche 10/1984, S. 865-905, hier S. 873; zitiert nach Tilman Evers, Mythos und Emanzipation. Eine kritische Annäherung an C. G. Jung, Hamburg 1987, Junius, S. 134.

[155] Riemann, Lebenshilfe, a.a.O., S. 14.

tion zum Ausdruck käme, zu reduzieren helfen, indem sie sich auf "kosmische Gegebenheiten" bezöge, die deswegen objektiv sein sollen, weil sie angeblich nicht vom Menschen geschaffen worden seinen: "Und zugleich hatte ich durch das Horoskop eine Kontrollmöglichkeit meiner psychoanalytischen Einsichten von einem Patienten, also eine Ergänzung zu diesen Eindrücken, die mich besser davor bewahren konnte, durch theoretische Vorstellungen oder mir nicht bewußte eigene blinde Flecke das Wesen des Patienten zu verkennen."[156]

Darüber hinaus will Riemann die Astrologie zur zeitsparenden Einschätzung der ihm vorgeführten Menschen nutzen, also in einem rationalisierenden Zusammenhang. Der Gedanke, der hinter beiden angesprochenen Motiven - das der objektiven "Primärnatur" und der Zeitersparnis - steckt, ist der rasche Zugriff auf den "eigentlichen Menschen", ohne den mühsamen Umweg über das Medium der Sprache gehen zu müssen. Dieser Wunsch findet sich, wie bereits die Nähe der positivistischen Psychologen Eysenck und Nias zur Astrologie zeigte, anscheinend nicht allzu selten bei Psychologen. Es zeigen sich hier Parallelen zu den allgemeinen Entwicklungen in der positivistischen Psychologie, die die Astrologie wiederum nur nachahmt.

Ein Beispiel mag den Zusammenhang verdeutlichen. Der Computerwissenschaftler Joseph Weizenbaum experimentierte auf der Suche nach neuen Anwendungsmöglichkeiten der Computertechnik mit einem Programm, daß entsprechend der Gesprächstherapiemethode nach Rogers aufgebaut war und nur die Antworten der Patienten leicht verändert als Fragen wiederholte.[157] Die Annahme des Programms bei den Klienten war erstaunlich und es machte den Wissenschaftler stutzig, daß diese, obwohl sie in das Verfahren eingeweiht waren, mit der Maschine wie mit einem lebendigen Menschen sprachen und sich ihr sofort mit ihren persönlichsten Dingen anvertrauten. Noch stärker aber erschreckte Weizenbaum die Begeisterung der beteiligten Psychologen, die ebenfalls meinten, Empathie und Sensiblität bei Erstgesprächen durch einen Apparat ersetzen zu können: "Wie sieht das Bild aus, das der Psychiater von seinem Patienten hat, wenn er als Therapeut sich selbst nicht als engagiertes menschliches Wesen begreift, das zu heilen versucht, sondern als jemanden, der Informationen verarbeitet, Regeln befolgt etc.?"[158] Auch in diesem Fall war das Hauptargument von Seiten der Psychologen die Zeitersparnis. Als Techniker, der hauptsächlich mit Maschinen zu tun hat,

---

[156] Riemann, Lebenshilfe, a.a.O., S. 13.

[157] Vergl. Joseph Weizenbaum, Die Macht der Computer und die Ohnmacht der Vernunft, Frankfurt/M. 1978, Suhrkamp, S. 15-23

[158] Weizenbaum, Computer, a.a.O., S. 19.

hatte Weizenbaum angenommen, die Psychologen seien verstärkt am Menschen interessiert. Aber in den Begriffen der positivistischen Psychologie zeigt sich eine mechanistische Orientierung: Rogers Methode ist bereits derartig angelegt.[159]

Auch Riemanns rascher Zugriff auf die verfügbaren astrologischen Daten seiner Patienten ist von dem operationalistischen Geist getragen, wenn er flott, ohne das Zutun des Beteiligten, also ohne zu fragen, das "Wesentliche" vor sich haben möchte. Darin wird deutlich, wie verwandt die Astrologie dem registrierenden und verwaltenden Aspekt der neuen Technologie ist: In die astrologische Weltmaschine ist die Verwaltung inkorporiert. Das vielgepriesene Horoskop dient "in der Praxis" des Personalbüros der Rationalisierung und es läßt sich, wenn der Trend zum Aberglauben weiter anhält, eine Zukunft denken, in der es obligat neben die Expertise des Psychologen, der das Einstellungsgespräch geführt hat und neben diejenige des Genetikers, der den Bewerber auf bestimmte allergische Substanzen gescreent hat, tritt. Darin liegt die "tiefere Bedeutung der Astrologie", die Probe, die sie zu bestehen hat: ob es ihr gelingt, ihre Irrationalität im Sinne der herrschenden Rationalität produktiv nutzbar zu machen. Die Astrologen selbst sind praktische Leute, ihre Metaphysik ist von dieser Welt.

Der "Inversions-Trick" - der abergläubische Kritiker

Die manipulative Seite des astrologischen Konzeptes offenbart sich ebenfalls deutlich, wenn es um den Umgang mit Ungläubigen oder Gegnern der Astrologie geht. Riemann legt dann sein ganzes Gewicht auf seine Autorität als Psychologe, die er mit der des Arztes und Astrologen verbinden will; er zieht alle Register des psychologischen Jargons. Wagt es jemand, sein Wahnsystem in Zweifel zu ziehen, handelt es sich um eine "affektive Ablehnung"[160], die mit einer Angst zu tun habe, Denkgewohnheiten aufzugeben: Einmal sei es die Angst, den Charakter festgelegt zu bekommen, ein andermal sei die Astrologie gar zu dynamisch und der Zweifler fürchte sich vor dem allzugroßen Spielraum, den die Sterne ihm ließen. Am schlimmsten aber ergeht es demjenigen, dem es augenscheinlich an "Zivilcourage" mangele, die Astrologie anzuerkennen, der dafür aber mit Trägheit gesegnet, "autoritätshörig und -abhängig" sei und dem "akademischen Diktat"[161] unterstehe. Zu registrieren ist hier wiederum die Figur der Umkehrung der Kritik,

---

[159] Vergl. Vinnai, Vertreibung, a.a.O., S. 52-62.

[160] Riemann, Lebenshilfe, a.a.O., S. 32.

[161] Riemann, Lebenshilfe, a.a.O., S. 37.

die ich bereits an Hans Bender gezeigt habe: Nun ist nicht mehr der Abergläubische abergläubisch, sondern der Kritiker - eine besondere Spielart der Verleugnung.

"Die Sterne machen geneigt." Der Trick des "modifizierten Gestirnsfatalismus"

Riemanns Konstruktion setzt sich aus verschiedenen Bruchstücken des Neoplatonismus, Historismus, Theosophie, der Jungschen und vermutlich auch der "germanischen" Form der Psychoanalyse zusammen. Es ist fast unmöglich, auf alle angesprochenen Verdrehungen und Kniffe einzugehen, die Riemann dabei anwendet. Ich habe die wichtigsten aufgezeigt. Lassen sich der "Dualismus-Trick", der "Astrologie als höhere Psychologie-", der "operationalistische Abkürzungs-", und der "Inversions-Trick" wiederum als Varianten des "Experten-Tricks" verstehen, so kommt mit Riemann ein neues Prinzip in das Repertoire der rethorischen Kniffe der Astrologen. Die Haupttendenz liegt bei dieser Version von Astrologie darin, in systematischer Weise gesellschaftlich vermittelte Kategorien - sowohl scheinbarer Naturgegebenheiten wie Rasse und Familie, als auch Begriffe der bürgerlichen Emanzipation wie Individuum und Menschheit -, deren formulierte Ansprüche in der existierenden Gesellschaft nicht aufgehen, als Nachklapp der bestehenden Tendenz der affirmativen Kultur, sie zu ontologisieren, diese noch einmal stellar zu sanktionieren. Dabei wird die Verantwortung für die bestehende Welt ins Innere des Einzelnen verlegt, ohne daß bei Riemann ein Bezug auf einen Begriff von Gesellschaft als ein Gebilde existierte, das sich von den einzelnen Individuen abgelöst hat und eigenen Gesetzen folgt, ja der Begriff taucht nicht einmal auf. Von der Wirkung einer Gesellschaft ist an keiner Stelle die Rede, wenn es über das Individuum, über die Familie hinausgehen soll, kennt das "Denken im Gesamtorganismus" nur die Rasse, die Familie und die Sterne: "Man erkannte, daß der einzelne mit seinem Schicksal vielfältiger verflochten ist in familiären Strukturen, als es die Erforschung des Individuums und seiner Triebstruktur erkennen ließ. Wie der Pilz aus dem weitverzweigten unterirdischen Myzel hervorwächst, so wurzelt auch das Individuum in einer weiter gespannten Vergangenheit als der seiner Eltern - die Ahnen gehören zu diesen Wurzeln, manchmal sich über Generationen erstreckende Traditionen und Leitbilder familiärer Dynastien."[162]

An die Stelle der dialektischen Beziehung zwischen Individuum und Gesellschaft tritt eine naturalisierte Bestimmung als einer Mischung aus Rasse und Sternenkonstellation, die teils im Horoskop festgelegt, teils in der

[162] Riemann, Lebenshilfe, a.a.O., S. 221.

Rassenkonstitution vorbearbeitet sein soll und deren Diskrepanz zur Wirklichkeit dem Individuum aufgelastet wird. Da aber die Rassenelemente von Riemann weitgehend unbestimmt gelassen werden und sich zunächst nur ahnen lassen, reicht es aus, will man sich nicht auf Ahnungen allein verlassen, sich dem Horoskop zuzuwenden, dessen Erläuterungen bereits deutlich genug sind. Oder um eine astrologische Redeweise zu übernehmen: Das durchgängige Prinzip zeigt sich oben wie unten. Die reinen Gegebenheiten des Kosmos sollen im Horoskop vorliegen, denen sich dann - sind sie erst astrologisch ermittelt -, der Einzelne wie einer autoritären Staatsmacht restlos unterzuordnen hat. Diese Astrologie löst das Problem, daß es im bürgerlichen Emanzipationsprozeß zur Herausbildung des autonomen Subjektbegriff gekommen ist, dadurch, daß die Möglichkeit des freien Willens des Subjektes darauf reduziert werden soll, dieser Unterwerfung selbst zuzustimmen. Es handelt sich bei der angepriesenen Anpassung an den "Kosmotypus" um eine Argumentationsfigur, die ich mit dem etwas technisch klingenden Begriff des modifizierten Gestirnsfatalismus umschrieben habe: Diese Argumentation setzt sich zunächst von der direkten Vorbestimmtheit des Lebens durch die Sterne ab. Es heißt nicht mehr, daß die Sterne haargenau den Lebensweg des Einzelnen gebieten, sondern "sie machen geneigt"; dem Einzelne wird immerhin soviel Entscheidungsmöglichkeit zugesprochen, daß er sich ihnen zuwenden muß - ein aktiver Akt wird gefordert. Es gehört seit jeher zum Wesen dieser Art von Freiwilligkeit, daß der freie Wille eben der Herrschaft sich zu unterwerfen habe; der Einzelne wird aufgefordert, die äußere Macht zu internalisieren, um so aus freien Stücken zu tun, was von ihm verlangt wird. Dieser Akt diskreditiert den Begriff der Freiheit, der auch andere Wahlmöglichkeiten voraussetzt. Verweigert das Individuum die in der Astrologie geforderte Unterwerfung, so soll es dann unter den Folgen zu leiden haben - ihm wird die Bestrafung durch unbestimmte mythische Mächte angedroht. In Ermangelung realer Machtmöglichkeiten der Astrologen muß ein abstrakter Unfall oder Zufall dafür herhalten. Die Frage, woher denn die im Telos verborgene Ordnung komme, kommt gar nicht erst auf.

Der Unterwerfungsakt des Subjektes soll aber im Gegenzug reichen Lohn einbringen; verhielte sich der Mensch nach der ihm gestellten Aufgabe, würde sich auch die äußere Welt verändern. Riemann verschleiert die Unterwerfung des Einzelnen unter diesen gigantischen Weltbefehl, indem er auf eine Bestimmung des Astrologen Wilhelm von Scholz die "Anziehungskraft des Bezüglichen"[163] zurückkommen will. Die paradoxe Wirkung des Aktes bestünde darin, daß "in dem Moment, da der Mensch beginnt, sich seiner Be-

---

[163] W. v. Scholz, Der Zufall und das Schicksal, Leipzig 1924; zitiert nach Riemann, Lebenshilfe, a.a.O., S. 39.

stimmung bewußt zu werden und sein Horoskop zu verstehen, seine wunden Punkte kennenzulernen und daran geht, sie zu korrigieren, das äußere Schicksal sich ebenfalls verändert."[164]

Nehme der Mensch also seine Aufgabe an, statt sich zu verweigern, ändere sich auch das Schicksal. Es ist augenfällig, daß sich hinter der solcherart schmackhaft gemachten Anpassung das Prinzip des "schwachen Fleisches" verbirgt, das durch Verinnerlichung den Befehlen der mythisch gedachten Kommandovernunft zu folgen versucht. Dieser Zusammenhang ist aus der Askese bekannt. Hungert der Adept nur lange genug, wird ihn die vorher als verbotene Lust erscheinende Speise nicht mehr nur bedrohen, sondern die ganze Welt schlägt sich ihm zur mystischen und guten Ordnung um. Die Paradoxie des Umschlags erklärt sich aus dem Mechanismus der asketischen Lustsublimierung. Wie im funktionalisierten Geschlechtsakt des Tantrayogas[165] der Schock der im Orgasmus des Mannes zurückgehaltenen Spermien anstatt die Partnerin zu beglücken, dazu dient, die ganze Welt zu sexualisieren, so wird auch im Falle des zurückgehaltenen Widerspruchsgeistes des Subjektes die bittere Welt wie mit einem Zauberschlag zur süßen.

"Groß göttlich Ordnung" - Die Welt als Befehl

Bleibt man bei der Kategorie des Tricks, dann wird also die Reihe der bisherigen rethorischen Winkelzüge der Astrologen von Riemann durch denjenigen des "modifizierten Gestirnsfatalismus" erweitert. Zusammenfassend läßt sich wiederum feststellen, daß es sich auch bei Riemanns Vorstellung einer astral bestimmten allgemeinen Primärnatur, an die das Individuum sich anpassen soll, um eine willkürliche Setzung handelt, die mit Hilfe eines riesigen Apparates von Scheinbegründungen abgeleitet wird. Riemann konstruiert ein absurdes Wahnsystem, dessen Legitimität allein in seiner inneren Systematik begründet liegen soll. Unbestritten ist, daß es viele Sternekonstellationen gibt, aber wenn man den Satz, daß der Mensch sich in deren Mittelpunkt befinden soll, ernst nimmt, dann offenbart sich der Größenwahn desjenigen, der heute noch an diese sich aus der Antike herleitende Vorstellung glauben machen möchte. Aber dieser Größenwahn besitzt System und

---

[164] Nach Oskar Adler, Das Testament der Astrologie; zitiert nach Riemann, Lebenshilfe, a.a.O., S. 39.

[165] Yoga bedeutet übersetzt das Joch, in das man sich begibt, vergl. Max Weber, "Die Wirtschaftsethik der Weltreligionen II. Hinduismus und Buddhismus. Die orthodoxen und heterodoxen Heilslehren der indischen Intellektuellen, Die Heilstechnik (Yoga) und die Entwicklung der Religionsphilosophie", in ders. Gesammelte Aufsätze zur Religionssoziologie, Band II, hrsg. v. Marianne Weber, 7. Aufl. Tübingen 1988, Mohr, UTB, S. 167-169

das zunächst in dem wörtlichen Sinne, daß die Astrologie kein wilder, blinder Aberglaube ist, sondern ein systematisierter. Riemann geht es allein darum, eine höhere Sphäre der Eigentlichkeit, des Planes oder des Telos hinter den banalen Erscheinungen sehen zu wollen. Indem er den "echten Typus" vom "unechten" unterscheiden will, heiligt er die Kategorien des Typus, ohne zu fragen, wie diese zustande kommen; die Einteilung wird als durch eine mythische Offenbarung gegeben hingenommen. Die wichtigste Frage, ob die ganze Zuordnerei und Einteilung in Echte und Unechte etwas mit dem Menschen zu tun hat, wird gegenüber dem systematischen Aspekt der inneren Logik der Astrologie völlig nebensächlich.

Auch Riemanns krude Metaphysik ist eine Verlängerung des Bestehenden in die Sphäre der Theorie hinein. Sie ist in der Hinsicht ein sekundärer Positivismus, als die bestehende Welt sich in der metaphysischen nur leicht entrückt wiederfindet. Auch er nimmt die Aporie, daß es eine Welt gibt, die in der naturwissenschaftlichen oder phänomenologischen Beschreibung allein nicht aufgeht, zum Anlaß, die Schwierigkeit einer Metaphysik, mit der sich die Philosophie seit ihrer Entstehung befaßt, vom Tisch zu wischen und eine robuste abergläubische Astrologie an die Stelle der verschiedenen differenzierten und fragilen philosophischen Versuche zu setzen:

> So festigte sich mir aus der wechselseitigen Ergänzung beider Gebiete, der tiefenpsychologischen Therapie und der Astrologie, die Erfahrung, daß die alte Lehre von der Entsprechung zwischen den kosmischen Konstellationen und dem Wesen des Menschen ernst zu nehmen sei. Die überzeugendste Formulierung dieser Entsprechung fand ich bei Oskar Adler. In seinem großangelegten Werk 'Das Testament der Astrologie' zitiert er den bekannten Satz von Kant: 'Zwei Dinge erfüllen das Gemüt mit immer neuer und zunehmender Bewunderung und Ehrfurcht, je öfter und anhaltender sich das Nachdenken damit beschäftigt: der bestirnte Himmel über mir und das moralische Gesetzt in mir.' Adler wendet diesen Kantschen Ausspruch so an, daß er das moralische Gesetz in uns als die Spiegelung, die seelische Entsprechung des bestirnten Himmels über uns sieht, daß also den kosmischen Gesetzmäßigkeiten innerseelische Gesetzmäßigkeiten entsprechen. Und Adler fährt fort: 'Kant mußte bei dieser Dualilität stehenbleiben. Aber die Kluft, die beide Welten trennt, die 'äußere' und die 'innere', hilft nur esoterische Erkenntnis überwinden. Nur wenn die Quellen der inneren Erkenntnis sich geöffnet haben, ... weist sich der Weg zu einer Astrologie, die nicht profane und abergläubische 'Sterndeutekunst' mehr ist, sondern eine Weltsicht, in der sich der bestirnte Himmel und das moralische Gesetz zu einem Ganzen zusammenschließen.' Stoßen wir uns nicht an dem Worte 'esoterisch', das aus mancherlei Gründen einen Beigeschmack für uns bekommen hat; was von Adler damit angesprochen wird, ist die Fähigkeit des Menschen, auf dem Wege über die Verinnerlichung Einsichten in jene Zusammenhänge zu erlangen, Einsichten, aus denen wohl das Wissensgut der Astrologie ursprünglich stammt.[166]

---

[166] Riemann, Lebenshilfe, a.a.O., S. 15f

Durch die Verinnerlichung der äußeren Macht zu neuen Einsichten - das ist die Kurzformel, auf die sich Riemanns Astrologie bringen läßt. Die Differenz zwischen der Welt der Ideen und den Phänomenen, die Kant in seiner Unterscheidung von Ding an sich und Erscheinung beschreibt, will Riemann mit seiner Astrologie zuschütten. Was der Einzelne selbst möchte, die Frage danach, ob eine Gesellschaft der allgemeine Ausdruck des Willens der Menschen sei, wie Kant ihn gefordert hat, steht nicht mehr zur Debatte.

Auch bei Riemann wird die Astrologie wiederum zur Löserin der Welträtsel - wo Kant noch stehenbleiben mußte, da geht sie wunderbarerweise weiter. Welches Gesicht diese enträtselte Welt trägt, schimmert in verschiedenen Bemerkungen durch. Riemann scheut sich nicht, neben anderen "Edelfaschisten" wie Ernst Jünger auch den völkischen Philosophen Ernst Anrich mit Sinnsprüchen zu zitieren: "Heute (...) kann uns astrologisch-ganzheitliches Denken und Symbolverständnis wieder der 'groß göttlich Ordnung' (E. Anrich) innewerden lassen, deren Vorbild wir immer notwendiger brauchen." [167]

Die klassische Situation, auf der Riemanns Konstruktion der freiwilligen Unterwerfung des Individuums unter die Sternenmächte aufbaut, findet sich im Krieg, wo ein Offizier Männer für ein Himmelfahrtskommando aufstellt: "Fünf Freiwillige vor!" Diese Astrologie konserviert den permanenten Kriegszustand auch in Friedenszeiten, sie ist der institutionalisierte Weltbefehl.

"Das Gesetz, nach dem wir angetreten ..." - Die veredelte Astrologie des Thomas Ring

"Revidierte Astrologie" ?

Thomas Ring (1892-1983), ein weiterer bereits erwähnter astrologischer Lehrer von Riemann, ist Autor verschiedener Bücher, darunter einer vierbändigen "Astrologischen Menschenkunde", in denen immer das gleiche Muster dargelegt wird.[168] Taucht bei Riemann mit dem Bezug auf den Expertensta-

---

[167] Riemann, Lebenshilfe, a.a.O., S. 222.

[168] Ring, Astrologische Menschenkunde, Band 1-4, (1956, 1969, 1969, 1973) neu herausgekommen im Bauer Verlag, Freiburg i. Br. Ein Lebenslauf und eine Literaturliste findet sich in seinem Buch Das Grundgefüge. Die Stellung des Menschen in Natur und Kosmos, Freiburg i. Br. 1986, S. 193f. Wie den "Biographischen Daten" zu entnehmen ist, arbeitete Ring 1943-44 am Psychologischen Institut der unter der Leitung der SS neu gegründeten Reichsuniversität Straßburg als Mitarbeiter des Parapsychologen Hans Bender im besetzten Elsaß (vergl. dazu auch Kapitel 8). Hans Bender verfaßt verschiedene Würdigungen für Ring, u.a. das Vorwort zu dessen Astrologischen Menschenkunde I. Kräfte

tus des Psychologen das Motiv der Abtrennung von der profanen und abergläubischen Astrologie auf, so erschöpft sich auch Rings Astrologie fast vollständig in dem Versuch, eine galvanisierte und veredelte Sterndeuterei zu präsentieren, die den Astrologen noch über die Sphäre der Experten hinausheben will, um ihn in den Himmel des künstlerischen Genies zu versetzen. Bei Ring findet man weitere Hinweise über die von Riemann verwendeten Vorstellungen der "Primärstruktur". In einer Erörterung der Frage "Was heißt denn aber ursprünglich?" heißt es nicht unbescheiden: "Ist aber der überpersönliche Ursprung gemeint - wie stets, wer zu den Sternen aufblickte, höhere Werte menschlicher Existenz im Auge hatte -, so geht es um Sinn und Auftrag. Dies zu erkennen, verlangt einen Überblick über die Rolle des Einzelmenschen im Weltganzen, die gesamte persönliche Schicksalhaftigkeit einbezogen."[169] Ring selbst sieht sich vor allem als einen Künstler und Visionär, Maler und Dichter, mit den Stichworten "Ölbilder, Lyrik, Dramen, Beratungen"[170] will er seine Tätigkeiten charakterisieren. Aus dieser Selbsteinschätzung resultiert dann ein salbadernder Ton des "Jargons der Eigentlichkeit" (Adorno)[171], in dem Ring die Vorzüge der astrologischen Weltsicht be-

---

und Beziehungen (4. Aufl. Freiburg i. Br. 1981, Bauer, S. VII-X), und "Thomas Ring zum Gedächtnis" in Ring Das Grundgefüge, a.a.O., S. 191-192.

[169] Thomas Ring, Astrologie neu gesehen. Der Kosmos in uns, 1. Aufl. Freiburg i. Br. 1977, Aurum, S. 6.

[170] Ring, Das Grundgefüge, a.a.O., S. 194.

[171] "In Deutschland wird ein Jargon der Eigentlichkeit gesprochen, mehr noch geschrieben, Kennmarke vergesellschafteten Erwähltseins, edel und anheimelnd in eins; Untersprache als Obersprache. (...) Während er überfließt von der Prätention tiefen menschlichen Angerührtseins, ist er unterdessen so standardisiert wie die Welt, die er offiziell verneint; teils infolge seines Massenerfolges, teils auch weil er seine Botschaft durch seine pure Beschaffenheit automatisch setzt und sie dadurch absperrt von der Erfahrung, die ihn beseelen soll. Er verfügt über eine bescheidene Anzahl signalhaft einschnappender Wörter. Eigentlichkeit selbst ist dabei nicht das vordringlichste; eher beleuchtet es den Äther, in dem der Jargon gedeiht, und die Gesinnung, die latent ihn speist. Als Modell reichen fürs erste existentiell, 'in der Entscheidung', Auftrag, Anruf, Begegnung, echtes Gespräch, Aussage, Anliegen, Bindung aus; (...)." (Adorno, Jargon der Eigentlichkeit (1964), 9. Aufl. Frankfurt/M. 1980 , Suhrkamp, S. 9) Diese Edelsubstantive geben sich als Sprache einer Elite aus: "Vor allem besonderen Inhalt modelt ihre Sprache den Gedanken so, daß er dem Ziel von Unterwerfung sich anbequemt, selbst dort, wo er ihm zu widerstehen meint. Die Autorität des Absoluten wird gestürzt von verabsolutierter Autorität. Der Faschismus war nicht bloß die Verschwörung, die er auch war, sondern entsprang in einer mächtigen gesellschaftlichen Entwicklungstendenz. Die Sprache gewährte ihm Asyl; in ihr äußert das fortschwelende Unheil sich so, als wäre es Heil." (Adorno, Jargon, a.a.O., S. 8f).

schreibt: "Astrologie heißt das geistige Abenteuer, die zahllose Mannigfaltigkeit menschlicher Äußerungen in ein zahlenbegrenztes System mit wenigen, logisch überschaubaren Elementen zu fassen. Erleichternd ist es für das Erlernen, daß auch das individuell nicht Betonte in jedem von uns vorhanden ist; dies bildet die Voraussetzung des gegenseitigen Verstehens von Mensch zu Mensch."[172]

Neben den Edelsubstantiven "Verstehen von Mensch zu Mensch" findet sich der ganze Kanon des Jargons: Ursprung, Auftrag, Existenz, Sinn, das Weltganze, auch das Wurzelechte oder die Überfremdungen. Man kann ohne Mühe eine Stelle herausgreifen und wird sofort fündig: "Das individuelle Wesensgefüge steht analog seiner Gliederung meist zu verschiedenen Seinsebenen in direktem Bezug, darin 'wurzelecht'. Aber auch die konstellativ nicht betonten Ebenen sind latent vorhanden. Aus daraus genommenen Entsprechungen rekrutieren sich die besagten Überfremdungen. Sie ermöglichen aber auch ein Anklingen und Verstehenkönnen des für andere Wurzelechten. Die Naturanlage bleibt ein Arsenal für therapeutische Ausgleiche."[173] Der neue Anstrich, durch den die alte Astrologie zur neuen veredelt wird, läßt auch die Grundelemente nicht unbehandelt. Vom Horoskop ist im Jargon als "Kosmogramm"[174] oder der "kosmischen Eingangsformel" [175] die Rede. Der Begriff des "Kosmotypus", der aus Rings Repertoire stammen soll, ist von Riemann her bekannt: "In gebräuchlichen biologischen Begriffen ausgedrückt erfassen wir den 'Kosmotypus' als Bindeglied und Umschaltung zwischen 'Genotypus' (Erbform) und 'Phänotypus' (umweltbedingte Erscheinungsform)."[176] Aber alles Geraune hilft nicht darüber hinweg, daß auch Ring eine reine Behauptung für die Lehre der Entsprechungen bemüht: "Aus dem Ineinandergreifen von Theorie und Praxis, methodisch zur Lebensnähe hinlenkend, ergab sich die Lehre von den Entsprechungen."[177]

Wenn man selbst den Jargon aufnimmt, könnte man folgendermaßen formulieren: Wenn der Rauch sich lichtet, erscheinen im Argumentenwald umrißhaft die Wurzelformen des Gesprächs, die sich wie ein Myzel durch

---

[172] Ring, Astrologie neu gesehen, a.a.O., S. 28.

[173] Ring, Astrologie neu gesehen, a.a.O., S. 86.

[174] "Was die Aufzeichnung der Konstellation, das Kosmogramm, enthält, sind dann lebensgesetzliche Faktoren." (Ring, Astrologie neu gesehen, a.a.O., S. 14).

[175] Ring, Astrologie neu gesehen, a.a.O., S. 17.

[176] Ebenda.

[177] Ring, Astrologie neu gesehen, a.a.O., S. 18.

das Buch ranken. Es offenbaren sich also dergestalt die aus dem Arsenal des bisherigen Zusammentreffens bekannten Ent-täuschungen, die Ring hier anführt: Den "Dualismus-Trick" und den "Experten-Trick".

"Gott sei Dank gibt es andere" - Die Rolle der "Edelmenschen"

Bei Ring nimmt der Gedanke der menschlichen Elite zwei verschiedene, einander widersprechende Formen an. Zum einen wissen nur besondere Edelmenschen die Kunst der Astrologie zu schätzen, wie Ring aus seiner Praxis der Horoskopberatung zum Besten gibt:

> Für die Hilflosen unter ihnen (den "Vielen", W. B.) hält dann die Vulgärastrologie ihre Praktiken bereit. Gott sei Dank gibt es andere, die ihre Eigenentwicklung oder das soziale Gedeihen im Auge haben, wenn auch häufig unter dem Vorspann einer Ideologie, welche der Berater berücksichtigen und auf die er eingehen muß, auch wenn es manchmal irrige Gedanken sind, an denen ehrliches Wollen sich hochrankt. Nur der charakterbildende Wert, die Bedeutung der Dinge geht den weisen Ratgeber an. Die astrologische Menschenkunde sieht von beziehungslosen Interessen ab. Sie ist kein Religionsersatz, aber auch kein Kiosk für beiläufige Bedürfnisse. Was sie zu geben hat, ist nichts als das Bekanntsein mit dem Gesetz, wonach wir angetreten. Entscheidungen kann sie niemandem abnehmen, nur die Voraussetzungen dafür klären helfen.[178]

Goethes Metapher, in den "Orphischen Urworten" immerhin noch im Singular formuliert: "Nach dem Gesetz, wonach du angetreten"[179] wird bei Ring zur existentialisierten astrologischen Kategorie, zu unserem "eigentlichen Antreten" aufsummiert. Zum zweiten entwickelt er im Zusammenhang mit der Elite die ebenfalls von Riemann bekannte Eigenart innerhalb des Organizismus-Ansatzes: Etwas, das das Horoskop nicht abbilde, sei die "Niveauhöhe des Menschen": "Der Durchschnittsmensch fühlt sich wohler bei relativ spannungsfreiem Ineinandergreifen der Kräfte. Von seiner Perspektive aus ist das Gefährdetsein des Zusammenhalts durch starke Spannungen schlecht, erfährt er doch häufig genug Entgleisungen, wenn Spannungen auf primitive Weise abreagiert werden. Diese Primitivität ist aber Niveausache, in Bezug auf Anlagen wäre hier ein gut und schlecht verfehlt. Ausschlaggebend für die Auswirkung ist die Entwicklungshöhe, ein außerhoroskopischer Faktor."[180] Auch bei Ring wirkt dieser Zusammenhang der "Entwicklungshöhe" noch über den der Sterne hinaus. Konsequenterweise müßte Ring dann eine noch mächtigere "prä-primäre Struktur" einführen,

---

[178] Ring, Astrologie neu gesehen, a.a.O., S. 29f.

[179] "Urworte, orphisch" (Johann Wolfgang Goethe, Sämtliche Werke, Zürich, München 1977, Artemis, dtv, Band 17, S. 7).

[180] Ring, Astrologie neu gesehen, a.a.O., S. 23.

die den Kult der "Ursprünglichkeit" endgültig ad absurdum führte. Dieser Punkt bleibt auch bei Ring unklar.[181] Klar ist hingegen, daß Ring hier einen "Abgrenzungs-Trick" bemüht, der die edlen Astrologen und andere Menschen von den flachen unterscheidet.

Die erste Quintessenz der Astrologie Thomas Rings

Rings Intention kommt in seiner Sprache deutlich zum Ausdruck, die zunächst Banalitäten als Eigentlichkeiten ausgeben will. Dieser Sprache bedient sich Riemann ebenfalls über weite Strecken, bei Ring aber findet sie sich durchgängig. Die "tiefsinnigen astrologische Offenbarungsweisheiten" enthalten gleichsam die erste Quintessenz von Rings Astrologie. Zunächst ein Beispiel, das man mit "Perseus in Westfalen" betiteln könnte und aus dem deutlich wird, auf welche Weise Ring die Denkfigur aufnimmt, die Deutschen seien als Kulturvolk die Nachfolger der Griechen: "Ein westfälischer Bauer, der nichts von griechischer Mythologie weiß, kann etwa träumen, daß er, im Spiegel ein Ungeheuer erlickend, dieses kurzerhand enthauptet - der direkte Anblick würde ihn lähmen - und den abgeschlagenen Kopf in einen Sack steckt. Aus dem seltsamen Traum erwachend, ist er vom Druck seines verschuldeten Hofes befreit und findet spontan einen praktischen Ausweg."[182] So wie der Landmann zu einer Lösung im Schnelldurchgang gelangt, sehen wir im nächsten Beispiel eine langsame Zeitvorstellung dort wirken, wo rasches Handeln angebracht wäre:

> Wie zwei vor demselben Glas Wein sagen 'noch halb voll' oder 'schon halb leer', so spielt bei Nichtbewältigung des Konflikts eine scheele Blickweise der Betreffenden mit. Der eine denkt 'dieser ist noch viel schlechter dran als ich', der andere: 'dem geht es schlecht, aber mir noch viel schlechter'. An solchen Schattierungen offenbart sich einem selbstüberwachenden Geist, wie Überzeugtheit von sich, zentrale Aufgabe, Existenzbewußtsein

---

[181] Er erklärt sich vielleicht daher, daß Ring in der Auseinandersetzung mit der rassisch orientierten Vorstellung der Nazis gezwungen war, eine astrologische Argumentation zu entwickeln, die ausschloß, daß ein zur gleichen Zeit und am gleichen Ort geborener Jude und Arier das gleiche Horoskop bekämen. Diese Annahme, die durchaus im aufgeklärten Horizont der antiken Astrologie liegt, wurde für die Astrologen während des "Dritten Reiches" zur Schicksalsfrage. Es mag sein, daß Ring dieses Moment soweit internalisiert hat, daß er auch nach dem Ende des Naziregimes nicht mehr davon abrücken will. Auf jeden Fall läuft die Vorstellung einer "Niveauhöhe des Menschen", die außerhalb des astrologischen Systems liegen soll, sei sie nun durch einen Rassetypus erklärt oder nicht, der Logik der Astrologie zuwider und ist nicht mit ihr zu vereinbaren.

[182] Ring, Astrologie neu gesehen, a.a.O., S. 1o1.

zu stark in Richtung des Lebensüberschwangs (Sonne) oder der Lebensangst (Saturn) gezerrt sein kann und die Lösung des Konflikts behindert.[183]

Dieser Konflikt ließe sich doch wohl am einfachsten durch das rasche Austrinken des Glases Wein lösen. In diesem Stil geht es lustig weiter, Ring enthält sich nicht weiterer Ratschläge wie den folgenden:

Bei Enttäuschungen gilt es, zurückzustellende Erwartungen aus Kenntnis der Bedingungen ins Auge zu fassen, doch im Umsatz dieser Einsichten neue Lebensziele aufzustellen.[184]

Auf allen Gebieten wird Verjüngung erstritten. Am Pendelschlag des Geschehens sind sämtliche Kräfte beteiligt.[185]

Die Lösung liegt darin, in allem das zutreffende Maß zu finden, ästhetische Proportionen und vernünftige Regelungen. Nicht Askese, sondern Sinnenkultur gilt es anzustreben, demgemäße Selbsterziehung, wobei die klug gewählte Partnerin als Beistand wichtig ist, ebenso sind es musische Eindrücke.[186]

Im Angesicht des Todes diskutiert man nicht.[187]

Was gibt mir ein, das unendliche Gespräch mit der Welt in mir beendet zu glauben? Es ist die Sorge um die Eigenprägung, die im Rahmen der angeborenen Individualität erworbene. Diese Sorge aber kann und sollte an jedem Tag im Leben gestillt werden, mit jedem im 'Jetzt und Hier' gefundenen Auftrag.[188]

Die dümmsten, nach dem "gesunden Menschenverstand" ausgerichteten Phrasen werden als tiefe, durch die Sterne und die Niveauhöhe des Menschen vermittelte metaphysische Einsichten verkauft. Das sind die Offenbarungen des "selbstüberwachenden Geistes", die doch nur die unter dem Geplapper liegende vollständige Ratlosigkeit der Ratgebers mühsam verbergen. Doch es läßt sich vermuten, daß es dahinter noch um andere Dinge als blanken Unsinn geht, sozusagen um die zweite Quintessenz der Quadratur des Kreises.

---

[183] Ring, Astrologie neu gesehen, a.a.O., S. 36.

[184] Ring, Astrologie neu gesehen, a.a.O., S. 44.

[185] Ring, Astrologie neu gesehen, a.a.O., S. 47.

[186] Ring, Astrologie neu gesehen, a.a.O., S. 77.

[187] Ring, Astrologie neu gesehen, a.a.O., S. 94.

[188] Ring, Astrologie neu gesehen, a.a.O., S. 95.

"Vom Märchenton bis zum harten Existenzkampf" - die zweite Quintessenz

Was Riemann für die Psychologie reklamiert, wendet Ring auch für die Pädagogik:

> Läßt nun astrologische Menschenkunde die Eigenfärbung des Menschen erkennen, so kann sie der Erziehung helfen, das persönliche Verhältnis des Kindes zu seinem Dasein und die Freude an seinem Handeln wachzuhalten. Statt im ungebärdigen Lebenwollen abgestumpft zu werden, soll der kleine Erdenbürger zu eigenem Urteil heranreifen, seinen Lebensschwung möglichst enttäuschungslos verwirklichen, den kommenden Erfahrungen nicht mit eingetrichterten Regeln, sondern mit Anwendung individueller Kräfte und Einsicht ihrer Grenzen begegnen. Die Atmosphäre für derartige Erziehung erwartet man vom Elternhaus. Will man so mit astrologischen Symbolen umgehen, dann muß man erst lernen, daß sie nichts Zusätzliches, ins Leben Hineingetragenes sind. Es geht um etwas, das in jedem vorhanden und wirksam ist, nur individuell gelagert. Deshalb kann man auch in jeder Sprache, auf jeder Bewußtseinshöhe die zum Aufbau des charakterlichen Ganzen nötigen Worte finden. Die nach oben hin offenen Entsprechungsreihen lassen zwanglos Stifters weitere Forderung erfüllen, daß die Erziehung dem Geiste Schwung geben, Höheres wecken soll. Jedes dieser Symbole hat mehrere, untereinander verwandte und entwicklungsmäßig sich steigernde Bezüge, konkrete Entsprechungen auf den verschiedenen Ebenen des Seins. Sie begleiten die Wandlungen der Lebensalter vom Märchenton bis zum harten Existenzkampf, immer bildhaft und anschaulich. Das abstrakte Prinzip braucht nur der Erzieher und Berater zu wissen.[189]

Das Prinzip braucht nur der Edelmensch zu kennen, für die normalen Flachmenschen der niederen Ränge reicht die blumige Bildersprache. Wenn sie aber auch auf den verschiedenen Niveauhöhen anders verlaufen mag, anpassen muß sich auch bei Ring jeder Einzelne, und diese Anpassung steht auch bei ihm unter dem Stern des modifizierten Gestirnsfatalismus: "Ein altes chinesisches Sprichwort sagt unpathetisch, daß uns immer etwas zu tun offen steht: Können wir nicht die Sachlage ändern, so doch unsere Einstellung dazu."[190]

Auch bei Ring wirkt die "kosmische Ordnung" so, daß sich der Einzelne in sie einzufügen und ihren Sinn zu enträtseln hat. Obwohl er nicht offen autoritär argumentiert - "Das Kind meutert aus einem selbstbestimmenden Faktor" -, markiert er doch deutlich die Grenzen der Freiheit einer Abweichung von dieser Ordnung. Notfalls muß dann dem "angeborene Plan" mit Hilfe der "Nächststehenden" gegen das uneinsichtige Subjekt nachgeholfen werden: "Dann wird es den Nächststehenden zur selbstverständlichen Pflicht, beim Aufbau der bewußten Persönlichkeit helfend zugunsten der natürlichen

---

[189] Ring, Astrologie neu gesehen, a.a.O., S. 58.

[190] Ring, Astrologie neu gesehen, a.a.O., S. 93.

Ordnung einzugreifen. Der Heranwachsende soll seinem angeborenen Plan und Rhythmus gehorchen, weicht sein Bewußtsein davon ab, geht er in die Irre. Dann ist es Zeit, ihn zurechtzuweisen."[191]

Eine Nachhilfestunde im Namen der Sterne also. Die Ordnung muß erfüllt werden. Wie diese Züchtigung erfolgt, wird nur angedeutet: "Wahre Astrologie beginnt mit dem Bezug der Dinge auf das eigene Wesen, reiht das Einzelne dem größeren Ganzen ein. Im Nichtgelingen bei sich setzt das Krankhafte an. Zur Gesundung ist organischer Zusammenschluß des Gespaltenen, Ausscheiden des Lebenswidrigen nötig."[192] "Das Ausscheiden des Lebenswidrigen" - eine Formulierung, die den Leser stutzig macht, klingt doch auch sie wiederum nach Eugenik.[193] Auch Rings Sternenkonstellationen als hochnebelige Ordnung, vor der der Mensch anzutreten und dessen Auftrag er zu erfüllen hat, wie der Soldat in der Schlacht fürs Vaterland und der Zivilist vor dem harten Existenzkampf, kann den Geruch des autoritären Kommandostaates nicht loswerden.

---

[191] Ring, Astrologie neu gesehen, a.a.O., S. 55f.

[192] Ring, Astrologie neu gesehen, a.a.O., S. 35.

[193] Ebenso läßt eine weitere Andeutung den Leser mißtrauisch werden, vorgewarnt, daß der Jargon etwas anderes sagt, als er offiziell mitzuteilen meint. Im Rahmen einer Erläuterung des kosmischen Rhythmus' erwähnt Ring die von Watson bekannten Austenrhythmen, die in Beziehung zum Mond stehen sollen. Er erweitert dann aber die auch von Eysenck und Nias angeführte Reihe um ein makaberes Beispiel: "Anders als der mechanische Zyklus, der periodische Mondumlauf ist der organische Rhythmus etwas im Lebewesen latent Vorhandenes, das nach Jakob von Uexkülls Auffassung zum Vorschein kommt, wenn das Leben es braucht. Beispiel: an vielen Frauen in Konzentrationslagern war zu beobachten, daß während der Gefangenschaft die Menstruation unterblieb, nach der Entlassung wieder einsetzte." (Ring, Astrologie neu gesehen, a.a.O., S. 13) Die Frage stellt sich, aufgrund welcher Beobachtung dieses Beispiel angeführt wird: Rührt sie von Erlebnissen seiner eigenen Kriegsgefangenschaft durch die Franzosen im Internierungslager auf dem Gelände des ehemaligen KZ-Struthof her? (In seinem Lebenslauf findet sich dazu: "1944 Invasion, Internierung im Konzentrationslager Struthof, dann mit Frau in das Repressionslager St. Sulpice la Pointe (bei Toulouse) (...))(Ring, Grundgefüge, a.a.O., S. 194) In diesem Fall handelte es sich um eine unerträgliche Banalisierung, indem Rings Kriegsgefangenschaft mit den bestialischen Bedingungen unter denen die wirklichen KZ-Häftlinge unter den Nazis zu leiden hatten, gleichgesetzt wird - besonders, wenn solche Angaben als Beispiele für die Gültigkeit von astrologischen Mondrhythmen herangezogen werden sollen. Dieser Umgang ließe auf ein Ticketdenken schließen, wonach ein KZ Beispiel wie eine Spielmarke benutzt wird.

Detlefsen Trismegistos: "All' das rieten wir ihm, freiwillig zu tun!" - die praktische esoterische Astrologie Thorwald Detlefsens

Einen weiteren Argumentationstypus im Rahmen eines sekundären Positivismus, der die bestehende Welt metaphysisch verschleiern will, stellt Thorwald Detlefsen dar, dessen Bücher "Schicksal als Chance" und "Krankheit als Weg" (zusammen mit dem Arzt Rüdiger Dahlke) Rekordumsätze verzeichnen.[194] Detlefsen ist einer der bekanntesten und vermutlich der meistgelesenste "esoterische" Autor, obwohl das einen Widerspruch in sich darstellt: massenhafte Esoterik ist eben keine Esoterik mehr. Der Münchner Diplompsychologe ist eine Generation jünger als Riemann und Ring und vertritt ebenfalls ein verdinglichtes, entfernt an einen Neuplatonismus angelehntes Theoriegemenge mit der unvermeidlichen Forderung, sich permanent selbst zu kritisieren, während die Direktiven der Sterne oder nicht weniger dubioser "Kräfte" hingenommen werden sollen. Detlefsen kann die Methoden der Astrologie besser in einen modernen technischen und kaufmännischen Jargon kleiden, folgt aber im wesentlichen dem gleichen Argumentationsmuster, das Riemann und Ring nur etwas altertümlicher ausdrücken. Während diese sich immer noch Mühe geben, die Astrologie als ein neutrales System zu erklären, ist Detlefsen rigoroser. Kennzeichen seines Stils ist es, nicht mit offenen Drohungen und der Eröffnung "unbequemer Wahrheiten" zu sparen. Er formuliert in einer direkten Sprache, teilt gerne Stöße und Püffe aus ("Die Parapsychologie ist verlogen und feige."[195]) und hält sich nicht lange mit diesigen Abschweifungen auf. Er kommt gleich zur Sache: entweder der Klient akzeptiert die eröffnete Welt hinter der Welt oder er trägt die Folgen der Nichtbeachtung selbst, als da sind: Krankheit, Unfall, Tod.

Der "kosmische Thermometer-Trick"

Detlefsen versteht sich selbst nicht so sehr als Psychologe oder Astrologe - das sind ihm zu spezielle Bezeichnungen -, er sieht sich vielmehr als Okkultist und Esoteriker, der die Manifestationen der alle Räume und Zeiten beherrschenden Schicksalskraft zu deuten weiß, der gegenüber die meisten Zeitgenossen sich als blind erweisen. Nach seiner Vorstellung stellt die Astrologie

---

[194] Thorwald Detlefsen, Schicksal als Chance. Das Urwissen zur Vollkommenheit des Menschen (1979), 10. Auflage (153.-172. Tsd.), a.a.O.; Thorwald Detlefsen, Rüdiger Dahlke, Krankheit als Weg. Deutung und Be-deutung der Krankheitsbilder (1983), München 1989, Goldmann/Bertelsmann.

[195] Detlefsen, Schicksal, a.a.O., S. 24.

nur eine von verschiedenen anderen esoterischen Techniken dar.[196] Detlefsen versteht sich sozusagen als generalistischer Spezialist für die Wirkungen hinter den Erscheinungen. Die Sterne sollen nicht mehr, wie noch in der einfach fatalistischen Astrologie, Verursacher der Kräfte sein, sondern nur einen Bereich repräsentieren, in dem die wirkende Energie abgetrennt von den Verschmutzungen der sublunaren Erde besonders sauber zum Ausdruck käme. Folgerichtig spricht auch Detlefsen von dem Horoskop als "Meßinstrument" jener Kraft, das diese nur anzeige: "Auch ein Thermometer mißt Temperatur, ohne Temperatur zu erzeugen."[197] Selber bewirkten die Sterne also nichts, ebensogut könne man die Kraft auch am Pflanzenwachstum, am Vogelflug, an den Mineralien oder aus Tierinnereien ablesen, sie sei dort eben nur nicht so rein zu erkennen:

> Grundsätzlich ist es völlig gleichgültig, welche Ebene ich als Ausgangsbasis für eine Beobachtung benutze und auf welche Ebenen ich die Analogieschlüsse beziehe. In der Praxis aber eignen sich nicht alle Ebenen gleich gut. (...) Auf der Suche nach der idealen Beobachtungsebene bot sich jedoch der Sternenhimmel als besonders ergiebig an. Die Ebene des Himmels vermischt sich nicht mit anderen, und das mathematisch faßbare Verhalten der Himmelskörper macht eine Interpolation für Vergangenheit und für Zukunft möglich, ohne daß wir auf eine ständige Beobachtung angewiesen sind. Da der Himmel mit seinen Körpern genauso eine Wirklichkeitsebene wie jede andere ist, mußten auch in ihr Repräsentanten für alle Urprinzipien zu finden sein.[198]

Detlefsen will sich mit diesem Modell von derjenigen Astrologie absetzen, die noch von irgendwelchen direkten Kräftewirkungen der Sterne ausgeht. Er führt dabei selbst die wichtigsten Argumente gegen diese Astrologie auf und spart nicht mit Seitenhieben gegen seine bescheideneren Kollegen - doch diesmal geht es nicht gegen die Zeitungsastrologen der Horoskopspalte, sondern gegen seine "höheren" Fachgenossen:

> Es sollten sich nun die meisten Mißverständnisse und Irrtümer über die Astrologie ausräumen lassen. So streiten die Gegner der Astrologie meist die Möglichkeit eines konkreten Einflusses der Gestirne auf die Menschen ab. Es wird nun klar, daß dieser Vorwurf die Astrologie gar nicht trifft, da sie selbst ebenfalls Einflüsse der Gestirne auf die Men-

[196] "Auf einem solchen Weg (zur Bestimmung des Menschen, W. B.) sind Orientierungshilfen sehr nützlich, Wegweiser und Tafeln, die eine Auskunft geben (...). Solche Hilfsmittel sind die esoterischen Techniken und Disziplinen, von denen es viele gibt. Als Beispiele seien nur die wichtigsten erwähnt: Astrologie, Kabbalah, Tarot, Alchemie, Magie, Yoga, Meditation, I Ging. All diese Disziplinen sind kein Selbstzweck, sondern Hilfsmittel zur Orientierung, Wegweiser auf dem Weg." (Detlefsen, Schicksal, a.a.O., S. 25).

[197] Detlefsen, Schicksal, a.a.O., S. 103.

[198] Detlefsen, Schicksal, a.a.O., S. 98f.

schen nicht annimmt. Doch die Verwirrung kommt dadurch zustande, daß es wohl immer noch Astrologen gibt, die selbst an einen solchen Einfluß glauben. Manche von ihnen halten sich sogar für besonders fortschrittlich und wissenschaftlich und berufen sich auf Forschungsergebnisse, die Korrelationen zwischen Gestirnstandsveränderungen, Sonnenfleckeneruptionen und den elektromagnetischen Feldern einer lebenden Zelle konstatieren. Diese Korrelation bezweifelt niemand. Doch sagt sie gar nichts über eine Einwirkung der kosmischen Faktoren auf die irdischen Zellen aus. Sie bestätigt lediglich das beschriebene Phänomen der analogen Verhaltensweise der verschiedenen Ebenen. Korrelieren kann man alles, aber Kausalwirkungen sind dadurch noch lange nicht bewiesen. Man lasse sich nicht durch solche Forschungsergebnisse die Meinung aufzwingen, Astrologie untersuche die Einflüsse der Himmelskörper auf unser Leben. Jeder Astrologe macht Horoskope auf Staatsgründungen, Vertragsabschlüsse, Grundsteinlegungen und so weiter. Was soll in einem solchen Fall das gescheite Gerede über die elektromagnetischen Einflüsse auf unsere Zellen? Jeder Astrologe rechnet in der Mehrzahl aller Horoskope mit Gestirnstandpositionen, die realiter zu der Zeit, auf die ihre Deutung bezogen ist, gar nicht am Himmel stehen (Transite, Direktionen, Solare und so weiter).[199]

Klare Worte sollte man annehmen. Der Astrologe als schärfster Kritiker der Astrologen? Immerhin meint Detlefsen mit seinem "Prinzip des analogen Denkens", das gleich näher erläutert wird, eine einfache Formel gefunden zu haben, sich von der niedriger stehenden anderen Astrologie zu unterscheiden. Es wird sich zeigen, daß es sich dabei um den "Abgrenzungs-Trick" handelt, den bereits Riemann und Ring bemüht haben

Der "Die Welt ist einfach-Trick" - Drei Urbausteine und Kreuzworträtsellogik

Auch in seinen weiteren Ausführungen ist Detlefsen für betont klare Verhältnisse. Schwadronieren Ring und Riemann noch über verschiedene feste und bewegliche "Ur- und Leitideen" in Tierkreis, Planeten, Feldern etc., so erklärt Detlefsen das Universum einfach aus den diesen Prinzipien zugrunde liegenden "Urbausteinen Körper, Seele, Geist" zusammengesetzt - ein Elementensystem, das mit drei Bauteilen auskommt. Diese sollen in verschiedenen Mischungen im gesamten Kosmos walten. Die einzelnen Planeten oder Prinzipien werden auf die genannten "Urbausteinen" Körper, Seele und Geist zurückgeführt, die sich auch praktischerweise durch einfache Zeichen symbolisieren lassen.[200] Für die Astrologie hat Detlefsen damit eine weitere handliche

---

[199] Detlefsen, Schicksal, a.a.O., S. 101f.

[200] "Für den Geist setzte man in alten Zeiten das Symbol des Kreises, der die Einheit und Vollkommenheit des Geistprinzips versinnbildlichen sollte. Für die Seele den Halbkreis beziehungsweise eine Schale, welche die Empfänglichkeit, Aufnahmefähigkeit und Beeindruckbarkeit des seelischen Prinzips darstellen sollte, und schließlich für den Körper das Symbol des Kreuzes, das analog zur Zahl 4 das Wesen der Materie repräsentierte. Aus diesen 3 Grundsymbolen o u + bildete man durch Zusammensetzung die Symbolbe-

Definition parat: Sie sei das System, daß die (je nach Zählung 7 oder 10) Urprinzipien- oder Planetenlehre und deren Auswirkungen auf verschiedene Ebenen der Wirklichkeit untersuche:

> Jenes System, das die 7 Urprinzipien lehrt und deren Auswirkung auf die verschiedenen Ebenen der Wirklichkeit untersucht, heißt Astrologie. Wenn die Astrologie vom Saturn spricht, meint sie in Wirklichkeit das Urprinzip Saturn. Erst bei der rein praktischen Arbeit benützt die Astrologie zur Beobachtung dessen Repräsentanten, den Himmelskörper Saturn. Die Astrologie ist und bleibt die Lehre von den Urprinzipien, nicht von den Sternen. Die Planeten sind eine praktikable, jedoch ersetzbare Ebene. Wer Astrologie wirklich kann, braucht mit der Zeit diese Ebene kaum noch, weil er gelernt hat, die Prinzipien in allen Ebenen zu erkennen.[201]

Mit anderen Worten, anstelle der sieben Planeten und der verschiedenen Felder, Aspekte usf. der Astrologie wirken in Detlefsens Version nun sieben Prinzipien, die nicht weiter abgeleitet werden und denen jeweils nur ein Planet zugesprochen wird. Nachdem das Verhältnis von "Urbaustein", "Urprinzip" und Planet geklärt ist, wird nun in einem zweiten Schritt jedes Ding, das auf der Welt existiert, jeweils einem der Prinzipien zugeordnet, für das dann der entsprechende Planet als Symbol stehen soll. Die Einteilung in dieses System umfaßt die verschiedensten Kategorien wie Windrichtungen, Berufe, Krankheiten, Farben, Pflanzen, Tiere usf. Detlefsen faßt sie in einer Tabelle zusammen.[202] Dieses Schema ist nun nicht so ungewöhnlich, wie Detlefsen weismachen will; es ist bereits von von Klöckler her bekannt, der es aus der antiken Astrologie übernommen hat:

Definition des Prinzips	Struktur, Hemmung, Widerstand, Zeit	Energie, Impuls
Himmel	Saturn	Mars
Mineral	Blei, Kalk	Eisen
Pflanze	Efeu, Distel, Stechpalme, Zinnkraut	Brennessel
Tier	Rabe, Steinbock	Raubtiere, Nagetiere

---

zeichnungen der einzelnen Urprinzipien. (...) Somit wissen wir, daß man in alten Zeiten die 7 Urprinzipien mit Sonne, Mond, Merkur, Mars, Venus, Jupiter und Saturn bezeichnete. Diesen 7 Urprinzipien ordnete man jeweils einen Himmelskörper zu, der den gleichen Namen bekam; außerdem wurden sie personifiziert und als Gottheiten bezeichnet." (Detlefsen, Schicksal, a.a.O., S. 99ff).

[201] Detlefsen, Schicksal, a.a.O., S. 101.

[202] Detlefsen, Schicksal, a.a.O., S. 95 u. S. 101.

Körper	Skelett, Zähne	Muskeln, arterielles Blut
Krankheiten	Degenerationskrankheiten Verkalkung, Steinbildung	Entzündungen, Verletzungen
Ort	Gefängnis, Kloster, Altersheim, Friedhof	Schmiede, Schlachtfeld
Gegend	Gebirge, kalte Wüste	vulkanische Gegend
Sozial	Bergarbeiter, alte Menschen	Soldat
Farbe	schwarz, dunkelblau	rot

Detlefsen nennt das angeführte Ordnungsprinzip der Reihen oder Ketten "analoges" oder "senkrechtes Denken"[203]; davon will er dann das "waagerechte" oder "kausale Denken", das er den Naturwissenschaften zuordnet, absetzen. Auch diese Aufteilung ist von Riemann und Ring her bekannt. Stellt man selbst eine Analogie zu einer Zeitung her, dann entsprechen Riemann und Rings Vorstellungen einem schlechten Feuilleton, während Detlefsens griffige Ausdrücke mit dem Kreuzworträtsel-Teil korrespondieren. Mit seinem "senkrechten" und "waagerechten Denken" reproduziert er den Dualismus von "Erfahrung" und "Offenbarung", den er nun in einem simplifizierten Idealismus fassen will. Heraus kommt bei dieser Operation, daß der Bereich der Materie demjenigen des Geistes untergeordnet sei; der Geist strukturiere den Stoff: "Materie (braucht) immer Informationen ... um gestaltet zu werden. Somit ist die Idee das ursprünglichere und wirklichere."[204] Der Bereich der Materie wird dem intuitiven, offenbarten Bereich des Geistes unterstellt und beide gegeneinander gesetzt. Die senkrechten "Analogien", die in ihrem Rahmen sehr wohl auch nachvollziehbare Begründungen enthalten, werden nicht als Ordnungsstrukturen begriffen, die auch historische Vorläufer des naturwissenschaftlichen Denkens sind, sondern sie werden von Detlefsen gegen ein "kausales Denken" ausgespielt, indem diese als Manifestationen einer kosmischen Kraft angesehen werden, jenes aber dem menschlichen und damit unzulänglichen Bereich zugeordnet wird. Das Resultat ist eine unangetastete Ebene von Ideen, ein parodierter Platonismus, der unter Det-

[203] "Vielmehr soll klarwerden, daß ein Urprinzip senkrecht alle Ebenen der Erscheinungsformen durchzieht. Die Anzahl der Ebenen ist hierbei unbegrenzt; die aufgeführten Ebenen sind ein winziger Ausschnitt und können durch beliebige Ebenen erweitert werden (...)." (Detlefsen, Schicksal, a.a.O., S. 96).

[204] Detlefsen, Schicksal, a.a.O., S. 93. Er will für diesen kruden Idealismus auch ein Beispiel geben: "Will ein Maler ein Bild malen, braucht er zuerst eine Idee, erst dann kann er diese Idee materiell verwirklichen. Nicht das Bild schafft die Idee, sondern die Idee verdichtet sich zum Bild." (Detlefsen, Schicksal, a.a.O., S. 94).

lefsens Hand zu einer Art Kommandostand der Welt wird, zu dem nur der Esoteriker Zugang haben soll.

Der dreimalgroße Hermes als Vorwand für den "Trommler-Trick"

Die Herkunft der analogen Einteilung der einzelnen Tiere, Pflanzen, Farben, Planeten usf. zu den entsprechenden Elementen führt Detlefsen auf den Ägypter Hermes Trismegistos, den "dreimalgroßen Hermes", einen pythagoräisierenden Neuplatoniker aus dem dritten nachchristlichen Jahrhundert, zurück: "Das esoterische Denken folgt einem Grundprinzip, dessen sprachliche Formulierung zurückgeht auf den Stammvater der Esoterik, die nach ihm ja auch die 'hermetische Philosophie' genannt wird: Hermes Trismegistos. Dieser 'dreimal große Hermes' war Priester und Eingeweihter in Ägypten, seine genaue Biographie verliert sich im Dunkel der Geschichte."[205]

Aus der zweiten These der "Tabula smaragdina" des ägyptischen "Mystagogen" will Detlefsen die zentrale Gesetzmäßigkeit der Esoterik herauslesen, auf der alle Astrologie beruhen soll, die Entsprechung von Mikro- und Makrokosmos: "Dahinter steht die Annahme, daß überall in diesem Universum oben und unten, 'im Himmel und auf Erden', im makrokosmischen wie im mikroskopischen Bereich, auf allen Ebenen der Erscheinungsformen die gleichen Gesetze herrschen."[206]

Mit dieser Esoterik, so glaubt Detlefsen, habe er sich etwas Festes zugelegt, das ihn nicht enttäuschen könne: "Die Esoterik ist so alt wie die Menschheit. Sie hat es immer gegeben und wird es immer geben. Sie bewahrt von Anfang an die Summe des Wissens, das dem Menschen über dieses Universum zugänglich ist. Ihre Lehren sind zeitunabhängig, sie wurden niemals korrigiert, niemals modernisiert, veralten nie."[207] Mit dieser "Erklärung" sollen sich alle weiteren Nachfragen nach der Herkunft der "Lehre von den sieben Prinzipien" erübrigen. Die reine Setzung der anderen Astrologen, nach der die Planeten Einflüsse auf die Erde ausübten, gegen die Detlefsen polemisiert, wird von ihm einfach auf sieben abstrakt postulierte "Prinzipien" verschoben, die für die ewige Summe des Wissens erklärt werden; die Methode der einfachen Setzung bleibt erhalten. Die von dem Renaissancephilosophen und Begründer der platonischen Akademie von Florenz, Marsilio Ficino (1433-1499), aus dem Griechischen ins Lateinische übersetzte und kommentierte Schriften aus dem "Corpus hermeticum", stammen von unbekannten Autoren aus ver-

---

[205] Detlefsen, Schicksal, a.a.O., S. 28.

[206] Detlefsen, Schicksal, a.a.O.,., S. 30.

[207] Detlefsen, Schicksal, a.a.O., S. 26f.

schiedenen Epochen.[208] Es handelt sich um aus verschiedenen Mysterienkulten, dem Pythagoräismus und einer speziellen Platoninterpretation zusammengesetzte spätantike Einweihungstexte, bei denen ein Schüler (Adept) eine Erkenntnisleiter bis zur göttlichen Gnade emporsteigen soll. Ein prekäres Moment dieser Lehre liegt darin, daß sie wie die Astrologie eine Reihe von in sich schlüssigen Behauptungen enthält (wie die Abhängigkeit der Tonhöhe von der Länge der Saite, die Proportionalitätsverhältnisse des "goldenen Schnitts", u.ä.), im wesentlichen aber aus einer reinen Setzung besteht. Wolfgang Krohn, der sich mit der Geschichte der hermetischen Tradition befaßt, erkennt diesen zentralen Schwachpunkt der Mikro-Makrokosmosanalogien genau: "Woher wollen sie das alles wissen? Ohne Frage ist es die Schwäche der symbolistischen Entsprechungssysteme, daß sie die problematisch gewordenen Bedeutungszuweisungen nur durch den Verweis auf die Tradition begründen wollen."[209]

Nun ließe sich einiges Weitere über den Neuplatonismus sagen; ich beschränke mich aber an dieser Stelle im Zusammenhang mit Detlefsen auf die beiden wichtigsten verfälschenden Momente in seiner Rezeption.[210] Zum einen ist die Lehre nicht so geheim, wie Detlefsen weismachen will, ihre Texte gehören nach den medizinischen zu den meistgelesensten Texten in der Renaissance und frühen Neuzeit; die Trennung in okkulte und profane Texte erfolgt erst aus der modernen Sichtweise.[211] Zum anderen adaptiert Detlefsen die hermetische Lehre wörtlich, das heißt, er tut so, als sei die Magie aus dem 3. Jahrhundert, die sich bereits von noch früheren Zaubereien absetzte, buchstäblich bis heute in Kraft. Die gesellschaftlichen Hintergründe des Wissensstandes, den der Neuplatonismus darstellt und seine im historischen Kontext aufgeklärten Züge werden außer acht gelassen. Die komplizierte Geschichte der Rezeption des Neuplatonismus vom frühen Mittelalter über die

---

[208] Vergl. Karl Vorländer, Geschichte der Philosophie, Bd. 2, Mittelalter und Renaissance (1963), Reinbek 1990, Rowohlt, S. 295f.

[209] Wolfgang Krohn, "Abrakadabra. Die dunkle Abstammung der modernen Wissenschaft", in Kursbuch 86 - Esoterik oder die Macht des Schicksals, Berlin 1986, Kursbuch/Rotbuch, S. 65-81, hier S. 78f.

[210] Zur historischen Entwicklung des Neuplatonismus in Verbindung mit der Astrologie vergl. Kapitel 8.

[211] Vergl. Krohn, "Abrakadabra", a.a.O., S. 72. Vergl. im selben Sinne, nur etwas früher angesiedelt Flasch, Das philosophische Denken im Mittelalter, a.a.O., S. 75f: "Die wichtigsten Denker der sogenannten 'mystischen' Richtung im Mittelalter, also besonders Meister Eckhart, haben nicht in dem Bewußtsein gelebt, eine zweite, andere Richtung neben der 'Scholastik' zu vertreten; sie waren Philosophen wie andere auch."

Renaissance bis in Idealismus, Romantik und Lebensphilosophie wird einfach übergangen und statt dessen die der Zeit geschuldeten magischen Vorstellungen direkt genommen und rigide ausgelegt.

Detlefsen zitiert nun einerseits dieses historische System, andererseits geht es ihm aber um etwas anderes. Der Bezug auf diese alte "Geheimlehre", bei der die Assoziation mit dem Geheimnis dazu auffordern soll, jegliches Nachfragen zu unterbinden, ist nur die dünne Rationalisierung des Wunsches nach der Verkündung einer absoluten Ordnung, die keinen Zufall kennt und der man sich unterzuordnen und anzupassen hat: "Die Analogie 'wie oben so unten' hat nur dann eine Berechtigung, wenn wir bereit sind, dieses Universum in seiner Gesamtheit als einen Kosmos (griechisch: Kosmos = Ordnung) anzuerkennen. Ein Kosmos aber wird von Gesetzen beherrscht und hat keinen Platz für einen Zufall."[212]

Der Zwang der Astrologie und die Rache der Planetengötter bleibt in Detlefsens Konstruktion erhalten. Oder, anders gesagt, mit der Entschleierung einer allgemeinen Ordnung hinter den Dingen, der Verknappung des Wissens, in die das Analogiegesetz des Neuplatonismus zurückgebogen wird, nimmt Detlefsen die Position eines Herolds der Mächte, die auch die Sterne bewegen, ein. Er bemüht damit den bekannten "Trommler-Trick". "Ordnung muß sein" lautet die Botschaft und so geht es zunächst gegen den Zufall, um sich anschließend das Subjekt vorzuknöpfen. Das Gesetz "Wie oben, so unten" wird nie ohne die angedrohte Strafe für einen Verstoß erwähnt: "Man wird nicht zufällig krank, nicht zufällig von einem Auto überfahren, nicht zufällig von armen oder reichen Eltern geboren und so weiter. Nochmals: Es gibt keinen Zufall. Hinter jedem Ereignis steht ein Gesetz. Nicht immer können wir dieses Gesetz auf Anhieb erkennen. Dies berechtigt uns jedoch nicht, seine Existenz zu leugnen."[213]

Das Leben als Strafaufgabe - Der Trick des "modifizierten Gestirnsfatalismus" bei Detlefsen

Es handelt sich bei Detlefsens Esoterik um eine banalisierte Abart eines spiritistischen Idealismus', der eklektizistisch mit allen möglichen Versatzstücken angereichert, einen Geist, ein Urprinzip oder Schicksal zur Grundlage haben soll, von dem gesagt wird, daß es die ihm nachgeordnete Welt strukturiere. Dieser Gott ist rachsüchtig und Detlefsen sein gestrenger Prophet. Die Kraft teilt mit dem Horoskop dem Einzelnen eine individuelle Lebensaufgabe zu; das Leben besteht dann darin, die Aufgabe zu erfüllen: "Die Sterne machen

---

[212] Detlefsen, Schicksal, a.a.O., S. 32.

[213] Detlefsen, Schicksal, a.a.O., S. 33.

weder - noch. (...) Die Sterne zwingen nicht, sondern zeigen an, wie die Wirklichkeit zu einem bestimmten Zeitpunkt zusammengesetzt ist. Dies allerdings mit zwingender Genauigkeit."[214]

Einen scheindialektischen Aspekt erhält das System dadurch, daß es eine funktionalisierte hinduistischen Karmalehre von der Wiedergeburt mit einbezieht, die Detlefsen analog zu Riemann und Rings Rassevorstellungen einführt. Danach hat das einzelne Individuum der Erfüllung seines persönlichen Schicksals bereits in einem früheren Leben zu- oder gegengearbeitet, es soll aber für die einzelne Aufgabe, die es in diesem Leben zu erfüllen habe, prinzipiell ebenso selbst verantwortlich sein, wie für das auferlegte Schicksal des ganzen Entwicklungsbogens:

> Hier sind wir gezwungen, thematisch auf die Reinkarnation vorzugreifen. Bei der Geburt kommt nicht irgendein 'unbeschriebenes Blatt' auf die Welt, d.h. eine Seele, rein, jungfräulich, wie wir uns Kinder vorstellen, lediglich abhängig von der Gunst der Geburtsminute. Blenden wir in der Biographie einer Seele zurück, so hat diese (...) eine sehr lange Kette von Erdenleben hinter sich. In jedem Leben wurde sie mit einem bestimmten Lehrplan konfrontiert, den sie mehr oder weniger gut und vollständig einlöste. Stirbt ein Mensch, so hat er nur in den seltensten Fällen alle Anforderungen und Aufgaben des Schicksals voll begriffen und eingelöst. Fast immer bleibt etwas übrig, was er noch nicht erlöst und noch nicht begriffen hat, ähnlich einer kaufmännischen Jahresbilanz, bei der auch unter dem Strich irgendeine Summe übrig bleibt. Um ein Bild zu gebrauchen: Diese Ziffer unter dem Bilanzstrich stellt eine Codenummer der Seele dar. Diese Codenummer ist das Symbol für die qualitative Reife dieser Seele, die erst dann wieder inkarnieren kann, wenn die Zeitqualität der eigenen Qualität entspricht. (...) Hier wird deutlich, wie fundamental die Astrologie mit der Lehre der Reinkarnation verbunden ist. Ohne Bezug auf die Reinkarnation ist die Astrologie ein unhaltbarer Nonsens, denn kein Astrologe kann bei Leugnung der Reinkarnation eine befriedigende Antwort auf die Frage geben, warum der eine Mensch dieses und der andere Mensch jenes Horoskop habe. Das Horoskop würde zu einem Produkt des Zufalls oder der Willkür des Schicksals. (...) Das Horoskop ist etwas, was sich jeder selbst erarbeitet hat - man kann sich darüber nicht beschweren.[215]

Mit dieser kruden Konstruktion, die sich gegen ein aufgeklärtes Element in der antiken Astrologie wendet, wonach alle Lebewesen vor der Ordnung des Sternenhimmels gleich sind, liegt bei Detlefsen ein geschlossener Zirkelschluß vor. Einmal schuldig geboren, wird die individuelle Schuld auf eine Kette von Leben gestreckt. Als Gradmesser der Erfüllung des alles bestimmenden Schicksals, das dem Einzelnen als "Auftrag" im Horoskop aufgegeben sei, dient trotz der vorgeblichen Transzendenz der diesseitige Erfolg, denn wenn das richtige Verhalten aus der normativen Wirklichkeit abgelesen

---

[214] Detlefsen, Schicksal, a.a.O., S. 110f.

[215] Detlefsen, Schicksal, a.a.O., S. 126f.

werden kann, wird es sich auch in ihr widerspiegeln. Jedoch ist selbst bei sich einstellendem Erfolg nicht sicher, wieweit man sein Karma erfüllt hat. Detlefsen bemüht mit seiner "Jahresbilanz" ein Beispiel aus dem ökonomischen Bereich: Sterbe ein Mensch, so habe er den Rest seiner Aufgabe wie bei einer kaufmännische Jahresbilanz noch nicht erfüllt. Dieses Beispiel ähnelt nicht zufällig der Konstruktion der protestantischen Ethik. Hier wie dort wird das spätere Glück im Jenseits an die erfolgreiche Tätigkeit im Diesseits geknüpft, hier wie dort bleibt es unsicher bis zum Tode, ob es letztlich fürs Paradies gereicht hat und hier wie dort kommt es auf die innere Einstellung an. Max Weber betont gerade das systematische Moment der protestantischen Sekten, das Leben einem System unterzuordnen, mit dessen Hilfe methodisch die Gnadenwahl erreicht werden soll und sieht darin ein konstitutives Element des Kapitalismus.[216] Das protestantische Leistungsprinzip ist fundamental für die Arbeit und das Leben in der industriellen Gesellschaft; die Astrologie verhält sich dazu affirmativ. Ihre Anhänger sind in der ökonomischen Sphäre praktische Leute und keine Träumer, wie ein einfacher Blick auf Preislisten für astrologische Beratungen zeigt. Die Lehre von der Wiedergeburt besitzt aber noch weitere Implikationen, sie erlaubt es den Astrologen, mit der Hoffnung auf ein späteres Leben den Tod zu leugnen. Nun kann man allerdings nichts über den Zustand nach dem Leben sagen, ohne daß man damit vom jetzigen Leben spricht. Oder, anders gesagt, wer von dem Leben nach dem Tode spricht, redet von der Unmöglichkeit heute zu leben. Diese Art von Unsterblichkeit korrespondiert mit der Kategorie der Ware. Als Ware überdauert die menschliche Arbeit ihre Produzenten; diese dagegen müssen sterben. Das Postulat der Unsterblichkeit ist heute ein Ausdruck der Verdinglichung. Entgegen der Karmalehre Detlefsens aber gibt es ein Leben vor dem Tode. Gerade aus dem Bewußtsein des Todes schöpfen die Menschen die Kraft ihrer geschichtlichen Tätigkeit. Indem diese Kraftquelle verleugnet wird, übernimmt die Astrologie die Rolle einer aus archaischen und modernen Versatzstücken zusammgenfügten Ersatzreligion, die ihre Aufgabe auch darin hat, den Menschen die berechtigte Angst vor dem Tod zu nehmen, der im Zeitalter des "Krieg der Sterne" jederzeit über sie hereinbrechen kann; diese Angst wird soweit dem Leben entzogen, daß sie dort nicht mehr als Antrieb zur Veränderung der konkreten Verhältnisse wirksam sein kann.

Die Frage nach dem Ursprung der Schuld bleibt ebenfalls im Dunkel, wie die Gründe für das Dasein der Macht. Sie weist sich allenfalls durch ihre angedrohte Gewalt aus, die sie sich aber auch noch ausborgen muß. Die Anpas-

[216] Max Weber, "Die protestantische Ethik und der Geist des Kapitalismus", in ders., Gesammelte Aufsätze zur Religionssoziologie, a.a.O., Band I, S. 17-206, bes. S. 163-206.

sung an diese Schicksalsmacht umschreibt Detlefsen als die "Qualität der Zeit", das, was die alten Griechen kairós genannt haben sollten - den rechten Augenblick, etwas zu tun. Dem Horoskop kommt nun in diesem ganzen Verfahren eine Schlüsselrolle in der Entzifferung dieser Lebensaufgabe zu. Es messe - komplementär zu einer Uhr, auf der der quantitative Aspekt der Zeit ablesbar sei, der dem Titan Kronos zugeordnet wird - deren qualitative Momente:

> Das Horoskop zeigt in symbolischer Form die Zeitqualität, eine spezifische Rangordnung und Beziehung der Urprinzipien, an, unter welcher ein Mensch in dieses Dasein getreten ist. Dieses Horoskop ist seine Aufgabe beziehungsweise sein Lehrplan, den es in diesem Leben zu erfüllen gilt. Jede sogenannte Konstellation (...) verkörpert eine bestimmte Aufgabe, ein Problem. (...) In Wirklichkeit gibt es keine Probleme. Eine bestimmte Situation wird nur dann für einen Menschen zum Problem, wenn er die Situation nicht in sein Bewußtsein integrieren kann. (...) Es ist wichtig, daß der Mensch nie vergißt, daß ein Problem nur der individuelle Niveau-Unterschied zwischen einer Situation und einer Bewußtseinslage bezeichnet und deshalb den Menschen herausfordern soll, es durch einen Lernschritt zu erlösen. Im täglichen Leben benehmen sich jedoch die meisten Menschen so, als gäbe es Probleme 'an sich', und fordern deshalb gerne die Umwelt auf, diese zu beseitigen.[217]

Die esoterisch Astrologie helfe dabei, den Aufgabentext klar zu machen, die Kenntnis der Esoterik erlaube es, auf die Ebene der Aufgabenstellung zu wechseln oder, um selbst ein Bild zu gebrauchen, sich anstelle der Schülerausgabe eines Mathematikbuches ein Lehrerexemplar mit der Lösung der Aufgaben zuzulegen. Doch Astrologie hin und Esoterik her, wichtig ist, daß in dieser Konstruktion das Subjekt nicht für sich zählt und es nur aus den Anforderungen der aufgabenstellenden Macht erwächst. Oder anders gesagt, die Harmonie zwischen Welt und Subjekt wird ganz dem letzteren aufgelastet. Aus diesem Zusammenhang entsteht nicht nur für das Individuum eine unendliche Aufgabe, sondern auch für den lehrenden Esoteriker, der in diesem Leben erst einmal tüchtig drohen kann: "Dem Schicksal kommt es lediglich auf das Endergebnis an, nicht auf den Weg. Wichtig ist die Erreichung des Lernzieles, nicht, wieviele Leiden sich der Mensch auf seinem Weg durch die ständige Weigerung zu lernen aufbürdet."[218]

Von der Erläuterung des allgemeinen Prinzips des "Horoskops als Lehrplan" geht es dann rasch zu Detlefsens Lieblingsthema, zu dem, was demjenigen blüht, der sich dem ewigen Lernen verweigert:

---

[217] Detlefsen, Schicksal, a.a.O., S. 115f.

[218] Detlefsen, Schicksal, a.a.O., S. 122.

Schicksalsschläge und Krankheit sind fast immer nur der passive Aspekt eines nicht freiwillig wahrgenommenen Lernprozesses. Die Kurzformel heißt: Wer nicht lernt, leidet. Der Mensch stellt im allgemeinen sehr eigenartige Anforderungen an das Leben und an sein Schicksal. Er benimmt sich so, als hätte er ein Anrecht darauf, daß es ihm gutgehe, er reich, gesund und glücklich sei. Welch groteske Verkennung der Wirklichkeit! Woher leitet der Mensch diesen Anspruch ab? Der Mensch wird nicht in diese Welt inkarniert, um in Faulheit den Schein der Sonne zu genießen, sondern, um sich zu entwickeln und nach seinen Fähigkeiten der Welt zu dienen. Wer dies bewußt tut, wird auch das Glück finden.[219]

In diesem Sinne konsequent formuliert Detlefsen dann, daß Glück ein Seelenzustand sei, der sich "völlig unabhängig von der Außenwelt" herstelle: "Glück wächst dort, wo der Mensch in Harmonie mit der Welt kommt. Glück wächst dort, wo der Mensch sich seiner Aufgabe bewußt wird und die Gnade erkennt, dienen zu dürfen."[220]

Sinn und Unterwerfung - Anmerkungen zum Hintergrund der Tricks des dreimalgroßen Detlefsen

1. Die große Klarheit - Der esoterische Quizmaster Detlefsen

Bei Detlefsen finden sich die Tricks der anderen Astrologen nur leicht verändert wieder: Der "kosmische Thermometer-Trick", der "Abgrenzungs-Trick", der "die Welt ist einfach-Trick", der "Trommler-Trick" und der moderne Gestirnsfatalismus, auf den der Gestus seines Konzeptes hinausläuft. Nun bietet es sich an, einigen Momenten noch einmal etwas genauer nachzugehen. Detlefsen ist in der Lage, die komplizierte Welt auf die griffigen Merksprüche wie "analoges Denken", "drei Urbausteine", "sieben Prinzipien", "Wie oben, so unten", "Codenummer der Seele" usf. zu reduzieren. Diese falsche Klarheit kommt den Astrologieanhängern, die in einer ständig komplizierter werdenden Welt auf der Suche nach einfachen Orientierungen sind, die diese nicht wirklich in Frage stellt, sondern nur metaphysisch entrückt, entgegen. Detlefsen stellt mit seiner Esoterik eine Formel bereit, mit der all die Schwierigkeiten, mit denen es ein Mensch in Arbeits- oder Arbeitslosenalltag der Leistungsgesellschaft zu tun hat, auf einfache Elemente zurückgeführt werden, ohne das sich wirklich etwas ändern müßte: Mit "Wie oben, so unten" verzaubert er die die Individuen niederdrückende Welt in eine höhere Aufgabe. Detlefsen liefert die entsprechende Metaphysik zur Inversion des Fluchtimpulses. Die postulierte esoterische Struktur wird von den Anhängern ebenso

[219] Detlefsen, Schicksal, a.a.O., S. 123.

[220] Detlefsen, Schicksal, a.a.O., S. 125.

treu hingenommen, wie sie die profane Welt der Erscheinungen, deren realer Gewalt sie sich real unterzuordnen haben, zornig bezweifeln. Detlefsens Leistung besteht in einer Remagisierung des ursprünglichen Neuplatonismus, seiner schlauen Vereinfachung und dem Auffinden von falsche Klarheit suggerierenden Formulierungen, die seinen frustrierten Lesern entgegenkommen: Wenn die Welt schlecht ist, liegt es nur daran, daß du das dahinterliegende Prinzip noch nicht begriffen hast. Simple Beispiele sollen einen großen, einschüchternden Zusammenhang erschließen, der dem einfachen, uneingeweihten Leser verschlossen blieb, der bislang den einfachen Aberglauben praktizierte:

> Für den Außenstehenden noch deutlicher mögen bestimmte Sprachgewohnheiten sein. So gebraucht man in der Umgangssprache auch statt des Wortes 'Glück' das Wort 'Schwein': Jemand hat Schwein gehabt. Ohne Wissen um die senkrechte Analogiekette wird die Erklärung für diese Ausdrucksweise schwerfallen. Für den astrologisch Geschulten ist jedoch der Zusammenhang klar. Das Schwein repräsentiert auf der Tierebene das Prinzip des Jupiters, das allgemein auch als das 'große Glück' bezeichnet wird, weil es das Prinzip der Fülle und der Expansion ist. Man ersetzt den Begriff Glück durch einen Begriff aus der gleichen senkrechten Kette.
>
> Ähnlich steht es um die Redensart: 'Er hat einen Vogel'. Der Vogel stammt aus der Symbolkette des Uranusprinzips, das jede Unterbrechung der Kontinuität und somit jedes 'aus der Reihe tanzen', 'die Norm verlassen', 'spinnen' repräsentiert.
>
> Als letztes einfaches Beispiel sei noch auf den Aberglauben verwiesen, dreimal auf Holz zu klopfen, um sich des Glücks zu versichern. Das Holz steht als Material wieder unter dem Jupiterprinzip. So versucht man durch die dreimalige Berührung des Holzes sich über diesen materiellen Repräsentanten mit dem Glücksprinzip in Verbindung zu setzen.[221]

Diese Wunder des Universums, die sich der Esoteriker mit dem analogen Denken zu erschließen vermag, machen vor nichts Halt: "Pfeift jemand im gewohnten Tempo die Melodie 'Hänschen klein', so können wir sie erkennen. Dehnt man die Zeitabstände zwischen den Tönen so weit, daß wir jeden Tag nur noch einen Ton zu hören bekommen, können wir das Lied nicht mehr in seiner Einheit (Gestalt) erkennen. Das Gleiche gilt, wenn wir die Melodie auf einem Tonbandgerät mit übergroßer Geschwindigkeit ablaufen lassen."[222] Nicht einmal Hänschenklein bleibt dasselbe Lied, wenn Thorwald Detlefsen es analysiert hat. Wie phantastisch ist doch die Welt für den Eingeweihten. Mit dieser Art von "Kreuzworträtselmetaphysik" macht Detlefsen Furore bei seinen Anhängern. Seine Logik des "waagerechten" und "senkrechten Denkens" ist dem Hintersinn des Karnevalschlagers "Alles hat

---

[221] Detlefsen, Schicksal, a.a.O., S. 104f

[222] Detlefsen, Schicksal, a.a.O., S. 114

ein Ende, nur die Wurst hat zwei" nachgebildet und produziert aporistische Rätselfragen und schlechte Lösungen kreisend dort, wo der Kleinbürger im täglichen Leben ohnehin damit beschäftigt ist, den Wünschen der Großen dieser Welt aus den von der Regenbogenpresse gebotenen Intimbereichen ihrer Schlafzimmer nachzuspüren. Sie ist eine Parodie auf die Semiologie: Die Welt ist ein einziges Rätsel, wie es ein anderer beliebter Schlager von Hape Kerkeling wiederholt: "Das ganze Leben ist ein Quiz und wir sind nur die Kandidaten". Das ist eine Seite des Weltbildes des Thorwald Detlefsen - er gibt den esoterischen Quizmaster, den Heinz Megerlein der Esoterik ("Bitte wählen Sie die Ebene: Tierreich, Pflanzenreich oder Mineralreich.") ab, und verspricht, auch andere in die Kunst der Weltdeutung einzuweihen: Die härtesten Nüsse der allerschwersten Sinnfragen werden von ihm auf drei Seiten geknackt. Die Lösung der Welträtsel, die er anzubieten hat, ist denkbar simpel. Es geht auch bei ihm nicht darum, ob die Welt wirklich in Unordnung ist oder nicht; alles liegt beim Subjekt, und wenn es ihm schlecht geht, hat es eben falsch gedacht. Philosophie nach dem Muster des Brettspiels "Mensch ärgere Dich nicht": Eine Lebensrunde aussetzen und wieder von vorn beginnen.[223]

Doch es fällt nicht schwer, sich über seine Metaphysik lustig zu machen; interessanter ist es, zu sehen, worauf er anspricht, und wen er mit seiner Bauernfängerei gewinnen kann. Diese Seite ist eben nur ein Aspekt von Detlefsens Lehre. Aus dem lustigen Spiel mit den Sternzeichen wird schnell Ernst, der Quizmaster wird der gestrenge Unterweiser.

2. Die große Strafe der Astropädagogik

Das zweite Moment, das Detlefsens Tricks zugrundeliegt, arbeitet mit der latent bestehenden Neigung der Astrologieanhänger, sich der gesellschaftlichen Tendenz zu unterwerfen. Ging es im ersten Trick darum, einen esoterischen Sinn in die zunächst verflachte Welt zu bringen, liegt das Gewicht nun darauf, den größenwahnsinnigen und zugleich masochistischen Tendenzen der Anhänger entgegenzukommen. Detlefsens stupende Rethorik lebt von der Spannung zwischen Narzißmus und Drohung. Die auf den ersten Blick erstaunliche Tatsache, daß ein Autor großen Erfolg hat, der die Leser in seinen Büchern massiv bedroht und ihnen Krankheiten und Unfälle in Aussicht stellt, wenn sie nicht gehorchen, liegt darin begründet, daß er zunächst einen identifikatorischen Ausweg aus dem Dilemma des Lebens anbietet: Sich einfach richtig verhalten, auf der Seite der "Eigentlichen" sein. Gleichzeitig wird ein Feind ausgemacht, den es zu bekämpfen und von dem es sich abzugren-

[223] Vergl. Kapitel 3, Fußnote 7

zen gilt: Die eigene Autonomie, das Subjekt selbst, dessen mühseliges und aporistisches Wachstum in der Welt der Massenvergesellschaftung nun sozusagen durch körpereigenes masochistisches Gift radikal eingestellt werden soll. Allein die Möglichkeit der Selbstbestimmung ist eine so große Bedrohung für Detlefsen und seine Anhänger, daß sie sofort mit rigiden Maßnahmen bekämpft werden muß. Die Wut, die in dieser Unterwerfung liegt, wendet sich gegen diejenigen, die diese nicht mitmachen und augenscheinlich nicht von Krankheiten und Unfällen gemartert werden. Das zeigt sich in einigen Beispielen.

Detlefsen möchte in seiner Passage über die "Urprinzipien der Astrologie" diese anschaulich darstellen. Noch bei den alten Griechen, meint er, seien sie in Gestalt der Götter durchaus lebendig gewesen:

"Die Griechen kannten eine einfache Formel für den reibungslosen Umgang mit den Göttern: So lange man den Göttern opfert, so lange tun einem die Götter nichts - opfert man nichts, holt sich die Gottheit das Opfer mit Gewalt. Diese Formel hat nach wie vor Gültigkeit und ist der eigentliche Schlüssel der Astrologie."[224] Erscheint die ganze Weltbewegung allein nur dazu da, die Menschen "eine Stufe höher" zu bringen und versteht sich die Astrologie als elaborierter Lehrplan dieses Unterfangens, so kommt dem Astrologen die Rolle des Unterweisers zu, der real keine Macht besitzt, wohl aber seine Phantasie spielen läßt. Bei Detlefsen wird deutlich, daß die Anhänger der Astrologie zu Opfern der unbewußten sadistischen Phantasien der Astrologen werden, die in ihrer Lust, anderen durch die Sterne hindurch zu drohen. Viele sprachliche Wendungen deuten dementsprechend auch auf die gewünschte Haltung einer sexuellen Unterwerfung hin - "Die Gottheit in sich hineinlassen, um sie kennenzulernen"; "... nichts zu befürchten"[225]; "sich nicht verschließen, zu verdrängen, Widerstand zu leisten"[226] - bis hin zur angedrohten Vergewaltigung: "Wer sich dieser Aufforderung stellt und diese Gottheit in sich hineinläßt, um sie kennenzulernen, der opfert dieser Gottheit und braucht von ihr nichts zu befürchten. Wer jedoch das 'Anklopfen' einer Gottheit zum Anlaß nimmt, seine Tür zu verschließen und sie nicht hereinläßt, sie nicht kennenlernen will, der kann sicher sein, zu seinem verweigerten Opfer gezwungen zu werden."[227] Die Sprache verweist auf sadistische Regungen bei Detlefsen und auf masochistische bei Menschen, die dar-

[224] Detlefsen, Schicksal, a.a.O., S. 130.

[225] Ebenda.

[226] Detlefsen, Schicksal, a.a.O., S. 131.

[227] Detlefsen, Schicksal, a.a.O., S. 130.

auf anspringen. Es scheint dem Astrologen einiges Vergnügen zu bereiten, seinen Anhängern Schmerz, Leid und Trauer zu verkünden. Solche Lust ist gut getarnt durch das verdinglichte Prinzip, in dessen Namen der Esoteriker angeblich spricht.

3. Der große veredelte Aberglaube

Ein drittes Moment zeigt anschaulich, was Detlefsen mit dieser Anpassung an die Schicksalsmacht meint. Er gibt einem Klienten im Rahmen seiner "Analogiereihe" seinen dyspeptischen Lieblingsrat:

> Sie sollten in der nächsten Zeit alle expansiven Bemühungen einstellen, alle Gesellschaften und Parties meiden sowie alles, was mit Zerstreuung, Unterhaltung und Üppigkeit zu tun hat. Tragen sie in der nächsten Zeit möglichst ausschließlich schwarze Kleidung und machen sie häufige Spaziergänge über Friedhöfe. Wenn es ihnen irgendwie möglich ist, richten sie sich einen Raum ein, in den Sie sich allein zurückziehen können. Dieser Raum sollte karg sein und auf das Notwendigste beschränkt: ganz weiß oder schwarz gestrichen, als Wandschmuck eventuell die dreizehnte Tarotkarte (Tod). Auf Ihren Arbeitstisch eventuell einen Totenkopf oder Sanduhr stellen. Ziehen Sie sich so häufig wie möglich in diesen Meditationsraum zurück. Lesen Sie das tibetanische Totenbuch und bestimmte Stellen der Bibel. Vermeiden Sie üppige Kost - ernähren Sie sich beispielsweise makrobiotisch oder, noch besser, fasten Sie. Bevorzugen Sie als Getränk Tee vom Zinnkraut, als Medikament kommt Blei oder Kalk in homöopathischer Form in hoher Potenz in einer einamligen Gabe in Betracht. Hören Sie klassische, ernste Musik. Achten Sie in dieser Zeit auf Ordnung bei allem, was sie tun. Versuchen Sie, viele Bereiche Ihres Lebens neu zu strukturieren. Lernen Sie die Segnungen der Stille und Einsamkeit kennen und lieben. Es ist leicht ersichtlich, daß all diese Empfehlungen aus der senkrechten Analogiekette des Saturnprinzips stammen: Struktur, Blei, Zinnkraut, schwarz, Friedhof, alle Todessymbole und so weiter. Entsprechend lassen sich die Möglichkeiten noch auf viele weitere Ebenen ausdehnen und sich auch dem jeweiligen Menschen anpassen. Wenn nun unser Klient viele dieser Ratschläge befolgt, so wird er unweigerlich das Prinzip des Saturn kennen- und verstehen lernen. Denn man kann all diese Dinge nicht einfach tun, ohne daß sich gleichzeitig auch etwas in einem tut.[228]

Befolgt man nun aber diese alten, auf neu gemachten abergläubischen Ratschläge nicht, dann holten sich die Sterne ihr Opfer durch Zwang, wie Detlefsen nicht müde wird, in einem schaurigen Szenario eindrucksvoll auszupinseln:

> So befördert beispielsweise ein Verkehrsunfall unseren Klienten in das Krankenhaus. Hier muß er nun auf so vieles verzichten, auf Parties, Gesellschaften, üppiges Essen, alle Vergnügungen - all das rieten wir ihm, freiwillig zu tun! Sein Krankenzimmer ist auf das Notwendigste beschränkt - ein solches Zimmer rieten wir ihm einzurichten. Alle paar Tage erlebt er, wie Tote durch die Gänge gefahren werden und er selbst beschäftigt sich mit dem Gedanken, daß er bei seinem Unfall selbst sehr nahe mit dem Tod in Berüh-

---

[228] Detlefsen, Schicksal, a.a.O., S. 133f.

rung kam - wir rieten ihm auch, sich mit dem Sterben und dem Tod zu beschäftigen. Er ist viel allein und hat Zeit nachzudenken. Wir sehen: Der Endeffekt ist der gleiche. Denn wir sagten es bereits, das Lernziel ist determiniert. Der wählbare Unterschied besteht immer nur in dem 'Wie' des Lernens, freiwillig oder durch Zwang.[229]

Hier zeigt sich wiederum der Zusammenhang mit der Askese. Die Konstruktion der Krankheit ist die Strafe für ein üppiges Leben, das Detlefsen sich anscheinend selbst verkneift, um diese Roßkur auch anderen verschreiben zu können. Die karge Zimmereinrichtung eines Krankenhauses im Rahmen der Sparmaßnahmen der Gesundheitsreform wird zum Erscheinungsfeld der analogen magischen Reihe und zum Maßstab der freiwillig vorweggenommenen Strafe. Dieses Ratschläge stammen aus einer anderen Zeit, sie setzen einen unabhängigen Menschen voraus. Wie ein Renaissancefürst wird man aufgefordert, sich einen Raum einzurichten mit Totenschädel und Sanduhr. Vielleicht nimmt man zusätzlich besser auch noch dreimal täglich die Haltung des Engels auf Dürers Melancholiestich ein, bis die Unheilskonstellation am Himmel (und auf Erden) vorüber ist? Mit diesem Ratgeber aber, so ist es zu befürchten, wird man das Unglück nie loswerden.

Auch Detlefsens Ratschläge folgen den Vorstellungen Rings und Riemanns: Man kann immer etwas tun! Verbergen, verstecken, weglaufen, "Grufti" werden. Die Einfachheit der Direktiven entsteht durch ein wörtliches Herunterbeten der auf die Zeit des dritten Jahrhunderts bezogenen und im Mittelalter und der Renaissance erweiterten Anweisungen. Es handelt sich um Sinnbilder zur Erläuterung eines bestimmten abstrakten Prinzips; dieses existiert wiederum nicht rein, sondern wird durch die allegorischen Bilder erst konstituiert, die in eine bestimmte Zeit gehören. Detlefsen behauptet ein ewiges Eigenleben der Bilder, die der abstrakten Kraft, der sie zugeordnet werden, gehorchen. Aus einem Modell von allegorischen Assoziationen, die auf die jeweilige Zeit bezogen sind, macht Detlefsen ein Kommandosystem, dem der Einzelne bis in den Tod zu gehorchen hat. Esoterisch entrückter, blinder Aberglaube wird als fortschrittlichste Haltung ausgegeben.[230] Immer-

---

[229] Detlefsen, Schicksal, a.a.O., S. 135.

[230] Jacob Burkhardt zeigt in seinem Buch über die Renaissance in Italien eine Reihe von Beispielen für die Atmosphäre dieser Art magischen Vorstellungen: "Das Nächste, was von den Sternen abhängig wird, sind die Entschlüsse im Kriege. Derselbe (Astrologe) Bonatto verschaffte dem großen Ghibellinenhaupt Guido da Montefeltro eine ganze Anzahl von Siegen, indem er ihm die richtige Sternenstunde zum Auszug angab; als Montefeltro ihn nicht mehr bei sich hatte, verlor er allen Mut, seine Tyrannis weiter zu behaupten und ging in ein Mionoritenkloster; noch lange Jahre sah man ihn als Mönch terminieren. Bonatto stieg, wenn siegverheißende Konstellationen nahten, mit Astrolab und Buch auf den Turm von S. Mercuriale über der Piazza und ließ, sobald der Moment kam, gleich die große Glocke zum Aufgebot läuten. Doch wird zugestanden, daß er sich bis-

hin irrten sich die Renaissancemagier auch, während Detlefsen den Irrtum nur auf sein armes Opfer beschränkt wissen will.

Die Bahn des Sterns

Detlefsen dreht wie Riemann und Ring die Möglichkeit des freien Willens herum. Seine "goldenen Regeln zur Erlangung absoluter Freiheit" fassen seine Lehre zusammen:

> Die paradoxe Wahrheit lautet: Nur wer unter dem Gesetz steht, ist frei. Die Mehrzahl der Menschen versucht jedoch, Freiheit aus der Willkür heraus zu erreichen - dieser Weg führt aber in die Unfreiheit. Leid ist lediglich die Reibung, die zwischen den Menschen und dem Gesetz dieser Welt entsteht. Das Gesetz erfüllen, heißt, keine Reibung mehr wahrzunehmen. So lauten denn die goldenen Regeln zur Erlangung absoluter Freiheit:
> 1. Erkenne Dich selbst (den Mikrokosmos)!
> 2. Erkenne die Gesetzmäßigkeiten dieses Universums (den Makrokosmos)!
> 3. Erkenne, daß die Gesetzmäßigkeit gut ist (in Harmonie gehen)!
> 4. Stelle Dich freiwillig und vollständig unter die als gut erkannte Gesetzmäßigkeit!
>
> Wer diese vier Schritte vollzieht, erntet von selbst die Quinta Essentia, die da lautet: Freiheit. Wer sich freiwillig unter das Gesetz stellt, wird eins mit dem Gesetz, wird selbst zum Gesetz - und es gibt nichts mehr über ihm, was ihn hindern könnte. So formuliert Crowley: "Jeder Mensch soll sein wie ein Stern und seine Bahn ziehen." Ein Stern ist frei, solange er seine Bahn zieht. Die Unfreiheit beginnt erst beim Verlassen seiner Bahn. Jeder Mensch besitzt ebenfalls eine Bahn, die er in diesem Kosmos zu ziehen hat, er muß sie aber kennen, sonst bekommt er die Reibungen seiner falschen Bahn zu spüren. So reden wir weder der Aktivität noch der Passivität das Wort - erst beides zusammen ergibt einen Rhythmus. Zuerst muß der Mensch still werden und lauschen, um seine Bahn zu erfahren - dann aber muß er aktiv diese seine Bahn ziehen. Eine solche Aktivität entsteht aus dem Vertrauen, nicht aus der Egodominanz des 'Ich will, ich mache.' Seine höchste Freiheit hat der Mensch erlangt, wenn er die Worte sprechen kann: 'Herr, nicht mein Wille, sondern Dein Wille geschehe.'[231]

Hier ist der Zynismus auf die Spitze getrieben; anstelle eines materiellen Auskommens rät Detlefsen mit Bezug auf den faschistoiden Hexenmeister Allister Crowley seinen Anhängern, ihr Glück in einer Innerlichkeit außerhalb jeglicher materieller Welt zu suchen. Was Detlefsen hier mit einem Zitat aus dem "Vaterunser" verkündet, trägt den Ton einer totalitären Drohung: Wer nicht gehorcht, wird eliminiert. Das geheimnisvolle Gesetz seiner esoterischen Astrologie, das "Urwissens des Menschen", das Detlefsen im Unterti-

---

weilen sehr geirrt und das Schicksal des Montefeltro und seinen eigenen Tod nicht vorausgekannt habe. Unweit Cesna töteten ihn Räuber, als er von Paris und italienischen Universitäten, wo er gelehrt hatte, nach Forli zurück wollte." (Jacob Burkhard, Die Kultur der Renaissance in Italien, a.a.O., S. 375f. Weitere Beispiele für den Renaissanceaberglauben dort S. 372-398).

[231] Detlefsen, Schicksal, a.a.O., S. 138f.

tel seines Buches ankündigt, läuft also wiederum auf Anrichs "groß göttlich' Ordnung" hinaus. Der Esoteriker Detlefsen ist ein Mächtiger im Wartestand; real noch ohnmächtig muß er sich mit dem Zufall, dem Autounfall und der Krankheit verbünden. Vielleicht hat er aber mittlerweile genügend Anhänger aus dem Menschenreich beisammen, die ihm behilflich sind, den Störrischen bei der Erfüllung des Schicksals etwas nachzuhelfen. Detlefsens Metaphysik mag simpel sein, sie ist aber auf eine Weise populär, die ihre Anhänger selbst als Eingeweihte erscheinen läßt. Wenn Botho Strauss argwöhnt, daß sich nicht vier Millionen Fernsehzuschauer über Nacht zu Heideggerianern machen lassen, so wird dieses Szenario, das durchaus apokalyptische Qualitäten besitzt, wohl wahr sein.[232] Wohl aber läßt sich vorstellen, daß es eine beträchtliche Anzahl von Anhängern der Detlefsenschen Esoterik gibt, die sich für ähnlich elitär halten. Zugegeben ist das eine nicht weniger apokalyptische Vorstellung.

4. 3. Resumée über den zweiten Eindruck von der "höheren Astrologie"

"(Astrologen sind) konservativ und humorlos, überheblich, aber gekränkt darüber, nicht wissenschaftlich anerkannt zu sein. Munter werden rationalisierende Feinde bekämpft, aber auch Niederungen des eigenen Gewerbes."[233] So lautet treffend der erste Eindruck Joseph von Westphalens, der für einen Artikel über die Astrologie bei verschiedenen Münchner Astrologen recherchiert hat. Der zweite Eindruck, der sich aus der genauen Lektüre der astrologischen Texte ergibt, bestätigt das Vorurteil. Die angeführten Tricks der verschiedenen Varianten der "elitären Astrologie" laufen darin zusammen, daß es, positiv gesprochen, um Seriosität und Anerkennung geht; negativ ausgedrückt, um die Abgrenzung von der profanen und einfach abergläubischen Sterndeuterei. So verstehen sich die Astrologen je nach Richtung entweder als höhere Naturwissenschaftler oder als höhere Geisteswissenschaftler. Maßstab der Niveauhöhe ist jeweils die herrschende Wissenschaft, und so gleichen sich die Astrologen entweder an einen primären oder an einen sekundären, metaphysisch verschobenen Positivismus, auch wenn sie wie Detlefsen, noch so geheimnisvoll-negativ formulieren wollen. Die Abgrenzung vom einfachen Sternenfatalismus, nach dem die Sterne das Leben auf der Erde direkt bestimmen, nimmt jede Astrologierichtung auf ihre Weise vor: Die eher naturwissenschaftlich orientierten Autoren Watson, von Klöckler,

---

[232] Spiegel, 6/1993, S. 202-207.

[233] Joseph von Westphalen, "Seriös um jeden Preis", in Transatlantik, 3/1984, S. 26.

Eysenck und Nias gehen von Planetenrhythmen aus, die auf die Menschen wirken sollen, wobei unklar ist, wie und warum sie das tun; klar soll sein, daß eine Wirkung existiert: eine reine Behauptung. Riemann und Ring stehen für eine Richtung, die mit Bezug auf eine verdinglichte neuplatonischen Konstruktion ebenso einfach behauptet, die Erde sei ein Lebewesen im Weltorganismus, in dem von den Planeten, Sternbildern, Beziehungen etc. bestimmte Bildekräfte auf den Menschen einwirkten und er an einem großen Weltenplan beteiligt sei; Detlefsen schließlich will sich ganz lossagen von den Wirkungen der Planeten und Fixsterne und nur noch eine Kraft annehmen, die die Sterne abbildeten, aber nicht hervorbrächten. Gemeinsam ist diesen astrologischen Versionen das Postulat einer Ordnung - ob nun von den Sternen hervorgebracht oder angezeigt -, der sich der Einzelne zu unterwerfen habe. Und da das Individuum in aufgeklärten Zeiten die Möglichkeit eines freien Willen besitzt, wird diese Unterwerfung in der zeitgemäßen Astrologie freiwillig gefordert. Aus dem einfachen Sternenfatalismus eintsteht mit der Aufklärung der modifizierte Gestirnsfatalismus, die "Wende aufs Subjekt" (Adorno). Das Subjekt, ohnehin eine fragile Kategorie im Zeitalter des Verfalls der Erfahrung in der spätbürgerlichen Gesellschaft, ist der Angriffspunkt der Astrologen; die immer enger werdenden Grenzen der Möglichkeit seiner Autonomie greifen sie, metaphorisch gesprochen, von zwei Seiten her an: Vom Himmel aus über die Determination des Lebens durch die Sterne, und von der Erde aus, indem von Ring und Riemann ein "Rassetypus" angenommen wird, der wiederum die Sternenkräfte einschränken soll und den Detlefsen auf eine hinduistische Karmalehre zurückführen will, nach der es im Leben um eine "Bilanzrechung der Seele" ginge: Kleinkrämerische Denken als Esoterik. Während nun die erste Gruppe der auf die Anerkennung durch die Naturwissenschaften hoffenden Astrologen immerhin noch auf Einsichten und Untersuchungen über den Sterneneinfluß setzen will, der freilich immer unbeweisbar bleiben wird, arbeitet die zweite Abteilung mit einem Strafpathos: Wer nicht hören will, muß fühlen! lautet die Botschaft, ohne daß ein Exekutionsorgan angegeben würde; die Wirklichkeit wird sich schon selber rächen. Ob als einfache Kräfte, als nebeliger "Auftrag" oder als "Lehrplan des Horoskopes": Die Welt ist in den Augen der Astrologen ein Befehl, dem man zu folgen habe; ihre Exekutive vollstreckt die Order in Ermangelung anderer Örter auf der Straßenkreuzung oder im Krankenbett: Unfall, Krankheit und Tod scheinen die besten Verbündeten der Astrologen. Detlefsen, als offensivster Vertreter eines neuen autoritativen Gestirnsfatalismus setzt dabei sowohl auf die Gewalt in der Gesellschaft, als auch auf den Zwischenbereich von Krankheit und Tod, der sowohl in der Natur liegt, als auch gesellschaftlich vermittelt wird. Die zweite, soziale Natur wird zur ersten erklärt und mit Hilfe einer Seelenrechung zu einem dubiosen Weltenplan hypostasiert: Das mit einem Sternenmantel verkleidete Tatsächliche als Strafe.

Die reale Erfahrung des Individuums tritt zurück zugunsten einer Scheinwelt des von Watson, Riemann, Ring und Detlefsen behaupteten Weltorganismus. Die astrologischen Vorstellung der organischen Ordnung, die in den Himmeln und auf der Erde wirkt, bedeutet, daß eine Ideologie organologisch gerechtfertigt wird. Welche Perspektiven aus solcher Rechtfertigung erwachsen, zeigt ein weiterer Rekurs auf Detlefsen. Anhand seiner beliebter Methode, seinen Aussagen mit Hilfe der erwähnten Drohung mit einer Krankheit mehr Gewicht zu verleihen, läßt sich zeigen, welches autoritäres Potential darin enthalten ist.

Exkurs: Perspektiven der "großgöttlichen Ordnung" - AIDS als die Rache der Erde

Detlefsen erklärt, der Mensch gehöre ebenso in eine höhere Ordnung, wie ein Organ im Körper:

> So wie die Zelle als Individuum Teil des größeren Individuums Organ, das Organ auch nur Teil des Individuums Mensch ist, so ist der Mensch nur Teil einer größeren Einheit. Der Mensch ist nur Zelle in einem Organismus, den wir Planet Erde nennen. Wie alle Planeten, so ist auch die Erde eine individuelle Intelligenz und besitzt nicht nur einen Körper, sondern auch Bewußtsein. (...) Überdenkt der Mensch ein wenig diese Ordnung, so wird ihm bald bewußt werden, daß er als Zelle ebenfalls nur die Aufgabe hat, seinen ihm zugeteilten Dienst am Ganzen zu erfüllen. Er hat sich zu bemühen, eine möglichst nützliche Zelle zu sein, so wie er es von seinen Körperzellen erwartet, damit er nicht zum Krebsgeschwür dieser Welt wird. Verläßt er dennoch die Ordnung mutwillig, um seine mißverstandene Freiheit auszukosten, so sollte er sich nicht wundern, wenn er eliminiert wird. Denn: Wie oben so unten.[234]

"Das Glück, dienen zu dürfen", der "Dienst am Ganzen" - diese positiven Formulierungen hören sich ebenso nach einer autoritären Bereitschaft an, einer unbestimmten Gestimmtheit, wie die negativen Formeln vom "Krebsgeschwür der Welt" und die "Ausscheidung des Lebensfremdem" nach Eugenik schmeckten. Der Übergang zu geforderten repressiven Maßnahmen gegen abgesonderte Minderheiten gestaltet sich fließend. Der aus dem Verwertungszusammenhang des faschistischen Betriebsorganismus bekannte Gedanke, daß der Kranke sich in Wirklichkeit vor einer inneren und äußeren Aufgabe drücken wolle, liefert denn auch den Hintergrund, vor dem Detlefsen auf die Krankheit

---

[234] Detlefsen, Schicksal, a.a.O., S. 40f.

blickt.[235] Detlefsen entwickelt dieses Konzept in seinem Buch "Krankheit als Weg", das passender mit "Krankheit als Strafe" betitelt wäre, weiter: "Dieses Buch ist unbequem, denn es entzieht dem Menschen die Krankheit als Alibi für seine ungelösten Probleme."[236] In dem Text wird AIDS als Rache des Erdorganismus für ein phantasiertes ausschweifendes Sexualleben von Schwulen ähnlich eingeführt, wie sich im Beispiel aus dem letzten Abschnitt dem Saturnprinzip unterworfen werden sollte. Die Krankheit entsteht als Folge davon, daß sie der Stimme des Schicksals nicht gehorcht haben:

> Allerdings hat dieses Problem (Aids, W. B.) eine besondere Kristallisation unter den Homosexuellen erfahren. Es geht uns hierbei nicht um den Unterschied zwischen der Homosexualität und der Heterosexualität, sondern um die eindeutige Entwicklung innerhalb der homosexuellen Szene, die sich immer mehr von einer dauerhaften Partnerschaft mit einer einzigen Bezugsperson abwandte hin zur Promiskuität, bei der Sexualkontakte mit zehn bis zwanzig Partnern an einem einzigen Wochenende keine Ausnahmeerscheinung darstellt.[237]

Doch handelt es sich bei den Aidskranken um solche, die schon länger nicht mehr gehorcht haben:

> AIDS hingegen macht in hohem Maße bewußt, daß wir nicht allein auf der Welt sind, daß jede Vereinzelung eine Illusion und damit das Ego letztlich ein Wahn ist. AIDS läßt erlebbar werden, daß wir immer Teil einer Gemeinschaft, Teil eines größeren Ganzen und damit als Teil auch immer Verantwortung für alle tragen. Der AIDS-Patient spürt schlagartig die enorme Wucht dieser Verantwortung und muß sich nun entscheiden, wie er damit umgehen will. AIDS zwingt letztlich zur Verantwortung, Rücksicht und Vorsicht, dem andern gegenüber - Themen, die gerade bei AIDS-Patienten bisher zu kurz kamen.[238]
>
> Als Risikogruppen für AIDS stehen die Drogenabhängigen und die Homosexuellen an erster Stelle. Diese beiden Gruppen sind in der Gesellschaft relativ stark abgegrenzt. Es sind Gruppen, die häufig den Rest der Gesellschaft ablehnen oder sogar hassen und die auch selbst viel Ablehnung und Haß auf sich ziehen. In der AIDS-Erkrankung lebt und lehrt der Körper das Gegenteil des Hasses: Verzicht auf Abwehr und dadurch All-Liebe.[239]

---

[235] Vergl. z.B. Sepp Graesner, "Gesundheitspolitik unterm Hakenkreuz. Neue soziale Kontrolltechniken durch Arbeits- und Leistungsmedizin", in Medizin und Nationalsozialismus, Autonomie. Materialien gegen die Fabrikgesellschaft, Sonderheft Nr. 2, Juli 1980, S. 2-19.

[236] Detlefsen/Dahlke, Krankheit als Weg, a.a.O., S. 7.

[237] Detlefsen/Dahlke, Krankheit, a.a.O., S. 354.

[238] Detlefsen/Dahlke, Krankheit, a.a.O., S. 355.

[239] Detlefsen/Dahlke, Krankheit, a.a.O., S. 356.

"All-Liebe" - Detlefsen und sein medizinischer Berater, sprechen in diesen Metaphern von dem Tod des Patienten. Daß diese "unbequeme Wahrheit" verstanden wird, nach der es sich bei Aids- und Krebskranken[240] um zu Recht Gestrafte handelte, die von der Gesellschaft verhätschelt würden, und die man ihre Strafe nicht in Ruhe abbüßen ließe, wie es sich gehörte - daß also diese Botschaft gehört wird, dafür sorgen dann die Adepten des nächstprofaneren Kreises. Werden die Folgen dieser allgemein gehaltenen Aufforderung nach Aussonderung bei Detlefsen und Dahlke noch nicht deutlich erwähnt, so finden sich weiter Hinweise bei ihren gelehrigen Schülern.

"Lassen Sie uns nun einen Vergleich Mensch - Staat anstellen"

Unter dem Titel "AIDS - die Erde wehrt sich" findet sich ein Artikel im Astrologiemagazin "AstroVenus" vom April 1993, der eine Richtung angibt, in welcher Weise Detlefsens Aussagen verstanden werden können. Im "Editorial" wird der Text des Chefredakteurs Joseph Neumayer, augenscheinlich ein Adlatus Detlefsens, unter dem Oberbegriff "Umweltverschmutzung" von ihm selbst avisiert:

> Diese Ausgabe beschäftigt sich in einem Schwerpunktthema indirekt auch mit dem Umweltschutz und den Folgen der Umweltverschmutzung: 'Aids - Das Schattendasein der Liebe hat einen Namen' so der Name des Artikels, der Aids als natürliche Abwehrreaktion des Organismus Erde betrachtet. Dieser Gedanke wird sicherlich bei Aidsinfizierten und deren Angehörigen schwer verdaulich sein, da er den Kranken nicht in Schutz nimmt, wie dies in unserer Gesellschaft gerne getan wird, sondern er ihn im Gegenteil dazu auffordert, sich an die eigene Nase zu packen. Er fordert dazu auf, die Schuld für das Ereignis nicht in der Außenwelt zu suchen (ob Viren, Bakterien oder Tätern), sondern zunächst bei sich selbst.[241]

Diese Vorgabe wird dann gnadenlos unbequem eingelöst. Aids wird als Folge eines "allgemeinen Kulturverlustes" analysiert. Neumayer bezieht sich auf Detlefsens Kompagnon Dahlke mit dem Satz: "Der Arzt und Psychotherapeut Dr. med. Rüdiger Dahlke sagt dazu: 'Aidskranke sind Menschen, die ihren Kult verloren haben und im Oberflächlichen gelandet sind.'"[242] Wie er sich den Verlust vorstellt, führt er dann aus:

> So wie wir Menschen die Erde traktieren, sie vergiften und sie an ihrer Selbstheilung hindern, so wehrt sie sich gegen seinen "Virenbefall", den Menschen. Der Mensch steht mit

---

[240] Das Kapitel über die Krebskrankheit entwickelt den selben Gedanken des herauszuschneidenden Geschwürs am Organismus der großen Ordnung, vergl. Detlefsen/Dahlke, Krankheit, a.a.O., S. 335-347.

[241] Joseph Neumayer, "Editorial", "AstroVenus", 4/93, a.a.O., S. 3

[242] Neumayer, "Aids - das Schattendasein der Liebe hat einen Namen", "AstroVenus", 4/93, S. 19.

> seinen Handlungen nicht mehr im Dienst des Gesamtorganismus Erde. Er beutet sie aus und ist nur auf seinen eigenen Vorteil bedacht. So ist es nur legitim, wenn sich die Erde ihrerseits gegen diesen lebensbedrohlichen Angriff mit einer 'Seuche' zur Wehr setzt. Hier wird nun deutlich, was mit dem Verlust der Kultur gemeint ist. Wenn die Menschheit ihre Wurzeln verliert, ja sie sogar bewußt vernichtet, darf man sich über ein Schreckgespenst, wie es Aids in unserer Gesellschaft darstellt, nicht wundern.[243]

Als Gegenbeispiel wird dann in einer Tabelle auf Japan verweisen: "Die streng nach Tradition und Kultur lebenden Japaner haben mit vier Aidsinfizierten pro Million Einwohner die niedrigste Infektionsrate aufzuweisen."[244] Die Erkenntnis, daß gerade Japan, das den größten industriellen Wandel, eine der größten Umweltverschmutzungen aufweist und das Land mit der höchsten Selbstmordrate auf der Welt ist, scheint Neumayer nicht zu interessieren; sie würde den Schwung seiner Argumentation nur unnötig bremsen. In welchem Rahmen sich seine Bilder bewegen, wird deutlicher, wenn er zur Sache kommt:

> Das Krankheitsbild von Aids zeigt sich auf der körperlichen Ebene im Zusammenbruch des zellulären spezifischen Abwehrsystems. Der Körper ist nicht mehr in der Lage, sich gegen 'Eindringlinge' zu verteidigen. Vordergründig zeigt sich für diese körperliche Fehlleistung der HIV-Virus verantwortlich. Dieser dockt an die T-Lymphozyten an und 'impft' sie mit einem neuen Programm, was die Auflösung und die Funktionsuntüchtigkeit der Zelle bewirkt. Bei dieser Vorgehensweise werden nach und nach die körpereigenen 'Armeen' reduziert. Lassen Sie uns nun einen Vergleich Mensch - Staat anstellen. Beide Systeme haben Regierungen, verfügen über Grenzen, haben Armeen, Energiespender und -verbraucher et cetera. Verfügt der Staat über eine starke Regierung, die sich unmißverständlich mitzuteilen weiß, und die Verantwortung für die inneren Angelegenheiten im Sinne seines Volkes selbst übernimmt, spricht man von einem vitalen und gesunden Staat. Zeigen sich jedoch bereits in der Regierungsspitze fehlendes Durchsetzungsvermögen oder mangelnde Einsatzbereitschaft im Namen des Volkes zu handeln, ist mit Rebellionen, Revolutionen oder Streiks der Bürger zu rechnen. Am erfolgreichsten sind diese Aktionen, wenn das Schutzheer der Regierung handlungsunfähig gemacht wird oder es die Seite wechselt. Dieser Vorgang beschreibt, was sich bei Aids auf der psychischen Ebene eines Menschen abspielt.[245]

Hier wird eine Organlogik nach dem Muster des autoritären Kommandostaates bemüht. Im Bild des einstürmenden und den menschlichen Körper überschwemmenden Virus wird durch die Analogisierung von Menschenleib und Volksleib die Asylproblematik mit Aids und der vermeintlichen Schwäche des Staates verknüpft: Durch das Andocken der Eindringlinge werden Zelle und Staat gleichermaßen funktionsuntüchtig. Der Astrologe phantasiert sich mit Hilfe seiner Zauberformel "Wie oben, so unten" in die Rolle als genialer Staatstheo-

---

[243] Neumayer, "Aids", a.a.O., S. 21.

[244] Neumayer, "Aids", a.a.O., S. 20.

[245] Neumayer, "Aids", a.a.O., S. 20f.

retiker und Anwalt des gesunden Volksempfindens gegen Aidskranke unter dem Deckmantel von "All-Liebe". Das geheimnisvolle "Analogiegesetz" läuft in dieser Lesart darauf hinaus, daß sowohl ein starker Staat her muß, als auch ein starkes Individuum; Schwache und Kranke haben in der projektierten Ordnung, die heute bereits in Kraft sein soll, augenscheinlich keinen Platz. Diese Reklame für vorindustrielle Kulturverbundenheit mit Japan als Beispiel, für einen vitalen, dazwischenfahrenden Staat, des Schreckgespenst des Streiks und der Revolution, für eine Dolchstoßlegende und gegen die von der Gesellschaft angeblich sowieso verhätschelten Opfer der "Rache der Erde" wiederholt die essentials der NS-Kulturpolitik: "Für Ehe, Zucht und Sitte im deutschen Kulturstaat" war die Naziparole bei der Bücherverbrennung 1933 in Berlin. Mit anderen Worten, es ist ein totalitäres Prinzip als Weltplan aus dieser Ordnung deduzierbar, und es gehört nicht allzuviel Phantasie dazu, sich vorzustellen, daß mit den Aidskranken das in dieser Aufzählung noch fehlende Element, die Gruppe der Auszugrenzenden, bereits gefunden ist. Diese Gruppe ist hilflos, oft homosexuell und daher sowieso stigmatisiert. Und sie sind wenige; ihnen kann im Bedarfsfall im Bild des überschwemmten Organismus die Assoziation mit Asylanten bliebig an die Seite gestellt werden, alles nach irgendwie analoger astrologisch abesicherter Gesetzmäßigkeit.

Das Gesetz, das dieses astrologische Denken bestimmt, ist nicht so geheimnisvoll, wie es sich ausgibt. Es geht um die Möglichkeit, eine Projektionsfläche für die eigenen abgespaltenen Affekte der Astrologen und ihrer Anhänger zu erhalten. Diese Analogiereihen offenbaren vielmehr, da sie sich auf keinerlei Entsprechungen in der Wirklichkeit stützen, die auf eine hilflose Gruppe projizierten Wünsche derjenigen, die sie zusammenstellen; deren innere psychische Ordnung soll zur äußeren werden. In diesem Zusammenhang allein von unbewußten Vorstellungen zu reden, wäre sicher nicht richtig, vielmehr handelt es sich um vorbewußt vorhandene Theorieteile, die sich in einer Mischung von Intentionalität und Eigendynamik zu einer Chimäre zusammenfinden. Auf diese Weise offenbart sich ein starkes autoritäres Potential, das sowohl innerhalb der Astrologie enthalten ist, das aber auch sein Pendant bei den Menschen haben muß, die auf solche Reize anspringen, die in den beschworenen Bildern einliegen. Diese Vorstellungen von Aidskranken und Uneinsichtigen wirken daher zunächst im Rahmen einer internen Pädagogik, als abschreckendes Beispiel für Menschen, die die rigide geheime Ordnung der Esoterik zu überschreiten drohen. Doch das braucht nur die erste Stufe zu sein. Eine Ideologie, die jede Ausschweifung mit imaginären Unfällen und Krankheiten mit Hilfe einer stellaren Fehmeorganisation strafen will, steht jetzt schon bereit, und die Anhänger der Astrologie unterwerfen sich ihr bereits freiwillig und ohne äußeren Anlaß. Astrologie ist eine Apotheose der abstrakten Autorität, die leicht mit entsprechendem Inhalt gefüllt werden kann.

Die Astrologie entpuppt sich als die mit Hilfe verschiedener Argumentationstricks nur leicht verschobene, bestehende Welt, die im Zusammenhang mit einer angedrehten Ordnung des Kosmos, die sich aus verschiedenen Versatzstücken zusammensetzt, einen scheinobjektiven Anstrich bekommt. Astrologie ist wesentlich die Projektion irdischer Verhältnisse an den Himmel. Der von dem Astrologen Riemann zum Zeugen für dessen Welt-als-Organismus-Vorstellung zitierte Friedrich Nietzsche polemisiert gerade gegen eine solche Auffassung und liefert einige der bestechendsten Argumente zur Kritik eines solchen Weltbildes:

> Hüten wir uns zu denken, dass die Erde ein lebendiges Wesen sei. Wohin sollte sie sich ausdehnen? Wovon sollte sie sich nähren? Wie könnte sie wachsen und sich vermehren? Wir wissen ja ungefähr, was das Organische ist: und wir sollten das unsäglich Abgeleitete, Späte, Seltene, Zufällige, das wir nur auf der Kruste der Erde wahrnehmen, zum Wesentlichen, Allgemeinen, Ewigen umdeuten, wie es Jene thun, die das All einen Organismus nennen? Davor ekelt mir. Hüten wir uns schon davor, zu glauben, dass das All eine Maschine sei; es ist gewiss nicht auf Ein Ziel construirt, wir thun ihm mit dem Wort 'Maschine' eine viel zu hohe Ehre an. Hüten wir uns, etwas so Formvolles, wie die kyklischen Bewegungen unserer Nachbar-Sterne überhaupt und überall vorauszusetzen; schon ein Blick in die Milchstraße lässt Zweifel auftauchen, ob es dort nicht viel rohere und widersprechendere Bewegungen giebt, ebenfalls Sterne mit ewigen geradlinigen Fallbahnen und dergleichen. Die astrale Ordnung, in der wir leben, ist eine Ausnahme; diese Ordnung und die ziemliche Dauer, welche durch sie bedingt ist, hat wieder die Ausnahme der Ausnahmen ermöglicht: die Bildung des Organischen. Der Gesammtcharakter der Welt ist dagegen in alle Ewigkeit Chaos, nicht im Sinne der fehlenden Nothwendigkeit, sondern der fehlenden Ordnung, Gliederung, Form, Schönheit, Weisheit, und wie alle unsere ästhetischen Menschlichkeiten heissen.[246]

Doch ganz so chaotisch, wie Nietzsche es hier will, geht es dann doch nicht in der Welt zu; es herrscht eine andere Systematik, als die Astrologen annehmen.

Nun läßt sich aber die Astrologie nicht einfach widerlegen, indem ihre einzelnen Tricks erläutert werden. Die psychischen Dispositionen zum Aberglauben sind in einem gesellschaftlichen Zusammenhang aufzunehmen und, damit in Verbindung stehend, die Entwicklung einiger wichtiger, von den Astrologen verwendeter Theoriefiguren zu verfolgen, um so den Kontext aufzuzeigen, in den sie gehören. Gegen ein solches Vorgehen kann man einwenden, daß es sich bei der Astrologie gar nicht um die Rezeption von Theorien handelt, sondern um ein Zusammenrühren und eine willkürliche Interpretation verschiedener Elemente. Diese einzelnen Teile aber besitzen in sich selbst eine bestimmte Richtung, die einer Interpretation im Rahmen der

[246] Friedrich Nietzsche, Die fröhliche Wissenschaft, KSA, a.a.O., Band 3, Drittes Buch, 109, S. 467f.

Astrologie entweder entgegenkommen oder zuwiderlaufen. So gibt es in Goethes Texten ohne Zweifel Aspekte, die eine lebensphilosophische Interpretation, so wie sie auch von Ring ansatzweise versucht wird, durchaus erlauben, wenn diese Linie auch nicht ihr Hauptmoment ausmacht. Ring, Detlefsen und Riemann sind nun sicherlich nicht bessere als viertklassige Autoren; die verschiedenen Fragestellungen, die die Astrologie aufnimmt, aber verdienen es auch ernst genommen zu werden. Daher wird in den folgenden Kapiteln der Vorstellung nachgegangen, daß die Astrologie nicht nur durch das in ihrer Interpretation vorliegende Irrationale wirkt, sondern auch durch die Aufnahme von rationalen Elementen unter einer vielfach geschichteten magischen Staffage - Astrologie also als eine Verschränkung von kritischen und affirmativen Motiven. Es wird der Versuch unternommen, einzelne angesprochene Tricks der Astrologie mit anderen Diskursen zu umstellen, deren Summe nun kein alternatives Ganzes ergibt, sondern im Gegenteil die Vorstellung der Ganzheit aufzulösen versucht. Es entstehen auf diese Weise kleinere Abhandlungen zu von dem bisherigen Text aufgeworfene Fragen, die sich aus der Verschränkung von Mythos und Vernunft in der Moderne ergeben. Der Versuch, heute eine astrologische Ordnung aus welchem Jahrhundert auch immer als mythische wieder einzusetzen freilich verkennt, daß die Aufklärung dem Menschen nicht nur die stumme Bewegung innerhalb des Sternenrundes gestattet, sondern auch die Möglichkeit, es zu durchbrechen: Mit Hilfe der Sprache ist es möglich, die einleuchtenden Bilder der astrologischen Reihen auf ihren Begriff zu bringen.

5. Astrologie und Sinn

Positivismus und affirmative Metaphysik

Die Bedeutung der Astrologie als Beispiel für modernen Aberglauben ist heute auch darin zu sehen, daß sie, wenn man es noch nicht gewußt hat, eine Krise der positivistischen Wissenschaft anzeigt. Wird die Wissenschaft als ganze mit dem Positivismus in eins gesetzt, so wachsen der Astrologie auch kritische Impulse zu. Sie steht mit ihrer verdinglichten Metaphysik des sekundären Positivismus für das ein, was sich jenseits des vom Positivismus beanspruchten Bereiches des Tatsächlichen befinden soll.

Die religiöse Idee einer ursprünglich gesetzten Ordnung aller Dinge, in der der Mensch auch seinen festen Ort hat, wurde im Fortgang der Aufklärung aufgegeben. Dieser Prozeß ist eng gebunden an den Wechsel des statischen Weltbildes mit der Erde im Mittelpunkt, das im allgemeinen Ptolemäus zugeschrieben wird, durch Kopernikus', Keplers, Galileis und Newtons Entdeckungen der Gesetze des Planetensystems mit einer bewegten und sich bewegenden Erde. Nun geht die Astrologie in ihren Bestimmungen und Aussagen auf das geozentrische Weltbild und die dazugehörigen ständischen Verhältnisse zurück. Das allgemeine Bewußtsein hält sich ebenfalls zum Teil bis heute an die religiöse Idee des sinnvollen, in sich geschlossenen Weltzusammenhangs mit festen, den Individuen zugeteilten Orten und Aufgaben und die Astrologie stellt nur einen kleinen Ausschnitt im Rahmen dieser umfassenderen Tendenz dar. Das diese Tendenz weiter besteht, hängt damit zusammen, daß im Positivismus die Sinnfrage weitgehend suspendiert bleibt und, wie im letzten Kapitel diskutiert wurde, der Akzent des Wissens auf die funktionale Seite verschoben wird. Neben einem aus instrumentellen Relationen gewonnenen Wissen über die Welt hält sich so eine affirmative Metapysik. Diese Entwicklung ist wesentlich verantwortlich für die dualistische Aufrechterhaltung von nebeneinander existierenden Fakten und Deutungen, die sich gegenseitig relativierten oder ausschlössen.

Eine affirmative Metaphysik will die Welt aus einer Totalität heraus denken und einen vom Menschen unabhängigen Sinn darin entdecken.[1] Ihr

[1] Unter affirmativer, schlechter oder verdinglichter Metaphysik wird in diesem Zusammenhang eine Vorstellung verstanden, die die bestehenden Verhältnisse in die Sphäre des Geistes transportiert, ohne zu berücksichtigen, daß es sich bei der Metaphysik um Bestimmungen im Rahmen eines an der Wahrheit orientierten Diskurs handelt, die über die Rationalität einer aufgeblähten instrumentellen Vernunft hinausgehen, andererseits

Verhältnis zur Wissenschaft ist dabei doppelter Natur. Einerseits gehen ihre Erkenntnisse über den engen Kreis dessen, was die Wissenschaft mit ihren Methoden erforscht hinaus, andererseits steht sie im Dienst der bestehenden Verhältnisse, indem sie dazu beiträgt, diese gegen entsprechende wissenschaftliche Erkenntnisse aufrecht zu erhalten und Begründungen dafür liefert, daß die Individuen ihnen gegenüber zurücktreten müssen. Nun geraten die Aussagen der Metaphysik ständig in Konflikt mit den Ergebnissen des Denkens, das sie stützen soll. Diese Auseinandersetzung zeigt sich in zwei verschiedenen geschichtlichen Prozessen - einmal in der gegenseitigen Zerstörung der metaphysischen Systeme untereinander und zum anderen im vordergründigen Auslöschen ihrer Begriffe aus den positivistischen Wissenschaften. Gegenüber dem zweiten Prozeß wird der erste heute relativiert - die verschiedenen sich bekriegenden Metaphysiken schließen sich in der Tendenz in ihrer Frontstellung gegenüber dem Positivismus zusammen. Ein vulgärer Ausdruck dieser Richtung zeigt sich in der New Age Bewegung, in der sich Überreste von sich zum Teil bekämpfenden Systemen wie der Anthroposophie und des Tai Chi zusammenfinden.[2] Die naturwissenschaftlichen Ergebnisse aber enthalten ebefalls in sich metaphysische Urteile, auch wenn diese versteckt und indirekt ausgedrückt werden: "Zwar wollen die Naturwissenschaften keine Philosophie sein; aber sie sind auf ein philosophisches Denken aufgespannt. Durch ihre Voraussetzung einer von sich aus erkennbaren Welt ist es ein metaphysisches Denken, das sie implizieren, keine positivistische Seinslehre.[3]

---

dialektisch an die materiellen Verhältnisse gebunden bleiben. Der Begriff steht in engem Zusammenhang mit dem von Herbert Marcuse geprägten Ausdruck affirmative Kultur: "Unter affirmativer Kultur sei jene der bürgerlichen Epoche angehörige Kultur verstanden, welche im Laufe ihrer Entwicklung dazu geführt hat, die geistig-seelische Welt als ein selbständiges Wertreich von der Zivilisation abzulösen und über sie zu erhöhen. Ihr entscheidender Zug ist die Behauptung einer allgemein verpflichtenden, unbedingt zu bejahenden, ewig besseren, wertvolleren Welt, welche von der tatsächlichen Welt des alltäglichen Daseinskampfes wesentlich verschieden ist, die aber jedes Individuum 'von innen her', ohne jene Tatsächlichkeit zu verändern, für sich realisieren kann. Erst in dieser Kultur gewinnen die kulturellen Tätigkeiten und Gegenstände ihre hoch über den Alltag emporgesteigerte Würde: ihre Rezeption wird zu einem Akt der Feierstunde und der Erhebung." (Herbert Marcuse, "Über den affirmativen Charakter der Kultur", in ders., Kultur und Gesellschaft I, Frankfurt/M. 1965, Suhrkamp, S. 63).

[2] Diese Auseinandersetzung besitzt auch darin eine reale Seite, daß sich z.B. die verschiedenen Urbevölkerungen Australiens, Grönlands, Japans und Lapplands im "World Council of Indigenous People" gegen eine hypostasierte instrumentelle Vernunft zusammenschließen.

[3] K. H. Haag, Der Fortschritt in der Philosophie, a.a.O., S. 14.

Die Ergebnisse der gegenwärtigen Wissenschaften enthalten das Wissen, das die Gesellschaft in Auseinandersetzung mit der Natur gewonnen hat. Da diese Ergebnisse allerdings in verschlüsselter Form in einer spezialisierten Sprache ausgedruckt werden, ist dieses Wissen, das unter bestimmten Voraussetzungen zustandegekommen ist, nicht allen Menschen zugänglich und nimmt so in der Tendenz wieder den elitären Charakter an, den Detlefsen für seine "Esoterik" aufgespart wissen will. Obwohl die Wissenschaften die alten Begriffe widerlegen, denken die Menschen weiter in den alten Formen. So sind beispielsweise die Begriffe des absoluten Raumes und der absoluten Zeit ebenso widerlegt, wie sich die Vorstellungen von der Substanz, Kraft, Kausalität, Seele, das Seele-Körper-Verhältnis verändern. Aber auch die Relativierungen der Begriffe der Naturwissenschaften, wie sie zum Beispiel von Watson in seiner Spekulation über die "Wasser über den Himmeln" vorgenommen werden, sind zum Teil wieder rückläufig und beziehen sich direkt oder indirekt auf ältere metaphysische Systeme, die aus ihrer Zeit herausgelöst als Bruchstücke rezipiert werden. Es zeigt sich aber, daß sowohl mit der hinter der Tatsache stehenden Wertbestimmung, als auch dadurch, daß der subjektive Einfluß der beteiligten Wissenschaftler mit in den Blickkreis gerät, die Grenzen der positivistischen Wissenschaften sichtbarer geworden sind, was aber nicht heißen muß, daß dieses von den Positivisten auch verstanden würden. Das Unverständnis betrifft im wesentlichen die Voraussetzungen des Denkens, die vorgängig zu ihren Begriffen sind. Diese Entwicklung gibt vermeintlich historisch überlebten metaphysischen Ansichten wieder einigen Auftrieb, die nun in einem kontigenten Verhältnis zu den Wissenschaften auftreten - beide Formen existieren vordergründig unverbunden nebeneinander weiter.

Die bewußtlose Aufrechterhaltung des Dualismus und die damit verbundene Leugnung des prekären Charakters des einfachen metaphysischen Sinns des Ganzen hat seinen Grund darin, daß die Ideologie weiterhin als Trost benötigt wird; weder für die Aufrechterhaltung des Sinns für den Einzelnen, noch für die ganze Gesellschaft kann man bis heute ohne eine sinnstiftende Vorstellung auskommen. Wäre deutlich gesagt worden, daß die positivistischen Naturwissenschaften eine Welt entwerfen, die sich an der Vernutzung von Natur und Mensch orientiert und damit an sich sinnlos ist, da ihre so gewonnene Erkenntnis sich nach Mitteln ausrichtet, auch wenn sie diese Zwecke nennt, so hätte den Individuen und den abhängigen Massen das Verzweifelte dieses Zustands bewußt werden können. Da dies aber nicht intendiert war, blieben Wissenschaft und metaphysische Ideologie nebeneinander bestehen. Die andere Seite dieses Dualismus' besteht darin, daß der Positivismus selbst offiziell versucht, sich seines metaphysischen Anteils zu entledigen und er seine Legitimation aus dem Kampf gegen eine frühere, veraltete Form der affirmativen Metaphysik bezieht. Entgegen der Vorstellung, die sie von sich selbst als Antipode im Kampf gegen die Metaphysik besitzt, fällt der Wissenschaft auf diese Weise seit ihrem Aufkommen auch die Rolle zu, mit der Vernunft das religiöse Weltbild zu begründen. Der Glaube an den Sinn war immer mit den Wissenschaften verbunden, wie man beispielsweise an Newtons und Kants verschiedene Auslegung des Verhältnisses von Naturwissenschaft und Wahrheit ablesen kann.[4]

Der Dualismus von Metaphysik und wissenschaftlicher Erkenntnis geht damit auch durch die Personen der Forscher hindurch, das heißt, er geht über die Kategorie des einzelnen gelebten Lebens, dem eine Dignität zukommen soll, hinaus. Die einzelnen Gelehrten haben für sich Lösungen dieser Dichotomie im Kopf, die durch ihre materiellen Lebensverhältnisse geprägt sind, und diese stehen in ihnen selbst nicht selten im krassen Gegensatz zu ihrem speziellen Wissen. Da die Wissenschaftler sich oft nicht trauen, das gesellschaftliche Ganze infrage zu stellen und die aporetischen Momente zwischen ihrem Leben und ihrer Theorie, die auf unausgetragene gesellschaftliche Kräfteverhältnisse zurückgehen, auszuhalten, flüchten sie sich in einen affirmativen metaphysischen Glauben, um die sich auftuende Sinnlücke zu schließen. Daß die spiritistische New Age Bewegung von Naturwissenschaftlern angeführt wird, die sich auf der Suche nach dem verlorenen Sinn mit Mystikern und Religionsstiftern anfreunden und auf Gemeinsamkeiten stoßen, hat darin seinen Ursprung.[5] Beispielweise war Max Planck auf religiöse Weise von der Vorstellung eines freien Willens überzeugt; heute führt der Astrophysiker Steven Hawking im Interview mit dem "Spiegel" den Schöpfer wieder ein und der Physiker Carl Friedrich v. Weizsäcker wendet sich dem Buddhismus zu.[6] V. Weizsäcker äußert sich in einem Gespräch folgendermaßen über seinen Werdegang:

---

[4] Newton schrieb als letztes verzweifeltes Werk, das posthum herausgegeben wurde, eine Apocalypse of St. John (Offenbarung des hl. Johannes); vgl. Ernst Bloch, Leipziger Vorlesungen zur Geschichte der Philosophie, Bd. 2, Frankfurt/M. 1985, Suhrkamp, S. 220). Bei Kant kommt es in der vorkritischen Theorie des Himmels (I. Kant. Allgemeine Naturgeschichte und Theorie des Himmels, Werkausgabe, hrsg. v. W. Weischedel, Bd. 1, Frankfurt/M. 1977, Suhrkamp, S. 225-400) zu einer optimistischen Interpretation, die mit seiner Hoffnung auf die bürgerliche Machtübernahme zusammenhängt.

[5] Vergl. z.B. den Sammelband Andere Wirklichkeiten. Die neue Konvergenz von Naturwissenschaften und spirituellen Traditionen, hrsg. von Rainer Kakuska, München 1984, Dianus-Trikont. In gleicher Linie stehen z.B. Fridjof Capra in seinem Buch Wendezeit. Bausteine für ein neues Weltbild (München 1988, Knaur) und Rupert Sheldrake mit seiner Vorstellung von "morphogenetischen Feldern" (Das schöpferische Universum. Die Theorie des morphogenetischen Feldes, München 1983, Meyster).

[6] Max Planck, Vom Wesen der Willensfreiheit, Leipzig 1936, S. 20f; Spiegel Nr. 42, 1988.

Ich hatte eigentlich Astronom werden wollen, und dann habe ich Heisenberg kennengelernt und habe gesehen, daß Heisenberg wahnsinnig aufregende Dinge zu sagen hatte. Er hat mir die Unbestimmtheitsrelation erzählt, ehe sie publiziert war. (...) Und ich habe sofort gesehen, das hat Konsequenzen dieser Art, und das sollte man doch verstehen. Und da habe ich beschlossen, ich werde Physiker. Und dann habe ich noch ein bißchen später gedacht, ich will ja doch wohl Philosoph werden. Ich hatte nur vorher nicht kapiert, was Philosophie sei, nun hatte ich es vielleicht besser verstanden, also wollte ich Philosoph werden. Und dann hat mir der Heisenberg gesagt: Hör' mal, wenn Du in unserem Jahrhundert Philosophie machen willst, dann mußt Du erst das wichtigste geistige Ereignis dieses Jahrhunderts verstehen und das ist die Physik. Außerdem kann man Physik nur machen, wenn man jung ist, und Philosophie nur gut machen, wenn man alt ist. Also, nun mach' mal Physik. - Und das habe ich gemacht. Und das war auch meines Erachtens der absolut richtige Rat.[7]

Es ist verständlich, daß Theoretiker, die nicht zuerst Physik "gemacht haben", das etwas anders sehen. Interessanterweise aber beschreibt Weizsäcker (oder Heisenberg) beide Standpunkte in einer biographischen Reihenfolge der Lebensalter: Man muß in seiner Jugend Physiker werden und im Alter ein (seine eigenen Taten?) wertender Philosoph. Die fehlende Vermittlung in der Sache wird in diesem Fall durch ein Nacheinander ersetzt. Auch das ist dualistisch und erinnert an den "Biphasentrick" der Spaltenastrologen, gründet aber auf einer Übertragung der mit der Astrologie verbundenen Idee der verschiedenen Lebensalter auf die heutige Zeit. Auch hier also, im Herzen des Rationalismus, findet sich ein mythischer Bestandteil, der eng mit der Astrologie verbunden ist.[8] An die Stelle einer bewußten Aufrechterhaltung der Antinomie der Moderne wird ein älteres metaphysisches System dazu benutzt, dem auf die Rationalität einer bestimmten Nützlichkeit ausgerichteten Ganzen einen über den instrumentellen Charakter unzulässigerweise hinausgehenden Sinn unterzuschieben. Oder, anders gesagt, die Macht der Realität evoziert auf diese Weise auch dort einen Sinn für die Subjekte, wo er von sich aus nicht vorhanden ist. Dieser Tendenz folgt die Astrologie; sie bewegt sich nicht im Mittelpunkt dieser Entwicklung, sondern an deren Rand. Dadurch erlaubt ihre Analyse aber auch die Betrachtung der Entwicklung selbst, gleichsam von einem verschobenen Standpunkt aus.

---

[7] "Das Weltbild der Natur und die Einheit der Physik. Ein Gespräch mit Carl Friedrich von Weizsäcker", in Christa Hackenesch (Hg.), Bin so ausgeworfen ..., Reinbek 1984, Rowohlt, S. 276f.

[8] Vergl. Franz Boll, "Die Lebensalter", in ders., Kleine Schriften zur Sternenkunde des Altertums, hrsg. von Viktor Stegmann, Leipzig 1950, S. 156-224, bes. S. 171-176.

Grenzen der Metaphysik

Der angesprochene Zusammenhang verweist auf eine zentrale Unsicherheit in der Moderne, der im Prozeß des Fortschreitens der bürgerlichen Gesellschaft der Sinn abhandengekommen ist. Das Wissen über die Natur, das der Mensch angehäuft und in der Wissenschaft niedergelegt hat, beschreibt, wie bereits im letzten Kapitel anklang, die Natur unter den Voraussetzungen ihrer bestimmten Nutzung. Auch die ihr zugeschriebenen Eigenschaften, die sie an sich besitzen soll, stellen nur eine Verdoppelung dieser Nutzbarkeit in die Sphäre der Metaphysik dar. Was die Natur für sich ist, bleibt, nach Kants Unterscheidung des Dings an sich und der Erscheinung, nach wie vor unbekannt.[9] Im Ding an sich sperrt sich die Natur gegen eine Erkenntnis von ihr, die über die spezielle Nutzanwendung durch den Menschen hinaus geht. Der Bruch zeigt sich auch darin, daß die Systeme der affirmativen Metaphysiken die Spannung zwischen dem Ding an sich und dem Menschen zugänglicher Erscheinung nicht aufrechtzuerhalten versuchen, sondern anstelle einer ernsthaften Metaphysik, die negativ etwas über einen Sinn zu sagen in der Lage wäre, bloße Behauptungen und Meinungen setzen. In diesem Sinne ist es gemeint, wenn ich von dem System der Astrologie als einer reinen Setzung spreche. Der Bruch zwischen Wissen und Nichtwissen wird dabei nicht offen stehen gelassen, sondern wissenschaftliche Erkenntnis und metaphysische Ansichten werden einerseits in den falschen großen Rahmen einer astrologischen Ordnung gestellt, die durch nichts als ein angeblich "uraltes Wissen" legitimiert ist; andererseits werden sie in der Astrologie in Form des "kausalen" Rechnungsteils und einer "analogen" Deutung dualistisch nebeneinander gestellt. Andersherum wird der Widerspruch des Verhältnisses beider zueinander auf diese Weise bewußtlos aufrechterhalten und enthält in

---

[9] Diese Unterscheidung beschreibt Hegel anschaulich, wenn er Kants Lehre davon in einem Bild zusammenfaßt: "Es ist die Sache so vorgestellt: Es sind da draußen Dinge an sich, aber ohne Zeit und Raum; nun kommt das Bewußtsein und hat vorher Zeit und Raum in ihm, als die Möglichkeit der Erfahrung, so wie um zu essen es Mund und Zähne usw. hat, als Bedingungen des Essens. Die Dinge, die gegessen werden, haben den Mund und die Zähne nicht, und wie es den Dingen das Essen antut, so tut es ihnen Raum und Zeit an; wie es die Dinge zwischen Mund und Zähne legt, so in Raum und Zeit." (G. W. F. Hegel, Vorlesungen über die Geschichte der Philosophie, Bd. 3, Leipzig 1982, Reclam, S. 367). Vergl. dazu K. H. Haag, Fortschritt, a.a.O., S. 69-89. Haag führt in diesem Kapitel aus, wie Kant gegen Hume seinen kritischen Weg entwickelt, der die Grundlage seiner Unterscheidung des Dings an sich und der Erscheinung abgibt; andererseits aber verstößt Kant selbst gegen seine aufgestellten Grundsätze in der Idee der transzendentalen Deduktion (Kritik der reinen Vernunft, § 16, a.a.O., S. 136), die über die experimentell gewonnenen Naturdaten hinausgehen soll - auch hier eine unzulässige Abstraktion von den geschichtlichen Bedingungen der Erkenntnis.

dieser Trennung auch eine Wahrheit, die durch die falsche, alles umfassende Ordnung, in die dieser Dualismus eingebunden werden soll, wieder zurückgenommen wird. Richtig erkannt wäre diese Ambigkeit, wenn sie als aufgrund von in ihr repräsentierten gesellschaftlichen Kräften als nicht einfach zu versöhnen gedacht, oder, mit anderen Worten, als Ausdruck der widersprüchlichen gesellschaftlichen Verhältnisse verstanden würde. Diese Argumentation gegen eine "erpreßten Versöhnung" (Adorno) zweier Bereiche, die auf eine dialektische Weise sowohl zusammen gehören, als auch zu trennen sind, geht einerseits auf Kant zurück, bedient sich aber auch einer von Hegel geprägten Sichtweise. Hegel wirft Kant und seiner Trennung von Ding an sich und Erscheinung ein Verhaftetsein in der Subjektivität vor:

> Die Kantsche Philosophie ist theoretisch die methodisch gemachte Aufklärung, nämlich daß nichts Wahres, sondern nur die Erscheinung gewußt werden könne. Sie führt das Wissen in das Bewußtsein und Selbstbewußtsein hinein, aber hält es auf diesem Standpunkte als subjektives und endliches Erkennen fest. Und wenn sie schon den Begriff und die unendliche Idee berührt, seine formellen Bestimmungen ausspricht und zur konkreten Forderung derselben kommt: so verwirft sie dieselbe wieder als das Wahre, macht sie zu einem bloß Subjektiven, weil sie einmal das endliche Erkennen als den fixen letzten Standpunkt angenommen hat.[10]

Auch dort, wo Kant im Zusammenhang mit der transzendentalen Urteilskraft von der Verbindung vom Verstand zum Empirischen vom Allgemeinen spricht, hält er sich an Subjektives. Hegel: "Denken, Verstand bleibt (bei Kant, W. B.) ein Besonderes, Sinnlichkeit ein Besonderes, die auf äußerliche, oberflächliche Weise verbunden werden, wie ein Holz und Bein durch einen Strick."[11]

Hegel geht über Kant insofern hinaus, als er versucht, die bei diesem unvereinbar gedachten Standpunkte in einem übergeordneten System zusammenzufassen; eine Denkbewegung, die auch die Negation eines Begriffs mit einbezieht.[12] Damit will Hegel die Kantsche Grenze der Differenz in dessen "unendlicher Aufgabe" zu einer höheren Einheit hin aufheben. Geht man nun aber davon aus, daß die Begriffe in bestimmter Weise die gesellschaftliche Ebene widerspiegeln, dann verhält es sich so, daß darauf bezogen eine solche Einheit nicht existiert, sondern die Gesellschaft, legt man das Eigentum an den Produktionsmittel als Kriterium zugrunde, sich bis heute aus Klassengegensätzen zusammensetzt. Aufgrund dessen kommt in diesem Zu-

---

[10] Hegel, Vorlesungen, a.a.O., S. 360f.

[11] Hegel, Vorlesungen, a.a.O., S. 373.

[12] Vergl. Hegel, Vorlesungen, a.a.O., S. 358f.

sammenhang wiederum die von Kant inspirierte Verwerfung der genötigten Vereinigung von Unvereinbarem zum Zuge, oder, um mit Adorno zu sprechen, das Hegelsche "Ganze ist das Unwahre".[13] Auf diesen Widerspruch gründet sich eine dialektische Position, die einerseits auf dem Niederschlag der gesellschaftlichen Antinomien in den Begriffen beharrt, die aber andererseits auch nicht die Möglichkeit einer weitergehenden Auflösung dieser Widersprüche durch eine Veränderung der Gesellschaft ausschließen möchte; die vorweggenommene Formulierung dieser Aussicht ist aber nur als negative möglich, da ihre Auspinselung im Rahmen der bestehenden Verhältnisse sie sofort in eine affirmative Kategorie umschlagen ließe. Das Resultat dieser vorsichtigen Bestimmung der Möglichkeiten des Sprechens von einem metaphysischen Sinn ist eine doppelte Konstruktion. Es ist im Versuch einer Vermittlung von Kant und Hegel gegen diesen mit Hegel der Anspruch das Ganze zu denken, nicht aufzugeben und gegen jenen mit Kant auf der Nichtauflösung der Gegensätze in der Realität zu insistieren.

Deutlich wird in diesem Rahmen, daß der Begriffszauber der Astrologie nicht einfach belanglos ist; in welcher Art die Begriffe verwendet werden, evoziert eine bestimmte gesellschaftliche Praxis, die wiederum auf die Begriffe zurückwirkt. Indem die Astrologie eine einheitliche Ordnung für den Kosmos postuliert, die in sich jedoch in einen unvereinbaren Dualismus von Berechnung und Deutung gespalten ist, wiederholt sie die Ideologie der bürgerlichen Gesellschaft, die auf der gerechten Einheit einer Gesellschaft dort beharrt, wo diese erst noch einzurichten wäre. In ihrer Vereinigung der zusammgestoppelten Bereiche der astrologischen Entsprechungen - Berufe, Windrichtungen, Länder, Krankheiten - wiederholt sie das einigende Moment einer hypostasierten, an der kapitalistischen Marktökonomie orientierten instrumentellen Vernunft, deren Maßstab das Wertgesetz ist. Wird dieser Diskurs im Rahmen einer Sinngebung mit einer "Aufgabe" oder dem Anspruch auf Wahrheit verknüpft, ist gegen diese Tendenz auf einer bewußten Aufrechterhaltung der Disparität der einzelnen Bereiche zu bestehen.

---

[13] Adorno, Minima Moralia, a.a.O., S. 57. Oder, wie Haag es ausdrückt: Auch das Absolute der deutschen idealistischen Philosophie ist als Antwort auf den Kantschen Bruch zwischen Ding an sich und Erscheinung "der Fokus eines Weltbildes ohne substantielle Wesensheiten: jenes der nominalistischen Moderne, in der es nichts gibt, das nicht in wechselseitiger Abhängigkeit voneinander seine Bestimmung erführe. Die Hypostasis solcher Relativität ließ das Absolute der deutschen idealistischen Philosophie entstehen." (Haag, Fortschritt, a.a.O., S. 88). Freilich geht auch Haags Konstruktion auf Adornos Kritik des Identitätsprinzips als Beharren auf der Nichtidentität zurück, das dieser in der Negativen Dialektik formuliert hat. Vergl. Adorno, Negative Dialektik, Frankfurt/M. 1975, Suhrkamp, S. 149-51 und S. 180-184. Haag verleugnet diese Interpretation keineswegs (vergl. Haag, Fortschritt, a.a.O., S. 160).

6. Astrologie und Psychoanalyse I. Kosmotypus und kollektives Unbewußtes

Die Astrologie enthält neben den angesprochenen Themenkomplexen auch Elemente aus der Psychologie, speziell werden Bezüge zu Motiven der Psychoanalyse angesprochen. So will der Astrologe und Psychologe Fritz Riemann die Verbindung der Menschen mit der Ewigkeit des Alls durch einen "Kosmotypus" gewährleistet wissen; über ein "kosmisches kollektives Unbewußtes" soll die Bestimmung eines Menschen zum Zeitpunkt seiner Geburt in den Sternen sichtbar auftauchen. Dabei verweist Riemann neben dem Bezug auf Thomas Ring auch auf eine Übereinstimmung dieser Formel mit Carl Gustav Jungs Vorstellungen von den Archetypen des kollektiven Unbewußten. Der Psychologe Jung nimmt eine besondere Rolle in der Argumentation der Astrologen ein, er ist eine erste Zitatadresse für sie; Hinweise auf ihn geben neben Riemann auch Eysenck/Nias und Ring.[1]

6. 1. Kosmotypus und Archetypus

Das kollektive Unbewußte

Jung konstruiert ein Unbewußtes, dessen individueller Teil nur die Spitze eines Eisbergs darstellen soll; es enthalte die "gefühlsbetonten Komplexe", während der Rest vom kollektiven Unbewußten eingenommen werde, das mit "Archetypen" angefüllt sei. Das kollektive Unbewußte gehöre zur allgemeinen Natur des Menschen, "das heißt, es hat im Gegensatz zur persönlichen Psyche Inhalte und Verhaltensweisen, welche überall und in allen Individuen cum grano salis dieselben sind. Es ist, mit anderen Worten, in allen Menschen sich selbst identisch und bildet damit eine in jedermann vorhandene, allgemeine seelische Grundlage überpersönlicher Natur."[2] Der von Jung gewählte Begriff Archetypus geht laut seiner Auskunft auf Platons Urideen aus dem Höhlengleichnis, gnostische und hermetische Schriften, Diogenes Areo-

---

[1] Vergl. Riemann, Lebenshilfe, a.a.O., S. 35; Eysenck/Nias, Astrologie, a.a.O., S. 94ff; Ring, Astrologie, a.a.O., S. 44, 74, 77, 90.

[2] Jung, "Über die Archetypen des kollektiven Unbewußten" (1934; überarbeitete Fassung 1954), in ders.; Bewußtes und Unbewußtes Frankfurt/M. 1957, Fischer, S. 11-53, hier S. 11.

pagita, Augustinus und die Alchemisten zurück und soll an "urtümliche Typen, d.h. seit alters vorhandene allgemeine Bilder"[3] erinnern. Die Äußerungsform der Archetypen seien Bilder, wie sie in Mythen und Märchen eine Rolle spielten. Als solche sollen sie eine "noch unmittelbare seelische Gegebenheit"[4] darstellen und für die Menschen aller Kulturen und aller Zeitalter gelten. Die Typen seien dabei ständig im Wandel und drückten sich jeweils in der "zeitgemäßen Form" ihrer Epoche aus. Das menschliche Vermögen, diese Bilder wahrzunehmen, sei aber generell im Rücklauf begriffen. Seien sie den Urvölkern noch relativ unverstellt erschienen, so gebe es eine abnehmende Entwicklung über die Religionen, die diese noch zu formen versuchten, bis zur Leere der heutigen Menschen hin, die mit den Symbolen nichts mehr anzufangen wüßten. In dieser Linie verfolgt Jung eine phylogenetische Argumentation; das Kollektivich soll aber auch in der Lebensspanne des Einzelnen zum Tragen kommen und sich in jeder Entwicklungsphase als handelnde Personen in Träumen und Phantasien bemerkbar machen, die sich dem bewußten Denken in ihrer Bedeutung verschlössen.[5] In dieser Bilderstruktur sei nun ebenfalls ein bereits von den Astrologen her bekanntes "persönliches Schicksal als Aufgabe" enthalten, das Schritt für Schritt zu bewältigen sei, um zu immer höherer Bewußtheit oder gar Erleuchtung zu gelangen. Jung nennt diesen Vorgang "Individuation" - ein Begriff, der auch von den Astrologen in ähnlichem Sinne gebraucht wird.[6]

---

[3] Jung, "Über die Archetypen", a.a.O., S. 12.

[4] Jung, "Über die Archetypen", a.a.O., S. 13.

[5] In seinem Aufsatz gibt Jung einige Beispiele davon, wie er die Wirkung der Archetypen verstehen will. Diejenigen des Mannes (Archetypen erscheinen geschlechtsspezifisch) erläutert er vorzugsweise anhand der Träume junger Theologen. Es tauche bei einem jungen Geistlichen zunächst der "Schatten" als Zeichen des persönlichen Unbewußten auf. Das Symbol des Unbewußten überhaupt sei das Wasser; es sei Geist, der unbewußt geworden ist. Darin enthalten sei der zweite Archetypus der "Anima", sie stehe für das Leben schlechthin und sei weiblich, ihr zugeordnetes Symbol sei der See. In der heutigen Zeit könne sie nicht mehr durchlebt werden, das zeige sich am Scheitern vieler Ehen. Die sexuelle Störung sei ein Zeichen der verminderten Anpassung des Bewußtseins an eine Aufgabe, der es nicht gewachsen sei. Hinter dem grausamen Spiel des Schicksals aber sei ein Sinn verborgen. Der zeige sich im dritten Archetypus, dem des Geistes. Sein Symbol sei der alte Weise, "der in gerader Linie auf die Gestalt des Medizinmannes in der primitiven Gesellschaft zurückgeht. Er ist, wie die Anima, ein unsterblicher Dämon, welcher die chaotischen Dunkelheiten des bloßen Lebens mit dem Lichte des Sinns durchdringt. Er ist der Erleuchtende, der Lehrer und Meister (...)." (Jung, "Über die Archetypen", a.a.O., S. 48).

[6] Jung, "Über die Archetypen", a.a.O., S. 46. Vergl. auch Henry F. Ellenberger, Die Entdeckung des Unbewußten. Geschichte und Entwicklung der dynamischen Psychiatrie von

Nun ist der Umgang mit den Archetypen für das Subjekt aber kein Spiel, den vorwärtsdrängenden Bildern habe es sich zu öffnen, sonst verschafften sich die Kräfte mit Gewalt Eintritt ins Leben. Sie seien von der Bewußtseinskontrolle durchzuarbeiten, sonst würde ihnen das Individuum erliegen und es käme zu einer Geisteskrankheit oder Besessenheit durch einen Archetypus.[7] Gelänge aber die Hinwendung, als Auseinandersetzung mit den Inhalten des Unbewußten, so wird ein reiches und sinnvolles Leben in Aussicht gestellt. Jung versichert, "daß hinter all dem grausamen Spiel mit menschlichem Schicksal etwas steckt wie geheime Absicht, die einer überlegenen Kenntnis der Lebensgesetze zu entsprechen scheint. Gerade das zunächst Unerwartete, das beängstigend Chaotische enthüllt tiefen Sinn."[8]

Im Verwirrspiel der archetypischen Bilder sei eine geheime Ordnung verborgen, die das Bewußtsein nicht erkennen könne, die aber das Subjekt mit der Welt verbinde. Anzupassen hat sich auch in dieser Konstruktion wiederum der Einzelne; er soll sich den Bildern öffnen, sonst geht es ihm schlecht. Zur Abwehr seiner Kritiker bedient sich Jung des "Inversions-Tricks", der einfachen Retourkutsche: "Das pathologische Element liegt nicht in der Existenz dieser Vorstellungen, sondern in der Dissoziation des Bewußtseins, welches das Unbewußte nicht mehr beherrschen kann."[9] So ist in einem solche Fall die "Aufgabe" entweder nicht erkannt worden oder das Individuum erwies sich ihr gegenüber als zu schwach. Interessant ist in diesem Fall die Begründung: "Weil der Mensch Bewußtsein hat, so verläuft eine derartige Entwicklung (der natürliche Ablauf des Lebens, W. B.) nicht so glatt, sondern wird vielfach variiert und gestört, indem das Bewußtsein immer wieder einmal von der archetypischen Grundlage abirrt und zu ihr in Gegensatz gerät."[10]

Jung faßt damit das Bewußtsein als etwas Doppeltes: Einerseits habe es die Bilder des kollektiven Unbewußten durchzuarbeiten und damit für die eigene Person zu übersetzen; andererseits aber behindere es den Prozeß des "natürlichen Ablauf(s) eines Lebens, in welchem das Individuum zu dem wird, was es immer schon war." [11] Auch darin wiederholt sich die Struktur

---

den Anfängen bis zu Janet, Freud, Adler und Jung, Zürich 1985, Diogenes, S. 955-958. Riemann, Lebenshilfe, a.a.O., S. 37.

[7] Jung, "Über die Archetypen", a.a.O., S. 31.

[8] Jung, "Über die Archetypen", a.a.O., S. 41.

[9] Jung, "Über die Archetypen", a.a.O., S. 51.

[10] Jung, "Über die Archetypen", a.a.O., S. 51.

[11] Ebenda.

der Astrologie, die eine Vernunft immer nur in der Anerkennung der gegebenen Realität aufgehen lassen wollen, nicht aber dazu, diese in Frage zu stellen.

Astrologie als "Synchronizität"?

Wenn die Astrologen die Jungschen Archetypen übernehmen und diese in den Planeten und Sternen wiederfinden wollen, können sie sich dabei in gewisser Weise auf Jung selbst berufen. Den alten fatalistischen Einfluß der Sterne lehnt Jung zwar wegen der erfolgten Verschiebung des Frühlingspunktes vom Widder zu den Fischen ab[12], er sieht aber innere Prozesse am Werk, welche die Menschen in dem gleichen Sinne lenken sollen: "'In deiner Brust sind deines Schicksals Sterne' sagt Seni zu Wallenstein, womit aller Astrologie Genüge getan wäre, wenn man nur einiges um dieses Geheimnis des Herzens wüßte."[13] Jungs Analytische Psychologie erscheint damit in gewisser Weise als Erbin der alten Astrologie: "Seitdem die Sterne vom Himmel gefallen und unsere höchsten Symbole verblaßt sind, herrscht geheimes Leben im Unbewußten. Deshalb haben wir heutzutage eine Psychologie und deshalb reden wir vom Unbewußten."[14]

Diesen Gedanken äußert Jung in seinen Schriften aus den dreißiger Jahren eher am Rande; er hat ihn allerdings bis zum Ende seines Lebens beschäftigt und führt ihn 1950 in der Schrift "Synchronizität als Prinzip akausaler Zusammenhänge" weiter aus.[15] Jung möchte den Begriff der Synchronizität als zeitgleiches Auftreten von zwei nicht kausal verbundenen Ereignissen als Erklärungsprinzip auch für die Astrologie reklamieren.[16] Er

---

[12] Vergl. Jung, "Über die Archetypen", a.a.O., S. 14.

[13] Jung, "Über die Archetypen", a.a.O., S. 15.

[14] Jung, "Über die Archetypen", a.a.O., S. 33.

[15] Jung, "Synchronizität als Prinzip akausaler Zusammenhänge", in Gesammelte Werke, Band 8, 1 a.a.O., S. 475-577.

[16] Jung will die Synchronizitätsidee sowohl im fernöstlichen Denken des Taoismus erkennen, als auch im magischen Denken des Abendlandes, in der Alchemie und besonders in der Astrologie (er übersetzt "Tao" nach Wilhelm mit "Sinn", verkennt allerdings das grundlegend andere Prinzip des chinesischen Denkens, wenn er den Begriff Tao, der gerade Nicht-Sinn bedeutet; "Synchronizität", a.a.O., S. 543). Das Ordnungsprinzip der Entsprechungen (oder Koinzidentien) - also die Zugehörigkeit von Pflanzen, Mineralien, Tieren, Berufen, Krankheiten, Temperamenten und so weiter zu bestimmten Planeten oder Fixsternbildern -, verfolgt er von Thales, Platon u.a. über Pico della Mirandola, Agrippa von Nettesheim, Paracelsus, Kepler bis hin zu Leibniz und Schopenhauer. Allerdings will er hier das Wirken seiner Archetypen als treibende Kraft wiederfinden (vergl. Jung, "Die Vorläufer der Synchronizitätsidee" in "Synchronizität", a.a.O., S. 542-561).

legt Zahlenmaterial über positive Korrelationen von astrologischen Konjunktionsaspekten zwischen Sonne, Erde, Mond, Mars und Venus in den Horoskopen von Ehepartnern vor, allerdings ohne daß dabei die technische Rahmenbedingung, daß nur bestimmte Winkelbezüge zwischen den Planeten möglich sind[17], noch die Motive der Eheschließung dabei genauer durchdacht würden. Das Ergebnis gibt zunächst einige Rätsel auf: Nimmt er eine große Anzahl von Paaren, so findet er keine die Wahrscheinlichkeit überschreitende Ergebnisse, wohl aber bei kleinen Zahlen von Paaren. Dieses Resultat interpretiert Jung als Ausdruck seiner eigenen subjektiven Wunschvorstellungen als unbewußtes Interesse an der Versuchsreihe, daß das Ergebnis beeinflusse. Er möchte damit die höhere Wahrscheinlichkeit der Treffer bei einer kleinen Zahl von Versuchspersonen erklären, denn sein eigenes Interesse nahm ab, je länger die Untersuchung dauerte. Auf diese Weise hatte er in der Diskussion von Untersuchungen des US-Parapsychologen J. B. Rhine über das Auftreten von außersinnlicher Wahrnehmung[18], dessen Resultate ebenfalls mit dem unbewußten Interesse der Versuchspersonen an dem Ergebnis erklärt, daß auch in großen Serien abnehme und in diesem Fall immer wieder durch neue Versuchspersonen belebt werden müsse.[19] Sieht man sich die Interpretation genauer an, dann fällt auf, daß Jung dort eine subjektiven Beeinflussung der Ergebnisse seltsamerweise nur den Versuchspersonen zuspricht, nicht jedoch Rhine selbst. Nun müßte dessen Unbewußtes konsequenterweise auch je nach persönlicher Stimmungslage, Ab- und Zuneigung zu Mitarbeitern und anderen Versuchspersonen ebenfalls die Resultate entsprechend verändern; diese Moment aber bleibt von Jung unberücksichtigt. Seine eigene Untersuchung sieht er dann wiederum inkonsequent, wo er doch gerade die Wichtigkeit der Subjektivität bei der Interpretation der eigenen Ergebnisse hervorgehoben hatte, als "Versuche mit nur einer Person"[20], nämlich sich selbst an - er vergißt hier, obwohl er es nicht mit Versuchsper-

---

[17] "Nicht alle Planetenaspekte treten gleich häufig auf. Ja, einige kann es überhaupt nicht geben. Merkur beispielsweise kann, von der Erde aus gesehen, nie mehr als 23 Grad von der Sonne abweichen und Venus nie mehr als 48 Grad. Diese beiden Planeten vermögen infolgedessen die meisten der anerkannten astrologischen Aspekte nicht zu verwirklichen. Kommen bestimmte Planetenaspekte häufiger als andere in Zusammenhang mit bestimmten menschlichen Ereignissen vor, kann dies einfach deshalb der Fall sein, weil sie überhaupt häufiger auftreten." (Eysenck/Nias, Astrologie, a.a.O., S. 58).

[18] J. B. Rhine, Neuland der Seele, Stuttgart 1938 u.a.; vergl. Jung, "Synchronizität", a.a.O., S. 538.

[19] Jung, "Synchronizität", a.a.O., S. 535f u. 538f.

[20] Jung, "Synchronizität", a.a.O., S. 540.

sonen zu tun hat, mit denen es zu einem persönlichen Kontakt kommt, seine Mitarbeiterinnen und Mitarbeiter. Neuartig im Vergleich zu anderen im 4. Kapitel aufgeführten statistischen Untersuchungen ist damit Jungs Annahme der Vorformung des Materials durch die Subjektivität der daran beteiligten Personen; er sieht zunächst richtig, daß dadurch erst der Sinn entsteht, der im zweiten Schritt aus dem Material deduziert werden sollte.[21] Dieses Ergebnis wird aber durch seine versuchte Erklärung der Synchronizität wieder zunichte gemacht. Jung setzt die subjektiven Motive der betreffenden Menschen, die er berücksichtigen will, nun freilich nicht mit ihren persönlichen und gesellschaftlichen Interessen in Verbindung, sondern will diese aus dem kollektiven Unbewußten und den Archetypen heraus erklären. Die Synchronizität versteht Jung als ein ursacheloses Angeordnetsein sowohl von physischen als auch von psychischen Ereignissen[22] auf der einen Seite; und den anderen Pol bildet die Tendenz der Subjekte, ungeordnet vorliegende Ereignisse ordnend zu beeinflussen. Ein verbindendes Drittes zwischen dem Chaos des Raumes und den Ordnung schaffenden Strukturen des Subjekts sollen die Archetypen dadurch darstellen, daß sie im Subjekt zum Durchbruch gelangten und eine Ordnung evozierten, die die große Welt des Makrokosmos mit der kleinen Welt des menschlichen Mikrokosmos als verbindendes Drittes miteinander verküpften: "Weitaus die meisten spontanen Synchronizitätsphänomene, die ich zu beobachten und zu analysieren Gelegenheit hatte, ließen unschwer ihre direkte Beziehung auf einen Archetypus erkennen."[23] Jung will daraus ein allgemeines Gesetz ableiten, daß er ähnlich wie der Astrologe von Klöckler die Welt zunächst als eine nichterkennbare Unordnung beschreibt, die dann bei diesem durch die erfahrbaren astrologischen Entsprechungen ebenso einen Sinn bekommen sollen, wie bei jenem durch die Archetypen: "Ich neige in der Tat der Annahme zu, daß die Synchronizität im engeren Sinne nur ein besonderer Fall des allgemeinen ursachelosen Angeordnetseins ist und zwar derjenige der Gleichartigkeit psychischer und physischer Vorgänge, wobei der Beobachter in der vorteilhaften Lage ist, das tertium comparationis erkennen zu können."[24]

---

[21] Um wieviel genauer man den einzelnen Fällen von solcher "Synchronizität" nachzuspüren hat, zeigt Freud im Gegensatz zu Jung an einer Reihe von Fällen in der 3o. seiner Neuen Folge der Vorlesungen zur Einführung in die Psychoanalyse, "Traum und Okkultismus", Studienausgabe. Bd. 1, a.a.O., S. 48o-93.

[22] Jung, "Synchronizitätr", a.a.O., S. 574.

[23] Jung, "Synchronizität", a.a.O., S. 539.

[24] Jung, "Synchronizität", a.a.O., S. 574.

Nun enthält diese vorgängige Idee, daß das Universum vollständig ungeordnet vorliege, bestimmte Implikationen. Die absolute Ungeordnetheit ist nur die einfache Negation der abstrakten absoluten Ordnung; ihre Setzung kommt der Postulierung einer permanenten Kausalität gleich, die Jung dann tatsächlich in einem zweitem Schritt in seiner archetypischen Struktur folgen läßt. Denn die Möglichkeit des Erkennens eines verbindenden Dritten bedeutet bereits das Vorhandensein eine Struktur, welche wiederum die Idee der absoluten Ungeordnetheit außer Kraft setzt. Auf diese Weise findet Jung das, was er vorher hineingegeben hat. Das, was Jung unter "echter Akausalität"[25] versteht, ist bereits wieder Kausalität in dem Sinne, daß ein Prinzip gefunden wird, daß diesen divergierenden Ergebnissen gemeinsam ist, und sei es nur das der Serie, unter dem diese Ereignisse zusammengefaßt werden. Da aber Statistik keine Kausalität herstellt, liegt ein Zirkelschluß vor: der gesetzte Archetypus soll wieder für die Ergebnisse verantwortlich sein soll, die ihn beweisen sollen. Ein weiterer Zusammenhang über den der Beschreibung hinaus besteht nicht und der ist allemal subjektiv der des Betrachters und nicht in der Natur der Dinge zu finden. Die Jungsche Synchronizitätsidee ist insofern eine Vorform der naturwissenschaftlichen Kausalität, indem auch sie die Spannung zwischen Welt und Individuum nicht bestehen läßt, sondern die unbewußten Wünsche auf die ganze Welt überträgt, die dann so wie die Welt der Archetypen angeordnet sein soll. Solche Vorstellung, wie die von Jung, bildet das Komplement zu denjenigen der Naturwissenschaftler und drückt den unbewußten Wunsch der beteiligten Subjekte aus, es möge Ordnung herrschen, die mit den gegebenen Begründungen zusammenfiele. Diese Ordnung aber herrscht weder innerlich noch äußerlich.

6. 2. Archetypus und gesellschaftliche Gewalt

Es deutet sich bereits an, warum sich die Astrologen so gern auf Jung berufen. Seiner Konstruktion einer sakrosankten Naturstruktur, der gegenüber der Mensch allein sich anzupassen und in der Erfüllung seiner Aufgabe aufzugehen habe, ist ganz ähnlich wie der Trick des modifizierten Gestirnsfatalismus der Astrologen aufgebaut. Auch bei Jung erscheint auf diese Weise das subjektive Bewußtsein als eine Art abgeirrte, unnatürliche Gegenmacht zum Unbewußten, das die Kräfte eines "natürlichen Lebens" symbolisieren soll. Zwar beschreibt er mit seiner Vorstellung der Archetypen auch zutreffend bestimmte Momente des Unbewußten, dem sich das Subjekt zu stellen hat. Die autonomen Eigenschaften aber, die das Individuelle ausmachen und die über

[25] Jung, "Synchronizität", a.a.O., S. 513.

eine Durcharbeitung unbewußter Anteile hinausgehen - seine Nichtidentität mit der Gesellschaft, seine Spontaneität, die Fähigkeit sich zu verweigern - sind bei ihm geradezu mit einem Fluch behaftet. Bei Jung ist ebenfalls der Intellekt minderwertig gegenüber den herandrängenden Bildern. In Wirklichkeit läßt sich eine solche Grenze nicht einfach ziehen; das Denken in Bildern und Begriffen ist viel enger und widersprüchlicher miteinander verschränkt, als Jung sich mit seinen einfachen Kategorien träumen läßt. Indem er eine dualistische Aufteilung von verhärtetem Bewußtsein und lebendigen Bildern vornimmt, begibt sich Jung in andere Widersprüche.[26] Ein Aspekt dieser Widersprüchlichkeit ist daran zu erkennen, daß auch Jung nicht anders kann, als intellektuell zu argumentieren, schließlich malt er keine Bilder, sondern schreibt Bücher. Mit dieser diskursiven Figur argumentiert Jung also ähnlich wie die Astrologen - mit dem Unterschied allerdings, daß er die Kräfte nicht äußerlich von den Planeten repräsentiert sehen, sondern auf den innerlichen archetypischen Bilderstrom zurückführen will. Dieser Unterschied bleibt aber in seiner Auswirkung marginal, denn in den verschiedenen Konstruktionen fallen innere und äußere Kräfte zusammen. Entscheidend ist, daß das Subjekt sich in beiden Systemen an eine vorgegebene Welt anzupassen hat. Unterwirft es sich nicht, wird es dafür sowohl bei Jung, als auch bei den Astrologen, mit einer Krankheit bestraft. Auch wo der Bilderstrom herkommt, darf in Jungs Lehre nicht gefragt werden; er wird in seiner Frontstellung gegen die Vernunft wie ein Naturgesetz hingenommen. Indem Jung die tiefen Bilder gegen einen oberflächlichen Intellekt ausspielen will, wird das begriffliche Verstehen abgewertet. Darin drückt sich auch eine Rancune gegen das Bilderverbot des Judentums aus, die bei Jung mit persönlichen Motiven aus seiner Auseinandersetzung mit Freud aufgeladen ist. Den Juden war es verboten, in Bildern zu denken, obwohl es auch eine Tradition der messianischen Visionen im Judentum gibt; ihre Vorstellung der Welt steht vielmehr in untrennbarem Zusammenhang mit der Schrift.[27] Die sich für Arier hielten, wollten dagegen gerne für sich die seherische Fähigkeit in Anspruch nehmen, Bilder zu sehen; seit jeher war das ein Argument gegen jüdische Intellektualität. Wie sehr sich Jungs Vorstellungen damit an die germanische Rassenseele der Faschisten annähern, zeigt ein Zitat aus seinem 1934 verfaßten Aufsatz "Zur gegenwärtigen Lage der Psychotherapie", erschienen, nachdem Jung bereits 1933 Vorsitzender der gleichgeschalteten "Allgemeinen Ärztlichen Gesellschaft für Psychotherapie" geworden war:

---

[26] Die ähnlich verfaßte Bilderlehre von Ludwig Klages wird im 9. Kapitel untersucht.

[27] Zum komplizierten Verhältnis von Bilderdenken und diskusiver Argumentation im Judentum vergl. Gershom Scholem, "Zum Verständnis der messianischen Idee im Judentum", Judaica I, Frankfurt/M. 1963, Suhrkamp, S. 7-74 und Kapitel 9.

Der Jude, als Angehöriger einer etwa dreitausendjährigen Kulturrasse, ist wie der gebildete Chinese in einem weiteren Umkreise psychologisch bewußt als wir. (...) Die jüdische Rasse als Ganzes besitzt darum nach meiner Erfahrung ein Unbewußtes, das sich mit dem arischen nur bedingt vergleichen läßt. Abgesehen von gewissen schöpferischen Individuen ist der Durchschnittsjude schon viel zu bewußt und differenziert, um noch mit den Spannungen einer ungeborenen Zukunft schwanger zu gehen. Das arische Unbewußte hat ein höheres Potential als das jüdische; das ist der Vorteil und Nachteil einer dem Barbarischen noch nicht völlig entfremdeten Jugendlichkeit. Meines Erachtens ist es ein schwerer Fehler der bisherigen medizinischen Psychologie gewesen, daß sie jüdische Kategorien, die nicht einmal für alle Juden verbindlich sind, unbesehen auf den christlichen Germanen oder Slawen verwandte. Damit hat sie nämlich das kostbarste Geheimnis des germanischen Menschen, seinen schöpferisch ahnungsvollen Seelengrund als kindlich-banalen Sumpf erklärt, während meine warnende Stimme durch Jahrzehnte des Antisemitismus verdächtigt wurde. Diese Verdächtigung ist von Freud ausgegangen. Er kannte die germanische Seele nicht, so wenig wie alle seine germanischen Nachbeter sie kannten. Hat sie die gewaltige Erscheinung des Nationalsozialismus, auf den eine ganze Welt mit erstaunten Augen blickt, eines Besseren belehrt? Wo war die unerhörte Spannung und Wucht, als es noch keinen Nationalsozialismus gab? Sie lag verborgen in der germanischen Seele, in jenem tiefen Grunde, der alles andere ist als der Kehrichtkübel unerfüllbarer Kinderwünsche und unerledigten Familienressentiments.[28]

---

[28] Jung, Gesammelte Werke, Bd. 10, Olten 1960-1978, Walter Verlag, S. 190f; zitiert nach Tilman Evers, Mythos und Emanzipation. Eine kritische Annäherung an C. G. Jung, Hamburg 1987, Junius, S. 140f. Vergl. auch Institut für Sozialforschung, "Masse", in Soziologische Exkurse, a.a.O., S. 81f. Evers zieht als Autor einer sich als kritisch verstehenden Studie über Jung aus solchen Sätzen eine absurde Schlußfolgerung: "Solche Sätze sind schwer erträglich, und sie sind es nicht so sehr wegen ihres Wortlautes oder der Gesinnung, die bei Jung persönlich dahinter stand, sondern weil sie überdröhnt werden von den Bedeutungen, die sie aus dem zeitgeschichtlichen Kontext erhalten. Weil Jung glaubte, von der realen Außenwelt absehen zu können, hatte diese einen so ungehinderteren Zugang zu ihm. Es ist deshalb im Grunde müßig, anhand des Wortlautes solcher Texte die persönliche antisemitische Gesinnung Jungs nachweisen zu wollen. Ebenso müßig ist es, zu seiner Verteidigung einzuwenden, an seinen Gedanken sei doch manches erwägenswert, schließlich müsse sich ein Tiefenpsychologe, Religionsphilosoph und Mythenforscher wie er doch Gedanken machen dürfen über den Unterschied zwischen jüdischer und christlicher Psychologie, zumal Freud zeitlebens dasselbe tat." (Evers, Mythos, a.a.O., S. 141f) Indessen ahnt Evers, daß es hier nicht um einfache Vergleich geht, wenn er fortfährt: "Was Freud als Jude 1933 in Österreich tun durfte, durfte ein Nicht-Jude nach 1933 in Deutschland nicht tun. Nach diesem Datum ist es unmöglich geworden, argumentativ zu erklären, ob seine Äußerungen über das jüdische Bewußtsein antisemitisch sind oder nicht - sie werden es durch die Beleuchtung, die die Zeitumstände ihnen geben. Seit Auschwitz gibt es keine Möglichkeit, in der Auseinandersetzung mit Jung von diesen Zeitumständen abzusehen. Deswegen kann niemandem das Recht bestritten werden, die Figur von C. G. Jung antisemitisch zu nennen, auch wenn - wie ich anzunehmen bereit bin - die konkrete Person es nicht war. Es ist die Verantworung eines jeden Einzelnen, ob seine Auseinandersetzung mit Jung damit endet oder beginnt." (Evers, Mythos, ebenda). Geschickt wird die Frage nach dem antisemitischen Gehalt der Jungschen Theorie umschifft und ein zeitgeschichtliches Äußeres gegen einen wahren inneren Kern

In einem ähnlichen Zusammenhang stehen Jungs Versuche, den Nationalsozialismus aus der Aktivität eines "Wotan-Archetypus" zu erklären, der ebenso gegen alle rationalen Faktoren wirken soll: "Wenn wir für einen Augenblick vergessen dürfen, daß wir im Jahre des Herrn 1936 stehen und diesem Datum entsprechend glauben, die Welt vernünftig zu erklären, wofern die Basis unserer Erklärung aus dem ökonomischen, dem politischen und dem psychologischen Faktor besteht, (...) dann würde wohl Wotan als kausale Hypothese gar nicht übel passen. Ich wage sogar die ketzerische Behauptung, daß der alte Wotan mit seinem abgründigen und niemals ausgeschöpften Charakter mehr vom Nationalsozialismus erklärt, als alle drei vorgenannten vernünftigen Faktoren zusammen."[29] Es kann nun weder darum gehen, Jung seine persönlichen Verwicklungen in den Nationalsozialismus vorzuwerfen, noch die Konstruktion des kollektiven Unbewußten pauschal abzutun, sondern das Ziel einer Kritik muß es vielmehr sein, die Affinität von totalitärer Ideologie und der Struktur seiner Theorie aufzuzeigen, um von dort aus einen Blick für die übernommenen Momente in der Astrologie zu entwickeln: Und hier findet sich das Motiv einer sich jenseits aller gesellschaftlich vermittelter Instanzen durchsetzenden autonomen seelischen Gewalt, der sich jeweils der Einzelne fraglos zu unterwerfen hat, in allen drei Systemen wieder. Nun muß zunächst betont werden, daß auch Jungs Konstruktion durchaus richtige Elemente enthält. Sie berührt das, was Freud mit der Verdrängung ins Unbewußte beschreibt.[30] Danach sehen die Menschen aufgrund ihrer unverarbeiteten Erlebnisse die Realität in spezifisch verzerrter Weise. Es

---

ausgespielt. Die äußerlichen Worte sollen wiederum gegen die innerlichen Essenz der Lehre gehalten werden. Gerade die Argumentationsfigur, die Evers von Jung übernimmt, aber macht diese Lehre so prekär. Demgegenüber muß man auch bei Evers auf den Worten beharren, der im Jungschen Jargon die "Verantwortung jedes Einzelnen, ob seine Auseinandersetzung mit Jung damit endet oder beginnt" beschwören will: Eine selbstverständliche Voraussetzung als gesetztes Ende einer Argumentationslinie. In der Tat muß die Auseinandersetzung mit Jung an dieser Stelle nicht enden, denn es geht weniger um seine Person, als um den inhaltlichen Gehalt seiner Lehre, die, wie man an Evers sehen kann, unter einer vordergründigen kritischen Attitüde weitgehend unangetastet weiterwirken kann. Bleibt man zunächst auf der Ebene dessen, was Jungs Texte sagen, dann ist auch das von Evers verdienstvoller Weise aus einer abseitigen Quelle ans Licht gebrachte Interview mit C. G. Jung im Berliner Rundfunk am 26. Juni 1933 (Evers, Mythos, a.a.O., S. 241-247) deutlicher, als das Kapitel über Jungs "Begegnung mit dem Nationalsozialismus" (Evers, Mythos, a.a.O., S. 129-153), daß sich zwar im Pathos einer positiven Kritik sonnt, aber selten über eine unkritische Affirmation herausgelangt.

[29] Jung, Aufsätze zur Zeitgeschichte, Zürich 1946, S. 10f.

[30] Vergl. Freud, "Die Verdrängung" (1915), Studienausgabe Bd. III, a.a.O., S. 103-118 und ders., "Das Unbewußte", Studienausgabe Bd. III, a.a.O., S. 119-173, bes. 139-144.

handelt sich um den Versuch des Subjekts, eine mit dem Trieb zusammenhängende Vorstellung - Gedanken, Bilder, Erinnerungen - in das Unbewußte zurückzustoßen oder dort festzuhalten, damit diese einer schmerzhaften Bearbeitung entgehe. Die Vorstellung, um die es dabei geht, erscheint als solche nicht im Bewußtsein, ist aber im Unbewußten ständig präsent und drückt sich als verschobenes Motiv in einem Symptom aus. So kommt es zur "Wiederkehr des Verdrängten" (Freud) unter anderem dergestalt, daß die Wahrnehmung der Welt durch den Filter dieser Verdrängung gesehen und erlebt wird. Das ist es, was Jung mit seiner "Besessenheit durch einen Archetypus" erfassen will. Die aus der Verdrängung aufkeimenden Wünsche und Vorstellungen aber will er nicht auf eine als versagend erlebte Wirklichkeit zurückbeziehen, die sich lebensgeschichtlich im Unbewußten ablagert, sondern stattdessen als Wirkkräfte des Schicksals oder, wie auch die Astrologen sagen, als "Urprinzipien" verewigen und ihnen damit einen einfachen Sinn untermengen. Auch in diesem Gedanken sind wiederum richtige Elemente enthalten. Das Unbewußte enthält durchaus auch atavistische Spuren der Menscheitsgeschichte, die nicht auf individuelle Vorgänge in der Entwicklung allein zurückzuführen sind. Auch Freud geht von solchen Sedimenten der Menscheitsgeschichte aus, allerdings betont er, daß sich diese individuell äußerte. Im Wiederholungszwang, im Ödipuskomplex schimmert ein schicksalhaftes Moment in der Freudschen Theorie durch, daß an das vermittelte Weiterleben des archaischen Mythos in der modernen Gesellschaft erinnert. Freud gelingt es anders als Jung, der den Mythos noch einmal in seinem Archetypuskonzept sanktioniert, in einer produktiven Weise mit diesem Motiv umzugehen. Das zeigt sich in seiner Konstruktion des zwanghaften Durchlaufen der mythischen Ödipussage, die jedes Mensch für sich nachvollziehen muß: "... der Zwang des Orakels, der den Helden schuldlos macht oder schuldlos machen sollte, die Anerkennung der Unerläßlichkeit des Schicksals, das alle Söhne verurteilt hat, den Ödipuskomplex zu durchleben."[31] Ähnliches gilt für seine Begriffe der Schicksalsneurose und des Schicksalszwangs: "Im seelisch Unbewußten läßt sich nämlich die Herrschaft eines von den Triebregungen ausgehenden Wiederholungszwanges erkennen, der wahrscheinlich von der innersten Natur der Triebe selbst abhängt, stark genug ist, sich über das Lustprinzip hinauszusetzten, gewissen Seiten des Seelenlebens den dämonischen Charakter verleiht (...)."[32]

Auch bei Freud kommt eine gesellschaftliche Interpretation zunächst nur oberflächlich zum Tragen. In seiner Triebtheorie sind allerdings abgekapselt

---

[31] Freud, Abriß der Psychoanalyse, G. W. Bd. XVII, a.a.O., S. 119.

[32] Freud, "Das Unheimliche", Studienausgabe Bd. IV, a.a.O., S. 261.

immanente historische Kategorien enthalten, die sich erst auf den zweiten Blick als solche zeigen und in ihrer Rätselhaftigkeit auf das aporetische Moment hinweisen, daß auch sie sich nicht bruchlos in Geschichte übersetzen lassen. Man kann in diesem Zusammenhang von einer "inneren Historizität" (Adorno) der Freudschen Kategorien sprechen.[33] Die Triebtheorie ist das Band, das Freud an die Geschichte knüpft; bei Jung ist es zerrissen, die Folgen sind ein Unterschied ums Ganze. Aus dem Zusammenhang der gesellschaftlichen und sexuellen Triebkräfte gerissen, wird das Verdrängte bei Jung wie bei den Astrologen zu ontologischen "Prüfsteinen" oder "Aufgaben" hypostasiert, die eine Schicksalsmacht über das Subjekt verhängt hat. Die Verbindung zur Erfahrung der Subjekte wird durchtrennt und das Verständnis der persönlichen Entwicklung im Zusammenhang mit der gesellschaftlichen bleibt rudimentär.

Zum wichtigsten Unterscheidungskriterium avanciert wiederum der Umgang mit dem Subjekt. Jung kritisiert eine Psychologie, die sich nur am Individuum orientiert, richtig darin, daß diese über ihr individuelles Unbewußtes

---

[33] Adorno, "Zum Verhältnis von Psychologie und Soziologie", Sociologica I, Frankfurt/M. 1974, EVA, S. 25. Auch Horkheimer und Marcuse denken in diese Richtung. Horkheimer hatte bereits 1942 in einem Brief an Löwenthal Freuds geschichtsphilosophische Leistung gewürdigt und seine Theorie in die Nähe Bergsons gestellt: "Die Begriffe, die im Zusammenhang mit dem Todestrieb verwendet werden, sind anthropologische Kategorien. (...) Selbst dort, wo wir ihrer Verwendung und Interpretation durch Freud nicht zustimmen, stellen wir fest, daß ihre objektive Intention zutiefst richtig ist. (...) Seine Entwicklung hat ihn zu Schlüssen geführt, die sich gar nicht so sehr unterscheiden von denen des anderen großen Denkers dieser Epoche, von denen Bergsons." (Brief an Löwenthal vom 31.1o. 1942 aus Palisades, Kalifornien, Löwenthal-Sammlung; nach Jay, Dialektische Phantasie. Die Geschichte der Frankfurter Schule und des Instituts für Sozialforschung 1923-1950, Frankfurt/M. 1981, Fischer, S. 131). Ebenso will Herbert Marcuse Freuds biologische Triebe historisch wenden (Herbert Marcuse, Triebstruktur und Gesellschaft, Frankfurt/M. 1977, Suhrkamp, S. 158-170). Er sieht in den Erinnerungsspuren das Erbe der Gewalt, mit der der Kulturprozeß sich an den Individuen durchsetzt. Auf diese Weise sind die Menschen über die Auseinandersetzung mit sich selbst und der sie umgebenden Natur verantwortlich für das, was sich im Gedächtnis als Erinnerungsspur niederschlägt. So wie die äußere Geschichte sowohl vermittelter Ausdruck der ersten, als auch der damit verknüpften zweiten, der sozialen Natur der Menschen ist, so ist auch der in der Erbsubstanz aufgenommene Niederschlag des Lebens auch immer Abbild beiderlei Naturen, die sich wechselseitig beeinflussen. Einen solchen Charakter tragen auch auf die Menschheitsentwicklung zurückweisende Erinnerungsspuren in den Subjekten; von ihnen ist negativ auf das Leben zurückzuschließen. Für Freud ist das Unbewußte zunächst ein Reservoir der Lebens- und Todestriebe, die hinter der gesellschaftliche Entwicklung stehen; es enthält damit auch Motive, die in der Geschichte und Gegenwart, aber auch in der Zukunft nicht aufgehen und aporetisch und geheimnisvoll bleiben. Jung spricht daher mit seiner Archetypenlehre durchaus richtige Punkte an, mystifiziert diese aber durch seine Konstruktion sofort wieder.

nicht hinausgeht. Seine Konstruktion des archetypischen Bilderstroms will er statt dessen als objektive Gegebenheit der monadologischen Individualpsychologie entgegenstellen.[34] Dennoch verkörpert das vereinzelte Individuum, auf das die Individualpsychologie sich beschränkt, als Gegensatz zur Gesellschaft auch wiederum deren innerstes Prinzip; die Elemente, aus denen es sich zusammensetzt, sind auch zugleich Momente der gesellschaftlichen Totalität. Das Individuum stellt so in sich die gesellschaftlichen Widersprüche dar, ohne sich dessen bewußt zu sein. Indem Jung vorgibt, seine Typen quer durch alle Zeiten und geographischen Räume als identische wiederzufinden, unterschlägt er die spezifisch gesellschaftliche Wahrheit der einzelnen Mythen und Träume. In der Gewalt des Archetypus kommt wiederum eine gesellschaftliche Gewalt zum Vorschein, die eine unheimliche Macht über die Menschen besitzt; aus diesem Grunde bleiben die Archetypen rätselhaft und der Einzelne vor ihnen ohnmächtig. Was Jung auf diese Weise findet, sind die Spuren der Herrschaft über die Menschen, die sich universell in der Menschheitsgeschichte niederschlagen. Die Archetypen sind Metaphern für die Geschichte als Naturgeschichte. Die nach Jung aufkommenden Bilder sind insofern der Ausdruck eines Herrschaftsverhältnisses, in das der Einzelne eingebunden ist und das sowohl sich wandelnde, als auch kontinuierliche Elemente enthält. In den Archetypen kehren Herrschergestalten und Naturprinzipien wieder, die in der Aufklärung nur unzureichend abgeschafft worden sind. Insofern besitzen sie einen anthropologischen Wert, indem sie anzeigen, daß das Prinzip der Herrschaft und der Unterwerfung unter diese sich als universelles durch alle Zeiten und Räume hindurch zieht. Dagegen bleibt auch die fortgeschrittene Aufklärung noch ohnmächtig. Da diese nicht geglückt ist, haben Theorien wie die Jungsche und die der Astrologen immer auch recht, die, mit oder ohne Häme, auf andere Kräfte als die eines autonomen Individuums hinweisen, von denen jenes real beherrscht wird. In der Ontologisierung dieser Kräfte aber drückt sich, entgegen der scheinbar so optimistischen Versicherung von Jung wie der Astrologen, man müsse sich den drängenden Mächten nur hingeben, dann werde alles gut, eine tiefe Ratlosigkeit aus, die unter der Makulatur dieser Therapieangebote hindurchschimmert.

Man kann den Unterschied zwischen dem Freudschen und dem Jungschen Verfahren der Psychoanalyse vielleicht am pointiertesten dadurch ausdrücken, daß man Freuds Vorgehen ein allegorisches nennt, während dasjenige von Jung als ein symbolisches zu bezeichnen wäre[35]: Jung setzt den

---

[34] Jung, "Über die Archetypen", a.a.O., S. 11f.

[35] Diese Unterscheidung geht auf Walter Benjamin zurück, vergl. Benjamin, Der Ursprung des deutschen Trauerspiels, in GS I, 1, a.a.O. Gershom Scholem verwendet diese

prägenden Einfluß des Archetypus absolut, dessen Führungsrolle das Individuum zu akzeptieren hat. Freud dagegen behandelt die symbolische Bedeutung der Äußerungen des Unbewußten gleichrangig gegenüber der Tendenz des Subjektes zu dessen Bearbeitung; er legt damit ebenso den Akzent auf die Konstruktion der unbewußten Bilder durch das Subjekt. Die kulturelle Bedeutung des Symbols ist in seiner Methode nicht verschwunden, sondern bildet den Hintergrund der Interpretation. Mit anderen Worten, Subjekt und Objekt sind bei Freud auf eine Weise verschränkt, die das Subjekt nicht den objektiven Gewalten, seien sie nun im Ich, Überich oder im Unbewußten angesiedelt, um jeden Preis unterwirft, sondern wiederum Rückschlüsse auf diese Struktur des Unbewußten erlaubt. Jungs Konstruktion dagegen löst diese Beziehungen zum Archetypus hin und gegen das Subjekt auf, das sich der ewigen Ordnung der Symbole anzupassen hat. In Freuds an der Allegorie orientierter Fassung, die Raum für den Anteil des interpretieren Subjektes läßt, wird dagegen die Vorstellung einer gerechten Kontinuität der Geschichte unter dem Sternenzelt von der Steinzeit bis zur Gegenwart gebrochen; sie läßt diese aber gleichzeitig als negative, noch erst herzustellende, erscheinen.

Das wesentliche Moment in der Perspektive Freuds ist damit dasjenige der Stellung des Intellektes, der in seinem Rückbezug auf die jüdische Kultur weder von der "germanischen Psychoanalyse", noch von C. G. Jungs Psychologie ertragen werden konnte, die beide von rassisch determinierenden Seelenkräften ausgehen. In diesem Punkt treffen sich diese Lehren mit der Astrologie, die die Vorstellungen des kollektiven Unbewußten von Jung übernimmt und als "Kosmo-" und "Rassetypus" in ihr Weltbild überträgt. Jung baut seine Archetypenlehre auf der unhistorisch begriffenen Tradition der hermetischen Wissenschaften auf, die in der Form, die sie seit dem Mittelalter im Abendland angenommen hatte, ebenfalls von der selben starren Typenzuordnung ausgeht, die auch in der Astrologie weiter vorherrscht[36]; insofern ergeben sich daraus Gemeinsamkeiten im Aufbau und in den Inhal-

---

Terminologie für die Differenzierung von jüdischer Theologie und Philosophie, er entwickelt am Unterschied zwischen Allegorese und Symbol die Unterscheidung von Philosophie und Theologie: "Mit anderen Worten: der Philosoph fand sein eigentlichstes Leben erst da, wo er die Wirklichkeit des Judentums, die ja ganz konkret ist, in Allgemeines auflösen konnte. Das Einzelne ist ihm kein Gegenstand spezifisch philosophischer Versenkung. Der Kabbalist aber geht nicht darauf aus, die Wirklichkeit allegorisch zu entziffern, obwohl die Allegorie auch in den Schriften vieler Kabbalisten eine große Rolle spielt. Seine Weltauffassung ist, was ich in einem prägnanten Sinn symbolisch nennen möchte." (Scholem, Die jüdische Mystik in ihren Hauptströmungen, Frankfurt/M. 1980, Suhrkamp, S. 1-42, bes. S. 28-30, hier S. 28). Über den Zusammenhang von Symbol und Allegorie vergl. ebenfalls Peter Bürger, Prosa der Moderne, Frankfurt/M. 1992, Suhrkamp, S. 55-62.

[36] Vergl. Jung, "Synchronizität", a.a.O., S. 542-561.

ten zwischen Astrologie und Jungscher Analytischer Psychologie. Beiden Konstruktionen - der Jungschen wie der astrologischen - ist der Kommandoton der drängenden Bilder - sei es als Sternendispositionen oder als "Niederschlag aller übermächtigen, affektvollen und bilderreichen Erfahrungen aller Ahnen."[37] nicht nur äußerlich, sondern ihr innerstes Prinzip. Wiederum zeigt sich, daß die Astrologie sich auch in der Psychologie, auf die sie sich beruft, des "Trittbrett-Tricks" bedient und bereits vorhandene Strukturen ausnutzt.

6. 3. Typus und Taxonomie

Man muß nun die Konstruktion des Kollektivichs als eine Reaktionsbildung zur gesellschaftlichen Ohnmacht des Individuums begreifen. Das Individuum wird vom bürgerlichen Bewußtsein als freies gedacht, ist aber in einer Weise ökonomischen und gesellschaftlichen Kräften unterworfen, die von der Astrologie und der Archetypenlehre nur verzerrt wiedergegeben wird. Nun ist die Moderne dadurch gekennzeichnet, daß die Menschen ihre Individualität, bevor sich diese in der historischen Entwicklung allgemein ausformen konnte, in der Tendenz bereits wieder verlieren. Sowohl auf die Produktionsphäre, als auch auf die geistige Kultur bezogen, ist die Vorstellung eines autonom handelnden Individuums heute immer noch oder bereits wieder scheinhaft. In der entwickelten Warengesellschaft nähern sich die Menschen selbst immer stärker der Ware an und gleichen damit auf diese Weise tatsächlich auch starren Typen der Astrologen und des kollektiven Unbewußten. Indem Jung und die Astrologen die Menschen als Typen beschreiben, in denen sich viele wiedererkennen, drücken sie auch eine Wahrheit über sie aus. Zum Problem der Typenbildung gegenüber dem "dynamischen Leben" schreibt Adorno: "Weil die Welt, in der wir leben, genormt ist und 'typisierte' Menschen 'produziert', haben wir Anlaß, nach psychologischen Typen zu suchen. Nur wenn die klischeehaften Züge im modernen Menschen identifiziert, nicht, wenn sie geleugnet werden, kann der verderblichen Tendenz zur alles durchdringenden Klassifizierung und Einordnung begegnet werden."[38]

Derartig beschreibbare Typen entstehen aber nicht, wie die Astrologen und Jung meinen, als bedeutungsvolle Manifestationen einer kosmischen

---

[37] Jung, Seelenprobleme der Gegenwart, Zürich 1931, S. 173.

[38] Adorno, Studien, a.a.O., S. 303-314, hier S. 307; vergl. ebenfalls ders., "Soziologie und empirische Forschung", in Adorno u.a., Der Positivismusstreit in der deutschen Soziologie; Darmstadt u. Neuwied 1969/1972, Luchterhand, S. 81-102.

oder archetypischen Kraft, sondern als subjektive Rationalisierungen der Gewalt des ökonomischen Prozesses. Um ihre Entfremdung nicht realisieren zu müssen, nehmen die Subjekte bei vermeintlichen Gegenbildern Zuflucht, denen sie sich auch angleichen. Typenlehren gibt es seit er Antike[39], neu ist der historische Hintergrund, vor dem sie sich in der Moderne nun entwickeln. Walter Benjamin findet im Paris des 19. Jahrhunderts Bedingungen, unter denen sich solche Ansichten von Typen formieren; zu einer Zeit also, als die Kulturindustrie sich zu bilden anschickte. Eines der ersten Erzeugnisse der kulturindustriellen Produktion waren die Schriften der "Physiologues" als Phantasmagorien des Pariser Lebens.[40] Ihre "Physiologien" entstehen als Gegenbilder zur Anonymität der in den europäischen Großstädten zur Zeit der Industrialisierung zusammenströmenden Menschenmassen. Bei ihnen läßt sich bereits der gleiche Gestus wie der der Astrologen wiederfinden, wenn auch ihr Erkenntnisweg gegenüber der astologischen Rechnerei verkürzt war. Sie meinten die Menschen auf den ersten Blick auf der Straße erkennen zu können: "Sie versicherten, jedermann sei, von Sachkenntnis ungetrübt, imstande, Beruf, Charakter, Herkunft und Lebensweise der Passanten abzulesen. Bei ihnen erscheint diese Gabe als eine Fähigkeit, die die Feen dem Großstädter in die Wiege legen. Mit solchen Gewißheiten war vor allen andren Balzac in seinem Element. Seine Vorliebe für uneingeschränkte Aussagen fuhr gut mit ihnen: 'Das Genie', schreibt er beispielsweise, 'ist im Menschen so sichtbar, daß der Ungebildetste, wenn er sich in Paris ergeht und dabei einen großen Künstler kreuzt, sofort wissen wird, woran er ist'."[41]

Da nichts in der äußeren Welt ohne inneren Sinn sich zeigen soll, will auch Johann Caspar Lavater vom Äußerlichen aufs Innere schließen. Lavater ist der berühmteste deutsche Physiognomiker und der Autor der deutschen Urschrift der Gesichtslesekunst "Von der Physiognomik", deren Linie von Aristoteles, Goethe über Klages bis zu Sloterdijk reicht.[42] Bei Lavater läßt sich

---

[39] Vergl. dazu Kapitel 8 und Kurt Seligman (Das Weltreich der Magie - 5000 Jahre geheime Kunst, deutsche Ausgabe Eltville am Rhein 1988, S. 284-319) über die Geschichte der Handlesekunst, Stirnlinienkunde, Physiognomik usf.

[40] Benjamin, "Der Flaneur" in Das Paris des Second Empire bei Baudelaire, GS I, 2, S. 537-542.

[41] Benjamin, "Der Flaneur", a.a.O., S. 541 (Honoré de Balzac, Le cousin Pons, Ed. Conard, Paris 1914, p. 130).

[42] Johann C. Lavater, Von der Physiognomik (Leipzig 1772), Frankfurt/M. und Leipzig 1991, Insel. Im Nachwort geben Karl Riha und Carsten Zelle einen kenntnisreichen Überblick über die physiognomische Literatur. Bereits Lichtenberg, selber bucklig, hat die Hauptpunkte der Kritik benannt ("Über Physiognomik; wider die Physiognomie", Georg Chrisoph Lichtenberg, Schriften und Briefe, Hrsg. v. Wolfgang Promies, Frankfurt/M.

die gleiche Absicht, wie bei Balzac ausmachen, denn dessen Satz, findet sich fast wörtlich bei diesem wieder: "So wollte ich, zum Exempel, es darauf ankommen zu lassen, ob ein Mensch dumm genug seyn könnte, gewisse unglückliche Physiognomien in einem Thorenhospitale anzusehen und sie nicht dumm zu finden; und so wollte ich auch Menschen nennen oder Gesichter zeichnen können, von denen jedermann auf den ersten Blick sogleich sagen müßte: das muß ohnfehlbar ein verständiger und scharfsinniger Mensch seyn."[43] Daß auch bei dem genauen Beobachter Lavater nichts anderes herauskommen kann, als eine frühe Form der Rassenphysiognomie, läßt sich denken. Ein Beispiel mag für viele stehen: "Es empört sich in der That der menschliche Verstand gegen einen Menschen, der behaupten könnte, daß Leibniz oder Newton aus dem Körper eines Stupiden, eines Menschen aus dem Tollhause, der große Metaphysiker oder Mathematiker hätte seyn können; daß der eine von ihnen im Schädel eines Lappen die Theodicee erdacht, und der andere im Kopfe eines Mohren, dessen Nase aufgedrückt, dessen Augen zum Kopfe heraus ragen, dessen Lippen, so aufgeworfen sie sind, kaum die Zähne bedecken, der allenthalben fleischlicht und rund ist, die Planeten gewogen, und den Lichtstrahl gespalten hätte."[44]

Benjamin erfaßt deutlich die neue gesellschaftliche Funktion, in welche die alte abergläubische Taxonomie nun eingebaut wird: "Je weniger geheuer die Großstadt wird, desto mehr 'Menschenkenntnis', so dachte man, gehört dazu, in ihr zu operieren. In Wahrheit führt der verschärfte Konkurrenzkampf den Einzelnen vor allem dahin, seine Interessen gebieterisch anzumelden. Deren präzise Kenntnis wird, wenn es gilt, das Verhalten der Menschen abzuschätzen, oft viel deutlicher als die seines Wesens sein."[45]

1994, Bd. III, S. 256-295) und auf den Punkt gebracht, indem er eine Physiognomik der Schwänze konstatiert: "Fragment von Schwänzen" (ders., Schriften, a.a.O., Bd. III, S. 533-538). All das hindert freilich Sloterdijk nicht, von der Physiognomik als "zweiter sprachloser Sprache" (Kritik der zynischen Vernunft, Frankfurt/M. 1983, Suhrkamp, S. 267) und, Ivan Illich parodierend, einem "konviviales Wissen von den Dingen" (Sloterdijk, a.a.O., S. 269) zu reden und flugs eine Reihe von Zynikern zu katalogisieren. In jüngster Zeit legte Karl Markus Michel eine Monographie vor, der zwar einige interessante Anmerkungen zur Geschichte der neueren Physiognomie enthält, im ganzen aber feuilletonistisch bleibt und weit hinter Reha und Zelles Nachwort zur Lavaterausgabe zurückfällt (Karl Markus Michel, Gesichter. Physiognomische Streifzüge, Frankfurt/M. 199o, Hain, S. 55ff).

[43] Lavater, Physiognomik, a.a.O., S. 22.

[44] Lavater, Physiognomik, a.a.O., S. 14.

[45] Benjamin, "Der Flaneur", a.a.O., S. 542.

Benjamin erkennt mit sicherem Blick das Ansinnen dieser frühbürgerlichen Physiognomie, das sich bis zu den heutigen Astrologieanhänger durchgehalten hat: Es ist der Wunsch, den Menschen direkt ins Herz zu sehen, Macht über sie zu bekommen, mit einem Wort, das Gegenüber zu berechnen. Die Physiognomiker wollen rasch erkennen, wen sie vor sich haben. Die gleiche Intention findet sich bei Menschen wieder, die sich mit spielerischer Attitüde nach dem Sternzeichen ihres Gegenübers erkundigen. Diese Haltung einer magischen Orientierung als Gegenbild zu einer Welt, die ihre herkömmlichen Orientierungen zunehmend verliert, gibt so auch das Muster für heutige Hand-, Gesichts- und Sternenleser ab, deren Gedanken auch immer um standardisierte Typen und die möglichst rasche Einteilung von lebendig sich bewegenden Menschen kreisen. Andererseits sind die wenigsten Menschen wirklich lebendig, sondern gleichen in der Tat häufig den sie karikierenden Typen. Die von ihnen selbst registrierte auch eigene Typisierung wird aber durch die Sichtweise der Astrologie nicht in ihren Ursachen begriffen, sondern die sich ausbildenden Charaktermasken werden vielmehr als vom Schicksal bestimmte naturalisiert. Eine solche verdrehte Weltsicht verstärkt die Astrologie, indem sie den Subjekten heute wieder Konstruktionen wie die des "Kosmotypus" anbietet.

7. Astrologie und Psychoanalyse II. Aberglaube und System

In der Interpretation der psychoanalytischen Theorie des Aberglaubens gehe ich nicht auf die verschiedenen, nach Freud sich entwickelnden Ansätze ein, sondern beschränke mich in diesem Zusammenhang auf die Diskussion der Freudschen Position. Heute wird der Hang zur Magie, die Freud relativ eng auf die Zwangskrankheit eingrenzt, auch mit anderen Störungen wie der narzißstischen oder der Paranoia in Verbindung gebracht, die zum Teil auf noch frühere Entwicklungsstufen bezogen werden, als Freud das tut.[1] Freud wählt zur Erklärung des Aberglaubens einen anderen Weg als Jung. Er geht davon aus, daß es sich bei abergläubischen und magischen Vorstellungen um Varianten einer Zwangsneurose handelt. Die Symptome der Zwangskrankheit überträgt er in einem zweiten Schritt auf das ihm bekannte ethnologische Wissen über die auf der Magie beruhenden frühen Religionsformen des Animismus und Totemismus und findet sie auch in den späten monotheistischen Religionen wieder. Freud führt die Dispositionen für eine individuelle Zwangsneurose auf Traumatisierungen in der Kindheit zurück, die durchaus kollektive Elemente enthalten können, ohne darum Ausdruck eines Archetypus sein zu müssen. Dieser Ansatz ermöglicht einen anderen Zugang zur Astrologie. Indem er das Prinzip einer systematischen Konstruktion der Welt im Animismus, den entwikkelten Religionen und bei Zwangskranken aufdeckt, erlaubt Freud einen Blick darauf zu werfen, was die Astrologie als magisches System für ihre Anhänger heute anziehend macht. Denn so alt wie die Sterndeutung sein mag, ihre Anhänger ziehen aus ihr einen aktuellen psychischen Gewinn.

7.1. Der magische Zirkel. Freuds Erklärung der Entstehung des Aberglaubens

Animismus, Trauer, Magie

In seiner Schrift "Totem und Tabu"[2] befaßt sich Freud mit dem Animismus als frühe Religionsform, die von einer Lehre der Seelenvorstellungen ausgeht.

---

[1] Einen Überblick der Diskussion über den Narzißmus findet sich in Die neuen Narzißmustheorien: zurück ins Paradies? hrsg. v. Psychoanalytischen Seminar Zürich, Frankfurt/M. 1981, Syndikat/EVA.

[2] Freud, Totem und Tabu, Studienausgabe Bd. IX, a.a.O., S. 287-444.

An verschiedene Ethnologen seiner Zeit anknüpfend, erläutert Freud, daß in den Vorstellungen der frühen Menschen die Seelen dem Körper ähnlich gedacht gewesen seien; erst in der weiteren Entwicklung seien die Seelen in der Vorstellung zu körperlosen Gebilden mit einer selbständigen Existenz geworden, die es ihnen erlaubte, neben der Menschengestalt auch solche von Tieren, Pflanzen oder Gegenständen anzunehmen. In der animistischen Welt ist alles miteinander verbunden und läßt sich aus diesem einen Zusammenhang heraus erklären. Es herrscht einerseits eine Geborgenheit, da alle äußerlichen Dinge eine Beziehung zum Innern des Menschen besitzen[3], andererseits ist die Welt voller Dämonen und gefährlicher Kräfte, vor denen sich der Mensch in acht zu nehmen hat. Freund entwickelt mit Hilfe seiner aus dem analytischen Prozeß gewonnenen Erkenntnisse, die er auf die Ethnologie überträgt, daß es sich bei den Seelen, Geistern und Dämonen um die unbewußten psychischen Vorstellungen handelt, die die vorgeschichtlichen Menschen von sich selbst abspalten und auf die sie umgebende Natur projizieren. Diese Neigung findet dort eine Verstärkung, wo die Projektion eine psychische Erleichterung mit sich bringt. Ursprünglich wird dieser Mechanismus an der Bearbeitung des Todes gebildet. Stirbt ein Mensch, so fürchten die Überlebenden seiner Umgebung, ihre unbewußten aggressiven Vorstellungen ihm gegenüber hätten einen Anteil an seinem Ableben gehabt. Da diese Wünsche dem Bewußtsein nicht eingestanden werden können, entsteht die Konstruktion, daß die Schuldgefühle auf eine Seele des Toten projiziert werden. Diese erfüllt für die "Primitiven" den doppelten Zweck, einerseits als Projektionsfläche zu dienen und damit die Gefühle außerhalb der eigenen Reichweite zu haben, andererseits aber auch einen verschobenen Umgang mit ihnen zu gewährleisten.[4] Auf diese Weise lebt die Seele des Toten weiter, drängt zur Rache und muß durch das Ritual der Trauer besänftigt werden. Die Idee der Seelenwanderung entstammt nach dieser Konstruktion der Abwehr der verdrängten Neigungen ihrer Anhänger, die ihre innerpsychische Wirklichkeit auf die Außenwelt abbilden. Geister, Dämonen und Kräfte sind nach psychoanalytischer Interpretation Projektionen der eigenen unbewußten Wünsche der Animisten. Ihre Affektregungen werden zu Personen gemacht und diese bevölkern nun die Welt.

Neben der Trauer findet Freud in der Magie ein weiteres Ritual, das der Besänftigung der Geister dienen soll; er sieht in ihr die Technik des Animismus. Innerhalb des magischen Denksystems kommt der Magie die Auf-

---

[3] "(Der Mensch) wußte, wie die Dinge der Welt sind, nämlich wie er sie selbst verspürte" (Freud, Totem und Tabu, a.a.O., S. 379).

[4] In dieser Konstruktion macht Freud es sich etwas zu einfach; als Introjekte leben Teile der Verstorbenen auch in den heute lebenden Menschen weiter.

gabe zu, die bösen Kräfte zu besänftigen, die Menschen zu schützen und ihre Feinde zu besiegen. Magische Rituale und Zaubereien sind in dieser Perspektive bereits frühe Formen der Manipulation der Welt, die dem Menschen freilich noch nicht als einheitliche Natur entgegentritt, sondern sich aus einer Reihe diverser Kräfte zusammensetzt. Freud unterscheidet zwei Formen der magischen Manipulation: Die einfachere ist die "imitative" oder "homöopathische Magie", die in ihren Zeremonien Abbilder der Wirklichkeit zu schaffen versucht, die diese nur verkleinert. Die Bilder und Gegenstände werden dann entsprechend manipuliert und sollen auf die Originale zurückwirken. Darunter fallen z.B. Regenzeremonien, in denen "Regen gespielt", also Wasser ausgegossen wird, wie bei den japanischen Ainos[5] oder Rituale, bei denen, wie auf Java, auf den Feldern Geschlechtsverkehr stattfindet, um die Fruchtbarkeit der Erde anzuregen.[6] Die entwickeltere Form der Magie nennt Freud ebenfalls nach Frazer die "Magie des Zusammenhanges" oder "kontagiöse Magie". In diese Kategorie gehört die Manipulation von Körperschnitzeln (wie Haaren oder Nägeln) und Kleidungsresten und die Anrufung des Namens, wie auch die im Kannibalismus herrschende Auffassung, daß die Kräfte der verspeisten Körperteile auf den Esser übergingen.[7] Gegenüber der Ähnlichkeit der einfach nachahmenden Magie tritt hier eine erweiterte Zusammengehörigkeit von Ritual und gewünschtem Resultat, das heißt, es wird ein bestimmtes Prinzip von einem Bereich auf einen anderen übertragen. In der "kontagiösen Magie" entsprechen sich Dinge, die in keiner kausalen, sondern in einer assoziativen Verbindung stehen. Wenn z.B. in einer Zauberformel mit einem Wort ein Gegenstand beeinflußt werden soll, wird der Raum zwischen ihnen als unwirksam vorgestellt, beide rücken eng zusammen und liegen kontingent vor. Freud sieht die zusammenhängenden Motive für ihre Nachbarschaft in den Wünschen und Ängsten der Menschen, dahinter stehe die Logik einer erträumten Wunschvorstellung oder die "Herrschaft der Ideenassoziation". In der Vermittlung zwischen inneren Ide-

---

[5] Frazer, The Magic Art, 2 Bde (The Golden Bough, 3. Aufl. I. Teil), London 1911, Bd. 1, S. 251 nach Batchelor, The Ainu and their Folk-Lore, London 1901, S. 333; nach Freud, Totem und Tabu, a.a.O., S. 369.

[6] Frazer, Magic Art, a.a.O., Bd. 2, S. 98, nach Wilken, "Het animalisme bij de volken van den Indischen Archipel", Ind. Gids., Bd. 6 (Teil I), S. 958; nach Freud, Totem und Tabu, a.a.O., S. 369.

[7] Freud, Totem und Tabu, a.a.O., S. 37o. Bei Plinius findet sich der Hinweis, daß man in die Waffenhand spucken solle, wenn man bereue, jemanden verletzt zu haben: dessen Wunde heile dann besser. (Naturalis Historica XXVIII (Kap. 7), nach Frazer, Magic Art, a.a.O., Bd. 1, S. 2ol) Francis Bacon erwähnt den Volksglauben, das Salben einer Waffe, mit der jemand verletzt worden ist, heile diese Wunde selbst (Bacon, Natural History (Sylva Sylvarum, X. § 998); nach Freud, Totem und Tabu, a.a.O., S. 371).

en, Worten und äußerer Welt spielen nun ebenfalls die magischen Gesten eine besondere Rolle.[8]

Um die Herkunft dieser Form der Wunscherfüllung zu verstehen, unternimmt Freud einen Rückgriff auf sein chronologisches Modell der psychischen Entwicklung. Beim Kind werden Wünsche zunächst halluzinatorisch befriedigt, das heißt, das Kind vermag bis zu dem narzißstischen Stadium seiner Entwicklung noch nicht zwischen dem Ich und der Außenwelt zu unterscheiden und führt alle Wunschbefriedigung auf sich selbst zurück. Anders dagegen der Erwachsene:

> Für den erwachsenen Primitiven ergibt sich ein anderer Weg. An seinem Wunsch hängt ein motorischer Impuls, der Wille, und dieser (...) wird jetzt dazu verwendet, die Befriedigung darzustellen, so daß man sie gleichsam durch motorische Halluzinationen erleben kann. Eine solche Darstellung des befriedigten Wunsches ist dem Spiele der Kinder völlig vergleichbar, welches bei diesen die rein sensorische Technik der Befriedigung ablöst. (...) Mit der Zeit verschiebt sich (bei den Primitiven, W. B.) der psychische Akzent von den Motiven der magischen Handlung auf deren Mittel, auf die Handlung selbst. Vielleicht sagen wir richtiger, an diesen Mitteln erst wird ihm die Überschätzung seiner psychischen Akte evident. Nun hat es den Anschein, als wäre es nichts anderes als die magischen Handlung, die Kraft ihrer Ähnlichkeit mit dem Gewünschten dessen Geschehen erzwingt. Auf der Stufe des animistischen Denkens gibt es noch keine Gelegenheit, den wahren Sachverhalt objektiv zu erweisen, wohl aber auf späteren, wenn alle solche Prozeduren noch gepflegt werden, aber das psychische Phänomen des Zweifels als Ausdruck einer Verdrängungsneigung bereits möglich ist. Dann werden die Menschen zugeben, daß die Beschwörungen von Geistern nichts leisten, wenn nicht der Glaube an sie dabei ist, und daß auch die Zauberkraft des Gebets versagt, wenn keine Frömmigkeit dahinter wirkt.[9]

Diese Art der magisch-motorischen Darstellung findet Freud im Ritual der magischen Beschwörungsformeln wieder. Wunsch und Angst auf der einen Seite und die Wirklichkeit auf der anderen werden mithilfe der magischen Beschwörungsrituale in eins gesetzt. Die räumlichen Relationen, die zwischen Gedanken bestehen - nämlich daß sie, bildlich gesprochen, im Kopf nebeneinanderliegen - werden mit Hilfe der magischen Geste oder des Rituals auf die Dinge der Welt übertragen. So rücken auch diese eng zusammen. Das Prinzip, das die Magie als Technik der animistischen Denkweise

---

[8] Freud, Totem und Tabu, a.a.O., S. 371.

[9] Freud, Totem und Tabu, a.a.O., S. 372f. Freud beschreibt hier nebenbei auch einen möglichen Ursprung des Theaters, ein weiterer mag auch im Kinderspiel zu finden sein; vergl. Freud, Jenseits des Lustprinzips, Studienausgabe Bd. III, Kap. II, S. , bes. S. 227 und Friedrich Nietzsche, Die Geburt der Tragödie, KSA, a.a.O., Kapitel 2, S. 33f.

regiert, ist die (nach einem treffenden Ausdruck von einem Patienten Freuds so genannte) "Allmacht der Gedanken."[10]

Zwangsneurose

Nachdem Freud auf diese Weise die Magie mit der Herrschaft der Ideenassoziation, die einer kindlichen Vorstellungswelt zuzuordnen ist, in Zusammenhang gebracht hat, parallelisiert er in einem weiteren Schritt das kollektive Erleben der Naturvölker, die dem Animismus anhängen, mit der individuellen Psyche eines Zwangskranken. Auch der Neurotiker lebt ganz ähnlich einem Menschen, der an Seelenwanderung glaubt, in einer besonderen Welt, in der nur das intensiv Vorgestellte, das mit Affekt Gedachte wirksam ist, die Übereinstimmung mit der äußeren Realität dagegen nebensächlich: "Die primären Zwangshandlungen dieser Neurotiker sind eigentlich durchaus magischer Natur. Sie sind, wenn nicht Zauber, so doch Gegenzauber, zur Abwehr der Unheilserwartungen bestimmt, mit denen die Neurose zu beginnen pflegt."[11] Der Zwangskranke leidet unter seinem Handeln wie unter einer Schuld, von der er nichts weiß und der Vorstellungen zugrunde liegen, die von einem Verdrängungsprozeß herrühren. Zu dieser Neuroseform gehört eine grüblerischen Haltung, die Denkanstrengungen des Neurotikers dürfen nicht zu ihrem Gegenstand vordringen, sondern ihn nur zweifelnd umkreisen. Er vermag das Wichtige nicht mehr vom Unwichtigen zu trennen, behält aber äußerlich die Haltung des Denkens und Handelns bei, ohne das dieses direkt auf den verdrängten Inhalt gerichtet wäre, wohl aber indirekt: Seine Handlungen und Rituale verfolgen ebenfalls den doppelten Zweck, den Freud für die Seelenkonstruktion im Animismus annimmt. Sie sollen ihn einerseits vor den verdrängten, nach außen projizierten und mit dem Trieb in Verbindung stehenden Gedanken schützen und gleichzeitig einen Umgang mit ihnen ermöglichen, in dessen Rahmen sie entschärft sind, von den sexuellen Affekten gelöst und auf ein "Kleinstes" verschoben werden, das in den Ritualen eine besondere Rolle spielt. Dieses "Kleinste" wird nun mit den verbotenen Gedanken aufgeladen und enthält sie als Kräfte gebündelt, die nun den Anschein erwecken, als seien sie dem Gegenstand selbst als

---

[10] Vergl. Freud, Bemerkungen über einen Fall von Zwangsneurose, Studienausgabe, Bd. VII, a.a.O., S. 92. Im Anschluß an Freud entwickelt Frenczi ein , in dem das Durchlaufen verschiedener, vom Kind als magisch verstandener Stufen angenommen wird. Ferenczi erklärt dann die spätere Anfälligkeit für Aberglauben aus einer Regression auf die entsprechende Stufe der Allmachtsvorstellungen, des Gesten- oder Wortzaubers. Vergl. Sandor Ferenczi, "Die Entwicklungsstufen des Wirklichkeitssinns", in ders., Schriften zur Psychoanalyse I, hrsg. v. Michel Balint, Frankfurt/M. 197o, Fischer, S. 148ff.

[11] Freud, Totem und Tabu, a.a.O., S. 375f.

dessen Seele eigen; anders gesagt, es ist damit zu einem Fetisch geworden. Zum Fetisch kann dem Zwangsneurotiker praktisch alles werden, er kann ein Ding sein, das nicht berührt, ein Gedanke, der nicht gedacht oder ein Vorgang, der nicht ausgeführt werden darf, mit dem aber dennoch in der verschobenen Form des Rituals permanent umgegangen wird. Verbot und Auflehnung gegen das Verbot bilden einen im Ritual umeinander kreisenden magischen Zirkel, dessen im Innern liegendes Geheimnis nicht aufgedeckt werden darf. Zur Vermeidung der direkten Benennung des Verdrängten Wunsches oder Gedankens errichtet der Zwangskranke eine individuelle Ordnung, die meist peinlich genau eingehalten wird und eigene Regeln ausbildet, die in sich geschlossen und nur aus der Verdrängung heraus zu verstehen sind. Oft gehört ein Wasch- oder Reinigungszwang dazu, der als Reaktionsbildung auf analerotische und sadistische Regungen hinweist.[12] Seine Kräfte aber bezieht der geheimnisvolle Fetisch aus den Projektionen der unbewußten Gedanken des Kranken. Freud will auch in dieser Neuroseform eine Regression auf die Kindheit, ein Stück des "Kindergrößenwahns" sehen - die Vorstellung eines Kindes, seine haßerfüllten Gedanken seien in der Lage, einen anderen Menschen zu töten oder ihm Leid zuzufügen. Er beschreibt, daß der Zwangskranke gezwungen sei, "die Wirkung seiner feindseligen Gefühle in der Außenwelt zu überschätzen, weil seiner bewußten Kenntnis ein großes Stück der innren psychischen Wirkung derselben Gefühle entgeht. Seine Liebe - oder vielmehr sein Haß - sind wirklich übermächtig; sie schaffen gerade jene Zwangsgedanken, deren Herkunft er nicht versteht und gegen die er sich erfolglos wehrt."[13]

Damit wird auch wiederum der Bezug zur Magie deutlich, in diesen persönlichen Ritualen erkennt Freud dann die Strukturen der animistischen Magie wieder, in denen der aufgeladene Gedanke die Ausführung in der Welt ersetzt. Der in sich selbst ambivalente Wunsch wird zur treibenden Kraft der Weltinterpretation. Freud legt auf diese Weise eine Erklärung der Magie und Zwangsneurose vor, die auf die Herrschaft der "Allmacht der Gedanken" zurückgeht: "Auch die Schutzformeln der Zwangsneurose finden ihr Gegenstück in den Zauberformeln der Magie. Die Entwicklungsgeschichte

---

[12] Um ein Beispiel zu geben: "Ein Mädchen meiner Beobachtung stand unter der Zwange, nach dem Waschen die Waschschlüssel mehrmals herumzuschwenken. Die Bedeutung dieser Zeremoniellhandlung lag in dem sprichwörtlichen Satze: Man soll schmutziges Wasser nicht ausgießen, ehe man reines hat. Die Handlung war dazu bestimmt, ihre geliebte Schwester zu mahnen und zurückzuhalten, daß sie sich von ihrem unerfreulichen Manne nicht eher scheiden lasse, als bis sie eine Beziehung zu einem besseren angeknüpft habe." (Freud, "Zwangshandlungen und Religionsübungen", Studienausgabe Bd. VII, S. 16f; siehe dort auch weitere Beispiele.).

[13] Freud, "Bemerkungen über einen Fall von Zwangsneurose", a.a.O., S. 93.

der Zwangshandlungen kann man aber beschreiben, indem man hervorhebt, wie sie, vom Sexuellen möglichst weit entfernt, als Zauber gegen böse Wünsche beginnen, um als Ersatz für verbotenes sexuelles Tun, das sie möglichst getreu nachahmen, zu enden."[14]

An dieser Konstruktion aus "Totem und Tabu" ist von vielen Seiten Kritik geübt worden, besonders was die Gleichsetzung der bürgerlichen Neuroselehre und die polytheistische Religion betrifft. Man muß berücksichtigen, daß Freud seine Parallelisierung von Zwangskranken und dem "Seelenleben der Wilden" auf ethnologisches Material von Frazer und anderen stützt, das anders interpretiert wird. Insofern ist die Vorstellung, daß der Animismus der Zwangsneurose gleichzusetzen wäre, nicht in allen Punkten aufrecht zu erhalten. Zutreffend aber ist die Beschreibung, die Freud im Rahmen der bürgerlichen Epoche für die Zwangskranken abgibt, deren Neurose durchaus magischer Natur ist: Wie Mario Erdheim zeigt, ist es sinnvoll, den Standpunkt der exotisierten Lektüre umzudrehen und den Text als enthnologisierte Beschreibung des Sexuallebens der bürgerlichen Epoche zu verstehen.[15]

Systembildung und Aberglaube

Untersucht man einzelne Elemente der magischen Zwangsneurose, dann ergeben sich Verbindungen zu den Vorstellungen der Astrologie. Zunächst läßt sich das systematische Element wiederfinden. Der Zwangskranke entwickelt ein eigenes System, mit dessen Hilfe er die Welt erklären und manipulieren möchte, es kommt dabei zu einer Umordnung des psychischen Materials mit einem neuen Ziel. Freud nennt diesen Vorgang eine Systembildung, er sieht darin den Versuch des Intellekts, Ordnung, Vereinheitlichung und Zusammenhang in eine vielfältig vorliegende Wahrnehmungswelt zu bringen. Es klingt in diesem Zusammenhang bereits an, daß die Systembildung ein konstitutives Element jeglicher, auch nichtpathologischer und rational ausgerichteter Ordnungsversuche ist. Das Prinzip, unter dem in der Zwangsneurose eine solche Ordnung steht, ist nun aber kein rational reflektiertes, sondern das der Verdrängung. In ihrem Sinne verfährt die intelligente Funktion, "und scheut sich nicht, einen unrichtigen Zusammenhang herzustellen, wenn sie infolge besonderer Umstände (eines zu verdrängenden Inhalts, W. B.) den richtigen nicht erfassen kann."[16] Der Intellekt ginge dabei so wie unsere Poli-

---

[14] Freud, Totem und Tabu, a.a.O., S. 376.

[15] Erdheim entwickelt eine aktualisierte Lesart des Freudschen Textes, vergl. Mario Erdheim, Einleitung in die Taschbuchausgabe von Freuds Totem und Tabu, Frankfurt/M. 1991, Fischer, S. 7-41, hier S. 41.

[16] Freud, Totem und Tabu, a.a.O., S. 383. Vergl. auch Freud, "Bemerkungen über einen Fall von Zwangsneurose", a.a.O., S. 51.

zei vor, illustriert Freud, die, wenn sie des richtigen Täters nicht habhaft werden könne, mit dem Falschen vorlieb nehme. Anders gesagt, den realen Dingen werden die Gesetze des Seelenlebens aufgezwungen. Der Anhänger eines solchen Systems hat für jede Tätigkeit des Rituals und für jedes Ereignis, das ihm passiert, eine folgerichtige Begründung parat, die innerhalb des Systems gilt und es als ganzes nicht infrage stellt.[17] In der Systembildung lassen sich nach dem nun bekannten Muster zwei Motivationen aufdecken, eine versteckte, real wirksame und eine wahnhafte. Diese Begründung zweiten Grades nennt Freud den Aberglauben: "'Aberglaube' ist wie 'Angst', wie 'Traum', wie 'Dämon' eine der psychologischen Vorläufigkeiten, die vor der psychologischen analytischen Forschung zergangen sind."[18] Abergläubische Systeme enthalten oft viel Wahres; sensibel wird dabei auf Details Rücksicht genommen, die anderen Logiken entgehen, aber ihre Verschiebung im Rahmen des verdrängenden Prinzips macht die Erkenntnis weitgehend wertlos. Die Überschätzung der inneren Wahrnehmung führt zu einer verschobenen Ansicht der Welt. Freud spricht in diesem Zusammenhang von einem Wahnsystem.[19]

Es ist deutlich, worauf meine Argumentation abzielt. Auch bei der Astrologie handelt es sich um ein solches Wahnsystem, das in einem Zwischenbereich von individueller und kollektiver Zwangsneurose anzusiedeln ist. Doch bevor dieser Gedanke genauer entfaltet wird, seien kurz noch einige weitere Aspekte der Zwangsneurose in Verbindung mit der Astrologie erwähnt.

Das okkulte Kabinett: Das Geheimnisvolle, die Aporie, der Tod

Zwangskranke weisen nach Freud weitere Symptome auf, die institutionalisiert in der Welt der Astrologie eine Rolle spielen, ohne daß der Hintergrund der magischen Praktiken verstanden werden würde. Es fallen drei Themen-

---

[17] Das hinter der Systembildung wirkende Prinzip besitzt Bezüge zu der von Freud so genannten sekundären Bearbeitung des Traumgedankens, die er in seiner Traumdeutung entwickelt hat (vergl. Freud, Die Traumdeutung, Studienausgabe Bd. II, a.a.O., Kapitel VI, S. 470-487). Er führt dort an, daß geträumte Inhalte einer gewissen Ordnung unterliegen, die hinter dem Inhalt des Traumes verborgen bleibt. Wird der Traum am Tage gedeutet, so wird dieser den Traumgedanken ursprünglich zugrundeliegende Zusammenhang durch diejenige der nun verdichteten Traumgedanken ersetzt. "Wir sagen abschließend, das, was durch die Traumarbeit aus dem Material der Traumgedanken geworden ist, hat eine neue Beeinflussung erfahren, die sogenannte 'sekundäre Bearbeitung', deren Absicht offenbar dahin geht, die aus der resultierende Zusammenhanglosigkeit und Unverständlichkeit zugunsten eines neuen 'Sinnes' zu beseitigen." (Freud, Totem und Tabu a.a.O., S. 382f).

[18] Freud, Totem und Tabu, a.a.O., S. 385.

[19] Freud, Totem und Tabu, a.a.O., S. 363.

komplexe auf, in denen Bezüge zur Zwangsneurose am deutlichsten hervortreten: eine besondere Neigung zur Beschäftigung mit Geheimnisvollem, mit Aporien wie Jenseitsvorstellungen und dem Tod.

Zur Aufrechterhaltung seiner verschobenen Ordnung arbeitet der Zwangskranke häufig mit an der Fabrikation seines Wunderglaubens, z.B. durch indirektes Sehen und Lesen mit den Augenaußenseiten, durch partielles Vergessen von Zusammenhängen und durch Gedächtnistäuschungen; auf diese Weise werden bestehende logische Bezüge wieder verzerrt. Eine weitere Methode besteht darin, kausal bestehende Zusammenhänge affektlos zu machen, so daß diese zwar bekannt sind, aber ohne Bedeutung erscheinen.[20] Dennoch bleibt trotz dieser Verdrängungsarten der unbewußte Zusammenhang als magischer in den auf die Außenwelt projizierten Beziehungen erhalten, und kehrt zu etwas Geheimnisvollem verschoben, wieder. Eine wesentliche Kraft der Wirkung der magischen Systeme wie der Astrologie liegt in ihrem Moment des Geheimnisvollen und des Unheimlichen: Wie die Sterne auf die Menschen wirken, unterliegt einem Geheimnis; das, was bei der Erklärung des Prinzips verschwiegen wird, ist damit wichtiger als das, was angegeben wird. Für die Psychoanalyse geht das Unheimliche, wie die Wirkung von Magie überhaupt, auf etwas ursprünglich Heimliches im Sinne von bekannt zurück - auf den eigenen Wunsch, der als solcher verdrängt werden mußte und nun als vermeintlich selbständige Kraft dem Individuum wieder entgegentritt. Das Wort heimlich hat in diesem Sinne einen Bedeutungswandel durchgemacht: "Also heimlich ist ein Wort, das seine Bedeutung nach einer Ambivalenz hin entwickelt, bis es endlich mit seinem Gegensatz unheimlich zusammenfällt. Unheimlich ist irgendwie eine Art von heimlich."[21]

Eine weitere Methode des Zwangskranken, sich der Realität zu entziehen, stellt die Produktion von Unsicherheiten und Zweifel dar.[22] Dazu gehört eine Vorliebe für die Beschäftigung mit aporetischen Fragen und Gebieten, wo eine allgemein-menschliche Unsicherheit herrscht: Fragen des Einflusses der Sterne auf das Leben, Fragen, was vor der Geburt und was im Jenseits geschehen mag, Fragen der Abstammung. Durch die beständige Beschäftigung mit Denkgegenständen, die apriori im Bereich des Unsicheren liegen, soll

---

[20] "Die Verdrängung hat sich hier eines anderen, eigentlich einfacheren Mechanismus bedient; anstatt das Trauma zu vergessen, hat sie ihm die Affektbesetzung entzogen, so daß im Bewußtsein ein indifferenter, für unwesentlich erachteter Vorstellungsinhalt erübrigt." (Freud, "Bemerkungen über einen Fall von Zwangsneurose", a.a.O., S. 64).

[21] Freud, "Das Unheimliche", Studienausgabe Bd. IV, S. 250.

[22] Den Zusammenhang von Zwang und Zweifel, der Zur Zwangsneurose gehört, entwickelt Freud genauer in "Die Disposition zur Zwangsneurose (Ein Beitrag zur Disposition der Neurosenwahl)", Studienausgabe Bd. III, a.a.O., S. 105-117.

dann insgesamt die Möglichkeit sicherer Urteile und daraus ableitbarer Handlungen geleugnet werden. Dazu gehört eine naive Vorstellung von der Relativität der als äußerlich oder "kausal" apostrophierten Wirklichkeit, die mit der zwanghaften Annahme von Schicksalskräften korrespondiert, die unter hanebüchenen Begründungen geglaubt werden.

Auch die Frage des Todes und die Beschäftigung mit einem Leben im Jenseits hat für viele Zwangskranke darüberhinaus noch eine weitere Bedeutung. Einerseits führt die Angst vor den eigenen aggressiven Wünschen gegen Tote zum Geister- und Dämonenglauben, andererseits beschäftigen sich Zwangskranke häufig mit der Lebensdauer und den Todesmöglichkeiten anderer. Die astrologische Analyse der Lebensläufe anderer Menschen, das scheinbar affektlose Vorhersagen von Unglücken und Todesfällen in der Zukunft gehört hierher. Dieser Zusammenhang gilt ebenso für alle anderen "mantischen Techniken" wie Handlesen, Kartenlegen, Pendeln, die den Gestus besitzen, banalen Ermahnungen durch Berufung auf höhere Mächte stärkeres Gewicht zu verleihen. Die Astrologen und ihre Anhänger, die sich nicht selten auch für Eingeweihte gegenüber Ungläubigen halten, teilen diesen Zug der Zwangskranken, die Vorhersage von Todesmöglichkeiten anderer zur verschobenen Beschäftigung mit ihren eigenen Konflikten zu nutzen. Das, was Freud in der Psychoanalyse die Gegenübertragung nennt, bleibt bei ihnen unaufgeklärt.[23]

Das Geheimnisvolle, die Aporie und der Tod sind Denkgegenstände, deren Beschäftigung zur Struktur der Zwangsneurose gehören und die sich als Motive in der Astrologie wiederfinden. Sie sind aber nur einzelne Elemente innerhalb eines größeren Zusammenhangs des astrologischen Wahnsystems. Daher besteht die größte Übereinstimmung zwischen Astrologie und Zwangsneurose im Bereich der systematischen Ordnung.

---

[23] "Ihr (der Zwangskranken, W. B.) wesentlicher Charakter ist, daß sie der Entscheidung zumal in Liebessachen unfähig sind; sie trachten jede Entscheidung hinauszuschieben, und im Zweifel, für welche Person oder für welche Maßregel gegen eine Person sie die Entscheidung treffen sollen, muß das alte deutsche Reichsgericht ihr Vorbild werden, dessen Prozesse gewöhnlich durch den Tod der streitenden Parteien vor dem Richterspruch beendigt werden. So lauern sie in jedem Lebenskonflikt auf den Tod einer für sie bedeutsamen, zumeist geliebten Person, sei es eines Teiles der Eltern, sei es eines Nebenbuhlers oder eines der Liebesobjekte, zwischen denen ihre Neigung schwankt" (Freud, "Bemerkungen über einen Fall von Zwangsneurose", a.a.O., S. 94).

7. 2. Systembildung und Tabu

Wahnsystem Astrologie

Die Astrologie kann zutreffend als ein Wahnsystem beschrieben werden, das sowohl individuelle, als auch kollektive Momente enthält. Sie bietet scheinbar objektiv legitimierte Verschiebungsmuster für die unbewußten Wünsche ihrer heutigen Anhänger an. Um diese nicht realisieren zu müssen, werden sie auf die Sterne projiziert, die nun mit eigenen Kräften begabt erscheinen. Diese Kräfte bestimmen den Tagesablauf, die günstigen und ungünstigen Handlungen, den Umgang mit anderen Menschen. Das astrologische System ist in sich geschlossen; es soll "größer" sein, als das der Naturwissenschaften und diese in sich aufnehmen, meint der Astrologe Riemann, wenn er sich ein Zitat Ernst Jüngers als Sinnspruch zu eigen macht: "Unsere Wissenschaft läßt sich ohne weiteres und ohne Rangminderung im astrologischen System unterbringen, nicht aber umgekehrt."[24] Die aufgeklärten Naturwissenschaften sehen immerhin die Grenzen ihrer Erkenntnis, während die Astrologie gar keine Außenwelt kennt, die anders wäre; sie besitzt keinen Begriff von einem Gegenüber, indem sie alles mit einbezieht, versteht sie nichts. Das scheinbar starke Argument, alles erklären und einordnen zu können, erweist sich wiederum als ein schwaches. Das Wirkprinzip der Astrologie entspricht in psychoanalytischen Betrachtung demjenigen einer modifizierten kontagiösen Magie. So wie von Klöckler, Riemann, Ring und Detlefsen die Eigenschaftszuordnungen der Planeten beschreiben, liegt es nahe anzunehmen, daß die in den Tabellen festgehaltenen Beziehungen der "analogen Struktur", die den einzelnen Entsprechungen oder Koinzidentien, die für die Farben, Planeten, Wochentage, Berufe, Windrichtungen, Krankheiten usf. angegeben werden, in Gedanken bestehen. Diese sind aber nun keineswegs willkürlicher oder rein individueller Natur, sondern entstammen, wie sie in das Abendland übermittelt sind, dem System der arabischen Astrologie, die wiederum auf frühere griechische und babylonische Fassungen zurückgeht, in denen sich animistische und totemistische Formen erhalten haben.[25] Bei der darin zum Zuge kommenden systematischen Magie handelt es sich insofern auch um eine Vorform der Naturwissenschaften, als auch sie manipulierte Zusammenhänge stiften will, deren Ursachen im Dunkeln bleiben.

Nun muß man den Anhängern der Astrologie zugute halten, daß die Grenzen zwischen Wahn und Wirklichkeit schwierig zu ziehen sind. Wahn-

---

[24] Riemann, Lebenshilfe, a.a.O., S. 23.

[25] Vergl. dazu die Kapitel 2, 8, 9 und 10.

systeme werden auch und gerade von "normalen Menschen" akzeptiert. Wer sich vollständig auf die begrenzte Rationalität der Gesellschaft einläßt, ist auch anfällig für die Irrationalität der Astrologie. Wahnsysteme und ein Denken, das sich rein auf eine unreflektierte gesellschaftliche Praxis ausrichten will, gehören zusammen.[26]

Alle Systeme, die die Welt zu erfassen suchen, gründen in gewisser Weise auf einer Wechselbeziehung von Rezeption und Projektion.[27] Es gehen immer subjektive Faktoren in den Entwurf eines Wissenssystems mit ein; das System und die Wirklichkeit gelangen auf diese Weise nie ganz zur Deckung, auch wenn eine lückenlose Einordnung verschiedener Phänomene eine solche Identität vorzugeben versucht. Will man sich den Antionomien der Begriffsbildung, wie sie im fünften Kapitel umrissen wurden, annähern, kann es nicht darum gehen, auf einem objektiven Standpunkt in der Weise zu beharren, wie beispielsweise der Astrologe Riemann in der Astrologie eine vom Menschen unabhängiges Ordnung erblicken will, sondern der Weg muß umgekehrt sich dieser aus dem Blick geratenen Seite der subjektiven Spekulation bewußt werden. Der Unterschied zwischen einem wirklichkeitstreueren und einem Wahnsystem liegt darin, ob eine Projektion als bewußte subjektive erfolgt oder nicht. Mit anderen Worten, es kommt darauf an, daß eine bewußte Reflexion über die in der Begriffsbildung mit eingehenden bewußten und unbewußten, subjektiven und objektiven Bestandteilen des Denkens stattfindet, die sich ebenso auch der Grenzen des begrifflichen Denkens bewußt ist, ohne sich einer diese Aporie falsch überbrücken wollende affirmative Metaphysik anzuschließen. Ein sich auf solche Weise dialektisch verstehendes Denken wird ständig in seinen Grundannahmen wieder weitgehend infrage gestellt und enthält die Möglichkeit der Veränderung mit der fortschreitenden Wirklichkeit, auf die es wiederum zurückwirkt.

---

[26] Andererseits ist aber die instrumentelle Vernunft nicht bruchlos identisch mit einem Wahnsystem. Die Naturwissenschaften besitzen im Rahmen ihres instrumentellen Zugriffs auf die Gegenstände einen bestimmbaren Grad an Rationalität; immerhin garantiert der instrumentelle Umgang der Naturwissenschaften mit ihrem Gegenstand zumindest ein empirisches Konstrukt, so reduziert er auch sein mag. Die frühen taxierenden Physiognomiker, Hand- und Stirnliniendeuter der Neuzeit besaßen ebenfalls noch ein empirisches Element und betrachteten den Menschen genau. Heutige Astrologen aber schauen weder auf den Menschen, noch in den Himmel, sie tun genau das, was sie mit Paracelsusschem Pathos ihren Gegnern vorwerfen: Sie sehen nur in Bücher und in was für welche!

[27] "Jede Wahrnehmung enthält bewußtlos begriffliche, wie jedes Urteil unaufgehellt phänomenalistische Elemente. Weil also zur Wahrheit Einbildungskraft gehört, kann es dem an dieser Beschädigten stets vorkommen, als ob die Wahrheit phantastisch und seine Illusion die Wahrheit sei." (Horkheimer/Adorno, Dialektik der Aufklärung, a.a.O., S. 173).

Im Gegensatz dazu besitzen die Anhänger von Wahnsystemen, wie dem der Astrologie, diese Erkenntnis der Grundlagen ihrer Begriffe nicht. Dadurch sind sie gezwungen, die eigenen Gedanken entweder als von außen einwirkende Kräfte auf die Planeten zu projizieren, oder die ganze Welt nur noch als Resultat ihrer eigenen Schöpferkraft zu betrachten. Ihre Projektionen haben eine größere Macht über sie, als sie über diese. Die von ihnen entworfene Welt ist in diesem Verfahren nicht imstande zu antworten, und ihnen ein Gegenüber zu sein, für dessen Eigenheiten es einen Platz in ihrem Bewußtsein gäbe. Die Rückbezüge sind zu ungunsten von beiden - Subjekt wie Objekt - verlorengegangen. Es ist daher kein Wunder, daß die Astrologen dann von "Prinzipien" reden müssen, die sich mit Gewalt Zutritt zu den Subjekten verschaffen: Es ist das verdrehte Gewahrwerden einer Welt außerhalb ihrer eigenen Projektionen, die, wenn sie nicht schon in einer Wechselwirkung Eingang in die Begrifflichkeit findet, mit der die Subjekte die Welt erfassen wollen, in der Tat als brutal erlebt werden kann. Die rabiat unterdrückten Gedanken kehren mit der gleichen Gewalt als äußere, böse Kräfte zurück.

Reste von Tabu und Totemismus in Formen der modernen Astrologie

Im Verbot der Frage, welche Wünsche und Vorstellungen das astrologische Wahnsystem zusammenhält, ist auf verschobene Weise ein altes animistisches Tabu wirksam, das auch in anderen Systemen, wie den traditionellen und neumythischen Religionen und dem Positivismus, zu finden ist. Zum Verständnis der inneren Logik dieses Gestus, läßt sich ebenfalls auf die Psychoanalyse zurückgreifen. Das Tabu gehört nach Wundt zum ältesten Gesetzeskodex des Menschen, es ist älter als Götter und Religion; von den verschiedenen Formen, die es annehmen kann, ist das "natürliche Tabu" für den hier untersuchten Zusammenhang am interessantesten.[28] Ein Ereignis, eine Person, oder eine Sache, wird mit einer geheimnisvollen Kraft, dem Mana, zusammengebracht, die für gefährlich gehalten wird. Freud entwickelt, daß dem Tabu starke Lüste es zu übertreten vorausgehen, die gerade durch das Verbot unbewußt weiterbestehen und hervorgebracht werden; dem Tabu gehorchende Menschen besitzen daher eine ambivalente Einstellung dem Verbotenen gegenüber. Die Zauberkraft des Mana, die mit dem Tabu zusammenfällt und mit der gewisse Menschen begabt scheinen, führt Freud dann auf die Fähigkeit zurück, die anderen in die Versuchung des Tabubru-

[28] Wilhelm Wundt, Mythos und Religion, Teil II, (Völkerpsychologie, Bd. 2), Leipzig 1906; nach Freud, Totem und Tabu, a.a.O., S. 311.

ches führen zu können - das sei ansteckend.[29] Die ältesten astrologischen Systeme liegen vermutlich auf dieser Stufe. Die verbindende Kraft zwischen Elementen, Charaktereigenschaften, Berufen, Farben etc. wird durch das (ungenannte) Mana hergestellt[30]; das Nichtbefolgen der daraus entstehenden Regeln führt zu einer Bestrafung. Die Archaik der totemistischen Kraft hat sich bis in die neueren Formen der Sterndeuterei hinein gehalten: Das alte animistische Tabugesetz ist in der Astrologie insofern bis heute wirksam, als die Frage nach dem Sinn der Ordnung ihren Anhängern immer noch nicht erlaubt und mit einem Bann belegt wird.[31]

In diesem Zusammenhang mag auch der Animismus als frühe Stufe der totemistischen Religionen in anderer Form rudimentär in der Astrologie enthalten sein, wenn man der Vermutung nachgeht, daß es sich bei den Tieren des griechischen Zodiakus um an den Himmel projizierte totemistische Opfertiere handeln könnte.[32] Ich erläutere kurz die dieser Vorstellung zugrundliegende psychoanalytische Konstruktion, die eine solche Annahme plausibel machen könnte. Freud zeigt, das die Unterteilung in Totemclans bei den Urvölkern zur Verhinderung des Inzests dient - sexueller Verkehr innerhalb der Clans ist strengstens verboten. Die totemistische Religion rankt sich um ein Opfertier, eben jenes Totemtier, das nach Freuds umstrittener Vatermordhypothese den Urpatriarchen darstellt, dessen Ermordung durch die Schar der Brüder im Opfer rituell wiederholt wird. Der Grund für die Rebellion der Söhne gegen den Vater sieht Freud in dessen sexueller Hege-

---

[29] Freud knüpft, was die Ambivalenz des Tabus angeht, an seine sprachhistorischen Bemerkungen "Vom Gegensinn der Urworte" (191o), Studienausgabe Bd. IV, a.a.O., S. 227-234, an.

[30] Diese Linie des Manas als nichtstofflichem Stoff führt über Goethes Farbenlehre (in der ein Rest des Manas noch als "Trübes" zwischen den beiden Antipoden des hellen und des dunklen Lichtes vermittelt; die Annahme eines Äthers im Raum unterscheidet Goethes Farbvorstellungen von derjenigen Newtons, vergl. Johann Wolfgang Goethe, Schriften zur Farbenlehre, in Sämtliche Werke Bd. 16, Zürich/München 1977, Artemis/dtv) und die Äthertheorien bis in die moderne Wissenschaft. Auch Wilhelm Reichs Orgonenergie ist ein später Abkömmling dieser Vorstellung (vergl. Wilhelm Reich, Gott, Äther und Teufel, 2. Aufl. Frankfurt 1983, Nexus).

[31] Dieses Element teilt die Sterndeuterei mit den entwickelten Religionen; auch in der Philosophie finden sich noch animistische Elemente wie die Überbewertung des Wortzaubers, der Idee, daß die Welt sich nach der Logik der Gedanken entwickele. Vergl. auch Freud, Neue Folge der Vorlesungen zur Einführung in die Psychoanalyse, 35. Vorlesung "Über eine Weltanschauung, Studienausgabe Bd. I, a.a.O., S. 539.

[32] Über Totem vergl. Freud, Totem und Tabu, a.a.O., S. 297, Fn 1.

monie über alle Frauen des Stammes.[33] Er nimmt an, daß nach der Ermordung des Vaters kein Sohn die Stärke besaß, an seine Stelle zu treten, sich die Brüder daher nun die Frauen aufteilten und die Exogamie der Clans zustandekam, die auf diese Weise an den Totemismus geknüpft ist: Die Brüder selbst sind durch den Mord aneinander gebunden, den sie in der rituellen Opferung des Totemtiers wiederholen, daß dann für den Vater einstehen muß. Da ihre Gefühle dem Vater gegenüber ambivalenter Natur sind, fürchten die Söhne seine Rache, erfinden daher seine Geisterseele, die zu beschwichtigen sie im Opfer immer wieder zusammenkommen.

Mit dieser Vorstellung erschafft Freud allerdings einen eigenen psychoanalythischen Mythos. Wenn seine Urhordenfiktion nun auch nicht historisch belegbar ist, so enthält sie doch durchaus historische Wahrheiten. Freud selbst lebt fast zwei Generationen nach Darwin in der ausgehenden bürgerlichen Epoche, in der das Bürgertum den Adel überwunden hatte; seine eigene Theorie steht mit diesem Zeitkern in Verbindung. Es reflektiert sich darin, daß soziale Veränderungen mit dem Sturz der jeweils herrschenden Schichten zusammengehen. Indem er im Rahmen seiner Konstruktion zeigt, daß Kinder in bestimmten Entwicklungsphasen den Vater mit Tieren identifizieren und Tierphobien entwickeln, die durchaus als Totemismus angesehen werden können[34], führt Freud in den Zusammenhang von Zivilisation und Opfer ein. Das Opferritual stellt ein wichtiges Bindeglied zwischen dem Totemismus und den später entwickelten Religionen dar.[35] Genauer gesagt hält Freud

---

[33] Freud bezieht sich bei dieser Vorstellung der Urhorde auf Darwins Darstellungen von Affenhorden, vergl. Darwin, The Descent of Man, 2 Bde., London 1871, dt. Übersetzung von J. Victor Carus, Die Abstammung des Menschen und die geschlechtliche Zuchtwahl, 2. Aufl.(2.Bde.), Stuttgart 1872.

[34] Freud berichtet vom kleinen Hans, der seinen Vater mit einem Pferd identifiziert (vergl. Freud, "Analyse eines fünfjährigen Jungen", Studienausgabe Bd. VIII, a.a.O., S. 49). Ferenczi übermittelt analog die Geschichte des kleinen Arpád, der den Vater als Hahn sieht: "Jetzt bin ich klein, jetzt bin ich ein Küchlein. Wenn ich größer werde, bin ich ein Huhn. Wenn ich noch größer werde bin ich ein Hahn" (Ferenczi, "Ein kleiner Hahnemann", in ders., Schriften zur Psychoanalyse I, a.a.O., S. 164).

[35] Ein wichtiger Übergang von dem Tieropfer zum Opfer des Sohnes vollzieht sich im Christentum. Im alten Testament prüft Gott Abraham, indem er die Tötung seines Sohnes Isaak von ihm verlangt; bevor es dazu kommt, greift Gott ein (Genesis 22). Im neuen Testament opfert Gott selbst seinen eigenen Sohn, der sich wiederum stellvertretend für die Menschen hingibt, dafür dann aber auch gottähnlich verehrt wird. Das Selbstopfer mag als Kulturkonzept eine Alternative zur Mithrasreligion gewesen sein, mit der das frühe Christentum neben anderen Mysterienreligionen, gegen die es sich durchsetzte, in Konkurrenz stand. Der persische Göttersohn Mitras opfert im Gegensatz zu Jesus nicht sich selbst, sondern in alter Weise den Stier. Steht der Stier für den Vater, so bleibt damit die Erbsünde der Söhne als Vatermord erhalten. Die Erbsünde ist nach Freuds Auskunft orphischer Herkunft, erhielt sich in den heidnischen Mysterienkulten und gelangte von

es für eine Vorstufe der anthropomorphen Gottheiten. Mit Bezug auf den heiligen Nilius beschreibt er eine Totemsmahlzeit von Beduinen um das Ende des 4. Jahrhunderts n. Chr. auf dem Sinai, die im Zusammenhang mit einem der arabischen Planetenherrschern steht:

> Das Opfer, ein Kamel, wurde gebunden auf einen rohen Altar von Steinen gelegt; der Anführer des Stammes ließ die Teilnehmer dreimal unter Gesängen um den Altar herumgehen, brachte dem Tiere die erste Wunde bei und trank gierig das hervorquellende Blut; dann stürzte sich die ganze Gemeinde auf das Opfer, hieb mit den Schwertern Stücke des zuckenden Fleisches los und verzehrte sie roh in solcher Hast, daß in der kurzen Zwischenzeit zwischen dem Aufgang des Morgensterns, dem dieses Opfer galt, und dem Erblassen des Gestirns vor den Sonnenstrahlen alles vom Opfertier, Leib, Knochen, Haut, Fleisch und Eingeweide vertilgt war.[36]

Interessant ist an dieser Schilderung, daß das Opfer für den Morgenstern, d.h. den entsprechenden Gott der vormoslimischen arabischen Welt, vollzogen wurde, das heißt, es geht um eine Gottheit, zu deren Besänftigung das Ritual diente. Das Totemtier ist in diesem Fall nicht im Zusammenhang mit den Sternbildern des griechischen Zodiakus auf den Himmel projiziert, sondern mag für den Planetenherrscher und dessen Vaterschaft einstehen. In welchem anderen Verhältnis das Kamel als Totemtier zum Planeten stand, wird in diesem Beispiel nicht übermittelt.

Auch in den uns bekannten griechischen Sternbildern kehren wiederum rituelle Opfertiere wie der Widder und der Stier wieder. So mag die Einteilung der Menschen in die 12 Sternzeichen noch etwas von dem archaischen Totemismus widerspiegeln. Das wird deutlicher, wenn die weiteren 12 Tiere des in Indien, China, Japan und Arabien verbreiteten Dodekaeder mit hinzugenommen werden. Dann findet sich eine ganze Gesellschaft von Totemtieren am Himmel zusammen: Katze, Hund, Schlange, Käfer, Esel, Löwe, Bock, Stier, Sperber, Affe, Ibis und das Krokodil.[37] Die Identifizierung der

---

dort aus in die griechischen Philosophenschulen (nach Rennach, Cultes, Mythes et Religeons, 4 Bde, Paris 19o5-12, Bd. 2, S. 75ff). Die Menschen sehen sich in dieser Linie - anders als im Christentum, wo die Erbsünde von der Vertreibung aus dem Paradies herrührt - als Nachkommen der Titanen, die Dionysos in Stücke gerissen hatten - der Akt, für den die Menschen mit der Erbsünde büßen müssen (vergl. auch Robert v. Ranke-Graves, Griechische Mythologie, a.a.O., S. 91f). Das Christentum nimmt die Totemsmahlzeit als Kommunion auf; die Kommunierten verzehren dabei aber symbolisch den Sohn und identifizieren sich mit ihm und nicht mehr mit dem Vater (Freud, Totem und Tabu, a.a.O., S. 437). Die Folgen solcher Verinnerlichung der Gewalt des Opfers und der tendenziellen Auflösung der Ambivalenz kehren in der Judenverfolgung wieder (vergl. Horkheimer/Adorno, Dialektik der Aufklärung, a.a.O., S. 16of).

[36] Freud, Totem und Tabu, a.a.O.., S. 423; nach Robertson Smith, Lectures on the Religion of the Semites, 2. Aufl. London 1894, S. 338.

[37] Vergl. Franz Boll, Sternenglauben und Sternendeutung, a.a.O., S. 71-73.

klassischen griechischen Sternbilder mit Totems gelingt allerdings nur bedingt, denn die diesen Zuordnungen zugrundeliegenden Rituale sind von den griechischen Göttermythen überlagert. Ranke-Graves berichtet über die Entstehung einiger Sternbilder aus dem Zeus/Kronos-Mythos: Den Steinbock als Symbol der Nymphe Amaltheia setzt Zeus aus Dankbarkeit unter die Sterne, da sie ihm gegen seinen ihn verfolgenden Vater Kronos geholfen hatten. Ebenso verwandelt Zeus sich auf der Flucht in das Sternbild Schlange, seine Amme in den Bären.[38] Die Bedeutung der Bilder wie Widder, Steinbock oder Stier aber kann wiederum älter sein und auf ihre Rolle als Opfer- und Totemtiere hinweisen.[39]

Sun Bears "Medizinrad"

Deutlich kommt das animistische Prinzip in einem modernen Buch eines Indianers namens Sun Bear und seiner Frau Wabun: "Das Medizinrad. Eine Astrologie der Erde"[40] zum Ausdruck. Hier finden sich zwar nicht die Tierkreiszeichen des griechischen Zodiakus, wohl aber ein umfassendes System, das Sonnenlauf, Mondphasen, Totemtiere, Schutzgeister, Pflanzen und Mineralien enthält. Dabei ist nicht klar, ob sich die Autoren mit ihrer "Vision des Medizinrades"auf die astrologische Mode der westlichen Gesellschaften, auf indianische oder arabisch-griechische Traditionen stützen. Sie beziehen sich in der Einleitung auf das Pathos einer mündlichen Überlieferung und der Intuition:

> Die Botschaft dieses Buches wurde uns durch den Großen Geist, durch die Beobachtung unserer Verwandten im Reich der Menschen, Tiere, Pflanzen und Mineralien, sowie durch das Lesen der Beobachtungen anderer zuteil. Wir haben astrologische Schriften weder gelesen noch studiert, obgleich wir oftmals mit Menschen gesprochen haben, die solche Studien betreiben. Die Informationen in diesem Buch stimmen, soweit wir das beurteilen können, mit keiner Methodik der Selbsterkenntnis überein, die von einem spezifischen indianischen Stamm der USA praktiziert wurden. Es handelt sich um eine ganz neue Art und Weise, an der Reinigung und Heilung unserer Mutter Erde teilzunehmen, die uns zu diesem Zeitpunkt eröffnet wurde. Wir schreiben jegliche Ähnlichkeit zwischen den Lehren des Medizinrades und der Astrologie oder einer anderen Form des Selbst-Erkenntnis der Tatsache zu, daß alle Wahrheiten einem Ursprung entstammen.[41]

---

[38] Robert von Ranke-Graves, Griechische Mythologie, a.a.O., S. 32. Vergl. dazu auch Wolfgang Schadewald, Griechische Sternensagen, a.a.O.

[39] Vergl. z.B. die Rolle des Hammels im Medeamythos bei Hermann Fränkel, Noten zur Argonautika des Apollonius, München 1968.

[40] Sun Bear und Wabun (Marliese Ann James): Das Medizinrad. Eine Astrologie der Erde, München 1984, Trikont.

[41] Sun Bear und Wabun, Medizinrad, a.a.O., S. 12.

Sun Bear ist ein moderner Indianer, der die Universität besucht hat, und seine Frau Wabun eine Weiße. Sie haben in ihrem Buch eine Mischung aus von ihren aggressiven Momenten gereinigter indianischer Überlieferung und moderner Anforderung hergestellt, die für ein westliches metropolitanes Publikum gut zusammenpassen. Herausgekommen ist ein modernes animistisches System des aufgebackenen, sekundären Aberglaubens, das archaische Elemente in moderner Hülle präsentiert. An die Stelle der griechischen Tierkreiszeichen treten in ihrem System die Totemtiere Schneegans, Otter, Habicht, Specht, Stör, Bär, Rabe, Schlange, Schildkröte, Schmetterling und Frosch; ebenso die dazugehörigen Pflanzen und Tiere. Der Begriff Totem wird hier noch wörtlich genommen.[42] Die Ordnung, in der alles zusammengefügt ist, scheint eher griechischer Natur zu sein und orientiert sich an dem frühen astrologischen System des Antiochus von Athen oder dem Pseudo-Galenischen Text "Von der Beschaffenheit des Universums und des Menschen" aus dem 2. und 3. Jahrhundert.[43] So verwundert es nicht, daß sich auch bei Sun Bear in der Idee des Durchgangs des Medizinrades durch alle Zeichen die Vorstellung der "Prinzipienmischung" wiederfindet.[44] Die "Prinzipienmischung" und damit die Ablösung der starren Typen finden sich im griechischen Gedanken der Homöostase wieder - alle vier Temperamente sollen im Gleichgewicht vorliegen.[45]

Ohne vorauszusetzen, daß sie die spätantiken Systeme explizit gekannt haben, kann doch angenommen werden, daß es sich bei Sun Bear um einen gebildeten Indianer handelt, der den Mythos der Ursprünglichkeit gut zu vermarkten weiß. Warum sollte ein Indianer nicht mit den Wünschen seiner

---

[42] In der Ethnologie wurde das Totem von den nordamerikanischen Indianern 1791 als Totam durch den Engländer J. Long übernommen, vergl. Freud, Totem und Tabu, a.a.O.., S. 297, Fußnote 1. Wenn man annimmt, daß das Totemtier einen Abkömmling der Hauchseele darstellt dann eignen sich besonders solche als Totemtiere, die lebendig, schnell beweglich oder klein sind: Vögel, Schlange, Eidechse, Maus (Freud, Totem und Tabu, a.a.O., S. 4o5).

[43] Vergl. Franz Boll, Sternendeutung und Sternenglauben, a.a.O., S. 66 und J. L. Ideler, Physici und medici graeci minores, Berlin 1841, I, p. 3o3, nach Klibansky, Panofsky, Saxl, Saturn und Melancholie, Frankfurt/M. 1990, Suhrkamp, S. 114ff und Fn 162

[44] "In unserer Vision werden die Menschen nicht auf ihren ursprünglichen Standort, Richtung oder Klan festgelegt. Sie werden nicht immer die Stärken oder Schwächen einer einzigen Position auf dem Rad in sich tragen. Sie müssen den Kreis so weit wie möglich umwandern, um die Lehren, Anforderungen, Stärken und Schwächen so vieler Positionen wie möglich zu erfahren. Jeder Standort birgt etwas Neues in sich, das ihr Leben bereichern und erweitern wird." (Sun Bear und Wabun, Medizinrad, a.a.O., S. 20).

[45] Vergl. Aristoteles', "Problem XXX, 1", siehe auch Klibansky, Panofsky, Saxl, Saturn und Melancholie, a.a.O., S. 59ff.

	Datum	Mond	Tier	Pflanze	Mineral	Hüter des Geistes	Farbe	Elemente-Klan	Ergänzung
NORD	22. Dezember - 19. Januar	der Erderneuerung	Schneegans	Birke	Quarz	Waboose	weiß	Schildkröte	Specht
	20. Januar - 18. Februar	der Rast und Reinigung	Otter	Zitterpappel	Silber	Waboose	silber	Schmetterling	Stör
	19. Februar - 20. März	der Großen Winde	Puma	Wegerich	Türkis	Waboose	blau-grün	Frosch	Braunbär
OST	21. März - 19. April	der Knospenden Bäume	Roter Habicht	Löwenzahn	Feueropal	Wabun	gelb	Donnervogel	Rabe
	20. April - 20. Mai	der Wiederkehrenden Frösche	Biber	Blaue Camasspflanze	Chrysokoll	Wabun	blau	Schildkröte	Schlange
	21. Mai - 20. Juni	der Maisaussaat	Hirsch	Schafgarbe	Moosachat	Wabun	weiß + grün	Schmetterling	Wapiti
SÜD	21. Juni - 22. Juli	der Kraftvollen Sonne	Specht	Heckenrose	Karneol	Shawnodese	rosa	Frosch	Schneegans
	23. Juli - 22. August	der Reifenden Beeren	Stör	Himbeere	Granat & Eisen	Shawnodese	rot	Donnervogel	Otter
	23. August - 22. September	der Ernte	Braunbär	Veilchen	Amethyst	Shawnodese	purpur	Schildkröte	Puma
WEST	23. September - 23. Oktober	der Fliegenden Enten	Rabe	Königskerze	Jaspis	Mudjekeewis	braun	Schmetterling	Roter Habicht
	24. Oktober - 21. November	der Ersten Fröste	Schlange	Distel	Kupfer & Malachite	Mudjekeewis	orange	Frosch	Biber
	22. November - 21. Dezember	des Langen Schnees	Wapiti	Schwarzfichte	Obsidian	Mudjekeewis	schwarz	Donnervogel	Hirsch

Abbildung 8 Schema aus Sun Bear und Wabun, Medizinrad, S. 26-27

Kosmophysik

Tierkreiszeichen	Jahreszeiten	Lebensalter	Elemente	Windrichtungen
Widder Stier Zwill.	Frühling	Kindheit	Luft	Süd
Krebs Löwe Jungfr.	Sommer	Jugend	Feuer	Ost
Wage Skorp. Schütze	Herbst	Mannheit	Erde	Nord
Steinbock Wass. Fische	Winter	Alter	Wasser	West
Qualitäten	**Aggregatzustände**	**Säfte**	**Temperamente**	**Farben**
Warm-feucht	Flüssig	Blut	Sanguinisch	Rot
Warm-trocken	Fein (gasförmig)	Galle	Cholerisch	Gelb
Kalt-trocken	Dicht	Schwarze Galle	Melancholisch	Schwarz
Kalt-feucht	Zähe	Schleim	Phlegmatisch	Weiß

Abbildung 9 Schema des Antiochus von Athen aus Boll/Bezold, Sternglaube und Sterndeutung, S. 67

weißen Leser Geld verdienen? Interessanter ist es allerdings sich zu fragen, warum die modernen großstädtischen Bewohner Westeuropas sich in Indianertieren, -pflanzen und -steinen wiederfinden wollen. Die Indianerromantik geht einerseits auf eine Kinderlogik zurück, nach der es angebracht ist, sich mit Steinen, Tieren und Pflanzen gutzustellen und sein Totemtier zu kennen; sie hat aber andererseits etwas damit zu tun, daß der moderne Städter in den Straßen der europäischen Metropolen bis heute sich selbst oft genug wie ein Indianer vorkommt, der sich in der Wildnis des kapitalistischen Dschungels dem romantischen Deckbild der wilden Rothaut hingibt.[46] Auch in der späten Lebensphilosophie finden sich gedachte Verbindungen zwischen griechischen Mysterienkulten und den von der modernen Ethnologie erforschten wieder, auf die sich auch heutige Anthropologen wie z.B. Hans Peter Duerr beziehen.[47] Heute finden sich solche Vorstellungen neben ihrem Vorkommen in der New Age-Szene auch in der Jugendkultur der "Stadtindianer" und der Punks wieder.[48] Das darunterliegende Muster, das sowohl zu den offenen als auch zu den verdeckt totemistisch argumentierenden, von ihren gewalttätigen Seiten vordergründig entdialektisierten Zuordnungen der astrologischen Systeme treibt, besitzt aber einen anderen Hintersinn. Es folgt der "Allmacht der Gedanken", so wie Freud diese im Zusammenhang mit

---

[46] Wie sehr sich die Pariser des 19. Jahrhunderts als Indianer fühlten, zeigt Benjamin anhand des Einflusses von Coopers Lederstrumpf auf die Pariser metropolitane Literatur im Hochkapitalismus, der Blüten wie Der Dschungel in der Rue d'enfers und die Huronen im Gehrock trieb (vergl. Benjamin, "Der Flaneur", GS I, 2, a.a.O., S. 543f). Benjamin konnte diesen Zusammenhang auch deswegen so genau ausfindig machen, weil er sich genau der Zusammenhänge von Stadt, Kindheit und Mythos bewußt war.

[47] Vergl. Hans Peter Duerr, Traumzeit. Über die Grenze zwischen Wildnis und Zivilisation, Frankfurt/M. 1978, Syndikat und die von Duerr herausgegebene Anthologie Der Wissenschaftler und das Irrationale (2 Bde, Frankfurt/M. 1980), 4 Bde 1985 (gekürzt), Syndikat, die dem Anthropologen Werner Müller gewidmet ist. Müller bezieht sich in seinem Buch Indianische Weltanschauung, Frankfurt/M., Berlin, Wien 1981, Ullstein (Klett-Cotta) auf einen an George, Klages und Spengler ausgerichteten Dualismus von archaischem Bild und überfremdetem Begriffsdenken ("Europäisches Denkgefängnis") und parallelisiert die griechische Archaik mit dem uramerikanischen Totemismus (vergl. Müller, Weltanschauung, a.a.O., S. 89-105).

[48] Auch Alexander Kluge folgt dem Indianermythos, wenn er den "Schleichweg mitten durchs Bild" beschreibt: "Jeder Indianer weiß, daß er beim Anschleichen in der Mitte des Bildes bleiben muß, will er den Augen des Wächters entgehen. Er muß die Horizonte und die Ränder meiden. Dort registriert das Auge jede Bewegung." (Negt/Kluge, Geschichte und Eigensinn, Frankfurt/M. 1981, Zweitausendeins, S. 63, Fn 12) Seine Rothaut ist aber wohl eher eine Schuhwichsrothaut nach dem Vorbild der Inder in Fritz Langs "Tiger von Eschnapur", wo Kluge Regieassistenz machen durfte. Vergleiche auch das Motiv der "Schuhwichsnegerin" in dem Klugefilm "Vermischte Nachrichten".

dem Totemismus erläuterte. Freuds Formulierungen im Ohr, liest sich Sun Bears Buch wie eine Parodie auf "Totem und Tabu". Als "Quelle der Wahrheiten, die alle dem einen Ursprung entstammen" ist wohl als die Rationalisierung dessen, was in der Erklärung nicht auftauchen darf, anzusehen. Das alte Tabugesetz bleibt auch hier insofern in Kraft, als die aggressiven und gewaltförmigen Elemente dieser totemistischen Konstruktion geheim bleiben, mit deren Hilfe die Gewalt der äußeren Natur und der menschlichen Gemeinschaft auf das totemistische System übertragen und im dazugehörigen Ritual milde gestimmt werden sollen. Die eigenen aggressiven Impulse werden in den astrologischen Zeremonien des Tabellen-Vergleichens, Horoskope-Zeichnens, Prognosen-Machens usf. abgeführt und richten sich gegen die eigenen unbewußten Wünsche ebenso, wie gegen die Gegner dieser modernen Rituale, die die Vergeblichkeit dieser Handlungen deutlich zum Ausdruck bringen. Aus diesem Zusammenhang erklärt sich die Wut der Astrologen auf ihre Opfer. Sie repräsentieren das, was sie sich nicht erlauben. So wie sie sich in Zucht genommen haben, erwarten sie dieselbe Geißel ebenso von allen anderen. Astrologie reagiert damit auf bestehende, sich bis heute durchhaltende Tabus. Wenn moderne Menschen sich von archaischen Systemen repräsentiert finden, so ist das nicht allein der von Eysenck und Nias konstatierten mangelnden Selbsteinschätzung zuzuschreiben; sie drücken darüber hinaus die Wahrheit aus, daß der Zustand der Zivilisation in zentralen Bereichen die Archaik ständig reproduziert. Versucht man der aktuellen Bedeutung des Tabuverbotes in der Astrologie nachzugehen, muß das Element der gesellschaftlichen Gewalt stärker berücksichtigt werden, das in Freuds Konstruktion zum Ausdruck kommt. Die Vorstellung der Unterwerfung unter die gesellschaftlichen Kräfte, wird im astrologischen Wahnsystem in modernisierter Form bis heute aufrecht erhalten bleiben, da die moderne Welt wie eine archaische Ordnung erlebt wird. Dieser Zusammenhang von Archaik, Moderne und Warenstruktur wird im 10. Kapitel genauer untersucht. Der magische Zwangscharakter trifft auf eine Welt, die seiner Neurose spezifisch Vorschub leistet, das heißt, er ist in gewisser Weise zu einem Sozialcharakter geworden.

7. 3. Astrologie als sekundärer Aberglaube und Alltagsreligion

Die Astrologie unterscheidet sich sowohl von dem System der Animisten, von einer entwickelten Religion, wie auch von der Zwangsneurose. Die Zwangskrankheit befällt einen Einzelnen, und der Animismus ist ein System des primären Aberglaubens; die Astrologie dagegen ist heute ein von der Kulturindustrie sozialisierter Aberglauben, zu dessen Voraussetzung die Reaktion der Subjekte auf die entfremdende Warenwelt gehört. Es ist daher sinnvoll, zwischen einem primären und einem sekundären Aberglauben zu unterscheiden. Unter einem primären Aberglauben verstehe ich den Versuch der Animisten zur Naturerkenntnis und Naturbeherrschung in seiner historischen Epoche. Als Vorläufer von religiösen und wissenschaftlichen Systemen besitzt er nicht die Effektivität der Naturbeherrschung seiner Nachfolger; das Verhältnis zwischen Mensch und Natur unterliegt dabei auch noch nicht dem heutigen Charakter der Verdinglichung. Ein sekundärer Aberglaube setzt demgegenüber eine andere Bewußtseinsmöglichkeit voraus und ist insofern eine Rückbildung des Bewußtseins- oder Unbewußtseinszustand der ihm anhängenden Subjekte. Er ist ohne den Hintergrund der entwickelten Warenwirtschaft nicht denkbar und stützt sich auf eine von ihr im Wechselspiel mit den Subjekten hervorgebrachte und von der Kulturindustrie gelenkte sozialisierte Form des Narzißmus. Der sekundäre Aberglaube ist ein Ausdruck des Festhaltens der Subjekte an einem früheren Bewußtseinszustand, um in der Welt voller Widersprüche nicht erwachen zu müssen. So wie die Zwangskrankheit eine individuelle Erscheinung darstellt, ist die Astrologie eine kollektive Neurose.[49] Alle Religionen und ähnliche ideologischen Systeme sind nach Freud in Zusammenhang mit zwangsneurotischen Dispositionen zu sehen: Auch in den Religionen finden Zeremonien Verwendung, bei denen es wie bei individuellen Zwangshandlungen auf kleinste Details ankommt. Der Sinn im Rahmen der Rituale bleibt auch hier den einfachen Gläubigen meist verborgen. Die Motive, die zu den Religionshandlungen führen, sind in ihrem Bewußtsein durch vorgeschobene Rationalisierungen ersetzt worden. In der Religion findet sich ein Schuldbewußtsein (im Christentum in Verbindung zum Sündenfall) im Zusammenhang mit einem Triebverzicht (wenn auch nicht direkt sexueller Momente, sondern egoistischer, sozial schädlicher Triebe). Die alten primären Glaubenssysteme besitzen jedoch in ihrer Kollektivität auch noch eine Möglichkeit, die Individuen vor Erkrankungen zu bewahren; indem die Kulte im Rausch der Ekstase die Krankheit sozialisieren, wird in gewisser Weise auch die Neigung zur krankhaften Projektion beherrschbar. Der Schrecken der bedrohlichen Natur und der Herrschaft bleibt als Spannung zwischen dem Subjekt und der Welt erhalten, ohne daß er, wie in den geschlossenen positivistischen Systemen, einfach verdrängt würde.

---

[49] Neben den Texten Totem und Tabu und "Zwangshandlungen und Religionsübungen" (Studienausgabe Bd. VII, a.a.O., S. 11-21) ist in diesem Zusammenhang die wichtigste religionskritische Schrift Freuds, Die Zukunft einer Illusion Studienausgabe Bd. IX, a.a.O., S. 135-189) zu nennen. Freud verfolgt hier die Vorstellung der Religion als System vorweggenommener Wunscherfüllung weiter, die er in Totem und Tabu an den Frühreligionen entwickelt hatte. Die Vernunft hat gegenüber dieser Wunschproduktion einen schlechten Stand. Das zweite Element ist die Kollektivität der Ritualhandlungen, die Freud mit einer kollektiven Zwangsneurose vergleicht.

Dagegen treten die Systeme des sozialisierten Aberglaubens wissenschaftlich aufgeklärt und verdummend zugleich auf. Ihre Formen sind untereinander austauschbar und zeichnen sich durch Hierarchien und fetischistische Benutzung der Fachsprache von Wissenschaft und Religion aus. In diesem Sinne kann man in Bezug auf solche Wahnsysteme, wie die Astrologie eines darstellt, auch von einem Schema der Alltagsreligion reden.[50] Unter diesem Aspekt zeigen sich die im 5. Kapitel behandelten Grenzen der Metaphysik noch einmal in einer anderen Perspektive. An die Stelle der Religionen treten in der aufgeklärten Welt Anschauungen, die Chimären aus rationalen und irrationalen Elementen bilden. Die gesellschaftlichen Verhältnisse finden darin verdreht als besondere Kräfte eingang, die nicht hinterfragt werden dürfen. Sie gehen zusammen mit konformistischen Bewußtseinsformen, die eine vordergründige Bindung in der Konkurrenzgesellschaft geben wollen, die bestimmenden Bedingungen des Alltages aber nicht anrühren. Subjektiv verkürzende Beobachtungen der Einzelnen werden zu realitätsverzerrenden Systemen zusammengesetzt, die ihren Anhängern erlauben, sich sowohl als Teil einer Elite, als auch als Teil der Masse zu fühlen. In der Astrologie findet sich dieses Motiv besonders bei Rings "Edelmenschen" wieder; es ist aber auch in der Idee der rassischen Niveauhöhe der individuellen Entwicklung bei Riemann ebenso vorhanden, wie in Detlefsens Karmavorstellung.[51] Dazu kommt als weiteres Element ein einfaches Erklärungsmuster der Welt, der dadurch etwas Geheimnisvolles, Verschleierndes zugesprochen wird, hinter dem sich ein "eigentliche Sinn" befände. Diese Muster werden aber mit einer gewissen rationalen Argumentation vorgebracht, sie sind nicht mehr einfach rassistisch oder autoritär, sondern bedienen sich auch einer vordergründige Argumentation; aufgrund dieser pseudorationalistischen Form kann man in diesem Zusammenhang auch von einer "Alltagsphilosophie" reden. Spricht man von sekundärem Aberglauben, dann liegt das Schwergewicht auf der Abgrenzung vom historischen Aberglauben und auf der Vermittlung durch

---

[50] Detlev Claussen, "Der Antisemitismus als Alltagsreligion", Frankfurter Rundschau vom 13.8.1991, verwendet den Terminus mit Bezug auf Adorno ("Zur Bekämpfung des Antisemitismus heute", Vortrag 1962, zitiert nach Claussen, a.a.O.) und Freud; Claussen gibt die letzte der Vorlesungen neuer Folge an. Der Begriff findet sich dort nicht, wohl aber gibt es in der 3o. Vorlesung seiner Neuen Folge (Studienausgabe a.a.O., Bd. I) die Interpretation des Okkultismus als Verfallsform der Religion. Freud sieht, das zur okkulten Disposition ein religiöses Bedürfnis treibt: "... daß es zu den geheimen Motiven der okkultistischen Bewegung gehört, der durch den Fortschritt des wissenschaftlichen Denkens bedrohten Religion zu Hilfe zu kommen." (S. 475) In diesem Sinne kann man sowohl Astrologie und Okkultismus, als auch Antisemitismus unter die Verfallsform der Religion rechnen.

[51] Vergl. Kapitel 4.

die Kulturindustrie. Verwendet man dagegen den Begriff der Alltagsreligion, dann findet eine Verschiebung des Akzentes statt, der Begriff geht stärker von den Subjekten und ihrem psychischen und sozialen Gewinn aus, den ihnen der Glauben geben kann und ist daher in diesem Zusammenhang treffender: Weil man glauben will, an irgendetwas hängt, neigt man der Alltagsreligion zu. In diesem Sinne stellt die Astrologie eine Alltagsreligion dar; sie geht über die Religionen hinaus und kultiviert das Gefühl der Religiosität als Wunsch ihrer Anhänger, daß es etwas zu glauben gäbe. Der Inhalt dessen, was da geglaubt werden soll, wird zweitrangig gegenüber der Haltung des Glauben-Wollens. Detlefsen vernutzt dieses Prinzip, wenn er die Astrologie als nur ein Element in der Reihe der anderen obskuranten Disziplinen stellt: Astrologie, Tarot, Pendeln, Esoterik, I-Ging, Zen-Buddhismus, Taoismus, Anthroposophie, Totemismus wechseln sich in munterer Folge nach dem selben Prinzip ab.[52] Was in diesen Formen noch auf traditionelle Zusammenhänge hindeuten sollte, bleibt oberflächliche Makulatur und wird in der Verwertung als sekundärer Aberglauben aufgehoben. So bleibt von Laotzes Taoismus dann nur noch ein "Taoist an der Wallstreet" übrig.[53] Nach diesem Muster stellt die Astrologie einen neuen Mythos dar, der sich alt gibt. Sie beerbt auf diese Weise das Christentum und bringt das Wunder fertig, zugleich auch dessen oppositionelle abergläubischen Kräfte an sich zu binden. Astrologie steht als Chiffre für den Wunsch nach Transzendenz. Zielpunkt solcher Pseudo- oder Alltagsreligion ist eine Vernunft, die in dem Bewußtsein ihrer metaphysischen Grenzen über ihre instrumentelle Verwendung hinausginge. Gerade die Vernunft des "kausalen Denkens" soll es nach den Astrologen sein, der Leid und Elend der Welt zu verdanken sei: Überall soll zuviel Vernunft herrschen, wobei übersehen wird, daß es sich dabei um eine reduzierte Form handelt.[54]

---

[52] Detlefsen, Schicksal, a.a.O., S. 25. Vergl. auch die Parodie von Hans-Georg Behr, "Die lange Suche nach der kurzen Wahrheit. Ein Briefwechsel", in Kursbuch 86 - Esoterik oder die Macht des Schicksals, a.a.O., S. 33-48.

[53] So der Titel eines Buches von David Payne, München 1986, Droemer Knaur.

[54] "Krampfhaft, willentlich wird verkannt, daß das Zuviel an Rationalität über das die Bildungsschicht klagt und das sie in Begriffen wie Mechanisierung, Atomisierung, gern auch Vermassung registriert, ein Zuwenig an Rationalität ist, die Steigerung nämlich aller kultivierbaren Herrschaftsapparaturen und -mittel auf Kosten des Zwecks, der vernünftigen Einrichtung der Menschheit, die der Unvernunft bloßer Machtkonstellationen überlassen bleibt (...)." (Adorno, "Vernunft und Offenbarung", in ders., Stichworte. Kritische Modelle 2, Frankfurt/M. 1969, Suhrkamp, S. 23).

7. 4. Exkurs: "Nicht völlig überzeugt, aber doch zur Überzeugung bereit" - Die Psychoanalyse, Freud und der Okkultismus

In diesem Kapitel wurde bislang versucht, vor dem Hintergrund der Freudschen Psychoanalyse zunächst die, man kann fast sagen: "klassische" Form des Aberglaubens zu interpretieren, um dann daraus Kriterien zum Verständnis der von der Kulturindustrie sozialisierten Formen der elitären Buchastrologie zu entwikkeln. Nun gibt es andererseits aber durchaus auch Verbindungen zwischen einem abergläubischen System wie der Astrologie und der Deutungslogik der Psychoanalyse selbst. Beide Systeme betonen den Kontext von einzelnen Ereignisen und größerem Sinnzusammenhang. Der Vorbestimmung durch das Horoskop entspricht etwa die Bedeutung, die Freud dem "Sinn" gibt, der auf die Verbindung eines Erlebnisses mit der Gesamtstruktur des Lebens zurückweist und der nur durch eine Analyse dieser Totalität angemessen beschrieben werden kann. Die Anhänger der Astrologie aber messen dem Lauf der Sterne eine Bedeutung bei, die die Psychoanalyse auf einen verdrängten Gedanken, also einen inneren Sinn des betreffenden Menschen zurückführt. In der Astrologie und ähnlichen abergläubischen Systemen stecken durchaus richtige Elemente, nur werden diese verkehrtherum zusammengesetzt. Freud beschreibt dieses Verhältnis folgendermaßen: "(...) ich glaube zwar an äußeren (realen) Zufall, aber nicht an innere (psychische) Zufälligkeit. Der Abergläubische umgekehrt: er weiß nichts von der Motivierung seiner zufälligen Handlungen und Fehlleistungen, er glaubt, daß es psychische Zufälligkeiten gibt, dafür ist er geneigt, dem äußeren Zufall eine Bedeutung zuzuschreiben, die sich im realen Geschehen äußern wird, im Zufall als Ausdrucksmittel für etwas draußen ihm Verborgenes zu sehen."[55]

Dennoch sieht Freud auch eine Wahrheit im Befolgen eines Omens wie beispielsweise dem Stolpern auf der Türschwelle, das bei den Römern als Unglück verheißendes Zeichen für eine bevorstehende Unternehmung galt: "Denn dieses Stolpern muß ihm (dem Römer, W. B.) die Existenz eines Zweifels, einer Gegenströmung in seinem Innern beweisen, deren Kraft sich im Moment der Ausführung von der Kraft seiner Intention abziehen konnte. Des vollen Erfolges ist man nämlich nur dann sicher, wenn alle Seelenkräfte einig dem gewünschten Ziel entgegenstreben."[56]

In diesen Beispielen zeigt Freud eine kritische Einstellung dem Aberglauben gegenüber. Er ist aber andererseits auch Spekulationen nicht abgeneigt, die sich mit dem Okkultismus und der Telepathie beschäftigen. Er steht solchen

---

[55] Freud, Zur Psychopathologie des Alltagslebens, Frankfurt/M. 1954, Fischer, S. 216.

[56] Freud, Zur Psychopathologie des Alltagslebens, a.a.O., S. 217.

Phänomenen durchaus offen gegenüber, wie sich in einer Passage aus dem "Almanach der Psychoanalyse" zeigt. Er nimmt dort die Möglichkeit der Telepathie als archaischer Verständigungsform in Insektenstaaten an, als eine ältere Methode des Austausches, die von phylogenetischen Entwicklungen zwar verdrängt sei, aber in besonderen Zuständen, wie z.B. bei leidenschaftlich erregten Massen, vielleicht wieder zur Verfügung stehe:

> Gewöhnt man sich erst an die Vorstellung der Telepathie, so kann man mit ihr viel ausrichten, allerdings vorläufig nur in der Phantasie. Man weiß bekanntlich nicht, wie der Gesamtwille in den großen Insektenstaaten zustande kommt. Möglicherweise geschieht es auf dem Wege solch direkter psychischer Übertragung. Man wird auf die Vermutung geführt, daß dies der ursprüngliche, archaische Weg der Verständigung unter den Lebewesen ist, der im Lauf der phylogenetischen Entwicklung durch bessere Methode der Mitteilung mithilfe von Zeichen zurückgedrängt wird, die man mit den Sinnesorganen aufnimmt. Aber die ältere Methode könnte im Hintergrund erhalten bleiben und sich unter gewissen Bedingungen noch durchsetzen, z.B. auch in leidenschaftlich erregten Massen. Das alles ist noch unsicher und voll von ungelösten Rätseln, aber es ist kein Grund zum Erschrecken.[57]

Eine weitere Beschäftigung mit dem Thema findet sich in der 3o. Vorlesung der Neuen Folge der Vorlesungen zur Einführung in die Psychoanalyse; Freud kennzeichnet dort seine Haltung als "nicht völlig überzeugt, aber doch zur Überzeugung bereit."[58] In dieser Formulierung im Rahmen der Vorlesung kommt Freud dem Okkultismus nach meinen Recherchen am weitesten entgegen. Sein Biograph Ernest Jones gibt diese Neigung zum Aberglauben etwas besorgt wieder und meint, daß Freud damit wie viele Menschen umgehe: hinter einer Ablehnung bliebe auch bei ihm die Vorstellung eines wahren Kerns des Okkultismus erhalten.[59] Jones führt chronologisch Freuds Erlebnisse mit möglichem Aberglauben auf. Darunter finden sich diverse Beispiele von Zahlenmagie, symbolischen und unbewußten Opferungen, Hellseherbesuchen, Séancen, eigene Experimente und Kontakte zu parapsychologische Gesellschaften und Zeitschriften. Offiziell verhält Freud sich ablehnend, er fürchtet für die ohnehin prekäre Anerkennung der Psychoanalyse als Wissenschaft, inoffiziell aber

---

[57] Freud, "Zum Problem der Telepathie", Almanach der Psychoanalyse, Wien 1934, S. 32f; zitiert nach Benjamin, GS II, 3, a.a.O., S. 958. Hier kommt Freud auf eine Art mimetisch wirkendes Prinzip zurück, daß er bereits in Totem und Tabu angesprochen hatte (a.a.O., S. 372). Mittlerweile ist der Biologie allerdings bekannt, daß Ameisen sich anhand von Geruchs- und Tastsinnen orientieren, vergl. K. Gösswald, Organisation und Leben der Ameisen, Stuttgart 1985.

[58] Freud, "Traum und Okkultismus", 3o. Vorlesung der Neuen Folge der Vorlesungen zur Einführung in die Psychoanalyse, Studienausgabe Bd. I, S. 472-495, hier S. 493.

[59] Ernest Jones, Das Leben und Werk von Sigmund Freud, 3 Bände, Bern 1962, III. Band, S. 437-73.

bliebt er weiterhin dem Okkulten aufgeschlossen. In diesen Zusammenhang gehört auch, daß Freud zwar einerseits die Mitarbeit an drei okkulten Zeitschriften absagt[60], andererseits aber Mitglied dreier parapsychologischer Gesellschaften wird: 1911 der Londoner "Society for Psychical Research"[61], 1915 Ehrenmitglied der "American Society for Psychical Research" und 1923 der griechischen Gesellschaft für Parapsychologie.[62]

Jones selbst war anscheinend gänzlich den Versuchungen des Aberglaubens abgeneigt; er stand damit im Gegensatz zu Jung und Ferenczi, die mit dem Aberglauben liebäugelten. Er schildert folgenden Hammelsprung unter den Analytikern: Ferenczi, Eitington, Rank und Sachs seien beeindruckt von Freuds Darstellung über Graphologie, skeptisch dagegen wären Abraham und Jones selbst geblieben.[63] Jones erwähnt in diesem Kontext Freuds Schriften "Traum und Telepathie" (1922) und "Psychoanalyse und Telepathie" (1922), in denen sich dieser ebenfalls mit der Telepathie beschäftigt.[64] Jones erblickt in beiden Texten sorgenvoll eine Art Bekehrung Freuds zum Okkultismus, die er ihm auch brieflich vorwirft[65], obwohl in den Arbeiten selbst nichts davon zu finden ist, das über die Enthaltung eines Urteils hinausginge. Der erste Text endet mit dem Bekenntnis: "Habe ich bei ihnen den Eindruck erweckt, daß ich für die Realität der Telepathie im okkulten Sinne versteckt Partei nehmen will? Ich würde es sehr bedauern, daß es so schwer ist, solchen Eindruck zu vermeiden. Denn ich wollte wirklich voll unparteiisch sein. Ich habe auch allen Grund dazu, denn ich habe kein Urteil, ich weiß nichts darüber."[66] Freud antwortet Jones auf dessen Vorhaltungen: "Wenn ihnen jemand meinen Sündenfall vorhält, so antworten sie ruhig, das Bekenntnis zur Telepathie sei meine Privatsache wie mein Judentum, meine Rauchleidenschaft und anderes, und das Thema der Telepathie sei der Psychoanalyse wesensfremd."[67]

---

[60] Vergl. Freud, "Psychoanalyse und Telepathie", (1922), G. W. Bd. XIII, a.a.O., S. 165-191, hier S. 27.

[61] Vergl. Freud, "Traum und Telepathie" (1922), G. W. Bd. XVII, a.a.O., S. 27-44 a.a.O., S. 168.

[62] Vergl. Jones, Freud, 3. Bd., a.a.O., S. 461.

[63] "Traum und Okkultismus", Vorlesungen, Neue Folge, Studienausgabe Bd. I., a.a.O., S. 486; vergl. Jones, Freud, 3. Bd., a.a.O., S. 468.

[64] Ebenda.

[65] Jones, Freud, 3. Bd. a.a.O., S. 458-62.

[66] Freud, "Traum und Telepathie", a.a.O., S. 191.

[67] Freud im Brief an Jones vom 7.3. 1926, zitiert nach Jones, Freud, 3. Bd., a.a.O., S. 46o.

Freud nähert sich damit bei aller Kritik des Okkultismus wieder einer Position, die durchaus mit derjenigen von Jung zu vergleichen ist.[68] Der Hauptunterschied zu Jung besteht darin, daß Freud die Möglichkeit einer Telepathie nicht ausschließt, auch wenn sie ihm in 27-jähriger Tätigkeit als Traumdeuter noch nicht begegnet sei; Jung aber will aus dieser fragilen Möglichkeit ein Grundprinzip der Verfaßtheit der Welt als "Synchronizität" konstruieren. Wo Freud noch eine offenen Haltung zeigt, ist diejenige Jungs bereits wieder in sich geschlossen.

---

[68] Siehe Kapitel 6. Im Gegensatz zu Jung hatte Freud aber nichts für astrologische Spekulationen über (vergl. Jones, Freud, 3. Bd., a.a.O., S. 451).

8. Astrologie und Aufklärung. Eine kurze Geschichte der Sterne als Kippfigur

Das Himmelbeobachten ist Gnade und Fluch der Menschheit.

Aby Warburg[1]

Aber dieses Mahagonny
Ist nur, weil alles so schlecht ist
Weil keine Ruhe herrscht
Und keine Eintracht
Und weil es nichts gibt
Woran man sich halten kann

Bert Brecht[2]

8. 1. Eine andere Geschichte der Astrologie ?

Das Thema der Sterne weist eine außerordentliche Mannigfaltigkeit in der Geschichte auf. Wenn ich mich diesen Motiven zuwende, bedeutet das keine Abkehr von der aktuellen Diskussion, sondern den Versuch einer Historisierung der Kritik. Bestimmte Elemente der Astrologie, so wie sie heute zusammengesetzt werden, zeigen ihren Sinn erst, wenn man sie auf ihren geschichtlichen Ort zurückführt. Es läßt sich zeigen, daß vom Beginn der Philosophie an der Diskurs über das Denken und das Leben auf eigentümliche Weise an die Sterne geknüpft ist.[3] Ich will nicht so weit gehen zu behaupten, daß bestimmte Konstellationen der Rechtfertigung für und gegen die Sterne sich in jeweils anderem Kontext durch die Geschichte hindurch

---

[1] Aby Warburg, Schlangenritual. Ein Reisebericht, Berlin 1988, Wagenbach, S. 24.

[2] Berthold Brecht, Aufstieg und Fall der Stadt Mahagonny, Ges. Werke in 20 Bänden, Stücke 2, Frankfurt/M. 1973, Suhrkamp, S. 503.

[3] Hans Blumenberg weist darauf hin, daß die Entstehung des aufrechten Ganges, das Freiwerden der Hand, der Blick in die Sterne und die Entstehung der Theorie zusammen gehören. Vergl. Hans Blumenberg, Das Lachen der Thrakerin. Eine Urgeschichte der Theorie, Frankfurt/M. 1987, Suhrkamp, S. 9-12.

immer wiederholten; die Geschichte ist nicht so kontinuierlich und läßt auch das Motiv selbst nicht unverändert. Dennoch besitzt ein solcher Versuch durchaus etwas Verführerisches, wenn man ihn als eine Rekonstruktion einer Art Urgeschichte nicht der Astrologie, sondern ihrer Kritik vornimmt.

Szenario: Eine Urgeschichte des Streits um die Astrologie

Nehmen wir also einmal an, wir wollten diesen Versuch probehalber, sozusagen in Parenthese, durchführen. Zu beginnen wäre vielleicht mit einer Einleitung über den Ursprung der Astrologie in Mesopotamien und ihrer Entwicklung in Griechenland, um dann das zentrale Paradigma des Streites an einer Auseinandersetzung der frühen Stoa mit den Astrologen zu erläutern. In diesem Disput wird eine Kritik vorweg genommen, die bis heute Gültigkeit besitzt. Diese Argumentation und Gegenargumentation wiederholt sich dann in gewisser Weise - jeweils durch die verschiedenen gesellschaftlichen Gegebenheiten aufgeladen - durch die Geschichte hindurch: Das wäre die methodische Vorgabe des Szenarios. Wir geben in diesem Rahmen also einen willkürlich gewählten, aber prägnanten Anfangspunkt und einen ebenso charakterisierten Endpunkt an und skizzieren rasch einige Zwischenschritte.

Der Vertreter der älteren Stoa, Karneades, erprobt im 2. Jahrhundert v. Chr. an der Astrologie seine Dialektik. Gegen seinen Vorwurf des Determinismus sollen die Astrologen bereits dessen Einschränkung durch den freien menschlichen Willen angeführt haben (eine Position, die nach anderen Aussagen erst mit dem Neuplatonismus 400 Jahre später auftaucht[4]); gegenüber dem Kommenden vermöchte die Voraussicht eine Seelenruhe geben. Mit diesem Argument konnten die Astrologen Karneades Vorstoß noch parieren. Schwieriger wurde es für sie, gegen seine Argumentation anzutreten, daß die Erde sich mit so ungeheurer Geschwindigkeit drehe, daß der Zeitpunkt der Geburt oder Empfängnis nicht genau mit dem entsprechenden Sternbild zusammengebracht werden könne; ebenso schwierig wie auch dagegen zu halten, daß von drei Lebewesen, die zur gleichen Sekunde am gleichen Ort zur Welt kam, einer König, der andere Bettler, der Dritte ein Lastesel wurde oder andererseits Menschen mit verschiedener Geburtsstunde in einer Schlacht oder beim Schiffbruch das gleiche Schicksal erleiden. Am treffendsten aber ist Karneades letztes Argument: Wenn die gleiche Sternenkonstellation erst nach Jahrtausenden wiederkehre, wie könne dann der Astrologe die Erfolgsgrundlagen für seine Schlüsse gewinnen und überprüfen? Bereits die Chaldäer mußten das Alter ihrer Tontafeln daher ins Unermeßliche steigern, um am empirischen Charakter ihrer Wissenschaft

---

[4] Siehe weiter unten.

festhalten zu können; sie behaupteten zum Teil 490.000 oder sogar 720.000 Jahre ununterbrochener astrologischer Tradition.[5]

Die nächste Station dieses Streites wäre vielleicht die Polemik der Kirchenväter gegen die Astrologie, so wie sie Augustinus in seinem "Gottestaat" formuliert.[6] Sodann würden wir uns mit dem Renaissancephilosophen Pico della Mirandola und seinen "Zwölf Büchern gegen die Astrologie"[7] befassen, die an die Kritik der Kirchenväter anschließen. Eine weitere Möglichkeit der Darstellung ergäbe sich anhand Kants "Allgemeiner Naturgeschichte und Theorie des Himmels"[8], indem man sie mit seiner Kritik an dem Hellseher Svedenborg[9] in Beziehung setzte und beide Texte wiederum mit Goethes Konstruktion des Urphänomens aus der Farbenlehre[10] konfrontierte. Es schlösse sich die Darstellung der Diskussion des Astrologiemotives in Schillers Wallenstein zwischen Goethe und Schiller an.[11] In der weiteren Erörterung des Streites wären Adorno, Benjamin und Horkheimer als Protagonisten anzuführen[12], um den Exkurs dann mit Brecht abzuschließen, der ebenfalls seinen Karneades gelesen hat. Er schreibt in der Keunergeschichte "Das Horoskop":

> Herr K. bat Leute, die sich Horoskope stellen ließen, ihrem Astrologen ein Datum zu nennen, einen Tag, an dem ihnen ein besonderes Glück oder Unglück geschehen war. Das Horoskop mußte es dem Astrologen gestatten, das Geheimnis einigermaßen festzustellen. Herr K. hatte mit diesem Rat wenig Erfolg, denn die Gläubigen bekamen zwar von ihren

---

[5] Vergl. Boll/Bezold, Sternglaube und Sterndeutung, a.a.O., S. 3of, sowie Vorländer, Geschichte der Philosophie, Bd. 1, a.a.O., S. 119 u. 130f.

[6] Vergl. Aurelius Augustinus, Vom Gottestaat, a.a.O., VII. Buch, Kap. 19; nach Klibansky, Panofsky, Saxl, Saturn und Melancholie, a.a.O.,, S. 249 und S. 246-253.

[7] In astrologiam libri 12, Opera Omnia, Nachdruck der Ausgabe Basel 1572, Turin 1971.

[8] Vergl. Immanuel Kant, Allgemeine Naturgeschichte und Theorie des Himmels, a.a.O.

[9] Vergl. Kant, Träume eines Geistersehers, erläutert durch die Träume der Metaphysik, a.a.O., Bd. 2, S. 923-992.

[10] Vergl. Goethe, Schriften zur Farbenlehre, Entwurf einer Farbenlehre, a.a.O.

[11] Der Briefwechsel zwischen Schiller und Goethe, hrsg. v. Emil Staiger, a.a.O., S. 707-714.

[12] Zu Benjamin und Adorno vergl. Benjamin GS V, 2, S. 1127-1136, Brief von Adorno an Benjamin vom 2. 8. 1935 aus Hornberg, Benjamins Antwort vom 16. 8. 1935, a.a.O., S. 1137-1140. Auch Horkheimer argumentiert gegen die Interpretation des ökonomischen Prozesses als Schicksal auf der Grundlage von Karneades' Standpunkt; solches existiere nur in Naturkatastrophen (vergl. den Brief Adornos an Benjamin aus Hornberg, in Benjamin, GS V, 2, S. 1129).

Astrologen Angaben über Ungunst oder Gunst der Sterne, die mit den Erfahrungen der Frager nicht zusammenpaßten, aber sie sagten dann ärgerlich, die Sterne deuteten ja nur auf gewisse Möglichkeiten, und die konnten ja zu dem angegebenen Datum durchaus bestanden haben. Herr K. zeigte sich durchaus überrascht und stellte eine weitere Frage. 'Es leuchtet mir auch nicht ein', sagte er, 'daß von allen Geschöpfen nur die Menschen von den Konstellationen der Gestirne beeinflußt werden sollen. Die Kräfte werden doch die Tiere nicht einfach auslassen. Was geschieht aber, wenn ein bestimmter Mensch etwa ein Wassermann ist, aber einen Floh hat, der ein Stier ist und in einem Fluß ertrinkt? Der Floh ertrinkt dann vielleicht mit ihm, obwohl er eine sehr günstige Konstellation haben mag. Das gefällt mir nicht.'"[13]

Mit diesem Schnelldurchgang aber wäre das wichtigste einer solchen Konstruktion bereits benannt. Das Ausfüllen des theoretischen Skeletts mit dem historischen Futter könnte vielleicht noch einige Details zutage fördern, aber außer der Demonstration der Gelehrsamkeit des Autors ergäbe sich kein weiterer Sinn, das Motiv, die Konstellation selbst, würde nicht angetastet. Es wäre so, als existierte eine endliche Anzahl von Ideen, die sich nur jeweils neu zusammensetzten. Solch eine Auffassung ist selbst nahe an der Geschichtsvorstellung der Astrologen, wie sie bereits Karneades kritisiert. Zunächst ist festzuhalten, daß es richtig ist, daß es sich bei der Diskussion des Sternmotiv um eine Metapher handelt, die mit den jeweiligen gesellschaftlichen Auseinandersetzungen der Epoche aufgeladen wird. Es bildet eine Hülle, eine Argumentationsform für die antagonistischen gesellschaftlichen Diskurse. Dennoch ist das Motiv dieser Diskurse nicht zu vernachlässigen: die Sterne halten sich als Denkfigur erstaunlich lange - es muß etwas Besonderes an ihnen sein. Um diese Seite freizulegen, müssen sie allerdings in einer bestimmten Perspektive gesehen werden.

Die Grundfigur der Kritik der Aufklärung liegt in der Ansicht, daß die Menschen ihre irdischen Verhältnisse hinter dem Rücken an den Himmel projizierten. Die Sterne erscheinen danach als eine objektive Darstellung der jeweiligen gesellschaftlichen Ordnung, ohne daß man es ihnen ansähe. Ihre Ansicht spiegelt in je spezifischer Weise die Stellung der jeweiligen Menschen in der Gesellschaft im Himmel wieder. Damit wäre eine Seite ihrer ideologischen Funktionalisierung beschrieben: der Sternenhimmel als Sinnbild der jeweiligen Herrschaft, die Astrologie als eine Lehre, die diese Herrschaft absichert. Daneben aber repräsentieren die Sterne durch ihre wesentliche Ferne auch den sinnlichen Ausdruck einer Utopie, etwas noch nicht Gewordenem und stehen so für den Status des Naturrechts[14] ein. Erst aus beiden Perspek-

---

[13] Brecht, Gesammelte Werke, Band 12, Prosa 2, a.a.O., S. 397.

[14] Vergl. Boll/Bezold, Sternglaube, a.a.O., S. 98 und ausführlich Ernst Bloch, Naturrecht und menschliche Würde, Frankfurt/M. 1985, Suhrkamp, S. 115-139.

tiven erklärt sich ihr Doppelcharakter: Der verklärende Glanz des Bestehenden und der vorläufige Schimmer der Utopie durchdringen sich im Licht der Sterne miteinander. Spielt man diese beiden Pole nicht undialektisch gegeneinander aus, sondern versucht die Bewegung des Denkens zwischen ihnen, die sie wiederum nicht unverändert läßt, durch die Geschichte hindurch zu verfolgen, dann ergibt sich auf andere Weise die Möglichkeit historischer Antworten auf die Frage nach der Anhängerschaft der Astrologie zu geben. Im Rahmen eines solchen Horizontes ist es möglich, sich dem rebellischen Element der Astrologie zu nähern, das von der mit ihr verbundenen, in sich ambivalenten Wunschlogik lebt, deren unterirdische Kraft ähnlich der des Diskurses über Naturrecht im Sinne der jeweiligen Herrschaft aufgenommen und funktionalisiert werden kann. Diese Betrachtungsweise führt aber auch an die Grenzen der Aufklärung selbst. In dem Maße, wie diese sich mit der Etablierung der bürgerlichen Herrschaft gegen eine weitere Selbstaufklärung abkapselt, stehen die Sterne auch für den noch zu leistenden Prozeß als Sinnbilder ein. Sie sind damit beides - Repräsentanten der Ordnung und Allegorien einer gerechteren Welt: wie in einer Kippfigur nehmen sie je nach Betrachtungsweise einen anderen Ausdruck an.

Nun findet sich dieser Blickwinkel nicht allzu häufig in der historischen, astrologischen, astronomischen, philosophischen, theologischen und kulturhistorischen Literatur. Daher geht es zunächst darum, einige Abgrenzungen vorzunehmen. Die Annäherung an die Geschichte der Astrologie kann man nicht bewältigen, indem man das Sternenmotiv chronologisch durch die Geschichte verfolgt und die Ergebnisse nach Art einer mittelalterlichen theologischen Summe zusammenstellt. Hans Blumenberg hat einen derartigen Versuch unternommen. In seiner "Genesis der Kopernikanischen Welt"[15] versucht er eine historische Abhandlung über das Motiv des Sternenhimmels in der Philosophie zu entwerfen. Darüber hinaus bemüht er sich in einem weiteren Text um eine Zusammenfassung der Motivstränge: er verfolgt die Rezeption der Anekdote von dem in die Sterne sehenden und während dessen in einen Brunnen fallenden Thales durch die Geschichte der Philosophie. Er legt dabei den Akzent ebenso - wie es sich im Titel "Das Lachen der Thrakerin"[16] ausdrückt - auf die Zuschauerin. Dadurch ergeben sich jeweils neue Konstellationen aus den Begriffspaaren Mann-Frau, Wissenschaft-Alltag, Fortschritt-Dialektik des Fortschritts in der Geschichte. Aber auch für diese Konstruktion gilt die Kritik, die ich an meinem Szenario formuliert habe, daß nämlich die Entstehungszusammenhänge der Begriffe selbst nicht ange-

---

[15] Hans Blumenberg, Genesis der Kopernikanischen Welt, 3. Bde, a.a.O.

[16] Blumenberg, Thrakerin, a.a.O.

tastet werden. Beide Texte Blumenbergs offenbaren neben der Fülle des Materials und interessanten Kommentaren damit auch die Schwächen eines solchen Unternehmens. Es bleibt einerseits eine Ideengeschichte und ähnelt im wesentlichen einer großen Materialsammlung, andererseits verdeckt der enzyklopädische Gestus die dahinter notgedrungen subjektivistisch verengte Perspektive des ganzen Unterfangens.[17] Die subjektive Einfärbung einer Darstellung aber ist kein Makel, der der Philosophie im Gegensatz zu den Naturwissenschaften anhängt, sondern sie muß im Gegenteil als solche ausgewiesen werden. Erst im konsequenten Durchgang durch die subjektiven Anteile des Denkens erscheinen dessen objektiven Momente. Diese Vorstellung teilt Blumenberg nicht. Das bedeutet nicht, daß eine Beschäftigung mit seinen Texten nicht lohnte. Bei Blumenberg aber kommt die Astrologie, wenn überhaupt, nur am Rande vor, aus diesem Grunde sind seine Darstellungen des Himmelsmotivs in der Philosophie für mein Thema nur bedingt zu verwenden.

Neben diesen philosophisch orientierten Texten, die fraglos zu den interessantesten zum Thema gehören, gibt es eine große Anzahl anderer Schriften, die sich mit der Geschichte der Astrologie beschäftigen. Aber auch darunter findet sich wenig Zufriedenstellendes. Von den Eingangsperspektiven der Au-

---

[17] Blumenberg arbeitet sich in seinem dreibändigen Werk durch die griechische Auffassung, die der Patristik, der Gnosis und der Scholastik, um über Kopernikus zu Kant und in die Neuzeit zu gelangen - immer geht es um das Himmelsmotiv als Metapher für den Stand des Denkens. Aber seine großangelegte "Urgeschichte der Theorie" ist seltsam abgelöst von den Interessen der Menschen an ihr, daher stammt eine gewisse Beliebigkeit der Interpretationen und die Leichtigkeit, mit der einzelne Geschichten aus den jeweiligen historischen Zeiträumen kombiniert werden. Die so entleerten Epochen gleichen, wenn das Bild erlaubt ist, leeren Insektenhüllen, die von ihren ehemaligen Bewohnern verlassen wurden, denen der alte Panzer zu klein geworden ist. Diese aber sammelt Blumenberg eifrig und mit musealem Sinn begabt und wird dabei auf eine andere Weise als der von ihm so titulierte Thales selbst zum "Protophilosophen". Seine Zusammenstellung wäre erst die Vorarbeit einer Philosophie, die nun zu beginnen und nicht ihr selbst herbei geführtes Ende zu beklagen hätte. Blumenbergs spielerisches Hantieren mit den einzelnen historischen Epochen entspricht dem lichten Charakter der vom ehemaligen Leben zeugenden Insektenkörper, sie werden leicht, durchsichtig und übereinanderlegbar wie Pergamentpapier. Die Ausbeute des philosophischen Enthologen Blumenberg bleibt Fliegenbeinzählerei, blutleer und ohne Leben. Sein Verfahren ist das philosophische Pendant desjenigen des biologischen Käferforschers, der auch seinen Gegenstand zuerst abtötet, um ihn dann zu untersuchen. Auf Blumenbergs Denken trifft der Satz zu, daß auf einer genügend großen Höhe der Abstraktion alles miteinander vergleichbar sei (der von Sloterdijk stammt und den dieser freilich etwas anders gemeint hat. Vergl. Sloterdijk, Zur Welt kommen - Zur Sprache kommen. Frankfurter Vorlesungen. Frankfurt/M. 1988, S. 118. Der Satz lautet dort: "Auf eine hinreichend hohe Vergleichsebene gebracht, denken Heidegger und Marx an der entscheidenden Stelle der Gleiche.").

toren wird kaum abgerückt, so daß das Material in den meisten Fällen stumm bleibt. Diese Literatur läßt sich grob in zwei Auffassungen einteilen. Anhänger der Astrologie bemühen sich tendenziell um eine Darstellung, nach der eine Kontinuität der Berechtigung der magischen Anschauung bis heute eindimensional und antimodern konstatiert wird.[18] Positivistisch orientierte Autoren dagegen betonen zumeist den Charakter der Astrologie - wenn sie überhaupt erwähnt wird - als Vorläuferin der naturwissenschaftlichen Astronomie, die dann dem in die Vergangenheit projizierten Abbild der heutigen Naturwissenschaften gleicht.[19] Die mit der Entwicklung der Wissenschaften in der arbeitsteiligen bürgerlichen Gesellschaft zusammenhängende Aufspaltung in Astrologie und Astronomie läßt sich aber weder rückgängig machen, noch zur einen oder anderen Seite bündig auflösen, ohne die Antinomie der Aufklärung zu berücksichtigen. In der Geschichte sind magische und rationale Elemente ungleich komplizierter miteinander verwoben, als das sowohl in den Vorstellungen der Astrologen als auch ihrer positivistischen Kritiker reflektiert wird. Das Ausblenden der fehlenden Motive erfolgt dabei jeweils komplementär, beide Ansichten bleiben als isolierte blind für die wirklichen Antriebskräfte der Geschichte. Dabei haben Aufklärung und Magie viel mehr gemeinsam, als ihre jeweils ausgewiesenen Vertreter annehmen. Viele Aufklärer dachten im Rahmen magischer Systeme. Francis Bacon wird als Urvater der Naturwissenschaften gefeiert, aber: "Vor dem Triumph des Tatsachensinns heute wäre auch Bacons nominalistisches Credo noch als Metaphysik verdächtig und verfiele dem Verdikt der Eitelkeit, daß er über die Scholastik aussprach."[20] Auch bei Kepler stehen Astrologie und Astronomie nebeneinander[21], Newtons späte Interpretation der Johannes-

---

[18] Vergl. die kritisierten Astrologen Detlefsen, Riemann, Ring, Watson, Sun Bear und ebenso zum Beispiel Kurt Seligman, Das Weltreich der Magie, a.a.O.

[19] Vergl. zum Beispiel Reinhard Wiechoczek, Astrologie, das falsche Zeugnis vom Kosmos, a.a.O.; Ulrich Kressin, Unser Sonnensystem, Schulfunk Sonderheft, Hrsg. v. Bernd Ehrlich, Lübeck o.J.; Carl Sagan, Jonathan Norton Leonard, Die Planeten, Reinbek 1970, Rowohlt. Im gewissen Sinne ist auch Blumenberg dieser Figur verhaftet. Er spricht in dem Lachen der Thrakerin im Zusammenhang von Thales' Blick in die Sterne von Philosophie und Astronomie, indem er dessen Rolle als ersten Philosophen betont. Andererseits soll Thales in einer Interpretation Sokrates' mit seiner Astronomie eine große Ölernte vorausgesehen haben, was ihm zu Reichtum verholfen haben soll. Hier muß es sich doch wohl bei dessen Kunst - in der Verknüpfung von Vorhersage und Profitmotiv - um Astrologie gehandelt haben (vergl. Blumenberg, Thrakerin, a.a.O. S. 24).

[20] Horkheimer/Adorno, Dialektik der Aufklärung, a.a.O., S. 8.

[21] Vergl. das materialreiche, theoretisch aber schwache Buch Arthur Koestlers Die Nachtwandler, a.a.O., S. 225ff.

apokalypse habe ich bereits erwähnt und auch sein Anhänger Kant kommt in seiner "Theorie des Himmels" nicht ohne astrologische Spekulationen aus.[22] Ebenso rechnete René Decartes mit dem Aberglauben und hielt seinen Geburtstag geheim, damit ihm niemand ein Horoskop stellen konnte.[23] Mit anderen Worten, Mythos und Aufklärung sind in spezifischer Weise miteinander verschlungen. Daher ist es angebracht, nach Darstellungen zu suchen, die das mythologische Element im Zusammenhang mit dem wissenschaftlichen Denken weder hypostasieren, noch gegen jenes ausspielen, sondern die Entwicklung von beiden Momenten in einer kritischen kulturgeschichtlichen Perspektive verfolgen. Ansätze für eine solche Vorgehensweise bieten Autoren, die im weiteren Sinne dem Kreis um den Hamburger Kunsthistoriker Aby Warburg zugerechnet werden können. Im Zusammenhang mit der Untersuchung der Sterne, ist neben Warburg und seinen Mitarbeitern und Kollegen Raymond Klibansky, Erwin Panofsky und Fritz Saxl vor allem der Heidelberger Altphilologe Franz Boll mit seiner Geschichte einer Astrologie, die er zusammen mit dem Assyriologen Ernst Bezold verfaßt hat, zu nennen. Wenn ich im folgenden Ergebnisse einer solchen geisteswissenschaftlichen Geschichte der Astrologie diskutiere, so tue ich das nicht, weil ich glaubte, es könnte eine "andere Geschichte der Sterne" erzählt werden; auch deshalb nicht, weil ich der Ansicht wäre, daß die Rekonstruktionen der angeführten Autoren glaubwürdiger seien, als die der Astrologen (was sie fraglos sind und wozu nicht viel gehört). Boll, Bezold, Warburg, Klibansky, Panofsky und Saxl aber zeigen eine, wenn auch problematische, so doch weitaus ernsthaftere Bemühung der Entzifferung der Sternbilder. Ihr Versuch, den gesellschaftlichen Antinomien, die sich in ihren Begrifflichkeiten widerspiegeln, zu entgehen, ist in einem ganz anderen Maße interessant, als derjenige, die von den Astrologen unternommen wird. Ausgehend von ihren Arbeiten läßt sich eine Kritik formulieren, die auch die ungenannten subjektiven wie objektiven Voraussetzungen des Blickes der Autoren untersucht, deren Herausarbeitung erst einen unverstellten Blick auf die Theorie ermöglicht und eine Entwicklung der Motive freilegen kann. Die Probleme einer affirmativen Kulturgeschichte, wie sie sich bei den Autoren der Warburgschule zeigen und wie ich

[22] Es handelt sich nur scheinbar um eine naturwissenschaftliche Schrift, die das Newtonsche Weltbild expliziert. Kant setzt zwar Newtons Entdeckung des Kräftespiels der mechanischen Gravitätskräfte voraus, aber nur, um dann in einem aufklärerischen Sinne über ihn hinaus zu gelangen, der sich stark an einem neuplatonischen Bild des Himmels orientiert. Vergl. Immanual Kant, Allgemeine Naturgeschichte und Theorie des Himmels, a.a.O.

[23] Nach Adrien Baillets Biographie von 1671, zitiert nach Klaus Birkenhauer, Beckett, Reinbek 1971, Rowohlt, S. 33.

sie im fünften Kapitel umrissen habe, werden dabei vorausgesetzt; sie sind nicht auf einen Streich aufzulösen.[24] Die Schlußfolgerung daraus kann nur sein, daß ein jeweils an der Situation der Gegenwart orientierter Blickwinkel auf die Vergangenheit fällt und ihre Elemente mehr oder weniger unsichtbar je nach bewußter oder unbewußter Intention des Blickenden ordnet. Daher ist ein subjektives Interesse, durch das hindurch sich objektive Momente vermitteln, in einer historischen Perspektive immanent enthalten, auch wenn es als solches nicht ausgewiesen wird.[25] Die Eingangsperspektive des Betrachters kehrt in den einzelnen Ergebnissen notgedrungen wieder. Die Frage ist jedoch, ob es jeweils gelingt, die untersuchten Gegenstände zum Sprechen zu bringen, so daß sie dem heutigen Leser etwas mitzuteilen haben. Daher ist es nötig, sie in einen Zusammenhang einzuordnen, in dem sie die in ihnen enthaltenen utopischen Momente freizusetzen in der Lage sind, ohne sie zugleich den repressiven Aspekten der Sternordnung zu überantworten. Eine Verbindung mit den Wünschen und Vorstellungen der Menschen früherer Epochen kann sich nur über diese utopischen Momente herstellen. In diesem Sinne ist - um mit Walter Benjamin zu sprechen - die Gegenwart die Zukunft der Vergangenheit und besitzt die Aufgabe, diese nachträglich mit zu befreien.[26] Ein erster Schritt dahin wäre die Restitution der Geschichte als

---

[24] Wie schwierig es ist, sich heute eines Begriffs der Geschichte zu versichern, der nicht die Vergangenheit verdinglicht zur Projektionsfläche der Gegenwart macht, zeigt beispielhaft die Lektüre von Walter Benjamins Geschichtsthesen (vergl. ders., "Thesen über den Begriff der Geschichte", GS I, 2, S. 691-706). Selbst in einem problematischen messianischen Raum angeordnet, der in gewisser Weise Warburgs "Denkraum der Besonnenheit" (Warburg, "Heidnisch-antike Weissagung in Wort und Bild zu Luthers Zeiten" (1920), a.a.O., S. 534) entspricht, spiegeln sie ein genaues Bemühen um die Verknüpfung von materialistischen und messianischen Motiven wider. Darauf kann an dieser Stelle nicht weiter eingegangen werden. Es bleibt einer eigenen Studie vorbehalten, die Verbindungen Benjamins zur Astrologie und zu Warburg zu untersuchen. Vergl. auch den als Annäherung an das Thema zu betrachtenden Text von Jochen Becker, "Ursprung so wie Zerstörung: Sinnbild und Sinngebung bei Warburg und Benjamin", in Willem van Reijen (Hg.), Allegorie und Melancholie, Frankfurt/M. 1992, Suhrkamp, S. 64-89.

[25] Das umgekehrte Prinzip findet sich im Rahmen einer scheinbar reinen subjektiven Konstruktion. Dort vermitteln sich die objektiven Momente durch die Subjekte hindurch, ohne daß diese es registrierten. Ein großer Teil der postmodernen Autoren setzen ihrem Denken eine Grenze, indem sie es als subjektiv ausgeben, das Verhältnis von Subjektivität und Objektivität aber nicht oder nur unzureichend hinterfragen.

[26] "Die Vergangenheit führt einen heimlichen Index mit, durch den sie auf die Erlösung verwiesen wird. (...) Ist dem so, dann besteht eine geheime Verabredung zwischen den gewesenen Geschlechtern und unserem. Dann sind wir auf der Erde erwartet worden. Dann ist uns wie jedem Geschlecht, das vor uns war, eine schwache messianische Kraft mitgegeben, an welche die Vergangenheit Anspruch hat." (Walter Benjamin, "Über den Begriff der Geschichte", GS I, 2, S. 693f).

Versuch der Menschen, sich vom Mythos zu befreien, und darauf hinzuweisen, daß dieser Versuch mit dem Aufklärungsprozeß selbst wieder neue Mythen hervorbringt. Nimmt man diese Kritik als Ausgangspunkt und versucht sie gleichzeitig immer wieder neu zu formulieren, dann ergeben sich aus einem historischen Durchgang durch die Geschichte der Astrologie, obwohl er im Rahmen einer affirmativen Kulturgeschichte erfolgt, auch Anzeichen dafür, warum die Sterne als Metaphern einer Gegenordnung derartig aufladbar sind.

8. 2. Franz Bolls Geschichte der Astrologie als Religion

Um in den Themenkreis einzuführen, der sich nun auftut, bietet es sich zunächst an, sich mit den Forschungen Franz Bolls über die Geschichte der Astrologie vertraut zu machen. Boll skizziert, wenn auch unter einschränkenden Vorzeichen, so doch eine Entwicklung der Sternenmotive, die diese zunächst einmal aus der Interpretation der heutigen Astrologen herauslöst und es möglich macht, die Astrologie auch als wichtigen Schritt in der Kulturentwicklung der Menschheit zu begreifen. Mit den astrologischen Prinzipien vergegenständlicht sich der Himmel und tritt dem Menschen entgegen, so daß er den Subjektbegriff daran entwickeln kann. Die Analyse der aufklärerischen Rolle, die die Astrologie dabei einnimmt und ihre Vermittlung mit den Antinomien der Aufklärung, vermögen die Arbeitsergebnisse von Bolls Studien vorzubereiten. Sie zeigen eine philologische Ernsthaftigkeit der Forschungen der Jahrhundertwende in dieser Frage und stecken den Rahmen ab, innerhalb dessen die Astrologie diskutiert werden muß. Boll war zunächst Leiter der Handschriftenabteilung der Münchner Staatsbibliothek, dann als Altphilologe an den Universitäten Würzburg und Heidelberg tätig. Der Schwerpunkt und damit der interessanteste Teil seiner Studien liegt auf der Entwicklung der Astrologie in der arabischen und griechischen Antike und im Ausmachen von Elementen der Astrologie im Christentum und im Islam. Seiner Dissertation über Claudius Ptolemäus folgte eine Reihe von Studien über die antiken Sternbilder, deren Ergebnisse er in dem Buch "Sternglaube und Sterndeutung", das in Zusammenarbeit mit dem Assyriologen Carl Bezold in mehreren Auflagen erschien, zusammenfaßt.[27] Boll sieht in der histo-

[27] Vergl. Boll, Studien über Claudius Ptolemäus, Leipzig 1894; ders., Sphaera, Leipzig 19o3 und Boll/Bezold, Sternglaube und Sterndeutung, a.a.O. Dort auch weitere Literatur zu den einzelnen Themen. Zu Carl Bezold vergl. Boll, "Carl Bezold. Ein Nachruf" (1922) und ders., "Der Sternglaube in seiner historischen Entwicklung" (Nachschrift der Vorlesungen 1922/23), in ders., Kleine Schriften zur Sternenkunde des Altertums, a.a.O, S. 397-405.

rischen Astrologie den Versuch einer "universellen Weltanschauung", die er aus einer wohltuenden Distanz beschreibt. Er bemerkt im Vorwort zur 2. Auflage seines Buches: "Dem geübteren Leser braucht nicht erst gesagt zu werden, daß man etwa ein Buch über den Buddhismus mit Anteil und Wärme schreiben kann, ohne sich deshalb zu Buddhas Weg zu bekennen, und daß eine geschichtliche Betrachtung, die nicht nur Äußerlichkeiten zusammenstellen, sondern in das seelische Leben der Vergangenheit eindringen will, noch keine Verteidigung ihrer phantastischen Irrtümer bedeutet."[28] Er betrachtet damit den Sternenglauben als Religionsgeschichte: "Der Sternenglauben ist, in seinen tieferen Bezügen verstanden, eine der erhabensten Religionen der Menschheit."[29]

Exkurs: Eine kleine Astrologiegeschichte im Überblick

Die Astrologie der Babylonier

Den Ursprung der Astrologie ordnen Boll und Bezold der urarabischen chaldäischen Kultur zu, die seit dem zweiten Jahrtausend v. Chr. im Zweistromland zwischen Euphrat und Tigris ansässig war. Als Quellen dieser Aussage dienen Keilschriftentafeln und -bruchstücke in assyrischer Schrift aus der sogenannten "Ninivetischen Bibliothek", zu deren Bearbeitern im Londoner Museum im ersten Jahrzehnt unseres Jahrhunderts Bezold zählte. Die gefundenen Teile gehen auf ein einziges großes Werk zurück, daß nach seinen Anfangsworten: "Als Anu-Enlil ..." benannt ist. Sein Alter und sein Verfasser sind unbekannt, aber es wurde wahrscheinlich mehrmals überarbeitet. Die Tafeln enthalten astrologische Texte, die sich auf Sturmflut, Geburten, Traumdeutungen und andere Geschehnisse beziehen. Die Beobachtung der Sterne nahm in der chaldäischen Kultur einen großen Raum ein und war mit einem religiösen Kult verknüpft. Die Planeten wurden nach Göttern benannt, die später von den Griechen übernommen und verändert wurden. Neben der kosmischen Dreiheit des Himmelsgottes Anu, des Erdgottes Enlil und der Göttin des Gewässers, Ea, wurde die astrale Dreiheit aus dem Mondgott Sin, dem Sonnengott Schamasch und Ischtar, der Herrin des Morgen- und Abendsterns verehrt.[30] Zur Beobachtung der einzelnen

[28] Boll/Bezold, Sternglaube, a.a.O., S. Vf.

[29] Boll, "Der Sternglaube in seiner historischen Entwicklung", a.a.O., S. 394.

[30] Vergl. auch die Einleitung von Albert Schott in Das Gilgamesch-Epos, Neu übersetzt und mit Anmerkungen versehen von Albert Schott. Ergänzt und teilweise neu gestaltet von Wolfram von Soden, Stuttgart 1958, Reclam, S. 1-14 und Hirsch, H., Untersuchungen zur altassyrischen Religion, Graz 1961.

Himmelskörper wurden Stufenpyramiden errichtet, die als Sternwarten gedient haben sollen. Die Planeten besaßen in diesem System spezielle Bedeutungen; ihre Zusammenfassung zur Siebenheit ist zeitlich unklar, belegt soll die Vorstellung von sieben Planeten etwa seit 65o v. Chr. sein.[31] Neben den Wandelsternen waren bereits etwa 23o Fixsterne und Sternbilder bekannt. Zu den ältesten Bildern gehört der Tierkreis, dessen Ordnung dem Gilgamesch-Epos, dem ersten überlieferten Text der Menschheit[32], zugrundeliegt. Einige der alten Bezeichnungen wie Stier, Zwillinge und Fische sind noch heute gebräuchlich, andere kehren als Relikte (wie die Ähre in der Hand der Jungfrau) in den griechischen Sternbildern wieder, noch andere, wie der "Mietling", sind völlig verschwunden.[33] Nach einer anderen Einteilung waren ebenfalls die Sternbilder bekannt, die entlang der Bahnen der Planeten liegen. So 35 Gestirne am "Enlil-Weg" (des Sonnenwegs nördlich des Himmelsäquators), 23 Bilder am "Anu-Weg" (des Äquatorialstreifens) und 15 Gestirne am "Ea-Weg" (dem Südhimmel) ebenso wie auch die Mondbahngestirne. Die Bewegungen der Planeten vor dem Hintergrund der Fixsterne wurden über Entsprechungen mit den Phänomenen auf der Erde gleichgesetzt. Einbezogen in diese astrologischen Prophezeiungen waren neben Planeten und Fixsternen auch Kometen, Meteore, Winde und Erdbeben. Boll und Bezold erwähnen, daß auch die Schrift in ihren frühen Formen mit den Sternen in Verbindung steht, sie verweisen auf den Stern als Keilschriftzeichen für Gott.[34] Die Planetengötter spielten in Kunst und Dichtung ebenso eine besondere Rolle, wie in der babylonischen Weltschöpfungslegende, wonach Marduk (Jupiter) das Ungeheuer Tiamat besiegt und alle anderen Sternengötter wie Kleinvieh am Himmel weiden läßt.[35]

Die Chaldäer haben damit einen bemerkenswert hohen Standard der Himmelskunde erreicht, die über die Religion eng mit der Astrologie verknüpft war. Boll und Bezold würdigen zwar die Kenntnisse dieser arabischen Kultur, im wesentlichen aber deshalb, weil sie von dort aus zu den Griechen gelangten.

Astrologie in Griechenland

Die Griechen übernahmen die Astrologie aus dem Orient, besaßen aber bereits in ihrer Frühzeit menschenähnliche Vorstellungen von ihren Göttern. Im

---

[31] Boll/Bezold, Sternglaube, a.a.O., S. 6.

[32] Vergl. Schott, Das Gilgamesch-Epos, a.a.O.

[33] Boll/Bezold, Sternglaube, a.a.O., S. 8f.

[34] Boll/Bezold, Sternglaube, a.a.O., S. 13.

[35] Boll/Bezold, Sternglaube, a.a.O., S. 16f.

griechischen Mittelalter (um 1ooo bis Mitte des 6. Jahrhunderts v. Chr.) gab es einen regen Austausch mit den höher entwickelten Kulturen des Orients. Das Verhältnis zu den Sternen sehen Boll und Bezold bei den Griechen nicht primär religiös bestimmt, sondern in der praktischen Natur, wie zum Beispiel bei den Seefahrern, angesiedelt. Die ionische Naturphilosophie lernte von den Chaldäern eine Reihe zivilisatorischer Fähigkeiten wie die Bestimmung einer Sonnenfinsternis, das Wissen vom Äquator, der Sonnen- und Planetenbahnen, ihre Zahlen und Namen, die Einteilung der Sternbilder und des Tierkreises. In der Schule von Pythagoras finden sich Verknüpfungen zwischen Himmel und Erde im Naturgesetz vom konstanten Verhältnis von Saite und Tonhöhe in Analogiesetzung zu den Planeten. Sternenmotive tauchen auch in den Mysterienkulten der Orphik auf. Aus diesen Schulen werden sowohl eine Astronomie wie auch eine griechische Astrologie hervorgehen. Bei Platon finden sich pythagoräische und orphische Elemente der Beseeltheit der Gestirne - zum Beispiel im "Symposion" in der Rede des Aristophanes von den kugelrunden Sonnen-, Mond- und Erdenmenschen der Vorzeit.[36] Im "Thimaios" wird jeder einzelnen der feststehenden Anzahl von Seelen ein Gestirn zugeteilt.[37] Aristoteles dagegen hatte wenig Interesse an der Sternendeutung. Seine Lehre von der Quintessenz, dem Äther-Hauch als dem fünften Element, trennt die Erde von den anderen Planetensphären ab. Doch geht auch in seinem Denken alle Bewegung von dem ersten Bewegten der Fixsternsphäre aus; damit wird jede Veränderung der unvollkommenen Erde ursächlich auf die vollkommene obere Erde zurückgeführt.

Astrologie in Ägypten und dem Rom der Kaiserzeit

Im Ägypten der Zeit der großen Reiche (etwa bis 341 v. Chr.) gibt es keine Spuren der Astrologie. Erst unter griechischer Herrschaft wird an den Sonnenkult angeknüpft und der Einfluß des babylonischen Sternenglaubens wächst, bis sich aus diesem Gemisch eine originelle Spielart der Astrologie ergibt. Das Grundbuch der ägyptischen Astrologie ist ein zweiteiliges Werk, daß den Namen des Königs Nechepso und des Priesters Petosiris trägt. Das Buch ist etwa 15o Jahre v. Chr. entstanden, Boll und Bezold bezeichnen es als "Astrologenbibel", es beinhaltet "Offenbarungsweisheiten" und richtet sich an Fürsten und Priester. Der Text ist in Griechisch geschrieben und enthält neben babylonischen und ägyptischen Religionsvorstellungen auch Elemente der griechischen Wissenschaft. In der frühen Stoa entwickelt sich bereits ein astrologiekritischer

[36] Platon, Symposion, hrsg. v. Walter F. Otto, Ernesto Grassi, Gerd Plamböck, Reinbek 1957, 189 c 2 - 190 c 1.

[37] Platon, Thimaios, a.a.O., 41 d 4 - 47 c 2.

Diskurs, obwohl die Stoa mit ihrem strengen Determinismus als Beschützerin der Astrologie auftritt.[38] In der folgenden Zeit breitet sich die Astrologie im klassischen Rom weiter aus. In den Jahrhunderten der römischen Kaiserzeit dringt sie in die heidnischen Religionen ein und gibt deren alten Formen neuen und tiefen Inhalt. Boll/Bezold: "Mithras- und Isiskultus, die hellenische Gnosis der Gläubigen des ägyptischen Hermes Trismegistos (Thoth), wie die massivere der Babylonier, sind erfüllt von astralen Elementen (...)."[39] Aber auch die Wissenschaften sind von ihnen erfüllt: Medizin, Botanik, Chemie, Mineralogie, Ethnographie und alle Naturwissenschaften sind ebenso wie die Künste bis zum Ausgang der Renaissance durchtränkt mit Astrologie. Als große astrologische Dichter sind Manilius und Vettius Valens aus dem zweiten nachchristlichen Jahrhundert in Rom und Antiochus in Athen zu nennen. Zur gleichen Zeit wie diese veröffentlicht der alexandrinische Astronom Claudius Ptolemäus in seinem "Tetrabiblos" den wichtigsten Text über die Kunst der Sterndeutung. Er übermittelt damit für die kommenden 15oo Jahre das antike Bild der Erde und des Himmels.

Mittelalter und Neuzeit

Das im Mittelalter erstarkende Christentum sieht sich dem Sternenglauben in Verbindung mit anderen heidnischen Religionen gegenüber, die es beide bekämpft. Boll und Bezold weisen darauf hin, daß das frühe Christentum astrale Elemente in sich aufnimmt, so zum Beispiel in der Sternenmystik der Johannesoffenbarung. Die offizielle römische Kirche verwendet für Christus den Begriff "Sonne der Gerechtigkeit" und verlegt in der Mitte des vierten Jahrhunderts seinen Geburtstag auf den 25. Dezember, den heidnischen "Geburtstag der Sonne".[40] Boll/Bezold erwähnen, daß auch die Formel "Lux crescit" aus einem alten griechischen Kalender stammt und aus der heidnischen Liturgie zum 25. Dezember in die Weihnachtspredigt übergeht: "Du bist das Licht der Welt"; sie ist, wie auch der "Stern von Bethlehem", eine Adaptionen der heliotrophen Gestirnsreligionen. In der Scholastik herrscht dann zwar eine astrologisch eingefärbte Sprache vor, dennoch wird bereits das Moment der Willensfreiheit, das aus dem Neuplatonismus stammt, gegenüber dem Sternenfatalismus betont. Im 12. Jahrhundert wächst der arabische Einfluß durch Übersetzungen der arabi-

---

[38] Die Autoren berichten über den prototypischen Streit über die Astrologie im 2. Jahrhundert v. Chr., in dem von dem Philosophen Karneades die wesentlichen Argumente gegen die Astrologie vorweggenommen werden. Bereits aber sein Nachfolger in der Führung der Stoa, Poseidonis von Apanea in Syrien, räumte dem orientalisch-astrologischen Einfluß wieder mehr Platz ein. Vergl. Fußnote 5.

[39] Boll/Bezold, Sternglaube, a.a.O., S. 34.

[40] Boll/Bezold, Sternglaube, a.a.O., S. 37f.

schen Astrologen wie Abu Ma'sar und Philosophen wie Avincenna und Averroes. Die Astrologie gewinnt an Boden, bis sie im Neoplatonismus der Renaissance einen weiteren Höhepunkt erlangt. Im 16. und 17. Jahrhundert wächst die Bedeutung der Astrologie in der katholischen Welt weiter an. Papst Julius II. (1513-1521) läßt die Stunde seiner Krönung, Papst Paul III. (1534-1549) die Stunde seines Konstitoriums (der Versammlung der Kardinäle unter dem Papst) astrologisch errechnen. Papst Leo X. (1513-1521) gründet in der päpstlichen Universität in Rom eine Professur für Astrologie. Weitere wichtige Universitätsdomänen besitzt die Sterndeuterei in Padua, Bologna und Paris. Luther lehnt die Astrologie ab, scheut sich aber nicht, sich astrologischer Weissagungen als Propaganda zu bedienen.[41] Die Astronomen der Neuzeit, Kopernikus, Tycho v. Brahe, Galilei und Kepler, sind alle auch Anhänger der Astrologie; dennoch wird das astrologische Weltbild durch Kopernikus' Lehre von der Sonnenmitte, Keplers elliptischen Planetenbahnen und Galileis Fernrohr gerade erschüttert. In der deutschen Romantik kommen die Grundgedanken der Astrologie wieder bei Novalis und Görres und auch bei Schlegel zu Ehren. Auch G. H. Schubert und der Erlanger Astronom J. W. Pfaff mit seiner "Astrologie"[42] versuchen eine neue romantische Physik des Weltalls. Als ihren Nachfolger bezeichnen Boll und Bezold den Naturforscher Gustav Theodor Fechner (18o1- 1887) mit seinem Traum von den Gestirnsseelen.

Astrologie als humanistische Gestirnsreligion

Boll und Bezolds Text enthält eine Fülle von Einzelheiten über den kulturhistorischen Hintergrund der Astrologie. Unter ihrem Blick eröffnet sich zunächst ein anderer Zugang als der funktionalistische der Astrologen, die glauben, das Monopolrecht auf die Sterne zu besitzen. Doch ist auch Bolls Perspektive der Astrologie als Gestirnsreligion zu diskutieren. Man stößt bei ihm auf Harmonievorstellungen, deren prekären Charakter bereits in der Diskussion der heutigen Astrologen deutlich wurde. Boll faßt im letzten Kapitel seines Buches die Gründe zusammen, die er für das stete Wirken der Astrologie verantwortlich macht. Als wichtiges Moment betont er ihr Wesen als Religion durch Verknüpfung mit den alten Götternamen. So stehen ihm die Sterne für das Naturrecht als Urbild der ewigen und heiligen Ordnung der Gestirne ein[43], so wie in Schillers Tell mit dessen Rütlischwur das alte

---

[41] Vergl. dazu den 7. Abschnitt dieses Kapitels.

[42] J. W. Pfaff, Astrologie, Erlangen 1821.

[43] Vergl. Boll/Bezold, Sternglaube, a.a.O., S. 98.

Recht wieder hergestellt werden soll und von den alten Rechten die Rede ist, "die droben hangen unveräußerlich und unzerbrechlich wie die Sterne selbst."[44] Dementsprechend sieht Boll den Gedanken der großen Einheit des Alls, wie die Stoa ihn formuliert habe, in deren Philosophie Physik und Astrologie, Religion und Wissenschaft zusammenfielen; anders gesagt, im Wunsch nach Religion zeigten sich "Grundtrieb des menschlichen Wesens."[45] Die Vorstellung, mit dem Ganzen verbunden zu sein, dazu die erhabene Schönheit des südlichen Sternenhimmels, führten zur Annahme einer an Platon angelehnte Ideenlehre, nach der alle irdischen Dinge im Himmel vorgebildet seien. Boll: "Der himmlische Stier (...) ist vor dem irdischen da, nicht umgekehrt ihm nachgebildet."[46] Dadurch, daß auf lange Sicht sich die Sternenkonstellationen wiederholten, stehe die Astrologie für eine zyklische Geschichtsauffassung ein - alles kehre wieder (obwohl das dem letzten Argument des Karneades widerspricht). Auf die Kehrseiten der Astrologie geht Boll dann erwartungsgemäß weniger genau ein. Zwar erwähnt er den Fatalismus ("ein dumpfes Müssen"[47]), die "Erbarmungslosigkeit der Sterne", er erkennt, daß das sich Beugen vor den Sternen kein Ausweg ist, sieht aber im Fatum auch einen Vorteil der "Befreiung von der sinnlosen Willkür des Zufalls."[48] Der ist nun allerdings selber zweischneidig darin, daß der postulierte Sinn nicht weniger frei von Willkür ist, als der befürchtete Zufall, gegen den er helfen soll. Dieses Argument findet sich bei Boll nicht. Er sieht letztlich in der Astrologie einen "bewundernswert kühnen Versuch"[49] der Herstellung eines einheitlichen Weltbildes: "Die Astrologie ist tot, insofern sie mit untauglichen Mitteln Wissenschaft sein wollte; aber was dem ins Leere greifenden Wahn einst Urgrund und Sinn gab, lebt fort und wird immer wiederkehren in dem unzerstörbaren Verlangen der Menschennatur nach einem einheitlichen Weltbild und nach dem Frieden der Seele im Universum."[50]

Nun ist diese Konstruktion des Naturrechts zunächst darin prekär, daß es aus den Kämpfen der Bauern und Bürger gegen den Adel und den Klerus

---

[44] Zitiert nach Boll/Bezold, Sternglaube, a.a.O., S. 98.

[45] Boll/Bezold, Sternglaube, a.a.O., S. 96.

[46] Boll/Bezold, Sternglaube, a.a.O., S. 98.

[47] Boll/Bezold, Sternglaube, a.a.O., S. 101.

[48] Ebenda.

[49] Boll/Bezold, Sternglaube, a.a.O., S. 104.

[50] Boll/Bezold, Sternglaube, a.a.O., S. 102.

hervorgeht, von denen in der Verbindung mit den Sternen nichts mehr zu sehen ist. Es herrscht bei Boll die Tendenz vor, die metaphorische Verwendung der Sterne von ihrer gesellschaftlichen Grundlage zu reinigen, um zu einer idealistischen Vorstellung der Sternbilder zu gelangen. Seine Annahme einer humanistisch-ästhetischen Gestirnsreligion, die mit einem "religiösen Grundtrieb der Menschen"zu tun haben soll, ist nicht weniger prekär, die Kritik an ihr ist ebenfalls von beiden Seiten möglich: sowohl von der Philosophie als auch der Psychologie her. Sie hat eine anhropologische Konstante als "eigentliche Quelle der Religiosität"[51] zur Voraussetzung, die dann von der jeweiligen Religionsform aufgenommen und geformt werde, der Gedanke eines dahinterstehenden "Grundtriebes"[52] aber wird nicht angetastet. Diese Vorstellungslogik korrespondiert mit der Anschauung eines Sternenhimmels voller ewiger Gewißheiten in Form von immergleichen Bildern, die nur weit entfernt sind, ein Gedanke, der auf Boll eine besondere Anziehungskraft ausgeübt haben muß. Aber nicht nur er, auch Walter Benjamin und Aby Warburg waren von der Idee, in den Sternen eine objektive Sphäre vorliegen zu haben, eingenommen.[53] Die Wirkungen dieser Vorstellung sind auch im idealistischen Symbolbegriff erkennbar, in dem sich ein identischer Inhalt gegenüber einer variierenden historische Situation durchsetzen soll. Auch dieser Diskurs ist eine Reaktion auf die gesellschaftlichen Veränderungen, die sich mit dem Eintritt in die Moderne ergeben. Damit wäre auf eine Wunschkonstruktion hingewiesen, die vor dem Hintergrund der Umbruchsituation der Jahrhundertwende entsteht.

Der gleiche Sachverhalt läßt sich auch von Seiten der Psychoanalyse her formulieren. Freud kritisiert im "Unbehagen in der Kultur" das "ozeanischen Gefühl", daß Romain Rolland im Zusammenhang mit den indischen Religionen ebenfalls als einen Grundtrieb einführen möchte.[54] Freud faßt dieses Gefühl als eine Verschiebung der Ichgrenzen. Das Ich bildet sich ihm unter Anerkennung des Realitätsprinzips aus einem ursprünglichen Allmachtsgefühl. Reste dieses Gefühls existieren neben dem realitätsgerechten Anschauen der Wirklichkeit in der Psyche fort.[55] Das ozeanische Gefühl entspricht aus

---

[51] Freud, Vom Unbehagen in der Kultur (1930), Studienausgabe Bd. IX, a.a.O., S. 197.

[52] Eine solche Annahme wäre allenfalls, wie im Rahmen der Freudschen Todestriebkonstruktion gestattet, wenn sie sich negativ auf ein unterirdisch in der Geschichte wirkendes Gewaltprinzip bezöge, keineswegs aber positiv.

[53] Vergl. z.B. Benjamin, "Der Mond", in Berliner Kindheit um Neunzehnhundert, GS IV, 1, S. 300-302.

[54] Freud, Vom Unbehagen in der Kultur, a.a.O., S. 197-205.

[55] Freud, Unbehagen, a.a.O., S. 200.

psychoanalytischer Sicht einer frühen Phase der Identifizierung, es kommt dem Bedürfnis nach "Vaterschutz"[56] nach und ist Ausdruck eines Wunsches:

> Für die religiösen Bedürfnisse scheint mir die Ableitung von der infantilen Hilflosigkeit und der durch sie geweckten Vatersehnsucht unabweisbar, zumal da sich dies Gefühl nicht einfach aus dem kindlichen Leben fortsetzt, sondern durch die Angst vor der Übermacht des Schicksals dauernd erhalten wird. (...) Ich kann mir vorstellen, daß das ozeanische Gefühl nachträglich in Beziehung zur Religion geraten ist. Dies Eins-Sein mit dem All, was als Gedankeninhalt ihm zugehört, spricht uns ja an, wie ein erster Versuch einer religiösen Tröstung, wie ein anderer Weg zur Ableugnung der Gefahr, die das Ich als von der Außenwelt drohend erkennt.[57]

Nach Freud drückt sich damit in der Sehnsucht nach der einheitlichen Welt auch diejenige nach einem guten Vater aus, dessen Imago auf die Sterne projiziert wird. Dieser Wunsch ist, wenn er in seiner Regression nicht verstanden wird, in sich selbst ambivalent, da er neben seiner utopischen Komponente auch an eine autoritative Ordnung appelliert. Boll formuliert mit der Vorstellung der Sterne als Religion einen kollektiven Zug der Moderne. Ein Gefühl der Verlassenheit und der Wunsch nach Orientierung, so wie sie auch von den zeitgenössischen Lebensphilosophen von Nietzsche bis Klages formuliert werden, kommen darin zu einem Ausdruck, den man nicht in seiner unmittelbaren Form, sondern gesellschaftlich vermittelt ernst nehmen muß. Die gesellschaftliche Bestimmtheit sowohl der lebensphilosophischen Begrifflichkeit wird von ihnen übersehen.[58] Dieser verfremdenden Verschiebung unterliegen auch Bolls Vorstellungen. Obwohl Boll das Verlangen nach Harmonie, das in Gestalt des einigenden Sternenscheins gegen die zentrifugalen Tendenzen der Moderne gesetzt werden soll, nicht kritisch sieht, spricht er mit dem Wunsch nach einem einheitlichen Weltbild doch einen der wichtigsten Gründe für die Anhängerschaft der Astrologie an. Er trifft mit seiner Perspektive die doppeldeutige Wunschvorstellung von einer besseren Welt, die Sehnsucht nach dem Eingebettetsein in den Sternenlauf einer guten Ordnung. Die Kritik an Boll liefert damit eine Eingangsperspektive in diesen Problemkreis. Sie zeigt, unter welchen Voraussetzungen die Beforschung der Sternbilder stattfindet; auch die Warburgschule beschäftigt sich mit der Geschichte der Astrologie vor dem Hintergrund einer metaphysischen Orientierung, der demjenigen von Franz Boll ähnelt. Wunschlogik und Wunschfata-

---

[56] Freud, Unbehagen, a.a.O., S. 204.

[57] Ebenda.

[58] Zur Kritik der Lebensphilosophie, ihrem Übergang zum Faschismus und der Argumentation der Astrologen in diesem Zusammenhang siehe Kapitel 9.

lismus finden sich angesichts der gesellschaftlichen Umbruchsituation der Moderne zusammen. Doch wie andererseits aus Bolls Forschungen hervorgeht, ist diese Konstellation nicht auf die Moderne beschränkt, sondern ein allgemeiner Zug der Aufklärung.

8. 3. Jupiter oder Saturn? Zur Astrologietheorie der Warburgschule

Nach diesem Überblick über eine Astrologiegeschichte, der vorgenommen wurde, um hinter der durch die Astrologen "verschmutzten Aura"[59] auch noch anderes zu entdecken, beschäftige ich mich erneut mit der Sternenwahrnehmung anhand der Entwicklungsgeschichte einiger Elemente, die bereits in der Kritik der Astrologen herausgearbeitet wurden. Es ist der neuerliche Versuch der Brechung des Mythos von der Natürlichkeit der Astrologie, wie ihn Roland Barthes benennt: "(Der Mythos) wird durch den Verlust der historischen Eigenschaft der Dinge bestimmt. Die Dinge verlieren in ihm die Erinnerung an ihre Herstellung."[60] In diesem Sinne unterliegt die Zuordnung der Namen und Qualitäten zu den einzelnen Planeten einer Entwicklung, die sich durch die Geschichte hindurch verfolgen läßt. Dabei lassen sich verschiedene Linien unterscheiden: Die Vorstellung des Gestirnsfatalismus, die Entstehung der Ordnungslogik der Analogiereihen, und die Vorstellung des Wirkens von Kraftfeldern, deren Anzeiger allein die Planeten sein sollen. Diese Entwicklungslinien gehen einerseits ineinander über - es handelt sich um den Wechsel innerhalb des zentralen Argumentationsmusters der Astrologie von der einfachen Determination der Menschen durch die Sterne hin zu dem, was ich den modifizierten Gestirnsfatalismus genannt habe -, andererseits aber bleiben die einzelnen, einander ursprünglich widersprechende Elemente auch nebeneinander bis in die Produkte der heutigen Astrologen hinein nachweisbar und werden jeweils zu neuen Konfigurationen zusammengesetzt; darin liegt die Berechtigung des Szenarios zu Beginn des Kapitels.

Planeten und mythologische Götternamen

In ähnlicher Weise wie Franz Boll und Carl Bezold versuchen der Philosoph Raymond Klibansky und die Kunsthistoriker Erwin Panofsky und Fritz Saxl in ihrer Geschichte der Melancholie und der Astrologie am Beispiel des

---

[59] Sinngemäß nach Walter Benjamin, "Zur Astrologie", GS VI, S. 192

[60] Roland Barthes, Mythen des Alltags, Frankfurt/M. 1964, Suhrkamp, S. 130.

Planeten Saturn[61] eine genealogische Ableitung. Sie arbeiten eine detaillierte Geschichte der Sternenmotive in der Kulturtheorie heraus, die sie bei den Griechen beginnen lassen und die in der Renaissancezeit endet. Sie verstehen ihre Studien als Hintergrundmaterial zur Interpretation des Dürerstichs "Melencolia I", daher laufen die verschiedenen Stränge ihrer Untersuchung in dieser Epoche zusammen. Für die Zusammenhänge der Untersuchung sind nun nicht die Melancholiestudien und der Stich von Bedeutung, sondern die darin vorkommende Analyse der Motive der Astrologie, obwohl sie von der Entwicklung des Melancholiebegriffs nicht zu trennen ist. Diese Linie soll hier aber nur am Rande behandelt werden.[62] Auch die drei Autoren setzen an der Benennung der Planeten an und verfolgen damit die wichtigste Konstruktionsebene des astrologischen Systems, denn mit der namentlichen Bezeichnung eines Planeten hängt die Zuordnung seiner Eigenschaften zusammen. Da wir heute mit den römischen Götternamen für die Wandelsterne vertraut sind, tritt eine erste Irritation der "ewigen Gewißheit" der Astrologie bereits dadurch ein, daß man sich vorstellt, daß die Planeten mit einem anderen Namen auch andere Eigenschaften zugeteilt bekommen. Darin zeigt sich zunächst eine Verbindung zum Mythos. Die griechische Astrologie verwendete als zentrales Deutungsschema für den Einfluß der Planeten vor den Fixsternbildern auf die Menschen die Eigenschaften, die mit den antiken Namen der Planeten zusammenhängen, d.h. sie greift auf die Mythologie zurück. Die Logik der Astrologie beruht ursächlich auf einem Namensfetischismus (Aby Warburg), indem eine Kultur zunächst ihre Verhältnisse in Gestalt eines Namens auf die Sterne projiziert, um dann die in ihrem Zeichen geborenen Menschen wiederum mit deren Eigenschaften zu belehnen, die, in Verkennung der ersten Projektion, nun vom Stern direkt den Menschen verliehen werden sollen. Wer zum Beispiel unter dem Zeichen des Widders geboren ist, besitzt die Eigenschaften des Widders, er wird ein Weber, der Widdermonat wird gut für Wollgeschäfte etc. Doch dabei handelt es sich bereits um eine entwickelte Form der Astrologie, die unter orientalischem Einfluß entstanden ist. Die ursprüngliche hellenistische Religion enthält dagegen kaum Gestirnsverehrungen. Man kannte anfänglich nur die Planeten Phosphorus und Hesperus, welche die Sonne beim Auf- und Untergang begleiteten. Daß beide identisch waren (nämlich Venus), bemerkten erst die Pythagoräer oder Parmenides. Die anderen Sterne lernten die Griechen

[61] Klibansky, Panofsky, Saxl, Saturn und Melancholie a.a.O.

[62] Vergl. dazu den ersten Abschnitt des Buches, "Der Melancholiebegriff und seine historische Entwicklung", a.a.O., S. 39-199. Eine Zusammenfassung der Theorie findet sich bei Walter Benjamin, Ursprung des deutschen Trauerspiels, GS I, 1, S. 317-335.

von den Babyloniern kennen, die sie als Planeten identifiziert hatten und als Gottheiten verehrten. Die Planeten kamen also bereits in Gestalt von chaldäischen Göttern nach Griechenland: Merkur als Schreib- und Weißheitsgott Nabu; Venus als große Liebes- und Fruchtbarkeitsgöttin Ischtar; Mars als grimmiger Kriegs- und Höllengott Nergul; Jupiter als königlicher Herrscher Marduk und Saturn als Gott Ninurta oder Ninib, der gelegentlich als nächtlicher Vertreter der Sonne bezeichnet wurde und trotz Marduk als gewaltigster unter den Planeten galt. Diese chaldäischen Gottheiten wurden dann in Griechenland durch einheimische ersetzt: Aus Nabu wurde Hermes, aus Ischtar Aphrodite, aus Nergul Ares, aus Marduk entstand Zeus und Ninurta wurde zu Kronos.[63] Da die Griechen die Planeten als Götter kennenlernten, vermischten sich ihre Gestirnsvorstellungen mit den mythischen Göttergeschichten; was heute für uns getrennt vorliegt, ist für das mythische Bewußtsein eine Geschichte. Klibansky, Panofsky, Saxl heben aber einen wichtigen Unterschied zum heutigen Gebrauch der Planetennamen hervor. Die Planeten wurden nicht mit den Göttern identifiziert, sondern als die "Sterne der Götter", die diesen in gewisser Weise zugeordnet waren, bezeichnet. Diese kontingente Zuordnung, die keine kausale ist, findet sich ebenso in der Anordnung der verschiedenen Eigenschaften der Temperamentenlehre.[64] Die Zuordnung der Planetengötter ist zuerst bei Platon[65] erhalten, sie wurde aber durch den wachsenden orientalischen Einfluß auf die Griechen wieder verändert, so daß die Astronomen versuchten, einheitliche Kunstnamen wie "der Funkelnde" oder "der Leuchtende" zu etablieren - Namen also, die mit dem Mythos nichts mehr zu tun haben sollten. Diese Reihen wurden nicht von den Römern übersetzt und im Späthellenismus setzten sich mit dem Erstarken der Astrologie die mythologischen Benennungen ohnehin durch. Aber die Bezeichnungsstruktur wird bald auf eine andere Weise verändert. Gegen Ende der Republik wird die Benennung "Stern des ..." ersetzt durch die Götternamen.[66] Die Zuordnung der Eigenschaften zu dem entsprechenden Planeten wird damit fest an das mythologische Schicksal des Gottes gebunden, dem er zuerst nur beigeordnet war und mit dem er nun identisch wird. Kronos gehört zu den Titanen, der älteren Götterschicht der Griechen,

---

[63] Klibansky, Panofsky, Saxl, Saturn und Melancholie, a.a.O., S. 214.

[64] Vergl. Klibansky, Panofsky, Saxl, Saturn und Melancholie, a.a.O., Kapitel 1, S. 165-183.

[65] Platon, Epinomis, 987 b, c, a.a.O.

[66] Beleg bei Cicero, De natura deorum II, 119 für den Mars; im Griechischen in einem Papyrus des 2. Jahrhunderts n. Chr. nachweisbar, das aber vermutlich älter ist; nach Klibansky, Panofsky, Saxl, Saturn und Melancholie, a.a.O., S. 215, Fußnote 37.

aus denen die olympischen Götter hervorgehen.[67] Sein Vater Uranos zeugt mit Mutter Erde die sieben Titanen, nachdem sie vorher bereits die Zykolopen hervorgebracht und in den Tartarus verbannt hatten. Kronos entmannt seinen Vater und wird selbst König der Welt. Er heiratet seine Schwester Rhea und aus dieser Verbindung gehen die Olympier hervor: Hestia, Demeter, Hera, Hades und Poseidon. Da Kronos aber geweissagt worden war, daß er von seinem eigenen Sohn enthront werden würde, verschlingt er seine Kinder jeweils nach der Geburt. Die darüber zornige Rhea bekommt daher ihren dritten Sohn Zeus im Verborgenen und gibt Kronos einen in Windeln eingewickelten Stein, den dieser an Stelle des Kindes schluckt. Er bemerkt aber die Täuschung und verfolgt Zeus, der auf der Flucht vor seinem Vater zum Stifter verschiedener Sternbilder wird.[68] Der Sohn entgeht den Nachstellungen und es gelingt ihm mit Hilfe seiner Mutter, Kronos dazu zu bringen, die gefressenen Geschwister samt dem Stein wieder auszuspucken. Anschließend nehmen sie den Krieg gegen die Titanen auf und besiegen sie nach langer Schlacht. Kronos wird nun von Zeus in oder sogar unter den Tartarus verbannt. In einer anderen Fassung flieht der Titan über das Meer nach Italien, wo er von dem Gott Janus aufgenommen wird.[69]

Die Details des Schicksals des Titanen Kronos im Mythos werden in der griechischen Astrologie - wie die Schicksale der anderen Götter auch - auf die Planeten gleichen Namens übertragen. Am Beispiel der Eigenschaften des Planeten des Kronos-Saturn tritt besonders die ausgesprochene Ambivalenz seines eigenen Schicksals als Gott hervor. Einerseits ist er ein Herrscher, Gott des Landbaus, König des goldenen Zeitalters und Erfinder des Städtebaus; andererseits ist er als Titan von seinem Sohn Zeus entthront, traurig, von Meer und Erde verstoßen und damit Oberhaupt der unteren Götter. Als Gefangener und Gebundener wohnt er noch unter dem Tartarus und wird später zum Gott des Todes und der Toten, Menschenfresser und Allesverschlinger. Durch die Gleichsetzung mit dem römischen Flurgott Saturn wird er

[67] Zu den verschiedenen, sich gegenseitig variierenden und ausschließenden Versionen der Mythologien vergl. Robert von Ranke-Graves, Griechische Mythologie, a.a.O., S. 31-35 und Karl Kerényi, Die Mythen der Griechen, Bd. I: Die Götter- und Menschengeschichten, 14. Aufl. München 1992, dtv, S. 24-26. Auch das Märchen vom Wolf und den sieben Geißlein geht auf diesen Mythos zurück (vergl. Brüder Grimm, Kinder- und Hausmärchen, Erstauflage von 1812, München 1949, S. 63ff).

[68] Vergl. Robert v. Ranke-Graves, Griechische Mythologie, a.a.O., S. 32. Zur Entstehung der anderen griechischen Sternbilder im Mythos vergl. Wolfgang Schadewald, Die Sternsagen der Griechen, a.a.O.

[69] Vergl. Klibansky, Panofsky, Saxl, Saturn und Melancholie, a.a.O., S. 246.

zum Hüter des Reichtums, Aufseher über Zahlen und Gewichte, Erfinder der Münzprägung und gleichzeitig ein gehetzter Flüchtling.

Im Übergang von der griechischen zur römischen Antike findet also eine Gleichsetzung des Planeten mit dem jeweiligen Gott in dessen Namen statt. Damit kommen dem Himmelskörper in der Folge diejenigen Eigenschaften fest zu, die der Gott aufgrund seines Schicksals und seiner Rolle in der jeweiligen Überlieferung der Mythen spielt.

Planeten und Natureigenschaften in der Stoa

Eng verbunden mit der Zuordnung der Namen zu den Planeten ist auch die Zuweisung der Elementarqalitäten, Charakterzüge, Aggregatzustände der Elemente, Krankheiten und so fort - Systeme, die ursprünglich getrennt vorlagen und erst in einer langen Entwicklung zu Reihen zusammengefaßt wurden. Die Griechen entwickeln die chaldäische Planetenlehre zunächst naturwissenschaftlich weiter. Epigines von Byzanz, einer der ältesten Vermittler zwischen Babylon und Hellas (zugeordnet der Alexandrinerzeit), identifiziert Saturn mit den Prädikaten "kalt" und "windig" - wegen dessen großer Entfernung zur Erde.[70] Im Widerspruch dazu steht Kronos' Klassifizierung als Regen- oder Meeresgott in orphischen und pythagoräischen Texten.[71] Vermutlich ist es der Stoiker Poseidonis (135-50 v. Chr.) gewesen, der als erster die Elementarqualitäten der Planeten in eine systematische Form gebracht hat, denn die Lehre steht im Sinne der Stoa, nach der der Gegensatz von Warm und Kalt die Grundstruktur des Universums bestimmt. So wurden die Planeten zu Offenbarungen des allgemeinen, den ganzen Kosmos durchwaltenden Naturprinzips, das sowohl für irdische, als auch für himmlische Dinge gilt und zum ersten Mal einen Zusammenhang zwischen beiden Sphären herstellt: dem kalten Saturn wird auch alles Kalte auf Erden zu- und untergeordnet. Klibansky, Panofsky, Saxl arbeiten zwei zunächst gegensätzliche Momente heraus, mit der die Stoa den Boden für die Astrologie bereitet. Einerseits durch ihr Bekenntnis zur moira, dem Glauben an ein Verhängnis, an die Schicksalsgötter, das als ein Naturgesetz und Menschenschicksal verstanden wurde und daher einen astrologischen Fatalismus begünstigte; andererseits entwickelten die Stoiker eine rationale Zersetzung des Mythos, wodurch es später möglich wurde, die Eigenschaften der Gestirne als physikalische Körper oder natürliche Phänomene mit denen der Gottheiten,

---

[70] Seneca, Naturales quaestiones VII, 4,2; nach Klibansky, Panofsky, Saxl a.a.O. S. 216, Fußnote 38.

[71] Plinius, Nat. Hist. II, 1o6; nach Klibansky, Panofsky, Saxl, Saturn und Melancholie, a.a.O., S. 216f, Fußnote 4o.

nach denen sie benannt sind, gleichzusetzen. Die Stoa selbst hat diese Gleichsetzung nicht vollzogen, wohl aber haben die Götter durch die rational-allegorische Deutung der Mythen ihren Status als Personen verloren. Durch diese Entmythologisierung aber gelangen sie paradoxerweise wiederum in größere Nähe zur Astrologie. Ihre menschlichen Charakterzüge werden mit den Naturkörpern der Sterne verschmolzen und ihnen nicht mehr gegenübergestellt. Dieser Entwicklung kam das erstarkende Bedürfnis des Individuums entgegen, etwas über sein eigenes Schicksal erfahren zu wollen, das weder die offizielle Religion, noch die diese ersetzenden philosophischen Systeme befriedigen konnten, meinen die Autoren. Über das Schicksal im Jenseits gaben in der römischen Kaiserzeit die Mysterienkulte Auskunft, von denen das Christentum die Auseinandersetzung um die Vorherrschaft gewann; über das Diesseits orientierte die spätantike Astrologie, die sich zur gleichen Zeit herausbildete. Die alten mythologischen Motive, durch die Sterne säkularisiert und eben dadurch bewahrt, werden nun wiederum mythisch virulent und bilden zusammen mit den ursprünglich wissenschaftlichen Vorstellungen auch den Rahmen und die Voraussetzung der noch zu beschreibenden arabischen Astrologie. Indem die Sterne dergestalt betrachtet werden, reihen sie sich in ein philosophisch-naturwissenschaftliches System ein, das ebenso mit eindeutigen moralischen Beurteilungen belegt ist.

Zur Entwicklung der Analogiereihen in der Astrologie der römischen Antike

Die erste systematische Einteilung von moralischen Zuordnungen, Naturwissenschaften und mythischen Qualitäten - mit anderen Worten, ein erstes ausgeformtes astrologisches System - stellt der römische Dichter Manilius im zweiten nachchristlichen Jahrhundert auf. Er stützt sich dabei neben der naturwissenschaftlichen Linie der Stoa auf die frühe astrologische Einteilung der Planeten in Gut und Böse, die auf die Chaldäer zurückgeht und über die griechische Astrologie vermittelt wird. Ich habe bereits mehrfach darauf hingewiesen, daß die Griechen mit den astronomischen auch die astrologischen Elementen aus dem Orient übernahmen. Berossos (* 350 od. 34o v. Chr.), ursprünglich ein Priester am Bel-Tempel in Babylon, soll auf der Insel Kos eine Astrologenschule errichtet haben. Sein Buch "Babylonica" stellt eine Art Summe alles babylonischen Wissens über die Sterne dar und wird von seinen Nachfolgern als Quelle verwendet.[72] Die "chaldäische" Einteilung der Planeten in Gut und Böse stellt nach den Aussagen aller römischer Schriftsteller

[72] Vergl. P. Schnabel, Berossos und die babylonisch-hellenistische Literatur, Leipzig 1923; nach Klibansky, Panofsky, Saxl, Saturn und Melancholie, a.a.O., S. 219, Fußnote 45.

zur Astrologie deren Grundlage und erstes Ordnungssystem dar. Jupiter und Venus zählen danach zu den guten Planeten, Merkur ist neutral, Mars und Saturn böse. In der römischen Antike kommt dieses moralische Motiv neben der naturwissenschaftlichen Linie wieder stärker zur Geltung und hält sich zum Teil offen, zum Teil verdeckt bis in die moderne Astrologie hinein. Hier kehrt ein moralisch-diätetisches Dispositiv (Foucault) der Astrologie wieder, das in der Kritik bereits en detail besprochen wurde und das nun in seiner genealogischen Entwicklung deutlich wird. Die Verlagerung von vorher mehrdeutigen und zum Teil widersprüchlichen Eigenschaften auf das Gut/Böse-Schema, verändert vor allem Saturn. In Manilius Versen ist Saturn vom Thron gestürzt und beherrscht das umgekehrte Ende der Himmelsachse, den unteren Himmelsabschnitt "imum coeli". Er betrachtet die Welt in umgekehrter Perspektive von einem grundsätzlich feindlichen Standpunkt aus und regiert die Vaterschaft und die Greise.[73] Bei Manilius kommen für Klibansky, Panofsky, Saxl damit verschiedene Elemente zusammen: Eine naturphilosophisch-stoische Betrachtungsweise mit einer mythologischen und dem ersten Auftreten von Beziehungsreihen, die nicht logisch miteinander verbunden sind. Manilius nimmt eine Entmythologisierung der Planeteneigenschaften vor, er ist wie die Stoiker an den Göttermythen nur soweit interessiert, wie deren einzelne Elemente zur Bestimmung einer Naturerscheinung herangezogen werden können. Andererseits unterscheidet er sich aber von der Stoa in drei Punkten: Bei ihm fallen Gottheit und Gestirn zusammen. Die Natur der Götter und nunmehr Planeten interessiert ihn nur in Bezug auf einen genau bestimmbaren Einfluß auf den Menschen und dessen Schicksal. Und: in der Deutung der Mythen herrscht nicht mehr ein abstrakte Allegorese, sondern bereits eine konkrete Analogiesetzung vor. Klibansky, Panofsky, Saxl: "Es heißt nicht mehr: 'Saturn bedeutet die Zeit, weil dieser, wie seine Kinder, seine eigenen Erzeugnisse verschlingt', sondern: 'Saturn, vom Olymp in den Hades hinabgestoßen, beherrscht die unterste Region der Himmelskugel' oder: 'Saturn, selbst Greis und Vater, bestimmt auch das Schicksal der Greise und Väter.'"[74]

Spätere Astrologen bauen diese strukturellen Analogien weiter aus, die Charakteristiken der Planetengötter werden immer reicher und komplizierter. Bei Maniluis aber handelt es sich um das erste überlieferte System, das die Planeten unter moralischen Gesichtspunkten mit Naturqualitäten zu-

[73] Manilius, Astronomica II, Zeile 929ff; nach Klibansky, Panofsky, Saxl a.a.O., S. 221, Fußnote 49.

[74] Klibansky, Panofsky, Saxl, Saturn und Melancholie, a.a.O., S. 221f.

sammenbringt.[75] Bei ihm liegt damit die erste Quelle für das vor, was die modernen Astrologen als "analoges Denken"[76] bezeichnen werden, und einer kausalen Ordnungslogik entgegensetzen wollen. Es wird sich zeigen, daß es sich ebenfalls um eine frühere Stufe der Kausalität handelt und keinesfalls allein um ein Gegenprinzip.

Den weiteren Schritt zu einer entwickelten Astrologie vollzieht der römische Dichter Vettius Valens. Auch er schreibt im 2. Jahrhundert nach Chr., gilt als frühester Vertreter einer astrologischen Charakteristik und steht damit exemplarisch für die spätantike Astrologie. Der Saturn beherrscht bei ihm eine Fülle desperater Menschentypen, und, auch damit einen weiteren Schritt im Rahmen der Ordnungslogik vollziehend, bringt diese sogar hervor. Ihm unterstehen nun die Substanzen Blei, Holz, Stein, verschiedene Körperteile, durch Kälte und Feuchte verursachte Krankheiten wie die Ruhr und die Todesarten Ertränken, Erhängen, Fesselung. Die Einteilungslogik geht bei Valens wiederum auf drei Komplexe zurück, die sich getrennt entwickelten. Es handelt sich um Teile des echten Mythos, um Typen aus natürlichen Vorstellungen und, als dritten Bereich, um die antike Physiognomik, die auch die Humorallehre von den vier Temperamenten einschließt. Es lohnt sich, die Kombination aus diesen drei Komplexen an der analogen Reihe des Saturn genauer anzusehen, um die ungeheuere Vereinfachung der heutigen Astrologen daran zu zeigen. Denn es handelt sich keinesfalls um einen "bildlichen Urgrund", der einer begrifflichen Analyse nicht zugänglich wäre. Woher stammen die bei Vettius Valens und den spätantiken Astrologen verwendeten Eigenschaften des Saturn? Zunächst sind die Bestimmungen wiederum aus dem Mythos bekannt. Die Berufszuordnungen der Ackerbauern und Erdarbeiter zu Kronos-Saturn entsprechen dem Erdgott. Seine Zuständigkeit für Ehelosigkeit, Kinderlosigkeit, Witwenstand, Kinderaussetzung, Verwaisung, Gewalttätigkeit, verlogene Arglist entsprechen den unglücklichen Erfahrungen des griechischen Kronos in seinem Familienleben. Das Traurige, Sorgenvolle, der Mißhandelte, der Bettler, die Fesselung und Gefangenschaft wie das Verborgensein entspricht seiner Absetzung und Gefangensetzung im oder unter dem Tartarus. Seine Verbindung zur Oberaufsicht und Vormundschaft entstammt seiner ursprünglichen Stellung als Weltenherr-

[75] Etwa zur gleichen Zeit (2. Jahrhundert n. Chr.) entwirft in Athen der astrologische Dichter Antiochus ein ähnliches System, in das er neben Jahreszeiten, Lebensaltern, Elementen, Windrichtungen, Aggregatzuständen, Säften und Farben auch die Temperamente aufnimmt. Allerdings ordnet er diese Qualitäten nicht den Planeten, sondern den Tierkreiszeichen zu (vergl. Boll/Bezold, Sternglaube und Sterndeutung, a.a.O., S. 67; zu Antiochus vergl. auch Boll, Spaera, a.a.O., S. 52-59).

[76] Vergl. z.B. Detlefsen, Schicksal, a.a.O., S. 91-105.

scher und Götterkönig. Gott der Seefahrer mag Saturn durch seine Flucht nach Italien geworden sein. Die Zuordnung der Erde, des Holzes und der Steine, Ackerbau und Erdarbeit kommen von dem römischen Flurgott Saturn, die Zuordnung der festesten Bestandteile des menschlichen Körpers - Knochen, Knie, Sehnen - könnte ebenso aus seiner erdhaften Natur erklärt sein. Die Parallelisierung des Erdenkörpers mit dem Menschenkörper (Erde als Fleisch, Wasser als Blut etc.) entstammt wiederum den antiken und orientalischen Systemen.[77] Den zugeordneten Eigenschaften entsprechen also, analog zur griechischen Antike, Taten oder Erleidnisse Kronos-Saturns im Mythos. Diese Einzelzüge werden nun bei Valius, über Manilius hinausgehend, zu Typen irdischer Dinge und Vorgänge umgedeutet.

Durch solche Vereinfachungen gelingen Verbindungen von mythologischen Typen zu solchen von Dingen und Menschen aus der Anschauung. Die astronomischen und physikalischen Eigenschaften des Saturn als Himmelskörper verdichten sich zu Wesens- und Schicksalstypen: Die Langsamkeit seines Umlaufs macht die Menschen seines Zeichens träge, ihn zum Herrn des Bleis ("bleierne Füße") und Verursacher sich lang hinziehender Rechtsstreite. Seine Kälte erzeugt zusammen mit der mythische Feuchte die Krankheiten Wassersucht und Rheuma. Dadurch entsteht ein neuer Bezug: "Man sieht, daß ein Teil dieser Aussagen auf einer Art Analogiesetzung beruht, die uns bisher noch nicht begegnet ist. Die ihnen zugrundeliegende Formel lautet nicht mehr: 'wie Kronos selbst gefesselt im Tartarus saß, so sind auch die Saturnkinder oft im Gefängnis', sondern: 'da der Saturn kalt und feucht ist und da Wassersucht und Rheumatismus durch Kälte und Feuchtigkeit verursacht werden, gehören Wassersucht und Rheumatismus zum Saturn'."[78] Es handelt sich damit um die Herausbildung eines Kausalprozesses aus vorher nebeneinander existierenden Koinzidentien. Zu dieser neuen Art von Zuordnung kommt als Drittes nun der von der Sternenkunde zuvor gänzlich unabhängige Bereich der Physiognomik, Charakterlehre und "Popularethik" dazu. Der mythische Kronos besitzt die Physiognomie des trübsinnigen oder tiefsinnigen Alten und dazu bestimmte negative Charakterzüge. Daraus entstehen nun unmittelbare Gleichsetzungen des Saturn mit dem Wesen und Schicksal der traurigen Greise, Kinderlose usf. Indem aus den speziellen Eigenschaften eines Gottes ein allgemein menschlicher Charakterzug wurde, berühren sich diese Zuordnungen mit denen, die nun in das System mit hineingenommen werden: die Wissenschaften der physischen und psychischen Natur des Menschen seit Aristoteles. Aristoteles hatte aber in seinem

---

[77] Klibansky, Panofsky, Saxl, Saturn und Melancholie, a.a.O., S. 223, Fußnote 52.

[78] Klibansky, Panofsky, Saxl, Saturn und Melancholie, a.a.O., S. 224.

"Problem XXX, 1" zugleich die Einwirkungen des Saturn mit seiner Fähigkeit zu Genieträumen zusammengebracht; in seiner Interpretation ist dessen Einfluß ambivalent.79 Diese differenzierte Tradition geht bis zum Mittelalter verloren und erreicht das Abendland erst wieder in der Renaissance durch den Umweg über die arabische Vermittlung. Die in der Physiognomik entwickelten Charaktertypen entsprechen den aus den Sternengöttern abgeleiteten "planetarischen" Wesens- und Schicksalstypen ebenso, wie auch die von den Sternen verursachten Krankheiten denen der Schulmedizin. Wegen der großen Verwandtschaft beider kommt es zur Ergänzung der Astrologie durch die Physiognomik. Saturn wird nun zusätzlich kleinsinnig, mürrisch, eigenbrötlerisch, geizig und verleumderisch und er wird mit der Melancholie verbunden.

So wie Manilius die physikalischen Eigenschaften der Planeten mit einer Moral verbindet, so fügt Valens den Bestimmungen aus dem Mythos noch den Anschauungsbereich und die Physiognomik hinzu, zu der auch die Humoralpathologie zählt. Die Astrologie gewinnt damit auf einer neuen erweiterten Stufe den Charakter eines moralisch aufgeladenen Systems zurück, den sie bereits bei den Chaldäern gehabt hat und der in der Periode der frühen griechischen Kultur eine Wendung zur naturwissenschaftlichen Aufklärung hin erfahren hatte. Im Bereich der Zuordnungen verändert sich damit die analoge Vorstellung hin zu einem kausalen Zusammenhang. Die mehrdeutige Kontingenz entwickelt sich zur Eindeutigkeit, indem ein Gehalt in seinen verschiedenen Ausprägungen wiederkehrt und dieser seine Bedeutung nicht erst durch die unterschiedliche Interpretation der einzelnen Elemente bekommt. Gemeinsam aber haben diese astrologischen Systeme des zweiten nachchristlichen Jahrhunderts, daß sie wie die chaldäische Astrologie von einer Determiniertheit der Menschen durch die Sterne ausgehen. Das Leben der Menschen ist ihnen noch im Himmel vorbestimmt.

Die Planeten im Neuplatonismus der Spätantike

Das Selbstverständnis des spätantiken Neuplatonismus ist nun ein anderes. Hier taucht die Figur des modifizierten Gestirnsfatalismus das erste Mal auf, die die menschliche Freiheit auf neue Weise an die Vorbestimmtheit durch die Sterne bindet. Der Neuplatonismus greift nicht auf naturwissenschaftliche und mythische Elemente zurück, um einen Gestirnseinfluß zu beschreiben, sondern "um allem physisch Seienden von einer metaphysischen Einheit aus Sinn zu geben."[80] Von der höchsten Einheit bis hinunter zur irdischen

---

[79] Vergl. Klibansky, Panofsky, Saxl, Saturn und Melancholie, a.a.O., S. 55-76.

[80] Klibansky, Panofsky, Saxl, Saturn und Melancholie, a.a.O., S. 235.

Vielheit ordnen sich die Dinge in vertikalen Reihen. Die Himmelskörper symbolisieren darin das herrschende Prinzip, indem sie zwischen dem Ort über den Himmeln und der Erde eine Mittelstellung einnehmen. Von daher sind die neuplatonischen Zuordnungen mit den astrologischen Reihen zu vergleichen, da beide bestimmte Erscheinungen mit bestimmten Planeten und Tierkreiszeichen verbinden. Anders aber als in der fatalistischen Astrologie, gibt es im Neuplatonismus kein Kausalitätsverhältnis als astrale Vorbestimmtheit.[81] Die Himmelskörper werden im Neuplatonismus zunächst als Metaphern verstanden, die die verschiedenen Entwicklungsstufen im Aufbau des Alls zeigen. Danach durchläuft die Welt in ihrer Genese das Stadium des Saturn, des Jupiter, des Mars etc. bis zum heutigen Zeitalter der Erde.[82] Die frühen Stadien sind damit Vorstufen des heutigen Weltzustandes, die als planetare Kräfte in bestimmten Entfernungen und Konstellationen erhalten bleiben. Das Sonnensystem ist in seiner heutigen Ausprägung danach das Resultat von verschiedenen Kräftespannungen, die sich am Himmel durch die Planeten repräsentieren. In einem zweiten Zusammenhang werden die Planeten als kosmologische Prinzipien gesehen, die die wirkende Kraft des All-Einen permanent nach unten weitergeben. Sie bestimmen dabei nicht die Reihen, sondern vermitteln nur deren Prinzip. Diese Konstruktion führt zu einer weiteren wichtigen Differenz gegenüber der römischen Astrologie: Es gibt hier keine grundsätzlich böse Wirkung der Gestirne, die frühe moralische Ausstaffierung der Planeten wird in gewisser Weise aufgehoben. Selbst die bei Manilius und Valens bösen Planeten Saturn und Mars sind dem All-Einen noch näher als die irdischen Dinge und werden damit zu Vermittlern von guten Kräften.

"Hellenistische Aufklärung" und "arabische Magie"

Im Neuplatonismus wertet der gute Einfluß der Planeten zunächst besonders den Saturn auf. Ihm wird eine wichtige Stellung zugeordnet, weil er Stammvater aller Planeten ist und die höchste Sphäre innehat, denn er bewegt sich in größter Nähe zum göttlichen All-Einen. Für Plotin wird Saturn Symbol für den reinen Geist, während Jupiter die Seele versinnbildlicht.[83] Er bezieht sich dabei auf platonische und orphische Interpretationen, nach denen Kro-

---

[81] Nach Plotin (um 204-270) sind die Sterne aber auch Zeichen für Zukünftiges (Enneaden, II, 3,7) - was auf der Erde verworren sei, bilde sich im Himmel klarer ab.

[82] Als entwickeltes System finden sich diese Vorstellungen um den aufgeklärten Inhalt gekürzt bei Rudolf Steiner, Die Geheimwissenschaft im Umriß, 29. Aufl. Dornach 1977, S. 137-298 und ders., Aus der Akasha-Chronik, 5. Aufl. Dornach 1973, S. 86-164.

[83] Plotin, Enneaden V, 1,4.

nos bereits das Urprinzip darstellt. Der Neuplatoniker Origines (um 185 - 254) betont besonders den Zeichencharakter der Sterne, diese bilden eine regelrechte Schrift am Himmel, die nur für Engel und seelige Geister lesbar sei.[84] Klibansky, Panofsky, Saxl verweisen nun auf den Einfluß dieser Lehre auf die arabischen Philosophen, Mystiker und Magier, wie zum Beispiel Avincenna.[85] Auch im arabischen Handbuch "Picatrix", dem Hauptwerk des spätmittelalterlichen kosmologischen Okkultismus[86], vermitteln die Planeten die Emanationen des Geistes nach unten weiter und differenzieren dabei nach der Physis des aufnehmenden Wesens. Im Neuplatonismus sind diese Kräfte von Natur aus gut, der "Picatrix" und andere arabische Schriften aber setzen den Einfluß des Saturn und des Mars nach der alten astrologischen Einteilung wiederum als böse.

Damit eröffnet sich ein wichtiges Konfliktmoment. Es ist strittig, ob der Neuplatonismus die arabische Philosophie beeinflußte oder diese umgekehrt jenen und wem dabei die aufgeklärte Rolle zukommt. Klibansky, Panofsky, Saxl versuchen diesem Dilemma zu entgehen, indem sie von einem Hauptstrom des Neuplatonismus in den Orient ausgehen, der in einem geringen Umfang auch einen wechselseitigen Einfluß zuläßt. Grundsätzlich aber führen sie die aufgeklärte Seite der Theorie im Sinne der Befreiung von dem Sternenfatalismus auf die Griechen, die magische im Sinne der determinierenden Astrologie auf die Araber zurück. Es handelt sich um eine Konstruktion, die auf die Vorstellungen Bolls und Warburgs zurückgeht und eine Abwertung der arabischen Kultur voraussetzt. Die Widersprüche, die sich daraus ergeben, liegen auf der Hand und werden bereits, bevor wir sie in der Besprechung des Konzeptes von Warburg genauer untersuchen, an dieser Stelle deutlich. Der Versuch der genauen Trennung und der Formulierung eines aufgeklärten griechischen Beitrags muß allein bereits daran scheitern,

---

[84] Vergl. Klibansky, Panofsky, Saxl, Saturn und Melancholie, a.a.O., S. 253, Anm. 124 und Boll/Bezold, Sternglaube..., a.a.O., S. 38 u. 49.

[85] B. Carra de Vaux, Avincenne, Paris 19oo; nach Klibansky, Panofsky, Saxl, Saturn und Melancholie, a.a.O., S. 263, Fußnote 82. "In anderen, überwiegend magisch orientierten Schrifen ... ergibt sich ein sehr interessantes Zusammentreffen des Neuplatonismus mit der Astrologie: während ersterer die Gaben der Planeten durchweg als heilsam auffaßt, bewertet letztere die Wirkung gerade Saturns überwiegend negativ." (Klibansky, Panofsky, Saxl, Saturn und Melancholie, a.a.O., S. 236, Fußnote 82)

[86] Es ist eine lateinische Übersetzung eines Werkes, das der Araber Abu'l-kasim Muslama ben Ahmad al Magriti im 1o. Jahrhundert in Spanien schrieb. Der arabische Titel lautet Gayat-al-hakim. Vergl. H. Ritter, Picatrix, ein arabisches Handbuch hellenistischer Magie, Vorträge der Bibliothek Warburg, Bd. I, 1921-1922; nach Klibansky, Panofsky, Saxl, Saturn und Melancholie, a.a.O., S. 236, Fußnote 82.

daß die Griechen die Gestirnsvorstellung von den Chaldäern übernehmen. Es läßt sich daher kein willkürlicher Anfang dieser Reihe der Kulturentwicklung setzen, ohne daß eine solche Setzung das Moment dieser Willkür perpetuierte. Der Hypostasierung der hellenistischen Kultur entspricht die latente bis manifeste Abwertung der Araber und ihre Identifizierung mit der bösen Magie - ein Motiv, daß sich nach dem dualistisch-manichäischen Prinzip von Gut und Böse von den Kreuzzügen über das Parzivalthema und der Faschismusvorstellung der Anthroposophen[87] bis zur Golfkriegspropaganda der Alliierten durchhält.[88] Indem Klibansky, Panofsky, Saxl einen grundsätzlichen Unterschied zwischen dem Neuplatonismus und der auf arabischer Magie fußenden fatalistischen Astrologie zu konstruieren versuchen, berühren sie aber auch einen richtigen Aspekt. In der Tradition der magischen Schriften, die hinter die Errungenschaften des Neuplatonismus zurückfallen, bewegen sich die modernen "Esoteriker" wie der Astrologe Detlefsen; auch er beruft sich auf den in dieser arabisch-magischen Denklinie stehenden ägyptischen Magier Hermes.[89] Andererseits ist die Trennung von fatalistischer arabischer Astrologie und aufgeklärtem Neuplatonismus nicht so sauber durchzuführen, wie die Autoren es versuchen. Vielmehr gehen auch diese beiden Formen ineinander über. Das deterministische System der Astrologie ist in dieser Hinsicht zwar nicht mit den optimistischen Vorstellungen der Neuplatoniker zu vereinbaren, dennoch gibt es im Neuplatonismus etwas Entsprechendes zum Gestirnsfatalismus der Astrologie - der Fatalismus wird hier durch eine Hilfskonstruktion verschoben. Ist nämlich der Einfluß der Gestirne gut, dann liegt es an der Schöpfung (das heißt den irdischen Dingen und Menschen), ihrer Vielgestaltigkeit und ihren Widersprüchen, daß sie die kosmischen Energien nicht ohne Widerstreit und nur geteilt in sich aufnehmen. Damit ist die Diskursfigur des modifizierten Gestirnsfatalismus bereits umrissen. Wenn das Prinzip selbst gut ist, es aber Böses auf der Welt gibt, dann muß das aufnehmende Geschöpf schlecht sein. Im Verhältnis des gesellschaftlichen Ganzen zum Einzelnen wird diesem jeweils die Anpassung aufgebürdet. Dieser Gedanke der Unvollkommenheit des Subjektes gegenüber

[87] Vergl. Johann Tautz, Der Eingriff des Widersachers. Fragen zum okkulten Aspekt des Nationalsozialismus, Freiburg/Br. 1976, Verlag Die Kommenden. Eine etwas differenziertere Auffassung vertritt Christoph Lindenberg, vergl. "Hitler stieß in ein Vakuum", Anthroposophie und Nationalsozialismus, Flensburger Hefte 391, Heft 32, Flensburg 1991.

[88] Eine Rehabilitierung der arabischen Kultur versucht Erdmute Heller in ihrem populärwissenschaftlichen Buch Arabesken und Talismane. Geschichte und Geschichten des Morgenlandes in der Kultur des Abendlandes, München 1992, C. H. Beck.

[89] Detlefsen, Schicksal, a.a.O., S. 27-30.

den herrschenden Prinzipien hält sich neben der aufgeklärten Linie durch bis zu Kant und Hegel.[90]

Seelenreise und Gnosis im Neuplatonismus. Zur Genese der Wesenseinheit von Mensch und Universum (Mikrokosmos = Makrokosmos)

Klibansky, Panofsky, Saxl kommen nicht umhin zu konstatieren, daß auch aus dem orientalischen Raum weitere Elemente in den Neuplatonismus einwandern, die bereits in der Kritik der Astrologie im 4. Kapitel angesprochen wurden, und deren Herkunft jetzt besser bestimmbar ist. Im 5. Jahrhundert interpretiert Macrobius die Planetenprinzipien wiederum als astrologische Doktrin im Sinne planetarischer Beeinflussung und bringt die Gestirne mit den geistigen und körperlichen Fähigkeiten der Individuen zusammen. Saturn repräsentiert dabei das höchste Prinzip des rationalen und spekulativen Denkens. Macrobius führt zudem ein neues Element in die Theorie ein, das über Dante, Goethe und Steiner bis zum modernen Bildungsroman reicht: die Seelenreise, auf der die individuelle Seele den Gang der Welt als Ganzer noch einmal monadologisch durchläuft.[91] Die durch einen Vergessenstrank berauschte Seele vollzieht den Sturz des Sündenfalls im buchstäblichen Sinne von der Fixsternsphäre durch die niederen Planetensphären zur Erde hinab noch einmal nach. Dabei erwirbt sie in jedem Wirkungskreis durch die dort herrschenden Dämonen, Geister oder Engel den speziellen Teil eines ihr eigenen Leuchtkörpers und lernt Bewegungen auszuführen, die sie später auf der Erde benötigt: In der Saturnsphäre bekommt sie die Eigenschaft der Einsicht, in der Jupitersphäre die Kraft des Tuns, in der Marssphäre die Glut der mutigen Erregung. Die Sonnenspäre verhilft ihr zur Empfindung und Einbildung, die Venussphäre zur Bewegung des Begehrens, die Merkursphäre verleiht die Fähigkeit der Mitteilung und Deutung des Empfangenen und in der Mondsphäre endlich erlangt sie die Kraft, Körperliches zu erzeugen und wachsen zu lassen, bevor sie dann auf die Erde kommt.

Diese Anschauung entsteht vermutlich durch die Verbindung der neuplatonischen Reihen mit religiösen Vorstellungen aus der Gnosis.[92] Bei dem

[90] Vergl. Kants Theorie des Himmels, a.a.O., vergl. Fußnote 8, und Karl-Heinz Haag, Der Fortschritt in der Philosophie, a.a.O., S. 67-100.

[91] Macrobius, Kommentar zu Ciceros Somnium Scriptionis I, 12, 13-14, p. 533 in der Ausgabe von F. Eyssenhardt, Leipzig 1893; nach Klibansky, Panofsky, Saxl, Saturn und Melancholie, a.a.O., S. 241, Fußnote 98.

[92] Zur Gnosis im Übergang zum Christentum vergl. Vorländer, Geschichte der Philosophie, Bd. II, a.a.O., S. 28-3o und Peter Sloterdijk, "Die wahre Irrlehre. Über die Weltreligion der Weltlosigkeit", in Peter Sloterdijk, Thomas H. Macho (Hg.), Weltrevolution der Seele, 2. Bde, 1991, o. O., Artemis und Winkler, Bd. 1, S. 17-54.

gnostischen Denken, dessen heidnische oder häretische Seite von Basilides und Valentius, die beide im 2. nachchristlichen Jahrhundert lebten, bekannt ist, handelt es sich um ein religiöses System. Es hat den radikalen Dualismus eines sündenlosen Jenseits und eines unreinen Diesseits zur Grundlage, wie er sich im altiranischen manichäischen Denken ausgeprägt hat. So wurde die Seelenreise ursprünglich als Sündenfall - Fall also im wörtlichen Sinne - aus dem Paradies durch die verschiedenen Himmel zur Erde hinunter interpretiert. Aus dem Zusammenhang mit dem Sündenfall stammt auch der Geist der radikalen Weltverneinung dieser Lehre.[93]

Klibansky, Panofsky, Saxl heben hervor, daß in der Rezeption dieser Linie durch den Neuplatonismus im Motiv der Seelenreise die Betonung des Zustandekommens der Sünde vor der Wesenseinheit von Universum und Mensch in den Hintergrund tritt. Damit erfolge eine Verschiebung vom Psychologischen zum Biologisch-Naturwissenschaftlichen hin und ließe die bei der Wanderung erworbenen Gaben, die vorher im Zeichen des Sündenfalls standen, tendenziell zu wertneutralen Aufbauelementen seelischer und körperlicher Natur werden. So heißt es bei Servius, daß der Mensch bei der Geburt "von der Sonne den Geist, vom Mond den Körper, von Mars das Blut, von Merkur den Verstand, von Jupiter Verlangen nach Reichtümern, von Venus die Begierde, von Saturn die Gemütsart"[94] bekäme. Aus der Vorstellung der psychischen und körperlichen Einflüsse der Planeten auf die Seele und dem Gedanken der Emanation und Wiederaufstiegs in der Seelenreise entwickelten sich um 400 n. Chr. bei Proklos und Macrobius die neuplatonischen Umformungen. Die Planeten stehen bei ihnen nun für seelische Fähigkeiten, die durchweg positiv sind, seien sie, wie bei Proklos, in Reihen-, oder, wie bei Macrobius, als Aneignungsprozeß in verschiedene Planetensphären angeordnet.

Bei den heutigen Astrologen aber scheint die Verwandtschaft und die Entstehung der Astrologie aus der Gnosis und ihrer Verknüpfung mit dem Sün-

---

[93] Klibansky, Panofsky, Saxl verweisen auf die Ableitung der sieben Todsünden in der christlichen Theologie aus den Unheilsgaben der sieben Planeten (nach T. Zielinski, Philologus LXIV (1905)) und auf persische Quellen, in welchen die sieben Planeten als "Führer auf Seiten des Ahrimans", des guten Lichtgottes, angeführt werden, während die zwölf Tierkreiszeichen auf der Gegenseite des bösen Gottes der Dunkelheit, Ormuzd, kämpfen (nach W. Bousset, Hauptprobleme der Gnosis, Göttingen 1907, pp. 91ff und H. Junker, Über iranische Quellen des hellenistischen Aionbegriffs, Vorträge der Bibliothek Warburg, 1922, pp. 141ff sowie T. Zielinski, Hermes und die Hermetik, Archiv für Religionswissenschaft VII (1905), pp. 325ff, bes. 330ff; nach Klibansky, Panofsky, Saxl, Saturn und Melancholie, a.a.O., S. 242, Fußnote 99).

[94] Comm. in Aeneid. VI, 714; nach Klibansky, Panofsky, Saxl, Saturn und Melancholie, a.a.O., S. 243.

denfall immer noch durch. Das Motiv der Strafe, die Möglichkeit der Vorhersage des Bösen, entstammt damit - so kann man nun formulieren - aus der Anreicherung der Astrologie mit diesen gnostischen Elementen, während die Idee des modifizierten Gestirnsfatalismus aus einer Rückbildung der aufgeklärten Elemente des Neuplatonismus entsteht. Dieser Entwicklungszusammenhang der einzelnen Elemente der Astrologie haftet ihr auch in ihrer modernen Gestalt an. Der Gut/Böse-Schematismus hält sich bis in die heutige Astrologie. Sie bleibt ein religiöses System mit einem Menschenbild, daß den Sündenfall und damit ein schlechtes Diesseits voraussetzt. Der prinzipiell sündige Mensch muß hart arbeiten, um in eine sündenlose spätere Existenzweise hinüberwechseln zu dürfen.[95]

Die Sterne im Mittelalter. Moraltheologie und Astrologie bei den Kirchenvätern

In der historischen Periode nach den spätantiken Philosophien geht das Interesse des Abendlandes an der Astrologie zurück. Sie erlebt erst wieder im 12. Jahrhundert mit der Übersetzung der arabischen Astrologen eine lebendige Zeit. Das frühe Christentum sagte sowohl der Astrologie als auch den antiken Göttern den Kampf an. Bei den Planetengöttern handelt es sich dabei um einen Zweifrontenkrieg, wobei allerdings gerade die Widerlegung der Astrologie deren Verbreitung wiederum mitbegünstigt. In einer beliebten rethorischen Figur werden die Götter auf Menschen reduziert und Saturn, als oberster Gott, wird ein Mensch, den das Schicksal ganz besonders hart getroffen hat. In diesem Sinne lehnt Augustinus (354-43o) in seinem "Gottesstaat" sowohl die antiken Götterfiguren, als auch die abstrakte Gottverehrung des Neuplatonismus ab. Der zur gleichen Zeit lebende Ambrosius von Mailand (+397) vollzieht eine Änderung, die sich bis zum Mittelalter durchhalten soll. Er geht nicht von den sieben Planetengöttern aus, sondern legt das Hauptgewicht im pythagoräischen Sinne auf die Zahl Sieben: Den sieben Himmeln entsprechen die sieben Tage der Schöpfung, die Menschen werden von sieben Gesetzen beherrscht usf.[96] Auf diese Weise bringt er das kosmische System der Planeten mit den Gaben des heiligen Geistes in Verbindung. Ambrosius steht an einem Wendepunkt, er löst den widerlegenden

[95] Der gleiche Gedanke findet sich in der Homöopathie; auch hier gibt es die Seelenreise und der Einfluß der einzelnen Mittel, welche die verschiedenen Planeteneinflüsse repräsentieren. Vergl. z.B. Rolf Schwarz, Heilung durch Homöopathie, Frankfurt/M. 1986, Zweitausendeins.

[96] Er bezieht sich dabei auch auf den biblischen Propheten Jesaja, der die sieben Haupttugenden des heiligen Geistes aufgezählt hat.

Umgang der Kirche mit der heidnischen Lehre ab und macht den Weg frei für die neue christliche Spekulation über die Planeten. Die ambrosianische Lehre der sieben Gaben des heiligen Geistes gewinnt dann in der Moraltheologie des Mittelalters große Bedeutung. In der sich anbahnenden Synthese von Astrologie und Theologie werden die Sterne moralisiert. Augustinus hatte die Planeten bereits in die Ordnung einer Stufenleiter gebracht, in der die Weisheit die höchste Stufe einnahm. Nun wurde die Lehre mit der Seelenreise des Neuplatonismus vereint und am Ende des 12. Jahrhunderts im kosmologischen Sinne weiterentwickelt.

Der Einfluß der arabischen Astrologie im Mittelalter

Der Kampf der Kirchenväter gegen der Astrologie hatte zunächst einigen Erfolg. Erst im 12. und 13. Jahrhundert regt sich diese wieder, so daß Alexander Neckam (+1217) und Berthold von Regensburg (1210-1272) gegen sie lebendig und praktisch und nicht mehr nur rein theoretisch Stellung nehmen müssen. Beide argumentieren so, daß die Sterne zwar Einfluß auf die physische Welt hätten, aber nicht auf den menschlichen Willen und Schicksal im ethischen Sinne.[97] Diese Unterscheidung findet in der Folgezeit eine spezielle Verschiebung zum Geniebegriff der Renaissance hin und bleibt eine zweischneidige Befreiung vom Fatalismus der Astrologie. Aber im Mittelalter zieht nicht nur eine astrologisch anmutende Argumentation in die Moraltheologie ein, auch die immer noch betriebene Astrologie verändert ihren Charakter - sie wird vereinfacht. Da im frühen Mittelalter nur wenige die für ein Horoskop notwendigen empirischen Berechnungen anstellen konnten, wurde der Geburtstern in einem speziellen Verfahren aus dem Zahlenwert des Namens herausgelesen. Dieses an der Zahlenkabbalistik angelehnte Verfahren war durchaus neu, neu war auch der Wunsch des frühen Mittelalters, aus einer Wiedererweckung der mythologischen Elemente und dieser vereinfachten astrologischen Praxis eine Vorhersage der Zukunft herzustellen. Das geschlossene mittelalterliche Weltbild beginnt sich in Bewegung zu setzen, der Wunsch nach Orientierung wird laut. Die Einordnung der Astrologie in die scholastischen Systeme, der "theologische Kompromiß mit der Astrologie"[98], findet schließlich im 12. Jahrhundert, nach der Übersetzung der Texte des Griechen Claudius Ptolemäus und des Arabers Abu Ma'sar statt. Aus dem Orient kamen zwischen 112o und 118o die wichtigsten spätantiken und arabischen astrologischen Schriften, die nun für das Abendland übersetzt wurden. Im Laufe der nächsten beiden Jahrhunderte wird der astrologische

---

[97] Vergl. Klibansky, Panofsky, Saxl, Saturn und Melancholie, a.a.O., S. 27o, Fußnote 161.

[98] Klibansky, Panofsky, Saxl, Saturn und Melancholie, a.a.O., S. 271.

Glaube in bestimmte Systeme der scholastischen Naturphilosophie eingeordnet, er wirkt von nun an innerhalb und außerhalb der physikalischen Sphäre. Durch den Einfluß des neuen Quellenmaterials aus der Antike und dem Orient entsteht ein Wandel in der Betrachtungsweise der Planeten. Die Schilderungen beziehen sich nun auf Lebensschicksal, Lebensdauer, Krankheit, Gesundheit, Körperbau und Charakter. Zum Saturn gehört grundsätzlich die "melancholia complexio" und ein negativer Charakter. Als Autorität wird neben Ptolemäus, Marcianus Capella auch "Misael" genannt, der berühmte arabische Astrologe Messahala.

Im späten Mittelalter und in der Renaissance ist es auch selbstverständlich, daß die Lehre von den vier Temperamenten mit in das Planetensystem einbezogen wird. Ähnlich wie die Zuordnung der Naturqualitäten wird der Charakter den Sternen beigestellt, indem er über die Humoralpathologie verbunden werden soll. Fest belegbar sind diese Beziehungen zwischen Säften und Sternen erst bei den arabischen Astrologen des 9. Jahrhunderts: Der Sanguiniker entspricht dabei dem Jupiter, der Choleriker dem Mars, der Phlegmatiker Luna und der Melancholiker dem Saturn. Diese Einteilung geht aus verschiedenen Auseinandersetzungen hervor, die bruchstückhaft rekonstruiert werden können. Der Astrologe Abu Ma'sar (+855) polemisiert in seiner "Einleitung in die Astrologie"[99] gegen eine vorherrschende Spektrallehre, die Planeten, Elemente und Säfte nach den sieben Farben verbinden will. Den Westen allerdings haben die Texte, gegen die sich diese Polemik richtete, nicht erreicht.[100] Die für das Abendland wichtige Übersetzung ist die des Alcabitus "Introductorium maius".[101] Alcabitus ist zwei Generationen jünger

---

[99] Vergl. Boll, Sphaera, a.a.O.

[100] Diese Theorie, von der man auch heute noch Adaptionen in populären Astrologiebüchern findet, sah wie folgt aus: Die Farbe der schwarzen Galle ist dunkel und schwarz, ihre Natur wie die der Erde kalt und trocken. Da Saturns Farbe ebenfalls dunkel und schwarz ist muß seine Natur auch kalt und trocken sein. Auf ähnliche Weise wird Mars mit der roten Galle, Jupiter mit dem Blut und Luna mit dem Phlegma in Verbindung gebracht. Diese Theorie muß in weiten Kreisen als bewiesen gegolten haben. Abu Ma'sar selbst weist den Planeten zwar den Temperamenten entsprechende Qualitäten zu, legt diese mit dem Körperbau, den Affekten und Charakteren zusammen, aber nicht systematisch mit den Säften. Auch sein Lehrer Al-Kindi verband zu Anfang des 9. Jahrhunderts die Astrologie mit der Temperamentenlehre. Er unterteilt den Stundenkreis in vier Teile nach den vier Säften: Für die im ersten Quadranten vom Ostpunkt zur Himmelsmitte Geborenen gilt das sanguinische, im zweiten das cholerische, im dritten das melancholische und im vierten das phlegmatische Temperament (vergl. Klibansky, Panofsky, Saxl, Saturn und Melancholie, a.a.O., S. 204-206).

[101] Nach Drucken von 1485, 1491 und 1521; nach Klibansky, Panofsky, Saxl a.a.O., S. 2o7, Fußnote 1o.

als Abu Ma'sar und seine Texte sind ausführlicher. Die Zuordnung der Temperamente erfolgte ebenso zu Saturn, Jupiter, Mars und Luna. Wie Abu Ma'sar führt er für Saturn eine Menge von Prädikaten an, die sich teilweise widersprechen. Diese Zuordnungen gehen auf spätantike Quellen, besonders auf Ptolemäus und Vettius Valens zurück und wirken ungeordnet, was Klibansky, Panofsky, Saxl auf das Selbstverständnis der Araber zurückführen. Bei ihnen war Saturn einer der sieben Planetengötter mit dämonischer Machtfülle, dem verschiedene Sphären zugeordnet waren: Wesen, Tiere, Pflanzen, Mineralien, Berufe, meterologische Vorgänge, Körperveranlagungen, Charaktere und Handlungen des Alltagslebens. Den größten Einfluß erlangt die arabische Astrologie in Ostrom, in Byzanz, in ihrer Vermischung mit der griechischen und persischen Astrologie.[102] In der arabischen Hochkultur des Osmanischen Reiches erreichte die Astrologie in Spanien und Sizilien das Abendland und schaffte so eine Voraussetzung des Einflusses der orientalischen Kultur in der Renaissance. Hier nun setzen Klibansky, Panofsky und Saxl die Entstehung der echten Berufsastrologie im Abendland an:

> Mit anderen Worten, wir stehen hier vor einer vollendeten Rezeption der arabischen Texte und einer auf ihnen aufgebauten abendländischen Berufsastrologie, deren handfeste Charakteristiken einen weitaus größeren Einfluß auf die allgemeine Vorstellung vom Wesen der Gestirne ausüben sollten, als die verklärenden Deutungen der Mystiker und Moraltheologen, die moralisierenden Beschreibungen der Mythographen oder die spekulativen Überlegungen der Naturphilosophen. Die Popularisierung dieser Berufsastrologie verhalf nun auch die Vorstellung des Saturn als eines drohenden Schreckbildes allen anderen Interpretationen gegenüber zu einem ebenso entscheidenden Sieg, was im Fall der Melancholie durch die Medizintraktate und Komplexionsbücher geschehen war.[103]

Klibansky, Panofsky, Saxl konstatieren damit für das Mittelalter die Entstehung einer Berufsastrologie mit konservativen, stationären und vereinfachenden Charakterbeschreibungen und Zuordnungen aus dem Einfluß der arabischen Astrologen im Abendland. Die allegorisch angelegten Vermittlungen und Ambivalenzen der Zuordnungen der klassischen Periode werden durch einschneidende Simplifizierungen und Eindeutigkeiten ersetzt, die auf den arabischen Einfluß zurückgehen sollen. Die einzelnen Menschen werden streng nach Typen eingeordnet, die immer eindeutiger und starrer werden; die gleiche Entwicklung vollzieht sich auch in der Medizin. Mit der starren Typologisierung hat die astrologische Lehre im wesentlichen die Form angenommen, wie wir sie heute kennen. Von nun an variiert sie dieses Konzept

---

[102] Vergl. Boll/Bezold, Sternenglauben, a.a.O., S. 39-41.

[103] Klibansky, Panofsky, Saxl, Saturn und Melancholie, a.a.O., S. 282f.

nur noch und bleibt hartnäckig gegenüber den Veränderungen, die in der Renaissance die Freiheit des Subjektes hervorbringen; von diesen übernimmt sie nur die repressive Seite. Als neues Element wird ihr allein im 20. Jahrhundert die wiederum auf einen Rekurs zur Gnosis sich beziehende Jungsche oder direkt "germanisch" gefaßte Tiefenpsychologie hinzukommen, auf die sich dann beispielsweise Riemann oder Ring berufen werden.[104]

Klibansky, Panofsky und Saxl betonen zusammenfassend zwei Momente, die sich für das mittelalterliche Europa aus der Übernahme der arabischen Astrologie ergeben: 1. Die von der Spätantike noch nicht vollzogene Zuordnung bestimmter Planeten zu den Temperamenten wird dogmatisch im Sinne einer festen Typologie und die positiven Elemente des Saturn - wie Reichtum, Architekturbegabung, tiefes Denken etc. - werden als stereotype Merkmale in das Gesamtbild aufgenommen und überliefert. 2. Neben der Vollständigkeit und Geschlossenheit des Systems, ist es vor allem die Auffassung der arabischen Astrologen, daß alles Irdische, insbesondere das menschliche Schicksal, in den Sternen geschrieben stehe, die nun für das Abendland wichtig wird. Zusammen mit der scholastischen Spekulation auf die Naturwissenschaften und mit der ebenfalls durch die Araber vermittelten Rezeption des Aristotelischen Melancholietextes und der griechischen Medizin entsteht eine wesentliche Veränderung der geistigen Situation des Mittelalters, die Konsequenzen bis in die Neuzeit mit sich bringt. Das Schicksal des Einzelnen, die Wirkung der Naturwissenschaften als "weißer Magie" und die Medizin mit einer ausgeprägten Charakterbeschreibung, werden nun in großen Systemen zusammengedacht, in denen die Astrologie eine wichtige Rolle spielt. Die Araber des 9. bis 11. Jahrhunders bekommen in diesem Zusammenhang für die mittelalterliche Welt, so variieren Klibansky, Panofsky, Saxl ihre Diskursfigur, eine ähnliche Bedeutung wie die "Chaldäer" für die hellenische. Neben dem zunehmenden Einfluß der Astrologie auf den offiziellen Glauben bilden sich im Abendland in der Folge aber auch mystische Nebenströmungen, die sich auch auf die Sterne beziehen und die teilweise in die Reformation einmünden.[105] Diese Entwicklung wird durch scharfe Proteste von Philosophen, Astronomen und Theologen bis in die Renaissance begleitet, in der dann ein Umschwung stattfindet bis schließlich umgekehrt die Stellung zur Astrologie für jedes Individuum zur Gewissensfrage wird. Der Renaissancephilosoph Pico della Mirandola verwirft die Astrologie, obwohl ihr Einfluß auch in seinem Humanismus spürbar ist, während Marsilio Ficino ihre Synthese mit der Magie, der Medizin und dem Christentum ge-

[104] Vergl. den Exkurs über Astrologen im "Dritten Reich" im 9. Kapitel.

[105] Vergl. dazu Ernst Bloch, Leipziger Vorlesungen, Bd. 2, a.a.O., S. 88-114.

lingt, die von seinen deutschen Nachfolgern Agrippa von Nettesheim und Paracelsus aufgenommen und weitergeführt wird.[106] Versteht man Klibansky, Panofsky und Saxl recht, dann billigen sie der arabisch-magischen Astrologie die Rolle eines Fahrzeugs zu, das die ursprünglichen hellenistischen Inhalte der Astrologie umhüllte und transportierte. Die Trennung von dieser Hülle erfolgt dann in der Renaissance.

Astrologie in der Renaissance

In der Renaissance bildet sich in Italien im Zusammenhang mit dem Geniebegriff eine Befreiung vom dienenden Denken des mittelalterlichen Intellektuellen heraus, der vor allem Gott verpflichtet war. Das Subjekt beginnt sich zu regen und das Verhältnis von Determinismus und menschlicher Willensfreiheit bekommt in der Renaissance eine neue Note. Der italienische Humanismus knüpft damit an die antiken Traditionen des kontemplativen Lebens an, die im Mittelalter weitgehend verlorengegangen war. Das findet seinen Ausdruck im neuen "homo literatus", der nur seinem Intellekt verpflichtet ist, damit auch "dient", aber auf ganz andere Weise. Damit verändert sich auch die Haltung zur Astrologie. Wurde noch im Mittelalter theologisch die Willensfreiheit betont, so kommt es bereits im 14. Jahrhundert zu einer Aufweichung dieses Standpunktes angesichts des Siegeszuges der Sterndeuterei. Im 15. Jahrhundert, das aufklärerisch die Menschenwürde entwikkelt, findet sich ein Nebeneinander von Freiheit von jeglichem Sterneneinfluß und fatalistischem Gestirnsglauben, der mit diversen Zauberpraktiken verbunden ist. Diese Entwicklung kulminiert in der Idee des Genies, in der die Einflüsse der neuplatonischen Lehre vom Saturn als Höchstem der Götter und der aristotelischen Melancholielehre zusammenfließen.[107]

---

[106] Die Texte der abendländischen Berufsastrologen selbst schließen an die arabischen Vorbilder an und bringen nach Klibansky, Panofsky, Saxl wenig Neues. Guido Bonatti und Michael Scotus, Hofastrologe Friedrich des II., von Dante zu Vätern der Astrologie im Abendland gemacht (vergl. Dante Aligheri, Die göttliche Komödie, Inferno XX, 115ff, übers. v. H. Gmelin, Stuttgart 1949, Klett, S. 241), bieten nur Variationen der arabischen Texte. Für den Saturn gilt, daß er in der Fachastrologie des hohen und späten Mittelalters die Ambivalenz weitgehend einbüßt und zum reinen Unglücksplaneten wird. Das gilt auch für den Melancholiker in der Medizin und in der Temperamentenlehre. Die Bestimmungen der Fachastrologen wie Michael Scotus (+ 1234) kommen zu Schlagworten in den weitverbreiteten mittelalterlichen Kalendern herunter.

[107] Ich verfolge weitgehend die aufgeklärte Linie; Beispiele für den astrologischen und anderen Aberglauben in diesem Rahmen gibt Jacob Burkhard, Die Kultur der Renaissance, a.a.O., S. 372-398.

Ficinos Lehre von der Konzinnität

Marsilio Ficino (1433-1499) ist der erste Übersetzer Platons, Hermes und Plotins ins Lateinische und Italienische. Er entwickelt eine neue Lehre aus der christlich-neuplatonischen Mystik, der arabischen Astrologie und Medizin und einem aufgeklärten Humanismus. Ficinos System nimmt in einer großen synoptischen Geste die Verbindungen zwischen Mikro- und Makrokosmos wieder auf. Die Vermittlung zwischen beiden Welten stellen für ihn die Sternenkräfte dar, die sich in Menschen, Tieren, Pflanzen und Mineralien wiederfinden lassen. Damit kommt den Sternenwirkungen ein besonderes Gewicht zu, sie werden mit den platonischen Ideen in eins gesetzt, die als hinter den Phänomenen stehende Prinzipien die Welt durchziehen. Die Astrologie im engeren Sine bildet dabei nur eine Komponente in einem größeren System, daß noch den Zusammenhang von Zauberei, Aufklärung und früher Naturwissenschaft erkennen läßt, wobei das aufgeklärte Element dabei ist, sich von seinen magischen Anteilen zu trennen. Diese Bewegung biegen die späteren Astrologen wieder auf die Magie zurück. Vieles, was bei Detlefsen, Riemann und Ring dunkel und zusammenhangslos aussieht, erhellt sich durch das Zurückgehen auf eines der ersten Systeme der Neuzeit. Besonders das Verhältnis von Determinismus durch die Sterne und menschlicher Willensfreiheit, als wichtiger Topos der Astrologie, findet bei ihm eine neue, aufgeklärte Antwort. In der Auseinandersetzung mit Ficino stößt man damit auf die wichtigste Diskursfigur der heutigen Astrologen. Diese eignen sich den aufgeklärten Impuls der Renaissancesysteme rethorisch an und fallen gleichzeitig hinter ihn zurück; die reduzierte Rezeption des Neoplatonismus wird wieder zur starren, simplifizierenden Typenlehre der mittelalterlichen Adaption der arabischen Philosophie.

Exkurs: Ficino und die Entstehung des modernen Geniebegriffs

Ficinos Hauptwerk sind die drei Bücher "De vita triplici", die über Therapie und Symptome des saturnischen Charakters handeln. Saturn erscheint als mächtigstes und edelstes Gestirn und erzeugt damit einzigartige Philosophen, die, dem Körper ab- und dem Geistigen zugewandt, zum Instrument des Göttlichen werden. Ficino will mit seinen Büchern den Saturnmenschen zeigen, wie sie sich den unheilvollen Seiten des Planeten entziehen und sich seinen guten zuwenden können. Zwischen dem geistig Arbeitenden - auch wenn er nicht als Saturnkind geboren ist - und dem Saturn besteht nach Ficino eine Art Wahlverwandtschaft, ein durchaus im wissenschaftlichen Sinne gemeinter gegenseitiger Bezug: "Bedenke immer, daß wir schon durch die Neigungen und Bestrebungen unseres Geistes und durch die bloße Beschaffenheit unseres 'spiritus' leicht und schnell unter den Einfluß der Gestirne geraten können, die diese Neigungen, Bestrebungen und Beschaffenheiten bezeichnen; daher geraten wir durch Absonderung von menschlichen Dingen, durch Muße, Einsamkeit, Festigkeit, esoterische Theologie und Philosophie, durch Aberglauben, Magie, Landbau und Trauer unter den Einfluß des Saturn."[108]

Diese Vorstellung der Wahlverwandtschaft mit den Planeten wird von Ficino in der Lehre von der "Konzinnität" begründet, der Entsprechung von bestimmten Eigenschaften, Tätigkeiten und Gestirnen.[109] Die kosmischen Kräfte konzentrieren sich danach nicht nur im Menschen, sondern auch in den anderen Lebewesen und Mineralien. Im Menschen steht ihnen allerdings auch ein individuelles Bewußtsein entgegen, daß der kosmischen Determination eine genau bestimmbare Grenze zieht und die einen göttlichen Bereich der Seele davon absetzt. Damit wird das Verhältnis von über die Gestirne vermittelten seelischen und körperlichen Anteilen und solchen, die unmittelbar zu Gott sind und die weder durch den corpus der katholischen Kirche noch durch die Planeten übersetzt werden, virulent. Aus diesem Zusammenhang entwickelt Ficino sein System aus der Schulmedizin, einschließlich der astrologischen und magischen Heilmittel und neuplatonischer Kosmologie und der neuplatonischen Ethik. Es geht ihm nicht um eine additive oberflächliche Synthesis, sondern um eine genauere Bestimmung der Möglichkeiten und Grenzen der menschlichen Freiheit. Das System besitzt daher trotz seiner Vorlieben für die Zauberei eine deutliche Bewegung zur Aufklärung hin.

Ficino arbeitet mit dem Prinzip der Reihen, die ihm aus einem Proklos-Fragment bekannt gewesen sein sollen. Er sieht den Kosmos als einheitlichen Organismus, ebenso wie die Tiere und Pflanzen ist ihm auch der Himmel und die Erde belebt. Alles ist mit allem durch einen Kräftaustausch verbunden, die Vermittlung wird durch "Strahlen" oder planetare Einflüsse hergestellt. Eine wichtige Rolle spielt dabei das Auge. Ficino: "Der Himmel, der Bräutigam der Erde, berührt sie nicht, wie man gemeinhin denkt, noch auch umarmt er sie; er betrachtet [oder beleuchtet?] sie durch die bloßen Strahlen seiner Gestirne, die gewissermaßen seine Augen sind; und indem er sie betrachtet, befruchtet er sie und erzeugt so das Lebendige."[110] Alle Dinge und Wesen sind mit Qualitäten der Gestirne ausgestattet, in denen sich die Lebenskraft des Universums konzen-

[108] Ficino, De vita tripl. III., 2, Opera, p. 534; nach Klibansky, Panofsky, Saxl, Saturn und Melancholie, a.a.O., S. 377.

[109] De vita tripl., III, 22, Opera, p. 566; nach Klibansky, Panofsky, Saxl, Saturn und Melancholie, a.a.O., S. 377.

[110] Apologia, Opera, p. 574; nach Klibansky, Panofsky, Saxl, Saturn und Melancholie, a.a.O., S. 380.

triert und die ihr Charakteristikum ausmachen. In der Muskatnuß beispielsweise findet sich die Qualität der Sonnenstrahlen, in der Pfefferminze die der Sonne und des Jupiters usf. Die besondere Qualität des Menschen befindet sich, bei der Dominanz des Auges und des Blicks nicht zufällig, gerade in dessen Sehorgan.[111] Gegen die Krankheit der Melancholie verordnet Ficino diätetische Mittel, Medikamente und Iatromathematik.[112] Auch diese Dreigliederung geht in einer höheren Einheit auf, denn für Ficino beruht die Wirkung der medizinischen Mittel letztlich auf kosmischen Zusammenhängen. Sie geht auf das Exponieren derjenigen Gestirne zurück, mit deren Qualitäten die entsprechenden Stoffe gesättigt sind oder deren Natur der betreffenden Tätigkeit zugeordnet ist. Die Heilung durch die Mediziner erfolgt damit aufgrund der in den Heilmitteln vorhandenen Sternenkräfte, indem die Seele des Patienten den entsprechenden, in den Medikamenten verborgenen Sternenkräften ausgesetzt wird. Das gilt nicht nur für die Medikamente, sondern für alle Arten von Speisen und Tätigkeiten, wie in jeder anderen Diätetik auch; die Begründung aber ist eine neue. So be-

---

[111] Das Auge stellt Verbindungen her, die gleichzeitig auch auf Entfernungen beruhen. Über das Auge sind diese Objekte in einem System verbunden, das gleichzeitig die Distanz des Betrachters erlaubt. Einige Zeit später, aber in der gleichen Epoche, wird Galilei die Gestirne durch ein Fernrohr anpeilen und das zu betrachtende Experiment systematisch einführen, daß sich später als Königsweg der Erkenntnis etablieren wird. Die moderne Naturwissenschaft lebt von den Distanzen des Auges, die eine andere Welt vermitteln als die der Nase, des Ohres oder anderer Sinne, diese sind wesentlich distanzloser. Diese Vorherrschaft des Auges und des Sehens deutet sich bei Ficino bereits an, sie spielt als Prinzip in der Renaissance eine wichtige Rolle (vergl. Thomas Kleinspehn, Flüchtiger Blick. Sehen und Identität in der Neuzeit, Reinbek 1989 und Beck/Wellershoff, SinnesWandel, Frankfurt/M. 1989, Scriptor, S. 27-40 u. 103-119). Klibansky, Panofsky, Saxl weisen darauf hin, daß die Vorstellung, die irdischen Dinge seien ein Reservoir der Gestirnskräfte, sich bereits bei Roger Bacon (1214 - 1294) findet. Bacon will die Gestirnskräfte in Form von Amuletten als Werkzeuge in der erlaubten weißen Magie verwenden; eine Auffassung, die derjenigen Ficinos sehr nahe kommt (Bacon, Opus Maius, ed. J. H. Bridges, Oxford 1897, Bd. I, pp.. 395ff; nach Klibansky, Panofsky, Saxl, Saturn und Melancholie, a.a.O., S. 381, Fußnote 75).) Auch Sandro Botticelli bildet die Kraft der Sterne in den Augen seiner Figuren ab. Warburg interpretiert diesen Glanz in Beziehung zu den Bewegungsandeutungen der fließenden Gewänder und Haare als melancholische innere Ruhe. Vergl. Warburg, "Sandro Botticellis 'Geburt der Venus' und 'Frühling'. Eine Untersuchung über die Vorstellungen von der Antike in der italienischen Frührenaissance" (1893), in ders., Ausgewählte Schriften, hrsg. v. Dieter Wuttke, 3. Aufl. Baden-Baden 1992, Valentin Koerner, S. 62-63. Eine weitere Entwicklungsform des Sternenglanzes in den Augen beschreibt Klaus Theweleit in den Freikorpsromanen: "Leuchtende Augen sind das Vorrecht des deutschen Soldaten." (Franke, Staat im Staate, Magdeburg 1924, S. 220; nach Theweleit, Männerphantasien. Zur Psychoanalyse des weißen Terrors, Reinbek 1980, Bd. 2, S. 137; vergl. dort auch S. 130-141).

[112] Vergl. Klibansky, Panofsky, Saxl a.a.O., S. 385f.

steht für Ficino die heilende Wirkung eines Spazierganges, der eine Therapieform des Melancholikers darstellt, darin, daß die Strahlen der Sonne den Menschen von allen Seiten ungehindert erreichen und die Seele mit dem "Weltgeist" erfüllt.[113] In gewisser Weise betätigen sich die Mediziner damit auch als Magier, allerdings trennt Ficino die "natürliche Magie" - nämlich die Wirkung der Sternenkräfte - von der "profanen Magie" der gottlosen Dämonenbeschwörer. Die "natürliche Magie" ist ihm ein Bindeglied zwischen Astrologie und Medizin.[114]

Astraler Determinismus und Seelenfreiheit

Ficino steht mit seinen Vorstellungen im Kontext der anthropologischen Theorie der Renaissance, die im Neuplatonismus vorgebildet ist und beispielsweise auch von Cusanus entwickelt werden.[115] Danach werden die beiden Komponenten des Leibes und der Seele ("corpus" und "anima") durch ein drittes Element vermittelt, das "medium" oder den "spiritus". Dieses Element wurde als ein vom Blut erzeugtes feinstoffliches Fluidum vorgestellt, daß aber nur im Gehirn wirksam sein soll.[116] Das Fluidum wirkt nach beiden Seiten - auf den Körper und auf die Seele. Der Dreiteilung des Menschen als "kleiner Welt" in Leib, Seele und "spiritus humanus" entspricht die Dreiteilung der "großen Welt" in Weltstoff, Weltgeist und "spiritus mundanus". Die Sterne entsenden Strahlen, welche die astrologischen Qualitäten an den "spiritus mundanus" abgeben, die dieser seinerseits dem "spiritus humanus" vermittelt. Von dort aus wirken sie dann auf Leib und Seele des einzelnen Menschen. Leib und Seele sind darüber hinaus in ihrer Entstehung aufgrund ihres Durchlaufens der verschiedenen Planetenspären während ihres Falls auf die Erde nach den "Entsprechungen" ("concinnitas") von astrologi-

[113] Ficino, De vita tripl., III, 11, Opera, p. 544; nach Klibansky, Panofsky, Saxl, Saturn und Melancholie, a.a.O., S. 387.

[114] Bereits die arabische Astrologie im Rahmen des Islam ist eine aufgeklärte Entwicklung der heidnischen Zauberei der Talismane und Amulette des traditionellen Volksglaubens. Der Islam säkularisiert diese Magie in den Sternen zugeordneten Zahlenquadraten, Buchstaben und magischen Schriftzügen. Vergl. Erdmute Heller, Talismane und Arabesken, a.a.O., S. 61-63.

[115] Zu Nikolaus von Kues vergl. auch Ernst Bloch, Leipziger Vorlesungen, Bd. 2, a.a.O., S. 115-122 und Kurt Flasch, Das philosophische Denken im Mittelalter. Von Augustinus zu Machiavelli, a.a.O., S. 540-545.

[116] Ficino, De vita tripl. III, 11, Opera, p. 544; ebenso Kapitel III, 22, Opera p. 565ff; "spiritus humanus", vergl. I, 2, Opera, p. 496; nach Klibansky, Panofsky, Saxl, Saturn und Melancholie, a.a.O., S. 381, Fußnote 77.

schen Qualitäten bestimmt. Die Einwirkungsmöglichkeit der astralen Kräfte, beruht darauf, daß sie auf etwas Entsprechendes oder Verwandtes im Körper treffen, daß im kleinen Mikrokosmos des Menschen den gleichen Gesetzmäßigkeiten wie im großen Makrokosmos des Universums gehorcht. Da die Eigenschaften des Körpers und der Seele dem Menschen bei seinem vorgestellten Fall durch die einzelnen Planetensphären zukommen und gewissermaßen dort an ihm kleben bleiben, so sind das diejenigen Teile, auf die die entsprechenden Gestirnskräfte wiederum einwirken, indem beide nach den gleichen Gesetzmäßigkeiten funktionieren. Die Seele aber unterliegt diesen Einflüssen nicht ganz und das ist der entscheidende Aspekt in Bezug auf die Willensfreiheit des Menschen. Die Seele besitzt nach Ficino drei Eigenschaften, die zusammen ein hierarchisch gegliedertes Ganzes ergeben: Als unterste Stufe die "imaginatio" - Einbildungskraft, als nächste die "ratio" - diskursive Vernunft und als oberste Stufe die "mens" - intuitive Vernunft. Allein die unteren Vermögen des Menschen - der Körper und die niederen Seelenstufen - sind den Gestirnsqualitäten unterworfen, die höheren Seelenteile aber ihrem Wesen nach frei; das betrifft vor allem die "mens", die eine direkte göttliche Verbindung besitzt.

Diese Freiheit aber ergibt sich nicht von selbst, sondern sie ist an die Bedingung besonderer Zustände geknüpft. Die Astrologie im engeren Sinne ist für Ficino für die Erkenntnis der Geburtskonstellation oder den "daemon geniturae" von Bedeutung, dessen Kenntnis den Weg für die iatromathematische Behandlung des Einzelfalls aufzeigt. Sie ist also für die unteren Seelenglieder und den Körper wichtig. Als denkendes und handelndes Wesen aber ist der Mensch damit frei und vermag sogar den Gestirnseinfluß zu lenken, indem er sich nicht nur den Wirkungen eines bestimmten Sterns aussetzt, sondern durch bewußte Steuerung seiner Phantasie und Denktätigkeit auf "entsprechenden Empfang und Verarbeitung innerer Vorstellungen, stimmige Gedankengänge und die ruhige Kontemplation des Geistes."[117] Dementsprechend sieht Ficino eine Rettung vor den depressiven Einflüssen

[117] Ficino, De vita tripl., III, 22; nach Klibansky, Panofsky, Saxl, Saturn und Melancholie, a.a.O., S. 389. In Fußnote 99 merken Klibansky, Panofsky, Saxl an, daß Ficino bereits zu seiner Zeit Kritiker besaß, die die Freiheitsregungen des Subjektes bei Ficino nicht erkannten und behaupteten, die Florentiner schätzten den Einfluß der Gestirne noch höher ein als die Astrologen selbst. So polemisiert der Mailänder Gabriel Pirivanus (De astronomiea veritate opus absulutissimum, Erstausgabe 15o7, Wiederabdruck Basel 1554), die Florentiner machten die Planeten zu Vermittlern zwischen Gott und Mensch und das sei eine noch größere Ketzerei als die der Berufsastrologen. In der Tat folgt Detlefsen genau dem bei Ficino allerdings fälschlich kritisierten Schema. Im Unterschiede zu Ficino will er als Determinismus festschreiben, was bei diesem gerade den Beginn der subjektiven Freiheit ausmacht.

des Saturn durch ein freiwilliges Sichhinwenden zu diesem, nicht um sich zu unterwerfen, sondern weil der Saturn nicht nur negativ wirkt und in Verbindung mit der "mens" als höchstem Seelenvermögen auch Freund und Beschützer des höheren intellektuellen Daseins ist. Der wichtigste Unterschied dieser Konstruktion zur Unterwerfung unter den Aggressor, wie sie aus der Besprechung der Astrologen bekannt ist[118], soll in der ambivalenten Konstruktion bestehen, in der durch die bewußte Hinwendung eben die positiven Kräfte Saturns zur Wirkung gelangen.

Dieses Moment unterschlagen die heutigen Astrologen einerseits, andererseits machen sie aber auch einen Widerspruch deutlich, den Klibansky, Panofsky und Saxl nicht wahrnehmen. Charakteristischerweise setzt Ficino nicht auf die Gegenkraft des Jupiters in Opposition zum Saturn, sondern auf einen Übergang von der bösen Seite des Saturn in eine göttliche Eindeutigkeit. Diese Konstellation hat ihren Ursprung in den guten Gestirnskräften des Neuplatonismus. Ich habe allerdings auch gezeigt, daß der Wechsel von der Ambivalenz zur Eindeutigkeit der saturnalen Kräfte damit erkauft wurde, daß das aufnehmende Gefäß nun die bösen Seiten zugeteilt bekommt, die vorher dem Saturn eigen waren. Die Vorstellung eines "guten Kerns" und einer "schlechten Hülle", die Klibansky, Panofsky, Saxl auf die Kulturentwicklung von Griechenland über Arabien in die Renaissance Mitteleuropas übertragen, findet sich hier bereits vorgebildet. In dem Übergang zur Eindeutigkeit zeigt sich der Versuch des Neoplatonismus der Renaissance, die heidnisch-astrologische Konstruktion der Zweideutigkeit des Saturn in dem christlichen eindeutigen, umittelbaren Verhältnis zu Gott aufgehen zu lassen - die positiven Planetenkräfte aus dem Neuplatonismus werden nun mit dem guten christlichen Gott zusammengelegt. Zwar vermag der Jupiter in gewisser Weise durch Ausgleichung des bösen Einflusses des Saturn zu wirken, aber im Grunde muß das Individuum sich seinem Schicksal ergeben und mit Saturn leben. Damit wird auch die Gewalt, die dem Christentum innewohnt, verinnerlicht und verdrängt. Das Subjekt, dessen Bezeichnung nun trefflich klingt, weil es sich durch eine bestimmte Unterwerfung konstituiert, wird für diese Unterordnung dann belohnt, indem ihm etwas Höheres versprochen wird: "An Stelle des irdischen Lebens, von dem er selbst geschieden ist, verleiht dir Saturn das himmlische und ewige Leben."[119] Von der Einlösung dieses Versprechens hängt die Dialektik der Aufklärung ab.

---

[118] Vergl. z.B. Detlefsen, Schicksal, a.a.O., S. 130.

[119] Ficino, De vita tripl., II, 15, Opera, p. 522; zitiert nach Klibansky, Panofsky, Saxl, Saturn und Melancholie, a.a.O., S. 392. Ficinos Lehre fiel auf fruchtbaren Boden. Sein Schüler Pico della Mirandola (1463-1494) versuchte Aristoteles mit Platon zu versöhnen (vergl. Fußnote 7). Auch er sieht in der Magie eine Weise der Naturerfahrung, die den

Abbildung 10 Dürers Stich "Melencolia I", aus Harmut Böhme, Albrecht Dürer. Der Stich 'Melencolia I'

Agrippa von Nettesheim und Dürers "Melencolia I"

Über Ficinos Wirkung in Deutschland ist nur die Verbindung zu Agrippa von Nettesheim und zu Paracelsus bekannt.[120] Der deutsche Humanist Agrippa entwickelt Ficinos System auf besondere Weise weiter. Der ausführlichen Ausgabe seiner drei okkulten Bücher[121], stellen Klibansky, Panofsky, Saxl die Urfassung der "Occulta philosophia" aus dem Jahre 151o gegenüber, die noch weitgehend ohne astrologische, geomantische und kabbalistische Beschwörungsformeln und Tabellen auskommt. Durch dieses Zurückgehen auf den ursprünglichen Text entsteht ein anderes Bild von Agrippas Theorie. Der Umfang der ersten Fassung beträgt etwa 1/3 der Ausgabe von 1555, der Inhalt ist stärker naturwissenschaftlich geprägt und die magisch-praktischen Anteile demgegenüber klein gehalten; ebenso unterscheidet sich die Kapitelunterteilung von den späteren Ausgaben. Auch Agrippas Gedankengebäude setzt sich aus neuplatonischer, neupythagoräischer, christlicher und orientaler Mystik zusammen und führt in einem dreigliedrigen Aufbau von den irdischen Dingen zu den Gestirnen und von dort zu religiöser Wahrheit und

---

Zusammenhang des Universums erschließt. Auch bei ihm wirkt die allgemeine Sympathie, welche das Erdhafte mit dem Himmlischen vermählt. Pico schreibt die berühmten Zwölf Bücher gegen die Astrologie (a.a.O.), die unter anderem auch für Kepler wichtig wurden. Er nimmt im Menschen eine besondere Würde an, die dem Kosmos nicht verliehen ist und daher kann dessen Geschick nicht an den Kosmos gebunden sein. Pico übernimmt ebenso Ficinos Unterscheidung der Magie. Diese bleibt für ihn den echten Naturkräften auf der Spur, während die Astrologie bloßen Zeichen und Figuren verhaftet bliebe, die mit den wahren Naturkräften nichts zu tun hätten. Es sei nur der Aberwitz des Menschen, der die Fortuna an den Himmel hefte, da sie doch der eigenen Seele zu überantworten sei. Pico bemüht hier das Grundmuster jeder aufgeklärten Argumentation (vergl. Vorländer, Geschichte der Philosophie, Bd. 2, Reinbek 1963, S. 297ff).

[120] Ficinos Briefwechsel ist 1497 in Deutschland gedruckt worden und auch seine drei Bücher sind gegen Ende des 15. Jahrhunderts bekannt gewesen. Da aber, so vermuten Klibansky, Panofsky und Saxl, die deutschen Humanisten seiner Zeit sich zu sehr im Banne der Temperamentenlehre und der Astrologie befunden haben, gelangte seine Lehre im Norden noch nicht zum Durchbruch. Erst Agrippa und Paracelsus machten sich Ficinos Lehre zu eigen. Zu Paracelsus (1493-1541), auf den ich nicht genauer eingehen werde, vergl. Gunhild Pörksen, Das Buch Paragranum nach Karl Sudhoff, Paracelsus sämtliche Werke. 8. Bd., Frankfurt/M. 1986, Fischer und Vorländer, Geschichte der Philosophie, Bd. 2, a.a.O., S. 328ff. Zur Paracelsusrezeption in der Lebensphilosophie vergl. Friedrich Gundolf, Paracelsus, Berlin 1927.

[121] Zum Beispiel in der Ausgabe von 1555, die mir vorlag (Agrippa von Nettesheim, De Occulta Philosophia. Drei Bücher über die Magie, Nördlingen 1987, Greno, nach der Übersetzung Friedrich Barths, Heinrich Cornelius Agrippa's von Nettesheim Magische Werke, 5 Bde, Stuttgart 1855).

mystischer Schau.[122] Agrippa übernimmt Ficinos System und führt gleichzeitig eine wichtige Neuerung ein. Die melancholische Fähigkeit der Steigerung

[122] Die Verbindungen von Oben nach Unten existieren bei ihm als Naturkräfte, wie es bereits aus dem Neuplatonismus und von Ficino her bekannt ist. Er verwendet dazu die platonische Idee von der Präformation jedes Dinges am Ideenhimmel. Im ersten Buch der Urfassung entwickelt Agrippa ebenfalls die Unterscheidung der weißen Magie von der Nekromantie und der Teufelsaustreibung, um dann alle Kräfte der irdischen Sphäre als Erscheinungen des göttlichen Einen zu deuten, die durch die Gestirne weitergeleitet werden. Agrippa läßt diese Ketten sowohl von oben nach unten, als auch umgekehrt verlaufen und rechtfertigt damit Zauberpraktiken, Amulette, Gifte und astrologische Zuordnungen. Im zweiten Buch werden die "coelestia", die astrologischen Grundsätze, sowie die Sternentalismane und ausführlich die okkulte Bedeutung der Zahlen behandelt. Es folgen die astrologischen und magischen Sternencharaktere und die Wirkungen der Musik und die Deutung diverser Phänomene wie Vogelflug, Geomantie, Pyromantie und Traumdeutung. Das Werk gipfelt im dritten Buch. Die Ebenen der niederen Zauberpraktiken werden zugunsten der unmittelbaren Offenbarung, dem "vaticanium", einem Zustand verlassen, in dem die Seele die letzten Dinge schaut und Zukunft und Vergangenheit zusammenschmelzen. Nach den Bemerkungen über die geistigen und seelischen Tugenden, die zur Erlangung dieses Zustandes nötig sind und der Verbindung von Mystik und christlichem Dogma (vor allem der Dreieinigkeitslehre), kommt Agrippa zu den Übermittlern der höheren Eingebungen, den Dämonen. Diese sind Wesen ohne Körper, die "von Gott ihr Licht haben", und dieses den Menschen entweder zur Offenbarung oder zur Verführung übermitteln. Auch in ihrer Hierarchie zeigt sich wieder die bekannte Dreiteilung: An oberster Stelle regieren die "Supercoelesten", die überirdischen Engel, die über dem Kosmos um das Göttlich-Eine kreisen. Zu unterst leben die Elementargeister, wie die Wald- und Hausgötter, die Vier-Winde-Götter, die Schreibgötter usf. In mittlerer Position stehen die Planeten, die hier "mundane Dämonen" genannt werden und die Himmelsphäre bewohnen. Es handelt sich bei den Dämonen damit um Personifizierungen der Sphärenkräfte, die einerseits mit den neun Musen, andererseits mit bestimmten Engeln parallelisiert werden. So wird Merkurs Geist mit dem Engel Michael gleichgesetzt, Luna-Artemis mit dem Engel Gabriel usw. Die Personifizierungen kennen ebenfalls eine lange Tradition; angefangen bei Platons Daimion entsteht die Hierarchie der Engel (und der Teufel) in die das Christentum heidnische Figuren mit aufnimmt (Siehe dazu Agrippa III., a.a.O., Kap. 16- 29; nach Klibansky, Panofsky, Saxl, Saturn und Melancholie, a.a.O., S. 498, Fußnote 245. Die systematische Einteilung geht auf Dionysos Areopagita zurück, vergl. Kurt Flasch, Das philosophische Denken im Mittelalter, a.a.O., S. 74-81 und Ewald Greter, Geistige Hierarchien. Der Mensch und die übersinnliche Welt in der Darstellung großer Seher des Abendlandes. Dionysos Areopagita, Dante Aligheri, Rudolf Steiner, 3. Aufl. 1980, Freiburg/Br., Verlag Die Kommenden, S. 9-37). Auch diese Grundkonzeption folgt der neuplatonischen Seelenlehre, die bereits Ficino übernommen hatte. Die menschliche Seele vermag mit den Dämonen in Verbindung zu treten, da diese sowohl im Universum das gleiche Prinzip vertreten, wie auch in der Seele selbst, da sie dieser bereits auf ihrem Weg vom Ort über den Himmeln zur Erde ihre Eigenschaften angetragen haben. Das Wirken dieses Zusammenspiels, das aus der niederen Perspektive rätselhaft erscheint, ist aber von der hohen Warte über den Himmeln zu überblicken. Im Zustand des "vatikaniums" wird es der Seele ebenfalls möglich, das Wirken der mundanen Dämonen in der Welt, die Prinzipien der Dinge und ihre Reihungen zu durchschauen und damit in die Zukunft zu sehen. Diesen Seelenzustand hatte Ficino dem Sa-

in die Höhe bleibt nicht mehr auf den literarischen Menschen beschränkt, sondern gilt nun auch für das Genie des Tatmenschen und das Genie des Künstlers. Damit werden auch der Politiker, der Theologe, der Architekt und der Maler zu den Saturnikern gezählt. Aus Ficinos exklusiver Humanistenlehre wird bei Agrippa nun eine allgemeine Genielehre. Er wendet das Prinzip des Saturn noch um eine Stufe weiter gegen die deterministischen Astrologie, indem der Geniebegriff frei für andere Berufsgruppen wird. Damit findet eine weitere Säkularisierung der mystischen Union mit Gott statt, die vorher nur den christlichen Mystikern, nach Ficino dem "homo literaricus" und nach Agrippa nun auch den technischen Künsten offensteht.[123]

Indem Agrippa dergestalt interpretiert wird, zeigt er andere Seiten als solche, die in der späteren, ausführlicheren Fassung seines Textes im Vordergrund stehen; dort ist der aufklärerische Gestus fast vollständig verdeckt und

---

turn zugeordnet. Voraussetzung für solche Schau ist eine gewisse Freiheit der Seele von anderen Dingen ("vacatio"), die jeweils auf den oberen Seelenteil einwirken und mit der intuitiven Vernunft Ficinos, der "mens" verwandt sind und die wiederum in drei Formen der Wahrtäume ("somnia"), des Emporsteigens der Seele durch Kontemplation ("raptus") und der Erleuchtung der Seele durch die Dämonen ("furor"), die in diesem Falle direkt einwirken, erfolgen kann. Dieser letzte Fall der Erleuchtung kann von den Musen, von Dionysos, Apoll und Venus, oder aber von der Melancholie her stammen. Der Melancholie wird damit nach Klibansky, Panofsky, Saxl in der Urfassung von Agrippas Text eine besondere Stellung eingeräumt. Als wichtigste Inspirationsquelle steht der "furor melancholicus" an zentraler Stelle, genau am Höhepunkt des "vaticaniums" (Die Kapitel III, 30-38, bilden das Kernstück des Buches in der Urfassung; diese wichtigsten Kapitel sind in den späteren Fassungen zu einem Abschnitt zusammengefaßt und finden sich nun verkürzt im ersten Buch im 60. Kapitel wieder.). In der Interpretation des Melancholiekapitels des Buches tragen die Autoren noch einmal die einzelnen Einflüsse von Agrippas magischem System zusammen. Sie beschreiben damit die aufgeklärten Elemente, die wir in verdrehter Form in der heutigen Astrologie wiederfinden: 1. Aristoteles' Melancholietheorie, bereits von Ficino mit astrologischem Zubehör versehen, wird nun mit der Dämonenlehre versetzt, die nach Klibansky, Panofsky, Saxl noch für den Neuplatonisten Jamblichos unvertretbar mit der Astrologie war. 2. Dazu kommt die Hierarchie der drei Seelenkräfte "imaginatio", "ratio" und "mens", die ebenfalls von Ficino herrührt und die von Agrippa in eine Hierarchie die melancholischen Erleuchtung überführt wird, indem er sich weiterhin 3. der alten Staffelung der menschlichen Berufe in mechanische, politische und philosophische bedient. 4. Darüber hinaus verarbeitet er Elemente von Averroes psychiatrischer Theorie der Melancholie, der die Wirkung des "humor melancholicus" nicht nur nach dessen verschiedener Beschaffenheit unterschied, sondern auch nach der Verschiedenheit der betroffenen Seelenteile (bei Averroes handelt es sich bei den Seelenteilen um "imaginatio", "ratio" und "memoria" anstelle von Ficinos "mens". Vergl. Flasch, Mittelalter, a.a.O., S. 282-290); diese stehen gleichrangig nebeneinander.

[123] Etwas von dem neuen Genie haftet dem Titel des Technikers als "Ingenieur" noch an und zwar früher, als Walter Benjamin meint. Vergl. Benjamin, Paris, die Hauptstadt des XIX. Jahrhunderts, Passagenwerk, GS V, 1, S. 46.

seine drei Bücher machen den Eindruck einer Sammlung von Zauberkünsten. Denn zu den humanistischen Seiten gesellen sich die magischen Vorstellungen der Nekromantie, Wahrsagerei, Zahlenmystik und Astrologie in jeder Form, die er ebenfalls von Ficino übernimmt. Auch bei Agrippa findet sich sowohl der humanistische als auch der magische Anteil nebeneinander.

Nun rekonstruieren Klibansky, Panofsky und Saxl den Übergang von Ficinos zu Agrippas Theorie so ausführlich, weil sie, wie wir eingangs erwähnten, die Vorgeschichte des Dürerschen Melancholiestichs erläutern wollen. Der Stich kommt in der Geschichte der Astrologie eine Schlüsselrolle zu, er stellt sozusagen das Urbild der zweideutigen Verbindung von Astrologie und Aufklärung dar.

Dürer sticht 1514 das Blatt "Melencolia I". Es zeigt einen grübelnden, dunkelgesichtigen Engel, dabei mit überraschend hellem Blick, den Kopf auf die Hand gestützt. Im Schoß ruht ein Zirkel. Die Insignien des Saturn finden sich überall auf dem Bild verstreut: Da liegt ein Hund, das Tier der Milz, deren griechischer Name für schwarze Galle auf den Melancholiker überging. Hinter dem Hund befindet sich ein polyaedrischer Stein. Der Figur zu Füßen liegen die Werkzeuge des Baumeisters. Ein ebenfalls grübelnden Putto sitzt wiederum auf einem Mühlstein, an der Wand hängt die Sanduhr Kronos'. Daneben deuten andere Embleme auf den oppositionellen Jupitereinfluß, die beiden wichtigsten sind ein Kranz von Wasserkresse und das magische Planetenquadrat des Jupiter an der Wand.[124]

Agrippa hatte die melancholische Inspiration in drei Stufen unterteilt[125], den unteren Dämonen der ersten Stufe werden der Seelenteil "imaginatio" und die technischen Berufe, besonders die Architektur, Malerei usf. zugewiesen. Dürer soll nach der Interpretation von Klibansky, Panofsky und Saxl die Philosophie Agrippas illustriert haben und zwar die unterste Stufe der melancholischen Inspiration, die vom Saturn ausgehen soll.[126] In Dürers Kup-

[124] Zu den verschiedenen Interpretationen vergl. Klibansky, Panofsky, Saxl, Saturn und Melancholie, a.a.O., S. 406-522 und Hartmut Böhme, Albrecht Dürer. Melencolia I. Im Labyrinth der Deutungen, Frankfurt/M. 1991, Fischer. Zu den magischen Planetenquadraten vergl. Agrippa von Nettesheim, De Occulta Philosophia, a.a.O., 2. Buch, 22. Kapitel, Ausgabe Greno S. 262-270 und Ernst Bindel, Die geistige Grundlage der Zahlen. Die Zahl im Spiegel der Kulturen. Elemente einer spirituellen Geometrie und Arithmetik, a.a.O., S. 45.

[125] siehe die Abbildung aus Klibansky, Panofsky, Saxl, Saturn und Melancholie, a.a.O., S. 5o4.

[126] Diese Interpretation bestreitet Hartmut Böhme (Albrecht Dürer, Melencolia I, Im Labyrinth der Deutung, Frankfurt/M. 1991, Fischer, S. 52ff). Er bezieht sich aber, soweit ich sehen kann, nicht auf die neoplatonische, sondern auf die erweiterte "magische" Fassung von Agrippas Text.

ferstich "Melencolia I" sehen Klibansky, Panofsky und Saxl damit die erste Stufe der melancholischen Inspiration.[127] Sie ziehen eine Linie von Agrippa zu Dürer, da sich eine solche Auffassung, wie Agrippa sie hier vertritt, nicht in Italien herausgebildet habe: Albertins und Leonardos Kunsttheorien seien unbeeinflußt vom Neuplatonismus und bildeten das Fundament der "exakten" Naturwissenschaft im Sinne Galileis.[128] Klibansky, Panofsky, Saxl interpretieren den Stich damit in Ficinos Sinne als eine Station des Übergangs von der Ambivalenz des Saturn, hin zur Eindeutigkeit der guten göttlichen Kraft und parallelisieren den Prozeß der Aufklärung insgesamt mit diesem Bild als Befreiung des Humanismus von den magischen Kräften des Astrologie.

Neoplatonismus und moderne Astrologie. Zur Dialektik von Gut und Böse

Klibansky, Panofsky, Saxl zeigen in ihrer Untersuchung der Vorgeschichte des Dürerstichs, daß Ficinos und Agrippas Systeme Elemente des Neuplatonismus mit christlicher Mystik, arabischer Astrologie und der humanistischen Idee der Menschenwürde verbinden und daß bei beiden Autoren die Aufklärung eine zentrale Rolle spielt.[129] Klibansky, Panofsky und Saxl bedienen sich in der Analyse nun einer bestimmten Methode, sie versuchen in ihrem Buch eine historische Herleitung der verschiedenen Theoriemomente, um die Herkunft der Analogiereihen angeben zu können.[130] Die einzelnen Elemente der astrologischen Theorie im Humanismus werden auf historisch frühere Formen zurückgeführt, die in ihrer Entwicklung aber nicht mit der gesellschaftlichen Sphäre in Verbindung gebracht werden, in der sie entstanden sind, sondern die Bewegungskräfte sollen auf eigentümliche und rätselhafte Weise in den Motiven selbst vorliegen. Woher diese Behandlungsweise

---

[127] im Kapitel über den Dokumentsinn des Kupferstichs, Klibansky, Panofsky, Saxl, Saturn und Melancholie, a.a.O., S. 485 und Fußnote 2o8.

[128] Vergl. Klibansky, Panofsky, Saxl, Saturn und Melancholie, a.a.O., S. 5o6.

[129] Ihre Systeme werden in Italien, Frankreich und England vom naturwissenschaftlichen Denken abgelöst. In Deutschland besitzen sie eine eigene Geschichte, auf die ich nicht weiter eingehe; Momente dieser Theorie kehren bei Goethe und in der Romantik, ebenso bei den Rechtsheglianern, Dilthey, Steiner und Klages wieder. Ansätze davon werden im 9. und 10. Kapitel diskutiert.

[130] Die psychoanalytische Erklärung der "kontagiösen Magie" und der "Allmacht der Gedanken" (Freud), wie ich sie im 7. Kapitel entwickelt habe, wäre eine andere.

stammt, wird in der Beschäftigung mit Aby Warburg deutlich werden.[131] Trotz des idealistischen Vorgehens und obwohl die saubere Trennung der einzelnen Motivstränge augenscheinlich nicht so einfach zu bewerkstelligen ist, wie die Autoren es möchten, besitzt ihre Studie jedoch einen hohen Grad an kritischem Gehalt, mit dessen Hilfe sie zum Verständnis der wirklichen Genese der heutigen Astrologie beiträgt und es erlaubt, hinter den Schleier der Astrologie zu sehen. Die wichtigsten astrologischen Motive werden in ihrer Entwicklung verfolgt, bis sie in den Renaissancesystemen zusammenlaufen: Vom Weltorganismus zur Seelenreise, von der These Mikrokosmos = Makrokosmos, der körperlichen Verbindung mit den Sternen, der Esoterik, der astralen Medizin, der Sternensprache und Sternenschrift, der Zahlenmagie, der kabbalistischen Ordnung der Geister, der Integration des Heidentums in ein esoterisches, theosophisches Christentum bis hin zur Lehre der Hierophanten und der Wiedergeburt als Folge göttlicher Strafgewalt und Gerechtigkeit.

Ausgearbeitete Denksysteme mit einer Einordnung dieser Elemente existieren bereits seit dem 2. Jahrhundert nach Chr.; in der Verbindung von Freiheit und Gebundenheit an die Magie aber sind die Renaissancesysteme etwas Neues. Gerade gegen den aufgeklärten Impuls, der bei ihnen noch in magischer Hülle steckt, argumentieren nun die heutigen Astrologen wieder mit "arabischer Magie", wie sie in den starren Typologien des Mittelalters vermittelt ist, ohne die aufgeklärte Tendenz wahrzunehmen. Daher sind die Renaissancephilosophen sowohl Vorläufer der heutigen Astrologen, indem sie noch an der Magie hängen, daneben sind deren Denkgebäude aber bereits von einer aufgeklärten frischen Brise durchweht, wo die heutigen Astrologen noch in ihren Miasmen hängen. Die humanistischen Magier sind fortschrittlicher als ihre modernen Epigonen, da diese Theorien zu ihrer Zeit den aufgeklärtesten Stand des Wissens repräsentierten. Es ist ein Unterschied um das Ganze, ein solches System im 15. oder im 20. Jahrhundert zu vertreten. Andererseits aber knüpfen die modernen Astrologen an Widersprüchen an, die im Neoplatonismus und der prekären Vorstellung der Aufklärung selbst vorhanden sind und die in Klibansky, Panofsky, Saxls Studie nicht erwähnt werden. Indem das Böse aus der Objektivität der Welt, wie sie von den Sternenkräften repräsentiert wird, in das Subjekt verlegt wird, enthalten Ficinos und Agrippas Systeme bereits den Gestus des Positivismus, der von einer Wertneutralität der gesellschaftlichen und den der Natur zugeordneten wis-

[131] Eine methodische Verortung des Humanismus nimmt Erwin Panofsky in seinem Aufsatz "Kunstgeschichte als geisteswissenschaftliche Disziplin" in ders., Sinn und Deutung in der bildenden Kunst, Köln 1978, Dumont, S. 7-35 vor.

senschaftlich feststellbaren Kräfte ausgeht.[132] Bei ihnen liegt noch die Verschränkung von "weißer" und "schwarzer Magie" vor, deren dunkle Seiten der Positivismus ausblendet, ein Vorgang, der wiederum den Astrologen erlaubt, die magische Seite zu hypostasieren. Ficinos und Agrippas Systeme enthalten damit trotz des Postulats des Übergangs zur Eindeutigkeit des Saturn ebenso auch noch die Zweideutigkeit der Aufklärung selbst; Mythos, Aufklärung und Dialektik der Aufklärung finden sich bei ihnen in einer Figur zusammengestellt, ein Zusammenhang der bei den heutigen Formen des Positivismus und des modernen Aberglaubens erst mühsam durch die Kritik wieder hergestellt werden muß. Mit der Frage nach der astralen Determiniertheit und der menschlichen Freiheit stellt sich auch diejenige nach einer Grundbedingung der Aufklärung.

Mit Ficino und Agrippa vollzieht sich historisch gesehen ein wichtiger Schritt auch der Astrologie und Magie zur Aufklärung hin, indem der böseste aller Planeten, der Saturn, nun nicht mehr für den Sündenfall straft, sondern auch durch das "vaticanium" an seiner guten Kraft teilhaben läßt. Ein Akt, der in gewisser Weise mit dem Sündenfall wieder versöhnt. Ficinos Lehre gipfelt in der Lobpreisung des Saturn, der auch oberster Schutzpatron der platonischen Akademie in Florenz wird, mit seiner Hilfe soll der deterministische Einfluß der anderen Sternendämon überwunden und die Freiheit des Subjektes begründet werden. Ficino führt hier eine Art Befreiung aus dem Sumpf durch Herausziehen an den eigenen Haaren vor, der zuvor verschmähte und jetzige Oberplanet wird gegen alle anderen Planeten gesetzt, um sich vor deren Einflüsse zu schützen - ein Griff, der letztendlich aus dem astrologischen System herausführen wird.

Der Aufklärungsprozeß, der bei Ficino als Absetzbewegung von der arabischen Magie einsetzen soll, besitzt aber in sich eine Ambivalenz, er wird mit der Herrschaft des Bürgertums im 18. Jahrhundert und der Etablierung seiner Ideologie selbst wieder zurückgenommen. Seine Grenzen werden wiederum dadurch bestimmt, daß die Aufklärung, indem sie selbst die gewalttätigen Ziele der Herrschaft gegen die sie angetreten ist, übernimmt, nun die gesellschaftliche Grundlage einer inneren Mythologie in Gestalt der Ideologie als Verschleierung dieser Herrschaft des Bürgertums bildet, um die Unterklassen von einer weiteren Verfolgung der Aufklärung abzuhalten. Dieses Moment des Umschlags der zunächst alle Klassen umfassenden Befreiungsbewegung in eine neue Herrschaftsform ist in seiner Ambivalenz metaphorisch in der Doppeldeutigkeit des antiken Saturn angelegt. Mit der Möglichkeit des autonomen Subjekts entwickelt sich in der Renaissance auch die

---

[132] Vergl. Max Horkheimer, "Bemerkungen über Wissenschaft und Krise", Zeitschrift für Sozialforschung, a.a.O., Jg. 1, 1932, S. 3-4.

Möglichkeit, originär Böse zu werden und bildet in gewisser Weise die Kehrseite des Aufklärungsprozesses. Der unmittelbare Zugang zum Guten geht mit der Option der Hinwendung zum Gegenteil einher. Der Begriff der Hölle wird bereits in der großen spätmittelalterlichen Darstellung in Dantes "Göttlicher Komödie" parallel zu den Himmelsvorstellungen ausgearbeitet.[133] Die Höllenfähigkeit des Menschen entsteht damit in der Renaissance in einem ganz anderen Ausmaße im Subjekt, als im frühen Mittelalter. Diese Hölle wird ausstaffiert und, da die Ordnung als gut gesetzt wird, ins Subjekt verlegt. Umgekehrt ist durch die Zuordnung des obersten Teils der Seele des Menschen zu Gott eine unmittelbare Relation gestiftet, die nicht wieder zurückzunehmen ist.

Die doppeldeutige Unterordnung unter dieses Prinzip kann zu einer größeren Freiheit führen, wenn sie unter rationale Ziele fällt. An dieser Stelle wird wiederum das zentrale Problem von Autorität in der bürgerlichen Gesellschaft berührt. Freud wird dieses Konstrukt in seine Zivilisationstheorie aufnehmen, die von einer notwendigen Sublimierung der Triebkräfte ausgeht, die allerdings davon getragen sein muß, daß sie dem Individuum auch zugute kommt.[134] Es zeigt sich in der Unterwerfung des Subjekts unter den Saturn, die in der Hoffnung auf dessen gute Seiten begründet sein soll, ohne daß die bösen zum Tragen kämen, neben den libertären Bestrebungen der Aufklärung nun aber auch der Akt der Verinnerlichung der äußeren Gewalt. Diese gewalttätige Seite des Aufklärungsprozesses wird von Klibansky, Panofsky, Saxl nicht explizit benannt, sondern, und das ist der wichtigste Gedanke in diesem Kontext, sie kehrt auf die arabische Magie verschoben wieder. Was in ihrer Theorie als Rancune gegen die arabische Kultur enthalten ist, gegen die sie den Humanismus der Renaissance stark machen wollen,

---

[133] Zur Entwicklung der Vorstellung der Hölle vergl. Jean Delumeau, Angst im Abendland, a.a.O., S. 311-386; ebenfalls Jaques LeGoff, Die Geburt des Fegefeuers, Stuttgart 1984 und Hanns Bächthold-Stäubli (Hg.), Handwörterbuch des deutschen Aberglaubens, Berlin, New York 1987, de Gruyter. Unveränderter Nachdruck der Ausgaben von 1927-1942 (Handwörterbuch zur deutschen Volkskunde, hrsg. vom Verband deutscher Vereine für Volkskunde, Abteilung 1, Aberglaube) Band 4, Stichwort Hölle.

[134] Vergl. Freud, Die Zukunft einer Illusion, Studienausgabe Bd. IX, a.a.O., S. 144-148. Auf ähnliche Weise wie Freud faßt Horkheimer die Autorität. Kriterium ist, ob die gesellschaftlich organisierte, rationale Unterordnung unter ein Prinzip den Individuen auf bestimmte Weise nutzt, das heißt, ob sie die Früchte ihrer Arbeit ernten und konsumieren können. Vergl. Horkheimer, "Allgemeiner Teil der theoretischen Entwürfe über Autorität und Familie", Studien über Autorität und Familie, Schriften den Instituts für Sozialforschung, hrsg. von Max Horkheimer, 5. Band, Reprint der Ausgabe Paris 1936, 2. Aufl. Lüneburg 1987, Zu Klampen, S. 22-48 und ders., Zur Kritik der instrumentellen Vernunft, Frankfurt/M. 1967, Fischer, S. 112-114

ist aber Bestandteil der Aufklärung selbst. Das magische Element ist ihr nicht einfach äußerlich und als Hülle abschüttelbar, sondern gehört zu ihren inneren Konstitionsbedingungen. Aby Warburg wird diesen zwingenden Zusammenhang, der sich einer idealistischen Kulturtheorie nur oberflächlich erschließt, in sein Konstrukt des "Urkampfes" und des "Denkraumes" aufnehmen. Seine Mitarbeiter glauben der Dialektik der innere Verschränkung von Magie und Aufklärung dadurch zu entgehen, daß sie einen qualitativen Sprung zum Humanismus hin annehmen. Diese Unterlassung besitzt aber einen bösen Hintersinn. Indem die gewalttätige Seite dieses Prozesses nicht wahrgenommen, sondern abgespalten und auf die arabische Magie projiziert wird, tritt sie als eine Voraussetzung zutage, die die objektive Grundlage für das Erstarken des Aberglaubens in der Form einer irrationalen Herrschaft des Bürgertums ist. Wenn die Begründung für die Herrschaft sich nicht vor der Vernunft ausweisen kann, wird eine irrationale Begründung konstruiert, die aber für sich Rationalität reklamiert. Die rational angetretene Aufklärung schlägt damit in ihrer ureigenen Domäne selbst in Aberglauben um. Auf diese Weise sind Aufklärung und Aberglauben aufeinander verwiesen. Im Scheingefecht gegen die abergläubische Astrologie verbirgt die Aufklärung daher auch ihre eigenen abergläubischen Elemente. Da aber die Argumentation der Aufklärung gegen die Magie selbst auf Irrationalität beruht, steht sie in Wirklichkeit auf einer Stufe der Begründung wie diese und vermag sie nicht wirklich zu überwinden. Denn das setzte die Schaffung einer gerechteren Welt voraus. In diesem Sinne bildet die unabgeschlossene Aufklärung den Ermöglichungsgrund der astrologischen Mythologie oder, wie Walter Benjamin es irgendwo formuliert: "Solange es noch einen Bettler gibt, solange gibt es Mythos."

Urbild und magische Hülle. Aby Warburgs Theorie der Astrologie

"Was der Saturnus Übles tut, das pringt der Jovis alles gut."[135]

Fassen wir die Ergebnisse des letzten Abschnittes zusammen. Wie bereits Vico entwickelt, spiegeln sich die jeweiligen gesellschaftlichen Verhältnisse in der Mythologie.[136] Diese Vorstellung der Geschichte spielt bei den Analysen Klibanskys, Panofskys und Saxls keine Rolle, sie berufen sich auf eine ideali-

---

[135] Volksmund, vergl. Giehlow (1904), "Dürers Stich Melencolia I", a.a.O., S. 571; nach Klibansky, Panofsky, Saxl, Saturn und Melancholie, a.a.O., S. 390.

[136] Vergl. Max Horkheimer, "Anfänge bürgerlicher Geschichtsphilosophie", Gesammelte Schriften, hrsg. v. Alfred Schmidt und Guenzelin Schmid Noerr, Bd. 2, Philosophische Frühschriften 1922-1932, Frankfurt/M. 1987, S. 252-268, hier S. 262.

stische Kultur- und Geistesgeschichte. Aufgrund der Ausblendung der Verbindung von Mythologie, Kunstgeschichte und gesellschaftlichem Leben erfassen sie die Quelle der Entstehung der Bilder ebensowenig wie die Doppelgesichtigkeit des Aufklärungsprozesses selbst. Dieser Widerspruch zwischen immanenter kritischer Vorgehensweise und affirmativer Kulturgeschichte schlägt sich in ihrer Studie in bestimmten Konstruktionen nieder, ohne daß die Autoren dieses Moment reflektierten. Wir haben gesehen, daß Klibansky, Panofsky und Saxl die historische Entwicklung der einzelnen Elemente der neoplatonistischen Systeme Ficinos und der deutschen Humanisten zu verfolgen versuchen. Sie gehen von einer prinzipiellen Unvereinbarkeit der Astrologie mit dem Neuplatonismus der Spätantike aus, in dem die bösen Kräfte der Planeten zu guten werden sollen. Sie übersehen dabei, daß das Böse damit aus einem zweideutigen Prinzip der Welt in die Minderwertigkeit des empfangenen Subjekts hineingeschoben wird. Aus der starren fatalistisch determinierenden Astrologie wird zunächst die elastischere Form des modifizierten Gestirnsfatalismus als eine Zwischenstufe der Aufklärung, die sich den neuen Erfordernissen anpaßt und den Anspruch der Astrologie, die Vorbestimmtheit des Lebens in den Sternen zu finden, nicht aufgibt. Zunächst ist damit ein Fortschritt gegenüber der astralen Bestimmtheit formuliert. Es ist der ambivalente geistesgeschichtliche Niederschlag der Befreiung des Subjektes, mit dem die Aufklärung dann auch gegen diese Determiniertheit angehen wird. Die Vorstellung der Reformation, unmittelbar zu Gott zu sein, setzt nicht nur die vermittelnde Instanz der katholischen Kirche außer Kraft, sondern auch die ebenfalls vermittelnden Himmelskörper der Astrologie. Dieser Schritt wird in die marxistischen Religionskritik münden. Die Aufklärung verbleibt aber auf dieser Stufe, wenn sie sich nicht gegen ihre eigenen mythologischen Tendenzen in der Form einer neuen irrationalen Herrschaft des Bürgertums richtet, die das Feudalregime ablöst. Diese neue Mythologie bildet den Grundstock für das Weiterleben der astrologischen Vorstellungen bis in die Moderne, sie nimmt in dem Maße zu, wie die gesellschaftliche Vernunft abnimmt. Diese Entwicklung, die auf den ambivalenten Charakter der Aufklärung selbst hinweist, entgeht den Autoren. Sie siedeln dagegen die bösen Elemente in der äußeren magischen Hülle des "humanistischen Inhalts" an und lassen diese dann in der Renaissance sich zum Guten wenden. Saturns böse Anteile sollen umgewandelt im neuplatonischen guten Gott Saturn als Beschützer der Akademie von Florenz aufgehen und ein "dialektischer Übergang" der ambivalenten Vorstellungen stattfinden. Die geistige Sphäre aber bildet die gesellschaftliche ab. Ihre Entwicklungen repräsentieren die realen und wirken gleichzeitig wieder auf diese zurück. Wenn die Repräsentation einer zweideutigen Welt nun in dieser Weise verändert wird, bedeutet das zunächst, daß mit der Austreibung des Bösen auch die Resistenz des Weltstoffes als Gegenüber des Geistes ausgeblendet wird, die Welt wird im Geiste zur Domäne des Geistes. Das bedeutet wiederum, daß für das Zerstörende in der Entwicklung der Aufklärung selbst keine Begriffe mehr zur Verfügung stehen. Die gesellschaftlichen Antinomien aber werden nicht durch das Postulat eines gesellschaftlichen Übergangs aufgelöst, sondern kehren auf neuer Stufe wieder. Diese Schwächen der Konzeption lassen sich noch näher umreißen. Klibansky, Panofsky und Saxls Werk ist inspiriert von den Arbeiten des Hamburger Kunsthistorikers Aby Warburg, der seinerseits Schriften zur Astrologie vorlegt, ohne die "Saturn und Melancholie" nicht denkbar ist.

Exkurs: Der Weg der Sternbilder. Eine astrologische Detektivgeschichte

In seinem Vortrag "Italienische Kunst und internationale Astrologie im Palazzo Schifanoja zu Ferrara" (1912) interpretiert Warburg Wandbemalungen, die etwa um 147o in Italien entstanden sind.[137] Das Ferrara der Adelsfamilie der Este war neben Florenz eines der großen Zentren der italienischen Renaissance. Von den ursprünglich zwölf Teilen des von Herzog Borso in Auftrag gegebenen Bildes sind sieben 184o unter einer Schicht von Tünche wieder zum Vorschein gekommen. Warburg versucht in einem kunsthistorischen Indizienbeweisverfahren die Herkunft und den Reiseweg der Figuren, die er als erster als astrologische identifizierte, von Griechenland bis in die italienische Frührenaissance nachzuvollziehen.[138] Die Bilder von Ferrara sind dreigeteilt. Die Be-

---

[137] Aby Warburg, Gesammelte Schriften Bd. 2, hrsg. v. Gertrud Bing, Leipzig 1932, B. G. Teubner, S. 459-482.

[138] Das Interesse, daß Italien an der antiken Mythologie zeigte, galt auch für den Norden Europas. Bereits im internationalen Mittelalter existierten eine Art illustrierte Handbücher der Mythologie für Maler und Astrologen. Der lateinische Haupttraktat für diese Bilder wird dem englischen Mönch Albericus (vergl. R. Raschke, De Alberico Mythologo, Breslau 1923) aus dem 12. Jahrhundert zugeschrieben. Der Einfluß seiner illustrierten Mythologie mit Bildbeschreibungen von 25 Heidengöttern war besonders in Frankreich sehr groß. In Süddeutschland existierte bereits im 12. Jahrhundert eine Mythologie im Stile Albericus, die noch bis 1541 die bildliche Darstellung der sieben Planetengötter bestimmte. Die Siebenplanetenlehre überlebte im Mittelalter in Form der Zweimonatsherrschaft je eines Gottes in den gedruckten Kalendern, die auch Anfang des 15. Jahrhunderts von süddeutschen Künstlern am Kamin von Landshut ausgemalt wurden. Obwohl sie in der Darstellung von zeitgenössischen Genrebildern auftraten, meint Warburg, daß die Planetengötter auf die Astrologieanhänger "wie Schicksalshieroglyphen eines Orakelbuches" gewirkt haben müssen (Warburg, "Heidnisch-antike Weissagung", a.a.O., S. 436). Da der Buchdruck im Norden von Gutenberg um 144o entwickelt worden war, wurde dies Art der "Götterüberlieferung in nordischer Tracht", die umgekehrt den Weg wieder

deutung der oberen und unteren Teile ließ sich noch leicht erschließen. Oben ziehen, umgeben von verschiedenen Szenen, olympische Götter auf Triumpfwagen ein. Es handelt sich um die olympisch-ästhetische Linie der antiken Götterüberlieferung. Unten wird das irdische Treiben am Hofe Herzog Borsos erzählt, unter anderem die Heirat des Bruders von Pico della Mirandola. Ungeklärt geblieben aber war der mittlere Streifen. Je ein Tierkreiszeichen ist dort zu sehen, umgeben von drei rätselhaften Gestalten. Diese Figuren sind, das gelang es Warburg herauszufinden, Umgestaltungen der ursprünglich griechischen Sternbilder, die sich auf dem Wege ihrer Überlieferung von Griechenland über Indien, Kleinasien, Ägypten, Mesopotamien, Arabien und Spanien zu der in Ferrara vorgefundenen Form verändert haben. Warburg versucht in seinem Text diese Reise nachzuvollziehen, und ordnet die Götterfiguren in Ferrara stilgeschichtlich in den großen Prozeß des Übergangs vom internationalen Mittelalter zur Renaissance ein, mit dem die immer gefährdete Säkularisierung der Planetengötter einherging. Er nennt diesen Vorgang die "ästhetische Entgiftung der magischen Zusammenhänge" und will darunter die Emanzipation der Aufklärung von ihren magischen Anteilen verstehen.

Für seine Analyse greift er auf die Forschungen Franz Bolls zurück, die dieser in seinem Werk "Sphaera" 1903 veröffentlicht hatte. Die bis heute gültigen Sternbilder tragen danach ihre Bezeichnungen nach dem Fixsternhimmel des griechischen Naturphilosophen Aratos (300 v. Chr.). Der griechischen Astrologie aber gaben die vielfältigen Sternbilder nach der These von Boll nicht genügend Stoff für ihre Tagesprognosen, dadurch entstand eine Regression von bereits vorliegenden protowissenschaftlichen Formen zu polytheistischen Neubildungen, die der im ersten Jahrhundert nach der Zeitenwende in Kleinasien in der Stadt Kyzikos geborene Teukros in der sogenannten "sphaera barbarica" aufzeichnete.[139] Diese ergänzt die "griechische Sphäre" der hellenistischen Sternbilder Arats und besitzt etwa deren dreifachen Umfang, da auch Bilder nördlich und südlich des Tierkreises, die sogenannten Paranatellonta, mit einbezogen werden.[140] Boll verfolgt die Stationen der Reise dieser "griechischen" und der "barbarischen" Sphäre, der über den Orient bis zum mittelalterlichen Europa, in den Formen, in denen sie sich beispielsweise in dem von dem Deutschen Johannes Engel herausgegebenen "Astrolabium Magnum"

---

in den Süden fand, auch eine der Hauptquellen der Darstellung der italienischen Renaissance.

[139] Vergl. Boll, Sphaera, a.a.O., S. 357ff.

[140] Vergl. Boll/Bezold, Sternglaube..., a.a.O., S. 68-71.

zeigen.[141] Der Verfasser des deutschen Textes zu den Bildern in Engels Ausgabe ist Pietro d'Abano, ein faustischer Magier und Arzt und Zeitgenosse Dantes und Giottos; in Padua finden sich diese Bilder im Salone im Großformat wieder.

Zusammen mit diesen Fixsternbilder lebte in der "spaera barbarica" noch ein anderer astrologischer Bereich weiter, dessen Kenntnis von entscheidender Bedeutung für die Entstehung der mittleren Schicht der Ferrarischen Bilder ist. Es ist die Einteilung des Himmels nach Dekanen, den 1o-Tage-Herrschern der ägyptischen Astrologie, die jeweils 1o Grad eines immer 3o Grad umfassenden einzelnen Sternbildes dominieren, so daß es in jedem Sternbild drei Dekane gibt. Auch die Dekanherrscher wurden dem Mittelalter durch die Araber überliefert. In der "Großen Einleitung" des berühmten Astrologen Abu Ma'sar finden sich Figurenbeschreibungen von Autoren aus drei verschiedenen Kulturen: der arabischen (Teukros), der griechischen (Ptolemäus) und der indischen.[142] Diese Darstellungen sehen zunächst sehr verschieden aus, aber bei der näheren Analyse lassen sich sowohl die arabischen als auch die indischen Figuren zunächst auf die barbarische Sphäre des Teukros und von dort auf die griechischen Sternbilder des Aratos zurückführen. Der indische Text, der unter dem Namen "Brhajjataka" veröffentlicht worden ist, erwies sich nicht nur als das authentische Werk des Inders Varaha Mihira, sondern Warburg vermochte nun seinerseits nachzuweisen, daß er auch eine bessere Überlieferung der Dekanvorstellung des Teukrostextes, als diejenige Abu Ma'sars beinhaltet, also eine Variante von Teukros' "barbarischer Sphäre" ist, die Abu Ma'sar als einen eigenständigen Text ins Arabische übersetzt hatte.[143]

---

[141] Zuerst gedruckt von Radtholt in Augsburg 1488, dann Venedig 1494 und 15o2. Den praktischen Bedürfnissen der entstehenden Berufsastrologie folgend, entwickelten sich illustierte Handbücher der Astrologie für jeden Tag, wobei die Planeten hinter der Fixsternastrologie zurücktraten, wie zum Beispiel in dem erwähnten Astrolabium Magnum. In dieser Literatur findet sich keinerlei Hinweis auf die ursprüngliche Sternenkonstellation mehr, allein die Bilder sollen wirken. Nun ist es kaum vorstellbar, daß die Bilder aus dem Astrolabium Magnum auch heute noch direkt gelesen werden sollten. In der Tat aber gibt es einen katholischen Pfarrer, der Jung, Reich und Lowen lesend, sich selbst der New Age-Bewgung zurechnet und das alte Buch Pietro d'Abanos wieder veröffentlicht, allerdings ohne Angaben von Quellen als Astrologium Planum, hrsg. von Joh. Angelus. Es handelt sich tatsächlich um das Werk des latinisierten Johannes Engel, Augsburg, Erhard Ratdholt 1488 (vergl. Warburg, "Heidnisch-antike Weissagung", a.a.O., S. 516). Schmatzberger präsentiert hier die Dekanherrscher und will allen ernstes unter der Überschrift "Die Seele denkt in Bildern" eigene völlig willkürliche Interpretationen "aus seiner Erfahrung" zu den Bildern liefern. Diese Textchen enthalten nun so ziemlich alles an Vorurteilen und Gemeinplätzen, was die New Age-Bewegung zu bieten hat (vergl. Schmatzberger, Aszendent, das aufgehende Zeichen, Reinbek 1983, Rowohlt).

[142] Abgedruckt in Boll, Sphaera, a.a.O., S. 482-539.

[143] Vergl. Warburg, "Orientalische Astrologie", GS Bd. 2, a.a.O., S. 561f.

Mit Bolls Ergebnissen wendet sich Warburg den Fresken des Palastes in Ferrara zu und zeigt anhand der konkreten Abbildungen, daß es eben jene alten indischen Dekane des Abu Ma'sar sind, die die mittlere Ebene beherrschen, während im oberen Teil versucht wurde, die olympische Sphäre darzustellen. Darüber hinaus schlußfolgert er, daß die vermeintliche Vielfalt der astrologischen Bilder in Indien, Arabien und Griechenland, auf die, wie er meint, "griechischen Urbilder" zurückzuführen seien.[144] Damit bestätigt er zunächst die Wegbeschreibung der Bilder, die Boll bereits anhand anderer Quellen vorgenommen hatte. Die Reisestraße von Griechenland nach Indien, Kleinasien, Ägypten, Spanien und Deutschland nach Italien transportierte aber nicht nur die magischen Dekane, sondern auch das Wissen der Antike in astrologisch-magischer Hülle nach Mitteleuropa. Die Renaissance faßt Warburg nun als einen historischen Prozeß, in dem sich der humanistische Inhalt von der magischen Umhüllung auf dem Gebiet der Ästhetik befreit. Er erläutert am Venusteil der Fresken, der von Francesco Cossa gestaltet ist, wie der Maler genau nach dem Götterhandbuch des Albericus vorgeht und dabei auch von den Schriften des römischen Sternendichters Manilius inspiriert ist, zum anderen aber bereits soviel künstlerische Ausdruckskraft besitzt, die Menschenwürde dergestalt abzubilden, daß die magische Kraft der Planetengötter ins Menschlich-Ästhetische hinein säkularisiert wird.[145]

Warburgs "kritische Ikonologie"?

Warburgs detektivisch-physiognomische Untersuchungsmethode zur Auffindung der "ursprünglichen Bilder" bezeichnet Martin Warnke als Ikonologie.[146] Der Begriff soll den eben geschilderten Prozeß umfassen: Die Aufdekkung von "griechischen Urbildern" unter Überlagerungen von Bildern anderer Kulturen. Dementsprechend sei die "kritische Ikonologie" Warburgs ein "textkritisches Verfahren, das authentische Positionen, die durch eine interessierte Überlieferung verdeckt und verfälscht wurden, freilegt."[147] Damit läßt sich Klibansky, Panofsky und Saxls Studie "Saturn und Melancholie" als ein Werk verstehen, das einerseits Warburgs Methode folgt, und andererseits

[144] Ebenda.

[145] Vergl. Fußnote 137.

[146] Vergl. M. Warnke, "Der Leidensschatz der Menschheit wird humaner Besitz" und "Vier Stichworte: Ikonologie - Pathosformel - Polarität und Ausgleich - Schlagbilder und Bilderfahrzeuge", in Werner Hoffmann, Georg Syamken, Martin Warnke, Die Menschenrechte des Auges. Über Aby Warburg, Frankfurt/M. 1980, EVA.

[147] Warnke, "Vier Stichworte", a.a.O., S. 58.

auf Panofskys Versuch einer eigenen Methodologie beruht, die sich an Ficinos Neoplatonismus und der mittelalterlichen Allegorese orientiert.[148] Die drei Autoren versuchen hinter den verschiedenen Überlieferungen die ursprünglichen Elemente herauszupräparieren. Allerdings wird verständlich, woher die Schwierigkeit rührt, die sie mit Warburg teilen[149]: Ihnen gelingt die anvisierte scharfe Trennung und historische Chronologie der verschiedenen Motive der Melancholie nicht vollständig, was nicht an ihren unzureichenden philologische Fähigkeiten liegt, sondern sie weisen damit auf eine Unzulänglichkeit der Methode hin, die wiederum auf deren unerkannten Voraussetzungen beruht. Das gesuchte authentische "Urbild" existiert nicht, vielmehr ist der Begriff der Authentizität selbst fraglich, denn der Prozeß der kulturellen Aneignung des bestehenden Materials für die jeweiligen gesellschaftlichen Zwecke formt selbst immer neue "Urbilder". Zwar gibt es eine Logik des Materials, das sich gegen eine Aneignung zu einem beliebigen Zweck sperrt, aber auch das "Urbild" verändert sich durch die jeweilige Brille

[148] Erwin Panofsky erläutert in einem programmatischen Aufsatz den Unterschied von Ikonographie und Ikonologie, wobei er sich auf Cassirers Philosophie der symbolischen Formen stützt (Erwin Panofsky, "Ikonographie und Ikonologie. Eine Einführung in die Kunst der Renaissance", in ders., Sinn und Deutung in der bildenden Kunst, a.a.O., S. 36-67; vergl. auch Andreas Beyer, "Vorwort" in ders. (Hg.), Die Lesbarkeit der Kunst. Zur Geistes-Gegenwart der Ikonologie, Berlin, 1992, Wagenbach, S. 7-9). Panofsky weist der Ikonographie die Rolle der Beschreibung zu, während der Ikonologie die Deutung zufallen soll. (Panofsky, "Ikonographie und Ikonologie", a.a.O., S. 42). Damit imitiert Panofsky mit seinem Begriffspaar in gewisser Weise die positivistische Trennung von Natur- und Geisteswissenschaften; der Ikonographie wird analog zur Naturwissenschaft die Rolle der reinen Stoffsammlung zugeordnet, während die Ikonologie die Interpretation übernehmen solle. Daß diese Trennung unzulänglich ist, habe ich an der gleichen Aufteilung der Astrologie z.B. Riemanns gezeigt, die sich ebenfalls an dieses Schema halten will: es beruht auf dem Dualismus des bürgerlichen Kulturverständnises, den ich im 5. Kapitel behandelt habe (zum Verhältnis der Ikonologie zu den Naturwissenschaften vergl. Panofsky, "Kunstgeschichte als geisteswissenschaftliche Disziplin", a.a.O., S. 9-15). In einer zweiten Linie übernimmt Panofsky Agrippas und Ficinos Dreiteilung der Vernunft in sein eigenes Denkmodell (vergl. das Schema in Klibansky, Panofsky, Saxl, Saturn und Melancholie, a.a.O., S. 504 und in Panofsky, "Ikonographie und Ikonologie", a.a.O., S. 50); er bewegt sich damit zwischen Neoplatonismus und mittelalterlicher Allegorese (vergl. Jean Arrouye, "Archäologie der Ikonologie", in Beyer (Hg.), Lesbarkeit der Kunst, a.a.O., S. 29-39, bes. 33-39).

[149] Es zeigt sich, daß die verschiedenen Mitarbeiter und Schüler Warburgs, zu denen außen den bereits erwähnten auch noch Edgar Wind, Gertrud Bing und Ernst Gombrich zu rechnen sind, jeweils ihre eigenen Auslegungen von Warburgs Methode entwickeln. daher stammt eine gewisse Unübersichtlichkeit in der Interpretation der Warburgschen Schriften, sie werden, selbst rätselhaft angelegt, durch die verschiedenen Interpreten selbst wieder verschieden ausgelegt. Ich gehe nur auf den Unterschied zwischen Panofsky und Saxl ein.

der Zwecke desjenigen hindurch, der es anschaut. Geschichte ist auch bei Warburg Projektion der Gegenwart in die Vergangenheit. Eine Authentizität läßt sich nur vor einem selbst höchst ambivalenten religiösen Hintergrund durchhalten.[150] Der Anspruch des Unterfangens, die Trennung in Urbild und Abbild, läßt sich nicht aufrechterhalten. Auch die griechischen Sternbilder sind nicht die "ursprünglichen", schließlich kommt die Astrologie aus dem Zweistromland, das findet keinen Niederschlag bei Warburg, vielmehr hält er die arabische Kultur für unterentwickelt gegenüber der griechischen. Anders gesagt, die Paranatellonta müssen keine reinen Phantasieprodukte sein, wie er annimmt, sondern es läßt sich ebenso eine andere kulturelle Bedeutung vermuten, die seine Analyse noch nicht an den Tag gebracht hat, weil er auf diesem Auge blind war.

Orientierung an den Sternen als versteckte Theologie

Nun weist aber die Suche nach einem authentischen Urbild auf einen verdeckten theologischen Zusammenhang hin. Dieser Kontext von Warburgs Methode und ihrer theologischen Bestimmung tritt deutlicher zutage, wenn man neben der Vorstellung der Authentizität sein Konzept der Orientierung betrachtet. Die griechische Astrologie verwendet als zentrales Deutungsschema für den Einfluß der Wandelsterne vor den Fixsternbildern auf die Menschen die Eigenschaften, die mit den antiken Namen der Planeten zusammenhängen, d.h. sie greift, wie sich bereits anhand Klibanskys, Panofskys und Saxls Text ausführlich gezeigt hat, auf die Mythologie zurück. Wer zum Beispiel unter dem Zeichen des Widders geboren ist, besitzt die Eigenschaften des Widders. Grundlage solcher Astrologie aber bleiben, meint Warburg, selbst in der arabischen Astrologie die Sternbilder nach den realen Sternen, die sich auch in den veränderten Abbildungen wiederfinden lassen (obwohl auch das nicht stimmt. Bekanntlich befindet sich die Sonne bereits in dem folgenden Tierkreiszeichen[151]). Warburg sieht nun im Mittelalter eine andere

[150] Den Versuch einer Bestimmung nimmt Walter Benjamin unter Berücksichtigung der Dialektik von allegorischer und symbolischer Überlieferung in seinem Buch Der Ursprung des deutschen Trauerspiels (GS I, 1) und dem Passagenwerk (GS V) vor. Benjamin formuliert darin seinen Ursprungsbegriff in Korrespondenz mit dem Verfahren den Allegorie als gebrochenes Verhältnis von Zeichen und Bedeutetem im Verhältnis zur Eindeutigkeit von Form und Inhalt des Symbols. Auf diesen Unterschied wird an dieser Stelle nicht nominell eingegangen, wohl aber in der Sache. (Vergl. in diesem Zusammenhang P. Bürger, "Kunst und Rationalität. Zur Dialektik von symbolischer und allegorischer Form." in Zwischenbetrachtungen im Prozeß der Aufklärung. Jürgen Habermas zum 60. Geburtstag, hrsg. v. Axel Honneth, Thomas McCarthy, Claus Offe, Albrecht Wellmer, Frankfurt/M. 1989, Suhrkamp, S. 89-105).

[151] Vergl. Reinhard Wiechoczek, Astrologie, a.a.O., S. 24-32.

Verfahrensweise Platz greifen, die sich in einem entscheidenden Schritt noch weiter von den griechischen Ursprüngen löst. Von der realen Beobachtung der Sterne erfolgt eine Verschiebung zur Deutung allein nach den Figuren hin, ohne auf die Sternenkonstellationen einzugehen, die immerhin mit den Figureneigenschaften mit ins Mittelalter überliefert worden waren.[152] Diese allegorisch-magische Deutung, die mit den realen Sternen nichts mehr zu tun haben soll, ist für Warburg ein auf die Zukunft projizierter Namensfetischismus.[153] So wurde aus dem Widdergeborenen ein Weber, der Widdermonat gut für Wollgeschäfte etc. Solche "pseudomathematische Trugschlüssigkeit", die die rationale Methode der Mathematik auf irrationale Weise anwendet, wirkt in der Astrologie bis heute fort.

Warburg hatte nun an den Ferrarischen Fresken demonstriert, daß selbst auf den verzerrtesten Dekandarstellungen die dort vorhandenen Sternabbildungen immer noch eine Rückführung auf das dahinterstehende Sternbild erlauben. Er hält damit den Versuch der Orientierung, soweit sie sich nach den realen Sternen richtet, für authentisch. Der wesentliche Unterschied zwischen dem Bezug auf die Sterne und dem auf die fetischisierten Bilder liegt für Warburg in der sinnlichen Betrachtung des Himmels als realen gegeben, in dem der Versuch der Rückbindung des Zeichens an eine objektive Sphäre gemacht würde. Die Ausrichtung an den Bildern hieße demnach eine falsche Orientierung an einer zweiten, von Menschen gesetzten Wirklichkeit, einer Simulation, die stärker der Subjektivität ausgesetzt sei und damit blasphemisch in den Namensfetischismus abdrifte.[154]

---

[152] In der Astrologie verbinden sich für Warburg die beiden gegensätzlichen Geistesmächte Mathematik und Dämonenfurcht, zu der exakten mathematisch-aufgeklärten Himmelserfassung gesellt sich eine atavistische Religionsform. Im Mittelalter galt eine Astrologie, nach der jeder Planet zwei Monate im Jahr beherrschte, Sonne und Mond jeweils nur einen (ein Überbleibsel davon sind die "Häuser" der Planeten). Darüberhinaus gab es Planetenregentschaften über bestimmte Stunden und Tage. All das war genau in Tabellen festgehalten. Quellen dafür sind die Planetenkalender (vergl. A. Hauber, Planetenkinder und Sternbilder, Zur Geschichte des menschlichen Glaubens und Irrens, Studien zur dt. Kunstgeschichte 194, Straßburg 1916 und Warburg, "Heidnisch-antike Weissagung", a.a.O., S. 506), wie der Kalender von Andres in Lübeck (1519) und die Planetendarstellungen in der Lüneburger Rathaushalle von etwa 1529. Bezogen auf die aktuelle politische Situation zur Zeit der Bauernkriege und der Reformation war die Lehre von den Konjunktionen bedeutend, da spezielle Konstellationen zu besonderen Umständen wie Revolution oder Sturmflut erwartet wurden.

[153] Vergl. Ernst Gombrich, Aby Warburg. Eine intellektuelle Biographie, Frankfurt/M. 1984, Suhrkamp, S. 245-294.

[154] Daß es ihm tatsächlich um Blasphemie geht, zeigt die Reaktion des frisch zum Katholizismus konvertierten Warburg auf eine Zeitungsseite des "Hamburger Fremdenblattes", auf der in ein Photo von einer Papstprozession am unteren Rand das Bild eines

Stellt man nun diesen Orientierungsbegriff in Frage, dann ergeben sich zunächst aus dieser Konstruktion weitere Aspekte in Bezug auf die Kritik der Astrologie. Auch die Vorstellung von den Sternen als objektiver Sphäre muß metaphorisch verstanden werden. Sie sind als Orientierungspunkte für das gesellschaftliche Leben der Menschen so real oder irreal wie die Bilder - es sei denn, man wäre Seemann oder Wüstenwanderer. Der Versuch der Rettung der Begriffe Authentizität, Echtheit, Orientierung spiegelt in Warburgs Konzept die Auseinandersetzung um die Geschlossenheit des modernen Weltbildes wieder. Warburg konzipiert einen Kosmos, der von dem symbolisch-idealistischen Gehalt der griechischen Urbilder ausgeht und ihnen eine fremde Hülle zusprechen will, die einfach wieder abzunehmen sei. Dahinter aber steht der unzulängliche Versuch, diese Traditionslinien in der Moderne kontinuierlich aufrecht zu erhalten. Dieser Versuch muß notwendig scheitern. Der Eintritt in die Moderne bricht auch die Tradition der alten griechischen Sternbilder als Bilder einer besseren Ordnung, allerdings ohne daß diese vollständig verschwunden wäre; sie findet verschoben Eingang in die moderne Welt, aber anders, als Warburg es sich vorstellt.[155] Warburg identifiziert den Humanismus einfach mit den Sternbildern und nimmt idealistisch einen sich durchhaltenden Inhalt an, der nur durch die mangelnde Rezeption der aufnehmenden Menschen der verschiedenen Epochen sich in einem "sozialen Gedächtnis der Menschheit" unbewußt weitergibt.[156] Im Rahmen dieses Konzeptes ist einerseits die traditionelle Bedeutung der Sternbilder betont, vor deren Hintergrund sich die jeweils neue Belehnung der Sterne durch die Subjekte in der jeweiligen Gesellschaft und Schicht ergibt; andererseits ist solcher Blick dadurch zu ergänzen, daß auch die Vorstellung eines griechischen Urbildes selbst wieder als Projektion erkennbar wird. Indem Warburg die Reflexion über seine subjektiven Anteil an seiner Konstruktion aus seinem Denken ausschließt, wird sie zugleich das Konstituierende der Vorstellungen und Entwicklungen, die er für objektive hält. Diese Art von Objektivität ist ein Schutzschirm zur unbewußten Tarnung der wirk-

---

Schwimmers hineinmontiert wurde und für Warburg den Eindruck des heiligen Ablaufes durch die Verbreitung einer "Atmosphäre zufriedener Diesseitigkeit" störte (vergl. Gombrich, Aby Warburg, a.a.O., S. 372f).

[155] Diese Doppeldeutigkeit fügt Benjamin in seinen Begriff der Aura ein (vergl. Habermas "Bewußtmachende oder rettende Kritik - die Aktualität Walter Benjamins", in Siegfried Unseld, (Hg.), Zur Aktualität Walter Benjamins, Frankfurt/M. 1972, Suhrkamp, S. 173-223, bes. S. 196 - 202). Der Aurabegriff ist allerdings auch weitgehend an Warburgs Konzept angelehnt und trägt noch Spuren davon.

[156] Vergl. Gombrich, Warburg, a.a.O., S. 375-407.

lichen Motive, die das Denken verdeckten antreiben. Die Subjektivität des Menschen, der die Forschungsergebnisse zusammenstellt, ist kein zu vernachlässigender Aspekt, sondern für die Theorie konstitutiv in dem Sinne, als er im Wechsel von individuellen Motiven und gesellschaftlichen Bestimmungen die Ordnung des Materials erst in dieses hineinträgt. Daher kann die Aufgabe einer kritischen Ikonologie nur darin bestehen, diesen Prozeß auf allen Ebenen permanent zu hinterfragen. Warburg hypostasiert die griechische Kultur, die auf Sklavenarbeit und Patriarchat beruht, zu einem utopischen Bild, das erst selbst entsprechend befreit auf eine gesellschaftlichen Zukunft angewandt werden kann. Die Sterne müssen darin als Metapher für die utopischen Motive der Befreiung gelesen werden.

Das verweist auf die jüdische Theologie. Warburg entstammt einer jüdischen Familie und konvertiert spät zum Katholizismus.[157] Ich vermute nun, daß sein Denken verdeckt Elemente aus der jüdischen Tradition enthält. In seinem Festhalten an einer sich durchhaltenden authentischen Geste muß kein griechisches Urbild gesehen werden, sondern es kann auch als ein jüdischer Bezug auf das Kommen des Messias verstanden werden, dessen Bild nicht in die Zukunft geworfen, sondern in der Vergangenheit gefunden werden muß.[158]

Diese Lesart wird verständlicher, wenn man sich ihr auf eine andere Weise nähern. Der Begriff der Orientierung enthält in sich bereits das Dilemma von Warburgs Vorstellung. Er bedeutet wörtlich die Ausrichtung nach Osten, zum Sonnenaufgang, also zum Morgenland hin[159], steht, wenn man dem Bilde weiter folgt, für ein metaphorisches Hinübergreifen über Griechenland hinaus und deutet damit auf den arabischen Einfluß auf die Astrologie hin. Davon bleibt entgegen Warburgs Intention auch ein weiterer bildlicher Gebrauch eingefärbt, denn in einem erweiterten Sinne kann man unter einer Orientierung eine theologisch-metaphysische Ausrichtung verstehen: In die Sterne als objektive Sphäre gehen metaphysische Elemente ein, die für Warburg die Bedeutung einer ursprünglichen Ordnung besitzen, die er zwar auf die Antike projiziert, die ihr wirkliches Gesicht aber erst zeigt, wenn man sie vor dem Hintergrund der Bedeutung der Sterne in der jüdischen Religion interpretiert. Das Judentum besitzt darin eine Tradition, die utopischen Bilder

---

[157] Vergl. Gombrich, Warburg, a.a.O., S. 369-373.

[158] Vergl. Gershom Scholem, "Zum Verständnis der messianischen Idee im Judentum", Judaica I, Frankfurt/M. 1963, S. 7-74 und Walter Benjamin, "Thesen über den Begriff der Geschichte", GS I, 2, S. 704.

[159] Vergl. Jacob und Wilhelm Grimm, Deutsches Wörterbuch, Nachdr. München 1984, dtv, Bd. 13, 1346.

der Zukunft in der Vergangenheit zu suchen. Bereits Origines erwähnt die "Schrift der Sterne" und Agrippa von Nettesheim zitiert ihren magischen Charakter, wie er vom Judentum in der Kabbala aufgenommen worden ist: "Die Hebräer haben eine Schrift, welche sie die himmlische nennen, weil sie unter den Gestirnen sich abgebildet findet, gerade wie die übrigen Astrologen die Bilder der Himmelszeichen den Figuren der Sterne entnehmen."[160] Diese aus der Magie stammende Vorstellung bleibt im theologischen Judentum säkularisiert erhalten. In seiner theologischen Bedeutung wird der Stern zum Bild für die ferne, aber ständige Gegenwart Gottes und der Verheißung des kommenden Messias. Der jüdische Philosoph Franz Rosenzweig erläutert in seinem Hauptwerk "Der Stern der Erlösung" die Verbindung der magischen und messianische Zusammenhänge. Für ihn erscheint im Stern letztlich das Antlitz Gottes: "Im Stern der Erlösung, in dem wir die göttliche Wahrheit Gestalt werden sahen, leuchtet so nichts anderes auf als das Antlitz, das Gott uns leuchtend zuwandte. Ja den Stern der Erlösung selber, wie er uns nun endlich als Gestalt aufging, werden wir nun wiedererkennen im göttlichen Angesicht. Und erst in dieser Wiedererkenntnis vollendet sich seine Erkenntnis."[161] Warburgs Festhalten an dem objektiven Charakter der Sterne als Objekte einer Orientierung kann dann vor ihrer metaphysisch-theologischen Einordnung als Vorboten der messianischen Errettung verstanden werden. Der Zusammenhang seiner Begriffe mit der jüdischen Philosophie und Theologie wird von ihm nicht erwähnt, er bleibt aber in seiner Konstruktion latent unter dem Verweis auf einen dionysischen Urgrund erhalten.[162] Dieses Motiv legt sich mit den ungenannten jüdisch-messianischen Vorstellungen übereinander. Damit soll die Verfolgung der verschiedenen Sternmotive auch Warburg einen metaphysischen Sinn geben.

---

[160] Agrippa, De Occulta Philosophia, Greno, a.a.O., III. Buch, 30. Kapitel, S. 459; vergl. auch Boll/Bezold, Sternglaube, a.a.O., S. 38.

[161] Franz Rosenzweig, Der Stern der Erlösung (Erstausgabe 1921), Frankfurt/M. 1988, Suhrkamp, S. 465. Vergl. auch Gershom Scholem, "Das Davidschild", in ders., Judaica I, Frankfurt/M. 1963, S. 75-118.

[162] 'Die Restitution der Antike' - so sagt Warburg - 'als ein Ergebnis des neu eintretenden historisierenden Tatsachenbewußtseins und der gewissenhaften künstlerischen Einfühlung zu charakterisieren, bleibt unzulängliche deskriptive Evolutionslehre, wenn nicht gleichzeitig der Versuch gemacht wird, in die Tiefe triebhafter Verflochtenheit des menschlichen Geistes mit der geschichtlichen Materie hinabzusteigen. Dort erst gewahrt man das Prägewerk, das die Ausdruckswerte heidnischer Ergriffenheit münzt, die dem orgiastischen Urerlebnis entstammen: dem dionysischen Thiasos.'" (Fritz Saxl, "Die Ausdrucksgebärde in der bildenden Kunst", in Warburg, Ausgewählte Schriften und Würdigungen, hrsg. v. Dieter Wuttke, 3. Aufl. Baden-Baden 1992, Verlag Valentin Koerner, S. 430).

Warburg reagiert mit seinem Modell auf den Sinnverlust und Traditionsbruch in der Moderne. Auch für ihn gilt das, was bereits in Bezug auf die religiöse Bedeutung, die die Sterne für Franz Boll besitzen, gesagt wurde. Er stammt aber, anders als Boll, aus einer jüdischen Familie und seine Religiosität enthält möglicherweise Elemente, die auf die Schwierigkeiten der jüdischen Diaspora zurückgehen. Dieser Kontext wird von ihm selbst ausgeblendet: ähnlich wie die gesellschaftliche Bestimmtheit seines Polaritätsbegriffes und der Beziehung zwischen seiner Theorie und seiner Krankheit entgeht ihm auch dieser Hintergrund seiner Konstruktion. Das immer gefährdete Verhältnis der jüdischen Intellektuellen zur europäischen Kultur, das zwischen gebrochener Distanz und überangepaßter Assimilation schwankt, bleibt aber auch in seiner Theorie präsent. Auch in Klibansky, Panofsky und Saxls Studie spielt dieses Verhältnis eine wichtige Rolle, die Verbindung zur Geschichte des Judentums bleibt bei ihnen als geheimer Fluchtpunkt, auf den hin sich ihre Untersuchung ausrichtet, erhalten. Die Abwertung der Juden und die Aufwertung von dubiosen arischen Rassenmerkmalen in der europäischen Kultur macht den verdeckten Hintergrund ihrer Studie über die Herausbildung der melancholischen und sanguinischen Temperamentstypik aus.[163] Aus diesem Bezug entstammen vermutlich auch die kritischen Elemente der idealistischen Kulturtheorie der Warburgschule.

Nun besitzt aber die Ausblendung dieses theologischen Hintergrundes und die darin liegenden Bestimmungen wiederum Folgen für die Theorie der Astrologie selbst. Um diese weiter zu präzisieren, ist es in diesem Zusammenhang nötig, nach der Kritik an den Begriffen der Ikonologie, Authentizität und Orientierung noch einmal auf den bereits erwähnten Unterschied von Klibansky, Panofsky und Saxls Buch zu Warburgs Studien zurückzukommen, der wieder näher an die Astrologie heranführen wird. Die Differenz wird anhand der verschiedenen Interpretationen von Dürers Kupferstich "Melencolia I" deutlich.

Ambivalenz oder dialektischer Übergang? Warburgs Theorie der ästhetischen Entgiftung

Warburg verfaßte neben anderen Texten zum Thema Sterne noch eine weitere Schrift, die seine Astrologietheorie beleuchtet: den Vortrag "Heidnisch-antike Weissagungen in Wort und Bild zu Luthers Zeiten" (1920).[164] Dieser

---

[163] Vergl. Klibansky, Panofsky, Saxl, Saturn und Melancholie, a.a.O., S. 196-199.

[164] Warburg, Gesammelte Schriften, Bd. 2, a.a.O., S. 487-558. Nach dem Abschluß des Manuskriptes erschien Warburgs Atlas zur Bildersammlung der Geschichte des Sterne im Abendland, in dem seine Forschungen mit Kommentaren aus heutiger Sicht zusammenfaßt sind: Aby M. Warburg, Bildersammlung zur Geschichte von Sternglaube und Stern-

Vortrag ist aus einer Auswertung von Propaganda- und Zeitungsartikeln während des ersten Weltkrieges und dem Versuch der Rückführung der dabei angewandten Formen auf die der Auseinandersetzungen zwischen Lutheranern und den Päpsten in der Reformationszeit entstanden.[165] Im Rahmen des Vortrags macht Warburg sich an die Interpretation des Dürerschen Me-

---

kunde im Hamburger Planetarium, hrsg. v. Uwe Fleckner, Robert Galitz, Claudia Naber und Herwart Nöldeke, Hamburg 1993, Dölling und Galitz

[165] Warburg zeigt das an Melanchton und Luther. Im Gegensatz zu Luther glaubte Melanchton an die Astrologie und andere Prophezeiungen. Er ließ sogar von dem italienischen Astrologen und Parteigänger des Papstes, Lucas Gauricus, ein Geburtshoroskop Luthers erstellen, bei dem Gauricus dessen Geburtsdaten "rektifizierte", d.h. mit den Gestirnskonstellationen nachträglich in Einklang brachte und so Luthers Geburtstag kurzerhand vom 1o. 11. 1483 auf den 22. 1o. 1484 verlegte. Der Astrologe begleitete die Berechnungen mit einem haßerfüllten gegenreformatorischen Text. Luther konnte durchsetzen, daß in den Biographien schließlich sein wirklicher Geburtstag erschien. Er mußte das aber gegen Melanchton und andere aus dem Wittenberger Kreis tun und es existierten lange zwei "Kalendarische Wahrheiten" über ihn. Warburg interpretiert diese proastrologische Haltung bei den Freunden Luthers als deren Eingeständnis an die allgemeine Planetengläubigkeit des späten Mittelalters und der Renaissance, die den Dämonenglauben wieder hervorbrachte (vergl. Delumeau, Angst im Abendland, a.a.O., S. 330-357). Ein neuer Prophet vom Schlage Luthers wurde erst zu einem solchen durch das Auftreten einer bestimmten Gestirnskonstellation. Luther selbst stand der allgemein erwarteten Sintflut und ihrer astrologischen Berechnug skeptisch gegenüber. Ironisch merkt er an, daß statt dessen die Bauern gekommen wäre, wovon kein Astrologe etwas gesagt habe (Warburg, "Heidnisch-antike Weissagung", a.a.O., S. 512). Luther war kein Aufklärer (vergl. zu Luther H. Marcuse, "Ideengeschichtlicher Teil", in Horkheimer, Fromm, Marcuse, Studien über Autorität und Familie, a.a.O., S. 136-160). Er war dämonenfürchtig, nur glaubte er nicht an die Sternendämonen, bei ihm mußte für alles der Teufel herhalten. Warburg schreibt ihm einen agitatorischen Umgang mit den heidnischen Prohezeiungen zu. Luther schreibt ein Vorwort zur "Wahrsageflugschrift" von Johannes Lichtenberger (aus dem Lateinischen übersetzt von Stefan Roth, mit Holzschnitten von Leuberger bei Hans Lufft zu Wittenberg 1527 herausgekommen). Er verwendet nun die Schrift geschickt zur eigenen Propaganda. In der Vorrede stellt er den astrologischen Charakter der Bilder in den Hintergrund und will sie im Sinne einer Katastrophenpädagogik als Warnzeichen für schlechte Christen verwenden, die, nachdem der Bauernkrieg an ihnen vorbeigegangen war, sich vor den Strafandrohungen der Protestanten nicht mehr ängstigten. So enthält das oft gedruckte Buch neben dunklen Rätselbildern auch klar ausgesprochene Drohungen und Forderungen an Geistliche und Fürsten. Warburg weist nun nach, daß Lichtenberger das Buch wörtlich bei dem Paduaner Professor der Astrologie Paulus von Middenburg abschrieb (der gegen ihn einen Plagiatsvorwurf erhob). Es geht in dem Buch speziell um die Darstellung eines aufstehenden Mönchs, den Lichtenberger als Luther anspricht. Obwohl nun das entsprechende Bild einen Mönch mit einem Teufel auf der Schulter zeigt, interpretiert Luther es für sich: Er sieht in dem Teufel den Papst, der ihm zusetzt. Er selbst wäre erst des Teufels, wenn der ihm sichtbar im Herzen säße und nicht auf der Schulter. Er betreibt eine moderne Informationspolitik, indem er die papistischen astrologischen Schriften umgekehrt für sich nutzt.

lancholiestichs, um an ihm seine Theorie der Überwindung der Magie durch die Ästhetik zu zeigen. Er interpretiert den Stich dabei anders als seine Mitarbeiter und dieser Unterschied ist von besonderer Bedeutung, weil er innerhalb der idealistischen Kulturtheorie der Warburgschule die unterschiedliche Auffassung von Warburg gegenüber Klibansky, Panofsky, Saxl zeigt. Die wichtigste Differenz besteht darin, daß Warburg keinen Übergang der bösen Kräfte des Saturn zu seinen guten Seiten annimmt, sondern dessen bleibende Ambivalenz aus den Gegenkräften des Jupiters als Heilmittel in Gestalt des magischen Quadrates herauslesen will, das auf dem Stich an der Wand hängt.[166] Warburg entwickelt auch an diesem Material seine Theorie der Entschärfung der magischen Macht der Sternendämonen durch die Ästhetik. Er nimmt drei Stufen einer Auseinandersetzung an, für die er je einen Vertreter benennt: "Lichtenberger, Dürer und Luther zeigen drei Phasen des Deutschen im Kampf wider heidnisch-kosmologischen Fatalismus." [167] Bei Lichtenberger, für dessen astrologisches Wahrsagebuch Luther das Vorwort schrieb, kämpfen auf der Tafel LXXXVII Saturn und Jupiter um die Oberherrschaft der Sternenlenkung. Der Mensch aber, das Objekt der Begierde, fehlt noch auf der Darstellung. Bei Luther soll der Prozeß bereits vollends vollzogen sein, er hält die Idee der Vormachtstellung der Gestirne für heidnische Dämonologie. Die interessanteste Mittelstellung nimmt für Warburg Dürers Melancholiedarstellung ein. Der Kampf finde im Innern der Menschen statt, das Unschädlichmachen der Dämonen erfolge durch die eigene Denktätigkeit der Kreatur. Er faßt diese Haltung als Resultat des Zweikampfes auf, den Jupiter gegen Saturn auskämpft: "Der magisch angerufene Jupiter kommt durch seine gütige und besänftigende Wirkung auf den Saturn (dem Menschen) zu Hilfe. Die Errettung des Menschen durch diesen Gegenschein des Jupiters ist auf dem Bilde gewissermaßen schon erfolgt, der Akt des dämonischen Zweikampfes, wie er bei Lichtenberger vor Augen steht, ist vorüber und die magische Zahlentafel hängt an der Wand wie ein Ex-Voto zum Dank für die Dienste des gütigen, siegreichen Sterngenius."[168]

---

[166] Für dessen Wirkung verweist er auf das Nachleben des arabischen Buchs "Picatrix" bei Ficino (Warburg, "Heidnisch-antike Weissagung", a.a.O., S. 527, Fußnote 2). Ficino weist in seinem Kapitel über die Heilkraft magischer Bilder auf die arabischen Vermittler der hellenistisch-hermetischen Heillehren hin, von den Steinbüchern zu der Iatromathematik. Dazu zählt vor allem der "Picatrix", aus dem er die Bildbeschreibungen seiner heilkräftigen Planetenfiguren entnommen hat. Warburg folgert daraus, daß Ficinos Bildmagie und Agrippas Zahlenquadrate als späte Ausläufer uralter heidnischer Praktik zusammengehören, die auf die arabisch vermittelte hermetische Heilmagie zurückgehen.

[167] Warburg, "Heidnisch-antike Weissagung", a.a.O., S. 529.

[168] Warburg, "Heidnisch-antike Weissagung", a.a.O., S. 53of.

Warburg faßt damit die Dialektik der Aufklärung in der Renaissance als eine Doppelbewegung der Vermenschlichung der Himmelserscheinungen im Sinne des Humanismus (bei Dürer) und der "dämonischen Verstirnung" (Warburg) von Menschen (bei Luther) als eine Wiederverdunklung, um dessen sonst unerklärliche Macht auf eine höhere kosmische Ursache zurückzuführen. Er sieht den Vorgang allerdings als einen Streit zweier geistiger Prinzipien an, ohne seine gesellschaftlichen Voraussetzungen zu begreifen: "Die Wiederbelebung der dämonischen Antike vollzieht sich dabei, wie wir sahen, durch eine Art polarer Funktion des einfühlenden Bildgedächtnisses. Wir sind im Zeitalter des Faust, wo sich der moderne Wissenschaftler - zwischen magischer Praktik und kosmologischer Mathematik - den Denkraum der Besonnenheit zwischen sich und dem Objekt zu erringen versuchte. Athen will eben immer wieder neu aus Alexandrien zurückerobert sein."[169]

Warburg verfolgt damit trotz seiner Vorstellung von der Polarität einen starren Fortschrittsbegriff. In der Tat erfolgt die Aufklärung in der Renaissance entlang der Linie der Vermenschlichung des Göttlichen im ästhetischen Bereich, in der Geschichte und in dem Fortschritt der Naturwissenschaften - Entwicklungen, die jeweils Aspekte des gesellschaftlichen Prozesses widerspiegeln und gleichzeitig darauf zurückwirken. Andererseits läßt sich wiederum feststellen, wie eng die Ratio der Frühaufklärer mit der Magie verbunden ist, und auch Warburg selbst setzt paradoxerweise noch auf den Gegenzauber des Jupiters als Antipoden zum bösen Saturn. So muß das Zahlenquadrat auf Dürers Stich hängenbleiben, weil die Magie auch von Warburg nicht gebrochen, sondern nur wieder mit Gegenmagie bekämpft wird. In seiner Interpretation des Dürerstichs tut sich damit ein wesentlicher Unterschied zu derjenigen seiner Mitarbeiter auf. Einerseits sind Klibansky, Panofsky und Saxl aus der Warburgschule hervorgegangen und übernehmen dessen Prämissen, ohne das ausdrücklich zu betonen (so die beiden Hauptthese der Degeneration der Sternbilder auf ihrem Weg über Indien und Arabien nach Europa und die These von der ästhetischen Entgiftung der Magie durch die Renaissance) - für die Autoren ist der Höhepunkt dieser Entwicklung mit Dürer erreicht, der die Philosophie Agrippas illustriert; die befreienden Sterneneigenschaften des Saturn sind nun für eine große Gruppe von Menschen zugänglich.

Andererseits gibt es den wichtigen Unterschied, daß Warburg im Rahmen seiner These der Überwindung der Magie durch die neue Ästhetik in der Renaissance auf dem Dürerstich die Verinnerlichung der planetaren Kräfte als Resultat eines Kampfes sieht. Für ihn bleibt Saturn böse und vermag nur

[169] Warburg, "Heidnisch-antike Weissagung", a.a.O., S. 534.

durch die gute Gegenkraft des Jupiter zurückgehalten werden, mit Macht versteht sich. Anders Klibansky, Panofsky, Saxl; sie entwickeln in ihrem Buch die Argumentation, daß der Neoplatonismus der Renaissance auf dem spätantiken Neuplatonismus Proklos', Jamblichos' und Plotinos' fußt. Demzufolge ist der Einfluß der Sterne ein guter. Diese Einstellung soll eben nicht mit der alten Astrologie zu vereinbaren sein, die vom starren Gut/Böse-Schema der Sterne ausgeht. Daher erscheint auch die Hinwendung der von der Melancholie Geplagten zu den guten Seiten des ambivalent wirkenden Saturn in der Renaissance als folgerichtig. Sie sehen den Anknüpfungspunkt der Renaissance in der Vorstellung des Neoplatonismus von der Vermittlerrolle der Planeten zwischen dem All-Einen und den Menschen. Warburg dagegen hält an der Kräftspannung der beiden Sternenantagonisten Jupiter und Saturn fest, die er nicht in der höheren Synthese des guten Saturn aufgehen lassen will. Daraus ergeben sich zwei wichtige Folgen:

Warburg betont in der Abstraktionsleistung des Neolatonismus die Spuren von dessen Herkunft aus dem Polytheismus des Dämonenglaubens, seine antagonistische Begrifflichkeit trägt damit auch Spuren des realen Kampfes der Bauern und des Bürgertums mit der Adel und Klerus um die Macht; er beschreibt auf diese Weise den Prozeß der Dialektik der Aufklärung adäquater als Klibansky, Panofsky und Saxl mit ihrer Vorstellung des Übergangs. Obwohl Warburg durchaus in schärferer Form als Klibansky, Panofsky, Saxl die Astrologie ablehnt, schwingt in seiner Auffassung trotz dieser intendierten eindeutigen Absage an den Dämonenglauben gerade in dessen Verneinung noch ein Rest des Aberglaubens unausgesprochen mit. Er zeigt damit in seinem Ansatz - obwohl er dieses Moment bei sich selbst nicht weiter aufklärt - ein untrügliches Gespür für das Weiterleben des Mythos als Ausdruck von gesellschaftlicher Ungerechtigkeit im Aufklärungszeitalter. Die Gewalt der Aufklärung steckt eben nicht allein in der Magie, auf welche ihre Anteile abgespalten und projiziert wird, sondern ebenso in diesem Prozeß selbst. Sie kommt in dem historischen Moment zum Tragen, in dem der Anspruch des Bürgertums, eine gerechte Welt zu errichten, in eine neue Herrschaftsform umschlägt. Damit widmen sich auch die Antagonisten Aufklärung und Magie wiederum um. Der von Klibansky, Panofsky und Saxl ins Auge gefaßte Übergang zur Aufklärung erfolgt, wie in der paradoxen Logik des griechischen Orakels zu Delphi, in genau der entgegengesetzten Weise. Die geschmähte Magie wird damit bereits in der Renaissance zur Chiffre für das Naturrecht, in dessen Namen die Widerstandskräfte des Gegenglaubens gegen die herrschende Ordnung Front machen, ein Vorgang, der seinen Höhepunkt im Barock erreichen wird.[170]

---

[170] Vergl. Benjamin, Ursprung des deutschen Trauerspiels, GS I, 1, S. 400.

Es zeigt sich, daß die Magie nicht die Gegenkraft der Aufklärung darstellt, sondern in dem Maße von dieser selbst hervorgebracht wird, wie sie neue Ungerechtigkeiten im Namen der Befreiung produziert. Diese paradoxe Figur der inneren Verschränkung von Mythos und Aufklärung wird von der Warburgschule nicht verstanden, es finden sich aber verschoben Niederschläge dieses Vorgangs in ihren Begriffen. Seine Erkenntnis stellt sich erst ein, wenn man Warburgs und Klibansky, Panofsky, Saxls Vorstellungen weiter kritisiert. Solche Kritik bedeutet, indem sie entfaltet wird, auch selbst ein Gegenmodell zu Warburgs Methode, indem der jeweilige Inhalt gebrochen und permanent hinterfragt wird. Erst eine solche Interpretation erlaubt den Umgang mit traditionellen Motiven und das trifft im Besonderen auf die Sterne zu.

Festzuhalten an den Ergebnissen Klibansky, Panofsky, Saxl, Bolls und Warburgs ist vor allem das Herausarbeiten des historischen Entwicklungsprozesses der Zuordnung der Planetennamen, der Verbindung von Mikro- und Makrokosmos, der Entstehung der Ordnungslogik der Analogiereihen und die grundsätzliche Unvereinbarkeit der Astrologie mit dem Neoplatonismus, deren dennoch erfolgte "erpreßte Versöhnung" (Adorno) zum modifizierten Gestirnsfatalismus führt. Die Astrologie, die zunächst einen einfachen Gestirnsfatalismus bedeutet, wird an die neuen Denkweisen angepaßt und verliert dadurch aber auch ihren eigentlichen Charakter. Streng genommen gibt es heute keine Astrologie mehr. Der modifizierte Gestirnsfatalismus, der im Zentrum der reformierten Astrologie steht, greift auch deren Grunddogma an und bringt sie im Neoplatonismus der Renaissance auf die Bahn der Aufklärung. Wenn in aufgeklärten Zeiten das Interesse an der Magie nicht abnehmen will, so hat das weniger mit der Astrologie selbst, als vielmehr mit der Aufklärung zu tun, die noch nicht weit genug durchgeführt ist und in der ideologischen Rechtfertigung der bürgerlichen Herrschaft selbst magische Tendenzen aufweist. Heute richtet sich niemand wirklich nach den Sternen, sei er noch so ein glühender Vertreter ihrer Macht. Das moderne Leben wird von den Erfordernissen der Warenökonomie bestimmt, die die Astrologen nur geheimnisvoll verpacken. Die Astrologie bekommt damit den Charakter eines hinweisenden Phänomens, das nicht unvermittelt zu lesen ist, sondern seine Logik gerade in der gesellschaftlichen Vermittlung zeigt. Sie ist eine nüchterne Mythologie des Spätkapitalismus. Im Begriff des Mythos der Moderne nähern sich die historischen Motive wiederum den aktuellen an. Doch dazwischen liegt der Faschismus mit dessen Bezügen zur Astrologie sich das nächste Kapitel befassen wird.

9. Astrologie und Faschismus

Georg Lukács betont, daß man in Deutschland den Irrationalismus untersuchen solle, so wie Marx in England den Kapitalismus studiert hatte.[1] Aus dem Impuls der Kritik der Romantiker an einer sich selbst verabsolutierenden Vernunft entwickelte sich im Übergang vom Idealismus, Diltheys Historismus und Nietzsches Lebensphilosophie bei den faschistischen Intellektuellen wie Klages, Bäumler und Rosenberg eine Frontstellung des "Lebens" gegen den "Geist", die die in dieser Konzeption enthaltenen Gewaltmotive durch eine faschistische Praxis zur Geltung brachte und damit auch die in ihr enthaltenen kritischen Momente weitgehend diskreditierte.[2] Man muß diese späten Theoriekonstrukte, die durch die Ansicht einer von der gesellschaftlichen Sphäre unabhängig sich durchhaltenden autoritativen Macht des Lebens, der Rasse oder des Blutes gekennzeichnet sind, dahingehend verstehen, daß in ihnen versucht wird, eine Antwort auf die Umbruchssituation der Moderne zu geben. Die wichtigsten Argumente der lebensphilosophischen Richtung zum Faschismus hin zeigen sich wie in einem Brennglas in Ludwig Klages Theorie versammelt, der von einem primären Bilderstrom als Verursacher und Subjekt der Weltgeschichte ausgeht.[3] Seine Konstruktion

---

[1] Georg Lukács, Die Zerstörung der Vernunft, 3 Bände, Bd. 1, Darmstadt und Neuwied 1962 u. 1973, Luchterhand, S. 10.

2 Das Moment der lebensphilosophischen Kritik am Rationalismus betont Gadamer in Wahrheit und Methode, 2. Aufl. Tübingen 1960, Mohr, S, 59. Die Verfolgung des Umschlagspunktes dieser Kritik zum Faschismus hin untersucht Erich Fromm in einem richtungsweisenden Aufsatz anhand der Diskursfigur des Mutterrechtes. Vergl. Erich Fromm, "Die sozialpsychologische Bedeutung der Mutterrechtstheorie", in Zeitschrift für Sozialforschung, a.a.O., Jahrgang 3, 1943, S. 196-227.

[3] Ludwig Klages, Der Geist als Widersacher der Seele, 6. Aufl. Bonn 1981, Bouvier, bes. 69. Kapitel, S. 1223-1237. Über die deutsche Lebensphilosophie orientieren im Überblick Georg Lukács, Die Zerstörung der Vernunft, Bd. II, Irrationalismus und Imperialismus, a.a.O., bes. S. 88-210, Herbert Schnädelbach, Philosophie in Deutschland 1831-1933, Frankfurt/M. 1983, Suhrkamp, S. 174-197 und Walter Benjamin in Zusammenhang mit den französischen Vertretern: Über einige Motive bei Baudelaire, Ges. Schr. I, 2, a.a.O., S. 608-612. Zur Beschäftigung mit Klages bietet sich an: Ernst Bloch, Erbschaft dieser Zeit, Werkausgabe Band 4, Frankfurt/M. 1985, Suhrkamp, S. 330-350. Bloch prägt wegen Klages Vorliebe für die Urzeit von ihm das treffende Wort als "Tarzanphilosophen". Eine weitere Kritik Klages im Zusammenhang mit seiner Rolle im Faschismus findet sich in Gerd-Klaus Kaltenbrunners biographisch orientierten Aufsatz "Vom Weltschmerz des technischen Zeitalters: Ludwig Klages", in Karl Schwedhelm (Hg.), Propheten des Nationalismus, München 1969, List, S. 189-210. Mit Klages Bildertheorie im Kontext der Äs-

steht stellvertretend für die anderen späten Bilderlehren wie Rosenbergs "Mythus des 2o. Jahrhunderts" und Spenglers "Untergang des Abendlandes".[4] Damit ist ebenfalls eine Grundfigur der Astrologie angesprochen, die diese mit der Lebensphilosophie teilt: Die Astrologen Riemann, Detlefsen und Ring - wie auch Jung in seiner Archetypenlehre - gehen von dem Glauben an eine unmittelbare, natürliche Kraft aus, die jenseits ihrer gesellschaftlichen Vermittlung auf die Menschen einwirken soll.

9. 1. Die Weltgeschichte als Bilderreigen bei Ludwig Klages

Ludwig Klages ist kein Astrologe, aber die Astrologen argumentieren, wenn sie von wirkenden Prinzipien sprechen, über weite Strecken wie dieser, oder anders gesagt, sie bewegen sich auf dem breiten lebensphilosophischen und antizivilisatorischen Strom der Zeit zwischen den Kriegen. Als ein Hauptautor dieser Richtung formuliert Klages das prägnant, was Astrologen wie Riemann und Detlefsen als sechsten Aufguß nur nachplappern, wobei, wie nach dem Prinzip des Kinderspiels "Stille Post", die wichtigsten der kritischen Theoriemomente, die bei Klages bereits in einem prekären Kontext vorkommen, nun vollends verlorengehen. Klages' Ansatz besitzt darüber hinaus auch weitere aktuelle Bezüge. Der Einfluß der Mentalität, die Klages repräsentiert, auf die Ökologie-, Frauen- und Gesundheitsbewegung ist, obwohl seine Gedanken weitgehend ohne das Wissen über seine Autorenschaft rezipiert werden, kaum abzusehen. In der Ökologiebewegung, besonders in Zusammenhang mit den Anhängern des "Neuen Zeitalters", sind viele seiner Gedanken Bestandteil eines allgemeineren Bewußtseins geworden.[5] Allein die

---

thetikdebatte beschäftigt sich Christa Bürger, "Umrisse einer neuen Ästhetik: Konstruktion statt Totalität", in Willi Oelmüller (Hg.), Ästhetischer Schein, Paderborn, München, Wien, Zürich 1982, Schöningh, S. 13-33.

[4] Alfred Rosenberg, Der Mythus des 20. Jahrhunderts. Eine Wertung der seelisch-geistigen Gestaltungskämpfe unserer Zeit, 41.-42. Auflage, München 1934; Oswald Spengler, Der Untergang des Abendlandes. Umrisse einer Morphologie der Weltgeschichte (Erstaufl. München 1923, Beck'sche Verlagsbuchhandlung), 8. Aufl. München 1986, dtv.

[5] So lesen sich sowohl Fritjof Capras Wendezeit, a.a.O., mit seinem von Kuhn (vergl. Thomas S. Kuhn, Die Entstehung des Neuen. Studien zur Struktur der Wissenschaftsgeschichte, hrsg. v. Lorenz Krüger Frankfurt/M. 1977, Suhrkamp) entlehnten und zur Modeformel avancierten Begriff "Paradigmenwechsel", Marylin Ferguson, Die sanfte Verschwörung. Persönliche und gesellschaftliche Transformation im Zeitalter des Wassermann (München 1982, Knaur), als auch Rupert Sheldrake, Das schöpferische Universum. Die Theorie des morphogenetischen Feldes, a.a.O., wie optimistische Varianten von Klages tragischer Bilderlehre (vergl. Klages, Der Geist als Widersacher, a.a.O., S. 801-1249).

Lektüre seines vor der Wandervogeljugend auf dem Hohen Meißner 1913 gehaltenen Vortrages "Mensch und Erde"[6], in dem er das Artensterben von Tieren und Pflanzen anprangert, zeigt, daß Klages die Gedanken der modernen Ökologie vorweggenommen hat und über diese hinaus mit seiner Kritik an den Begriffen der Persönlichkeit, der Wissenschaft und der Geschichte ins - man könnte fast sagen: postmoderne Feld vorstößt.[7]

Geschichte als "Urkampf"

Klages entwickelt eine pessimistisch-tragische Geschichtsphilosophie als Resultat eines "Urkampfes" zwischen "zerstörerischem Geist" und "lebendiger Seele", den ersterer gewinnen soll: Das schöpferische Leben der Seele werde durch den abtötenden Eingriff des begrifflichen Denkens zerstört, so, wie es in dem programmatischen Titel seines Hauptwerkes "Der Geist als Widersacher der Seele" zum Ausdruck kommt. Zu Beginn des Buches gibt er in diesem Sinne sein dualistisches Credo zum Besten:

> Geist und Gegenstand sind die Hälften des Seins; Leben und Bild die Pole der Wirklichkeit -
> Der Geist 'ist'; das Leben vergeht -
> Der Geist urteilt; das Leben erlebt -
> Das Urteil ist eine Tat, das Erleben ein Pathos -
> Der Geist erfaßt das Seiende; das Leben erlebt das Geschehen -
> Das (reine) Sein ist außerraumzeitlich, und so ist es auch der Geist; das Geschehen ist raumzeitlich, und so ist es auch das Leben -
> Das Sein ist grundsätzlich denkbar, aber nie unmittelbar zu erleben; das Geschehen ist grundsätzlich erlebbar, aber nie unmittelbar zu begreifen -
> Die Urteilstat bedarf des erlebenden Lebens, worauf sie sich stütze; das Leben bedarf nicht des Geistes, damit es erlebe -
> Der Geist als dem Leben innewohnend bedeutet eine gegen dieses gerichtete Kraft; das Leben, sofern es Träger des Geistes wurde, widersetzt sich ihm mit einem Instinkt der Abwehr -

---

[6] Ludwig Klages, Sämtliche Werke, hg. v. E. Frauchiger u.a., Bonn 1966, Bouvier, Bd. III, S. 614-636.

[7] Klages Kritik ergibt sich in ihren interessantesten Seiten aus seiner Rezeption Nietzsches, besonders dessen Zur Genealogie der Moral (KSA, Bd. 5 a.a.O.). Auf die Lektüre Bachofens gehen Klages Vorstellungen der Matriachate zurück, die in der Frauenbewegung z.B. von Heide Göttner-Abenroth, Die Göttin und ihr Heros, München 1980, Frauenoffensive, wieder aufgenommen werden. Klages hat neben Bernulli Bachofen für ein größeres Publikum wiederentdeckt. Botho Strauss zeigt sich in seinem Essay "Anschwellender Bocksgesang" (Spiegel 6/1993, S. 202-207) in gewisser Weise als Klages Wiedergänger, wenn er das rechte Absondern als Ausweg aus der modernen Tragödie der Kultur anbieten möchte.

Das Wesen des 'geschichtlichen' Prozesses der Menschheit (auch 'Fortschritt' genannt) ist der siegreich fortschreitende Kampf des Geistes gegen das Leben mit dem (allerdings nur) logisch absehbaren Ende der Vernichtung des letzteren.[8]

Reduziert Klages nun zunächst die Weltgeschichte auf die beiden wirkenden Kräfte Seele und Geist, so ist auch diese Polarität für ihn keine letzte, sondern dahinter sieht er in einem weiteren Dualismus eine Welt der "Urbilder", die der Seele entsprechen und sich in ihren irdischen Abbildern manifestieren, während hinter dem Geist sogenannte "Phantome" als falsche Bilder verbergen sollen. Die Materie bildet dann als Körper die Möglichkeit des Erscheinens dieser Urbilder. Der Urgrund aller irdischer und kosmischer Erscheinungen soll so ein sich immerfort wandelnder Bilderstrom sein, den die Materie beständig aufzunehmen und abzubilden habe:

(...) so ist es das Wandern und Sichwandeln der Bilder, ihr Kommen und Gehen, ihr Sichballen und Sichverflüchtigen, wovon alles abhängt, was in der Welt der Tatsachen jemals stattfand und jemals stattfinden wird; und es sind nicht die sog. 'Kräfte' und zumal nicht irgendwelche Tätigkeiten der Menschen. Vielmehr, was immer wir unter Kräften und Energien der außerorganischen Natur, unter dem Sichverhalten von Tieren, Pflanzen, Mikroben, unter Wollungen und Tätigkeiten der Menschen vorstellen mögen, das alles sinkt nun zum Mittel des Erscheinens der Bilder, ja zu bloßen Durchgangsformen ihres Wanderns und Sichwandelns herab. Wollten wir also dem mechanischen Ursachenbegriff (...) einen metaphysischen Ursachenbegriff gegenüberstellen, so wäre das Wandern und Sichwandeln der Bilder die Ursache sämtlicher Vorgänge, hier auf der Erde und bis hinaus in tausendfache Siriusfernen; und weil es immer auf deren Entbindung, d.i. ihr Erscheinen, ankäme, so hätten wir im jeweils erscheinenden Bilde diejenige Macht zu sehen, die, um zu erscheinen, die 'Kräfte' und Verhaltungen und Wollungen in Bewegung setzte, denen im exoterischen Denken grade umgekehrt die Rolle der Ursachen und Bedingungen seines Erscheinens zufällt. Selbst die beiden unrückführbaren Mächte, die ohne Frage das Tätigkeitsfeld der Menschheit beherrschen, der Geist und das Leben, würden zu Hilfsbegriffen zwecks Erforschung des Kampfes von Urbilderscheinungen mit Phantomen.[9]

Das, was Klages hier als wirkmächtige Bilder beschreibt, wird in der Astrologie zu den "planetarischen Prinzipien". Riemann und Detlefsen gehen dabei noch von 7 oder 3 Elementen aus, während Klages diese Vorstellung auf zwei polare Kräfte reduzieren will.[10] Erinnert man sich an die Jungsche

---

[8] Klages, Geist als Widersacher, a.a.O., S. 68f.

[9] Klages, Geist als Widersacher, a.a.O., S. 1231.

[10] Vergl. z.B. Riemanns Credo: "Astrologisches Denken geht also von dem Grundkonzept aus, daß die Himmelskörper unseres Sonnensystems, ihre Bewegungen, Positionen, Umlaufrhythmen und ihre gegenseitigen Aspekte (...), ein sich immer wandelndes Kraftgefüge darstellen, das seine Auswirkungen auf die Erde mit allem auf ihr Lebenden hat."

Archetypenlehre, so wird bei diesem das gleiche Prinzip deutlich. Jung will die Archetypen im Innern der Menschen wirken sehen, während Klages auch alle äußeren Erscheinungen als von "Urbildern" hervorgebracht betrachtet, die freilich im Kampfe mit den Gegenkräften der "Phantome" liegen sollen. Wie die Bilder wirken sollen, zeigt sich anhand einer weiteren Zitatstelle:

> Denn nicht Menschen waren es, die den Stil der Bauten und Gebrauchsgegenstände, der Trachten und Schriftformen, Riten und Umgangsarten usw. schufen, nicht sie waren die wirkenden Mächte, die in Kriegen und Revolutionen sich austobten, sondern die Bilder waren es, die solcher Glaubensansichten, Geschmacksrichtungen, Denkweisen, Forschungsneigungen, Erfindungsgaben, ja solcher so beschaffenen Menschen bedurften, um zu erscheinen. Dies ist die Wirklichkeit der sog. Weltgeschichte, daß eine Welt von Phantomen mit einer Welt ursprünglicher Bilder streitet, beide sich verflechtend und umso heftiger wieder sich scheidend, Gestalt um Gestalt hervortreibend, bis die Urbilder mehr und mehr den Phantomen erliegen, die schließlich den ganzen Lebensraum der Menschheit, ja der Erde erfüllen. (...)
> Man kann es notdürftig begründen, warum in der Blütezeit des Barock riesige Perücken getragen wurden; man kann es nicht mehr begründen, aber erfühlen, warum nur zu dieser Zeit die Philosophie eines Leibniz paßte und hinwieder etwa der Dreißigjährige Krieg; und es wird, wer der Erscheinung sich anzuschmiegen gelernt hat, schließlich sogar den Zusammenhang erfühlen, der zwischen den genannten Vorkommnissen und der Ausbreitung der Feuerwaffen bis hinein in die Formen der Gewehre, Pikten und Säbel, ja bis in die Ausgangsstellung der Fechter obwaltet. Wer aber solcherart tief sich hineinversenkt in die Erscheinungsabschnitte der 'Weltgeschichte', der wird sich dem Eindruck schwerlich entziehen, daß hier jedesmal ein bildmäßiges Ganzes hervortritt, bald schneller, bald langsamer sich verändernd, aber jedesmal sich hinüberwandelnd wiederum in ein Gesamtbild. Indem er angesichts dessen aber gänzlich darauf verzichten muß, das je und je gegenwärtige Zeitgeistgemälde aus seinen 'ursächlich' deutbaren Einzelfarben und Einzellinien verstehen zu wollen, so möchten ihm zunächst wohl die Menschen aller Zeiten und aller Völker im Lichte von Gliederpuppen erscheinen und allerdings mit Recht, sofern er eine bis dahin heimlich noch geglaubte 'Freiheit des Willens' samt vermeintem Veranlassertum mächtiger Täter und genialer Erfinder danebenhält. Denn nun sieht es so aus: Leibniz und Newton mußten die Differentialrechnung ersinnen, weil die Phantombilder vieler Menschen in die Erscheinung zu treten 'vorhatten'; Watt mußte die Dampfmaschine erfinden, weil ein neuer Schub der Phantome stattfand; kluge Köpfe mußten unendlich gescheite Wirtschaftstheorien aushecken zwecks Rechtfertigung der Zerstörung herrschender Stände, denen noch urbildnähere Lebenshaltung dem Triumphzug technischer Phantome im Weg war.[11]

Es liegt auf der Hand, daß Klages in seiner Konzeption aus der Not eine Tugend macht: daß der Mensch bis heute nicht Subjekt der Geschichte ist, sondern deren Objekt, schiebt er ursächlich dem Kampf zwischen Urbildern

---

(Riemann, Lebenshilfe, a.a.O., S. 23); Detlefsen spricht von "Urprinzipien" (vergl. ders., Schicksal, a.a.O., S. 97-1o1).

[11] Klages, Geist als Widersacher, a.a.O., S. 1234f.

und Phantomen zu. Er reagiert damit, wenn auch unzureichend, auf die zunehmende Entfremdung und die Zerstörung der inneren und äußeren Natur durch die kapitalistische Industriegesellschaft; wenn er jedoch die Ursachen für diesen Prozeß im "Urkampf der Bilder mit den Phantomen" sucht, dann versteht er diese nicht. Christa Bürger bemerkt zu einem solchen Standpunkt treffend: "Die lebensphilosophische Entfremdungskritik will jedoch den Prozeß der Entmythologisierung nicht zu Ende führen, bis an den Punkt, wo die Konstruktion einer menschlichen Geschichte möglich wird, sondern will ihn umkehren. Nicht eine instrumentelle Vernunft klagt sie an, sondern erteilt der Ratio überhaupt eine Absage. Die technische Zivilisation will sie überwinden durch die Rückkehr zum mythischen Denken."[12] Gerade diese reduzierte Position aber macht Klages so interessant für das ideologische Bewußtsein. Die Welt wird auf ein einfaches Schwarz-Weiß-Schema reduziert, das geheimnisvoll hinter allen Dingen wirken soll. Derartige Wahnsysteme, die ihre Rätselhaftigkeit daher beziehen, daß ihre Anhänger den Quellen ihres Denken entfremdet sind, tragen in der Aufteilung der Welt in "uns Gute" und die "anderen Bösen" schizophrene Züge; sie finden sich in dieser oder ähnlicher Form bei Anthroposophen[13], Makrobioten[14] und eben auch den Astrologen wieder. Man braucht in dem letzten Klageszitat nur einfach anstelle der "Urbilder" Detlefsens "Urprinzipien" oder Riemanns "Sternenkräfte" einsetzen; anstelle der "Phantome" die subjektiven Anteile der Menschen und bekommt die Geschichtsvorstellung und den Gesellschaftsbegriff der Astrologen. Wie die genannten Verschwörungstheoretiker nimmt auch Klages den Gestus der "Metaphysik der dummen Kerle"[15] ein, der darin besteht, die Welt scheinbar radikal in Frage zu stellen, dabei aber auf halbem Wege der Erkenntnis der verursachenden Kräfte stehenzubleiben.

Nun kann man Klages' Theorie neben dem erwähnten Hauptmoment in vielerlei Hinsicht einer weiteren Kritik unterziehen. Die wichtigsten Argumente gegen eine solche Weltsicht habe ich bereits anhand ähnlicher Theoriefiguren bei den Astrologen und C. G. Jung diskutiert. Daher sollen in

---

[12] Christa Bürger, "Konstruktion statt Totalität", a.a.O., S. 29.

[13] Vergl. z.B. Rudolf Steiner, Theosophie. Einführung in übersinnliche Welterkenntnis und Menschenbestimmung, 1. Aufl. Berlin 1904, 30. Auflage Dornach 1978 Rudolf Steiner Verlag.

[14] Vergl. Michio Kushi, Das Buch der Makrobiotik. Ein universaler Weg zu Gesundheit und Lebensfreude, Frankfurt/M. 1979, Verlag Bruno Martin.

[15] Adorno, "Thesen gegen den Okkultismus", in Minima Moralia, a.a.O., S. 325.

dem Zusammenhang drei Interpretationshorizonte zur Sprache kommen, die bislang nur am Rande erwähnt worden sind.

Die Welt als Schattentheater

Eine Ebene der Kritik wird deutlich, wenn man sich erneut klarmacht, daß die Idee des Bilderstroms historischer Natur ist. Ich habe im 8. Kapitel eine Interpretationslinie der Übermittlung von Bildern anhand des Weges der Sternbilder aus dem orientalischen Raum nach Europa verfolgt. Klages schildert seine eigene Geschichte der Bilderwahrnehmung, in der er ebenfalls die Rolle der Bilder von den Griechen über die Patristik, die Renaissance und Romantik bis zum Ende des 19. Jahrhunderts im Sinne seiner Lehre beschreibt, wobei er das Hauptgewicht auf eine antirationalistische Interpretation legen will.[16] Diese Geschichte offenbart ihre Schwächen, wenn man sie mit den differenzierten Entwürfen der Warburgschule vergleicht. Klages blendet auf eine simplere Weise als Klibansky, Panofsky, Saxl und Warburg aus, daß die Frontstellung von Geist und Seele, die als trennendes Moment bereits in der Romantik angelegt ist, im Übergang vom 19. zum 20. Jahrhundert eine besondere Bedeutungsaufladung gegenüber dem zunehmenden Trend der Verwaltung und Mechanisierung der Menschen in der kapitalistischen Industriegesellschaft erfährt. Unter dieser Voraussetzung entsteht erst der falsche Antagonismus von Denken und Fühlen, der noch in der Renaissance als fließender Übergang gefaßt wird und damit auf gesellschaftliche Möglichkeiten verweist, die nicht eingelöst worden sind. Klages nimmt diese Trennung als gegeben hin und ontologisiert sie. Die geträumte Wahrnehmung von Bildern soll in dem pointierten Gegensatz zum begrifflichen Denken alle jene Elemente enthalten, die aus der instrumentellen Vernunft ausgegliedert worden sind. Indem die Bildertheorie aber nicht die ökonomische Entfremdung zum Gegenstand macht und das Denken generell angreift, nimmt sie einen affirmativen Charakter im Rahmen der instrumentellen Vernunft und nicht gegen sie an. Bildertheorien hat es in der Geschichte des Denkens immer gegeben, aber unter den gesellschaftlichen Voraussetzungen des angehenden 20. Jahrhunderts bekommen die Traumbilder eine Aura der Unantastbarkeit, was umso schlimmer ist, als in ihnen Alpträume hausen, deren brutale Realisierung im nächsten Abschnitt verfolgt wird. Diese Bilder sollen von der niederen Menschensphäre aus unnahbar sein, ja sie konstituieren sich gerade durch ihre reine Nichtkontamination mit der daraufhin banal erscheinenden Welt.

---

[16] Klages, Geist als Widersacher, a.a.O., 57. Kapitel: "Aus der Vorgeschichte der Entdekkung der Bilder", S. 850-923.

Wie sehr Klages die Geschichte der Bilder in seinem Sinne strapaziert, läßt sich exemplarisch daran zeigen, wie er Friedrich Nietzsches Tragödientheorie für sich funktionalisiert. Klages beruft sich für seine Vorstellung der Weltgeschichte als Geschichte der Bilder ursächlich auf Nietzsches Konzeption des zur Form drängenden dionysischen Urgrundes: "Nietzsches 'Geburt der Tragödie' bedeutet den Anfang einer neuen Auslegung der seelischen Grundlagen des Altertums, somit der gesamten Vorgeschichte überhaupt und muß fürder von jedem gekannt und verarbeitet sein, der sich irgend an die Erforschung symbolischen Denkens und mythischen Träumens heranwagen will."[17] Der als Kronzeuge angerufene Nietzsche bezieht sich aber, wo er in seiner Tragödienschrift auf das schöpferische Moment eingeht, auf eine ursprünglich musikalische Grundstimmung des Dichtens, also eine mit dem Ohr verbundene Vorstellung, und nicht auf visionäre Bilder. In einer zentralen Stelle verweist Nietzsche auf den Briefwechsel zwischen Goethe und Schiller:

> Ueber den Prozeß des Dichtens hat uns Schiller durch eine ihm selbst unerklärliche, doch nicht bedenklich scheinende psychologische Beobachtung Licht gebracht; er gesteht nämlich als den vorbereitenden Zustand vor dem Actus des Dichtens nicht etwa eine Reihe von Bildern, mit geordneter Causalität der Gedanken, vor sich und in sich gehabt zu haben, sondern vielmehr eine musikalische Stimmung. ('Die Empfindung ist bei mit anfangs ohne bestimmten und klaren Gegenstand; dieser bildet sich erst später. Eine gewisse musikalische Gemüthsstimmung geht vorher, und auf diese folgt bei mir erst die poetische Idee.')[18]

Darin drückt sich ein wichtiger Unterschied der auditiven Wahrnehmung zu derjenigen von Bildern aus. Das Ohr ist, wenn man so will, ein weniger repressives Organ als das Auge. Die Zentralperspektive des Auges ist immanent mit Herrschaft verbunden, während die auditive Wahrnehmung ein Ablauschen der Dinge bedeutet.[19] Diese Idee der abgelauschten Intuition geht

---

[17] Klages, Geist als Widersacher, a.a.O., S. 907.

[18] Nietzsche, Die Geburt der Tragödie aus dem Geiste der Musik, KSA, Bd. 1, a.a.O., S. 43. Zum Schillerzitat vergl. den Brief Schillers an Goethe vom 18. 3. 1796 in Emil Staiger (Hg.), Der Briefwechsel zwischen Goethe und Schiller, a.a.O., S. 198f.

[19] Diese Konstruktion stammt aus der Romantik, Schlegel hielt des Gehör für den edelsten Sinn: "Er ist als der Sinn für das Bewegliche durchaus der Freiheit näher verbunden und insofern mehr geeignet, uns von der Herrschaft des Dings loszumachen, als alle anderen." (Friedrich Schlegel, Kritische Ausgabe seiner Werke, hrsg. v. Ernst Behler et alii, München/Paderborn/Wien 1958ff, Bd. XII, S. 346; vergl. Manfred Frank, "Allegorie, Witz, Fragment, Ironie. Friedrich Schlegel und die Idee des zerrissenen Selbst", in Willem van Reijen (Hg.), Allegorie und Melancholie, Frankfurt/M. 1992, S. 124-146, hier S. 137. Vergl. auch Thomas Kleinspehn, Der flüchtige Blick, a.a.O. und Johannes Beck/Heide Wellershoff, SinnesWandel, a.a.O., S. 37-40 und S. 62-64.

als Vernehmung der Sphärenklänge der Planeten auf die Pythagoräer zurück und findet sich auch im jüdisch-christlichen Schöpfungsmythos: "Da sprach Gott: 'Es werde Licht.'"[20] Der Akt des Sprechens geht dem Sehen voraus, das Sehen wiederum erlaubt eine Distanzierung von dem Objekt, die beim Hören nicht möglich ist.

Allerdings kann nun die Vorstellung eines herrschaftsfreien Hörens kein letztes Argument gegen die Bilderlehre sein. Kant hatte in seiner Kritik der Sinneswahrnehmung zunächst gezeigt, daß der Intellekt in gewisser Weise die Sinne koordiniert[21], während Marx in den "Ökonomisch-philosophischen Manuskripten" einen Schritt weiter geht und auf die dialektische Beziehung von menschlicher Sinneswahrnehmung und Geschichte hinweist: "Die Bildung der fünf Sinne ist eine Arbeit der ganzen bisherigen Weltgeschichte."[22] Dieser Dialektik von Anschauung und Begriff entkommt niemand. In der zwanghaften Betonung des Sehens und seiner Abkapselung gegen jede Vernunft aber liegt ein Indiz dafür vor, daß die Vorstellung eines Bilderstroms aus einer Konstellation des 20. Jahrhunderts heraus auf die Vergangenheit projiziert wird.[23] Oder wie Jean Starobinski es ausdrückt, indem er auf eine andere Weise die Bildmetaphorik des Höhlengleichnisses aufnimmt: "Da wir für die Welt, so wie sie ist, blind werden, gefallen wir uns darin, ein Theater der Schatten zu erfinden, das unsere Ideen auf die Erde projizierte und das die Leere der Welt maskierte."[24]

"Verhältnismäßig immer nur überaus seltene Personen mit unmittelbarem Anschluß" und totalitäre Identifikation

Klages Bildertheorie ist elitär und auch darin berühren seine Vorstellungen die der Astrologen. Bei Klages erscheint es folgerichtig, daß es ein kleines Häuflein von Menschen gibt, die den Vorgang der Verkörperung der Bilder und ihren Kampf mit den "Phantomen" überhaupt wahrnehmen könnten;

---

[20] Genesis 1.

[21] Kant, Anthropologie in pragmatischer Hinsicht, Werkausgabe Band XII, a.a.O., S. 432f.

[22] Ökonomisch-philosophische Manuskripte (1844), Marx/Engels Studienausgabe in 4 Bänden, hrsg. v. Iring Fetscher, Band 2, Politische Ökonomie, Frankfurt/M. 1990, Fischer, S. 103.

[23] Für die Konstituierung der Bilderwahrnehmung, wie Klages sie beschreibt, scheint vielmehr das Kino der Ort des Zustandekommens zu sein.

[24] Jean Starobinski, Melancholie im Spiegel. Baudelaire-Lektüren, München, Wien 1992, Hanser, S. 77.

der Rest nimmt die bestehende Welt als Wirklichkeit hin: "Zuerst einmal stehen den verhältnismäßig immer nur überaus seltenen Personen mit unmittelbarem Anschluß an die Bilder (= wirkende Mächte) die ungemein zahlreichen ohne solchen Anschluß gegenüber, für welche die von jenen geprägten Werte und Brauchtümer Gesetze ihres Sichverhaltens, die Werke aber Schnittmuster ihres Bildens sind; und zwischen beiden verläuft die beliebig unterteilbare Reihe nicht ganz Unmittelbarer und nicht ganz nur Mittelbarer. Dies wäre, kurz gesagt, die Reihe der Bedeutungsgrade."[25]

Die Kritik an der Theorie des Bilderstroms der Astrologen, Jung und Klages läßt sich damit noch anders formulieren. Das zentrale Moment der Konstruktionen ist darin zu sehen, daß sich die Subjektivität eines Menschen durch eine unmittelbare Identifikation mit den Sternenmächten, dem Archetypus oder den Bildern herstellen soll. Das Kriterium der Bewertung im Rahmen dieser aristokratischen Anthropologie soll darin liegen, daß ein ausgezeichneter Mensch rein die Prinzipien widerspiegele, ohne sie durch den Beigeschmack seiner Subjektivität zu verderben. Nach Klages könne man "die Lebenszustände jedes Wahrnehmungsträgers auf ihre Wirklichkeitsempfänglichkeit prüfen und in der Beziehung alle Gefühle nach dem Ausmaß ihrer Tauglichkeit ordnen zur Aufschließung der Seele für die Charaktere der Bilder oder zur Abschließung gegen sie."[26] direkt als einen Test des betreffenden Menschen verwenden. Die Subjektivität ist zwar an die Vernunft im bürgerlichen Sinne gekoppelt und bildet einerseits deren Schattenseiten mit ab; andererseits aber geht sie im Bestehenden nicht auf und enthält utopische Elemente und bildet so das Gegenteil von Identifikation, nämlich in der Nichtidentität mit dem Bestehenden, weil sie eine andere Welt voraussetzt, die noch nicht existiert.[27] Bei Klages firmiert diese libertäre Seite der Vorstellung von Subjektivität unter Störung, als Verfärbung des Eindrucks des Bildes. Die in sich selbst problematische Vorstellung eines autonomen Subjektes

---

[25] Klages, Geist als Widersacher, a.a.O., S. 1237. Letztendlich gehören dann außer Klages selbst nur noch der Matriachatsforscher Bachofen, Friedrich Nietzsche und der Mystiker des Münchner "Kosmikerkreises", Alfred Schuler zum Trüppchen der unmittelbaren "Dithyrambiker des Weltuntergangs" im 20. Jahrhundert. Vergl. Klages, Geist als Widersacher, a.a.O., S. 906-911.

[26] Klages, Geist als Widersacher, a.a.O., S. 411.

[27] Vergl. Adorno, Negative Dialektik, Frankfurt/M. 1975, Suhrkamp, S. 149-151. Darin, daß sie dieses Kriterium nicht berücksichtigen, kranken auch die affirmativen Identitätsvorstellungen, die heute wieder ein Bekenntnis zur einer "nationale Identität" fordern, kommen sie nun aus konservativen Zusammenhängen oder solchen der grünen Partei. Vergl. dazu auch Negt/Kluge, "Über Identität", in dies., Geschichte und Eigensinn, a.a.O., S. 375-413.

wird gar nicht erst zugelassen; oder anders formuliert: "Die Wirklichkeit der Bilder zielt auf die Vernichtung des Subjekts (...)."[28]

Darin macht sich das totalitäre Kennzeichen bemerkbar, daß wir bereits am modifizierten Gestirnsfatalismus der Astrologie untersucht haben. Das Subjekt hat sich derjenigen Kraft, die die Definitionsmacht über die Natur besitzt - sei es nun eine rigide Vernunft, ein Bilderreigen oder die Sterne - vollständig zu unterwerfen. Die Richtung der Bilder - als Strom, als Sternbilder oder als Archetypen - ist klar: sie verläuft von oben nach unten. Nach dieser Vorstellung stellt sich das Subjekt durch den Akt der Unterwerfung unter dieses postulierte Prinzip her, das dann als Gnadenakt eine Neugeburt gewährt. Die Position der realen Ohnmacht wird durch die der imaginierten Allmacht ersetzt, die sich aus der Identifikation mit ihr ergibt. Die Folgerung aus dieser Identitätsforderung aber - jenes "Friß, Vogel, oder stirb" - die in der realen Auslöschung des Subjektes im Faschismus gipfelt, ist in Klages Vorstellung bereits angelegt.

Geist/Leben-Dualismus als verdrehte jüdische Mystik?

Die Menschheitsentwicklung vom Lebensprinzip weg zum Geist hin beschreibt Klages wie der Astrologe Riemann[29] in einer absteigenden Stufenhierarchie der Weltgeschichte, die die Urzeit romantisiert und sie der modernen Zivilisation entgegenhalten will. Der Urmensch sei noch fähig gewesen in seiner "unbegeisterten Erschauung" im Einklang mit dem Leben wahrzunehmen. Klages spricht vom "promethischen Denken"; dabei handele es sich, so formuliert er ganz modern, um eine "biozentrische Geistesrichtung". In der nächsten Stufe dann schiebe sich der Geist zwischen das Leben und werde zum "logozentrischen Gedankensystem des heraklischen Denkens" - eine Phase, die in der Philosophiegeschichte etwa mit Sokrates und in der

[28] Chr. Bürger, a.a.O., S. 30. Obwohl Chr. Bürger das wohl nicht intendiert, kann der Satz kann im Zusammenhang mit den Auslesepraktiken des "Dritten Reiches" durchaus wörtlich gelesen werden.

[29] "Uns Heutigen beunruhigt wohl am meisten, daß wir nicht nachvollziehen können, nicht nachzuerleben vermögen, wie die Menschheit zu ihrem astrologischen Wissen gekommen ist. Wir können mit Edgar Daqué annehmen, daß die Menschen damals eine Gabe hatten, die er als 'Natursichtigkeit' bezeichnet, die heute verlorengegangen zu sein scheint. Aber die großen Mystiker haben sie noch besessen, und wir können, psychologisch ausgedrückt, annehmen, daß es sich dabei um eine 'Durchlässigkeit' für Metaphysisches und Transzendentes handelt, um ein Vermögen der Innenschau, des sich solche Zusammenhänge offenbaren." (Riemann, Lebenshilfe, a.a.O., S. 18) Edgar Daqué ist ein völkischer Anthropologe und wie der ehemalige Jugendfreund und spätere Gegner von Klages, Theodor Lessing, Mitglied der "Deutschen Kulturgemeinschaft zur Pflege der Astrologie", vergl. Ellic Howe, Astrology and the Third Reich, a.a.O., S. 98.

Entwicklung der Heroengestalten im Übergang von Ödipus zu Herakles einsetzen soll.[30] Der Geist habe die Aufgabe, sich der Erinnerungsinhalte zu bemächtigen, sie zu vertilgen und wenn sein Zerstörungswerk beendet ist, die Erde wieder zu verlassen. Auf diese Weise ruiniert er die Erinnerungsfähigkeit der Menschen an ihre Empfängnis der Urbilder.

Dieses dualistische Modell ließe sich nun im Sinne einer psychoanalytischen Interpretation deuten. Ich habe darauf hingewiesen, daß sich hinter der romantisierten Urzeit die Rationalisierung einer ambivalenten Kindheitserinnerung verbergen kann und die Hintergründe dieses Interpretationsmusters im 6. und 7. Kapitel verfolgt. Da einer psychologischen Argumentation aber bereits viel Platz eingeräumt wurde, bietet sich an, erneut einen Zusammenhang aufzunehmen und zu vertiefen, der sich auf andere Weise den verdeckten utopischen Motiven dieser Konstruktion zuwendet. Ich habe im 8. Kapitel gezeigt, daß Warburgs Orientierungsbegriff erst vor dem Hintergrund einer jüdisch-theologischen Interpretation seine Gültigkeit erhält. Eine ähnliche Denkfigur, die von den heilsgeschichtlichen Konnotationen, die mit Klages Geist/Leben-Dualismus verbunden sind, ausgeht, spricht Walter Benjamin in einem Dialog mit Gershom Scholem an. Benjamin nimmt an, daß Klages' Grundkonzeption sich auf die jüdische Theologie beziehe, die dieser verdreht und funktionalisiert habe. Er schreibt in einem Brief an seinen Freund und Kabbalaforscher: "Die Auseinandersetzung mit Bachofen und Klages ist unumgänglich - freilich spricht vieles dafür, daß sie gänzlich stringent nur aus der jüdischen Theologie zu führen ist, in welcher Gegend denn also diese bedeutenden Forscher nicht umsonst den Erbfeind wittern."[31]

Nun führen Benjamin und Scholem diesen Zusammenhang an dieser Stelle nicht weiter aus und man muß sich in ihren Texten auf die Suche nach Indizien machen, aus denen sich ein solcher abstrakt angedeuteter Interpretationskontext ergeben kann. In Scholems Aufsatz "Die Idee des jüdischen Messianismus"[32] findet sich ein solcher Hinweis, der, wenn er auch

[30] Ödipus soll in Sophokles' Ödipus auf Kolonnos noch persönlich in einem Leben für seine Taten aufkommen, während Herakles dann diese Fähigkeit zur Sühne nicht mehr besäße. Diese auf Klages zurückgehende Konstruktion nimmt Rudolf zur Lippe in seinem Vortrag Oidipus oder die verweigerte Seelenfahrt (Wien 1990, Picus Verlag) auf. Vergl. auch die sich nicht erfüllende Vorstellung einer göttlichen Gerechtigkeit bei Carl von Linné, Nemesis Divina, hrsg. v. Wolf Lepenies und Lars Gustafsson, Frankfurt/M., Berlin, Wien 1983, Ullstein.

[31] Benjamins Brief an Scholem vom 14. 1. 1926, in Walter Benjamin, Briefe, hg. v. G. Scholem und Th. W. Adorno, Frankfurt/M. 1978, Suhrkamp, Bd. I, S. 409.

[32] Scholem, "Die Idee des jüdischen Messianismus", in Judaica I, a.a.O., S. 7-74.

nicht stringent im Sinne einer genealogischen Ableitung verstanden werden kann, so doch zeigt, in welcher Weise eine differenzierte Interpretation vorzugehen hat, die das Denken in Bildern nicht von dem in Begriffen abtrennen und ontologisieren will, sich aber trotzdem der Kraft der Bilder in einem aufgeklärten Sinne zu versichern versucht.[33] Scholem spricht in einem Abschnitt des Aufsatzes die Verschmelzung der Halacha (als der Lehre der Juden in der Diaspora) mit den utopischen Elementen der jüdischen Geheimlehre Kabbala in dem Buch "Ra'ja Mehemna" an, das zur spätesten Schicht des kabbalistischen Buches Sohar gehört und auf der Schwelle des 13. zum 14. Jahrhundert entstanden ist. Dem unbekannten Verfasser des "Ra'ja Mehemna" soll es dabei um die mystische Erläuterung der Gebote und Verbote der Tora gegangen sein. Scholem versucht den Sinn dieser mystischen Verschleierung historisch-kritisch zu verstehen. Der kabbalistische Autor verwendet zwei alte biblische Symbole, die nun zu Typen des Standes der Dinge in der unerlösten Welt und der messianischen Zeit werden. Er unterscheidet den "Baum des Lebens", der vor dem Sündenfall herrschte, vom "Baum der Erkenntnis", der das Wissen von Gut und Böse beinhaltet und daher auch "Baum des Todes" heißt, da seine Frucht den Tod mit sich bringe. Diese Bäume nun repräsentieren metaphorisch den Stand der Welt. Vor dem Sündenfall soll der "Baum des Lebens" geherrscht haben: "Der Baum des Lebens stellt die reine, ungebrochene Macht des Heiligen dar, die Ausbreitung des göttlichen Lebens durch alle Welten und die Kommunikation, in der alles Lebendige mit seinem göttlichen Ursprung steht. In ihm gibt es keine Beimischung des Bösen, keine 'Schalen', die das Lebendige eindämmen und erstikken, keinen Tod und keine Beschränkung."[34] Seit Adams Sündenfall aber lebten wir in der Ära des "Baumes des Erkenntnis": "Daher gibt es unter der Herrschaft dieses Baumes (der Erkenntnis) in der Welt geschiedene Sphären, die des Heiligen und Profanen, des Reinen und Unreinen, des Erlaubten und Verbotenen. (...) Die Tora, die Offenbarung von Gottes Weltleitung, ist zwar in ihrem Wesen Eine und unveränderlich, manifestiert sich aber in jedem Stand der Welt auf eine diesem Stand entsprechende Weise."[35] Daher sei unser Verständnis der Offenbarung an den Baum der Erkenntnis gebunden, dessen positives Gesetz die Tora, deren Welt die Halacha sei, die das Böse benennt. Darin liege zunächst der Sinn der Halacha, auch nach dem Sündenfall die Erkenntnis Gottes zu garantieren. In Scholems Erklärung des

[33] Darauf, daß man dieses Verfahren auch ein allegorisches nennen kann, habe ich in der Unterscheidung zwischen Jung und Freud bereits hingewiesen (vergl. Kapitel 6).

[34] Scholem, Messianismus, a.a.O., S. 48.

[35] Ebenda.

Textes kommt für ihn der "messianische Schein als Utopie" im Sinn der Rede vom "Baum des Lebens" - charakteristischerweise als Restauration des paradiesischen Standes konzipiert - zum Durchbruch:

> In einer Welt, in der die Macht des Bösen gebrochen ist, verschwinden auch all jene Scheidungen, die sich aus seiner Natur herschreiben. In einer Welt, in der nur noch das reine Leben waltet, haben die Verfestigungen (...) im Äußerlichen keine Geltung und keinen Sinn mehr. Im jetzigen Weltenstand hat sich die Tora unter vielen Sinneschichten darzustellen; und auch der mystische Sinn, in dem sie dem Einsichtigen einen Blick wenigstens in ihr verborgenes Leben und seine eigene Verbindung mit diesem Leben verstattet, ist eben an die Erscheinungsformen auch des Äußerlichsten mit Notwendigkeit gebunden.[36]

Im Lichte der Erlösung verwandele sich dann auch die Halacha selbst, die Einhaltung der Gesetze werde gegenstandslos, alle Umzäunungen würden verschwinden oder etwas ganz Neues enthüllen. Danach erscheint die Erlösung als etwas tief Geistiges, als spirituelle Revolution, die den Sinn der Tora als deren eigentlichsten und wahren Wortsinn enthüllt: "An die Stelle der nationalen und politischen Utopie tritt, ohne sie eigentlich zu abrogieren, aber als nun sich öffnender Kern, die mystische Utopie."[37]

Scholem unternimmt damit in seiner Interpretation den Versuch einer Erläuterung der notwendigen mystischen Form des kabbalistischen Textes. Er intendiert der dualistischen Metapher der Bäume ihren utopischen Gehalt abzulauschen, indem er die mystische Formulierung als politisch notwendige Verhüllung begreift. Damit verwendet er insofern eine bekannte Interpretationsfigur, als auch Klibansky, Panofsky und Saxl versuchten, die abergläubischen Gehalte der Aufklärung im Rahmen des Humanismus aufgehen zu lassen. Auf die Problematik eines solchen Verfahrens, die im wesentlichen in einem Weiterleben der scheinbar eingebundenen abergläubischen Elemente besteht, die auf irrationale Elemente im Prozeß der Aufklärung selbst deuten, habe ich anhand von Warburgs Konzeption hingewiesen. Wir haben ebenfalls gesehen, daß sich diese Auseinandersetzung vor dem Hintergrund der astrologischen Vorstellungen abspielen. Nun muß Klages' dualistische Konzeption nicht unbedingt auf eine jüdische Theologie zurückgeführt werden.[38]

---

[36] Scholem, Messianismus, a.a.O., S. 49.

[37] Scholem, Messianismus, a.a.O., S. 50.

[38] Es gibt auch andere historische neuplatonistische und mystische Entwürfe, die sich beispielsweise aus der Gnosis oder von den Manichäern herleiten lassen, vergl. Kapitel 9. Zur Geschichte der aufklärerischen Impulse der Mystik siehe Ernst Bloch, Leipziger Vorlesungen, Band 2, Christliche Philosophie des Mittelalters. Philosophie der Renaissance, a.a.O., S. 88-114.

Aber der utopische politische Kontext, in den Scholem die restaurative Metapher vom Lebensbaum einordnet, zeigt einen möglichen Zusammenhang und weist damit wiederum auf die utopischen Motive hin, mit denen auch die Astrologie aufgeladen ist. In dem jüdischen Bezugsrahmen nimmt Scholem genaue Interpretationen in Hinblick auf die jeweilige geschichtliche Darstellung der utopischen Motive vor; bei Klages fällt gerade diese kritische historische Befragung weg. Er reduziert die differenzierte allegorische Lesart der mystischen Metaphern auf die Version eines ewigen Kampfes zwischen den Lebenskräften der Seele und den zerstörerischen Elementen des Geistes, wobei die Frage nach dem Woher der Bilder und der Phantome noch hinter die Stufe der theologischen Erklärung im Judentum zurückfällt. Die Ebene der "Urbilder" bleibt auf mythische Weise sakrosankt und damit vollends willkürlich. Klages Dualismus unterscheidet sich ebenfalls von Warburgs Vorstellung des Urkampfes. Warburg betont in einer differenzierten, materialreichen Analyse eine Auseinandersetzung zweier geistiger Prinzipien, in denen sich von ihm unerkannt gesellschaftliche Auseinandersetzungen widerspiegeln. Damit gelangt er zu einer metaphysisch geprägten Beschreibung der Dialektik der Aufklärung, die sich von Klages' Metaphorik wesentlich unterscheidet: Klages interpretiert die Urprinzipien Leben und Geist nicht als zu lesende Metaphern, sondern als sich in der jeweiligen Zeit durchhaltende Symbole, deren Substanz sich nicht durch die subjektive Interpretation erst konstituiert, sondern durch jene nur tragisch verdorben wird. Damit sind wir wieder bei dem rigiden Identitätskonzept angelangt. Bei Klages ist die Repräsentation der Welt in den Begriffen stärker in die Unkenntlichkeit hinein verschoben. Die Aufteilung der Welt in Geist und Leben wird vorausgesetzt und nur unzulänglich begründet. Sein kruder Dualismus hypostasiert zwei mythologisierte Urkräfte und verschleiert den Akt ihrer begrifflichen Gewinnung aus der Geschichte. Auch diese Interpretation wird, wie diejenige Warburgs, erst vor einer geschichtlichen Fassung der jüdischen Mystik deutlich und das in zwei Richtungen: Erst eine historischen Interpretation und utopische Zuspitzung der mystischen Metaphysik entreißt die Bilder einerseits der funktionalisierenden Vereinnahmung durch Neuheiden wie Klages und den Astrologen und entzieht sie andererseits einer sie pauschal als faschistisches Korrelat verdammenden Kritik, die den kritischen Elementen der Konstruktion ebenfalls nicht gerecht wird. Die mystischen Bilder werden auf ihre materialistischen Füße gestellt und offenbaren dergestalt ihren Zeitkern; der Mythos ihrer naturhaften Gesetzmäßigkeit wird dadurch zur Aufklärung hin aufgelöst. Klages ist weit von einer solchen Interpretation entfernt, wenn er die Mystik nicht als frühe Aufklärung interpretiert, sondern erneut mythologisiert, indem er gerade deren aufklärerischen Momente verschleiert und zu einem Bilderstrom ontologisiert, dem man sich vorbehaltlos zu unterwerfen hat.

Die Geschichte als Kampf von bildhaften Urprinzipien gegen begriffliche Phantome, das Ausspielen des begrifflichen Denkens gegen ein Bilderdenken, die globale Kritik der Vernunft, die Nichtbeachtung der ökonomischen Sphäre, das Postulat einer sakrosankten teleologischen Kraft, ein totalitäres Identitätskonzept und eine mythologische Ontologisierung der Welt - diese Kennzeichen der Klagesschen Lebensphilosophie finden sich, wie wir im 4. Kapitel gesehen haben, ebenso bei den Astrologen wieder. Klages' Variante des totalitären Identitätskonzeptes deckt sich mit dem modifizierten Gestirnsfatalismus der Astrologie, die nur als blinder Passagier, der sich lauthals seherischer Fähigkeiten rühmt, auf dem Schiff mitfährt, daß auf dem breiten Strom der antizivisatorischen Kritik an der Moderne fährt. Das Kommando führen ganz andere Leute.

9. 2. Exkurs: Leben, Krieg und Sterne. "Lebensforschung", Astrologie und Parapsychologie im Kriegseinsatz

9. 2. 1. Das "Leben" in der Praxis: Tod

Das Leben lebt nicht.

Ferdinand Kürnberger[39]

Nun ergeben sich aus solchen Bilderlehren verschiedene Konsequenzen. Klages repräsentiert eine kollektive Bewußtseinsform, er drückt einen gewissen Zeitgeist aus. In seiner Theorie deutet sich bereits an, welche Praxis zu dieser Art von Seelenbildtheorie gehört. Man muß sich diese Lehre nicht allein als Konstrukt obskuranter Spinner denken; wenn Figuren wie Klages die Macht bekommen, der Realität ihr Denken aufzudrücken, verwandeln sie sich in sehr praktische Kreaturen und ihre abseitigsten Vorstellungen gewinnen eine brutale Dimension, die man ihnen bei genügend geschärftem Blick bereits im theoretischen Zustand zutrauen kann. In diesem Sinne ließe sich zunächst näher auf die Rolle der Psychologen im "Dritten Reich" eingehen, zu denen auch Klages zählte. Über deren Tätigkeit hat Ulfried Geuter eine materialreiche Studie verfaßt[40],

[39] Motto des ersten Teils von Adorno, Minima Moralia, a.a.O., S. 14.

[40] Ulfried Geuter, Die Professionalisierung der deutschen Psychologen im Nationalsozialismus, a.a.O. Zur Wirkgeschichte Klages im Rahmen der Psychologie des "Dritten Reiches", die besonders auf seinen graphologischen Schriften beruht, vergl. dort S. 161-177 u. 184-189. Geuter beschäftigt sich in einem anderen Beitrag ebenfalls mit den Astrolo-

in der man nachlesen kann, daß das Erkennen der Bilder in Klages' Sinne oder verwandter "arteigener germanischer" Fassung, wie z.B von Jaensch[41], zum klinischen Diagnosekriterium der Ausdruckspsychologie, Charakterologie und Graphologie während des Faschismus und auch noch in der Zeit danach avanciert. Um die praktische Seite des Zusammenhangs von Psychologie und Astrologie aufzuzeigen, bietet es sich an, in diesem Exkurs die Methode zu ändern und von der ideologiekritischen theoretischen Auslegung auf eine biographische und historische Ebene zu wechseln, da ich auf schwer zugängliche Texte und zum Teil auf selbst recherchierte Quellen zurückgehe, die noch nicht veröffentlicht sind. Ich will damit auf ein Feld hinweisen, das noch genauerer Analysen bedarf.

Das totalitäre Moment kommt in einem Bereich zur Geltung, in dem die sich auf eine geschönte Archaik und einen emphatischen Lebensbegriff beziehenden Vorstellungen zu der Generallinie der Forschung und einer brutalen Praxis gelangt sind: Im Rahmen der Stiftung "Ahnenerbe" der SS. Diese Institution ist bislang noch nicht unter der Perspektive einer vorweggenommenen Praxis der New Age Bewegung untersucht worden.[42] Nun gehört die Astrologie nur am Rande zu den Forschungsgebieten des "Ahnenerbes", sie nimmt die Rolle eines von verschiedenen Elementen ein, so wie sie etwa in der Esoterik und der New Age Bewegung neben Pendeln, Handlesen, Hypnose etc. auch nur eine Sparte darstellt. Wenn man böswillig sein will, kann man formulieren, daß das Programm und die Praxis des "Ahnenerbes" in gewisser Weise das Bild einer bereits verwirklichten Wunschvorstellung der heutigen Astrologen darstellt. In diesem Rahmen finden sich die verschiedensten astrologischen, organologischen, parapsychologischen, spiritistischen und okkultistischen Ansätze im Zusammenhang ihrer Kriegstauglichkeit zu einer ausgeweiteten Anwendung entfaltet. Ich versuche im nächsten Abschnitt zunächst einmal einen Überblick über das Ausmaß der derart orientierten faschistischen Forschung zu geben. Dabei wird deutlich werden, in welchen Dimensionen die sich heute als wissenschaftliche Dissidenten verstehenden Astrologen und New Age Anhänger sich sowohl personell, als auch von den Bezügen ihrer Forschung her in einem Weltbild bewegen, daß in der Zeit des "Dritten Reiches" das offizielle Wissenschaftsideal darstellte und eine weitgehende Umsetzung erfahren hatte.

---

gen: "Die Sterngucker auf dem Vormarsch" (in Scheinheil und Sinnsuche: Thema Transzendenz, hrsg. v. d. Red. Psychologie heute, Weinheim, Basel 1988, Beltz, S. 79-94).

[41] Vergl. Geuter, Professionalisierung, a.a.O., S. 585.

[42] Ansätze dazu finden sich bei Jutta Ditfurth, Feuer in die Herzen. Plädoyer für eine ökologische linke Opposition, Hamburg 1992, Carlsen, S. 151-239.

In der historischen Forschung ist der methodischen Ansatz der Forschungen des "Ahnenerbes" weitgehend unterschätzt und als "blanker Unsinn" abgetan worden. Unter anderem kommt der Historiker Michael Kater in seinem Standardwerk über die SS-Stiftung zu diesem Urteil.[43] Diese Einschätzung trifft sicher für diverse Projekte zu. Nun besitzt einerseits eine organologisch orientierte Forschung in sich eine andere Logik als der Positivismus, andererseits zeigt sich im "Ahnenerbe" die Praxis eines Zusammengehens von postulierter Mythologie, Organlogik und modernem Positivismus, die kaum zur Kenntnis genommen wird und in den Diskussionen über die Astrologie bislang keine Rolle spielen. Wenn die Astrologen von einer Zukunft träumen, in der ihre Tätigkeit als vollwertige Wissenschaft anerkannt und die Intuition und der Bezug auf die Urzeit zu ihrem Recht kommen soll, so hat diese in gewisser Weise im Faschismus bereits stattgefunden. Die Geschichte der Stiftung "Ahnenerbe" der SS liest sich in dieser Perspektive wie die vorweggenommene Utopie der New Ager und zeigt bei näherem Hinsehen eine hochaktuelle Mischung von positivistisch-naturwissenschaftlicher Methodik mit affirmativ metaphysischer Spekulation. Metaphysik und Positivismus werden verkehrtherum zusammengesetzt und finden hier eine spezielle Praxis in der Festigung einer neuen SS-Religion und einer kriegsrelevanten Anwendung. Damit sind wiederum Zusammenhänge benannt, in denen die dunkel formulierten Stellen der Astrologen eine mögliche Ausprägung zeigen.

Praktische Esoterik. Zur wissenschaftlichen Praxis der Organlogik und des Okkultismus im "Ahnenerbe" der SS

Das "Ahnenerbe" wurde zunächst um die Arbeit des holländischen Germanenforschers Herman Wirth herum gegründet. Wirth war wie Hitler Vegetarier und Verfechter einer Rohkostlebensweise.[44] Sein dem "Ahnenerbe" vorausgehendes "Forschungsinstitut für Geistesurgeschichte" in Bad Doberan wurde von national

[43] Vergl. Kater, Die Stiftung 'Ahnenerbe' der SS 1935-1945. Ein Beitrag zur Kulturpolitik des Dritten Reiches, Studien zur Zeitgeschichte, Herausgegeben vom Institut für Zeitgeschichte, Stuttgart 1974, Deutsche Verlags-Anstalt, S. 47-49. Zum "Ahnenerbe" vergl. ebenfalls Sabine Schleiermacher, "Die Stiftung 'Ahnenerbe'. Menschen als Material für 'exakte' Wissenschaft", in Rainer Osnowski (Hg.), Menschenversuche: Wahnsinn und Wirklichkeit, Köln 1988, Verlag Kölner Volksblatt, S. 70-87; Alexander Mitscherlich, Fred Mielke, Medizin ohne Menschlichkeit. Dokumente des Nürnberger Ärzteprozesses, Frankfurt/M. 1960, Fischer, S. 2o-182, Wolfgang Emmerich, Zur Kritik der Volkstumsideologie, Frankfurt/M. 1971, Suhrkamp, S. 95-161 und Herbert Mehrtens, "Das 'Dritte Reich' in der Naturwissenschaft: Literaturbericht und Problemskizze" in Naturwissenschaft, Technik und NS-Ideologie. Beiträge zur Wissenschaftsgeschichte des Dritten Reiches, a.a.O., S. 15-87.

[44] Kater, Ahnenerbe, a.a.O., S. 12.

gesinnten Gönnern aus Großindustrie und Handel wie Mathilde Merck, Senator Roselius und Prinzessin Marie-Adelheid Reuß zur Lippe finanziert.[45] Wirth verfolgt eine dubiose, aus Versatzstücken der Archäologie, Völkerkunde, Matriachatsforschung und Elementen einer theosophischen Gnosis zusammengesetzte Theorie einer bronzezeitlichen arischen Zivilisation in Mitteleuropa, die allen anderen Menschheitskulturen vorgängig gewesen sein soll.[46] Diese Germanenforschung fand die Unterstützung des Diplomlandwirtes Heinrich Himmlers, der sich selbst für die Reinkarnation des sächsischen Königs und Slavenbezwingers Heinrich I. (+ 936 n. Chr.) hielt und dessen Interesse an der Ahnenforschung vielfältig motiviert war, unter anderem durch die Schaffung einer neugermanischen Religion zur Stützung der Identität der SS.[47] Himmler war allen Arten von Magie, Horoskopie, Graphologie und Alchemie zugetan und versuchte diese zusammen mit der zunächst geisteswissenschaftlich ausgerichteten und später direkt rüstungsrelevanten naturwissenschaftlichen Forschung im "Ahnenerbe" zusammenzubringen. Er befand sich in seinen Bemühungen in Konkurrenz mit Alfred Rosenberg, der am 24. 1. 1934 von Hitler zum "Beauftragten für die Überwachung der gesamten geistigen und weltanschaulichen Schulung und Erziehung der NSDAP" und damit auch des Volkes ernannt worden war. Auch Rosenberg plante eine neugermanische Religion zu stiften, so wie er es in seinem Buch "Der Mythus des 2o. Jahrhunderts" beschrieben hatte. Diesen Aktivitäten wollte Himmler ein eigenes Forschungsprogramm entgegensetzen. Er tat sich dafür mit dem Reichsbauernführer Walter Darré, ebenfalls ein Agronom mit "germanischen Interessen" an mit der Scholle verwachsenen seßhaften Bauern, zusammen.[48] Himmler und Darré besaßen gemeinsame züchterische Vorstellungen und Wirth stand mit seinen Forschungen Darrés "Blut und Boden" positiv gegenüber. Aus dieser Verbindung wurde das "Deutsche Ahnenerbe" als "Verein zur Förderung der Wissenschaft der Geistesurgeschichte" am 1. 7. 1935 mit Wirth als Präsidenten, Himmler als Kurator und Vertretern des "Reichsnährstandes" im Vorstand gegründet. Die Finanzierung erfolgte zunächst durch Mitgliedsbeiträge und Zuschüsse des "Reichsnährstandes"; 1936 wurden Verbindungen zur Deutschen Forschungsgemeinschaft

---

[45] Kater, Ahnenerbe, a.a.O., S. 14.

[46] Vergl. Herman Wirth, Der Aufgang der Menschheit, Jena 1924.

[47] Kater, Ahnenerbe, a.a.O., S. 18. Zu Himmler vergl. auch Franz Neumann, Behemoth. Struktur und Praxis des Nationalsozialismus 1933-1944, Frankfurt/M. 1984, Fischer, S. 572-581.

[48] Darré war seit dem 31.1.1931 als SS-Standartenführer Leiter des Rasseamtes, des späteren "Rasse- und Siedlungshauptamtes" (RuSHA) der SS, das mit der Schaffung eines NS-Rasseadels beschäftigt war.

(DFG) geknüpft, die von diesem Zeitpunkt an den Hauptteil der Zahlungen übernahm.[49] Die ersten Jahre arbeitete das "Ahnenerbe" hauptsächlich für das "Rasse- und Siedlungshauptamt" (RuSHA), wurde aber im April 1942 zu einem SS-Amt "A" innerhalb des "Hauptamtes Persönlicher Stab Reichsfüherer SS" und damit in Himmlers persönlichen Zuständigkeitsbereich übernommen. Geschäftsführer wurde der ehrgeizige Wolfram Sievers, ein Mann, der sein Fortkommen im "Ahnenerbe" als Wirths Privatsekretär begann und ebenso wie Himmler an Horoskope glaubte, mit deren Hilfe er seine Karriere zu planen versuchte. Er blieb zunächst nicht ohne Erfolg. Kein Horoskop jedoch verzeichnete seine spätere Hinrichtung im Anschluß an den Nürnberger Kriegsverbrecherprozeß.[50] Wirths Ruf als Germanenforscher war nun durchaus dubios. So hatte er eine gefälschte altfriesische Chronik ("Ura Linda Chronik"), in der Ostfriesland im Mittelpunkt eines vorgeschichtlichen großen europäischen Reiches beschrieben wird, hartnäckig noch als echt verteidigt, als bereits alle anderen Experten sich dagegen aussprachen. In der weiteren Entwicklung des "Ahnenerbes" wurde er auf den Posten eines Ehrenvorsitzenden abgeschoben und in der Leitung durch den Münchner Altertumsforscher Walther Wüst ersetzt, einen Mann mit guter wissenschaftlicher Reputation und späterer Rektor der Münchner Universität.[51]

"Welteislehre" und "Germanenforschung"

Ebenso wie Wirth war Himmler Anhänger einer Vorstellung von arischen Menschenkeimen, die vom Himmel auf die schon bestehende Erde gekommen seien. Danach sollten die Arier nicht mit den Affen die gleichen Vorfahren besitzen, folglich gelte auch die Darwinsche Evolutionstheorie nicht für sie, gleichwohl aber für die anderen, niederen Menschenrassen. So hätten die ari-

---

[49] Kater, Ahnenerbe, a.a.O., S. 37. Zur Finanzierung des "Ahnenerbes" vergl. die Zusammenfassung bei Sabine Schleiermacher, "Stiftung Ahnenerbe", a.a.O., S. 72-74.

[50] Kater findet mehrere Horoskope von 1934 in Sievers Personalakten im Berlin Document Center (BDC). Vergl. Kater, Ahnenerbe, a.a.O., S. 33 u. 368. Zur Verurteilung Sievers vergl. den Abdruck des Urteisspruches des Gerichtes in Mitscherlich/Mielke, Medizin ohne Menschlichkeit, a.a.O., S. 281-282.

[51] Kater, Ahnenerbe, a.a.O., S. 58-65. Der im "Ahnenerbe" abgeschobene Gründer Herman Wirth konnte sich nach dem Krieg erfolgreich als Verfolgter des NS-Regimes darstellen (vergl. Eduard Guggenberger/Roman Schweidlinka, Mutter Erde, Magie und Politik. Zwischen Faschismus und neuer Gesellschaft, 2. Aufl. Wien 1987, S. 108ff und S. 121; nach Jutta Ditfurth, Feuer, a.a.O., S. 196f) und übt einen weiten Einfluß aus. So besuchte ihn 1979 Willy Brandt und der frühere Vorsitzende des neofaschistischen "Weltbundes zu Schutze des Lebens", Werner Haverbeck, war 1937 sein Doktorand (vergl. Helmut Lörscheid/Leo A. Müller, "Öko, Blut und Boden", in Chancen 10/1988; nach Jutta Ditfurth, Feuer, a.a.O., S. 223).

schen Vorfahren übernatürliche Kräfte ebenso besessen, wie eine überlegene Zivilisation, deren Abbildungen sich in überlieferten "Sinnbildern" von Donnerkeilen, Blitzen und Runen zeigten. Im "Ahnenerbe" sollte diese Dinge erforscht werden. Die Vorstellung, daß die arischen Keime im ewigen "Welteis" des Universums geschlummert haben sollen, bevor sie auf die Erde kamen, nahm die "Welteislehre" ("Wel") Hanns Hörbingers auf, in der auch die Insel Atlantis eine besondere Rolle spielte, die an verschiedenen Orten - von Helgoland bis Tunesien - lokalisiert werden sollte. In der "Wel" sind entfernt Elemente aus der Gnosis wiederzuerkennen, nach der die Seelenreise von den äußeren Sphären zur Erde besondere Menschen hervorbringen soll; diese wird in der Adaption der jüdischen Vorstellung des auserwählten Volkes zu einer arischen Rassentheorie zusammengesetzt.[52] Anhänger der Lehre waren viele NS-Prominente wie Herrmann Göring, Hitler und Reichsjugendführer Baldur von Schirach.[53] Das "Ahnenerbe" erforschte die "Wel" in einer "Pflegestätte für Wetterkunde".[54]

Was sich hier dubios anhört, ist durchaus zu einer gewissen Praxis gelangt. Himmler bewies auf diese Weise seine Fähigkeit zur Nutzung des neugeschaffenen germanischen Mythos im Rahmen der faschistischen Weltanschauung. Die Zusammenstellung seiner Forschungsprojekte weist eigentümliche Bezüge zu einer Auflistung der neuesten Trendsetter aus einem modernen Esoterik-Shop auf: Getreu der Aufgabe der Kultforschung wurden Kultgegenstände wie "Julleuchter" und SS-Totenkopfringe mit Runen neu hergestellt, um die christlichen Weihnachtssymbole zu verdrängen. Ebenso wurde die Entwicklung des christlichen Bechers aus einem germanischen Kelch im Zusammenhang mit dem Motiv des Heiligen Grals erforscht, um die Überlegenheit der Germanen über die Christen zu beweisen; in diesem Sinne sollten auch Reste "germanischer Technik" und Naturheilkunst untersucht werden. Himmler ließ vom "Ahnenerbe" aufzeichnen, nach welchem Muster deutsche Städte und Marktplätze angelegt waren, um diese als Schemata für geplante SS-Siedlungen zu verwenden. Zur Erforschung eines germanischen dreizehnmonatigen Kalenders, der den gregorianischen ersetzen sollte, wurde die Welteislehre bemüht. Ortungsnetze auf

---

[52] Auch die Nähe dieser Vorstellungen zu der von Erich von Däniken verfolgten fixen Idee eines Besuches von Außerirdischen, die sich in gezeichneten vorgeschichtlichen Göttergestalten dokumentieren soll, ist deutlich. Bei Däniken und seinen Anhängern, wie auch bei anderen "Ufologen" liegt eine ähnliche Wunschdisposition vor, wie bei Himmler und Wirth (vergl. z.B. die Titelgeschichte über das Ufophänomen im Spiegel Nr. 17, 1978). Dieses Motiv findet sich auch bei den Autoren und Lesern der Science-Fiction Heftchenserie Perry Rhodan. Der Erbe des Universums (früher Moewig-Verlag, München, jetzt Pabel, Rastatt) wieder.

[53] Kater, Ahnenerbe, a.a.O., S. 51.

[54] Kater, Ahnenerbe, a.a.O., S. 52.

Helgoland sollten zeigen, wie groß die Insel früher war, die Himmler für den Rest des untergegangenen Atlantis hielt. Er interessierte sich für indische Ernährungsfragen wie für ein germanisches System der Geburtenregelung und war der Ansicht, "daß es in früheren Zeiten bei gewissen germanischen Stämmen üblich war, daß nur zu bestimmten Terminen Kinder gezeugt wurden und damit praktisch Geschlechtsverkehr stattfand."[55] Auch Himmlers weitere Forschungsinteressen erinnern eigentümlicherweise an das Angebot aus einem heutigen Bioladen: Er läßt Met brauen, aus Seealgen Knäckebrot herstellen, hatte Interesse an Pferde- und Angorakanninchenzucht.[56] Der Anbau von biologischem Gemüse und Heilkräutern wurde in großem Maßstab durchgeführt. Im KZ Dachau wurden auf etwa 24o Morgen Gewürzkräuter wie Kümmel, Majoran und Basilikum biologisch gezogen.[57] Daneben besaß die SS noch etwa 1oo ha andere Kräutergärten. Dem KZ angeschlossen war das größte Heilpflanzenforschungsinstitut Europas, um "das deutsche Volk vor gesundheitsschädigenden fremden Gewürzen und künstlichen Medikamenten abzubringen und auf den Gebrauch unschädlicher, wohlschmeckender Gewürze und natürlicher Heilkräuter ... umzustellen."[58]

Wünschelrute und "Geheimwissenschaft"

Diese Liste der gemeinsamen Interessen von heutigen New-Age-Anhängern und dem "Ahnenerbe" läßt sich zwanglos weiter fortschreiben. 1937 gliederte Himmler eine "Wünschelrutenabteilung" in das "Ahnenerbe" ein.[59] Geologen wie der Wünschelrutengänger Karl Wienert wurden über das "Ahnenerbe" beauftragt, in der schwäbisch-bayrischen Hochebene nach Gold zu suchen. Zur Beschleunigung seiner Arbeiten wurde ihm 1944 ein weiterer Wünschelrutengänger, der Studienprofessor Dr. Joseph Wimmer, Leiter der Ahnenerbeabtei-

---

[55] Alle Beispiele aus Kater, Ahnenerbe, a.a.O., S. 71.

[56] Kater, Ahnenerbe, a.a.O., S. 216.

[57] Vergl. Schnabel, Die Frommen in der Hölle. Geistliche in Dachau, Frankfurt/M. und Berlin (O) 1966 und Kater, Ahnenerbe, a.a.O., S. 217.

[58] Enno Georg, Die wirtschaftlichen Unternehmen der SS, Stuttgart 1963, DVA, S. 63 nach Walter Wuttke-Groneburg, "Heilkräutergarten und KZ", in Wechselwirkung, Nr. 4, Feb. 198o, S. 16.

[59] Kater, Ahnenerbe, a.a.O., S. 87. Die Goldsuche war eine Manie Himmlers, anscheinend angeregt durch die Beschäftigung mit mittelalterlicher Alchemie. Nicht nur brachen SS-Zahnärzte ermordeten Juden das Zahngold heraus, sondern Himmler sperrte auch den "Goldmacher" Tausend solange ins KZ, bis dieser ihm Gold produziert haben sollte (vergl. Kater, Ahnenerbe, a.a.O., S. 221).

lung für angewandte Geologie, zur Seite gestellt.[60] Die Ausbildungen fanden im Kräutergarten des Dachauer KZs statt, der erste Lehrgang mit 9 Teilnehmern wurde am 13. 1o. 1942 erfolgreich abgeschlossen und im Dezember wurde beschlossen, jedem SS-Wehrgeologentrupp einen Wünschelrutengänger beizugeben. Weitere Kurse folgten. Aber auch zusammen mit Joseph Wimmer gelang es Karl Wienert nicht, das von Himmler gesuchte Gold aufzuspüren, obwohl sie anscheinend Eisen gefunden hatte; aber Eisen ist eben nicht Gold.[61]

Ab 1937 entwickelten sich die naturwissenschaftlichen Forschungen stärker im "Ahnenerbe", das zunächst geisteswissenschaftlich angelegt war. Der Mondforscher Fauth und der Welteisforscher Scultetus bemühten sich mit der "Welteislehre", Zivilisationskatastrophen wie den Brand des Luftschiffes "Hindenburg" durch luftelektrische Strömungen zu erklären.[62] Auch in diesen Versuchen sind durchaus Parallelen zum Ansinnen der Astrologen zu sehen, die Zukunft z.B. der Börse anhand von Sonnenfleckenzyklen oder anderen Sternenkräften vorherzusagen. Himmler richtete denn auch neben dem bestehenden "Wel" - "Institut für Wetterkunde" eine Abteilung zur "Überprüfung der sogenannten Geheimwissenschaften" ein. Kater vermutet darunter die Erforschung von Okkultismus und Schwarzer Magie zu Kriegszwecken, nimmt aber an, daß sie nicht zustandegekommen ist.[63] Es wird sich zeigen, daß das nicht der letzte Stand des Wissens ist.

---

[60] Himmler hatte bereits 1942 an den Einsatz Wimmers gedacht: Bei der Suche nach Sprengstoffen auf den Grundstücken der ehemaligen Synagogen in Krakau. Wimmer war Lehrer für Flugphysik an der Wittelsbacher Oberschule in München, wurde aber von Himmler häufig freigestellt und zur Ausbildung von Wassersuchern der Waffen-SS mit Wünschelruten eingesetzt (vergl. Kater, Ahnenerbe, a.a.O., S. 222).

[61] Ebenda.

[62] Kater, Ahnenerbe, a.a.O., S. 86.

[63] "Nach Stellenplan des AE 1938/39, T-58o, 122/19. Die Denkschrift (1939) erwähnt beide Abteilungen (es war auch an eine für "Tiergeographie" gedacht, W. B.) als existent, entgegen den Tatsachen." Kater, Ahnenerbe, a.a.O., S. 383 und S. 88. Ab 1939 wird das "Ahnenerbe" offiziell als Dienststelle der SS geführt. Im selben Jahr erscheint die vermutlich geschönte Bilanz des "Ahnenerbes" als "Denkschrift", worin auch das Credo der Forschung niedergelegt wird: "Gesinnung und Haltung, durch die alle Arbeit der Forschungs- und Lehrgemeinschaft 'Das Ahnenerbe' bestimmt ist und bestimmt sein wird, tragen als Wehr und Wert auf ihrem Schild: großzügig, wie es deutschen, germanischen Menschen ziemt, niemals engherzig verhaftet in Dogmen und Doktrin, wahrhaftig und streng in Forschung und Wissenschaft, nationalsozialistisch im Mut zum Bekenntnis." (Kater, Ahnenerbe, a.a.O., S. 111) Kater merkt allerdings an, daß von 34 aufgeführten Abteilungen nur 26 durch Dokumente und Zeugenaussagen belegt sind. Nicht nachweisbar sei eben auch diejenige zur Überprüfung der sogenannten Geheimwissenschaften (Kater, Ahnenerbe, a.a.O., S. 113).

In der Kriegszeit führte das "Ahnenerbe" seine volkskundlichen Forschungen weiter, vergrößerte sich dabei unaufhörlich und verleibte sich alles ein, was entfernt mit diesem Thema zu tun hatte.[64] Im Krieg gewannen die naturwissenschaftlich erforschbaren Teile der Germanentheorie eine besondere Wichtigkeit, und obwohl keine wesentlichen Ergebnisse erzielt werden konnten, bestand doch der Wunsch nach kriegswichtiger Ausnutzung der verschiedenen Forschungsfelder. Die naturwissenschaftlichen Abteilungen des "Ahnenerbes" wurden von dem Tibetforscher Ernst Schäfer geleitet.

Das "germanische Interesse" an Tibet

Mit dem Interesse an Tibet wird, neben der Germanenforschung, der Wünschelrute, der Astrologie und dem biologischen Gemüse ein weiterer Topos der New Age Bewegung angesprochen. Es ist weitgehend unbekannt, daß die SS 1938/39 unter Schäfers Leitung eine Tibetexpedition ausrüstete, auf der unter anderem auch der Dalai Lama besucht wurde. Das "Ahnenerbe" ist an der wissenschaftlichen Begleitung dieser Expedition beteiligt.[65] Die faschistischen Anthropologen vermuteten in den bis in die 30er Jahre durch hohe Berge isoliert auf einem Hochplateau lebenden großen Tibetern eine urgermanische Rasse, die sich von dort aus nach Europa verbreitet hätte. Der Anthropologe Bruno Beger nahm daher auf der Tibetexpedition auch vergleichende Untersuchungen an "Mongolen" und "Innerasiaten" vor.[66] Den Wehrbiologen erschien das Land

---

[64] So beschäftigte man sich mit der Rekrutierung von "germanischen" SS-Freiwilligen in Holland, Belgien und Norwegen und der Umsiedlung von südtiroler Bauern in die besetzten Gebiete Polens und Rußlands.

[65] Schäfer hatte in den 30er Jahren bereits zwei Reisen als Mitglied der amerikanischen Brook-Dolan-Expedition nach Tibet unternommen, bevor er 1938/39 erneut dorthin aufbrach. Kater, Ahnenerbe, a.a.O., S. 79f und Lutz Albert, "Aus Tibet heimgekehrt. Die SS-Expedition nach Tibet 1938-1939", unveröffentlichtes Manuskript. Einzelheiten über die Expedition und die Beteiligung Schäfers sind aus dessen Vernehmungen in der Flick Sache (Kriegsverbrechen der Flick AG) und seinem Affidavit im Institut für Zeitgeschichte, München SP 3, zu entnehmen. Über Schäfers Verbleib nach dem Krieg und seine Verbindung mit dem Tierfilmer und Fernsehonkel Heinz Sielmann vergl. "Der Anti-Disney", Spiegel vom 25. 3. 1959, S. 60-62 und Wolfgang Döpke, "Zur Geschichte der Sammlung ethnographischer Objekt aus Tibet in der Völkerkunde-Abteilung des Niedersächsichen Landesmuseums Hannover", in Axel Smejkal, Kult und Alltag in Tibet. Die tibetischen Sammlungen in der Völkerkunde-Abteilung des niedersächsischen Landesmuseums Hannover, Hannover 1990, Niedersächsisches Landesmuseum Hannover, Völkerkunde-Abteilung, hrsg. v. Viola König, Katalog zur Ausstellung, S. 153-156.

[66] Vergl. Sabine Schleiermacher, "Stiftung Ahnenerbe", a.a.O., S. 75. Vergl. auch Schäfer, Unter Räubern in Tibet. Abenteuer in einer vergessenen Welt zwischen Himmel und Erde, Durach 1989, Windpferd, S. 29.

wegen der isolierten Hochlage als ein unerschöpfliches Reservoir an winterhartem ursprünglichem Zuchtmaterial für Pflanzen und Tiere, das für die Besiedlung des Ostens, in den nach Hitlers Armeen die Siedler vorstoßen sollten, gesammelt wurde.[67] Im Rahmen dieser Aufgabe galt Schäfers Interesse Hunden und Pferden. Große Beachtung fanden auch die Niederwerfungen der tibetanischen Buddhisten zum Gebet, deren fatalistische Verhaltensweisen man sich auch für deutsche Soldaten wünschte.[68] Nach der Rückkehr von der Tibetreise im August 1939 mit SS-Totenkopfring und Ehrendegen ausgezeichnet und damit endgültig in den Kreis der engen Himmlerfreunde aufgenommen, übernahm Schäfer zunächst einen militärischen Sonderauftrag. Mit einem Stoßtrupp von 3o Mann sollte im Rahmen eines großangelegten Plans die tibetanische Armee gegen die Engländer in Indien aufgewiegelt werden; allerdings wird der Plan von Hitler zurückgezogen.[69] Der enttäuschte Schäfer arbeitet daraufhin mit anderen Tibetkameraden in München die Ergebnisse ihrer Reise auf und zieht dann 1943 mit dem neugegründeten "Reichsinstitut Sven Hedin für Innerasien und Expeditionen" ins Schloß Mittersill bei München. Das Institut war neben dem "Ahnenerbe" der Münchner Universität angeschlossen und darüberhinaus mit dem Reichserziehungsministerium liiert; es übernahm die Leitung aller naturwissenschaftlichen Forschungen im "Ahnenerbe" und entwickelte sich schnell dessen zur größter Abteilung.[70]

Neben Tibet bestand auch ein Interesse der Germanenforscher am Kaukasus, der als eine Brücke zwischen Asien und Europa angesehen wurde. Schäfer konzentrierte sich in der Folgezeit auf eine geplante Expedition in diese Region. Himmler hatte am 1o. 8. 1942 den Befehl zur "Totalerforschung des Kaukasus" gegeben: Das Gebiet sollte landwirtschaftlich, zoologisch, geographisch und anthropologisch untersucht werden. Im anthropologischen Teil des Unternehmens sollten praktische Konsequenzen aus den Rasselehren der Wanderung der "Urgermanen" von Tibet nach Europa gezogen werden - er lag wiederum in den Händen des Tibetkameraden Beger.[71] Dieses "Unternehmen K" fand dann vermutlich nicht statt, da mit dem Verlust der Schlacht um Stalingrad die

---

[67] Kater, Ahnenerbe, a.a.O., S. 216. Vergl. auch Sabine Schleiermacher, "Stiftung Ahnenerbe", a.a.O., S. 77.

[68] Vergl. Schäfer, Unter Räubern in Tibet, a.a.O., S. 32f.

[69] Kater, Ahnenerbe, a.a.O., S. 212.

[70] Kater, Ahnenerbe, a.a.O., S. 213.

[71] Über Beger vergl. ebenfalls Sabine Schleiermacher, "Stiftung Ahnenerbe", a.a.O., S. 74-78.

Pläne zu seiner Realisierung hinfällig wurden.[72] Nach dem Scheitern des "Unternehmens K" befaßte sich Schäfer weiter mit der Zucht von Tibethunden und besonders von Pferden - ein Projekt, dem Himmlers Interesse sehr entgegen kam.[73] In diesem Zusammenhang erteilt Himmler einen Auftrag an Schäfer, ein winterhartes Gebrauchspferd für Siedler und Soldaten im Osten zu entwicklen, das Milch gebe und auch zu schlachten sei; Schäfer forscht danach, muß aber auch dieses Vorhaben wegen des verlorengehenden Krieges aufgeben.

Die sich unterschwellig bis in die heutige Literatur zum tibetanischen Buddhismus durchhaltenden Beziehungen der deutschen Anthropologen des "Ahnenerbes" zu Tibet sind kaum bekannt.[74] Dabei geht es auch bei diesen Parallelen zwischen den heutigen jungen Trekkern und Tibetliebhabern und ihren SS-Vorgängern weniger um die realen Tibeter und deren Leben unter der chinesischen Okkupation, als um ähnlich vorliegenden Wunschkonstellationen. Bis heute wünschen sich die New-Age-Anhänger besondere Beziehung zu den Tibetern, die vermutlich viel stärker von der regressiv narzistisch geprägten Vorstellung abhängt, es existiere ein Land ursprünglicher Menschen, zu denen es zurückzukehren gälte.

Das "Institut für wehrwissenschaftliche Zweckforschung"

Zum besonderen Einsatz der Wissenschaften im Kriege gründete das "Ahnenerbe" das "Institut für wehrwissenschaftliche Zweckforschung" (IWZ). Unter diesem Dach fassten Sievers, Schäfer und Himmler Forschungen zusammen, die nicht in das traditionelle Arbeitsgebiet des "Ahnenerbes" fielen. Kriterien der Zuordnung zum IWZ waren der Grad der Geheimhaltung, die Nutz-

---

72 Himmler zog am 4. 2. 1943, einen Tag nach der Kapitulation General Paulus', den Befehl zurück.

73 In den 80er Jahren erscheinen einige seiner Tibetbücher in Neuauflage in dem Alternativverlag "Das Windpferd" in Durach, in dessen Namen das Motiv des tibetischen Sagenpferdes wieder auftaucht: Das Fest der weißen Schleier. Begegnungen mit Menschen, Mönchen und Magiern in Tibet, 1. Aufl. Durach 1988; Über den Himalaya ins Land der Götter. Tibetexpedition in den dreißiger Jahren von Indien nach Lhasa, in die 'verbotene Stadt', 1. Aufl. Durach 1989; Unter Räubern in Tibet, a.a.O. Vergl. auch die "'Windpferd'-Drucktafel", Objekt 99, in Smejkal, Kult und Alltag in Tibet, a.a.O., S. 149.

74 Zu Tibet vergl. z.B. Geshe Rabten. Lehren und Leben eines tibetanischen Meditationsmeisters, übers. u. hrsg. v. B. Allan Wallace, Hamburg 1981, Papyrus; Tschögyam Trungpa, Aktive Meditation, Frankfurt/M. 1976, Fischer; Dalai Lama, "Wissenschaft und Spiritualität" und "Seine Heiligkeit der XIV. Dalai Lama" in Rainer Kakuska (Hg.), Andere Wirklichkeiten. Die neue Konvergenz von Naturwissenschaften und spirituellen Traditionen, a.a.O, S. 13-20; Ngapo Ngavana Jignsei, Tibet, Luzern 1984, Reich; Klemens Ludwig, Tibet, München 1989, Beck.

barkeit für den unmittelbaren Einsatz für Rüstung oder Truppe und die Notwendigkeit einer starken Finanzkonzentration.[75] Das Institut bestand aus der "Schädlingsbekämpfungsabteilung" von Eduard May, aus Sigmund Raschers "Abteilung für Luftfahrtmedizin" und Hirts "Institut für anatomische Zweckforschung" an der Reichsuniversität Straßburg. In allen Abteilungen wurden die abscheulichsten Menschenversuche an KZ-Insassen durchgeführt. May tötete Häftlinge mit Insektiziden, Rascher bei Unterkühlungs- und Unterdruckversuchen für die Luftwaffe und Hirt bei seinen Versuchen mit den Kampfgasen Lost- und Phosgen.[76] Der Straßburger Anatom Hirt arbeitete mit dem Anthropologen und Tibetkameraden Bruno Beger zusammen, dessen Interesse sich bereits in Tibet und der nichtzustandegekommenen Kaukasusexpedition auf die anthropologischen Bindeglieder zwischen Ariern und Asiaten richtete.[77] Bei den Methoden, sich Forschungsgegenstände zu verschaffen, war Beger nicht zimperlich. Er suchte mit Gehilfen im KZ-Auschwitz am 6. 6. 1943 8o Häftlinge nach Rassegesichtspunkten aus, ließ diese nach Straßburg transportieren und dort vergasen, um an ihre Skelette heranzukommen. Die Knochen lagerte er in der Anatomie in Straßburg. Später ließ Beger noch weitere Häftlinge zu diesem Zweck ermorden, so daß insgesamt 122 Menschen für Begers Sammlung mit Gasen vergiftet wurden.[78] Im Juni 1944 tauchten dann Schädel, wahrscheinlich aus dieser Sammlung, in Schäfers Hauptquartier Schloß Mittersill auf. Der Historiker Michael Kater vermutet, daß Beger dort an ihnen "arbeiten" wollte. Katers These der Verbindung von Tibetinstitut-Schädelsammlung-Auschwitz geht auf das bereits 1938/39 bestehende Interesse an der vergleichenden Anthropologie während der Tibetreise zurück; diese war ein Hauptthema der Reise. Auch für das Kaukasusunternehmen war eine anthropologische Spezialabteilung mit dem Auftrag der "rassekundlichen Durchforschung der kaukasischen Stämme" unter Beger vorgesehen.[79] Unter "Durchforschung" verstand man vermutlich die Herstellung von Schädelpräparaten.[80] Materialien über die tatsächlichen Taten

---

[75] Kater, Ahnenerbe, a.a.O., S. 257.

[76] Vergl. Mitscherlich/Mielke, Medizin ohne Menschlichkeit, a.a.O., S. 20-73.

[77] Vergl. Fußnote 72.

[78] a.a.O., S. 174-182 und Kater, Ahnenerbe, a.a.O., S. 249f.

[79] Vergl. Milward, Die deutsche Kriegswirtschaft 1939-1945, Schriftenreihe der Vierteljahrshefte für Zeitgeschichte, Nr. 12, Stuttgart 1966, S. 91f; nach Kater, Ahnenerbe, a.a.O., S. 52.

[80] Dafür spricht die außerordentlich starke Bewaffnung des Trupps und die medizinische Ausrüstung mit 2o Skalpellen verschiedener Größe, 6 starken Skalpellen und 5 großen "Fleischmaschinen", vermutlich der Art, wie der Anatom Hirt sie in Straßburg zum Ab-

Begers sind nur rudimentär erhalten. Die Alliierten besetzten am 23. 11. 1944 Straßburg; Beger, Hirt und ihre Mitarbeiter Wimmer und Kiesselbach flohen über den Rhein.[81]

"Wunderwaffen"

Nach der Darstellung dieses Zusammenhanges sei noch ein anderer Bereich erwähnt, der neben den Parallelen zwischen heutigen New-Age-Anhängern und Himmlers Vorstellungen eine weitere Perspektive erkennbar macht, in der die Vernutzung der lebensphilosophischen Forschungen gesehen werden muß. Neben den Menschenversuchen, die bei der Erforschung des Germanentums und der Kriegswaffen in Kauf genommen wurden, förderte das "Ahnenerbe" auch die Entwicklung von "Wunderwaffen" auf der Grundlage des "germanischen Forschungsprogramms". In der Wunderwaffenforschung fokussieren sich drei wichtige Komponenten der NS-Forschung: Das Kriegsinteresse der NS-Elite, die Disposition der an dem Programm beteiligten Forscher und diejenige der Bevölkerung. Die NS-Rüstungsplaner handelten bis Ende 1944 nach dem Konzept der qualitativen, das heißt "arischen Überlegenheit" - was der Gegner an Quantität besaß, wurde durch Verbesserungen im Rüstungsprogramm aufzuwiegen versucht. Himmler gelang es dabei, die SS in die Produktion von Flugzeugen und Geheimwaffen hineinzubringen und stand damit in Konkurrenz zur Wehrmacht.[82] Die Wunderwaffenforschung zeigt zweierlei: Ei-

---

schälen des Fleisches von den Knochen verwendete (vergl. Kater, Ahnenerbe, a.a.O., S. 253).

[81] Kater, Ahnenerbe, a.a.O., S. 255. Hirt soll 1945 Selbstmord begangen haben (vergl. Friedrich Karl Kaul, "Das 'SS Ahnenerbe' und die 'jüdische Schädelsammlung' an der ehemaligen Reichsuniversität Straßburg", in Zeitschrift für Geschichtswissenschaft, XVI. Jg. 1968, Heft 11, S. 1460. BA NS 21/845). Beger und Fleischacker gerieten in amerikanische Kriegsgefangenschaft, kamen aber bald frei. 1971 wurde Beger wegen Beihilfe zum Mord in 86 Fällen zu einer 3-jährigen Freiheitsstrafe verurteilt (Kater, Ahnenerbe, a.a.O., S. 426). Fleischacker war ab 1971 Professor am Institut für Anthropologie und Vererbungswissenschaft der Universität Frankfurt/M. (Kaul, "Das 'SS Ahnenerbe'", a.a.O., S. 1466 und Kürschners Deutscher Gelehrten-Kalender, Berlin 1987, De Gruyter; nach Sabine Schleiermacher, "Stiftung Ahnenerbe", a.a.O., S. 76f).

[82] Kater, Ahnenerbe, a.a.O., S. 22o. Zur Raketenforschung in Peenemünde vergl. John Irving, 'Unternehmen Armbrust'. Der Kampf des britischen Geheimdienstes gegen Deutschlands Wunderwaffen, Gütersloh 1965, Sigbert Mohn und als Serie im Spiegel Nr. 44-49, 1965. Über den mittlerweile zur neofaschistischen britischen "National Front" übergewechselten Irving und seine heutigen Aktivitäten vergl. David Leigh, "Deutschland Tournee", Konkret, 1/1992, S. 52. Zur Aktualität der Peenemünder Raketenforschung vergl. Matthias Reichelt, "Schöpferische Leistungen", in Konkret, 1/1992, S. 50-51. Über die Raketenproduktion im Harz (Stollen "Mittelbau Dora") vergl. auch Hans Helmut

nerseits versuchten die Forscher, die "arische Überlegenheit" durch spiritistisch inspirierte Ideen in eine kriegsfähige Technik umzusetzen, andererseits kommt ihnen die Wundergläubigkeit der Bevölkerung in diesem Bereich entgegen. Die faschistischen Massen setzten besonders nach dem Verlust der Schlacht um Stalingrad und unter dem zunehmenden Beschuß der alliierten Bombardements besondere Hoffnungen auf die "Wunderwaffen".[83] In den "Geheimen Lageberichten des Sicherheitsdienstes der SS 1938-1945" findet sich am 1. 7. 1943 ein längerer Eintrag zu Gerüchten über neue Waffen und Abwehrmittel.[84] Es wird rapportiert, daß diese Gerüchte weit um sich gegriffen hätten und z.T. öffentlich besprochen würden. Dabei ginge es um Geschosse mit komprimierter Luft oder Raketen, um englische Städte zu beschießen, große neue Flugzeuge und "Atomzertrümmerungsbomben" oder "Nebelgranaten" mit großer Wirkung. Ebenso wurde anscheinend mit dem Einsatz "von mindestens 1000 japanischen Fliegern (sog. Todesfliegern)" und anderem gerechnet. Das wichtigste an diesen Meldungen aber bleibt der Wunsch der Bevölkerung danach, daß es diese Geräte gäbe. Diese Gerüchte lagen nicht so fern von dem, was das "Ahnenerbe" und die Wehrmacht planten. Seit jeher besitzen die scheinbar so nüchternen Militärs eine besondere Vorliebe für Geister und Parapsychologie ebenso, wie Okkultisten deren systematischen Gewaltphantasien teilen. Vermutlich handelte es sich bei Planern und Verplanten um eine ähnliche Wunschproduktion.

9. 2. 2. Astrologen, Pendler, Wünschelrutengänger und Parapsychologen im Kriege. Drei Beispiele

Nach dieser allgemeinen Beschreibung der Forschungen des "Ahnenerbes" wenden wir uns der Astrologie und den Astrologen im "Dritten Reich" zu. Es existieren verschiedene Quellen über drei Bereiche, in denen Astrologen tätig waren.

Kohl, "In diesem Stollen wütete die 'Wunderwaffe' der Nazis", Frankfurter Rundschau, 28. 12. 1991.

[83] Zu der inneren Disposition der Hoffnung auf die Wunderwaffen vergl. auch Axel Besteher-Hegebart, "Wunder. Die Hoffnung auf den Endsieg. Zeitmaße, Zeitpunkte zwischen Oder und Rhein im Frühling 1945 (2)", Die Tageszeitung, 12.3.1985.

[84] Die geheimen Lageberichte des Sicherheitsdienstes der SS 1938-1945, hrsg. von Heinz Boberach, Herrsching 1984, Pawlak Verlag, Bd. 14, "Verbreitung zahlreicher Gerüchte über neue Waffen und Abwehrmittel", 1. 7. 1943, S. 5413-5416.

Erstes Beispiel: "Aus anvertrauten Pfunden das Beste machen und Schicksalhaftes annehmen." Parapsychologie und Astrologie. Existierte die "Kommission zur Überprüfung der Geheimwissenschaften" in Straßburg?

Bei der Lektüre der angegebenen Literatur der im 4. Kapitel besprochenen Astrologen fällt ihre besondere Verbindung zur NS-Forschung auf. Es zeigt sich, daß der Psychologe und Astrologe Riemann, der selbst zur Zeit des "Dritten Reiches" als Psychoanalytiker am Berliner Göring Institut für deutsche Psychoanalyse ausgebildet wurde, aus Schrifen von Forschern zitiert, die im "Ahnenerbe" tätig waren, oder zu dessen Umkreis gehörten. Er verweist im Text auf den Paläonthologen Edgar Daqué[85] und in den Literaturangaben auf den SS-Mann und ehemaligen Dekan der philosophischen Fakultät der Reichsuniversität Straßburg, Ernst Anrich[86] und den ebenfalls an der Straßburger Universität tätigen Astrologen Thomas Ring.[87]

In diesem Kontext stößt man nun auf eine wichtige Figur in der Astrologen- und Okkultismusszene, den heute emeritierten Professor auf dem einzigen deutschen Lehrstuhl für Parapsychologie in Freiburg, Hans Bender. Bender selbst ist kein Astrologe, versteht sich aber als kritischer Experte für alle Arten von okkulten Phänomenen.[88] Daß die Parapsychologie mit positivistischen Methoden dem Geist zuleibe rücken will und ihn auf diese Weise eben nicht erfassen kann, hält weder Bender von rühriger Aktivität ab, noch fällt es bei den Anhängern der Parapsychologie als Widerspruch ins Gewicht. Daß Bender sich als selbsternannter Spezialist für Außersinnliches aus- und sich mit wissenschaftlichen Ritualen umgibt, macht seine Tätigkeit nicht seriöser. Er bedient in einer Nebensparte die gleiche Kundschaft wie die Astrologen.

---

[85] Vergl. Riemann, Lebenshilfe, a.a.O., S. 13; vergl. auch Fußnote 29.

[86] mit dessen Text Moderne Physik und Tiefenpsychologie Stuttgart 1963. Vergl. Kater, Ahnenerbe, a.a.O., S. 286, 343, 437.

[87] Zu Ring im Zusammenhang mit Bender und dem "Ahnenerbe" siehe unten.

[88] Vergl. Benders Aufsatzsammlungen, früher verstreut, heute in den drei Bänden des Piper Verlages, München, Zürich: Telepathie, Hellsehen und Psychokinese, 5. Aufl. 1984; Zukunftsvisionen, Kriegsprophezeiungen, Sterbeerlebnisse, 2. Aufl. 1986; Verborgene Wirklichkeiten, hrsg. v. Eberhard Bauer, Neuausgabe 1985. Weitere Literatur in Auswahl: Bender, Parapsychologie. Ihre Ergebnisse und Probleme, Frankfurt 1976, Fischer; Parapsychologie. Entwicklung, Ergebnisse, Probleme, hrsg. v. Hans Bender, Darmstadt 1966, Wissenschaftliche Buchgemeinschaft, Wege zur Forschung Band IV. Eine ausführliche Bibliographie Benders findet sich in Eberhard Bauer, "Zur Einführung", in Psi und Psyche. Neue Forschungsarbeiten zur Parapsychologie. Festschrift für Hans Bender, hrsg. v. Eberhard Bauer, Stuttgart 1974, DVA, S. 220-224. Vergl. auch Albert Sellner, "Freiburg - locus occultus", in Esoterik oder Die Macht des Schicksals, Kursbuch 86, a.a.O., S. 109-119, bes. 118f.

In dem untersuchten Zusammenhang sind nun Hinweise von Interesse, die auf eine Tätigkeit Benders im Rahmen des Forschungsprogramms des "Ahnenerbes" hindeuten: In der "Kommission zur Überprüfung der Geheimwissenschaften" auf ihren Kriegseinsatz 1941-1943 an der vom "Ahnenerbe" neu gegründeten "Reichsuniversität Straßburg". Zur Rekonstruktion dieser Tätigkeiten muß weitgehend auf noch unpubliziertes und selbst recherchiertes Material zurückgegriffen werden. Wie wir gesehen haben, findet Michael Kater, der Historiograph des "Ahnenerbes", keine Beweise für das tatsächliche Vorhandensein diese Abteilung. Nun lassen sich aber auf verschiedenen anderen Wegen Indizien rekonstruieren, aus denen hervorgeht, daß die Abteilung unter diesem oder einem anderen Namen doch an der "Reichsuniversität Straßburg" existiert hat. Die Universität ist nach der Besetzung des Elsaß' durch deutsche Truppen vom "Ahnenerbe" im November 1941 neu gegründet worden. Der Dekan der philosophischen Fakultät war der von Riemann erwähnte Ernst Anrich, ein Verbindungsmann der SS, der auch den Entwurf für den Ausbau der Fachbereiche erstellte. In seiner Planung war ein "Extraordinariat für medizinische Psychologie" vorgesehen, ein Lehrstuhl, der die Psychologie zwischen der Philosophie und Medizin verankern sollte. Anrich schlug dafür den Psychologen Hans Bender vor, der ihm von der Universität Bonn bekannt war und Bender bekam die Stelle.[89] Neben ihm waren Dr. Kienzle, Dr. Friedrich, Dr. Eckstein und eine Sekretärin im "Institut für Psychologie und klinische Psychologie" beschäftigt.[90] Es ist anzunehmen, daß dieses Institut mit der von Kater erwähnten Abteilung identisch ist oder zumindest eng mit ihr zusammenarbeitete. Diese unterstand wohl Himmler direkt[91], ohne den Umweg über das "Ahnenerbe", gleichwohl erwähnt der Geschäftsführer der SS-Stiftung, Sievers, die Abteilung in zwei verschlüsselten Meldungen in seinen Tagebüchern.[92]

---

[89] Angaben nach Geuter, Professionalisierung, a.a.O., S. 143. Vergl. auch Bauer, Psi und Psyche, a.a.O., S. 7-12.

[90] Vergl. Geuter, "Zeugenschrifttum", a.a.O., Gespräch mit Hans Bender am 24. 3. 1979 in Freiburg, S. 85 und Brief des Sohnes von Prof. Dr. Richard Kienzle, Prof. Dr. Werner Kienzle, vom 1. 9. 1988 an mich.

[91] Laut brieflicher Aussage von Prof. W. Kienzle vom 25. 6. 1988.

[92] Eintrag vom 21. 8. 1941: "11 Uhr bis 12.45 Uhr SS-O'Stbf Dr. Spengler: (...) Okkultismus. Schaffung einer Zentralstelle." (nach Tagebuch Sievers T-580, Berlin Document Center [BDC]). Am 8. 9. 1941 wird der Kurator Wüst über das Gespräch unterrichtet (ebenda). Obersturmbannführer Spengler wird ab 1943 zuständig für die Abteilung III c (Kultur) im "Ahnenerbe" (vergl. Kater, Ahnenerbe, a.a.O., S. 346f). Ein weitere Eintrag findet sich am 22. 9. 1942: "19.30 bis 23.00 SS-Stubaf. Dr. Schneider, Prof. Krieg, Dr. Bomann (thematisch eine Unterredung zur Durchführung des Kaukasusunternehmens,

Die in Benders Institut durchgeführten Versuche befaßten sich unter anderem mit der Testung von Astrologie und Wünschelrute, auch auf ihre Kriegsverwendungsfähigkeit hin. Der Astrologe Thomas Ring befand sich 1944 unter den getesteten Sterndeutern, ebenso ein Stuttgarter Wünschelrutengänger.[93] Daß Bender Forschungen über die Wünschelrute im Kontext des "Ahnenerbes" anstellte, läßt sich auch aus seinen Äußerungen im Nachwort zum Buch des Leipziger Biologen und Lebensphilosophen Hans Driesch[94] vermuten. Er schreibt dort: "Bestehen vielleicht Brücken zu den angeblichen Strahlungen, die von den deutschen Forschern Wüst und Wimmer, auch von Dannert und anderen im Zug der Untersuchung der Wünschelrutenphänomene festgestellt wurden?"[95] Bender bewegt sich aber durchaus im Forschungskontext der SS-Stiftung. Der genannte Wimmer könnte mit Joseph Wimmer identisch sein, der im Auftrag des "Ahnenerbes" im KZ-Dachau SS-Wehrgeologen ausbildete. Darüber hinaus wurden in Straßburg Versuche mit Pendlern unternommen, denen man Photos von Personen vorgelegte, über die Angaben erwartet wurden; die Trefferquote soll allerdings nicht über der erwarteten Wahrscheinlichkeit gelegen haben.[96]

Über die weiteren Aktivitäten des Instituts kann man nur mutmaßen. Auf mögliche Forschungsrichtungen weisen vielleicht Aussagen von Bender im Nachwort zu Drieschs "Parapsychologie" hin, in denen er angibt, es könnte ein Ziel

---

W. B.) (...) 5. Die Bedeutung der Parapsychologie bei der Erforschung fremder Volksstämme." (Tagebuch Sievers, BDC) Ein direkter Hinweis findet sich nicht.

[93] Brief Prof. Kienzles vom 1. 9. 1988. Bender setzte nach dem Krieg in Freiburg seine Überprüfungen der Astrologen fort. In dem Aufsatz "Astrologie und Aberglaube" (überarbeitete Fassung von 1985 in Bender, Verborgene Wirklichkeiten, a.a.O., S. 212-243) berichtet er von diesen Tests als "positiver Kritik des Aberglaubens" (vergl. ebenda, S. 238-242; vergl. auch H. Bender/U. Timm, "Ergebnisse einer Umfrage unter Astrologen", in Zeitschrift für Parapsychologie und Grenzgebiete der Psychologie, 10 (1967), S. 115-130).

[94] Zu Driesch und seinem Konzept des Neovitalismus und der Entelechie vergl. H. J. Störig, Kleine Weltgeschichte der Philosophie, Frankfurt/M., Fischer, S. 561-563 und Max Horkheimer, "Hans Driesch zum 60. Geburtstag", Ges. Schr. Bd. 2, a.a.O., S. 158-161.

[95] Bender im Nachwort zu Hans Driesch, Parapsychologie, 4. Aufl. Frankfurt/M. 1984, Fischer, S. 175) Ein zweiter Wimmer, der Mediziner Dr. med. habil. Karl Wimmer, findet sich als Sektionsleiter der Abteilung "H" (für Hirt) im Straßburger "Institut für Wehrwissenschaftliche Zweckforschung" in unmittelbarer Nachbarschaft zu Benders Straßburger Institut (vergl. Kater, Ahnenerbe, a.a.O., S. 248). Die Angaben Dannert und Wüst sind unklar. Wüst war der Münchner Kurator des "Ahnenerbes", es könnte allerdings auch eine Verwechselung mit Karl Wienert vorliegen, der ebenfalls im "Ahnenerbe" mit Joseph Wimmer zusammen die Wünschelrutenexperimente durchführte (s.o.).

[96] Brief Prof. Kienzles vom 2. 11. 1988.

seiner Forschung sein, die Bewußtseinskontrolle von Versuchspersonen durch Drogenexperimente oder Elektroschocks zu vermindern. Bender nimmt Drieschs Forderung nach Vermehrung der Anzahl der Versuchspersonen auf: "(Driesch) denkt an Suggestion oder chemische Mittel, um den bei 'normalen' Menschen im Unterschied zum 'Metagnomen' wahrscheinlich unbewußt bleibenden paranormalen Fähigkeiten zum Durchbruch zu verhelfen. Die quantitativ-experimentelle Forschung ist zunächst andere Wege gegangen."[97]

Damit spricht Bender die Hinwendung der Parapsychologie zu statistischen Experimenten mit Karten u.ä. an, eine Forschungsrichtung, die vor allem der Amerikaner J. B. Rhine verfolgt. Die Frage ist allerdings, ob nicht auch parallel oder in Kombination mit dieser Richtung die Drogenexperimente weiter verfolgt worden sind. Denn Bender zitiert anschließend den Amerikaner Thouless, der 1948 auf der Parapsychologen-Tagung unter dem Motto "Die nächsten 10 Jahre Forschung" ebenfalls für Drogenexperimente plädiert habe. Bender: "Wie Driesch schlägt Thouless die Verwendung von Pharmaka mit der Empfehlung vor, daß es 'unwahrscheinlich ist, daß durch zufälliges Ausversuchen dieses oder jenes Pharmakons der Erfolg erreicht wird, sondern vielmehr durch die Feststellung, welche besonderen normalen Funktionen ausgeschaltet oder enthemmt werden müssen und durch eine ... (Auslassung bei Bender) den gewünschten Effekt herbeiführende Wahl des Pharmakons oder eine Kombination von Pharmaka.'"[98] Bender weiter: "Es versteht sich von selbst, daß die hier in Frage stehenden praktisch-versuchstechnische Schwierigkeit nur durch eine vertiefte Einsicht in des Wesen der Psi-Phänomene überwunden werden kann. Anhaltspunkte in der von Thouless vorgeschlagenen Richtung scheinen Versuchsergebnisse Urbans an der psychiatrisch-neurologischen Klinik der Universität Insbruck zu geben, der eine Zunahme der Trefferzahl nach Elektroschocks, also nach Schwächung der kortikalen Steuerung feststellte."[99] Es wirkt befremdlich, daß Bender hier Menschenversuche mit Elektroschocks und Drogen unter der Kategorie der "praktisch-versuchstechnischen Schwierigkeit" diskutiert und nicht unter ethischen Gesichtspunkten betrachtet.[100]

---

[97] Bender in Driesch, Parapsychologie, a.a.O., S. 171.

[98] Thouless nach J. Parapsych., 1948, 12, S. 115; nach Bender in Driesch, Parapsychologie, a.a.O., S. 171.

[99] Bender in Driesch, Parapsychologie, a.a.O., S. 172.

[100] Daß Bender keine ethischen Vorbehalte vor Drogenversuchen besitzt, zeigt sich darin, daß er bereits in Bonn, angeregt von der Firma Boehringer in Mannheim, zum gleichen Zweck mit Testpersonen Mescalin-Versuche durchgeführt hatte. Vergl. Geuter, "Zeugenschrifttum", a.a.O., S. 86. Der von ihm zitierte Mediziner Urban ist vermutlich mit Hubert Urban identisch, der an der Innsbrucker Uniklinik seit 1938 Professor war. Vergl. Kürschners Deutscher Gelehrtenkalender 1961 hrsg. v. Werner Schuder, a.a.O., 2143.

Die Straßburger Fragestellungen und Materialen bilden auch den Grundstock für Benders Tätigkeit nach dem Kriege. Als die Alliierten am 23. 11. 1944 Straßburg überraschend einnehmen, gelingt es ihm, sich mit den Ergebnissen seiner Untersuchungen über den Rhein nach Freiburg abzusetzen.[101] Er beginnt in Freiburg eine zweite Karriere, indem er zunächst erneut ein Institut für Parapsychologie eröffnete, das durch Gelder aus Münchner Mietshäusern der Okkultistin Fanny Moser finanziert wird und bis heute besteht. 1967 wird er ordentlicher Professor und 1974 Dekan der philosophischen Fakultät.[102] Inzwischen ist Bender als Experte für Okkultes in allen Medien präsent, sieht sich aber immer wieder heftigen Attacken durch Aufklärer und die Presse ausgesetzt, die ihn einerseits als Unterhalter schätzt, ihn andererseits aber auch, wie der "Spiegel", verfolgen.[103]

Diese zweideutige Haltung des "spukgläubigen Spukforschers" zeigt sich auch in seiner Einschätzung der Astrologie, zu der er in einem ausführlichen Aufsatz Stellung nimmt.[104] Bender sympathisiert mit der Gruppe der "besonnenen Anhänger", die er in Sätzen beschreibt, die in ihrer schlagenden Hellsichtigkeit durchaus Julchen Schrader Konkurrenz machen können: "Das Horoskop erscheint diesen besonnenen Anhängern als ein Mittel der Selbsterkenntnis, das der Freiheit des Zu-sich-selbst-Stellung-Nehmens und Sichverwandelns keine Schranke setze. Es bedeute nicht eine Festlegung, sondern einen Anruf, aus anvertrauten Pfunden das Beste zu machen und Schicksalhaftes anzunehmen."[105] In einer weiteren Stelle heißt es dann: "Man wird sehen, daß die Astrologie eine aus dem Urerlebnis 'wie oben so unten' stammende Gestalten-

---

[101] Brief Prof. Kienzles vom 25. 6. 1988.

[102] Vergl. E. Bauer, Psi und Psyche, a.a.O., S. 7-12.

[103] Der Spiegel berichtet seit Jahrzehnten regelmäßig über Bender als Spukexperten, der immer dann auftaucht, wenn es einen Spuk zu dokumentieren gilt. Bender tut das ausführlich auch im Fernsehen. Bekannt sind u.a. die Filme von Rainer Erler aus der Reihe "Das Blaue Palais", die z.T. in den Institutsräumlichkeiten gedreht wurden und in Bender sowohl einen Berater, als auch ein Vorbild besaßen. Dabei ist Benders Vorgehen aber immer heftig umstritten, im Spiegel werden seine Aktionen eher belächelt, ihnen aber dennoch große Aufmerksamkeit geschenkt, was durch mehrere Titelgeschichten und regelmäßige Berichte über Parapsychologie, Gabelverbieger Uri Geller, Ufo-Phänomene und Astrologie zum Ausdruck kommt (vergl. Spiegel 35/1965; 9/1967; 3/1968; 11/1968; 49/1974; 10/1977; 34/1983; 14/1984; 3/1986).

[104] Bender, "Astrologie und Aberglauben", a.a.O., in ders., Verborgene Wirklichkeiten, a.a.O., S. 212-243.

[105] Bender, "Astrologie und Aberglaube", a.a.O., S. 238.

kunde ist, in der die Gnosis, eine intuitiv-spekulative Art des Erkennens, anstelle des Logos, das Symbol anstelle des Begriffs tritt."[106]

Wir finden bei Bender also auch die im Jargon der Eigentlichkeit gehaltene geisteswissenschaftlich-lebensphilosophische Argumentation wieder, wenn er das begriffliche Denken gegen das Symbol ausspielen will. Da ist deutlich, auf welcher Seite die Sympathien sitzen, obwohl Bender selbst sich am Ende seines Artikels vornehm zurücknimmt und nach solchen mit Ideologie aufgeladenen Sätzen eine Bescheidenheit an den Tag legt, die man ihm nicht so richtig glaubt, wenn es heißt: "Ich habe auch noch kein Urteil über die merkwürdige Tatsache, die mich so perplex gemacht hat, daß einige qualifizierte Astrologen aufgrund des Horoskops anscheinend so überraschende Charakterschilderungen geben können."[107]

Bender glaubt fest daran, für sich die Position des unbeteiligten, besonnenen Dritten reservieren zu können, der als Experte über den Dingen steht. Er organisiert in seiner Sparte den Widerstand derjenigen gegen die positivistische Wissenschaftsgläubigkeit, die die wirklichen Hintergründe des Positivismus nicht verstehen. In endlosen Wahrscheinlichkeitsreihen werden nach einer vom US-amerikanischen Parapsychologen Rhine entwickelten Verfahren stochastische Verbindungen zwischen gelegten Karten und Telepathie, Hellsehen, usf. zusammengestellt[108], die in schöner Regelmäßigkeit entweder als Schwindel entlarvt werden oder als Zahlen keinen Wert besitzen, außer dem Gemeinplatz, daß es jenseits der positivistischen Physik auch etwas anderes gibt. Daß die Parapsychologie ebenso wie die Astrologie dennoch mit Interesse verfolgt und weiterbetrieben wird, verweist auf zwei Zusammenhänge. Einerseits wird der Unmut der Menschen an der von der Wissenschaft mitverwalteten Welt selbst wieder in einer Disziplin, der Parapsychologie, zusammengefaßt, die in Zielen und Mitteln den anderen positivistischen Disziplinen in nichts nachsteht und aus Gründen der auszuborgenden Seriosität zu überholen trachtet, wodurch ein fetischistischer Gebrauch der Methoden selbst auch in der etablierten Wissenschaft deutlicher zutage tritt. Andererseits ist eine Legitimation der Parapsychologie zu vermuten, die im militärischen Bereich liegt.[109] Ich habe bereits im

---

[106] Bender, "Astrologie und Aberglaube", a.a.O., S. 221f.

[107] Bender, "Astrologie und Aberglaube", a.a.O., S. 242. Vergl. auch Benders Beitrag auf dem Symposions "Magie und Sicherung" des Kongresses der Deutschen Gesellschaft für Psychotherapie und Tiefenpsychologie 1958 in Wiesbaden, siehe Kapitel 2.

[108] Vergl. Bender, Parapsychologie, a.a.O., S. 95-99 und Kapitel 6, Fußnote 18.

[109] Vergl. z.B. die militärisch ausgerichteten Reklameschriften für die Profession der Parapsychologen von Ernst Meckelnburg, "Die Psi Front. Paraphänomene und paraphysikalische Techniken für militärische und Spionagezwecke in Ost und West", Serie in Zft

Zusammenhang mit der Wunderwaffenforschung im "Ahnenerbe" darauf hin gewiesen, daß eine große Verwandtschaft in der Wunschlogik der Militärs und der Okkultisten besteht. Doch bevor weitere Schlüsse daraus gezogen werden, befasse ich mich mit zwei weiteren Institutionen des "Dritten Reiches", in denen Astrologen eingesetzt wurden.

Zweites Beispiel: Der Astrologe Karl Krafft als Goebbels Nostradamus

Über die Geschichte der Astrologie in Deutschland informieren die bisher nur in England erschienen Bücher von Ellic Howe, die auf Gesprächen mit deutschen Astrologen basiert.[110] Howe kam als Offizier der englischen Gegenpropaganda im zweiten Weltkrieg mit von Goebbels in Auftrag gegebene astrologischen Nostradamusschriften in Kontakt und recherchierte ihre Entstehung nach dem Krieg auf dieser Grundlage weiter. Seinem Buch sind Informationen über die Konstituierung der astrologischen Gesellschaften von 1870 bis 1945, ebenso wie die Überlebensversuche und die Kollaboration verschiedener Astrologen während der NS-Zeit zu entnehmen.

Astrologen im "Dritten Reich"

Howe verfolgt die Entstehung der Astrologie in Deutschland in der Theosophischen Gesellschaft und nennt dort vor allem Dr. Wilhelm Hübbe-Schleiden (1840-1916) und Karl Kiesewetter (1854-1895) als Autoren.[111] Vor dem ersten Weltkrieg werden Hugo Vollrath, der Mann, der die "Vollrathaffaire" provozierte, nach der Rudolf Steiner seine eigene Anthroposophische Gesellschaft gründete, und Karl Brandler-Pracht als Astrologen genannt. Howe kommt zu dem Schluß, daß es vor 1914 keine identifizierbare deutsche astrologische Bewegung außerhalb des theosophischen Milieus gegeben habe. Ein Boom habe erst in der Nachkriegszeit der 20er Jahre eingesetzt. Er verfolgt mehrere Astrologen aus der "Thulegesellschaft" und um Hitler, wie von Sebottendorf, Wilhelm Gutbarlett und Elsbeth Ebertin, allerdings ohne über Hypothesen hinauszukommen.

"Esotera", Freiburg 1984, Bauer Verlag, Nr. 9-12 und von Sheila Ostrander/Lynn Schroeder, Psi. Die wissenschaftliche Erforschung und praktische Nutzung übersinnlicher Kräfte des Geistes und der Seele im Ostblock, Bern, München, Wien, 6. Aufl. 1972, Scherz.

[110] Ellic Howe, Astrology and the Third Reich, a.a.O. und ders., Urania's Children. The Strange World of Astrologers, London 1967, William Kimber.

[111] Howe, Astrology, a.a.O., S. 79.

Von einem gewissen Interesse ist dagegen die Geschichte der astrologischen Gesellschaften.[112] Howe zeichnet die Entwicklung der Astrologenkongresse des "Zentralen Astrologischen Büros" und des "Statistischen Zentralbüros" nach und entwickelt die Hintergründe der Verbindung von Astrologie und Psychologie, die in Deutschland nach seiner Interpretation aus einer Synthese der Astrologie mit C. G. Jungs, Ernst Kretschmers und Ludwig Klages' Theorien entstanden sein soll. Der Jung-Schüler Schmitz sei 1922 der Meinung gewesen, daß Astrologie etwas wäre, auf das die Psychologie gerade gewartet habe.[113] Die Zuneigung war aber durchaus gegenseitiger Natur, wie das 6. Kapitel zeigte. Die Astrologie, deren traditionellen Felder finanzielle Hilfe, Heirat, Arbeitsfähigkeit, und Dispositionen verschiedenster Art waren, wurde durch den Anschluß an die Tiefenpsychologie enorm aufgewertet. Dummerweise aber konnten die wenigsten Astrologen mehr als ein Horoskop zeichnen. Anders Schmitz und seine Handvoll Freunde, die eine Verbindung der Astrologie zur "Charakterologie", der psychologischen Typenlehre, die selbst zwar als Schule in der akademischen Psychologie und Psychiatrie existierte, aber wiederum keine engeren Verbindungen zu Jungs oder Freuds analytischer Psychologie besaß. Neben Schmitz und der Baronin Olga von Ungern-Sternberg war Herbert Freiherr von Kloeckler (1869-1950) mit seinen Texten "Grundlagen für die astrologische Deutung" (1926) und "Sterne und Mensch" der wichtigste Autor dieser Gruppe.

Howe schätzt zusammenfassend, daß zwischen 1921 und 1941 etwa 400 astrologische Bücher und Pamphlete erschienen sein mögen. Von 1926-1931 gab es mehr als 26 verschiedenen Jahrbücher, die zumeist von professionellen Astrologen verfaßt worden sind. 1928 existierte ein halbes Dutzend speziell monatlicher oder 2-monatlicher Magazine für praktizierende Astrologen.

In den 30er Jahren erfolgte ein Versuch der Nazis, die Astrologengesellschaft gleichzuschalten, der NSDAP-Parteigenosse Pfefferkorn gründete im Herbst 1932 die "Arbeitsgemeinschaft Deutscher Astrologen".[114] Howe berichtet, daß in der Folgezeit die Publikation von Hitlers Horoskop wieder beliebter wurde, bis 1934 das Propagandaministerium Order an die Verleger gab, die Horoskopie über Hitler und andere Nazigrößen zu unterbinden. Viele Astrologen wie Hugo Vollrath und Theodor Becher traten der NSDAP bei und veröffentlichten Artikel, in denen sie Astrologie und nordische Rasse gleichsetzten: So z.B. Reinhard Ebertin ("Mensch im All"), "Professor" Ernst Isberner-Haldane

[112] Howe, Astrology, a.a.O., S. 78-103.

[113] Oskar A. H. Schmitz, Der Geist der Astrologie, 1922.

[114] Zum folgenden vergl. Howe, Astrology, a.a.O., S. 104-119.

("Die Chiromantie"), Lanz von Liebenfels, "Praktisch-empirisches Handbuch der arisophischen Astrologie" (Berlin 1933). Die Astrologen versuchten sich mit Ley, dem Chef der deutschen Arbeitsfront, zu einigen, um in deren freiberufliche Sektion aufgenommen zu werden - ein Verfahren, das ab 1935 möglich war. 1937 aber wurden verschiedene astrologische Zeitschriften eingestellt. Der letzte Astrologenkongreß vor dem Krieg fand 1938 in Starnberg unter der Auflage statt, daß nichts publiziert werden durfte. Im Rahmen der offiziellen Propaganda waren dann alle eigenen Aktivitäten außerhalb des Goebbelschen Ministeriums untersagt. Nach Heß' Englandflug am 10. Mai 1941 soll auf einer Sitzung am 12. 5. 1941 von Bormann die Version eines astrologischen Hintergrundes der Aktion vorgeschlagen worden sein.[115] Im "Völkischen Beobachter" erschien daraufhin am 14. 5. 1941 ein Artikel mit folgender Passage: "Wie in Parteikreisen gut bekannt ist, litt Rudolf Heß lange Jahre unter einer schlechten Gesundheit und hatte Kontakt zu randständigen Hypnotiseuren, Astrologen usw. Wie weit diese Leute für die geistige Verwirrung verantwortlich sind, die ihn zu dem jetzigen Schritt gebracht hat, muß noch ermittelt werden."[116] Heß' Interesse für Okkultismus, Anthroposophie und Homöopathie ist bekannt.[117] Viele Astrologen wurden verhaftet, aber bald wieder freigelassen; sie erhielten aber weitgehend Publikationsverbot.[118]

Der Autor des Textes, Ellic Howe, ein Freund Professor Benders[119], ist selbst astrologiegläubig und behandelt die Astrologie wie eine ernstzunehmende Bewegung, deren Entwicklung er eindimensional und unkritisch beschreibt, ohne zu bemerken, daß sie nur im Schlagschatten der herrschende Verhältnisse existiert. Er versteht sich selbst als Kritiker, bleibt dabei aber an den Gegenstand gebunden, von dem er sich absetzen will. Seine Arbeit besteht im wesentlichen aus einer Anhäufung von Namen und Details und besitzt insofern informatori-

---

[115] Vergl. Hans Frank, Im Angesicht des Galgens, 1953, S. 411, nach Howe, Astrology, a.a.O., S. 192.

[116] Nach Howe, Astrology, a.a.O., S. 192.

[117] In Helmut Heiber, Walter Frank und sein Reichsinstitut für Geschichte des neuen Deutschlands, Stuttgart 1966, S. 806, nach Howe, Astrology, a.a.O., S. 192, Fußnote 2, findet sich ein Hinweis darauf, daß Heß eine Zahlung 12 Millionen RM und eine Unterstützung von jährlich 2 Millionen RM für ein projektiertes "Zentralinstitut für Okkultismus" gefordert hat.

[118] Über die Behandlung einiger Astrologen nach ihren Aussagen vergl. Howe, Astrology, a.a.O., S. 197-203.

[119] Zum Verhältnis Howe-Bender-Krafft vergl. auch Bender, "Der Nostradamus-Boom", in ders., Zukunftsvisionen, a.a.O., S. 47f.

schen Charakter; sie bleibt aber ohne ein generelles Verständnis der Funktion der Astrologie weitgehend wertlos und befördert, wenn man sie nicht kritisch liest, letztlich den Glauben an die Astrologie noch weiter. Um zu zeigen, wie ohnmächtig und zugleich größenwahnsinnig die Vorstellungen der Astrologen im Kleinen die der Machthaber im Großen wiedergeben und wie sie in deren Sinne sich zur Manipulation und Propaganda hergeben, bietet es sich an, diese Struktur am Beispiel des im zweiten Teil von Howes Buch beschriebenen Schweizer Astrologen Karl Friedrich Krafft zu verfolgen, der in Goebbels Auftrag astrologische Kriegspropagandaschriften verfaßte.[120]

Goebbels hatte schnell erkannt, welchen Wert astrologische Schriften für die Propaganda besaßen, da diese schon Propaganda in einer Rohform darstellen, die nur noch einen Feinschliff benötigt. Er beschäftigte Krafft damit, neue Übersetzungen des französischen Astrologen Nostradamus (1503-1566) herzustellen, dessen dunkle Texte eine gut fließende Quelle für alle möglichen subjektiven Ausdeutungen abgeben.[121] Am 27. 3. 1940 soll Goebbels laut Howe die Nostradamusbroschüre in Druck gegeben haben, bis Mitte 1940 wurden mehrere Tausend Kopien gedruckt und wohl auch verteilt: 25.000 in Kroatisch, 20.000 in Französisch, 10.000 in Serbisch, je 5000 in Schwedisch, Rumänisch und Holländisch und 3000 in Englisch für die USA.[122] Zur Zeit des deutschen

---

[120] Kraft hatte sich zuvor in verschiedenen Bereichen versucht, sein Leben ist insofern exemplarisch für die Karriere und die Arbeitsfelder eines Astrologen. Er studierte bei dem Engländer Karl Pearsson in London Statistik und arbeite mit dem Genfer Pädagogen Adolphe Ferrière zusammen. Anschließend war Krafft in der Züricher "Guhl" Bank, im Kaufhaus "Globus" und im Verlag "Orell Füsseli" damit befaßt, für die Personalabteilungen Horoskope von Mitarbeitern zu erstellen. Nebenbei schrieb er Börsenvorhersagen (Howe, Astrology, a.a.O., S. 132-144).

[121] Howe, Astrology, a.a.O., S. 173. Frühe Nostradamusausgaben liegen u.a. von C. Loog, Die Weissagungen des Nostradamus, bis zur 5. Auflage im Johannes Baum Verlag, Pfullingen und Dr. H. H. Kritzinger, Mysterien von Sonne und Seele, 1922 vor. Im Dezember 1940 erschien eine Ausgabe seiner Les Phophetiées de Michel Nostradamus, die im RuSHA gedruckt wurde, nicht gekauft werden konnte und 299 Exemplare umfaßte. Als Herausgeber fungierte die "Deutsche Metaphysische Gesellschaft", Pragerstr. 17, Berlin W 50. Die bis heute verwendeten Nostradamusausgaben stammen aus dieser Kriegspropaganda. So fällt in den 70er Jahren noch der englische Pop Sänger Al Stewart mit dem Song "Nostradamus" auf seinem ersten Album "Past, Present and Future" auf Goebbels Propaganda herein, wenn er dort einen Vers zitiert, der von Hitlers Sieg im Zweiten Weltkrieg handeln soll. Stewart gibt ein Buch von Erika Cheetham, "The Centuries of Nostradamus" von 1973 an. Auch Bender greift für seiner Analyse der modernen Nostradamus-Welle auf Hows Material zurück. Vergl. Bender, "Der Nostradamus-Boom", in ders., Zukunftsvisionen..., a.a.O., S. 41-50.

[122] Vergl. W. A. Boelke, Kriegspropaganda 1939-41: Geheime Ministerkonferenzen im Reichspropagandaministerium, Stuttgart 1966; nach Howe, Astrology, a.a.O., S. 165.

Einmarsches in Belgien wurden ebenfalls Flugblätter mit Nostradamusprophezeiungen abgeworfen, die vermutlich aus Kraffts Feder stammten.[123] Mit dieser Aktion hängt das Entgegenkommen von Vichy-Frankreich zusammen, 1940 andere Nostradamusausgaben zu verbieten.[124]

Nach Heß' Englandflug im Mai 1941 wurde Krafft mit anderen Astrologen verhaftet und arbeitete in einer Außenstelle des Propagandaministeriums Horoskope von alliierten Militärs und Politikern aus, so unter anderem einen Text "Die Rooswelts - unglücklicher Stern über Amerika", in dem die USA als in der Hand von Freimaurern und Juden befindlich beschrieben wird.[125] Howe zitiert über diese Pläne aus Goebbels Tagebuch: "19. 5. 1942. Berndt hat einen Plan aufgestellt, wie wir die Hilfe des Okkultismus in unserer Propaganda nutzen können. Da kommen wir weiter. Die Engländer und Amerikaner fallen leicht auf soetwas herein. Deswegen pressen wir alle Experten für okkulte Prophezeiungen in den Dienst, die wir finden können. Nostradamus muß wieder herhalten, um zitiert zu werden."[126] Howe möchte das Zitat als Beispiel für die Funktionalisierung der armen Astrologen durch die Propaganda anführen. Das Gegenteil aber ist der Fall: Goebbels besaß durchaus ein genaues Verständnis für das, was für seinen Verwendungszweck in der Astrologie angelegt ist und über die Vorstellungen der Astrologen selbst von den propagandistischen Möglichkeiten ihres Geschäftes hinaus geht. Krafft wurde, als er nicht mehr nützlich war, nach einigen Umzügen am 8. 1. 1945 in Buchenwald ermordet, seine vielfältigen Kontakte zur NS-Elite konnten ihn nicht mehr retten.[127]

Auf Seiten der Engländer kam es ebenfalls zur Beschäftigung eines deutschen Astrologen von der "Special Operations Executive" (SOE) zur Gegenpropaganda. Es handelte sich um Ludwig von Wohl, geboren 1903 in Berlin

---

[123] Nach Walter Schellenberg, Memoiren, hrsg. v. Gita Petersen, Köln 1959, S. 105.

[124] So z.B. De Fontbrune, Les Prophéties de Maitre Michel Nostradamus und E. Ruir, La grande Carnage d'apres les Prophéties de Nostradamus 1938-47, Paris 1938, nach Howe, Astrology, a.a.O., S. 186. Diesen Passus gibt Bender in seinem Nostradamusaufsatz anders wieder. Wo Howe vom Verbot der de Fontbruneschen Schriften als deutscher Prapagandaaktion schreibt, spricht Bender von Beschlagnahme und Verbrennung wegen "angeblicher Deutschenfeindlichkeit" (ebenda, S. 44). Der Akzent liegt nun auf der Deutschenfeindlichkeit der Schriften, die sie nachträglich aufwertet und nicht mehr auf der Goebbelschen Propagandamaßnahme, die das Verbot von Konkurrenzschriften durchaus mit umfaßte.

[125] Howe, Astrology, a.a.O., S. 225ff.

[126] Rückübersetzt aus The Goebbels Diaries, translated and edited by Louis Lochner, 1948; nach Howe, Astrology, a.a.O., S. 226.

[127] Vergl. Howe, Astrology, a.a.O., S. 231.

und von jüdischer Abstammung, der sich dann nach der Flucht aus Berlin Louis de Wohl nannte und mit der Abfassung von astrologisch getarnten propagandistischen Zeitungsartikeln beschäftigt wurde. De Wohl reiste in dieser Mission zwischen 1941 und 1942 ebenfalls nach Amerika.[128] 1943 stieß Ellic Howe selbst zu Sefton Delmer, von 1941-1945 Chef der Abteilung "Political Warfare Executive", der britischen Gegenpropaganda im Secret Service und produzierte mit De Wohl drei gefälschte Nummern der von Dr. Korsch in Deutschland herausgegebenen Astrologiezeitschrift "Zenit": Zwei Oktavausgaben vom Januar und März 1943 und eine Miniatur "Feldpostausgabe" vom April 1943. Die letzte Nummer richtete sich besonders an deutsche U-Boot-Besatzungen. Die Büchlein enthielten auf der Basis abgehörter Daten von abgeschossenen Schiffen Vorhersagen wie: "1. April: Unvorteilhaft für U-Boote, in See zu stechen. 4. April: Besser nicht auslaufen, wenn das Horoskop des Kapitäns unvorteilhaft ist. 9. April: Günstig für neue U-Boote, ungünstig für alte. 20. April: Sehr schlecht für U-Boote usf."[129] De Wohl präsentierte auch eine eigene Nostradamus-Ausgabe mit dem Titel "Nostradamus prophezeit den Kriegsverlauf."[130]

Die Versuche von Ellic Howe, die Astrologie mit der Herrscherclique des "Dritten Reiches" in Verbindung zu bringen, ist für die Astrologen denn doch zuviel der Ehre. Howe bewegt sich in einem vagen "biographischen" Geschichtsbild[131], das bei ihm auch weitgehend seine Methode bestimmt: Der Glanz der NS-Größen soll auch auf die Astrologen fallen. Es ist an keinem Punkt ersichtlich, warum Krafft und seine Astrologie diese Bedeutung verdienen sollte, die Howe ihm einräumt. Seine einzelnen Ideen sind größenwahnsinnig und werden auch in der Summe nicht besser. Es zeigt sich, daß Howe selbst astrologiegläubig ist, wenn auch in der etwas verschobenen Weise, die wir bei Watson und Bender kennengelernt haben; er sieht das Heil in der Wissenschaft, die die kosmischen Einflüsse bestätigen soll.[132] Seine Quellen sind dubi-

---

[128] Vergl. seine Autobiographien I followed my Stars, 1937 und Stars of War and Peace, 1952. Nach dem Krieg konvertierte er vom Judentum zum Katholizismus und schrieb eine Reihe von religiösen Novellen, die ihn berühmt machten, so u.a Das ruhige Leben, 1950, über Aquinatus; nach Howe, Astrology, a.a.O., S. 204-218

[129] Nach Howe, Astrology, a.a.O., S. 216f.

[130] Als Autor wurde Dr. Bruno Winkler, Weimar, angegeben, vergl. Howe, Astrology, a.a.O., S. 217.

[131] Vergl. Leo Löwenthal, "Die biographische Mode", in Sociologica I. Aufsätze Max Horkheimer zum Sechzigsten Geburtstag gewidmet, 2. Aufl. Frankfurt/M. 1955, EVA, S. 363-386, jetzt in ders., Schriften I, a.a.O., S. 231-257.

[132] Er zitiert die Versuche von Gauquelin und Piccardi und schließt mit dem Credo: "It is difficult to know whether or not there is a road that will evantually connect the areas

os. Alle seine Informanden sind astrologiegläubig, die wichtigsten von ihnen so schwer, daß selbst ein Hans Bender darunter als Aufklärer erscheint.[133]

Drittes Beispiel: Wilhelm Th. Wulff und das Pendelinstitut der deutschen Kriegsmarine

Auf deutscher Seite hatte der Hamburger Astrologe Wilhelm Th. Wulff im Dienst der Marine die Prophezeiungen, die Louis de Wohl für die englische Propaganda angefertigt hatte, wiederum zu überprüfen. Seine Autobiographie enthält weitere Angaben darüber, daß im Rahmen der Reichswehr ebenfalls Versuche zur Verwendung von okkulten Fähigkeiten unternommen worden sind, an denen Wulff selbst teilgenommen hat.[134] An dem Setting und an den Zielen dieser Versuche kann man erkennen, welcher Art die Wünsche der beteiligten Figuren waren. Auch Wulff wurde 1941 nach dem Englandflug von Rudolf Heß verhaftet, kurz darauf wieder freigelassen, um im März nach Berlin in ein wissenschaftliches Institut beordert zu werden, dessen Leiter der Nürnberger Astronom und Astrologe Dr. Wilhelm Hartmann war, der für die Luftwaffe arbei-

---

latterly investigated by Professor Bender an M. Gauquelin. (...) The answer to this and similar questions may one day be provided by specialists in cosmic chemestry, biometrologists and parapsychologists. I do not beliefe that we can expect much help from the astrologers and their Tradition." (Howe, Urania's Children, a.a.O., S. 249).

[133] Bender hält denn auch Hows einseitiges und tendenziöses Buch für ein "historisches Dokument" (vergl. Bender, "Nostradamus-Boom", in derselbe, Zukunftsvisionen, a.a.O., S. 49).

[134] Wilhelm Th. Wulff, Tierkreis und Hakenkreuz. Als Astrologe an Himmlers Hof, Gütersloh 1968, Sigbert Mohn. Wulffs Buch enthält viele Detailinformationen zur offiziellen und geheimen Politik der Nazis und der Astrologie und bietet darüber hinaus einen Einblick in das Leben eines Astrologen, einen "Längsschnitt" sozusagen. Wulff berichtet, daß er zunächst Künstler werden wollte, dann aber als Astrologe mehr Geld verdienen konnte. Als Soldat im ersten Weltkrieg erstellte er - ähnlich wie der berühmte Hanussen (vergl. Wulff, Tierkreis, a.a.O., S. 35 und Spiegel 43/1966) - Horoskope für seine Kameraden. Nach dem Krieg bekam er Kontakt zu dem Freikorpsmann H. Volck, der als Detektiv und in rechtsradikalen Kreisen tätig war und in dessen Auftrag er ebenfalls sogenannte "Zusammenstellungshoroskope" nach einer indischen Methode anfertigte, die seine Spezialität gewesen zu sein scheint und aus denen hervorgehen sollte, wer mit wem zu welchem Termin korrespondierte (Wulff, Tierkreis, a.a.O., S. 100). Über Volck bekam Wulff auch Kontakt mit Walter Lohmann, dem Spionageabwehrchef der Marine in der 100.000-Mann Reichswehr, den er ebenfalls in allen Lebenslagen beriet. Lohmann wurde in den Skandal um eine von ihm gegründete Filmgesellschaft verwickelt und verlor seinen Posten, arbeite aber mit Wulffs Hilfestellung in Tarnfirmen weiter, die verdeckt die Aufrüstung der Reichswehr vorantrieben. Wulff stellte für alle Firmen und ihre Mitarbeiter Horoskope, nach denen Lohmann sich dann entschieden haben soll (Wulff, Tierkreis, a.a.O., S. 95).

tete. In den Wehrmachtsteilen Heer, Marine, und Luftwaffe wurden Forschungsinstitute eingerichtet, die alle Vorschläge, Anregungen und Erfindungen von Laienseite, die vielleicht noch zum Endsieg beitragen konnten, überprüfen sollten. Dazu zählten nach Wulff auch die "okkulten Wissenschaften": "Von der modernsten Technik bis zur schwarzen Magie des Mittelalters, vom Satz des Pythagoras bis zur faustischen Beschwörungsformel des Pentagramms sollten alle geistigen, sinnlichen und übersinnlichen Kräfte dem Endsieg dienstbar gemacht werden."[135] Wulff wurde dann der Forschungsstelle der Obersten Kriegsmarine (OKD) in Berlin zugeteilt. Das Institut war streng geheim, ein Kapitän zur See hatte die Leitung inne. Unter den Mitgliedern befanden sich spiritistische Mediziner, Psychologen, Pendler, Astrologen, Astronomen, Ballistiker und Mathematiker. Wulff schreibt über die Tätigkeit der Pendler: "Das Institut hatte von höchsten Kreisen der Kriegsmarine den Auftrag, die Geleitzüge des Gegners auf hoher See durch Pendel und andere übersinnliche Praktiken aufzuspüren, um eine sichere Torpedierung der Geleitzüge durch deutsche U-Boot-Folttilien zu ermöglichen."[136] Und weiter: "Tag für Tag hockten die Pendler mit ausgestrecktem Arm über den Seekarten."[137] Die von den Pendlern erzielten Leistungen waren allerdings kümmerlich und standen in keinem Verhältnis zu dem betriebenen Aufwand. Auch die anderen Sparten hatten kein Erfolge zu verzeichnen. Ein weiteres Medium der Gruppe, der Bankdirektor a.D. Strangjak aus Salzburg hatte behauptet, er könne den Ort eines Schiffes auf einer Seekarte bestimmen, wenn man ihm ein Bild von diesem zeigte. Bei den Versuchen mit den Schiffen "Bismark" und "Prinz Eugen" erzielte er zunächst gute Resultate, als er dann aber von Physikern des Berliner "Instituts für Strahlenforschung" überprüft wurde, versagte er kläglich.[138] Wulff gibt an, daß er selbst Mitglied der Gruppe wurde, um als Kenner indischer Geheimschriften und des buddhistischen Yoga Vorschläge darüber zu unterbreiten, wie man nach dem Vorbild zenbuddhistischer Erziehung in Japan die Deutschen ebenfalls drillen könnte.[139] Aber auch

---

[135] Wulff, Tierkreis, a.a.O., S. 113.

[136] Ebenda. Über das Pendelinstitut vergl. auch den Abschnitt "Die geheimnisvolle Gruppe SP im OKM", in Gerda Walter, Zum anderen Ufer. Vom Sozialismus und Atheismus zum Christentum, Remhagen o.J., Verlag Der Leuchter Otto Reichl, S. 599-602.

[137] Wulff, Tierkreis, a.a.O., S. 114.

[138] Wulff, Tierkreis, a.a.O., S. 140f.

[139] Japanische Soldaten hatten sich beim Angriff auf Hongkong in einem Massenansturm zu hohen Leichenbergen vor die Schießscharten des Forts geworfen, so daß die Verteidiger schließlich aufgrund mangelnder Sicht aufgeben mußten (Wulff, Tierkreis, a.a.O., S. 115).

Wulff konnte keine konkreten Erfolge aufweisen. Die Ergebnisse des Instituts wurden mittlerweile immer schlechter und man fuhr gemeinsam in ein Haus auf Sylt in Klausur. Da aber auch diese Maßnahme keine Erträge brachte, wurde die Gruppe bald wieder aufgelöst.[140] Wulff selbst arbeitet bis zum Kriegsende als persönlicher Astrologe für Heinrich Himmler und die SS weiter. Nach dem Krieg eröffnete er eine Astrologenpraxis in Hamburg.[141]

Astrologie und Propaganda

Obwohl nun auch der Astrologe Wulff keine unbedingt ernst zunehmende Quelle ist, da er selbst in diese Vorgänge verstrickt ist, ist doch anzunehmen, daß er über weite Strecken auch wahrheitsgemäß berichtet. Der Aufwand, der um die drei beschriebenen Institutionen gemacht wurde, an denen Astrologen im "Dritten Reich" beteiligt waren, entsprecht nicht den erreichten Ergebnisse. Daß diese Versuche aber durchgeführt wurden, weist wiederum auf eine innere Verwandtschaft der Astrologen, Parapsychologen und Militärs hin, die sich schon in der Analyse der Astrologen im 4. Kapitel und den Schilderungen der Forschungen des "Ahnenerbes" zeigten. Der einzige Zweck, zu dem sich die Schriften der Astrologen wirklich eignen, ist die Kriegspropaganda nach außen

---

[140] Der Autor Norbert Klugmann schreib sich aus Material über die Gruppe einen dünnen, vor lauter Klischées kaum lesbaren Kriminalroman zusammen, vergl. Norbert Klugmann, Das Pendel des Pentagon, Reinbek 1990, Rowohlt.

[141] Er verfaßt regelmäßig Horoskope für Kersten, den Leibarzt Himmlers, Schellenberg, Leiter der Spionageabwehr, Arthur Nebe, den Chef des Reichskriminalpolizeiamtes; unter anderem sucht er den verschwundenen Mussolini mit Hilfe der Sterne (Wulff, Tierkreis, a.a.O., S. 125ff). Anschließend arbeitete für Himmler, über dessen süddeutsche Hofhaltung der Hamburger Wulff einige ergötzliche Schilderungen liefert. Himmler habe großes Interesse an der Astrologie gehabt und seine Aktionen nur bei großen Mondkonstellationen ausgeführt. Offiziell aber sei die Astrologie verboten gewesen. Himmler habe gesagt: "Wir können nicht dulden, daß sich außer uns noch jemand mit der Astrologie beschäftigt. Die Astrologie muß ein 'Privilegium singolarum' bleiben. Es ist nicht für die Volksmassen." (Wulff, Tierkreis, a.a.O., S. 134). Wulff erläuterte Himmler Hitlers Horoskop und will ihn zu dessen Absetzung bewegt haben. Überhaupt habe Himmler ein lebhaftes Interesse am Tod des "Führers" gezeigt. Aber auch ein bevorstehender Mongolenzug, die Jalta-Konferenz der Alliierten und viele persönliche Fragen errechnete Wulff auf Wunsch seines Auftraggebers. Außer dem Wunsch nach Macht wird nicht deutlich, ob die prophezeiten Ergebnisse in irgend einer Weise brauchbar gewesen sind oder nicht. Daß das "Dritte Reich" schließlich unterging, verbucht Wulff irrigerweise als einen Erfolg der Astrologie. Das Buch schließt mit dem größenwahnsinnigen Satz, der eine Haltung offenbart, die sich nur graduell von der Himmlers unterscheidet: "Der Kampf zwischen Tierkreis und Hakenkreuz war entschieden. Der Nationalsozialismus war zerbrochen und verschwunden. Die Astrologie, wenn auch in Deutschland um Jahrzehnte zurückgeworfen und noch immer umstritten, blieb." (Wulff, Tierkreis, a.a.O., S. 232). Vermutlich aber war Wulff nur froh, den Krieg überlebt zu haben.

und nach innen, die Goebbels schnell erkannte. Weil das so ist, erkannten die Nationalsozialisten auch schnell, daß die astrologischen Texte in ein Konkurrenzverhältnis zu ihren eigenen Maßnahmen treten konnten, wie z.B. die Reaktion auf den Heßflug zeigt. Im Rahmen dieser Rivalität zwischen verschiedenen rechten Gruppierungen sind die Maßnahmen, die nach dem 10. Mai 1941 gegen Astrologen, Anthroposophen, Handleser etc. eingeleitet wurden, zu verstehen. Sie waren von dem Versuch getragen, lästige Rivalen zu beseitigen, wobei die Verfolgung durch die Nazis die Vorstellungen der Astrologen und Parapsychologen im Nachherein keineswegs aufwertet, wie Bender, Howe und Wulff wollen. Von ihrer Seite kommt nämlich der Verwendung ihrer Schriften als Propagandamaterial alles entgegen. Astrologie ist bereits von sich aus Propaganda im Rohzustand. Wenn es sie nicht gegeben hätte, wäre sie von den Nazis erfunden worden, denen in diesem Zusammenhang die Wundergläubigkeit der Bevölkerung wiederum ebenso entgegenkam. Symptomatisch für dieses Zusammenspiel ist die Zunahme der Wundergläubigkeit nach dem Verlust der Schlacht um Stalingrad. Keine Indoktrination funktionierte, könnte sie sich nicht auf verwandte Wünsche in den Subjekten stützen. Es liegt damit die andere Seite des Propagandaprozesses vor, die in der Disposition der Menschen für die angedrehten Versprechungen liegt. Das Merkmal dieser Diskursfigur besteht darin, daß die Astrologie bereits eine Gestimmtheit im Sinne einer Propaganda enthält, ohne daß diese sich bereits ausgeprägt hätte; die Astrologie ordnet und formt diese Wünsche und Vorstellungen und gibt ihnen einen vorläufige Form. Sie ist in diesem Sinne ein Oberflächenphänomen. Sie wackelt, wenn ganz andere Kräfte schütteln.

Es ist vielleicht nicht übertrieben, wenn man annimmt, daß in den Forschungen des "Ahnenerbes", den verschiedenen Pendelinstituten und den propagandistischen Aufgaben der Astrologen die Art von Praxis bereits einmal verwirklicht worden ist, die sich die heutigen Vertreter der Zunft für die Zukunft wieder wünschen. Der erwähnte Parapsychologe Hans Bender, der kein Astrologe ist, aber das gleiche Klientel wie diese bedient, mag dafür exemplarisch stehen. Was er über seine Disziplin im Faschismus ausführt, gilt auch für die Astrologie:"Während die parapsychologische Forschung sich in Amerika ungestört entwickeln konnte, wurde sie in Deutschland und anderen europäischen Ländern durch den Krieg stillgelegt. Hinzu kam die politische Verdächtigung und Verfolgung des 'Okkultismus' durch das nationalsozialistische Regime, unter der auch die parapsychologische Forschung und ihre Einrichtungen, vor allem in den besetzten Gebieten zu leiden hatten. Die Nachkriegsjahre steigerten, wie dies immer in Zeiten seelischer Erschütterung der Fall ist, das Interesse der Öffentlichkeit für die 'okkulten' Erscheinungen."[142]

---

[142] Bender im Nachwort zu Hans Driesch, Parapsychologie, a.a.O., S. 146.

Die Forschung soll "stillgelegt", "verfolgt", "verdächtigt" worden sein. Aus der Geschichte des "Ahnenerbes" aber ist bekannt, daß im Nationalsozialismus gerade eine Interesse an der Förderung solcher Fragen bestand, wenn wohl auch nicht immer so, wie die einzelnen Forscher es sich wünschten. Zur inneren Logik dieser widersprüchlichen Äußerungen gehört es, daß Bender die Nachkriegszeit als die "Zeit der seelischer Erschütterungen" beschreibt und nicht etwa die Nazizeit und den Krieg. Dazu paßt weiterhin seine Formulierung von der "Katastrophe von 1945"[143], die für einen vom nazistischen Gewaltregime Verfolgten ja wohl als eine Befreiung erlebt gewesen sein dürfte. Ich möchte mich vorsichtig ausdrücken. Es ist nicht auszuschließen, daß es sich bei Benders Aussagen um Schutzbehauptungen handelt, denn wenn er über die zukünftige Forschung spricht, dann tauchen eben, wie wir gesehen haben, die Namen aus dem "Ahnenerbe" wieder auf. Versteht man diesen Vorgang recht, dann zeigt sich, daß das, was Hans Bender als zukünftige Forschung ausgeben will, den Tätigkeiten entspricht, die er in der Beschreibung seiner Straßburger Zeit ausspart. Es hat den Anschein, als werden diese Projekte dort deswegen nicht erwähnt, weil sie nun in die Rubrik der kommenden Forschung mit aufgenommen worden sind, und so verschoben wiederkehren. An Benders Vorstellungen zeigt sich, daß die anvisierte Zukunft der Parapsychologie über weite Teile mit der Praxis der NS-Forschung zusammenfällt. Will man Forschern wie Bender nun auch noch den Status eines Experten für Übersinnliches zugestehen, den er selbst beansprucht[144], dann hieße das ein Holzfeuer in einem hölzernen Ofen anzuzünden.[145] Die Parapsychologie steht exemplarisch für das Ansinnen auch der Astrologen nach Bescheinigung der Seriosität von Seiten der Wissenschaften. Ihre Opposition gegen die etablierte Wissenschaft reicht nur soweit, bis sie selbst von ihr anerkannt ist.[146]

---

[143] Bender, Parapsychologie. Ihre Ergebnisse und Probleme, a.a.O., S. 29.

[144] So schreibt er beispielsweise von den "Aufgaben der Parapsychologie" angesichts der von ihm gesichteten "Welle des Okkultismus in den 70er Jahren": "Hier wird die Parapsychologie erneut (!) zu einer psychohygienischen Aufgabe aufgerufen, die auf Grund ihrer Tatsachenforschung die okkulte Spekulation - Folge des Sinnverlustes, Folge des Zweifels an der Effizienz der technischen Zivilisation und der sich daraus ergebenden Unsicherheit - in einen Raum der Besonnenheit zurückführt." (Bender in Driesch, Parapsychologie, a.a.O., S. 190).

[145] Ich borge die Metapher aus dem Titel des von Hans Jürgen Heringer herausgegebenen gleichnamigen Buches, Tübingen 1982.

[146] Das Klagen der Parapsychologen, von ihren etablierten Kollegen nicht anerkannt zu werden und ihnen Verstocktheit vorzuwerfen - der Inversions- oder Retourkutschentrick - ist inzwischen ein fester topos der Parapsychologen geworden, vergl. z.B. Eberhard Bauer,

9. 2. 3. Organlogik, Magie und Kriegsforschung

Wir haben gesehen, zu welcher möglichen Praxis eine Gesellschaft gelangt, die zu den astrologischen Vorstellungen dazugehört: es ist eine totalitäre. Es ist nun allerdings die Frage, ob sich eine solche Verbindung zwangsläufig herstellen muß. Die Wünsche der Astrologen und der Parapsychologen lassen sich nicht einfach bruchlos mit dem Faschismus gleichsetzen, auch wenn sich sowohl personelle, als auch inhaltliche Bezüge ergeben. Das Verhältnis zum Okkultismus ist über die Reaktion auf das die Realität bestimmende Wissenschaftsideal des Positivismus vermittelt. Wenn man die Astrologie und die Parapsychologie innerhalb und außerhalb der NS-Forschung kritisieren will, muß man berücksichtigen, daß diese Richtungen sich ursprünglich aus einer doppeldeutigen Opposition zur instrumentellen Vernunft heraus entwickelten und diesen Gestus noch dort für sich in Anspruch nehmen, wo sie längst etabliert und zu Herrschaftsinstitutionen geworden sind. Daher ist ein Aufklärungsversuch gegen den Aberglauben sinnlos, wenn man nicht versteht, daß er aus einem Protestimpuls gegen die herrschende Zwangsvergesellschaftung entsteht, den er in einer entleerten Form weiter kultiviert, ohne seine wirkliche Umsetzung voranzutreiben. Um zu verstehen, warum die Astrologie derartig mit Wünschen aufgeladen wird, komme ich wieder auf den Zusammenhang der Forschungen des "Ahnenerbes" zurück, der im ersten Teil dieses Exkurses skizziert wurde.

Scheinobjektivität und organische Ganzheit

Die im "Ahnenerbe" betriebenen Forschungen versucht Michael Kater in Anlehnung an eine These des Historikers H. J. Lieber als "notwendige Fassade" zu erklären, da das angebliche Resultat der konkreten Forschung bereits vorweg genommen worden sei.[147] Kater arbeitet damit zunächst eine Scheinobjektivtät als Kriterium der faschistischen Forschung heraus, um sie von einer objektiven Wissenschaft abzusetzen: "Das Ziel etwa der Geschichtsdeutung im totalitären System, so erkennt Lieber scharfsinnig, muß es sein, 'ein politisch-gesellschaftliches Sendungsbewußtsein der totalitären Führungsgruppe zu formulieren und aus der Geschichte zu begründen.'"[148] Daher sollten Himmlers bereits feststehenden Vorgaben im "Ahnenerbe" noch einmal wissenschaftlich begründet werden. Kater konstatiert so ein "verbales Festhalten am Prinzip der Objektivität", um dar-

---

Klaus Kornwachs, Walter v. Luccado, "Vom Widerstand gegen das Paranormale", in Duerr (Hg.), Der Wissenschaftler und das Irrationale, a.a.O., Bd. IV, S. 152-169.

[147] H. J. Lieber, "Ideologie und Wissenschaft im totalitären System", in Walter Hofer, (Hg.), Wissenschaft im totalitären Staat, München 1964, S. 11-37.

[148] Kater, Ahnenerbe, a.a.O., S. 47.

unter dann diese nach subjektiven Zwecken umzuinterpretieren.[149] Als weiteres Kriterium der faschistischen Forschung stellt Kater ein strenges organisches Weltbild bei Himmler fest, daß die einzelnen Elemente einem Ganzen unterordnet und an die deutschen Romantiker erinnere: "Jetzt gab man sich einer 'Gesamtschau' hin, die jede empirische Methodik durch emotionale Urteilsbildung ersetzte, so daß das rationale Denkprinzip weiter von irrationalen Elementen überschattet wurde. An die Stelle von begrifflicher Präzision trat die Verallgemeinerung; das abgewogene und stets diffenrenzierende Einzelurteil wich dem pauschalen, sich an gängigen Klischees orientierenden Vorurteil."[150]

In diesen Zusammenhang ordnet Kater auch den Versuch der Faschisten, die Aufhebung der Trennung von Geistes- und Naturwissenschaften durchzusetzen, ein. Das vereinigende Element der Forschung sollte, in Überwindung einer "liberalistischen Denkweise", der von den Nationalsozialisten die Trennung der Wissenschaften untergeschoben wurde, "die Einheit von Seele und Leib, Geist und Blut, Gott und Welt als Voraussetzung einer neuen indogermanisch-germanischen Weltanschauung"[151] sein. Kater kommentiert: "Die traditionelle Unterscheidung zwischen Geistes- und Naturwissenschaften, eine endgültige Errungenschaft der Aufklärung, wurde durch diese Einstellung (der "völkischen Gesamtschau") in hohem Maße erschwert; der nur das organische Ganze im Auge behaltende Nationalsozialist vertrat in Ablehnung des 'Spezialistentums' die Meinung, die Naturwissenschaften hätten zu den Erkenntnissen der Geisteswissenschaften ebenso beizutragen, wie es einem Geisteswissenschaftler möglich sein müßte, den naturwissenschaftlichen Forschungsgang zu inspirieren."[152]

Zusammengefaßt beurteilt Kater die Forschungen des "Ahnenerbes" als einen Verfall der Wissenschaftlichkeit. Er setzt dagegen auf die Trennung von Natur- und Geisteswissenschaften und hält an einer ebensolchen Trennung von Subjektivität und Objektivität fest. Nun gestaltet sich eine klare Grenzziehung zwischen den objektiven und subjektiven Anteilen der Forschung als ein schwieriges Unternehmen. Auch dem sich objektiv gebenden Positivismus wohnt eine Gewaltmoment inne, daß damit verwandte Züge aufweist. Daher ist es von größter Wichtigkeit, die Bedingungen des Übergangs zwischen beiden zu verfolgen. Bei Kater schlägt sich diese Schwierigkeit immerhin soweit nieder, daß

---

[149] Kater, Ahnenerbe, a.a.O., S. 48.

[150] Kater, Ahnenerbe, a.a.O., S. 49.

[151] "Denkschrift des Ahnenerbes, o.J.(1944), BA T-175, EAP 161-b-12/111, nach Kater a.a.O., S. 5o.

[152] Kater, Ahnenerbe, a.a.O., S. 5o.

er erkennt, daß die Objektivität in den Geisteswissenschaften schwieriger als in den Naturwissenschaften zu bestimmen ist und es in diesen Disziplinen eine Vorgeschichte der Entwicklung gibt. Die Volkskunde, Germanistik und vergleichende Sprachwissenschaft hatten sich bereits vor dem 31. 1. 1933 rassisch engagiert und bekamen durch die faschistische Forschungspolitik nun einen weiteren Schub in diese Richtung.[153] So stellte beispielsweise die Literaturgeschichte bereits frühzeitig Heldenepen und Kriegserfahrungen in den Vordergrund, wobei der "arische Aspekt" besonders betont wurde.[154] Allerdings problematisiert Kater die gewalttätige Seite des Positivismus nicht.[155] Das Postulat einer wertfreien und objektiven Vernunft ist selbst ein bürgerlicher Kampfbegriff, der an die Inhalte der Aufklärung geknüpft ist und in dem Moment seine Richtung ändert, wo in seinem Namen die Herrschaft des Bürgertums selbst gegen weitergehende emanzipatorische Prozesse verteidigt wird.[156] Im gewissen Sinne nimmt der Faschismus dieses prekäre Verhältnis von postulierter Objektivität und gesellschaftlicher Realität des Kapitalismus auf, indem er in seiner Frühphase den Gestus der Revolution gegen das Bürgertum kultivierte; seine antikapitalistischen Anteile stammen aus dieser Quelle. Andererseits bezieht der positivistische Bezug auf die Objektivität der Wissenschaft wiederum eine gewisse Berechtigung aus dem Kampf gegen den Faschismus. In jedem Fall aber greift ein derartig begründeter Objektivitätsbegriff, wie Kater ihn verwendet, zu kurz. Von heute aus gesehen entpuppt sich die organologisch orientierte Forschung des Faschismus als eine Variante des Positivismus. Es zeigt sich, daß das Programm des "Ahnenerbes" als Ausdruck dieser Anschauung in seinen Zielsetzungen Modernitätsvorstellungen folgt, die durchaus mit denen der positivistisch ausgerichteten Forschungen gleichzusetzen sind, diese aber mit Hilfe anderer Methoden zu erschließen versuchte.[157] Die modernsten zivilisatorischen Ent-

[153] Vergl. dazu Emmerich, Volkstumsideologie, a.a.O., S. 95-131.

[154] Vergl. Christa Bürger, Tradition und Subjektivität, Frankfurt/M. 1980, Suhrkamp, S. 137-148, bes. S. 140-144.

[155] Wie hilflos eine solche Einstellung dem Faschismus gegenüber ist, zeigt das immer noch aktuelle Buch von Wolfgang Fritz Haug, Der hilflose Antifaschismus. Zur Kritik der Vorlesungsreihe über Wissenschaft und NS an deutschen Universitäten, Frankfurt/M. 1967, Suhrkamp, bes. S. 100-135.

[156] Vergl. Max Horkheimer, "Bemerkungen über Wissenschaft und Krise", Zeitschrift für Sozialforschung 1932, Jg. 1, a.a.O., S.. 3-4.

[157] Diese These verfolgen Karl-Heinz Roth in seinem Aufsatz "Schöner neuer Mensch. Der Paradigmenwechsel der klassischen Genetik und seine Auswirkungen auf die Bevölkerungsbiologie des "Dritten Reiches", a.a.O. und Ludger Weß (Hg.), Die Träume der Genetik. Gentechnische Utopien von sozialem Fortschritt, Nördlingen 1989, Greno, S. 11-63, im Bereich der Genetik.

wicklungen, wie z.B. die Raketentechnik, finden sich für einen identisch Zweck mit dem funktionalisierten Mythos der Astrologie und Germanenforschung zu einer Kombination zusammen. Durch diese Verbindung von Modernität und Mythos werden die Zwecke der Unternehmungen, verfolgt man sie nun mit Hilfe modernster Technik oder des Okkultismus, geheiligt. Um die Kritik dieser Zwecke muß es im wesentlichen gehen. Die Anwendung von Magie in diesem Zusammenhang offenbart damit auch die gewalttätige Seite der Magie und des Okkultismus selbst. Das Gewaltmotiv, daß in dem Wunsch nach der Manipulation der Welt liegt und die Tendenz hat, über seine rationale Seiten ins Totalitäre hinauszugreifen, wohnt der Magie und dem Mythos von Beginn an inne. Daher ist es nötig, noch einmal das Verhältnis von Mythos und Gewalt näher zu betrachten.

Der Doppelcharakter des Mythos

Wir haben im 8. Kapitel gesehen, daß die Astrologie in ihrer Entwicklung den Charakter sowohl des Mythos, als auch bereits eines vorwissenschaftlichen Systems trägt. Im Zusammenhang mit dem Neoplatonismus der Renaissance ist sie ein Bestandteil der Aufklärung, indem die in ihr enthaltenen Elemente der "weißen Magie" in rationale Wissenschaft überführt werden. In dem historischen Moment aber, in dem das Bürgertum mit dem Aberglauben auch die darin latent zum Ausdruck kommenden Momente der berechtigten Kritik an seiner Herrschaft bekämpft, nimmt die Aufklärung selbst irrationalen Charakter an und es organisieren sich anderseits nun im Aberglauben neben reaktionären auch oppositionelle Elemente der Dialektik der Aufklärung. Anders gesagt: Je irrationaler die Aufklärung selbst wird, um so stärker wächst der rationale Teil des Aberglaubens. Das heißt, im Aberglauben liegen rationale und irrationale Momente nebeneinander vor und es kommt auf die jeweilige historische Lage an, welcher Anteil zu welchem Zwecke betont wird. Diesen Doppelcharakter von Regression und Aufklärung besitzen bereits die frühen Mythen; sie enthielten als Bericht eines Geschehens eine Rechenschaft vom Ursprung. Damit wollten sie erklären, darstellen und festhalten; durch das Element der Aufzeichnung und Sammlung werden sie zur Lehre. Jedes magische Ritual enthält bereits ein theoretisches Element in sich, das in der Vorstellung des Geschehens und des Vorgangs besteht, der durch den Zauber beeinflußt werden soll. Horkheimer und Adorno führen diesen Gedanken im ersten Teil der "Dialektik der Aufklärung"[158] im wesentlichen gegen die von Nietzsche in seiner Tragödienschrift und seinen

[158] Der Abschnitt "Begriff der Aufklärung" (a.a.O., S. 7-41) kann als direkte Fortsetzung von Horkheimers Aufsatz "Der neueste Angriff auf die Metaphysik" (siehe Kapitel 5) gelesen werden. Horkheimer setzt nun nach der Kritik des Positivismus diesen direkt mit dem Mythos in Verbindung.

Epigonen eingenommene Position aus. Nietzsche entwickelt in der "Geburt der Tragödie aus dem Geiste der Musik" einen Dualismus von dionysischem Urgrund und apollinischer Form.[159] Das Dionysische, das sich nicht aussprechen lasse, ohne sein Wesen zu verfehlen, wird dem Mythos zugeordnet, während die apollinische Form zwar Begriffe finde, die aber von ihrem lebendigen Grund entleert seien. Bereits Nietzsche spielt in dem Dualismus "begriffliches sokratisches Denken" gegen einen "dionysischen Rauschzustand" aus, den die neueren Lebensphilosophen wie Klages und auch Bender dann aufnehmen und dort als Grenze des vernünftigen Erkennens setzen wollen, wo ihr subjektiver Verstand endet. Horkheimer und Adorno, die selbst stark von Nietzsche beeinflußt sind, verstehen den Mythos im Gegensatz zu Klages nicht als einen paradiesischen Uranfang, der dann durch die weitere Entwicklung der Zivilisation verwässert und zersetzt wird, sondern begreifen ihn als eine Form der Aufklärung gegenüber früheren mündlichen Überlieferungen und Riten.[160] Sie verfolgen das Prinzip der Macht von den frühen, offen magisch bestimmten Religionsformen über den Monotheismus bis zum Positivismus in einer Linie. Nach dieser Interpretation wird der Pandämonismus der lokalen Geister durch die Hierarchie des Götterhimmels ersetzt; aus dem animistischen Beschwörungszauber wird das kalkulierte Opfer und das Kommando über die Arbeit der Sklaven. Die olympischen Götter stellen dann bereits eine abstrakte Stufe der vorher bedeuteten Elemente dar. Sie werden dem Logos zugeschlagen, zu dem nun die Masse aller Dinge den Gegenpol bildet. Daraus entsteht der Dualismus von herrschendem instrumentellen Geist und entseelter Materie: "Der eine Unterschied zwischen eigenem Dasein und Realität verschlingt alle anderen. Ohne Rücksicht auf die Unterschiede wird die Welt dem Menschen untertan."[161] Drückt sich in der präanimistischen Anbetung der Naturgewalten und den ani-

---

[159] KSA, hg. v. Colli/Montinari, Bd. 1. München 1988, dtv/de Gruyter.

[160] Die Autoren befinden sich mit dieser Theorie in einem pointierten Gegensatz zu Ernst Cassirer, der dem Mythos einen statischen Zustand zuweist und die Dynamik auf die Seite der Wissenschaft bringen will: "Der Mythos setzt nur einen bestimmten Vorstellungsbestand, der als solcher gegeben ist, in die Form des Berichts, in die Form der Erzählung um. Statt uns die Genesis diese Bestandes zu offenbaren, statt uns eine Erklärung von ihm zu geben, gibt er uns vielmehr nur seine Explikation, seine Auseinanderlegung in die Form einer zeitlichen Begebenheit." (Ernst Cassirer, "Die Begriffsform im mythischen Denken" (1922), a.a.O., S. 23; vergl. auch Kapitel 4) Cassirer argumentiert dabei mit dem Beispiel der Astrologie. Vor dem Hintergrund des Cassirerschen Mythenverständnis bewegt sich auch Peter Sloterdijk mit seinen Büchern Kopernikanische Mobilmachung und ptolemäische Abrüstung, Frankfurt/M. 1987, Suhrkamp und Eurotaoismus. Zur Kritik der politischen Kinetik, Frankfurt/M. 1989, Suhrkamp.

[161] Horkheimer/Adorno, Dialektik der Aufklärung, a.a.O., S. 11.

mistisch-magischen Systemen noch die Furcht vor einer übermächtigen Natur aus, so wird der Mensch bereits in den olympischen und jüdischen Schöpfungsmythen zum Herrn der Welt. Andersherum bekommt der einzelne Gott nun unumschränkte Macht, die nicht mehr mit der Gegenmacht eines anderen Gottes gebrochen oder eingeschränkt werden kann. Ihm muß man sich nun völlig unterwerfen; andererseits entsteht für den Menschen, der sich mit Gott im Bunde weiß, eine Einheit, die alles andere auszuschließen vermag. Diese Perspektive bedeutet aber auch, daß die Autoren die Welt des Positivismus in die Antike und Mythologie hinein projizieren, um dort sein Prinzip auszumachen: Die Trennung von Welt und bürgerlichem Subjekt. So wie sie in Odysseus das bürgerliche Individuum erkennen, sehen sie in der Magie und im Mythos die Vorform der instrumentellen Vernunft.

In dieser Interpretationslinie steht der Mythos einerseits als eine Figur der Aufklärung, in der ihr innerstes Prinzip als Wille zur Naturbeherrschung bereits enthalten ist. Die historische Astrologie ist in dieser Reihe zwischen Mythos und wissenschaftlichem System einzuordnen. Sie ist Magie, antizipiert aber bereits die wissenschaftliche Form durch systematische Ein- und Zuordnung aller Elemente, die Schaffung eines hermetischen Weltbildes, die Ausbildung von Experten, ihr Bündnis mit der jeweiligen Herrschaft, die Berufung auf die Natur und die Dogmatik ihrer Argumentation. Doch sind die historischen Mythen andererseits nicht bruchlos mit dem Positivismus gleichzusetzen. Beiden wohnt zwar der Wunsch zur Beherrschung der Gegenstände inne; die Magie aber betreibt, wie Horkheimer und Adorno betonen, dieses Geschäft mit mimetischen Mitteln und nimmt eine frühe Stufe in der Entwicklung ein, die zwar wesentlich von der Furcht vor der nichtmenschlichen Umgebung geprägt ist, aber auch ein anderes Prinzip beinhaltet: sie nähert sich den Dingen, während der Positivismus sich von den Gegenständen distanziert.[162] Was im mythischen Denken noch als Ambivalenz nebeneinander vorliegt, vollzieht sich im Übergang vom Mythos zur Aufklärung eine Distanzierung des Aufklärers von der Welt.[163] Beide fallen nun als Objekt und Subjekt hart auseinander: "Die Menschen bezahlen die Vermehrung ihrer Macht mit der Entfremdung von dem, worüber sie die Macht ausüben. Die Aufklärung verhält sich zu den Dingen wie der Diktator zu den

[162] "'Die unerschütterliche Zuversicht auf die Möglichkeiten der Weltbeherrschung', die Freud anachronistisch der Zauberei zuschreibt, entspricht erst der realitätsgerechten Weltbeherrschung mittels der gewiegteren Vernunft." (Horkheimer/Adorno, Dialektik der Aufklärung, a.a.O., S. 14; vergl. Freud, 'Totem und Tabu', a.a.O. S. 378).

[163] "Der Kronosmythos ist ein solcher, in dem die äußerste Schöpferkraft des Gottes zugleich in eins gesetzt wird damit, daß er der ist, der seine Geschöpfe, seine Kinder vernichtet." (Adorno, "Die Idee der Naturgeschichte", Ges. Schr. 1, hrsg. v. Rolf Tiedemann, Frankfurt/M. 1973, S. 345-365, hier S. 363f).

Menschen. Er kennt sie, insofern er sie manipulieren kann. Der Mann der Wissenschaft kennt die Dinge, insofern er sie machen kann. Dadurch wird ihr An sich Für ihn. In der Verwandlung enthüllt sich das Wesen der Dinge immer als je dasselbe, als Substrat von Herrschaft. Diese Identität konstituiert die Einheit der Natur."[164]

Mit anderen Worten: Einheitlich ist die Natur nur als Objekt der Wissenschaft. In den schamanischen Ritualen existiert weder die Einheit der Natur, die sich in einzelne Kräfte auseinanderlegt, noch diejenige des Subjektes, das sich erst als Gegenpol zur Natur herausbildet. Der präanimistische Mensch sieht sich dagegen noch als Teil der Welt. Durch das offizielle Verschwinden dieser im Mythos noch gegenwärtigen Ambivalenz im Positivismus, entsteht die einheitliche Welt der Moderne, deren Identität dadurch bezahlt wird, daß ihr anderer, nicht beherrschbarer Anteil verdrängt wird und sich den positivistischen Begrifflichkeiten entzieht, die ihrerseits davon ausgehen, er wäre wirklich verschwunden, wenn sie es nur postulierten. Dieser verdrängte Anteil lebt einerseits von der Differenz zwischen postulierter Vernunft und der erlebten Irrationalität der Verhältnisse, andererseits wird die auf die archaischen Welt projizierte Utopie von der Astrologie wie vom Faschismus vernutzt, ohne daß sie auf die Grausamkeiten und Tabus der traditionellen Gesellschaften verwiesen.[165] Deren Bru-

---

[164] Horkheimer/Adorno, Dialektik der Aufklärung a.a.O., S. 12. Die Taxonomie der schamanischen Welt ist eine andere, als die der Wissenschaft, sie wird von morphologischen Ähnlichkeiten bestimmt. (So schreibt Aby Warburg, Schlangenritual, a.a.O., über das Zeremonien der nordamerikanischen Puebloindianer, die er am Ende des letzten Jahrhunderts besucht hatte: "Indem der Jäger oder Ackerbauer sich maskiert, d.h. nachahmend in die Jagdbeute - sei sie nun Tier oder Korn - hineinschlüpft, glaubt er, durch geheimnisvolle mimetische Verwandlung vorgreifend zu erzwingen, was er gleichzeitig durch nüchterne, tagwache Arbeit als Jäger und Bauer ebenfalls zu erreichen trachtet. (...) Magie und Technik stoßen hier zusammen." (Warburg, Schlangenritual, a.a.O., S. 24f) "Die Nachahmung im pantomimischen Tiertanz ist also ein kultischer Akt andächtigsten Selbstverlustes an ein fremdes Wesen." (Warburg, Schlangenritual, a.a.O., S. 27). Vergl. auch Werner Müller, Indianische Welterfahrung, a.a.O., S. 15-32.) Um die Naturphänomene hervorzurufen oder zu besänftigen, muß sich der Schamane diesen ähnlich machen; der Wissenschaftler dagegen distanziert sich im Experiment von den Dingen. Die "Allmacht der Gedanken", mit der Freud das magische Denken gleichsetzt, entsteht als Idee der Weltbeherrschung erst im Positivismus. Indem Freud das magische Denken unter die "Allmacht der Gedanken" faßt, begreift er etwas, das auf das magische Element des Positivismus zutrifft; den wesentlichen Unterschied aber, der zwischen der experimentellen Distanz des Wissenschaftlers und mimetischer Identifikation des Schamanen liegt, versteht man so nicht.

[165] Darüber findet sich z. B. kein Wort in Werner Müllers Beschreibung der nordamerikanischen Indianer. Dagegen vergleiche man die Darstellung des Sami (Lappen) Johann Turi vom Leben seines Volkes in Nordskandinavien: Erzählung vom Leben der Lappen, Frankfurt/M. 1992, Eichborn, z. B. S. 45-52.

talität hält sich vielmehr direkt bis zum Faschismus durch und zeigt in der heutigen Astrologie noch in der Figur der Romantisierung der Urzeit eingeschlossen jene Gewalt, die erst dann offen zutage tritt, wenn ihre Anhänger oder diejenigen verwandter konkurrierender Nebenströmungen wie zur Zeit des Faschismus an die gesellschaftliche Macht gelangen.

Die Antinomie der Aufklärung, die sich in der Differenz von postulierter Vernunft und täglich erlebter Ungerechtigkeit in der bürgerlichen Gesellschaft niederschlägt, machte sich die faschistische Forschung zunutze. Sie versuchte durch die Einbindung der Magie und des Okkultismus beide Teile für sich zu reklamieren: den des Bestehenden und den des Protestes gegen die instrumentelle Vernunft. Dafür ist die Einbindung des magischen Anteils unentbehrlich, daher bekommt die Diskursfigur der Archaik eine besondere Rolle im Denken des ausgehenden 19. Jahrhunderts. In der Archaik soll noch eine Ursprünglichkeit verborgen sein, die gegen die Industrialisierung ins Feld geführt wird und in der sich der lebensphilosophisch orientierte Protest gegen die Zunahme der verwalteten Welt organisiert, dessen später Ausdruck zur Emphase des Faschismus wird. Wir haben gesehen, daß es sich dabei um eine verdrehte Metaphysik aus der jüdischen Tradition handelt. Die von dem Faschismus und der Astrologie beschworene Urzeit der Julleuchter und Germanen aber hat soviel mit der Vorzeit zu tun, wie Edgar Rice Burroughs Tarzan mit dem Leben im afrikanischen Djungel. Sie ist pure Wuschwirklichkeit. Indem sie ihre Urheberrechte auf die Urzeit und die Sternen anmeldet, organisiert die Astrologie in ihrem Rahmen die erneute Absage an die utopischen Motive der Geschichte, die in ihr unaufgelöst vorliegen. Die Astrologie sagt zu ihnen ein weiteres Mal: "Fahrt zur Hölle".

Faschistische Forschung als Parodie materialistischer Gesellschaftskritik

Nun kommt aber noch ein weiteres Element der Verwertung des gesellschaftlichen Protestpotentials im Rahmen der faschistischen Ideologie hinzu. Die "völkische Gesamtschau" erscheint als eine Verschiebung der marxistischen Kritik des Einflusses des gesellschaftlichen Standpunktes des Forschers[166] und damit in der Weise als ihre Parodie, wie auch die Gewalttaten des Antisemitismus die Verdrehung dessen sind, was die faschistischen Kleinbürger ihren Herren antun wollten, sich aber nicht getrauten.[167] Das, was Marx aus dem Verhältnis

[166] Diese These vertritt auch Franz Neumann, Behemoth. Struktur und Praxis des Nationalsozialismus 1933-1944, a.a.O., S. 231-277, bes. S. 238-241. Vergl. dazu ebenfalls Max Horkheimer, "Bemerkungen über Wissenschaft und Krise", a.a.O., S. 1-7.

[167] "Die Haltung, die von den Herrschenden den Juden gegenüber künstlich ins Leben gerufen wird, ist eben die, die der unterdrückten Klasse den Herrschenden gegenüber natürlich wäre. Der Jude soll - das will Hitler - so trätiert werden, wie der große Ausbeuter

von ökonomischer Verfaßtheit einer Gesellschaft und dem Denken in ihr als Kritik der Idee einer voraussetzungslosen Wissenschaft entwickelt, wird im Faschismus soweit aufgenommen, daß die marxistische Bewertung eines gesellschaftlichen Standpunktes der Forschung durch eine rassische Position ersetzt wird. Die Rasse wird zur Parodie der Klasse. Im Bereich der sich traditionell wertfrei verstehende Naturwissenschaft erscheint dieser Vorgang besonders befremdlich, er bedeutete das Postulat einer "arischen Mathematik", einer "arischen Chemie", eine "arischen Physik". Aber auch die Geisteswissenschaftler mußten sich nach "Rassegesichtspunkten" ausrichten - die Literaturwissenschaft, Volkskunde, Psychologie hatten sich nun in diesem Sinne zu rechtfertigen. In einem simplifizierten vordergründigen Antikapitalismus wurde dem "bürgerlichen Liberalismus" alles Schlechte zugewiesen: Eine vordergründige mechanische Vernunft, die Trennung der Wissenschaften, die Trennung von Geist und Blut usf. Dieses Konzept der oberflächlichen Kritik einer vereinfachten frühen Form des Liberalismus, ohne dessen ökonomisches und ideologisches Prinzip anzutasten, das hinter diesem rethorischen Schirm wirksam geschützt bleibt, bildet das Kernstück von Herbert Marcuses Kritik der faschistischen Ideologie: "Da so die vom Liberalismus gemeinte Gesellschaftsordnung in ihrer Grundstruktur weitgehend intakt gelassen wird, kann es nicht Wunder nehmen, wenn sich auch in der ideologischen Interpretation dieser Gesellschaftsordnung zwischen Liberalismus und Antiliberalismus eine bedeutsame Übereinstimmung herausstellt. Genauer: aus der liberalistischen Interpretation werden entscheidende Momente aufgegriffen und in der von den veränderten ökonomisch-sozialen Verhältnissen geforderten Weise umgedeutet und weiterentwickelt."[168]

Konkret bedeutet das für den Bereich der Wissenschaft, daß neben der postulierten Deklassierung von "jüdischen" Disziplinen wie der Mathematik oder der Ökonomie ebenfalls die systematische Nutzung ihrer Errungenschaften für den Nationalsozialismus betrieben wurde. So wurde die Mathematik ebenso als "jüdische Zählwissenschaft" eingeordnet und mit den Attributen, "liberalistisch", "kaufmännisch" und "mechanisch" versehen, wie die "arischen Mathematiker" versuchten, ihre Verbundenheit mit dem "Dritten Reich" zu betonen: Die Grundhaltung beider sei gleich, nämlich heroisch, beide leisteten Dienst an der Wahrheit durch Aufrichtigkeit, Genauigkeit, Ordnung und Disziplin, und es wurde der Nutzen der Mathematik für das Wehrwesen und die Ballistik her-

---

hätte trätiert werden müssen." (Walter Benjamin, "Kommentare zu Gedichten von Brecht", GS II, 2, S. 558).

[168] Herbert Marcuse, "Der Kampf gegen den Liberalismus in der totalitären Staatsauffassung", in W. Abendroth, Faschismus und Kapitalismus, a.a.O., S. 47, vergl. auch S. 39-47.

vorgehoben.[169] Es entsteht also eine Doppelbewegung: Einerseits ersetzt der Begriff der Rasse den des gesellschaftlichen Interesses; andererseits kommt es wie im "Ahnenerbe" zu einer Funktionalisierung der geistes- und naturwissenschaftlichen Momente. Himmlers Gesamtschau und das organologische Weltbild der Nazis erscheinen damit nicht nur als Inversion der marxistischen Elemente der Wissenschaftskritik, sondern auch als eine Verschiebung der kritischen Motive der romantischen und durch Goethe inspirierten Naturwissenschaft und Wissenschaft insgesamt. Diese Richtung stellt ursprünglich eine Gegenbewegung zur instrumentellen Vernunft dar, wird nun aber von den Nationalsozialisten zusammen mit der positivistisch-naturwissenschaftlichen Forschung für ihre Zwecke genutzt. Mit anderen Worten: Es kommt zu einer Verdinglichung der organischen Ideen für die faschistischen Forschung. Diese Verdinglichung ist nun nicht etwas der Lebensphilosophie Äußerliches; sie stützt sich auf Elemente, die, wie sich in der Auseinandersetzung mit Klages zeigte, in ihr in gewisser Weise selbst angelegt sind.[170] Die Romantiker, die Lingsheglianer und die Lebensphilosophen waren ohnmächtig darin, daß sie die ökonomischen Voraussetzungen ihrer Utopien in ihren Entwürfen nicht oder nur unzureichend berücksichtigten. Der Faschismus bleibt dabei und führt diese Denkfigur zu einer brutalen historischen Gestalt. Einerseits wurde ein "organisches Ganzes" des Volkes beschworen, anderseits die kapitalistische Ökonomie weiter vorangetrieben, deren Aufhebung doch gerade eine Voraussetzung der Ganzheit darstellt, wie sie von den Frühromantikern intendiert war. Das spezifische Element der faschistischen Ökonomie gründete sich auf die Einführung des Fordismus und Taylorismus aus den USA, ohne daß den deutschen Arbeitern die vergleichsweise höheren Löhne der amerikanischen Arbeiter ausgezahlt wurden.[171] Die "Deutsche Volksgemeinschaft" wurde mobil gemacht, um die Profite

---

[169] Vergl. Helmut Linder, "'Deutsche' und 'gegentypische' Mathematik. Zur Begründung einer 'arteigenen Mathematik' im 'Dritten Reich' durch Ludwig Bieberbach" in Merthens/Richter (Hg.), Naturwissenschaft, Technik und NS-Ideologie, a.a.O., S. 88-93.

[170] Nietzsche, von Lukács selbst als Lebensphilosoph gescholten (Georg Lukács, "Nietzsche als Begründer des Irrationalismus der imperialistischen Periode", in Die Zerstörung der Vernunft, a.a.O., Bd. II, S. 7-86) entwickelt andererseits auch eine Kritik an der organologischen Vorstellung der Welt als "Gesamtorganismus" (Friedrich Nietzsche, Die fröhliche Wissenschaft, Drittes Buch, 109, "Hüten wir uns!", KSA a.a.O., Bd. 3, S. 467, vergl. Kapitel 4). Im gleichen Sinne versteht sich auch die Glosse von Theodor Lessing, "In Harmonie mit dem Kosmos", in ders., 'Ich warf eine Flaschenpost ins Eismeer der Geschichte'. Essays und Feuilletons, hrsg. v. Rainer Marwedel, Darmstadt und Neuwied 1986, S. 154-159.

[171] Vergl. Alfred Sohn-Rethel, "Droht die faschistische Ökonomie?", Taz vom 9. 1o. 1987, sowie Elisabeth Behrens, "Arbeiterkampf und kapitalistischer Gegenangriff unter dem

der Unternehmen weiter in expansionistische Zwecke zu stecken. Die Berufung auf die Ganzheit diente einer Funktionalisierung der subjektiven Wünsche und Gefühle der einzelnen Menschen im Interesse des Kapitals. Die leitenden Figuren der NS-Elite glaubten zwar wie Himmler selbst an die von ihnen vernuzten Magie und nahmen damit unbewußt ein Wunschdenken auf, das sich auch noch in den Naturwissenschaften als Erben der Magie wiederfinden läßt[172]; andererseits aber besaßen sie, wie Goebbels und Hitler einen klaren Blick dafür, wie diese im Sinne ihrer Zwecke einzusetzen war.[173] In diesem Sinne verwendet das "Ahnenerbe" Motive, die nicht soweit voneinander entfernt liegen, wie der an einem positivistischen Wissenschaftsbegriff orientierte Kater meint. Der Mythos der Archaik geht sehr wohl mit dem des Fortschritts zusammen. Die Ergebnisse der Rascherschen Unterkühlungsversuche an KZ-Insassen wurden, ebenso wie die Unterlagen der japanischen Seuchenversuchen an Chinesen und anderen Kriegsgefangenen in der Mandschurei von den amerikanischen Streitkräften übernommen.[174] Es ist bekannt, daß sowohl die Rote Armee als

---

Nationalsozialismus. Der deutsche 'New Deal'", in K. H. Roth, Die andere Arbeiterbewegung, München 1977, Trikont, S. 1o7-12o.

[172] Daß die NS-Elite von okkultistischen Zirkeln wie der "Thule-Gesellschaft" beeinflußt gewesen wären, versucht Peter Orzechowski (Schwarze Magie - Braune Nacht, Ravensburg o.J., Peter Selinka Verlag) ähnlich wie Ellic Howe zu ergründen. Dabei kann er eine direkte Beeinflussung nicht nachweisen, suggeriert aber durch die Anhäufung des Materials unterschwellig verschiedene Bezüge, die im wesentlichen dadurch zustandekommen, daß er die okkultistische Fragestellung, ob Hitler ein Medium gewesen sei, wörtlich aufnimmt. Eine Berechtigung hätte diese Eingangsperspektive nur, wenn sie metaphorisch, d.h. durch eine gesellschaftskritische Linse gebrochen verwendet würde. Hitler erweist sich nicht als Medium böser Kräfte, sondern als Projektionsfläche, als General-Null aller anderen kleinbürgerlicher Nullen, die der Entfremdung der kapitalistischen Ökonomie durch Projektion ihrer Wunschvorstellungen auf eine Figur zu entgehen hoffen, die dadurch eine verdrehte messianische oder diabolische Aufladung erhielt. Das wäre ein Zusammenhang, in dem über ein Charisma Hitlers zu sprechen lohnte.

[173] Vergl. den Auszug aus Dietrich Eckart, Der Bolschewismus von Moses bis Lenin. Gespräche zwischen Hitler und mir, München 1925, in Orzechowski, Schwarze Magie, a.a.O., S. 41-45.

[174] Vergl. Tom Bower, "Von Dachau zum Mond. Wie Nazi-Forscher zu den Vätern der US-Weltraumfahrt wurden", in Die Zeit Nr. 20, 8. 5. 1987, S. 13-17. Der Spiegel berichtet über bakteriologische und chemische Menschenversuche der Japaner in der Mandschurei zwischen 1938 und 1945, die dem Erkenntnisinteresse und der Grausamkeit von Rascher, Hirt und Beger in nichts nachstehen. Vor dem Einmarsch der Roten Armee wurden alle Spuren der Experimente verwischt. Keiner der Folterknechte wurde vor dem internationalen Gerichtshof für Kriegsverbrecher in Tokyo angeklagt. Der Chef der Truppe, Generalleutnant Ishii, kam auch deswegen straffrei davon, weil er der US-Army sämtliche Ergeb-

auch die US-Army die Amerikaner selbst Menschenversuche zur Untersuchung der Atomenergie anstellten und im Kreml wie im Pentagon parapsychologische Experimente durchgeführt wurden.[175] Die Phantasie heutiger Waffentechniker und Bevölkerungspolitiker vom Schlage des Genetikers Hermann Joseph Mullers liegt nicht weit entfernt von derjenigen Himmlers.[176] Im von Kater beschriebenen "Institut für wehrwissenschaftliche Zweckforschung", in der Wünschelrutenforschung, in der Naturheilkunde wurden magisch-mythische Motive für die Kriegsforschung vernutzt. Dem Verhältnis von Aufklärung und Mythos fügten die Nazis damit eine andere Variante als die des Positivismus hinzu: Die Verdrehung gesellschaftlicher Motive in "völkische", die Parodie des Organizismus und Universalismus, das Erbe der Lebensphilosophie und der Existentialphilosophie.

Stellt man die Frage danach, wieviel Widerstand die einzelnen Elemente von sich aus gegen ihre Vereinnahmung durch das NS-System leisteten und wo sie dieser entgegenkamen, dann wird man wiederum auf die Übergänge vom Positivismus zum Faschismus verwiesen. Der Positivismus beharrt einerseits auf seiner Objektivität, bleibt aber blind für die sich vorgängig abspielenden gesellschaftlichen Voraussetzungen. Die mythischen Elemente der Magie sind in ihm immer noch virtuell enthalten. Im Faschismus werden diese freigelegt und mit dem Postivismus zusammengeführt, ohne daß eine beiderseitige Aufklärung stattfindet. Die Kenntnis der historischen Bestimmtheit dieser Diskursfigur wird so zu einem Hauptkriterium ihrer Beurteilung, aus dieser Überlegung rechtfertigt sich auch die ausführliche Darstellung der einzelnen historischen Details, die weitgehend unbekannt sind oder auf Abwehr stoßen. Bis heute haben Bewegungen, die organologisch und lebensphilosophisch argumentieren, diese Entwicklung zur Kenntnis zu nehmen. Wird sie nicht realisiert, dann ist eine Praxis, die ähnliche Züge trägt, wie die des historischen Faschismus, immer wieder möglich, so wie sie die Astrologie bereits dann in ihrer Vorstellung deutlich erkennbar vorzeichnet, wenn man ihr Weltbild in die wirkliche Welt übersetzt.

---

nisse der Versuche übergab (vergl. Spiegel, 24/1988, S. 166-172). Der Artikel geht auf das Buch Sättigung des Teufels Seiichi Morimaras von 1981 zurück und erschien anläßlich eines Hongkonger Spielfilms zu diesem streng geheimgehaltenen Thema.

[175] Vergl. z.B. Julia Burin/Sergej Shargorodsky, "Menschen als 'Versuchskanninchen' bei Atomtests, Frankfurter Rundschau vom 15.8.1992, S. 5, Schroeder/Ostrander, Psi, a.a.O., S. 100-110 und Holger Strom, Was Sie nach der Reaktorkatastrophe wissen müssen, Frankfurt/M. 1986, Zweitausendeins, S. 113f.

[176] Vergl. K.H. Roth, "Schöner neuer Mensch...", a.a.O., S. 11-63, bes. 51-61 und Ludger Weß (Hg.), Die Träume der Genetik, a.a.O., S. 108-116.

10. Mythos und Moderne

Die Insel schwimmt mit dem Strom.

Klaus Heinrich

Wenn in den beiden vorangegangenen Kapiteln davon gesprochen wurde, wie die Dialektik der Aufklärung den Aberglauben mit rebellischen Motiven in einer prekären Form auflädt, dann muß umgekehrt noch einmal zur Sprache kommen, wie die Astrologie den Bruch zwischen Tradition und Aufklärung nicht wahrhaben will. Darin liegen kritische und affirmative Momente zugleich vor, die auf die Antinomien der Moderne verweisen, die Peter Bürger folgendermaßen zusammenfaßt: "So findet mit dem Eintritt in die Moderne eine doppelte Spaltung statt: die göttliche Schöpfung zerfällt in objektivierte Natur und subjektiven Eingriff des Menschen, und der Mensch zerfällt in das Gattungswesen, das für die Einrichtung der Welt verantwortlich ist, und das Individuum, das eben diese Einrichtung als eine ihm fremde erfährt."[1] Die Moderne konstituiert sich in der Abgrenzung zur Antike, wie es Baudelaire in den Begriffen der modernité und antiquité formuliert[2], das heißt sie betont einen Bruch, indem sie sich als etwas Neues, noch nie Dagewesenes bezeichnet, auf das die alten Regeln nicht mehr zutreffen, das aber immer wieder durch das nächste Neue abgelöst wird.[3] Die Moderne enthält damit den Begriff der Antitradition, mit dem sie anzeigt, daß sie, auch wenn sie sich im Gegensatz zu der Tradition befindet, noch auf diese bezogen ist, und sie enthält den Begriff des Neuen als Flüchtigem, das sich nach diesem Bruch immer wieder herstellt. Die Kategorie der Moderne

---

[1] Peter Bürger, Prosa der Moderne, a.a.O., S. 13.

[2] Charles Baudelaire, Le peintre de la vie moderne (1863, endgültige Fassung 1868), in Oevres complètes, hrsg. v. Claude Pichois, Paris 1977, Bd. II, S. 683-724, bes. 694-697; nach Klaus Herding, "Die Moderne: Begriff und Problem", in Monika Wagner (Hg.), Moderne Kunst I. Das Funkkolleg zum Verständnis der Gegenwartskunst, Reinbek 1991, Rowohlt, S. 176-196, bes. S. 175f und 188f.

[3] "Wenn Friedrich Schlegel formuliert, jedes wahre Kunstwerk setze die Regeln, nach denen es beurteilt werden wolle, selbst, dann verwendet er zwar noch einen Begriff traditioneller Kunstvorstellung, jedoch nur, um dessen Bedeutung aufzuheben; denn eine Regel, die nur für ein einzelnes Werk gilt, ist keine." Peter Bürger, Prosa, a.a.O., S. 16.

gründet, obwohl sie sich im ästhetischen Diskurs entwickelt, auf gesellschaftlichen Umbrüchen. In der historischen Phase, in der das Bürgertum für alle anderen Stände die Freiheit erstreiten will, hat die Emphase des Neuen zunächst seine Bedeutung; in jener Phase aber, in der der Emanzipationsversuch in erneute Herrschaft umschlägt, beerbt das Bürgertum nicht mehr die Befreiungsversuche der vorausgehenden Generationen, sondern macht sich auf seine Weise mit der Herrschaftsrolle des Adels und des Klerus' vertraut. Insofern trifft die emphatische Vorstellung des Neuen, das sich auch als ästhetische Kategorie auf eine radikale gesellschaftliche Veränderung bezieht, nicht mehr zu und nimmt, indem sich die Herrschaft tradiert, affirmative Züge an. Die Inhalte der Moderne wandern nun weitgehend in die Kunst ein, die zwar dadurch zu einer Gegeninstitution der Gesellschaft wird, daß sie bereits andere Verhältnisse, die in der Gesellschaft noch nicht verwirklichbar sind, vorwegnehmend aufzeigen kann. Die Bedeutung des Begriffs besitzt ihre kritische Grenze aber auch darin, daß er sich immer auf die Möglichkeiten der gesellschaftlich erreichbaren Freiheit bezieht, die er aus den Augen verliert, wenn er sich affirmativ in der ästhetischen Sphäre allein etablieren soll und will. Anders gesagt, der Begriff der Moderne wird dann substanzlos, wenn der Künstler sich einen utopischen Raum schafft, dessen Freiheit auf Kosten der Realität geht, der Bruch zu dieser nur noch postuliert und das Neue zur Kategorie der Kontinuität und Dauer von seinen emanzipatorischen gesellschaftlichen Inhalten entleert wird.[4]

Für die Astrologie, die wir nicht vergessen haben, stellt sich der Bruch, den die Moderne thematisiert und auf deren Entfremdungserscheinungen sie reagiert, selbst nicht als Problem dar. In ihr herrscht die gleichbleibende Zeit des Mythos: Die Sterne drehten sich früher, sie drehen sich heute und sie werden sich auch in Zukunft drehen. Die Bedeutung der Astrologie liegt nun wiederum darin, daß sie auf den Bruch der Moderne reagiert, ihn aber in sich nicht abbildet. Indem sie die Friktion leugnet, enthält die Astrologie ein Moment von Erkenntnis, nun wiederum auf verdrehte Weise. Denn die Kontinuität der Welt als mythische nimmt sie dort affirmativ als wahr an, wo sie es allein in der Tradition der Unterdrückung ist. Indem sie die Welt als Mythos beschreibt, ist die Astrologie Erkenntnis, indem sie sie als Mythos festschreibt, Verdummung. Dieses Moment von Doppelheit macht den Charakter der Astrologie aus; daß die wirklichen Probleme der Menschen darin

---

[4] Diese Zusammenhänge werden hier nur in Bezug auf mein Thema umrissen. Die Möglichkeiten, die in der Konstellation der Moderne zwischen Solipsismus, Avantgarde und der Institution Kunst liegen, versucht Peter Bürger genauer zu bestimmen, vergl. den Abschnitt "Konstruktion der Moderne: Hegel, Lukács, Adorno", in ders., Prosa, a.a.O., S. 19-31.

nicht vorkommen, liegt an ihrer Natur als "erschlichenem Mythos" (Benjamin).

Astrologie als erborgter entdialektisierter Mythos

Die Astrologie postuliert eine Supersphäre der Sterne, die nicht weit von Platons Vorstellung eines Ideenhimmels entfernt ist, dessen Elemente ebenfalls von der Entwicklung der Gesellschaft ausgeschlossen sein soll. Adorno diskutiert diesen Zusammenhang in einem frühen, noch ganz an Benjamin angelehnten Aufsatz, in dem es um die Kategorien der Natur, der Geschichte und der Bedeutung geht:

> Die Vorstellung einer statischen undialektischen Ideenwelt nicht bloß, sondern auch undialektischer, die Dialektik abbrechender Mythen weist auf Platon als ihren Ursprung zurück. Bei Platon liegt die Welt der Erscheinungen selbst eigentlich brach. Sie ist verlassen, aber sie wird von den Ideen sichtbar beherrscht. Jedoch die Ideen haben an ihr keinen Anteil, und da sie an der Bewegung der Welt keinen Anteil haben, durch diese Entfremdung der menschlichen Erfahrungswelt von den Ideen, werden die Ideen zwangsläufig, um sich gegenüber dieser Dynamik überhaupt halten zu können, unter die Sterne versetzt. Sie werden statisch: erstarrt. Aber das ist bereits der Ausdruck für einen Stand des Bewußtseins, in dem das Bewußtsein seine natürliche Substanz als Unmittelbarkeit verloren hat. In dem Augenblick Platons ist das Bewußtsein bereits der Versuchung des Idealismus verfallen: der Geist, aus der Welt verbannt und der Geschichte entfremdet, wird zur Absolutheit um den Preis der Lebendigkeit. Und der Trug des statischen Charakters der mythischen Elemente ist es, dessen wir uns zu entledigen haben, wenn wir zu einem konkreten Bild von Naturgeschichte kommen wollen.[5]

Was Adorno hier als eine Kritik am Idealismus entwickelt, trifft auch auf die Astrologie zu. Die Trennung der Welt der Sternbilder von der Welt der Erde setzt die Astrologie zunächst voraus, um sie in falscher Weise wieder aufzuheben, indem sie in einem zweiten Schritt von einer Befehlsgewalt der Sterne und der Gehorsamspflicht der Menschen ausgeht. Dieses statische Verhältnis von Himmel und Erde läßt sich auch noch anders formulieren. Die Astrologie postuliert eine Einheit von Leben, Werk und Wesen, die ursprünglich zur Erscheinung des mythischen Heros gehört. In der Figur des antiken Helden hat der in der Astrologie vorkommende "Typus" seinen Sinn darin, daß er die Menschen den Göttern gegenüber vertritt. Auch der Begriff der "Aufgabe" entstammt dem Mythos: Herakles, Orpheus, Theseus, Odysseus erlösen stellvertretend für alle Menschen die Menschheit. In der Aufklärung aber wird der Mensch zum Individuum mit moralischer Verantwortung. Damit verschwindet die Idee der Vertretbarkeit, der Einzelne muß selbst die Verantwortung für sein Tun übernehmen. Die astrologische Auffassung des

---

[5] Adorno, "Die Idee der Naturgeschichte", a.a.O., S. 363f.

Typus ist damit aus dem Mythos entlehnt und gleichzeitig dessen Trivialisierung; sie will die bereits entdialektisiert vorliegende mythische Konstruktion als Verhältnis von Mensch und Geschichte bis heute beibehalten und das dem Tauschprinzip unterworfene Leben einfach mythologisch nehmen. Indem die Astrologie die bestehende Welt unmittelbar zum Mythos erklärt, rekurriert sie daher auf bestimmte Antinomien, die sich aus der Konfrontation von Mythos und Moderne ergeben. Der Mythos als historische Form ist selbst gesellschaftlich bedingt; das zeigt an den Kategorien der Freiheit und der Wahrheit: Die menschliche Freiheit bildet sich als ein Scheitern in ihm ab und den Begriff der Wahrheit schließt er aus, denn diese entsteht erst mit der Philosophie in der nachmythischen Phase. Daraus folgt, daß der Mythos selbst die Wahrheit über sich nicht zum Ausdruck bringen kann, denn sie ist eine Kategorie der Kritik und entsteht aus einer Distanz, die ein Subjekt voraussetzt, das er ebenfalls nicht kennt.

Walter Benjamin formuliert in seinem Aufsatz über Goethes Wahlverwandtschaftenroman eine Kritik des falschen mythischen Gestus der anmaßenden Schriften der Georgeschule mit zwei Argumenten. Zunächst mit dem bereits genannten historischen: "Es gibt keine Wahrheit, denn es gibt keine Eindeutigkeit und also nicht einmal Irrtum im Mythos. Da es aber ebensowenig Wahrheit über ihn geben kann (denn es gibt Wahrheit nur in den Sachen, wie denn Sachlichkeit in der Wahrheit liegt) so gibt es, was den Geist des Mythos angeht, von ihm einzig und allein eine Erkenntnis. Und wo Gegenwart der Wahrheit möglich sein soll, kann sie das allein unter der Bedingung der Erkenntnis des Mythos, nämlich der Erkenntnis von seiner vernichtenden Indifferenz gegen die Wahrheit."[6] Das, was Benjamin Sachlichkeit nennt, ist der dialektische Bezug des Mythos auf die historisch-gesellschaftliche Form, mit der er in Zusammenhang steht. Er muß als Objekt, als Sache, dem Subjekt notwendig gegenübertreten. Die Erkenntnis von der Indifferenz des Mythos gegen die Wahrheit, die mit der Philosophie einsetzt, bereits im Vorfeld auszuklammern, ist gerade das Wesensmerkmal des Trivialmythos, als der die Astrologie daher kommt. Die Funktion einer solchen Konstruktion ist im Vergleich zu der darin verborgenen Problematik einfach: es ist der Schutz vor Kritik. Da die Darstellungen direkt aus einem mythischen Urgrund kommen sollen, hat man sie wie Offenbarungen hinzunehmen. In diesem Gestus gründen alle Aussagen der Astrologen - der Sternenglanz soll der Garant für den Offenbarungscharakter der Aussagen sein, die die Subjekte kritiklos hinzunehmen haben. Dem erschlichenen Mythos gegenüber hat man zu schweigen und zu gehorchen.

[6] Benjamin, Goethes Wahlverwandtschaften, GS I, 1, S. 162.

Benjamin betont nun in einer weiten Argumentationslinie die Entwicklung vom Mythos zum Monotheismus. Das göttliche Prinzip beginne mit der Wahrheit und gebe zum Ritus die Theologie: "Dagegen ist das Gemeinsame aller heidnischen Anschauung der Primat des Kultus vor der Lehre, die am sichersten darin sich heidnisch zeigt, daß sie einzig und allein Esoterik ist."[7] Die Esoterik aber rechnet ebenfalls nicht mit der Kritik von Menschen, sie muß sich allein vor ihrem Gott rechtfertigen. In ihr existiert zwar bereits ein Subjekt, aber in der Vorform des modifizierten Gestirnsfatalismus: Freiheit wird einzig dazu verwand, sich freiwillig den herrschenden Mächten zu unterwerfen, um anschließend Macht über den Rest der Welt zu bekommen. Die Selbstkontrolle soll in diejenige der Welt umschlagen. Daß es sich dabei erst um eine Vorform von Subjektivität handelt, dessen inneren Allmachtsphantasien auf ein reale gesellschaftliche Ohnmacht hinweist, die auch die Träume nicht ausnimmt, liegt auf der Hand.[8] Auch die neuen Esoteriker, für die exemplarisch die Astrologen stehen, setzen wie die alten einen Kultus vor die Lehre, ein Glauben vor das Wissen oder lassen bestenfalls eine parallele Entwicklung von jeweils entdialektisierter Wissenschaft und Metaphysik zu.[9] Mit anderen Worten: Wenn eine mythologische Einheit von Leben, Wesen und Schicksal eingeführt wird, dann kann es sich nicht mehr um Theorie handeln, sondern um deren Vorläufer, nämlich magisches Schrifttum, als das man die Zwischenform der astrologischen Esoterik mit ihrem modifizierten Gestirnsfatalismus letztlich auch bezeichnen muß. Denn genau das ist der Gestus der Astrologen: Horoskope als von den Göttern gesandte Botschaften auszugeben, bei denen die meisten Menschen nur Empfänger sind, einige Übermittler, keine aber Absender. Die Astrologie macht Anleihen bei den

---

[7] Benjamin, Goethes Wahlverwandtschaften, a.a.O., S. 163.

[8] Dieses Verhältnis von Innen- und Außenwelt macht auch einen wichtigen Reiz der fernöstlichen Lehren für den Europäer aus. Die Geburt des untrennbar an die bürgerliche Gesellschaft mit ihrer Dialektik von Innerlichkeit und äußere Verwirklichung gebundenen Subjektes wird als Möglichkeit zurückgenommen und mit dem Ideal eines subjektlosen Zustand für erledigt erklärt.

[9] Benjamin kritisiert diese Haltung als Regression von der Theologie mit Lehre, Sachgehalt und Wahrheit zur früheren Entwicklungsstufe des heidnischen Kultes mit Ritus und Mythos: "Doch keine Denkart ist verhängnisvoller als die, welche selbst dasjenige, was dem Mythos zu entwachsen begonnen, verwirrend in denselben zurückbiegt, und die freilich durch die eben hiermit aufgedrungene Versenkung ins Monströse alsbald jeden Verstand gewarnt hätte, dem nicht der Aufenthalt in der Wildnis der Tropen eben recht ist, in einem Urwald, wo sich die Worte als plappernde Affen von Bombast zu Bombast schwingen, um nur den Grund nicht berühren zu müssen, der es verrät, daß sie nicht stehen können, nämlich den Logos, wo sie stehen und Rede stehen sollten." (Benjamin, Goethes Wahlverwandtschaften, a.a.O., S. 163).

bereits von ihrem gesellschaftlichen Bezug entleerten Mythen und überträgt deren Gestus auf die von ihr beschriebene Welt. Dadurch hypostasiert sie die nach ökonomischen Prinzipien organisierte warenproduzierende Gesellschaft einfach in eine mythologische, die hingenommen werden soll.

Sternenglanz und Warenglanz

Ach Stern und Blume, Geist und Kleid,
Lieb' Leid und Zeit und Ewigkeit

Clemens v. Brentano[10]

Wenn ich liebe, seh' ich Sterne;
Ist's getan seh' ich den Mond.
Ach, es war nur die Laterne! -
Trotzdem hat es sich gelohnt.

Julie Schrader[11]

Nun endet in gewisser Weise für Benjamin die Entwicklung des Mythos in der Theologie. Diese muß jedoch noch weiter aufgeklärt werden. Denn der Kapitalismus kann zwar weitgehend zutreffend als Religion beschrieben werden[12] und korrespondiert von daher anders mit der mythischen Darstellung der Astrologen, als diese es ahnen, aber auch die Theologie ist abhängig von ihrem Verhältnis zum Warencharakter. Die Verkehrung von Natur und Geschichte, die Adorno in seinem erwähnten Aufsatz anspricht, deutet auf ein anderes quid pro quo, nämlich auf Marx' Kritik des Warencharakters. Die Verwandlung von Menschen in Sachen, Sachen in Menschen, Natur in Ge-

---

[10] Schlußverse aus dem Gedicht "Eingang".

[11] 'Wenn ich liebe, seh' ich Sterne'. Gedichte der Julie Schrader, hrsg. v. Berndt W. Wessling, München 1971, dtv, S. 16; nach der zweibändigen Ausgabe bei Schünemann, Bremen 1968/1969.

[12] "Im Kapitalismus ist eine Religion zu erblicken, d.h. der Kapitalismus dient essentiell der Befriedigung derselben Sorgen, Qualen, Unruhen, auf die ehemals die so genannten Religionen Antwort gaben." (Benjamin, "Kapitalismus als Religion", GS VI, S. 100-103, hier S. 100) Es ist hier nicht der Ort zu diskutieren, ob Benjamin diese theologische Analyse auch in seiner sogenannten marxistischen Phase beibehält oder nicht. Vergl. dazu meine demnächst erscheinende Studie Walter benjamin und die Sterne. Einen wichtigen Kommentar zu Benjamins Kapitalismustext liefert Hermann Schweppenhäuser mit seinem Aufsatz "Kapitalismus als Religion. Eine Aufzeichnung Benjamins von 1921", in ders., Ein Physiognom der Dinge. Aspekte des Benjaminschen Denkens, Lüneburg 1992, zu Klampen, S. 146-152.

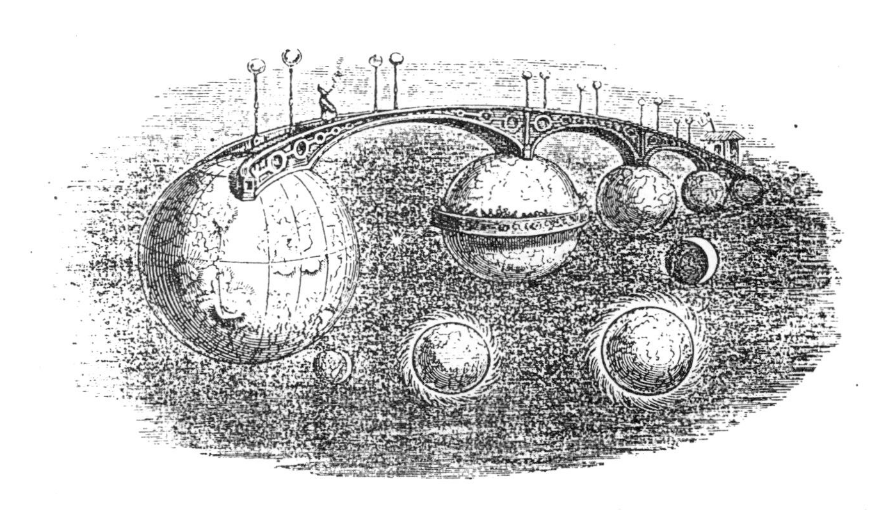

Abbildung 11 Die Planetenbrücke aus Grandville, Eine andere Welt, S. 157

schichte und Geschichte in Natur weist auf den zentralen Mechanismus der warenproduzierenden Gesellschaft hin, der die Ware mit dem Mythos verbindet. Im Fetischcharakter der Ware liegt die Verwandlung der Arbeit der Menschen in Dinge begründet, die nun scheinbar einen Subjektcharakter bekommen, während die Menschen einen dinglichen Charakter annehmen. Was heute erscheint, wenn vom Mythos die Rede ist, ist derjenige, der die Ware umgibt; er wirft seinen Schatten auch auf die utopischen Vorstellungen. "Mythos ist nicht die klassenlose Sehnsucht der wahren Gesellschaft sondern der objektive Charakter der entfremdeten Ware selber."[13] Der Schlüsselbegriff zum Verständnis der Faszination der Sternbilder ist die Ware; der Glanz der Sterne als utopisches Grücksversprechen wird zu ihrem Fetischcharakter, der zusammen mit der in dem Glanz nicht vorkommenden Rückseite - der entfremdenden Arbeitswelt des Kapitalismus - die doppeldeutige Struktur bildet, vor deren Hintergrund allein ein Begriff des Mythos der Moderne gerechtfertigt wäre. Die Sterne ahmen in ihrer Sphäre den mythologischen Doppelcharakter der Ware selbst nach: Es handelt sich um eine Vernutzung des Sternenglanzes, indem ihr utopischer Schimmer einerseits durch den Gebrauchswert der Waren materialistisch eingelöst, er andererseits aber durch die Verbindung mit Warenmarken und Laternen im Sinne des Fetischcharakters banalisiert wird.

Der Sternenglanz, im Fetischcharakter zunächst für denjenigen der Ware nutzbar gemacht, wird aber auch wieder ins Weltall zurückgespiegelt: Umgekehrt werden die Sterne als Objekte der Warenwelt betrachtet. Für das 19. Jahrhundert zeigt Grandville mit seinen Phantasien, wie das Universum im Sinne der Ware modernisiert werden soll, wenn er zur Zeit des Baus des Eiffelturms in seinen ironischen Entwürfen Brücken aus Eisen, beleuchtet durch Gaslaternen, die gerade ihre Blüte erlebten, zwischen den Planeten einzieht.[14] Die auf dem Balkon, mit dem der Saturn im modernisierten Universum anstelle eines Rings ausgestattet ist, stehenden Menschen sollen dort nach getaner Arbeit Luft schnappen. Die Aufteilung des Lebens in Arbeits- und Freizeit wird zu einer Eigenschaft der Natur, die im ganzen Universum Gültigkeit besitzen soll. Heute erscheint diese und ähnliche frühindustrielle Vorstellungen von einem Hauch Romantik umgeben. Grandvilles Bild des eisernen Universums macht einen fast gemütlichen Eindruck, wenn man es

[13] Brief Adornos an Walter Benjamin vom 2.8. 1935, in Benjamin, GS V, 2, Das Passagenwerk, Frankfurt/M., 1982, S. 1132.

[14] Vergl. Grandville, Eine andere Welt, Erstausgabe Paris 1844, Zürich 1979, Diogenes, S. 157. Über die Aufladung des Sternenhimmels im 19. Jahrhundert vergl. die exemplarische Studie von Albert Boime, Vincent van Gogh, Die Sternennacht. Die Geschichte des Stoffes und der Stoff der Geschichte, Frankfurt/M. 1989, Fischer.

mit den Phantasien des Technikfetischismus vergleicht, die heute auf den Himmel projiziert werden und die fast ausschließlich aus Militaria und verklemmtem Sex zu bestehen scheinen. Aber auch bei Grandville findet sich bereits eine Utopie als primär technische Welt, wenn der Zeichner zu ihr auch ironisch auf eine gewisse Distanz geht.

Solche Vorgänge der Veränderung der Sinne als Einfühlung der Subjekte in den Fetischcharakter der Ware gehen weit über das hinaus, was die Astrologie mit ihren beschränkten Möglichkeiten erfassen kann. Sie sieht immer nur Schicksal, Aufgabe und Bestimmung. Sie macht sich lediglich die Disposition der entfremdeten Subjekte in der entwickelten Warengesellschaft zunutze und versucht ihnen in einer unsicheren Welt eine sichere Identität anzudrehen.

Die Sterne stehen für eine Utopie der Natur ein. Ihr mildes Licht ist wie ein verzaubernder Himmelsglanz. Die Astrologie versucht sich diesen Glanz für ihre Produkte zu bewahren. Im Horoskop soll die Natur sprechen, die Sternenkraft ihren direkten Ausfluß finden. Dieser soll echt und dauerhaft sein gegenüber den Werken der menschlichen Zivilisation, die mit dem Fluch der Zerstörung geschlagen sein soll. Der mythische Einspruch der geknechteten Natur gegenüber den mit ihren Werken frevelnden Menschen soll durch die Verkündigungen der Astrologen geschehen. Die Praxis der Astrologie sieht allerdings ganz anders aus. Kein Astrologe schaut mehr in den Himmel und erstellt Berechnungen selbst, sondern er verwendet in der Regel astronomische Tabellen, die von der amerikanischen Weltraumbehörde NASA erstellt werden. Die Künstlichkeit der Unternehmung, die sich zwar auf die Echtheit des Mythos beruft, aber selbst von den geächteten Wissenschaften profitiert, liegt auf der Hand. Die Entfremdung vom Sternenhimmel ist ein kulturhistorischer Vorgang, der in der Projektion menschlicher Zwecke auf den Himmel von der Entstehung der Zivilisation nicht zu trennen ist. Sowohl die historischen, als auch die heutigen Versuche, mit Ritualen und Opfern die Sternengötter milde zu stimmen, sanktionieren die eigenen Vorhaben und Zwecke. Doch immerhin bestand in agrarisch bestimmten traditionellen Kulturen ein phänomenologischer Zugang zu den Sternen: Sie waren sichtbar, wenn auch nicht klar ist, wem sie etwas sagten. Mit der Entwicklung der modernen Stadt, mit ihren hohen Häusern und der künstlichen Beleuchtung, wird der Sternenhimmel wirksam von der Betrachtung ausgeschlossen. Wenn wir heute an Sterne denken, kommt uns vielmehr eine Laterne vor Augen; wirkliche Sterne sehen die wenigsten Stadtbewohner noch direkt, die helle Lichtglocke über den Großstädten läßt ihr Licht kaum mehr hindurch.[15] Das heißt, die Sterne werden als Phänomene auf eine bestimmte Weise vertreten. Es handelt sich dabei um einen doppelten Vorgang: Wenn wir einerseits - wofür vieles spricht - von einer mimetischen Aneignungsweise der Welt durch das Kind ausgehen und annehmen, daß die Bilder von Gegenständen ihre Spuren im Gedächtnis hinterlassen, dann entsprechen sowohl die Augen der Eltern, als auch die Lampen des Interieurs und der Straße den ersten Vorstellungen eines Kindes von Sternen.[16] Andererseits ersetzt die Laterne in der urbanen Umgebung das Sternenlicht. Indem sie es nachahmend auf die Erde holt und im Glanz des Warenfetischs und der Kulturindustrie aufgehen läßt. Die Sterne haben jetzt ihren Platz in den verwalteten Träumen der Kulturindustrie: Traumfrauen und Lichterträume vereinigen sich im Filmstar.

Dieser Zusammenhang von Abspaltung und Projektion verweist auf eine Konstellation der Moderne. Die in der Antike mythisch konnotierten Sterne geraten in der Moderne in einen Zusammenhang, der den Himmel nun einerseits in technischer Weise vermenschlicht, indem die Sterne als veränderte Laternen gedacht werden, andererseits werden die utopischen Träume, die sich an die Sterne heften für die Warenwelt heruntergeholt. Diese Veränderung in der Wahrnehmung des Sternenhimmels, die im Zuge der Entwicklung warenproduzierende kapitalistische Industriegesellschaft vor sich geht,

---

[15] Wolfgang Schivelbusch zeigt in seiner Geschichte der künstlichen Beleuchtung, daß der Glanz der Laternen, der Waren und der Sterne im Schein des Fortschritts in der bürgerlichen Gesellschaft zusammenfließen. Schivelbusch, Lichtblicke. Zur Geschichte der künstlichen Helligkeit im 19. Jahrhundert, München, Wien 1983, Hanser.

[16] Neben Walter Benjamin in seinem Buch Berliner Kindheit um Neunzehnhundert (GS IV, 1) betont auch Pier Paolo Pasolini in seinem Erziehungsromanfragment Genariello die Bedeutung dieser "Sprache der Dinge": "Die Erziehung, die ein Junge (das gilt natürlich auch für das Mädchen, W. B.) durch Gegenstände, durch Dinge, durch physische Wirklichkeit erfährt - mit anderen Worten durch die materiellen Erscheinungsformen seiner sozialen Lage -, macht den Jungen körperlich zu dem, was er sein ganzes Leben lang sein wird. Sein Fleisch wird geformt als Umhüllung seines späteren Geistes. Die soziale Lage eines Individuums erkennt man an seinem Fleisch (jedenfalls nach meiner persönlichen historischen Erfahrung). Denn es wird physisch geformt durch die erzieherische Wirkung der Materie, aus der seine Welt besteht." (Pasolini, "Die erste Lektion erteilte mir ein Vorhang", Schule des Widerstands: Genariello, in Das Herz der Vernunft, Berlin 1986, Wagenbach, S. 15). Auch wenn man zugrunde legt, daß Pasolini eine falsche Unmittelbarkeit der Wirkung materieller Dinge konstruiert und daß die Entfremdung bereits mit der Warenform beginnt und nicht mit dem Übergang einer vorindustriellen zur industriellen Produktionsweise, so betont er doch die Rolle der Gegenstände für die Seelenentwicklung des Kindes, und lenkt damit den Blick auf den (heimlichen) Lehrplan der Erziehung durch die Welt.

und die den realen Kern der Sehnsüchte bildet, die die Astrologen vermarkten, nimmt die Astrologie selbst nicht zur Kenntnis.

Astrologie und Naturgeschichte - Der Sternenhimmel als Allegorie. Astrologie als Komplement der Postmoderne

Im Gegensatz zu einer dialektischen Sichtweise gehen die Astrologen von einer schicksalhaften Vorstellung der Geschichte aus, die auf andere Weise zutreffend ist, als sie meinen. Die Geschichte wird einerseits von Menschen gemacht, sie vollzieht sich vor der Wende wie nach dem Zusammenbruch des Staaatssozialismus immer noch, wie Marx treffend analysiert, hinter ihrem Rücken, so daß sie wie eine Naturgeschichte erscheint. Die affirmative Version aber geht davon aus, daß der Weltlauf bereits Geschichte sei, das heißt bestimmte Geschichte in dem Sinne, daß die Menschen sie bewußt gestalteten. Hier treffen sich die alten entdialektisierten Mythen mit denen der Moderne. Diesen mythologischen Charakter der warenproduzierenden Gesellschaft nimmt die Astrologie einerseits auf und verklärt ihn andererseits als nicht zu durchbrechenden, ewig abrollenden Schicksalszusammenhang. Darin, daß die Astrologie die Zweideutigkeit der Sterne - indem sie helfen oder zerstören - vertritt, enthält sie ein Moment von Wahrheit; sie betrachtet die moderne Welt in gewissem Sinne aus dem Blickwinkel des Mythos. Andererseits setzt sie damit auch die Möglichkeiten der Menschen außer Kraft, den mythologischen Zirkel der Sterne zu durchbrechen. Denn wenn die Aufklärung auch mythologische Elemente enthält, so ist sie doch nicht notwendig mythisch. In der astrologischen Darstellung der Welt als Mythos reflektiert sich, daß die Geschichte noch nicht begonnen hat. Insofern gibt sie eine adäquate Darstellung, deren unbewußter Gehalt von ihren Anhängern aufgenommen wird. Sie organisiert Unheilstendenzen der Moderne, wenn auch in einer prekären, diese perpetuierenden Form. In diesem Kontext findet eine Arbeitsteilung statt, indem die bürgerliche Gesellschaft im Positivismus begrifflich von ihren Unheilstendenzen entsorgt werden soll, während diese auf die Sterne projiziert in der Astrologie und dem modernen Aberglauben als Schicksalszusammenhang unbegriffen zurückkehren. Dieses gebrochene Verhältnis erst konstituiert den Mythos der Moderne und nicht die trivialen Vorstellungen der Astrologen, die einfaches menschliches Leben für heldisches, die Darstellungsweise der Antike für die des Alltags im Kapitalismus verwenden.

Die Astrologie macht also nichts anderes, als daß sie die Geschichte als einen Naturlauf der Sterne darstellt und anderseits den natürlichen Sternen normativen Charakter zuspricht. Sie nimmt ebenfalls auf verdrehte Weise ein mythisches Moment an der Geschichte auf, dessen falsche Form man nur zerbrechen kann, wenn man ernst nimmt, daß sie darin auch eine berechtigte Kritik äußert, die den Astrologen selbst freilich nicht bewußt wird. Adorno formuliert in seinem bereits erwähnten Aufsatz:

> Wenn die Frage nach dem Verhältnis von Natur und Geschichte ernsthaft gestellt werden soll, bietet sie nur dann Aussicht auf Beantwortung, wenn es gelingt, das geschichtliche Sein in seiner äußersten geschichtlichen Bestimmtheit, da, wo es am geschichtlichsten ist, selber als ein naturhaftes Sein zu begreifen, oder wenn es gelänge, die Natur da, wo sie als Natur scheinbar am tiefsten in sich verharrt, zu begreifen als ein geschichtliches Sein.[17]
>
> Als Vergänglichkeit ist Urgeschichte absolut präsent. Sie ist es im Zeichen von 'Bedeutung'. Der Terminus 'Bedeutung' heißt, daß die Momente Natur und Geschichte nicht ineinander aufgehen, sondern, daß sie zugleich auseinanderbrechen und sich so verschränken, daß das Natürliche auftritt als Zeichen für Geschichte und Geschichte, wo sie am geschichtlichsten ist, als Zeichen für Natur.[18]

Adorno verweist damit auf den allegorischen Charakter von Natur und Geschichte. Die Begriffe müssen nicht als einfach identisch mit dem Bedeutetem, sondern als ein Zeichen für ein Signifikat gelesen werden, deren Verhältnis zueinander je nach Bedeutung zwischen Identität, Gegenteil und Bruch variieren kann.[19] Darin drückt sich die Benjaminsche Vorstellung der Welt als Schrift aus, die selbst auf die Sternenmetaphorik zurückgeht.[20] Die Gegenstände sprechen nicht in einem empirischen Sinne für sich selbst - vielmehr ist die Empirie ein Spezialfall von Zeichen und Bedeutung -, sondern sie drücken darüber hinaus noch etwas anderes aus. Sie sind lesbar, ja sie müssen sogar gelesen werde, damit ihre symbolische Darstellung, die eine Eindeutigkeit, die noch nicht vorliegt, sondern erst im geschichtlichen Prozeß hergestellt werden muß, annimmt, in ihrer einfachen Vorfindlichkeit gebrochen werden kann. Dabei kommt dem die Welt interpretierenden Subjekt eine besondere Rolle zu. Sein Anteil an der Interpretation ist nicht - wie bei den Astrologen - marginal, sondern im Gegenteil gerade konstitutiv für die Welt. Es läßt sich nicht ohne sein Gegenteil, die objektive Welt, denken, auf die es immer auch verwiesen ist. Diese Konstellation wird aber weder von einer mythologisierenden Astrologie, noch von einer rein subjektiven Sinnset-

---

[17] Adorno, "Die Idee der Naturgeschichte", a.a.O., S. 354f.

[18] Adorno, "Die Idee der Naturgeschichte", a.a.O., S. 360.

[19] Vergl. auch Roland Barthes Interpretation der Saussurschen Analyse in ders., Mythen des Alltags, a.a.O., S. 88-110.

[20] Vergl. z.B. Benjamin, "Über das mimetische Vermögen", GS II, 1, S. 210-213. Vergl. dazu meinen demnächst in Klaus Garbers Band über den Osnabrücker Benjaminkongress 1992 erscheinenden Beitrag "Walter Benjamin und die Sterne", der die in diesem Kapitel angesprochene Problematik von Mythos und Moderne aufnimmt und weiterführt.

zung allein erfaßt, die doch nur das Komplement der allseitigen, naturalisierten Verdinglichung ist. Vielmehr sind beide Elemente miteinander verschränkt.[21] Dort, wo das Subjekt sich rückhaltlos, eben ohne die scheinbare Sicherheit einer Methode, sei sie nun positivistisch oder deren astrologische Parodie, seiner Spekulation hingibt, schlägt diese, wenn sie sich vergegenständlicht, für einen äußeren Betrachter in Objektivität um und setzt damit für einen kurzen Moment eine Erkenntnis frei, die in dieser Konstellation von Subjektivität und Objektivität enthalten ist und die, wenn sie eine andere Einheit von Individuum und Welt vorwegnehmen will, die es noch nicht gibt, immer wieder gebrochen und neu hergestellt werden muß, indem der innere und der äußere Standpunkt wechselweise eingenommen werden. Der subjektive Zugang zur Interpretation der objektiven Welt ist damit nicht das Ende des Denkens, sondern im Gegenteil erst dessen Voraussetzung.

Darin ist der tiefere Sinn der allegorischen Metaphorik zu sehen, deren Fruchtbarkeit sich bereits in Scholems Interpretation der Klagesschen Metaphysik zeigte. Sie liegt ebenso Horkheimers Kritik des Positivismus zugrunde, wenn er den subjektiven Anteil des Forschers bei dem Zustandekommen der scheinbar objektiven Ergebnisse betont, wie auch der Freudschen Psychoanalyse, die Libido und Thanatos als Triebrepräsentanz ebenfalls durch die Sichtweise der Subjekte hindurch gebrochen auffaßt. Der Positivismus, die Jungschen Archetypen und die Klagessche Bilderlehre gehen dagegen von einer symbolisch-eindeutigen Welt aus, der das Subjekt untergeordnet ist und sich anzupassen hat. Auf die Astrologie angewandt, liegt hier der wichtigste Einwand gegen die Argumentationsfigur des modifizierten Gestirnsfatalismus, daß dieser das Subjekt und seine Weltinterpretation eliminieren möchte, die diese doch erst herstellt, in dieser Herstellung jedoch immer wieder auf die Antionomien der Aufklärung verwiesen wird, die eben kein astrologisch geschlossenes Weltbild mehr zulassen.

Diese Überlegung führt auf den Begriff der Postmoderne. Wenn die Moderne sich bereits als ein permanenter Bruch zur Antike darstellt, der mit der Konstituierung der bürgerlichen Gesellschaft zusammenfällt, was ist dann die Postmoderne? Der Begriff entsteht zunächst in der Architektur, wie der Mo-

[21] Das Verhältnis von Allegorie und Witz, das auch dieser Bestimmung zugrunde liegt, bestimmt Manfred Frank bei Schlegel: "Allegorie und Witz sind also die Blick- und Wende-Punkte der Reflexion, die aber nie zugleich bezogen werden können: Im Witz stellt sich die Tendenz auf Einheit ohne die auf Fülle, in der Allegorie stellt sich die Tendenz auf die Unendlichkeit, abgelöst von der auf die Einheit, dar. Es fehlt ein Organ, das beide Hinsichtnahmen im Nu oder in der Einheit des Bewußtseins versammelte." (Manfred Frank, "Allegorie, Witz, Fragment, Ironie. Friedrich Schlegel und die Idee des zerrissenen Selbst", in Willem van Reijen (Hg.), Allegorie und Melancholie, a.a.O., S. 134).

dernebegriff in der Ästhetik; wenn man aber davon ausgeht, daß er sich aus Motiven zusammensetzt, die bereits an der Moderne nicht wahrgenommen worden sind, dann ist man wiederum auf den gesellschaftlichen Bezug verwiesen, der in der Bestimmung des veränderten Bedeutungsgehaltes immanent vorliegt: "Eine zentrale These postmodernen Denkens besagt, daß in unserer Gesellschaft die Zeichen nicht mehr auf ein Bezeichnetes verweisen, sondern immer nur auf andere Zeichen, daß wir mit unserer Rede so etwas wie Bedeutung gar nicht mehr treffen, sondern uns nur in einer endlosen Signifikantenkette bewegen. Dieser These zufolge wäre das Zeichen, das Saussure noch als Einheit aus Signifikant und Signifikat beschrieben hat, zerbrochen."[22] Darin trifft sich der Begriff wiederum auf verdrehte Weise mit der Geschichtauffassung der Astrologie.[23] Das unterschiedslose Postulat einer Welt als Resultat von Sternenkräften und die abstrakte Negation jeder Art von Sinn gehören zusammen. Oder anders gesagt: Abstrakte Identität und unbestimmte Negation sind komplementäre affirmative Kategorien. Es ist kein Zufall, daß die extreme Subjektivierung von Sinn, die die Postmoderne vornimmt, gerade zu dem historischen Zeitpunkt erfolgt, an dem der Kapitalismus - euphemistisch als Marktwirtschaft apostrophiert - seine Ausbreitung über die Welt angetreten ist und Hand in Hand mit dem erwarteten Bekenntnis zur "Marktwirtschaft" und "deutscher Identität" sich eben auch jenes unausbleibliche Phänomen des Antisemitismus und Rassismus einstellt, das dieser wie ein Schatten auf dem Fuße zu folgen pflegt. Es ist weiterhin kein Zufall, daß parallel zu dieser Entwicklung die identitätsstiftende Konstruktion der Astrologie wieder großen Zulauf erhält. Sie organisiert die Unheilstendenzen, die in den Statements zum Markt keinen Platz haben. Insofern gleicht sie anderen, sich weltweit konstituierenden fundamentalistischen Bestrebungen, die sich auf der Rückseite der an den Kapitalismus gebundenen Aufklärung entstehen.

Das sind die Bedingungen der Entwicklung der Sternensehnsucht in der Moderne. Die Astrologen machen mit ihren Versprechungen die Entfremdung der Menschen in der entwickelten Warenwirtschaft produktiv. Die Astrologen wollen dem entfremdeten Leben ihrer Anhänger einen künstlichen Sinn untermengen. Der Versuch ist hilflos. Allein die äußerliche Annahme einer rigiden Ordnung, wie die der Sterne, schafft keine Ordnung,

---

[22] Peter Bürger, "Vorbemerkung", in Postmoderne: Alltag, Allegorie und Avantgarde, hrsg. v. Christa und Peter Bürger, Frankfurt/M. 1987, S. 7.

[23] Der Begriff der Postmoderne aber enthält darüber hinaus auch anderes, das der Astrologie fehlt; für Peter Bürger erfolgt in der eher hilflosen Bezeichnung die Möglichkeit des "Einbruchs der avantgardistischen Problematik in die Kunst der Moderne" (Bürger, "Vorbemerkung", a.a.O., S. 11).

die mit der Struktur des Gegenstands zu tun hätte, auf die sie sich beziehen soll. Sie stellt das Individuum nur unter die selben Kräfte, die unter einem anderen Gewand die Welt beherrschen. Die Kraft der dämonischen Astrologie wird solange nicht gebrochen werden können, wie sich ihr Einfluß nicht durch eine gesellschaftliche Aufhebung ihrer Versprechen überlebt. In einer Gesellschaft, die sich aufgeklärt gibt, in der aber die Barbarei an der Tagesordnung ist, wenden sich die Subjekte den abergläubischen Dämonen zu, die die Entfremdung zumindest versinnbildlichen. Darin liegt die Faszination der astrologischen Bilder. Denn die Astrologie tut nichts anderes, als den Bruch der Moderne als etwas Äußeres abzutun, wogegen sie ihren echten, durch die Zeiten kontinuierlich sich wandelnden Bilderstrom und den modifizierten Gestirnsfatalismus setzen will. Die Antinomien der Moderne verbucht sie dabei als einfachen Wirrsal der sublunaren Sphäre, in der sowieso alles vermischt und durcheinander auftreten soll.

Auch Franz Bolls Begriff der Astrologie als Religion und Warburgs Vorstellungen einer ruhenden Ideensphäre, die dieser in verdeckter Anlehnung an das Judentum ausgebildet hat, fallen unter die Kritik, die ich an der astrologischen Argumentationsfigur des modifizierten Gestirnsfatalismus entwikkelt habe. Die Rückführung auf ein stellares Urbild muß durch den Bezug auf die gesellschaftlich bestimmte Welt des Subjektes gebrochen werden, die sich gerade aus diesem Bruch herstellt. Das bedeutet nicht, daß es keine Traditionslinien sowohl der Repression als auch der Utopie gäbe. Darin eingeschlossen liegt ein Bezug auf das Vorbild, der bis zur Grenze zur Objektivität hin subjektivistisch eingefärbt daliegt. In der Überschreitung dieser Grenze, die dort zu suchen ist, wo die bestehende Welt mit der erst angestrebten in Eins gesetzt wird, fällt gerade das Moment der nichtidentischen Ähnlichkeit der Identität wiederum zu und damit schließt sich das astrologische Rund der archaischen Welt. Allein das Verharren in der Zweideutigkeit der noch nicht erlösten Welt erlaubt die Existenz des Subjektes, die in seinem Gegensinn liegt.

Epilog

Leben als ewiges Nachsitzen

> Und ein tiefer Wunsch ist in mir, ein 'Sichnachaußendrängen', wie Prellwitz sagen würde, und gleich hebe ich den Finger, ich Eingesperrter in der Schulklasse Deutschland und sage ein Wort, das Wort meines jämmerlichen Lebens: 'Herr Lehrer! Ich möchte mal rausgehen!"
>
> Kurt Tucholsky

Die astrologische Welt ist ein verdrehtes mythologisches Universum. Sie konstruiert eine vormoderne autoritative Eindeutigkeit der Welt, in der heidnisch-mythische sich mit positivistischen Momenten in einer kritiklosen Sphäre verbinden. Der daraus entstehende Befehlscharakter der Sterne hat fatale Ähnlichkeit mit der Geschichtsphilosophie der Faschisten. Auf den Imperativ als "Urform der Sprache" läuft auch bei dem faschistischen Philosophen und Pädagogen Ernst Krieck alle Philosophie hinaus: "(Der) sprachliche Ausdruck des Befehls ist stets die sprachliche Elementarform: bei 'Hinweg', 'Fort', 'Her zu mir', die keineswegs verstümmelte Sätze sind, sondern völliger Ausdruck eines Sinnganzen, liegt der Zusammenhang mit den Ortsadverbien und Pronomen offen. Befehl ist Urform der Sprache."[24] Der erborgte entdialektisierte Mythos berührt sich an dieser Stelle mit dem modifizierten Gestirnsfatalismus, der ebenfalls die Existenz des Subjektes als Nichtidentisches leugnet. Astrologie ist darüber hinaus gezielte Verwirrung. In dem Glauben an ein höhere Macht werden die Menschen davon abgehalten, ihr Schicksal selbst in die Hand zu nehmen. Die Astrologen verhindern die Emanzipation dadurch, daß sie die ohnehin mühevolle Arbeit der Erkenntnis noch durch eine Verlagerung der Fragen ins Aporetische der Sterne verhindern. Lösbare Fragen - und die allermeisten politischen Fragen sind prinzipiell lösbar - werden dem Verantwortungsbereich der Menschen enthoben und dem Ensemble der Sternendämonen überlassen. Benjamin faßt diesen Gestus in der Figur der Strafe und des Nachsitzens zusammen: "Die

---

[24] Ernst Krieck, Völkisch-politische Anthropologie. Dritter Teil: Das Erkennen und die Wissenschaft, Armanen-Verlag, Leipzig 1938; nach H. Marcuse, Zeitschrift für Sozialforschung, a.a.O., 7, 1938, S. 410.

Grundkonzeption des Mythos ist die Welt als Strafe - die Strafe, die sich den Straffälligen erst erzeugt. Die ewige Wiederkehr ist die ins kosmische projezierte Strafe des Nachsitzens: die Menschheit hat ihren Text in unzähligen Wiederholungen nachzuschreiben."[25] Damit ist auch das Verhältnis von Astrolog' und Anhänger auf den Punkt gebracht: Der gestrenge Zuchtmeister und der Schüler, der immer zu spät kommt, zu langsam ist und nur Unfug im Kopf hat. Der Sternenhimmel als großes Weltgymnasium, der Mensch als Schüler der Klasse Deutschland, der nie erwachsen werden darf.[26] Das ist die Welt der Astrologie. Der modifizierte Gestirnsfatalismus gipfelt in der Formulierung des Sich-strafbar-Machens. Daß diese Strafe aus einem anderen Grund verhängt werden wird, verstehen die Anhänger so wenig wie die Astrologen. Das wirkliche Schicksal trifft Menschen, die solche nicht sein wollen und auf die Ebene der einfachen Anpassung zurückfallen. Die Strafe dafür ist, wenn diese Ansinnen kollektiv wird, noch nicht abzusehen.

---

[25] Benjamin, nach Paul Elouard, Répétitions (1922), Anmerkungen zu den Geschichtsphilosophischen Thesen, "Neue Thesen C", Ms 489, GS I, 3, S. 1234.

[26] Ernst Bloch charakterisiert mit dem "Weltgymnasium" treffend die Lehre von Rudolf Steiner. Vergl. Bloch, Das Prinzip Hoffnung, Bd. III, Frankfurt/M. 1985, Suhrkamp, S. 1397.

Literatur

Adorno, Th. W., "Antisemitismus und faschistische Propaganda", in Ernst Simmel (Hg.), Antisemitismus (1946), Frankfurt/M. 1993, Fischer, S. 148-161, hier S. 148.

Adorno, Th. W. , "Aberglaube aus zweiter Hand. Zur Sozialpsychologie der Zeitungshoroskope" in Psyche. Eine Zeitschrift für psychologische und medizinische Menschenkunde, hrsg. v. W. Hochheimer und A. Mitscherlich, Jahrgang 12, Heft 1, 1959, S. 561ff

Adorno, Th. W., u.a., Der Positivismusstreit in der deutschen Soziologie; Darmstadt u. Neuwied 1969/1972, Luchterhand

Adorno, Th. W., "Aberglaube aus zweiter Hand", übers. v. Hermann Schweppenhäuser, in Horkheimer/Adorno, Sociologica II. Reden und Vorträge, Frankfurt/M. 1962, Europäische Verlagsanstalt, S. 142-167.

Adorno, Th. W., Ästhetische Theorie, hrsg. v. Gretel Adorno u. Rolf Tiedemann, Frankfurt/M. 1973, S. 39)

Adorno, Th. W., "Die Idee der Naturgeschichte", Gesammelte Schriften 1, hrsg. v. Rolf Tiedemann, Frankfurt/M. 1973, S. 345-365

Adorno, Th. W., "Die psychologische Technik in Martin Luther Thomas' Rundfunkreden", in ders., Studien zum autoritären Charakter, S. 372-375

Adorno, Th. W., "Freudian Theory and the Pattern of Fascistic Propaganda" in Geza Róheim, Psychoanalysis and the Social Science, Vol. III.

Adorno, Th. W., Jargon der Eigentlichkeit, 9. Aufl. Frankfurt/M. 1980, Suhrkamp

Adorno, Th. W., Kierkegaard. Konstruktion des Ästhetischen, 2. Aufl. Frankfurt/M. 1986, Suhrkamp

Adorno, Th. W., Minima Moralia. Reflexionen aus dem beschädigten Leben, Frankfurt/M. 1983, Suhrkamp

Adorno, Th. W., Negative Dialektik, Frankfurt/M. 1975, Suhrkamp

Adorno, Th. W., Ohne Leitbild. Parva Aesthetica, Frankfurt/M. 1970, Suhrkamp

Adorno, Th. W., Philosophische Terminologie, hrsg. v. Rudolf zur Lippe, 4. Aufl. Frankfurt/M. 1982, Suhrkamp

Adorno, Th. W., "Résumé über Kulturindustrie", in ders., Ohne Leitbild. Parva Aesthetica, S. 60-70

Adorno, Th. W., "Soziologie und empirische Forschung", in ders. u.a., Der Positivismusstreit in der deutschen Soziologie, S. 81-101

Adorno, Th. W., Stichworte. Kritische Modelle 2, Frankfurt/M. 1969, Suhrkamp

Adorno, Th. W., "The Stars Down to Earth: The Los Angeles Times Astrological Column. A Study in Secondary Superstition" in Jahrbuch für Amerikastudien, Band 2, hrsg. v. Walther Fischer, Heidelberg 1957, Universitätsverlag Carl Winter, S. 19-88.

Adorno, Th. W., "Thesen gegen den Okkultismus", in ders., Minima Moralia, S. 321-329

Adorno, Th. W., "Vernunft und Offenbarung", in ders., Stichworte. Kritische Modelle 2, S. 20-28

Adorno, Th. W., "Zum Verhältnis von Psychologie und Soziologie", in Sociologica I, S. 11-45.

Adorno, Th. W., Studien zum autoritären Charakter, Frankfurt/M. 1982, Suhrkamp

Albert, Lutz, Bock, Wolfgang "Aus Tibet heimgekehrt. Die SS-Expedition nach Tibet 1938-1939", unveröffentlichtes Manuskript

Aligheri, Dante, Die göttliche Komödie, übers. v. H. Gmelin, Stuttgart 1949, Klett

Anrich, Ernst, Moderne Physik und Tiefenpsychologie, Stuttgart 1963

Aristoteles', "Problem XXX, 1", in Klibansky, Panofsky, Saxl, Saturn und Melancholie, S. 55-76

Arrouye, Jean, "Archäologie der Ikonologie", in Beyer (Hg.), Lesbarkeit der Kunst, S. 29-39

AstroVenus April 1993, Freizeit Medien Verlag, München

Augustinus, Aurelius, Vom Gottestaat, übers. v. Wilhelm Thimme, 2. Aufl. Zürich, München 1978, Artemis

Autonomie. Materialien gegen die Fabrikgesellschaft, Neue Folge, Sonderheft Nr. 2, Medizin und Nationalsozialismus, Referate und Dokumente vom Berliner Gesundheitstag, Juli 1980, Hamburg

Bächthold-Stäubli, Hanns (Hg.), Handwörterbuch des deutschen Aberglaubens, Berlin, New York 1987, de Gruyter. Unveränderter Nachdruck der Ausgaben von 1927-1942 (Handwörterbuch zur deutschen Volkskunde, hrsg. vom Verband deutscher Vereine für Volkskunde, Abteilung 1, Aberglaube)

Bacon, Francis, Opus Maius, ed. J. H. Bridges, Oxford 1897

Barth, Friedrich, Heinrich Cornelius Agrippa's von Nettesheim Magische Werke, 5 Bände, Stuttgart 1855

Barthes, Roland, Mythen des Alltags, Frankfurt/M. 1964, Suhrkamp

Bash, K. W., "Gestalt, Symbol und Archetypus", Schweizer Zeitschrift für Psychologie V, (1946), S. 127-138

Batchelor, The Ainu and their Folk-Lore, London 1901

Bauer, Eberhard (Hg.), Psi und Psyche. Neue Forschungsarbeiten zur Parapsychologie. Festschrift für Hans Bender, Stuttgart 1974, DVA

Bauer, Eberhard, "Zur Einführung", in ders., Psi und Psyche, S. 220-224.

Bauer, Eberhard; Kornwachs, Klaus; Luccado, Walter v., "Vom Widerstand gegen das Paranormale", in Duerr (Hg.), Der Wissenschaftler und das Irrationale, Band IV, S. 152-169

Beck, Johannes; Wellershoff, Heide, SinnesWandel, Frankfurt/M. 1989, Scriptor

Becker, Jochen, "Ursprung so wie Zerstörung: Sinnbild und Sinngebung bei Warburg und Benjamin", in Willem van Reijen (Hg.), Allegorie und Melancholie, Frankfurt/M. 1992, Suhrkamp, S. 64-89

Behr, Hans-Georg, "Die lange Suche nach der kurzen Wahrheit. Ein Briefwechsel", in Kursbuch 86 - Esoterik oder die Macht des Schicksals, S. 33-48

Behrens, Elisabeth, "Arbeiterkampf und kapitalistischer Gegenangriff unter dem Nationalsozialismus. Der deutsche 'New Deal'", in K. H. Roth, Die andere Arbeiterbewegung, München 1977, Trikont, S. 1o7-12o

Bender, Hans (Hg.), Parapsychologie. Entwicklung, Ergebnisse, Probleme, Darmstadt 1966, Wissenschaftliche Buchgemeinschaft, Wege zur Forschung, Band IV

Bender, Hans, "Astrologie und Aberglaube" in ders., Verborgene Wirklichkeiten, S. 212-243

Bender, Hans, "Der Nostradamus-Boom", in ders., Zukunftsvisionen, S. 47f

Bender, Hans, "Nachwort" zu Hans Driesch, Parapsychologie, S. 189-200

Bender, Hans, Parapsychologie - Ihre Ergebnisse und Probleme, Frankfurt/M. 1976, Fischer

Bender, Hans, Telepathie, Hellsehen und Psychokinese, 5. Aufl. München, Zürich 1984, Piper

Bender, Hans, Verborgene Wirklichkeiten, hrsg. v. Eberhard Bauer, Neuausgabe München, Zürich 1985, Piper

Bender, Hans, Zukunftsvisionen, Kriegsprophezeiungen, Sterbeerlebnisse, 2. Aufl. München, Zürich 1986, Piper

Bender, Hans; Timm, U., "Ergebnisse einer Umfrage unter Astrologen", in Zeitschrift für Parapsychologie und Grenzgebiete der Psychologie, 10 (1967), S. 115-130

Benesch, Dieter, Marsilio Ficino's 'De triplici vita' (Florenz 1489) in deutschen Bearbeitungen und Übersetzungen, Frankfurt 1977, Lang

Benjamin, Walter, Berliner Kindheit um Neunzehnhundert, GS IV, 1, S. 235-304

Benjamin, Walter, Briefe in 2 Bänden, hrsg. v. G. Scholem und Th. W. Adorno, Frankfurt/M. 1978, Suhrkamp

Benjamin, Walter, Der Ursprung des deutschen Trauerspiels, GS I, 1, S. 203-430

Benjamin, Walter, Gesammelte Schriften in VII Bänden, hrsg. v. Rolf Tiedemann u. Hermann Schweppenhäuser, Frankfurt/M. 1980, Suhrkamp

Benjamin, Walter, Goethes Wahlverwandtschaften, GS I, 1, S. 123-201

Benjamin, Walter, "Kapitalismus als Religion", GS VI, S. 100-103

Benjamin, Walter, "Über den Begriff der Geschichte", GS I, 2, S. 691-703

Benjamin, Walter, "Über das mimetische Vermögen", GS II, 1, S. 210-213

Benjamin, Walter, "Zur Astrologie", GS VI, S. 192-194

Bergson, Henri, Das Lachen. Ein Essay über die Bedeutung des Komischen (1900), Darmstadt 1972, Luchterhand

Besteher-Hegebart, Axel, "Wunder. Die Hoffnung auf den Endsieg. Zeitmaße, Zeitpunkte zwischen Oder und Rhein im Frühling 1945 (2)", Die Tageszeitung, 12.3.1985

Beyer, Andreas (Hg.), Die Lesbarkeit der Kunst. Zur Geistes- Gegenwart der Ikonologie, Berlin, 1992, Wagenbach

Bindel, Ernst, Die geistige Grundlage der Zahlen. Die Zahl im Spiegel der Kulturen. Elemente einer spirituellen Geometrie und Arithmetik, Frankfurt/M. 1983, Fischer

Birkenhauer, Klaus, Beckett, Reinbek 1971, Rowohlt

Bloch, Ernst Christliche Philosophie des Mittelalters. Philosophie der Renaissance, Leipziger Vorlesungen zur Geschichte der Philosophie 1950-1956, Band 2, Frankfurt/M. 1985, Suhrkamp

Bloch, Ernst, Das Prinzip Hoffnung, 3 Bände, Frankfurt/M. 1985, Suhrkamp

Bloch, Ernst, Erbschaft dieser Zeit, Frankfurt/M. 1985, Suhrkamp

Bloch, Ernst, Naturrecht und menschliche Würde, Frankfurt/M. 1985, Suhrkamp

Blumenberg, Hans, Das Lachen der Thrakerin. Eine Urgeschichte der Theorie, Frankfurt/M. 1987, Suhrkamp

Blumenberg, Hans, Die Genese der kopernikanischen Welt, 3 Bände, Frankfurt/M. 1981, Suhrkamp

Boberach, Heinz (Hg.), Die geheimen Lageberichte des Sicherheitsdienstes der SS 1938-1945, Herrsching 1984, Pawlak Verlag

Boelke, W. A., Kriegspropaganda 1939-41: Geheime Ministerkonferenzen im Reichspropagandaministerium, Stuttgart 1966

Bogen, H. J., Knaurs Buch der modernen Biologie, München, Zürich 1967, Knaur

Böhme, Gernot, Alternativen der Wissenschaft, Frankfurt/M. 1980, Suhrkamp

Böhme, Hartmut, Albrecht Dürer. Melancholia I. Im Labyrinth der Deutungen, Frankfurt/M. 1991, Fischer

Bohrer, Karl Heinz, "Über die Rettung der Ironie. Gibt es eine deutsche Nation?" in Die Tageszeitung, 20. 3. 1993, S. 16/17

Boime, Albert, Vincent van Gogh, Die Sternennacht. Die Geschichte des Stoffes und der Stoff der Geschichte, Frankfurt/M. 1989, Fischer

Boll, Franz, "Carl Bezold. Ein Nachruf", in ders., Kleine Schriften zur Sternenkunde des Altertums, S. 397-405

Boll, Franz, "Der Sternglaube in seiner historischen Entwicklung", Nachschrift der Vorlesungen 1922/23 in ders., Kleine Schriften zur Sternenkunde des Altertums, S. 369-396

Boll, Franz, "Die Lebensalter", in ders., Kleine Schriften zur Sternenkunde des Altertums, S. 156-224

Boll, Franz, Kleine Schriften zur Sternenkunde des Altertums, hrsg. von Viktor Stegmann, Leipzig 1950, Koehler und Amelang

Boll, Franz, Sphaera, Leipzig 1903

Boll, Franz, Studien über Claudius Ptolemäus, Leipzig 1894

Boll, Franz; Bezold, Ernst, Sternglaube und Sterndeutung. Die Geschichte und das Wesen der Astrologie, Leipzig 1919, Teubner

Bousset, W., Hauptprobleme der Gnosis, Göttingen 19o7

Bower, Tom, "Von Dachau zum Mond. Wie Nazi-Forscher zu den Vätern der US-Weltraumfahrt wurden", in Die Zeit Nr. 20, 8. 5. 1987, S. 13-17

Brecht, Berthold, Gesammelte Werke in 20 Bänden, Frankfurt/M. 1973, Suhrkamp

Der Briefwechsel zwischen Schiller und Goethe, hrsg. v. Emil Staiger, Frankfurt/M. 1977, Insel

Bürger, Christa, "Das Verschwinden der Kunst. Die Postmoderne- Debatte in den USA", in Bürger, Christa und Peter (Hg.), Postmoderne: Alltag, Allegorie und Avantgarde, S. 34-55.

Bürger, Christa, Textanalyse als Ideologiekritik. Zur Rezeption zeitgenössischer Unterhaltungsliteratur, Frankfurt/M. 1973, Athenäum Fischer

Bürger, Christa, Tradition und Subjektivität, Frankfurt/M. 1980, Suhrkamp

Bürger, Christa, "Umrisse einer neuen Ästhetik: Konstruktion statt Totalität", in Willi Oelmüller (Hg.), Ästhetischer Schein, Paderborn, München, Wien, Zürich 1982, Schöningh, S. 13-33

Bürger, Christa, "Die Dichotomie von hoher und niederer Literatur. Eine Problemskizze" in Bürger, Christa; Bürger, Peter; Schulte-Sasse, Jochen, (Hg.), Zur Dichotomisierung von hoher und niederer Literatur, Frankfurt/M. 1982, Suhrkamp, S. 9-39

Bürger, Christa; Bürger, Peter (Hg.), Postmoderne: Alltag, Allegorie und Avantgarde, Frankfurt/M. 1988, Suhrkamp

Bürger, Peter, "Kunst und Rationalität. Zur Dialektik von symbolischer und allegorischer Form." in Zwischenbetrachtungen im Prozeß der Aufklärung. Jürgen Habermas zum 60. Geburtstag, hrsg. v. Axel Honneth, Thomas McCarthy, Claus Offe, Albrecht Wellmer, Frankfurt/M. 1989, Suhrkamp, S. 89-105

Bürger, Peter, Prosa der Moderne, Frankfurt/M. 1992, Suhrkamp

Burin, Julia; Shargorodsky, Sergej, "Menschen als 'Versuchskanninchen' bei Atomtests, Frankfurter Rundschau vom 15.8.1992, S. 5

Burkhard, Jacob Die Kultur der Renaissance in Italien. Ein Versuch, hrsg. v. Konrad Hoffmann, 11. Aufl. Stuttgart 1988, Kröner

Capra Fridjof, Wendezeit. Bausteine für ein neues Weltbild, München 1988, Knaur

Cassirer, Ernst, "Die Begriffsform im mythischen Denken", in ders., Wesen und Wirkung des Symbolbegriffs, Darmstadt 1956, Wissenschaftliche Buchgemeinschaft, S. 1-70

Charles Baudelaire, Le peintre de la vie moderne (1863, endgültige Fassung 1868), in Oevres complètes, hrsg. v. Claude Pichois, Paris 1977, Band II, S. 683-724

Claussen, Detlev, "Der Antisemitismus als Alltagsreligion", Frankfurter Rundschau, 13.8.1991

Dalai Lama, "Wissenschaft und Spiritualität" und "Seine Heiligkeit der XIV. Dalai Lama" in Rainer Kakuska (Hg.), Andere Wirklichkeiten. Die neue Konvergenz von Naturwissenschaften und spirituellen Traditionen, S. 13-20;

Darwin, Charles, The Descent of Man, 2 Bände., London 1871, dt. Übersetzung von J. Victor Carus (Die Abstammung des Menschen und die geschlechtliche Zuchtwahl), 2. Aufl. Stuttgart 1872

Dean, G. A.; Mather A. C. M. et al., Recent Advances in Natal Astrology: A Critical Review 1900-1976. Perth 1977

Delumeau, Jean, Angst im Abendland. Die Geschichte kollektiver Ängste im Europa des 14. bis 18. Jahrhunderts, Neuausgabe Reinbek 1989, Rowohlt

Detlefsen, Thorwald, Schicksal als Chance. Das Urwissen zur Vollkommenheit des Menschen (1979), München 1985, Goldmann

Detlefsen, Thorwald; Dahlke, Rüdiger, Krankheit als Weg. Deutung und Be-deutung der Krankheitsbilder, München 1989, Goldmann/Bertelsmann

Ditfurth, Hoimar von, "Allein mit dem Diesseits. Selbstkritische Reflexionen eines Rationalisten zur Wiederkehr des Aberglaubens", in Der Spiegel, 17/1978, S. 54-55

Ditfurth, Jutta, Feuer in die Herzen. Plädoyer für eine ökologische linke Opposition, Hamburg 1992, Carlsen

Döpke, Wolfgang, "Zur Geschichte der Sammlung ethnographischer Objekt aus Tibet in der Völkerkunde-Abteilung des Niedersächsichen Landesmuseums Hannover", in Axel Smejkal, Kult und Alltag in Tibet. Die tibetischen Sammlungen in der Völkerkunde-Abteilung des niedersächsischen Landesmuseums Hannover, Hannover 1990, Niedersächsisches Landesmuseum Hannover, Völkerkunde-Abteilung, hrsg. v. Viola König, Katalog zur Ausstellung, S. 153-156

Doyle, Arthur Conan, Das Gesamtwerk in 9 Bänden, Köln 1990, Delphin

Driesch, Hans, Parapsychologie, 4. Aufl. Frankfurt/M. 1984, Fischer

Duden, Band. 7, Herkunftswörterbuch. Die Etymologie der deutschen Sprache, Bibliographisches Institut Mannheim, Wien, Zürich 1963, Dudenverlag

Duerr, H. P. (Hg.), Der Wissenschaftler und das Irrationale (2 Bände, Frankfurt/M. 1980), 4 Bände 1985 (gekürzt), Syndikat

Duerr, Hans Peter, Traumzeit. Über die Grenze zwischen Wildnis und Zivilisation, Frankfurt/M. 1978, Syndikat

Ellenberger, Henry F., Die Entdeckung des Unbewußten. Geschichte und Entwicklung der dynamischen Psychiatrie von den Anfängen bis zu Janet, Freud, Adler und Jung, Zürich 1985, Diogenes

Emmerich, Wolfgang, Zur Kritik der Volkstumsideologie, Frankfurt/M. 1971, Suhrkamp

Engels, Friedrich, "Konspekt über 'Das Kapitel' von Karl Marx", in Marx-Engels-Werke (MEW) Band. 16, Berlin (O) 1968, Dietz

Enzensberger, Hans Magnus, Ach Europa!, Frankfurt/M. 1989, Suhrkamp

Erdheim, Mario, Einleitung in die Taschbuchausgabe von Freuds Totem und Tabu, Frankfurt/M. 1991, Fischer, S. 7-41

Evers, Tilman, Mythos und Emanzipation. Eine kritische Annäherung an C. G. Jung, Hamburg 1987, Junius

Eysenck, Hans Jürgen; Nias, David, Astrologie. Wissenschaft oder Aberglaube, München 1984, dtv

Ferenczi, Sandor, "Die Entwicklungsstufen des Wirklichkeitssinns", in ders., Schriften zur Psychoanalyse I, hrsg. v. Michel Balint, Frankfurt/M. 197o, Fischer, S. 148ff

Feyerabend, Paul, Erkenntnis für freie Menschen, veränderte Ausgabe Frankfurt/M. 1980, Suhrkamp

Ferguson, Marylin, Die sanfte Verschwörung. Persönliche und gesellschaftliche Transformation im Zeitalter des Wassermann, München 1982, Knaur

Ficino, Marsilio, De vita triplici, in Marsilius Ficinus, Opera omnia, Basel 1576

Flambart, Paul, Ancien Élève de L'Ecole Polytechnique: Preuves et Base de L'Astrologie Scientifique et la Loi d'Hérédité Astrale, Paris 1919

Flasch, Kurt, Das philosophische Denken im Mittelalter. Von Augustinus bis Machiavelli, Stuttgart 1986, Reclam

Frank, Manfred, "Allegorie, Witz, Fragment, Ironie. Friedrich Schlegel und die Idee des zerissenen Selbst", in Reijen, Willem van (Hg.), Allegorie und Melancholie, S. 124-146

Fränkel, Hermann, Noten zur Argonautika des Apollonius, München 1968

Frazer, The Magic Art, 2 Bände (The Golden Bough, 3. Aufl., I. Teil), London 1911, Band 1

Freud, Anna, Das Ich und die Abwehrmechanismen, 9. Aufl. München 1977, Kindler

Freud, Sigmund. Neue Folge der Vorlesungen zur Einführung in die Psychoanalyse, 35. Vorlesung "Über eine Weltanschauung, Studienausgabe Band I, S. 586-608

Freud, S. Gesammelte Werke in 18 Bänden, hrsg. v. Anna Freud u.a., 7. Aufl. Frankfurt/M. 1972, S. Fischer

Freud, S., Die Traumdeutung, Studienausgabe Band II

Freud, S., Abriß der Psychoanalyse, G. W. Band XVII

Freud, S., "Analyse eines fünfjährigen Jungen", Studienausgabe Band VIII, S. 9-123

Freud, S., "Bemerkungen über einen Fall von Zwangsneurose", Studienausgabe, Band VII, S. 31-117

Freud, S., Das Unbewußte, Studienausgabe Band III, S. 119-173

Freud, S., Das Unheimliche, Studienausgabe Band IV, S. 241-274

Freud, S., "Die Disposition zur Zwangsneurose", Studienausgabe Band III, S. 105-117

Freud, S., "Die Verdrängung" (1915), Studienausgabe Band III, S. 103-118

Freud, S., Die Zukunft einer Illusion Studienausgabe Band IX, S. 135-189

Freud, S., Jenseits des Lustprinzips, Studienausgabe Band III, S. 213-269

Freud, S., Neuen Folge der Vorlesungen zur Einführung in die Psychoanalyse, "Traum und Okkultismus", Studienausgabe. Band 1, S. 480-493

Freud, S., "Psychoanalyse und Telepathie" (1922), G. W. Band XVII, S. 27-44

Freud, S., Totem und Tabu, Studienausgabe Band IX, S. 287-444

Freud, S., "Traum und Okkultismus", 30. Vorlesung der Neuen Folge der Vorlesungen zur Einführung in die Psychoanalyse, Studienausgabe Band I, S. 472-495

Freud, S., "Traum und Telepathie" (1922), G. W., Band XIII, S. 165-191

Freud, S., "Vom Gegensinn der Urworte" (1910), Studienausgabe Band IV, S. 227-234

Freud, S., Vom Unbehagen in der Kultur (1930), Studienausgabe Band IX, S. 191-270

Freud, S., "Zum Problem der Telepathie", Almanach der Psychoanalyse, Wien 1934

Freud, S., Zur Psychopathologie des Alltagslebens, Frankfurt/M. 1954, Fischer

Freud, S., Der Witz und seine Beziehung zum Unbewußten (1905), Studienausgabe, Band IV, S. 9-219

Freud, S., Studienausgabe, hrsg. v. A. Mitscherlich et al., 10 Bände u. Ergänzungsband, 4. Aufl. 1970, Frankfurt/M. 1970, Fischer

Freud, , S., "Die Verneinung" (1925), Studienausgabe, , Band III, S. 373

Friedrich, Volker, Melancholie als Haltung, Berlin 1991. Gatza,

Fromm, Erich, "Das Gefühl der Ohnmacht", Zeitschrift für Sozialfoschung, 1937, 6. Jg., hrsg. v. Max Horkheimer, Félix Alcan, Paris, Nachdruck München 1980, dtv, S. 95-118

Fromm, Erich, Arbeiter und Angestellte am Vorabend des Dritten Reiches. Eine sozialpsychologische Untersuchung 1929), bearb. u. hrsg. v. Wolfgang Bonß, München 1983, dtv

Fromm, Erich, "Die sozialpsychologische Bedeutung der Mutterrechtstheorie", in Zeitschrift für Sozialforschung, Jahrgang 3, 1943, S. 196-227

Funke, Hajo; Geißler, Birgit; Thoma; Peter, Industriearbeit und Gesundheitsverschleiß. Diskussion und Ergebnisse der Tagung'Sicherheit am Arbeitsplatz und Unfallschutz' vom 4.-6. Mai 1973 in Bremen, Frankfurt/M. 1974, EVA

Gadamer, Hans-Georg, Wahrheit und Methode, 2. Aufl. Tübingen 1960, Mohr

Galenus, Claudius, Opera omnia, ed. C. G. Kühn, 20 Bände, Leipzig 1821-1833

Gauquelin, Michel et F., "Star US Sportsmen Display the Mars Effects", in Skeptical Inquirer, Winter 1979

Gauquelin, Michel, Cosmis Influences on Human Behavior, New York 1978

Georg, Enno, Die wirtschaftlichen Unternehmen der SS, Stuttgart 1963, DVA

Geuter, Ulfried, Die Professionalisierung der deutschen Psychologen im Nationalsozialismus, Frankfurt/M. 1988, Suhrkamp,

Geuter, Ulfried, "Die Sterngucker auf dem Vormarsch" in Scheinheil und Sinnsuche: Thema Transzendenz, hrsg. v. d. Red. Psychologie heute, Weinheim, Basel 1988, Beltz, S. 79- 94

Giehlow, Karl, "Dürers Stich 'Melencolia I' und der maximilianische Humanistenkreis", In: Mitteilungen der Gesellschaft für vervielfältigende Kunst, Beilage der 'Graphischen Künste', Wien, 26 (1903), S. 29-41 (Nr. 2), 27 (1904), S. 6-18 (Nr. 1/2) u. 27 (1904), S. 57-78 (Nr. 4)

Goethe, Johann Wolfgang, Sämtliche Werke in 18 Bänden, München, Zürich 1977, dtv/Artemis

Goethe, Johann Wolfgang, Schriften zur Farbenlehre, in Sämtliche Werke Band 16

Goethe, Johann Wolfgang, "Urworte, orphisch", in Sämtliche Werke, Band 17, S. 7

Gombrich, Ernst, Aby Warburg. Eine intellektuelle Biographie, Frankfurt/M. 1984, Suhrkamp

Gösswald, K., Organisation und Leben der Ameisen, Stuttgart 1985

Göttner-Abenroth, Heide, Die Göttin und ihr Heros. Die matriachalen Religionen in Mythos, Märchen und Dichtung, München 1980, Frauenoffensive

Graesner, Sepp, "Gesundheitspolitik unterm Hakenkreuz. Neue soziale Kontrolltechniken durch Arbeits- und Leistungsmedizin", in Autonomie Neue Folge, Sonderheft Nr. 2, Juli 1980, S. 2-19

Grandville, Eine andere Welt (Erstausgabe Paris 1844), Zürich 1979, Diogenes

Greter, Ewald, Geistige Hierarchien. Der Mensch und die übersinnliche Welt in der Darstellung großer Seher des Abendlandes. Dionysos Areopagita, Dante Aligheri, Rudolf Steiner, 3. Aufl. 1980, Freiburg/Br., Verlag Die Kommenden

Grimm, Jacob und Wilhelm, Deutsches Wörterbuch in 33 Bänden, Nachdr. München 1984, dtv

Grimm, Jacob und Wilhelm, Kinder- und Hausmärchen, Erstauflage von 1812, München 1949

Grunert, Johannes, "Zur Geschichte der Psychoanalyse in München", in Psyche 10/1984, S. 865-905

Guggenberger, Eduard; Schweidlinka, Roman, Mutter Erde, Magie und Politik. Zwischen Faschismus und neuer Gesellschaft, 2. Aufl. Wien 1987

Haag, Karl Heinz, Der Fortschritt in der Philosophie, Frankfurt/M. 1983, Suhrkamp

Habermas, Jürgen, "Bewußtmachende oder rettende Kritik - die Aktualität Walter Benjamins", in Siegfried Unseld, (Hg.), Zur Aktualität Walter Benjamins, Frankfurt/M. 1972, Suhrkamp, S. 173-223

Halberg, F., "Chronobiologie", in Ann. Rev. Physiol. 31, 1969, S. 675-725

Hanneforth, D.; Mutschke, A., Ärger-Spiele. Varianten und Verschärfungen von Mensch-ärgere-dich-nicht bis Malefiz, Reinbek 1991, Rowohlt

Hauber, A., Planetenkinder und Sternbilder, Zur Geschichte des menschlichen Glaubens und Irrens, Studien zur dt. Kunstgeschichte 194, Straßburg 1916

Haug, Wolfgang Fritz, Der hilflose Antifaschismus. Zur Kritik der Vorlesungsreihe über Wissenschaft und NS an deutschen Universitäten, Frankfurt/M. 1967, Suhrkamp

Hegel, Georg Wilhelm Friedrich, Ästhetik, hrsg. v. Friedrich Bassenge, 2 Bände, 4. Aufl. Berlin 1985, Verlag Das Europäische Buch

Hegel, Georg Wilhelm Friedrich, Vorlesungen über die Geschichte der Philosophie, 3 Bände, Leipzig 1982, Reclam

Heiber, Helmut, Walter Frank und sein Reichsinstitut für Geschichte des neuen Deutschlands, Stuttgart 1966

Heller, Erdmute, Arabesken und Talismane. Geschichte und Geschichten des Morgenlandes in der Kultur des Abendlandes, München 1992, C. H. Beck

Herding, Klaus, "Die Moderne: Begriff und Problem", in Monika Wagner (Hg.), Moderne Kunst I. Das Funkkolleg zum Verständnis der Gegenwartskunst, Reinbek 1991, Rowohlt, S. 176-196

Heringer, Hans Jürgen, Holzfeuer im hölzernen Ofen, Tübingen 1982

Hirsch, H., Untersuchungen zur altassyrischen Religion, Graz 1961

Hoffmann, Werner; Syamken, Georg; Warnke, Martin, Die Menschenrechte des Auges. Über Aby Warburg, Frankfurt/M. 198o, EVA

Horkheimer Max; Fromm, Erich; Marcuse, Herbert, Studien über Autorität und Familie. Forschungsberichte aus dem Institut für Sozialforschung, Paris 1936, 2. Aufl. Lüneburg 1987, zu Klampen

Horkheimer, Max, "Anfänge bürgerlicher Geschichtsphilosophie", in Gesammelte Schriften, hrsg. v. Alfred Schmidt und Guenzelin Schmid Noerr, Band 2, Philosophische Frühschriften 1922-1932, Frankfurt/M. 1987, Fischer, S. 252-268

Horkheimer, Max, "Bemerkungen über Wissenschaft und Krise", Zeitschrift für Sozialforschung, Jg. 1, 1932, S. 3-7

Horkheimer, Max, "Hans Driesch zum 60. Geburtstag", in Gesammelte Schriften, Band 2, S. 158-161

Horkheimer, Max, Zur Kritik der instrumentellen Vernunft, Frankfurt/M. 1967, Fischer

Horkheimer, Max; Adorno, Th. W., Dialektik der Aufklärung, Amsterdam 1947, Frankfurt/M. 1969, Fischer

Horkheimer, Max; Adorno, Th. W., Sociologica II. Reden und Vorträge, Frankfurt/M. 1962, Europäische Verlagsanstalt

Howe, Ellic, Astrology in the Third Reich. A Historical Study of Astrological Beliefs in Western Europe since 1700 and in Hitler's Germany 1933-45, Wellingbourogh, Northamptonshire 1984, The Aquarian Press

Howe, Ellic, Urania's Children. The Strange World of Astrologers, London 1967, William Kimber.

Huters Astrologischer Kalender für das Merkurjahr 1991, Redaktion Annelies Baumgarten, Ulrich Huter, Rosenheim 1990, Huter Verlag, S. 19

Huyssen, A.; K. Scherpe (Hg.), Postmoderne. Zeichen eines kulturellen Wandels, Reinbek 1986, Rowohlt.

Ideler, J. L., Physici und medici graeci minores, Berlin 1841,

Illich, Ivan, "Entmündigende Expertenherrschaft", in ders. u.a. (Hg.), Entmündigung durch Experten. Zur Kritik der Dienstleistungsberufe, Reinbek 1979, S. 7-35

Illich, Ivan, Genus. Zu einer historischen Kritik der Gleichheit, Reinbek 1983, Rowohlt

Illich, Ivan, H_2O und die Wasser des Vergessens, Reinbek 1987, Rowohlt

Institut für Sozialforschung (Hg.), Soziologische Exkurse. Nach Vorträgen und Diskussionen, Frankfurt 1956, EVA

Irving, John, 'Unternehmen Armbrust'. Der Kampf des britischen Geheimdienstes gegen Deutschlands Wunderwaffen, Gütersloh 1965

Jay, Martin, Dialektische Phantasie. Die Geschichte der Frankfurter Schule und des Instituts für Sozialforschung 1923- 1950, Frankfurt/M. 1981, Fischer

Jignsei, Ngapo Ngavana, Tibet, Luzern 1984, Reich

Jones, Ernest, Das Leben und Werk von Sigmund Freud, 3 Bände, Bern 1962

Jung, "Synchronizität als Prinzip akausaler Zusammenhänge", in Gesammelte Werke, Band 8, 1, Olten-Freiburg i. Br. 1960- 1978, Walter S. 475-577

Jung, Carl Gustav, Aufsätze zur Zeitgeschichte, Zürich 1946

Jung, C. G., Seelenprobleme der Gegenwart, Zürich 1931

Jung, C. G., Weizsäcker, A, "Dr. C. G. Jung und Dr. A. Weizsäcker Zwiegespräch, wiedergegeben auf Schallplatte in der Berliner Funkstunde am 26 Juni 1933", in Evers, Tilman, Mythos und Emanzipation, S. 241-247

Jung, C. G., "Über die Archetypen des kollektiven Unbewußten" (1934; überarbeitete Fassung 1954), in ders., Bewußtes und Unbewußtes. Beiträge zur Psychologie, Frankfurt/M. 1957, Fischer, S. 11-53

Junker, H., Über iranische Quellen des hellenistischen Aionbegriffs, Vorträge der Bibliothek Warburg, 1922

Kafka, Franz, "Die Wahrheit über Sancho Pansa", in ders., Hochzeitsvorbereitungen auf dem Lande und andere Prosa aus dem Nachlaß, Gesammelte Werke, hrsg. v. Max Brod, Frankfurt/M. 1983, Fischer, S. 57

Kakuska, Rainer, Andere Wirklichkeiten. Die neue Konvergenz von Naturwissenschaften und spirituellen Traditionen, München 1984, Dianus-Trikont

Kaltenbrunner, Klaus-Gerd, "Vom Weltschmerz des technischen Zeitalters: Ludwig Klages", in Karl Schwedhelm (Hg.), Propheten des Nationalismus, München 1969, List, S. 189-210

Kant, Immanuel, Allgemeine Naturgeschichte und Theorie des Himmels, oder Versuch von der Verfassung und dem mechanischen Ursprunge des ganzen Weltgebäudes nach Newtonschen Grundsätzen abgehandelt, Werkausgabe Band I, hrsg. v. W. Weischedel, Vorkritische Schriften bis 1768, Band 1, Frankfurt/M. 1977, Suhrkamp, S. 225-405

Kant, Immanuel, Anthropologie in pragmatischer Hinsicht, Werkausgabe Band XII

Kant, Immanuel Träume eines Geistersehers, erläutert durch die Träume der Metaphysik, Werkausgabe Band 2, S. 923-992

Kater, Michael, Die Stiftung 'Ahnenerbe' der SS 1935-1945. Ein Beitrag zur Kulturpolitik des Dritten Reiches, Studien zur Zeitgeschichte, Herausgegeben vom Institut für Zeitgeschichte, Stuttgart 1974, DVA

Kaul, Friedrich Karl, "Das 'SS Ahnenerbe' und die 'jüdische Schädelsammlung' an der ehemaligen Reichsuniversität Straßburg", in Zeitschrift für Geschichtswissenschaft, XVI. Jg. 1968, Heft 11

Kerényi, Karl, Die Mythen der Griechen, 2 Bände, 14. Aufl. München 1992, dtv

Kierkegaard, Sören, Entweder/Oder, Zweiter Teil, Gesammelte Schriften, Jena 1911-14, Eugen Diederichs

Klages, Ludwig, Der Geist als Widersacher der Seele, 6. Aufl. Bonn 1981, Bouvier

Klages, Ludwig, "Mensch und Erde", Sämtliche Werke, hg. v. E. Frauchiger u.a., Bonn 1966, Bouvier, Band III, S. 614-636

Kleinspehn, Thomas, Flüchtiger Blick. Sehen und Identität in der Neuzeit, Reinbek 1989, Rowohlt

Klibansky, Raymond; Panofsky, Erwin; Saxl, Fritz, Saturn und Melancholie. Studien zur Geschichte der Naturphilosophie und Medizin, der Religion und der Kunst, übers. v. Christa Buschendorf, Frankfurt/M. 1990, Suhrkamp

Klöckler, Herbert Freiherr von, Astrologie als Erfahrungswissenschaft (Leipzig 1926), München 1989, Eugen Diederichs Verlag

Klöckler, Herbert Freiherr von, Grundlagen für die astrologische Deutung, 13. Auflage Berlin 1952, Astra-Verlag

Klugmann, Norbert, Das Pendel des Pentagon, Reinbek 1990, Rowohlt

Koestler, Arthur, Die Nachtwandler, Frankfurt/M. 198o, Suhrkamp

Kohl, Hans Helmut, "In diesem Stollen wütete die 'Wunderwaffe' der Nazis", Frankfurter Rundschau, 28. 12. 1991.

Kressin, Ulrich, Unser Sonnensystem, Schulfunk Sonderheft, Hrsg. v. Bernd Ehrlich, Lübeck o.J.

Krieck, Ernst, Völkisch-politische Anthropologie. Dritter Teil: Das Erkennen und die Wissenschaft, Armanen-Verlag, Leipzig 1938

Krohn, Wolfgang, "Abrakadabra. Die dunkle Abstammung der modernen Wissenschaft", in Kursbuch 86 - Esoterik oder die Macht des Schicksals, S. 65-81

Kuhn, Thomas S., Die Entstehung des Neuen. Studien zur Struktur der Wissenschaftsgeschichte, hrsg. v. Lorenz Krüger, Frankfurt/M. 1977, Suhrkamp

Kursbuch 86 - Esoterik oder die Macht des Schicksals, hrsg. v. Karl Markus Michel und Tilman Spengler, Berlin 1986, Kursbuch/Rotbuch

Kürschners Deutscher Gelehrtenkalender 1961 hrsg. v. Werner Schuder, Berlin 1962, de Gruyter

Kürschners Deutscher Gelehrten-Kalender, Berlin 1987, de Gruyter

Kushi, Michio, Das Buch der Makrobiotik. Ein universaler Weg zu Gesundheit und Lebensfreude, Frankfurt/M. 1979, Verlag Bruno Martin

Laplanche, J.; Pontalis, J. B., Das Vokabular der Psychoanalyse, 2 Bände, Frankfurt/M. 1973, Suhrkamp

Lavater, Johann C., Von der Physiognomik (Leipzig 1772), Frankfurt/M. und Leipzig 1991, Insel.

LeGoff, Jaques, Die Geburt des Fegefeuers, Stuttgart 1984, Klett-Cotta

Leigh, David, "Deutschland Tournee", Konkret, 1/1992, S. 52

Lessing, Theodor, "In Harmonie mit dem Kosmos", in ders., 'Ich warf eine Flaschenpost ins Eismeer der Geschichte'. Essays und Feuilletons, hrsg. v. Rainer Marwedel, Darmstadt und Neuwied 1986, S. 154-159

Lieber, H. J., "Ideologie und Wissenschaft im totalitären System", in Walter Hofer, (Hg.), Wissenschaft im totalitären Staat, München 1964, S. 11-37

Lindenberg, Christoph, "Hitler stieß in ein Vakuum", Anthroposophie und Nationalsozialismus, Flensburger Hefte 391, Heft 32, Flensburg 1991

Linder, Helmut, "'Deutsche' und 'gegentypische' Mathematik. Zur Begründung einer 'arteigenen Mathematik' im 'Dritten Reich' durch Ludwig Bieberbach" in Merthens, H. ; Richter St., (Hg.), Naturwissenschaft, Technik und NS-Ideologie, S. 88-93

Linné, Carl von, Nemesis Divina, hrsg. v. Wolf Lepenies und Lars Gustafsson, Frankfurt/M., Berlin, Wien 1983, Ullstein.

Lippe, Rudolf zur, Oidipus oder die verweigerte Seelenfahrt, Wien 1990, Picus Verlag

Lörscheid, Helmut; Müller, Leo A., "Öko, Blut und Boden", in Chancen 10/1988

Löwenthal, Leo, "Der Triumph der Massenidole", in Schriften 1, S. 258-305

Löwenthal, Leo, "Die biographische Mode", in Sociologica I. Aufsätze Max Horkheimer zum Sechzigsten Geburtstag gewidmet, 2. Aufl. Frankfurt/M. 1955, EVA, S. 363-386, jetzt in ders., Schriften I, S. 231-257

Löwenthal, Leo, "Die Diskussion über Kunst und Massenkultur: kurze Übersicht", in ders., Schriften 1, S. 26-77

Löwenthal, Leo, "Falsche Propheten. Studien zur faschistischen Agitation" in ders., Schriften 3, S. 11-160

Löwenthal, Leo, Schriften 1-5, hrsg. v. Helmut Dubiel, Frankfurt/M. 1990, Suhrkamp

Löwenthal, Leo, "Standortbestimmung der Massenkultur, in Schriften 1", S. 9-20

Ludwig, Klemens, Tibet, München 1989, Beck

Lukács, Georg, Die Zerstörung der Vernunft, 3 Bände, Darmstadt und Neuwied 1962 u. 1973, Luchterhand

Marcuse, Herbert, Der eindimensionale Mensch, Neuwied und Berlin 1967, Luchterhand

Marcuse, Herbert, "Der Kampf gegen den Liberalismus in der totalitären Staatsauffassung", in Abendroth, Wolfgang (Hg.) Faschismus und Kapitalismus, Theorien über die sozialen Ursprünge und die Funktion, Frankfurt/M. 1974, EVA, S. 39-74

Marcuse, Herbert, "Ideengeschichtlicher Teil", in Horkheimer; Fromm; Marcuse, Studien über Autorität und Familie, S. 136- 160

Marcuse, Herbert, Kultur und Gesellschaft I, Frankfurt/M. 1965, Suhrkamp

Marcuse, Herbert, Triebstruktur und Gesellschaft, Frankfurt/M. 1977, Suhrkamp

Marcuse, Herbert, "Über den affirmativen Charakter der Kultur", in Kultur und Gesellschaft I, S. 56-101

Marx, Karl, Das Kapital. Kritik der politischen Ökonomie, 3 Bände, Marx-Engels-Werke Band 23, Berlin (O) 1984, Dietz

Marx, Karl, Ökonomisch-philosophische Manuskripte (1844), in Marx/Engels Studienausgabe in 4 Bänden, hrsg. v. Iring Fetscher, Band 2, Politische Ökonomie, Frankfurt/M. 1990, Fischer, S. 38-128

Marx, Karl, "Zur Kritik der Hegelschen Rechtsphilosophie", "Einleitung", in ders., Marx/Engels, Ausgewählte Werke in 6 Bänden, Berlin (O) 1970, Dietz, Band 1, S. 9

Marx, Karl; Engels, Friedrich, Die deutsche Ideologie, Marx- Engels-Werke, Band 3, Berlin (O) 1958, Dietz

Meckelnburg, Ernst, Die Psi Front. Paraphänomene und paraphysikalische Techniken für militärische und Spionagezwecke in Ost und West, Serie in Esotera, Freiburg 1984, Bauer Verlag, Nr. 9-12

Mehrtens, Herbert, "Das 'Dritte Reich' in der Naturwissenschaft: Literaturbericht und Problemskizze" in ders.; Richter, Steffen, Naturwissenschaft, Technik und NS-Ideologie, S. 15-87

Mehrtens, Herbert; Richter, Steffen, Naturwissenschaft, Technik und NS-Ideologie. Beiträge zur Wissenschaftsgeschichte des Dritten Reiches, Frankfurt/M. 1980, Suhrkamp

Michel, Karl Markus, Gesichter. Physiognomische Streifzüge, Frankfurt/M. 199o, Hain

Milles, Dietrich, "Das Unfallparadigma in der Entwicklung des Berufskrankheitenkonzeptes", Bremen 1993, unveröffentlichtes Manuskript

Milward, Die deutsche Kriegswirtschaft 1939-1945, Schriftenreihe der Vierteljahrshefte für Zeitgeschichte, Nr. 12, Stuttgart 1966,

Mitscherlich, Alexander; Mielke, Fred, Medizin ohne Menschlichkeit. Dokumente des Nürnberger Ärzteprozesses, Frankfurt/M. 1960, Fischer

Müller, Werner, Indianische Weltanschauung, Frankfurt/M., Berlin, Wien 1981, Ullstein (Klett-Cotta)

Müller-Hill, Benno, Tödliche Wissenschaft. Die Aussonderung von Juden, Zigeunern und Geisteskranken 1933-1945, Reinbek 1984, Rowohlt

Negt, Oskar; Kluge, Alexander, Geschichte und Eigensinn, Frankfurt/M. 1981, Zweitausendeins

Nettesheim, Agrippa von, De Occulta Philosophia. Drei Bücher über die Magie, Nördlingen 1987, Greno

Neumann, Franz, Behemoth. Struktur und Praxis des Nationalsozialismus 1933-1944, Frankfurt/M. 1984, Fischer

Neumayer, Joseph, "Aids - das Schattendasein der Liebe hat einen Namen", in AstroVenus, 4/93, S. 19-21

Nietzsche, Friedrich, Die fröhliche Wissenschaft, KSA Band 3

Nietzsche, Friedrich, Sämtliche Werke, Kritische Studienausgabe in 15 Bänden, hrsg. v. Giorgio Colli u. Mazzino Montinari, München u.a. 1988, dtv/de Gruyter

Nietzsche, Friedrich, Zur Genealogie der Moral, KSA, Band 5

Olvedi, Ulli, "Wie stehen die Sterne. Wie liegen die Karten. Eine kritische Betrachtung über Sinn und Unsinn der Astrologie und anderer Orakel", Manuskript der Sendung in der Reihe "Forum der Wissenschaft", Radio Bremen Hörfunk, Sendung vom 30. 9. 1986, RB II, 21.00 - 22.00

Orzechowski, Peter, Schwarze Magie-Braune Nacht, Ravensburg o.J., Peter Selinka Verlag

Ostrander, Sheila; Schroeder, Lynn, Psi. Die wissenschaftliche Erforschung und praktische Nutzung übersinnlicher Kräfte des Geistes und der Seele im Ostblock, Bern, München, Wien, 6. Aufl. 1972, Scherz

Palmer, "Biological Clocks", in Marine Organisms. The Control of Physiologicol and Behaiviral Tidal Rythms, New York 1974, Wiley

Panofsky, Erwin, "Ikonographie und Ikonologie. Eine Einführung in die Kunst der Renaissance", in ders., Sinn und Deutung in der bildenden Kunst, S. 36-67

Panofsky, Erwin, "Kunstgeschichte als geisteswissenschaftliche Disziplin" in ders., Sinn und Deutung in der bildenden Kunst, S. 7-35

Panofsky, Erwin, Sinn und Deutung in der bildenden Kunst, Köln 1978, Dumont

Pasolini, Pier Paolo, Schule des Widerstands: Genariello, in ders., Das Herz der Vernunft, Berlin 1986, Wagenbach, S. 9- 31

Payne, David, Ein Taoist an der Wallstreet, München 1986, Droemer Knaur

Pfaff, J. W., Astrologie, Erlangen 1821

Piccardi, G. The Chemical Base of Medical Climatologie, Thomas, Springfield, Ill., 1962

Piccardi, G., "Exposé introductif", Symposion Intern. sur les Rel. Phen. Sol et terre, Brüssel 1960, Presse Académiques Européennes

Planck, Max, Vom Wesen der Willensfreiheit, Leipzig 1936

Platon, Sämtliche Werke, hrsg. v. Walter F. Otto, Ernesto Grassi, Gerd Plamböck, 6 Bände, Reinbek 1957, Rowohlt

Pörksen, Gunhild, Paracelsus. Das Buch Paragranum, Frankfurt/M. 1986, Fischer

Psychoanalytischen Seminar Zürich (Hg.), Die neuen Narzißmustheorien: zurück ins Paradies?, Frankfurt/M. 1981, Syndikat/EVA

Ranke-Graves, Robert von, Griechische Mythologie. Quellen und Deutung, Reinbek 1960, Rowohlt

Raschke, R., De Alberico Mythologo, Breslau 1923

Regan, Donald T., For the Record. From Wall Street to Washington, Harcourt Bruce Javonovich, New York 1988

Reich, Wilhelm, Gott, Äther und Teufel, 2. Aufl. Frankfurt 1983, Nexus

Reichelt, Matthias, "Schöpferische Leistungen", in Konkret, 1/1992, S. 50-51

Reijen, Willem van (Hg.), Allegorie und Melancholie, Frankfurt/M. 1992, Suhrkamp

Rennach, Cultes, Mythes et Religeons, 4 Bände, Paris 19o5-12

Rhine, J. B., Neuland der Seele, Stuttgart 1938

Riemann, Fritz, Grundformen der Angst, 12. Aufl., München, Basel o.J., Ernst Reinhardt Verlag

Riemann, Fritz, Lebenshilfe Astrologie. Gedanken und Erfahrungen, 6. Auflage München 1981, Pfeiffer

Riha, Karl; Zelle, Carsten, "Nachwort" in Lavater, Johann C., Von der Physiognomik, S. 109-145

Ring, Thomas Astrologische Menschenkunde, Band 1-4, 1956, 1969, 1969, 1973, Freiburg i. Br., Bauer

Ring, Thomas, Astrologie neu gesehen. Der Kosmos in uns, 1. Aufl. Freiburg i. Br. 1977, Aurum

Ring, Thomas, Das Grundgefüge. Die Stellung des Menschen in Natur und Kosmos, Freiburg i. Br. 1986, Aurum

Ritter, H., Picatrix, ein arabisches Handbuch hellenistischer Magie, Vorträge der Bibliothek Warburg, Band I, 1921-1922

Rosenberg, Alfred, Der Mythus des 20. Jahrhunderts. Eine Wertung der seelisch-geistigen Gestaltungskämpfe unserer Zeit, 41.-42. Auflage, München 1934

Roth, Karl Heinz, "Schöner neuer Mensch. Der Paradigmenwechsel der klassischen Genetik und seine Auswirkungen auf die Bevölkerungsbiologie des "Dritten Reiches", in Heidrun Kaupen- Haas, Der Griff nach der Bevölkerung, S. 11-63

Rubin, F., "The Lunar Circle in Relation to Human Conception and the sex of Offspring", Astrological Journal 9, 4, 1968

Sagan, Carl; Jonathan Norton Leonard, Die Planeten, Reinbek 1970, Rowohlt

Saxl, Fritz, "Die Ausdrucksgebärde in der bildenden Kunst", in Warburg, Ausgewählte Schriften, S. 419-431

Schadewald, Wolfgang, Die Sternsagen der Griechen, Frankfurt/M. 1956, Fischer

Schäfer, Ernst, Das Fest der weißen Schleier. Begegnungen mit Menschen, Mönchen und Magiern in Tibet, 1. Aufl. Durach 1988, Windpferd

Schäfer, Ernst, Über den Himalaya ins Land der Götter. Tibetexpedition den dreißiger Jahren von Indien nach Lhasa, in die 'verbotene Stadt', 1. Aufl. Durach 1989, Windpferd

Schäfer, Ernst, Unter Räubern in Tibet. Abenteuer in einer vergessenen Welt zwischen Himmel und Erde, Durach 1989, Windpferd

Scheinheil und Sinnsuche: Thema Transzendenz, hrsg. v. d. Red. Psychologie heute, Weinheim, Basel 1988, Beltz

Schellenberg, Walter, Memoiren, hrsg. v. Gita Petersen, Köln 1959

Schiller, Friedrich, Wallenstein II. Wallensteins Tod, Stuttgart 1984, Reclam

Schivelbusch, Wolfgang, Lichtblicke. Zur Geschichte der künstlichen Helligkeit im 19. Jahrhundert, München, Wien 1983, Hanser

Schlegel, Friedrich, Kritische Ausgabe seiner Werke, hrsg. v. Ernst Behler et al, München, Paderborn, Wien 1958ff

Schleiermacher, Sabine, "Die Stiftung 'Ahnenerbe'. Menschen als Material für 'exakte' Wissenschaft", in Rainer Osnowski (Hg.), Menschenversuche: Wahnsinn und Wirklichkeit, Köln 1988, Verlag Kölner Volksblatt, S. 70-87

Schmatzberger, Herbert, Aszendent, das aufgehende Zeichen, Reinbek 1983, Rowohlt

Schmid Noerr, Gunzelin; Reijen, van Willem, Grand Hotel Abgrund. Eine Photobiographie der Frankfurter Schule, Hamburg 1988, Junius

Schmitz, Oskar A. H., Der Geist der Astrologie, 1922

Schnabel, P., Berossos und die babylonisch-hellenistische Literatur, Leipzig 1923

Schnabel, P., Die Frommen in der Hölle. Geistliche in Dachau, Frankfurt/M. und Berlin 1966

Schnädelbach, Herbert, Philosophie in Deutschland 1831-1933, Frankfurt/M. 1983, Suhrkamp

Scholem, Gershom, "Zum Verständnis der messianischen Idee im Judentum", in ders., Judaica I, Frankfurt/M. 1963, S. 7-74

Scholem, Gershom, Die jüdische Mystik in ihren Hauptströmungen, Frankfurt/M. 1983, Suhrkamp

Scholz, Wilhelm von, Der Zufall und das Schicksal, Leipzig 1924

Schott, Albert (Hg.), Das Gilgamesch-Epos, Neu übersetzt und mit Anmerkungen versehen von Albert Schott. Ergänzt und teilweise neu gestaltet von Wolfram von Soden, Stuttgart 1958, Reclam

Schrader, Julie, Gedichte, 2 Bände, Bremen 1968 u. 1969, Schünemann

Schwarz, Rolf, Heilung durch Homöopathie, Frankfurt/M. 1986, Zweitausendeins

Schweppenhäuser, Hermann, "Kapitalismus als Religion. Eine Aufzeichnung Benjamins von 1921", in ders., Ein Physiognom der Dinge. Aspekte des Benjaminschen Denkens, Lüneburg 1992, zu Klampen, S. 146-152

Seelmann-Holzmann, Hannelore, Astrologie und Rationalitätsmuster, Frankfurt/M., New York 1986, Campus

Seligman, Kurt, Das Weltreich der Magie - 5000 Jahre geheime Kunst, deutsche Ausgabe Eltville am Rhein 1981, Bechtermünz

Sellner, Albert, "Freiburg - locus occultus", in Esoterik oder Die Macht des Schicksals, Kursbuch 86, S. 109-119

Sheldrake, Rupert, Das schöpferische Universum. Die Theorie des morphogenetischen Feldes, München 1983, Meyster

Sloterdijk, Peter, "Die wahre Irrlehre. Über die Weltreligion der Weltlosigkeit", in Sloterdijk, Peter; Macho, Thomas H. (Hg.), Weltrevolution der Seele, 2 Bände, 1991, o. O., Artemis und Winkler, Band 1, S. 17-54

Sloterdijk, Peter, Eurotaoismus. Zur Kritik der politischen Kinetik, Frankfurt/M. 1989, Suhrkamp

Sloterdijk, Peter, Kopernikanische Mobilmachung und ptolemäische Abrüstung, Frankfurt/M. 1987, Suhrkamp

Sloterdijk, Peter, Kritik der zynischen Vernunft, 2 Bände, Frankfurt/M. 1983, Suhrkamp

Sloterdijk, Peter, Zur Welt kommen - Zur Sprache kommen. Frankfurter Vorlesungen, Frankfurt/M. 1988, Suhrkamp

Smith, Robertson, Lectures on the Religion of the Semites, 2. Aufl. London 1894

Sociologica I. Aufsätze Max Horkheimer zum Sechzigsten Geburtstag gewidmet, Frankfurt/M. 1974, EVA

Sohn-Rethel, Alfred, "Droht die faschistische Ökonomie?", Die Tageszeitung vom 9. 1o. 1987

Spengler, Oswald, Der Untergang des Abendlandes. Umrisse einer Morphologie der Weltgeschichte (Erstaufl. München 1923), 8. Aufl. München 1986, dtv

Starobinski, Jean, Melancholie im Spiegel. Baudelaire-Lektüren, München, Wien 1992, Hanser

Steiner, Rudolf Die Geheimwissenschaft im Umriß (1909), 29. Aufl. Dornach 1977, Rudolf Steiner Verlag

Steiner, Rudolf, Aus der Akasha-Chronik (1904-1908), 5. Aufl. Dornach 1973, Rudolf Steiner Verlag

Steiner, Rudolf, Theosophie. Einführung in übersinnliche Welterkenntnis und Menschenbestimmung (1904), 30. Aufl. Dornach 1978, Rudolf Steiner Verlag

Störig, Hans Joachim, Kleine Weltgeschichte der Philosophie, Frankfurt/M. 1988, Fischer

Strauss, Botho, "Anschwellender Bocksgesang", Der Spiegel 6/1993, S. 202-207

Strom, Holger, Was Sie nach der Reaktorkatastrophe wissen müssen, Frankfurt/M. 1986, Zweitausendeins

Sun Bear; Wabun (James, Marliese Ann), Das Medizinrad. Eine Astrologie der Erde, München 1984, Trikont

Tautz, Johann, Der Eingriff des Widersachers. Fragen zum okkulten Aspekt des Nationalsozialismus, Freiburg/Br. 1976, Verlag Die Kommenden

Theweleit, Klaus, Männerphantasien, 2 Bände, Reinbek 1980, Rowohlt

Trungpa, Tschögyam, Aktive Meditation, Frankfurt/M. 1976 Fischer

Turi, Johann, Erzählung vom Leben der Lappen, Frankfurt/M. 1992, Eichborn

Vinnai, Gerhard, Die Austreibung der Kritik aus der Wissenschaft. Psychologie im Universitätsbetrieb, Frankfurt/M. 1993, Campus

Vorländer, Karl, Geschichte der Philosophie, 3 Bände, Reinbek 1990, Rowohlt

Wallace, Allan (Hg.), Geshe Rabten. Lehren und Leben eines tibetanischen Meditationsmeisters, Hamburg 1981, Papyrus

Walter, Gerda, Zum anderen Ufer. Vom Sozialismus und Atheismus zum Christentum, Remhagen o.J., Verlag Der Leuchter Otto Reichl

Warburg, Aby M. Bildersammlung zur Geschichte von Sternglaube und Sternkunde im Hamburger Planetarium, hrsg. v. Uwe Fleckner, Robert Galitz, Claudia Naber und Herwart Nöldeke, Hamburg 1993, Dölling und Galitz

Warburg, Aby M., Ausgewählte Schriften und Würdigungen, hrsg. v. Dieter Wuttke, 3. Aufl. Baden-Baden 1992, Valentin Koerner

Warburg, Aby M., Gesammelte Schriften in 2 Bänden. Die Erneuerung der heidnischen Antike. Kulturwissenschaftliche Beiträge zur Geschichte der europäischen Renaissance, hrsg. v. Gertrud Bing, Leipzig 1932, B. G. Teubner

Warburg, Aby M., "Heidnisch-antike Weissagung in Wort und Bild zu Luthers Zeiten" (1920), Gesammelte Schriften, Band 2, S. 487-558

Warburg, Aby M., "Orientalische Astrologie", Gesammelte Schriften, Band 2, S. 559-565

Warburg, Aby M., "Sandro Botticellis 'Geburt der Venus' und 'Frühling'. Eine Untersuchung über die Vorstellungen von der Antike in der italienischen Frührenaissance" (1893), in ders., Ausgewählte Schriften, S. 11-63.

Warburg, Aby M., Schlangenritual. Ein Reisebericht, Berlin 1988, Wagenbach

Warnke, M., "Der Leidensschatz der Menschheit wird humaner Besitz" und "Vier Stichworte: Ikonologie - Pathosformel - Polarität und Ausgleich - Schlagbilder und Bilderfahrzeuge", in Werner Hoffmann, Georg Syamken, Martin Warnke, Die Menschenrechte des Auges. Über Aby Warburg, Frankfurt/M. 198o, Syndikat

Watson, John B., Behaviorismus (1930), Köln 1968

Watson, Lyall, Geheimes Wissen. Das Natürliche des Übernatürlichen, Frankfurt/M. 1976, S. Fischer

Weber, Max, "Die protestantische Ethik und der Geist des Kapitalismus", in ders., Gesammelte Aufsätze zur Religionssoziologie, Band I, S. 17-206

Weber, Max, Die Wirtschaftsethik der Weltreligionen II. Hinduismus und Buddhismus, in ders., Gesammelte Aufsätze zur Religionssoziologie, Band II, S. 1-378

Weber, Max, Gesammelte Aufsätze zur Religionssoziologie, 3 Bände, hrsg. v. Marianne Weber, 7. Aufl. Tübingen 1988, Mohr, UTB

Weizenbaum, Joseph, Die Macht der Computer und die Ohnmacht der Vernunft, Frankfurt/M. 1978, Suhrkamp

Weizsäcker, Carl Friedrich von, "Das Weltbild der Natur und die Einheit der Physik", in Hackenesch, Christa (Hg.), Bin so ausgeworfen aus dem Garten der Natur. Texte und Bilder zur Geschichte einer Sehnsucht, Reinbek 1984, Rowohlt, S. 275-313

Wessling, Berndt W. (Hg.), 'Wenn ich liebe, seh' ich Sterne'. Gedichte der Julie Schrader, München 1971, dtv

Westphalen, Joseph von, "Seriös um jeden Preis", in Transatlantik, 3/1984, S. 26

Weß, Ludger (Hg.), Die Träume der Genetik. Gentechnische Utopien von sozialem Fortschritt, Nördlingen 1989, Greno

Wiechoczek, Reinhard, Astrologie. Das falsche Zeugnis vom Kosmos, Düsseldorf 1984, Erb Verlag

Wiggershaus, Rolf, Die Frankfurter Schule. Geschichte, Theoretische Entwicklung, Politische Bedeutung, München 1988, dtv

Wirth, Herman, Der Aufgang der Menschheit, Jena 1924

Wulff, Wilhelm Th., Tierkreis und Hakenkreuz. Als Astrologe an Himmlers Hof, Gütersloh 1968, Sigbert Mohn

Wundt, W., Mythos und Religion, Teil II, (Völkerpsychologie, Band 2), Leipzig 1906

Wuttke-Groneburg, Walter, "Heilkräutergarten und KZ", Wechselwirkung, Nr. 4, Feb. 1980, S. 12-22

Bildnachweis